全国幼儿教师优秀教科研成果集（第四辑）

熊志刚　屈红芳　主编

天津大学出版社
TIANJIN UNIVERSITY PRESS

图书在版编目（CIP）数据

全国幼儿教师优秀教科研成果集. 第四辑 / 熊志刚，屈红芳主编. -- 天津 : 天津大学出版社，2024. 7.
ISBN 978-7-5618-7792-0

Ⅰ. G612-53

中国国家版本馆CIP数据核字第2024YX5163号

出版发行	天津大学出版社
地　　址	天津市卫津路92号天津大学内（邮编：300072）
电　　话	发行部：022-27403647
网　　址	www.tjupress.com.cn
印　　刷	廊坊市海涛印刷有限公司
经　　销	全国各地新华书店
开　　本	787mm×1092mm　1/16
印　　张	31.25
字　　数	820千
版　　次	2024年7月第1版
印　　次	2024年7月第1次
定　　价	88.00元

教育高质量发展背景下幼儿教师的自主成长

教育要实现高质量发展,教师是关键。幼儿教师的专业行为是直接影响幼儿园教育质量的核心要素,是实现高质量学前教育的关键载体,也是促进幼儿健康发展的直接保障。在教育高质量发展的背景下,幼儿教师更应加强自身的学习与成长。以下就幼儿教师的自主成长提出三点建议。

首先,要养成勤于积累和反思的好习惯。幼儿教师身处教育一线,每天都要接触幼儿并与幼儿进行互动,观察幼儿的学习过程与发展变化,处理教育过程中的各种问题与情况。教师的经验、知识和技能也在这一过程中不断地丰富与提升。如果我们能够用心记录,撰写一些教育笔记,对教育现象进行反思,长期下来就会积累丰富的教育素材。比如,我们所组织或设计的教学活动是否能得到儿童的积极参与,或达到我们预期的效果?我们所创设的环境是否能对儿童的学习产生支持与帮助?游戏中我们与儿童的互动是否有效,或者我们的支持是否促进了儿童的发展?这些教育问题都值得我们深入思考,而将这些反思记录下来,就能提升我们在某一领域的专业意识。这些来自实践的知识和经验,也是我们后续开展教育研究的基础性材料。因此,教师要注重对日常情境性知识、实践性知识的总结与积累,养成勤于反思与记录的好习惯。

其次,要有将知识和经验系统化梳理的能力。知识和经验如果只是被机械地堆积起来而不进行系统化的整理,个体就无法形成自己的知识体系。只有对知识和经验进行梳理、提炼,才能形成自己的知识体系,从而获得专业上的提升。我们很多幼儿教师已经在教育一线工作了五年、十年甚至一辈子,积累了大量的教育笔记、观察记录、总结反思等,也掌握了丰富的业务知识和教育经验。但是,由于缺乏对这些来自实践的教育笔记、观察记录、总结反思进行系统性地梳理,幼儿教师无法形成个人所独有的知识体系,在进行专业交流、文章撰写时,往往缺乏系统和专业的表达与表述。如果可以将自己的知识和经验系统化,形成一套自己独有的东西,幼儿教师就拥有了自己的“干货”。无论是进行日常教学活动的点评,开展专题讲座,还是撰写文章,幼儿教师都能快速地从自己的知识体系中提取出相应的内容,让自己逐渐成为某一方面的资深人员甚至行业专家。比如,一位教师在师幼互动方面做得非常好,在游戏活动中总是能为儿童提供适宜的支持与引导,让儿童在现有水平上获得发展。如果她能把这些互动过程和自己的思考记录下来,并进行分析、整理,形成一套《基于儿童发展的师幼互动》的理论体系,那么她就拥有了自己的知识体系和研究成果。因此,对知识经验的系统化梳理是一位教育工作者必须具备的专业意识,也是一位优秀教师必须具备的能力。

最后,要有让自己的知识成果得到传播的意识。教师这一职业,本质上是一个关于知识和为了知识的职业,既肩负着为人类社会传递知识的重任,又需具备将个人知识成果进行传播和分享的意识,以使更多同行能够从中受益,共同推动教师这一职业的发展。人类社会的知识不是存在于个人头脑中,就是存在于书刊中、存在于信息网络中,而对知识进行出版和发表,就是对个人的知识体系进行科学化的输出，使其在结构、内容和价值等方面变得稳定，这种具有稳定性的知识才是最有价值的。因此，我们开展了教育写作和课题研究等相关工作，以期幼儿教师的成果能够通过发表得到传播与应用。

教师是一个需要持续学习的群体，个人的专业发展既离不开园所的支持，也离不开专家、前辈的引领，但更重要的是个人要具有自我成长的动力。

屈红芳

2024 年 7 月

目　录

积极心理学理念下的幼儿心理健康教育的实践与探索

陈亚萍
深圳市龙华区华南实验学校附属春华四季幼儿园

引言

在当代社会，幼儿心理健康教育备受关注，已成为教育领域的一个重要议题。随着社会的不断发展和变革，幼儿心理健康的重要性日益凸显。心理健康不仅仅是摆脱心理疾病的简单概念，更是一个涉及幼儿整体发展的多维度概念。在本文中，我们将探讨幼儿心理健康教育的定义、心理健康的概念、幼儿心理健康的重要性以及教育在培养心理健康中的角色。

一、幼儿心理健康教育的定义

（一）心理健康的概念

我们需明确心理健康并非仅仅是消除疾病的状态，而是指个体在心理上的全面良好状态。它包括对自我和他人的正确认知、情感的稳定性以及积极的心理品质。在幼儿阶段，心理健康的建立关乎个体未来全面发展的基础。

（二）幼儿心理健康的重要性

幼儿心理健康的重要性不容忽视。在这个关键时期，幼儿的心理健康状态直接影响其学习、社交能力和情感体验。通过有效的心理健康教育，可以为幼儿打下坚实的心理基础，有助于他们更好地适应未来的学校和社会环境。

（三）教育在培养心理健康中的角色

教育在培养幼儿心理健康中扮演着重要的角色。学校和家庭是塑造幼儿心理健康的两大重要环境，而教育者则是引领幼儿走向良好心理健康的关键力量。通过有针对性的教育策略和方法，教育者可以引导幼儿建立积极的心理态度，增强他们的自我认知和情感表达能力。

二、融入积极心理学的幼儿心理健康教育

（一）积极心理学在教育中的应用

在幼儿心理健康教育中，融入积极心理学的原则具有显著的意义。积极心理学强调关注个体的优点、强项和积极体验，促使个体更好地适应环境、发挥潜能。在教育实践中，这一理念的应用使教育者更加关注幼儿的积极品质和成就，而非仅仅专注于问题和困难。通过采用积极心理学的方法，教育者能够创造出积极向上的学习氛围，激发幼儿的学习兴趣和动力，推动他们的心理健康发展。

(二)提高幼儿自尊和自信心

提高幼儿的自尊和自信心是融入积极心理学的重要目标之一。教育者通过关注幼儿的个体优势和成就,能够积极引导幼儿建立积极的自我认知,增强他们的自尊心。在教育过程中,给予幼儿正面的鼓励和肯定,关注他们的优点和努力,不仅有助于建立积极的自我形象,也培养了他们在面对挑战时保持自信的能力。这种正向的教育方式有助于打破负面自我认知的循环,为幼儿心理健康的长远发展奠定基础。

(三)培养幼儿积极情绪表达能力

除了关注自尊和自信,融入积极心理学还注重培养幼儿积极情绪表达能力。在教育者的引导下,幼儿学会识别并表达自己的情感,理解情绪对行为和学习的影响。积极心理学认为,情感表达是认知和情感发展的关键组成部分,对幼儿的心理健康有深远的影响。通过启发幼儿以积极方式表达情感,教育者有助于帮助幼儿建立积极的情感体验,增强应对压力和情绪管理的能力,从而提升整体心理健康水平。

综合而言,融入积极心理学的幼儿心理健康教育不仅关注问题和困难,更注重发掘和培养幼儿的积极品质和能力。通过积极的教育方法,提高幼儿的自尊和自信心,培养其积极情绪表达能力,为其全面发展打下坚实的心理基础。这一教育理念的实施不仅有助于提升幼儿的学习动力,还为其未来的心理健康奠定了坚实的基础。

三、心理健康教育对幼儿综合发展的影响

(一)学习表现

心理健康教育对幼儿学习表现的影响不可忽视。通过培养积极的学习态度和情感体验,幼儿更容易投入学习活动,在学术领域展现出更好的表现。研究表明,接受心理健康教育的幼儿在学习上更为自信,更具有解决问题的能力。积极心理学的原则,如强调个体的优势和成就,为幼儿提供了积极的学习体验,促进了他们对知识的更深层次理解和应用。因此,心理健康教育不仅有助于提升幼儿的学习成绩,更培养了他们在面对学习挑战时的自信心和抗压能力。

(二)社交技能

心理健康教育在促进幼儿社交技能方面发挥了积极作用。通过关注积极社交行为和互动,教育者能够引导幼儿建立良好的人际关系,培养团队合作意识。研究表明,接受心理健康教育的幼儿更具有分享、合作和沟通的能力。积极心理学注重培养个体的社会技能和情感智能,使幼儿能够更好地融入社会环境,建立积极的人际关系。因此,心理健康教育的实施有助于提高幼儿的社交技能水平,为其在团体中更好地发挥作用打下了基础。

(三)情绪管理能力

在幼儿的综合发展中,情绪管理能力是至关重要的一环。心理健康教育通过引导幼儿识别、理解和表达情感,有助于培养其情绪管理的能力。通过学会有效的情绪调节策略,幼儿更能够应对生活中的各种压力和情绪波动,从而提升心理韧性。研究发现,接受心理健康教育的幼儿更能够自主地管理自己的情绪,表现出更好的情感稳定性。因此,心理健康教育的实施对于幼儿情绪管理能力的培养具有积极而深远的影响,有助于其更好地适应生活中的各种情境。

心理健康教育对幼儿的综合发展产生了多层次的影响,涵盖学业表现、社交技能和情绪管理能力等方面。通过关注这些关键领域,心理健康教育为幼儿提供了全面而有深度的成长支

持，助力他们建立良好的心理基础，迎接未来的挑战。

四、幼儿心理健康教育的实施策略

（一）家庭和学校的合作

实施幼儿心理健康教育的关键之一是家庭和学校的紧密合作。家庭是幼儿成长的第一环境，而学校则是其重要的学习和发展场所。通过建立积极有效的家校沟通机制，共同关注幼儿的心理健康需求，可以形成有力的支持体系。家庭和学校的合作不仅可以互通信息，更能够共同制定符合幼儿个体差异的心理健康教育计划。通过家长和教育者的共同努力，可以在家庭和学校两个层面形成有机的教育网络，为幼儿提供更全面、一致的心理支持。

（二）游戏和互动式学习

在幼儿心理健康教育的实施中，采用游戏和互动式学习是一种有效的策略。幼儿天生对游戏充满兴趣，通过设计富有趣味性和教育性的游戏活动，可以在潜移默化中引导幼儿学习积极心理学的原则。游戏能够让幼儿更好地体验学习的乐趣，培养积极的学习态度。同时，互动式学习可以促使幼儿在社交中建立友谊，培养合作精神。这种学习方式既符合幼儿的认知特点，又能够促使其在轻松、积极的氛围中接受心理健康教育。

（三）师资培训

保障心理健康教育质量的关键在于对教育者的专业化培训。师资培训不仅包括对幼儿心理学理论的深入学习，更需要关注实际操作技能的提升。教育者应具备区分幼儿心理健康问题的能力，能够灵活运用积极心理学的原则指导教育实践。培训中，应注重提升教育者的沟通技能和情感智能，使其能够更好地与幼儿和家长建立亲和力强、支持性的关系。通过不断提升教育者的专业水平，可以更好地保障幼儿心理健康教育的实施效果。

结论

综上所述，为实现幼儿心理健康教育的有效实施，需要充分发挥家庭和学校的协同作用，建立紧密的合作机制。在教育活动中，应采用富有趣味性的游戏和互动式学习，这符合幼儿的认知特点，能够在娱乐中促使其学会积极心理学的理念。同时，通过对教育者的专业化师资培训，确保其具备深厚的理论知识和实践经验，为幼儿提供专业、个性化的心理健康教育支持。这一综合策略的实施将为幼儿的全面发展提供有力支持，促使其在学业、社交和情感方面更好地展现出积极的心理状态。

择躬耕一事　终强国一生

曹婧婧
深圳市龙华区民治小学附属幼儿园

龙华,作为深圳这个繁华都市的核心区域,以其蓬勃发展的数字经济为背景,已然从传统的产业区域成功转型为数字经济的领头羊。今年,我们迎来了第39个教师节,主题定为“躬耕教坛 强国有我”。身为一名在教育领域坚守了十七年的幼教工作者,我感慨万分。

在过去的十七年里,我既因幼儿层出不穷的奇思妙想而感到困惑,也面临过家长的质疑,更曾因自身业务能力的欠缺而苦恼不已。这些困境一度让我怀疑自己是否适合幼儿教育工作。然而,幸运的是,我遇到了一群敬业有爱心的领导和同事,他们总在我最需要时伸出援手,给予我鼓励和帮助。

曾经的困境,如今看来都已化作了我成长的助力。如今,我不再因幼儿千奇百怪的问题而感到棘手,反而珍视他们思维的独特性;面对家长的质疑,我也能更加自信地表达自己的观点和教育理念;同时,通过不断的努力和学习,我的业务能力也得到了显著提升。

每当回忆起这些年的点点滴滴,我都视如珍宝,无论是温馨还是困难的经历。孩子们纯真的笑脸、渴望的眼神,家长的殷切期盼,以及领导和同事的悉心帮助,都让我深受触动。这些经历让我更加深刻地认识到,强烈的爱与责任感是我前行的动力,也进一步坚定了我用爱心、耐心和责任心去教育和关爱每一个孩子的决心。

一、子承父业,传承教育之火

“长大后,我就成了你,才知道那教室放飞的是希望,守巢的总是你;长大后,我就成了你,才知道那块黑板,写下的是真理,擦去的是功利。”这首脍炙人口的歌曲,宛如我与父亲之间的真实写照。2003年秋季,我怀揣着儿时的“教师梦”,踏入了湖北黄石理工师范学院的大门,如今已成为一名幼儿园教师。

从小,父亲的身影便在我心中树立起了教师职业的崇高形象。我的父亲,一位严谨的老党员,年轻时便从事小学教育工作。记忆中,家里的书房是我儿时的乐园。每当我踏入这片天地,都能感受到那份庄重与神秘。我热爱翻阅父亲书架上整齐排列的书籍,尤其是他自己撰写的散文和诗篇。

父亲出生在一个农民家庭。他英俊清秀,很小就开始了他的人生旅程。在上小学和初中时,尽管他的年龄比同班同学大,但他的学习能力却非常出色。到了高中,由于交通不便,他每天都要徒步七八个小时往返于学校和家之间。

那是一个雨天,他的鞋子在泥泞的路上被扯坏了,他只得赤脚走回家,双脚被冻得通红。然而,这样的困境并没有打败他,反而让他更加关心学生们的学业和生活。他希望学生们能够拥有一个美好的未来,不再像他们这一代人那样艰辛。

如今,虽然父亲已不再站在讲台上授课,但他依旧忙碌而充实。他每天坚持前往老年人活动中心图书馆阅读,每晚准时收看《新闻联播》,笔耕不辍。几年的努力下来,他已积累了厚厚的一沓笔记。

我深深地感激我的父亲,他的言传身教影响了我,让我领悟到了教育的真谛。我也明白了一个道理:只有经历过艰辛,才能更加珍惜现在。我愿意像父亲一样,用知识和爱心去影响下一代,让他们在成长过程中感受到温暖与关怀。

二、投身教育,以新起点开启新征程

2006年的秋天,我这个湖北人,背着行囊独自踏入了深圳这座陌生的城市,加入了宝安区松岗东方红幼儿园这个大家庭。我清晰地记得开学的那个星期,孩子们哭声一片,呼唤着要回家。我左手搂一个,右手抱一个,还要照看其他孩子。每当回忆起孩子们吃饭后留下的狼藉,我的心中总会涌起一种难以言表的情感。

特别是处理他们弄脏的衣物时,我多次自我怀疑是否适合这个职业。然而,时间是最好的疗愈师。一周后,我和孩子们开始熟悉起来。我们一起玩耍,我耐心地陪伴他们,看着他们逐渐独立。

渐渐地,我们的默契越来越深,班级生活也变得有序。在交流中,我看到的不再是哭泣的脸庞,而是越来越多的笑容。这让我感受到所付出的努力都是值得的。

有人说,幼儿教师像演员,要扮演多种角色;有人说,我们像歌手,唱出孩子们心中的歌谣;还有人说,我们像舞者,见证孩子们的成长。然而,我想说,幼儿教师更像一位母亲。孩子们的成长、笑容和真挚的问候都是我最温暖的回忆。

每天清晨看到孩子们跑来问候"老师你好"时幸福感满满。疲惫时他们总会关心地围在我身边问候。他们稚嫩的声音和笑脸总能拂去我的疲惫。

从那一刻起我更加深刻地明白了自己的职责和意义也坚定了从事幼教工作的决心。我爱他们！我和我的孩子们一起分享甜蜜一起度过每一个欢乐的时光。在知识的海洋中我竭尽所能满足他们的求知欲激发他们的想象力培养他们的兴趣爱好鼓励他们的每一点进步。

三、甘做教育沃土老黄牛,育人初心永不凋

在2015年的秋天,我加入了龙华区教育的大家庭。这个领域以其多元性和包容性,热情地拥抱了每一个追求成长的年轻人,我便是其中的一名幸运者。在资深教师的培养和指导下,我从一名普通的幼儿教师逐步晋升为中层干部,再从中层干部成长为后勤副园长。

作为幼儿教师,我坚守"对待孩子充满爱心,对待工作严谨细心,对待家长真诚热心"的原则。身为中层干部,我引领后勤团队在日常工作中发现幸福、享受幸福,并传递幸福。担任后勤副园长后,我尊重、理解并信任每一位员工,努力为他们营造一个和谐民主的工作环境,让他们能够保持乐观向上的心态,拥有豁达开朗的心境,从而全身心地投入工作中。

时光荏苒,岁月如梭,转眼来到了2020年。这一年,我国学前教育改革迈入了新的阶段,在规范发展的道路上走得更远。龙华区积极响应,推行公办幼儿园体制机制改革,倡导公办学校与公办幼儿园的共生共治,将公办园建设置于学前教育改革的重要位置,推动龙华区学前教育朝着优质普惠的方向发展。这一变革的来临,让每一位教师、每一名幼儿都能在高质量学前教育的发展进程中受益。我深感荣幸能融入这股改革的洪流,将个人的理想追求与国家的事

业发展紧密相连。

然而,幼儿园体制的转变让我更加深刻地意识到学习的重要性,也让我更加清醒地认识到自己的不足。我对国家教育政策和法律法规的理解还不够全面,理论学习还有待加强。我深知,只有不断提升自己的全方位能力,才能更好地肩负起党和人民赋予的新时代使命。因此,我努力学习政治理论知识,提升自己的思想水平。同时,我也在不断弥补知识缺陷,提高自身素质和能力,以便更好地服务于党和人民的事业。我始终坚守真理和初心,勇于担当使命,积极投身于中国特色社会主义伟大事业之中。我坚信,只有不断努力,才能为龙华教育的高质量发展贡献自己的力量,为人民群众提供更加满意的教育服务。

这十七年的幼教工作历程充满了挑战与收获。挑战伴随着痛苦,也带来了成长;收获带来了快乐,也带来了感动。身边的温暖与感动源源不断,成为我前行的不竭动力。

今天,我们站在新的起点上,前方是充满挑战与机遇的道路。在党的光辉照耀下,我们坚定信念、勇往直前。党的领导为我们指明了方向、提供了力量。作为教育工作者,我们深知党的领导是事业发展的根本保证,因此必须始终坚持并全面贯彻落实党的教育方针和政策。

我们不仅要将个人的理想追求融入国家的事业发展之中,还要在党的领导下积极践行“四个意识”、坚定“四个自信”、做到“两个维护”,始终保持对党的忠诚和对教育的热爱。只有这样,我们才能在新时代的征程中奋勇前行,为龙华教育的美好未来贡献力量!

大班区域游戏案例
——电池车过隧道

黄兰钦
晋江市第二实验幼儿园

一、活动来源

大班幼儿具有强烈的好奇心和出色的动手能力。在科学活动区,他们热衷于亲自动手摆弄和组装电池、电线、铜线圈等物品,尝试点亮灯泡、驱动风车旋转。对于电力现象、磁铁的磁性以及电池的导电性,他们已经积累了一定的感性认识和实际操作经验。

某日,欣欣像往常一样选择了科学区进行活动。在经过一番操作后,她成功地让灯泡亮起。不久后,她又取出旁边的电池试图将其塞入铜线圈中。当电池在铜线圈中卡到一半时,她巧妙地利用一根吸管伸入铜线圈内将电池推了出来,并兴奋地宣称:"我让电池穿过了铜线圈!"这一幕吸引了旁边的堃堃。欣欣再次展示了用吸管将电池从铜线圈中推出的实验,并自豪地说:"看!铜线圈就像隧道,电池像小汽车一样可以穿过去。"

这番话激起了其他小朋友们的热烈讨论。帅帅提议说:"我可以用毛根把它拉出来。"希希则表示:"我可以用笔来帮忙。"乐乐想出了另一个办法:"我可以用磁铁把电池吸出来。"孩子们个个跃跃欲试,于是一场名为"电池车过隧道"的探究活动就这样拉开了序幕。

二、活动实录

1. 实录一:怎么让电池车穿过铜线隧道

次日区域活动时间,欣欣和乐乐一起到科学区玩耍。两人在班级里寻找各种材料进行实验,元亿也加入了他们。在不断的实验中,他们筛选出适合的材料,并尝试用各种方法帮助电池车穿过铜线隧道。例如,他们使用了铜线"勾"的方法、毛根"拉"的方法以及磁铁"吸"的方法等。每当实验成功时,孩子们都兴奋不已。特别是当磁铁被放置在铜线隧道上方时,电池车能够迅速地穿过铜线隧道,这引发了孩子们的阵阵掌声。这也激发了他们之间的比较心理,想要知道哪一种材料能更快地帮助电池车穿过铜线隧道。

(1)幼儿典型行为分析

1)探究欲望强烈。欣欣和乐乐在探究过程中表现出了强烈的自主性,他们能够主动思考并收集材料进行实验,同时不断对比实验结果。

2)动手能力强。后来加入实验的朋友们也能够迅速融入,他们在收集到各种材料后能够动手进行操作,甚至会尝试使用不同的方法来进行实验,表现出了较强的动手能力。

(2)支持与回应

1)提供材料支持。教师应该鼓励幼儿们大胆思考,并协助他们收集所需的实验材料。

2)梳理实验经验。教师可以通过组织讨论来分享孩子们的实验经验,例如提出话题:“你是用什么方法帮助电池车穿过隧道的?”同时,记录并分享孩子们的游戏视频,以便大家能够共同学习和交流。这样孩子们可以了解到,通过拉、推、勾、吸等多种方法都可以成功地帮助电池车穿过铜线隧道。

3)提出新的挑战。在总结了孩子们的实验经验后,教师可以进一步提出挑战性问题:“如果你们不能使用小手进行帮助,那么有没有其他方法可以让电池车自己穿过铜线隧道呢?”这个问题将激发孩子们进一步探索和创新的兴趣。

2. 实录二:怎么让电池车自己穿过铜线隧道

基于前期游戏经验,孩子们观察到磁铁能又快又省力地帮助电池车穿过铜线隧道。于是,他们收集了更多更大的磁铁进行实验。堃堃、乐乐等人一同参与实验,尝试了各种组装电池和磁铁的方法,并时时分享新发现。其中,堃堃带来的强力磁铁吸力最强,吸引了大家围观尝试。孩子们不断摆弄、组装电池和强力磁铁,探索“让电池车自己穿过铜线隧道”的方法,并记录实验结果。实验过程中有成功也有失败,每当两端装有强力磁铁的电池“咻”一下穿过隧道时,大家都会欢呼雀跃。

(1)幼儿典型行为分析

1)自主探究。堃堃等孩子在游戏中通过观察、比较、操作等方法,探究发现了电和磁的相互作用能产生电磁力,并感受了电磁效应。

2)积累经验。随着游戏的深入,幼儿积极收集材料并与同伴合作探究。在反复的实验失败与成功中,他们不断积累了关于“电磁现象”的经验,探究能力也从原有水平向更高水平发展。

3)同伴学习。幼儿在探究后能大胆地将成功的方法与旁边的朋友分享,充分发挥了同伴间互相学习的作用。

(2)支持与回应

1)梳理经验。教师通过分享记录表与投屏分享实验过程,引导实验成功的幼儿向大家演示。孩子们了解了强力磁铁具有更强的吸力及其有凹凸两面,共同梳理出组装电池的初步办法:即电池车两边组装上方向一致的强力磁铁,把整个电池车放入铜线隧道内就能使其穿过。

2)拓展认识。在幼儿取得了初步的探究成果时,教师将幼儿的游戏实验与现代科技生活相联系。通过欣赏视频,孩子们了解了电磁现象的产生原理及其在现代生活中的应用。他们感受到了科学家们发明相关高科技产品给现代生活带来的变化和便捷。

3. 实录三:不同的电池车能否穿过造型不同的铜线隧道

有了之前的成功经验,孩子们逐渐掌握了组装电池车和强力磁铁的方法,并表现出更强的探究愿望与拓展玩法的兴趣。他们动手画一画,设计出各种各样的铜线隧道,并组装出更多不同的电池车。游戏中出现了更多的精彩“哇时刻”,例如:孩子们把铜线接得更长,让电池车穿过更长的铜线隧道;把铜线隧道放到小山坡上实现爬坡行驶;把铜线圈围成螺旋形曲线行驶,或围成环形、∞形等闭合隧道进行循环行驶;在铜线圈的出口处设置纸杯障碍,让电池车借助冲力击倒纸杯等等。

(1)幼儿典型行为分析

1)创造性表现。幼儿自主选择材料挑战组装更长的电池车,并成功让电池车穿过不同造型的铜线隧道。他们在这一过程中收获到了多样实验形式的成就感与愉悦感。

2）合作性探究。幼儿在与同伴的合作互动中学习同伴的经验，形成新的经验，实现了协同发展。

（2）支持与回应

1）肯定探索精神。教师及时肯定了幼儿动手动脑、解决问题以及挑战自我的精神，让幼儿在肯定中树立了自信。

2）收集探索成果。教师通过拍照、录视频等方式记录并帮助幼儿收集他们的探究成果，实现了经验的可视化和可分享性。

三、活动反思

1. 活动特点

游戏活动内容源于真实发现。案例中的游戏内容来源于幼儿在日常科学区域游戏中的真实发现和真实经验。这种立足于幼儿真实需要的活动更能激发他们的参与兴趣并促进他们的自主探究行为。

游戏材料富有探究性。游戏中所使用的材料都是幼儿在区域游戏中所熟悉的材料。幼儿在与材料和同伴的互动中不断了解并发现了电磁现象和原理及其在生活中的应用场景。

2. 幼儿学习发展的价值

通过自主探究活动，幼儿能够发现电和磁之间的联系，并在游戏中通过观察、比较、操作和实验等方法探究发现电和磁的相互作用产生的电磁力以及感受电磁效应的魅力所在。

充分的体验活动使幼儿能够不断积累关于“电磁现象”的探究经验，并提升自己的科学素养和实践能力水平。

通过将探究成果与现代科技生活相联系的活动设计方式，可以帮助幼儿更好地了解科技应用的前沿领域和发展趋势，同时激发他们对科学的热爱之情并培养他们的爱国精神，进而形成受益终身的学习品质。

3. 反思教师支持行为的适切或不足

教师以问题为导向有效地推进了幼儿的探究活动进程，并在观察识别出他们的具体需求后提供了及时的支持和引导，帮助他们更好地进行科学探究活动。

然而，在某些情况下，由于教师自身科学知识储备的相对有限性，可能无法及时或较好地回应幼儿提出的一些深层次问题或困惑，这也提醒教师需要不断学习和提升自己的专业素养以更好地支持幼儿的科学探究活动。

4. 可能生成的教育契机以及进一步的支持策略

铜线、电池与强力磁铁等材料的组合玩法不仅局限于此，为了启发幼儿探究更多的组合玩法并拓展他们的科学思维，教师可以鼓励幼儿尝试创新性的玩法，如制作旋转的铜线装置或简易电风扇等。这将有助于培养幼儿的创新意识和实践能力，进一步提升他们对科学的兴趣和热爱之情。

“互联网+”背景下信息技术赋能幼儿园音乐活动的路径探索

胡 颖
天津市滨海新区塘沽保育院

在幼儿音乐活动中应用信息技术相较于传统音乐教学,展现出了显著的优势,并深受幼儿的喜爱。该技术能够有效地整合语言、声音、动画和视频等多种内容,从而显著降低了音乐节奏知识的讲解难度。在信息技术的有力支持下,音乐活动能够以游戏化的方式呈现,更加有效地激发幼儿参与活动的主动性和积极性。这不仅使幼儿能够更直观地理解和表达音乐节奏,而且通过音乐游戏,他们能够获得更为生动具体的体验。

一、音乐活动中运用信息技术存在的问题

(一)信息技术应用形式过于单一

信息技术在教学中的应用是一个多元化的过程,它涵盖了声音、图像、视频、动画以及交互式操作等多个维度。本文通过文献法,深入调查并研究了信息技术在中班音乐教学活动中的实际应用现状。

根据收集的数据,我们不难发现,在“买菜”“餐具交响曲”“熊和蜜蜂”这三次音乐教学活动中,教师虽然尝试运用了14次多媒体元素,但主要集中在声音元素上,达到了12次,而图像元素的使用频次则相对较低,仅有2次。这种明显的偏向性表明,教师在运用信息技术时,形式选择较为单一,未能充分利用信息技术的多维性来提升教学效果。

当教师过于依赖声音元素,而忽略其他如图像、视频等更为直观和生动的表现形式时,幼儿可能难以深入理解和感受音乐的内涵与节奏。这种单一的信息技术应用方式,不仅限制了幼儿对音乐的感知能力,还可能导致他们难以真正体验到音乐游戏的乐趣。长此以往,幼儿的参与感和体验感将会大大降低,进而影响音乐教学活动的整体效果。

(二)避免过度追求形式,注重内容与幼儿互动

幼儿的兴趣是教育的最佳引导者。在幼儿园的教育教学活动中,我们应当以幼儿的兴趣为出发点,进行活动的设计和实施,同时,也要对幼儿的知识经验进行总结和提升,为下一阶段的活动打下坚实基础。然而,在信息技术的支持下,虽然丰富的声音和动画效果能够吸引幼儿的注意力,让他们感受到学习的乐趣,但我们也需要警惕,避免让幼儿只关注表面的有趣而忽略了与教师的互动交流。

过度追求形式可能导致幼儿无法将注意力集中在教学内容上,从而难以理解音乐活动中的重点和难点。因此,在音乐活动中运用信息技术时,教师应将其作为一种辅助教学手段,以信息技术作为活动的导入和高潮部分,用以激发幼儿的好奇心,调动他们的积极性,使活动达

到高潮。

同时,教师应与幼儿进行充分的互动,为他们提供足够的思考时间,引导他们深入探索学习内容,全方位激发他们的学习潜能。我们应避免走马观花地运用信息技术,而应将其与教学内容和幼儿的学习需求紧密结合,实现真正的教育价值。

二、信息技术为“趣玩节奏”音乐活动赋能

(一)以苹果兄弟对话为情境导入游戏,激发幼儿的活动兴趣

在精心设计的课件中,我们向幼儿呈现了一个生动有趣的苹果乐园场景。鲜艳的画面和逼真的细节立刻吸引了幼儿的目光,并成功激发了他们探索的好奇心。我们运用信息化动画制作技术,让苹果哥哥和苹果弟弟以活泼可爱的动画形象出现在屏幕上,与幼儿进行有趣的互动。他们通过生动的对话,向幼儿介绍了自己在音乐中所承载的节奏元素。

苹果哥哥微笑着说:“小朋友们,我是苹果哥哥。在音乐中,每当我单独出现,就代表你们需要拍手一次哦。”紧接着,苹果弟弟也迫不及待地介绍道:“而我是苹果弟弟,我常常和小圆木一起出现,这时你们需要快速拍手两次。记住,我和哥哥在音乐中都占据一拍的时间。”为了让幼儿更直观地理解,我们用一个完整的苹果来表示苹果哥哥所代表的四分音符,而用两个半个的苹果来表示苹果弟弟所代表的两个八分音符。

(二)让幼儿充分体验音乐游戏的乐趣

为了让幼儿充分体验音乐游戏的乐趣,我们引导他们随着音乐的节奏拍手、踏脚。同时,为了提升他们的专注度,我们向幼儿提出了一个问题:“在音乐中,苹果哥哥和苹果弟弟分别出现了多少次?”随后,我们让幼儿先聆听音乐,再引导他们按照音乐的节奏拍手、踏脚,这不仅有助于他们更好地记忆音乐,还能培养他们的节奏感和表现力。

(三)进一步深化幼儿对音乐节奏的理解

为了进一步深化幼儿对音乐节奏的理解,我们设计了一款名为“苹果排排乐”的互动游戏。这款游戏在信息技术的支持下,以互动式课件的形式呈现,使幼儿能够更直观地理解四分音符和八分音符所代表的音乐节奏。在游戏中,幼儿需要根据听到的音乐,通过拖动课件中的盘子,将盘子里的苹果宝宝按照所听到的音乐节奏顺序,精确地排列到相应的位置上。这样的设计不仅增强了学习的趣味性,还有助于幼儿对音乐节奏的深入理解和掌握。

(四)鼓励幼儿创编音乐游戏玩法,体验音乐创作的乐趣

1. 自制乐器玩节奏

邀请幼儿及其家长共同参与音乐游戏。家长可以随着音乐的旋律,用杯子敲击出相应的节奏。同时,鼓励幼儿发挥创意,利用生活中的日常物品,如饮料瓶、绿豆、筷子和杯子等,自制简易乐器,并模仿家长的动作,敲击出刚刚听到的节奏。这样不仅能锻炼幼儿的动手能力,还能让他们体验到音乐创作的乐趣。

2. 灵巧的身体节奏拍打

根据音乐的节奏变化,引导幼儿与家长进行身体互动。鼓励幼儿与家长共同拍打身体的不同部位,如手掌、膝盖、肩膀等,进行有趣的节奏拍打游戏。这样的活动不仅能增进亲子之间的情感交流,促进和谐亲子关系的发展,还能帮助幼儿更加深入地理解和感受音乐的节奏变化,进一步巩固他们对音乐节奏的认知与掌握。

三、信息技术在音乐活动中的应用策略

(一)以音频为引导,深化音乐节奏感知

借助多媒体网络资源,我们可以轻松搜索到丰富的幼儿园音乐游戏资源。经过精心筛选,选择适合本班幼儿的音乐节奏游戏,为活动进行精心预设。通过播放音频,引导幼儿初步感知音乐节奏,为后续音乐游戏的开展奠定坚实基础。音频的形式不仅保护了幼儿的视力,还能充分激发幼儿的听觉感官,使他们能更专注地感受音乐节奏。

相较于传统音乐教学活动中需要另一位教师配合伴奏的局限性,以及钢琴伴奏的单一性,信息技术为我们提供了更多可能性。它能够营造更加浓厚的音乐氛围,使教师能够更灵活地引导幼儿感知音乐节奏和韵律。同时,信息技术的应用也加强了教师与幼儿在音乐活动中的互动与沟通,使教师能够更及时地反馈幼儿的表现。

更重要的是,信息技术为我们提供了丰富的音乐资源。通过搜索,我们可以找到各种所需的音乐类型,并利用音乐编辑软件对音乐进行剪辑、合成、加入配音等操作,制作出符合活动需求的音乐片段。这不仅丰富了音乐活动的内容,也大大减少了幼儿在活动中的等待时间,使活动更加高效、有趣。

(二)动态导入,创设情境,开展音乐游戏

苹果哥哥和苹果弟弟以活泼生动的动画形式登场,他们各自介绍了自己在音乐中所承载的节奏。通过这一方式,我们将“苹果”这一具象化的节奏与“音符”这一抽象化的节奏同时展示给幼儿,作为他们学习和理解的提示。在活动中,我们首先让幼儿聆听音乐,随后引导他们随着音乐的节奏拍手、踏脚,以延时表现的形式,共同记忆音乐、辨识节奏、表达节奏。视频的运用极大地激发了幼儿参与活动的兴趣,使他们在愉悦的氛围中体验音乐游戏的乐趣,达到了以“情”入题、以“趣”入题的良好效果。

对于中班幼儿而言,他们的思维以具体形象为主,依赖具体事物的表象以及这些表象之间的关联来进行认知。在传统的音乐教学活动中,教师常常使用画面或挂图作为导入工具,以静态的画面和单一的感官刺激来帮助幼儿理解活动内容。然而,在信息技术的支持下,我们将活动内容精心制作成动画,展示给幼儿的是一幅幅充满生机的动态画面,配以生动逼真的立体声音效果。这样的教学方式比单一的图片更能吸引幼儿的注意力,为他们营造了一种仿佛身临其境的活动氛围,极大地激发了幼儿的好奇心和活动参与的积极性。

(三)以互动式课件为媒介,深化音乐节奏理解

借助希沃互动式课件平台,我们开展了“苹果排排乐”的趣味游戏,旨在帮助幼儿深入理解四分音符和八分音符所代表的音乐节奏。在游戏中,幼儿需依据所听到的音乐旋律,通过拖动课件中的盘子,将盘子里的苹果按音乐节奏顺序摆放至相应位置。这一创新的游戏形式,将抽象的音乐节奏具象化、直观化,不仅增强了教学的灵活性,便于教师灵活应变,同时也极大地激发了幼儿主动学习的热情和兴趣。

交互式课件在音乐游戏活动中的应用,无疑为幼儿园的教育教学活动注入了新的活力。它基于教育心理学原理,通过电子白板的科学运用,将视听信息转化为生动的视听形象,让幼儿在音乐活动中获得前所未有的感官体验。

相较于传统的幻灯片课件,交互式课件的一大优势在于其互动性。幼儿可以通过触碰屏

幕，亲自操作并拖动课件中的元素，亲身参与音乐节奏配对游戏。更为人性化的是，课件能够即时反馈幼儿的操作结果，让幼儿在视觉、听觉、触觉的共同作用下，深入感受音乐节奏，突破学习难点，从而达到更佳的教学效果。

（四）以“钉钉”为桥梁，深化家园共育

通过引入亲子音乐游戏“自制乐器玩节奏”和“灵巧的身体”，我们为幼儿和家长创造了一个独特且富有创意的互动平台。幼儿和家长可以共同使用饮料瓶、筷子、杯子等日常物品作为游戏材料，以肢体交流的方式，激发幼儿在音乐游戏中的创造性思维，同时增进亲子间的情感纽带。

借助钉钉软件的视频连线功能，我们将音乐游戏的乐趣延伸到了家庭之中。在疫情常态化的背景下，这一举措使得幼儿即便在家中也能与爸爸妈妈共同享受音乐游戏的欢乐。这种家园共育的模式不仅丰富了幼儿园音乐活动的内容，也为教学活动的开展提供了更为丰富的家长资源。钉钉软件在此过程中发挥了桥梁作用，促进了家园之间的紧密联系与合作。

综上所述，信息技术的运用在幼儿园音乐活动中起到了至关重要的作用。它不仅能够激发幼儿参与音乐活动的热情，丰富他们的感官体验，还能够创新幼儿园教育教学活动的方式方法。通过将抽象的知识体验直观化、形象化、动态化，信息技术满足了幼儿具体形象思维发展的特点。

作为新时代的幼儿教师，我们应紧跟时代步伐，根据班级幼儿的特点和兴趣，大胆尝试多元化的教学模式。通过营造轻松愉悦的学习氛围，我们可以将更多现代化的信息技术科学地融入教育教学实践中。在不断提升自身专业水平的同时，我们还应充分发掘信息技术的优势，避免其在教学活动中的潜在弊端，让信息技术成为推动幼儿园教育教学发展的重要力量。

结合幼儿的个性特点，我们可以采用针对性的教学模式，使幼儿园教育教学更加趣味化、科学化与规范化。这不仅有助于幼儿的全面发展，也将为他们的未来成长奠定坚实的基础。

一日活动中的入学准备教学策略

陈端平
重庆市渝北幼儿园

当前,入学准备已成为社会热议的话题。2021 年 3 月 30 日,教育部颁布了《幼儿园入学准备教育指导要点》(以下简称《要点》)。《要点》着重指出:"应将入学准备教育自然地融入幼儿园三年的保育与教育全程中,协助幼儿全面做好身心准备,确保他们从幼儿园到小学的平稳过渡。"基于此,幼儿园应积极且科学地推进入学准备教育。那么,在幼儿进入小学前,我们具体应做好哪些准备工作呢?

一、身心准备

(一)培养对小学的向往情感

在日常生活中,幼儿对小学生活总是充满好奇。例如,他们会探讨小学是否有午睡?小学的饭菜是否可口?小学的桌椅大小如何?小学是否有操场?教师通过积极引导,帮助幼儿了解幼儿园与小学的差异,从而激发幼儿对小学生活的渴望,减轻他们的入学焦虑。

在大班下学期,我们提供多元化机会,让幼儿通过直观感知、实际操作与亲身体验来积累经验,全方位做好身心准备。例如,组织幼儿参观附近的小学,让他们与小学生、小学教师面对面交流,并体验小学的课堂、课间操、升旗仪式等,从而帮助幼儿对小学的学习生活有初步了解。

(二)培养良好的运动习惯

良好的运动习惯有助于增强幼儿体质,保持积极心态,并提升他们的身体素质。例如,我园的阳光体适能活动、体能大循环活动以及早操活动等。尽管园内活动场地受限,但我们通过集体研讨,高效利用幼儿园的每一块空地,并依据不同场地设计多样化的运动项目,以激发幼儿的参与热情。在阳光体适能活动中,教师会巧妙地摆放运动器械来扩展跑道;遇到雨天,教师还会灵活利用各班级教室,设计不同难度的运动项目,以锻炼幼儿的走、跑、跳、攀爬、平衡等运动技能;而园外的户外体能大循环则打破了年龄与班级的限制,使幼儿能够自由选择小中大班的运动项目。因此,在运动器械的使用、项目难度的设定、锻炼方式的选择及同伴交往等方面,我们赋予了幼儿更大的自主权;在时间规划上,从原先的 40 分钟延长至 1 小时,从而确保幼儿的运动时间,有效锻炼他们的大肌肉动作。

二、生活准备

(一)建立规律的作息习惯

经观察,部分幼儿及家长的时间管理意识不强,常拖延行事,缺乏合理规划,导致幼儿经常迟到。为此,我们采取了以下措施。

(1)在语言区投放大量关于时间管理的绘本,供家长和幼儿阅读。

（2）发布调查问卷《我的入睡时间表》，指导家长调整幼儿的睡眠时间，以培养早睡早起的习惯。

为了进一步帮助幼儿适应小学的作息，并加强他们的时间观念，在幼儿掌握整点和半点的概念后，班级中开展了"守时宝贝"入园签到的活动。在此活动中，幼儿每周都会在"守时宝贝"记录本上登记自己的入园时间，8∶15 前入园的幼儿都可获得点赞。同时，根据日常观察，幼儿对送晨检卡、为自然角的花草浇水等任务表现出浓厚兴趣。因此，我们从幼儿的兴趣点出发，对每周五天都能准时入园的幼儿颁发"全勤宝贝"奖励，并允许他们选择自己感兴趣的任务，从而促使幼儿养成规律作息的好习惯。经过一个学期的坚持，经常迟到的幼儿也能按时入园，养成了守时、不拖延的好习惯。

（二）提升生活自理能力

陈鹤琴先生曾言："儿童能自己做的，应让他们自己去做。习惯养成良好，将终身受益；习惯不良，则终身受害。"因此，从小班开始，我们便坚持让幼儿自己做事。例如，小班幼儿自己穿脱鞋子和外套；中班幼儿自己拉拉链、扣扣子、叠衣服；大班幼儿则自己叠被子、系鞋带等。

在大班下学期，我们观察到幼儿在物品分类整理和保管方面能力有待提高。为了增强幼儿有条理的收纳整理能力，我们采取了以下 2 种策略。

（1）模仿小学课桌，为每名幼儿配备一个个人收纳盒，用于存放幼儿在一日活动中经常使用的物品，如水彩笔、图画本和未完成的作品等。同时，定期组织幼儿整理自己的收纳盒。

（2）整理书包和书包柜。我们注意到，幼儿在使用书包柜时，常将运动时脱下的衣物、使用过的文具等随手塞入书包柜，导致书包柜混乱，幼儿物品经常丢失。因此，我们开展了"小书包里有什么"活动，并与幼儿共同设计了《书包整理小达人》表格，以便不定时检查幼儿书包和书包柜。经过一个学期的坚持，幼儿已能妥善保管个人物品，物品丢失现象减少，书包柜更加整洁，书包内物品摆放也更有序。由此可见，良好的收纳整理能力并非一蹴而就，而是需要长期坚持。最终，通过家园共育，幼儿学会了分类整理和有序存放个人物品的方法，养成了良好的收纳习惯。

（三）培养良好的劳动习惯

在幼儿园中，教师与幼儿共同制定班级劳动计划。例如，班级内设有图书管理员、小小值日生等角色。在小小值日生活动中，对于能独立完成分发餐具、擦桌子、扫地等班级劳动的幼儿，我们会给予鼓励和点赞。

在家庭中，我们加强家园合作，指导家长鼓励幼儿参与力所能及的家务劳动。例如，幼儿与父母共同讨论，制定了"家庭小主人"之我的劳动计划，让幼儿在洗碗、扫地、倒垃圾、洗毛巾等家务劳动中体验劳动的光荣，从而从小养成良好的劳动习惯。

三、社会准备

（一）培养幼儿交往合作能力

为了提高幼儿的交往能力，我们采取了以下措施。首先，开展大带小的班级结对活动，通过组织庆祝传统节日、讲故事、亲子外出等活动，增进不同班级幼儿之间的交流与互动。其次，在混龄角色游戏中，如电影院、建筑工地、茶吧、皮影戏等，我们打破了班级、年龄的限制，实现了全园的区域混龄。例如，在"皮影戏"游戏中，我们招募各个年龄段的幼儿来表演皮影戏，并鼓励宣传人员吸引其他班级的小朋友和老师前来观看。这样的活动让孩子们敢于大胆地结交新朋友、认识新老师,提高了他们的自信心,丰富了交往经验,并增强了他们对新环境和新集体的适应能力。

为了提高幼儿的合作能力,在建构游戏中,我们针对幼儿自发的合作行为较少的情况,进行了一系列的引导。在搭建之前,我们首先让幼儿了解建构区的角色及其职责。其次,引导幼儿观察、模仿教师是如何扮演设计师角色,如何与他人讨论、分工,并在其他角色遇到困难或发生矛盾时,观察设计师是如何处理的。最后,让幼儿看到设计师是如何与大家合作搭建的。通过观察和模仿,幼儿逐渐学会了如何扮演好设计师这一角色,并且逐渐展现出自发的合作行为。

(二)培养幼儿的任务意识

在组织活动的过程中,为了培养幼儿的任务意识,当需要家长协助幼儿准备活动材料时,我们不再把任务发布在群聊里,而是有意识地直接将任务告知幼儿。我们要求幼儿在理解任务要求后,主动向家长清晰地转述任务并一起准备。例如,在开展科学活动“光影妙趣多”时,需要每位幼儿准备一个布娃娃和一只小手电。我们将任务告知幼儿,由他们转述给家长,以此来检验幼儿是否能够准确记住并传达任务。最后,通过每周小结的形式,让家长了解培养幼儿任务意识的重要性。

四、学习准备

(一)培养幼儿的专注力

在一日活动中,我们有意识地开展需要一定专注力和坚持性才能完成的游戏和活动。我们保证幼儿有充足的活动时间和空间来专注地完成任务。例如,在科学区开展的实验活动“小弹珠旅行记”中,幼儿需要在两个量杯中倒入相同的水量,再放入大小不同的两个塑料碗进行实验猜想,并记录哪个碗装的弹珠多。最后,幼儿在碗中逐步放入弹珠来验证自己的猜想。这样的活动有效地提升了幼儿的专注力。

(二)培养幼儿的阅读习惯

阅读对幼儿的一生具有重要影响。良好的阅读习惯不仅能增长幼儿的知识,还能促进幼儿观察力、想象力和语言表达能力的发展,使幼儿终身受益。因此,我们开展了多项活动来培养幼儿的阅读习惯,如小小播报员活动、渝幼小主播活动、渝幼小讲堂、大讲堂活动、班级图书漂流活动、亲子阅读活动以及睡前故事等。这些活动让幼儿喜欢阅读,养成每天阅读的习惯,并敢于在集体面前大胆讲述。

五、入学准备新思考

(一)注重入学准备教育各方面的有机整合和渗透

《幼儿园入学准备教育指导要点》指出,幼儿入学准备教育应从身心准备、生活准备、社会准备和学习准备几个方面入手。这些方面既相互独立又有机融合和渗透。因此,我们不应片面追求某一方面或几方面的准备,更不能用提前学习小学的知识技能来代替全面准备。我们应注重这些方面的均衡发展,以帮助幼儿更好地适应小学生活。

(二)三方协同,形成教育合力

入学准备教育是一个循序渐进的过程,应从幼儿园小班开始逐步渗透。在实施入学准备教育的过程中,我们应积极寻求家庭的配合,主动与小学衔接,真正做到幼儿园、家庭、小学三方协同合作,形成教育合力。这样可以帮助幼儿逐步做好身心各方面的准备,顺利过渡到小学生活。

幼儿劳动教育重要性与实施策略研究

王冠壹
深圳市坪山区松韵幼儿园

一、引言

幼儿期是人生中最为关键的成长阶段之一,对于幼儿的全面发展具有至关重要的作用。在传统观念中,幼儿期常被视为无忧无虑、以玩乐为主的时光,而劳动教育则通常被认为是适用于较大孩子或成人的教育形式。然而,随着教育理念的不断更新和对幼儿全面发展的日益重视,越来越多的研究开始深入探讨幼儿劳动教育的重要性及其具体实施策略。

幼儿劳动教育,即通过让幼儿参与一定形式的劳动活动,旨在培养他们的劳动意识、劳动技能和劳动习惯。它并非仅仅是让幼儿从事简单的劳动,而是通过劳动这一媒介,全面促进幼儿的身心发展。如今,无论是在幼儿园还是家庭教育中,幼儿劳动教育都受到了越来越多的关注和重视。

二、幼儿劳动教育的重要性

(一)培养劳动意识

培养幼儿劳动意识,是指在幼儿成长过程中,通过引导他们参与劳动活动和相关教育,使其逐渐认识到劳动的价值和意义,进而形成积极的劳动态度和价值观。幼儿的劳动不仅限于体力劳动,还包括自我服务、为他人服务以及参与日常生活等多个方面。

通过参与和体验劳动活动,幼儿能够逐渐领悟到劳动的价值所在。他们会明白,劳动不仅是实现个人价值、为社会做贡献的重要途径,更具有不可替代的重要性。因此,培养幼儿对劳动的积极态度,是劳动意识教育的核心所在。这种积极态度表现为幼儿对劳动任务的主动参与和乐观面对,愿意主动付出努力,积极寻求解决问题的方法和克服困难的途径。通过劳动教育,幼儿能够亲身体验到通过努力和劳动所带来的成就感和自豪感,从而形成积极健康的心理状态。

(二)发展动手能力

动手实践是幼儿发展动手能力的重要途径。通过动手实践,幼儿可以锻炼手指的灵活性、手眼协调能力以及精细动作的控制能力,从而促进其感官和运动技能的发展,提升整体动作能力。这种动手能力使幼儿能够通过亲身实践去探索和认识世界。通过触摸、抓握、拆解等动手活动,幼儿能够获取更多的触觉和空间感知经验,进而加深对事物特征和相互关系的理解。

劳动教育为幼儿提供了宝贵的实践机会,使他们能够亲身参与到实际的劳动活动中去。通过实际操作和实践体验,幼儿可以运用自己的双手和身体去感知、探索和处理事物,从而促进动手能力的发展。在劳动活动中,幼儿通常需要动手、动眼、动脑,综合运用多种感官和运动能力。这样的活动不仅能锻炼幼儿的手指灵活性、手眼协调能力等,还能促进其整体感官和运动技能的发展。同时,劳动活动还能鼓励幼儿主动思考、探索和解决问题,在实践中运用想象力和创造力,提出解决问题的方法和策略。

(三)培养合作精神

幼儿劳动教育对于合作精神的培养具有举足轻重的意义,而合作精神在幼儿的发展过程中又扮演着至关重要的角色。在幼儿劳动教育中,通常需要幼儿们在团队中协作完成任务。通过与他人合作,幼儿们学会了如何协调、沟通、分工合作以及相互支持,从而培养了团队合作的意识。这种团队合作意识的培养使幼儿们深刻体会到集体的力量和合作的重要性,为他们日后的社交互动和合作能力的发展奠定了坚实的基础。

在幼儿劳动教育中,幼儿们会与他人共同参与劳动活动,共同分享任务完成后的喜悦和成果。在这一过程中,他们学会了如何分享资源、知识和经验,从而培养了分享与互助的精神。这种精神的培养使幼儿们懂得与他人分享和合作的重要性,进而培养了互助和关爱他人的优良品质。同时,在劳动教育中,幼儿们既要关注自己的任务和责任,也需要考虑他人的需求和合作意愿。这种平衡能力的培养使他们在合作中能够维护自己的权益,同时尊重和关心他人的需求和权益。在合作过程中,幼儿们可能会遇到问题和冲突。然而,通过与他人共同解决问题和冲突,他们学会了如何倾听、理解和尊重他人的观点,从而培养了解决问题和冲突的能力。这种能力的培养对于提升幼儿的社交适应能力和自我调节能力具有深远的意义。

(四)培养自理能力

劳动教育对于培养幼儿的自理能力具有显著的效果,而自理能力在幼儿的成长和发展中又具有不可忽视的重要性。为此,家长和教育工作者必须纠正对幼儿劳动教育的误解和忽视。特别是教育工作者,应致力于使劳动教育的内容和方法更加多样化和实践化,摒弃以说教为主的传统品德教育方式。相反地,教育者应为幼儿提供亲身参与劳动实践的机会和平台,让他们能够从实践中获得深刻的体验和成长。这种转变将确保劳动教育不会沦为空洞的形式主义,而是成为真正有助于幼儿全面发展的有效教学手段。

另一方面,家长也应积极响应并满足幼儿的发展需求,鼓励并引导幼儿完成力所能及的任务和活动,从而促进其独立性和自主性的提升。通过劳动教育中的各种实践活动,如整理个人物品、参与家务劳动等,幼儿能够逐步培养起独立完成日常事务的能力和习惯。他们不仅学会了自己动手解决问题和完成任务的方法与技巧,还逐渐摆脱了对成人的过度依赖心理,从而培养了独立自主的个性和品质。同时,在参与劳动活动的过程中,幼儿也能够更加明确自己对任务和环境的责任感与担当精神,进而培养了良好的责任感和自我约束能力。

此外,劳动教育还要求幼儿按照一定的步骤和规则进行操作与实践活动。通过参与这些有序且规范的劳动过程,幼儿能够逐渐养成遵守秩序、按规定行事的良好习惯与行为方式,从而培养了良好的秩序意识和规则意识。这些素养的提升不仅有助于增强幼儿在社会生活中的适应能力和竞争力,还为其未来的全面发展奠定了坚实的基础。同时,成功地完成自己的日常事务也可以极大地增强幼儿的自信心和自尊心,提升其自我形象和自我价值感。自理能力的培养需要幼儿进行动手操作和思维活动的有机结合与协调发展。这种手脑并用的学习方式不仅促进了幼儿的身体发育和动作协调能力的提升,还对其认知发展产生了积极的推动作用。例如,通过动手操作和实践活动,幼儿可以锻炼和提高自己的手眼协调能力、空间认知能力等关键素养。这些素养的提升又进一步促进了幼儿独立性和自主性的发展,使其逐渐减少对成人的依赖心理，更加自信和自主地面对生活中的各种挑战与机遇。

三、幼儿劳动教育的实施策略

（一）增强幼儿的劳动认知与技能

幼儿应具备基本的生活自理能力，并能参与适合其年龄的劳动活动，例如照料植物和动物。同时，他们还应学习正确使用铲子、锄头等常用劳动工具，以此增强其体力、智力和创造力。例如，在幼儿园的种植活动中，应鼓励幼儿独立完成浇水、除草、防治害虫、修剪黄叶等任务。通过让幼儿全程参与种植活动，可以培养他们的劳动实践能力，并使其掌握特定技能。劳动活动还有助于培养幼儿的独立性，因为这是一项需要自力更生的工作。家长和教师应为幼儿提供充足的劳动机会，从而减少他们对成人的依赖，并培养他们独立承担责任的意识。这种独立意识的逐步培养有助于形成健康的心理观念。

（二）激发幼儿劳动的情感

要营造积极的环境和氛围，使幼儿能够感受到劳动的乐趣和成就感。教师可以通过表达对幼儿劳动的认可和鼓励，赞赏他们的付出和劳动成果，以此激发幼儿的情感积极性。同时，应设计与幼儿年龄和兴趣相符的劳动活动，增加活动的吸引力和趣味性，让幼儿在劳动中体验到快乐和乐趣，从而激发他们的积极情感。

幼儿园内可以设立互动区，如饲养角和种植园，根据不同的分类进行分配和组织。这样可以让幼儿通过近距离接触饲养区的小动物和田地里种植的植物，与自然环境进行情感交流。在炎热的天气里，幼儿可以集思广益，想出具有创意的避暑方法；在暴雨来临前，幼儿可以合作搭建简易雨棚，保护菜园，从而提升团队合作能力和解决问题的能力；冬天来临，幼儿可以在棚内添加棉花和稻草等材料，为小动物提供足够的保温材料。这种照顾生物和栽培植物的经历，能让孩子们体验到生产劳动带来的快乐和成就感。

（三）养成幼儿劳动的习惯

培养幼儿的劳动习惯是一个长期且需要持续坚持的过程。因此，向幼儿强调劳动的意义，并为幼儿确立适合其年龄特点的劳动目标至关重要。劳动是培养幼儿积极向上的道德品质、提升幼儿生活和学习能力、发展幼儿可贵品质的重要途径。经验证明，许多值得称道的品质和技能都是在劳动中培养出来的。

首先，可以在幼儿园内各班实施值日活动，包括值日岗位设置、值日工作模式、值日标志（包括值日操作墙和值日工作标志）以及值日评价。在班级环境中，值日生由幼儿轮流担任，每个值日生的具体职责、工作内容和分工由师生集体讨论确定。一天中值日生的分配以幼儿到校的先后顺序为依据。先到的幼儿可以选择自己喜欢的值日角色，把自己的照片放在相应的劳动栏里。在第一轮值日活动中，教师指定值日组组长，其他幼儿和教师共同担任星级评价员。在每一学年结束前评选出“值日之星”。在随后的几轮中，表现突出的幼儿将成为下一轮的值日班长。教师逐渐退出直接参与，转而激发幼儿的自主意识，培养他们的劳动意识。

（四）利用家园共助幼儿成长

在《关于当前发展学前教育的若干意见》中，强调了家园共育的重要性，指出“要把幼儿园教育和家庭教育紧密结合，共同为幼儿的健康成长创造良好的环境”。因此，劳动教育的范围也不应仅局限于幼儿园，而应由幼儿园和家庭共同参与劳动教育。幼儿教师应搭建好家园合作的桥梁，通过微信、公众号等多种沟通方式，向家长透明地展示和传达幼儿在幼儿园的情况。

同时,利用家园栏、家长会、网络讲座等多种交流渠道,向家长推荐适合的家庭劳动教育方式。此外,还可以邀请家长参与班级劳动活动,让家长了解劳动任务的安排和有效策略。为了促进实时了解和交流适合家庭劳动教育的方法,可以在线或离线进行“家访”,分享成果和建议。

四、结语

总之,为了培养幼儿的劳动意识,提高幼儿的劳动技能,教师必须摒弃传统的、单调的劳动教育方式。教师应将幼儿的全面发展放在首位,采用多样化、参与性、实践性的劳动教育方法。同时,不断丰富劳动教育的内容,让幼儿在劳动实践活动中提高劳动能力、获取知识、积累经验。此外,在劳动教育过程中,教师应注重兴趣、启发、探索等要素,让幼儿学会自主探索、合作探索。这样才能逐步提高幼儿的劳动技能,促进幼儿的全面发展和健康成长。

《幼儿园保育教育质量评估指南》引领下探寻幼儿园高质量发展的有效路径

陈 慧
北京市怀柔区第三幼儿园

"把提高质量作为教育改革发展的核心任务""树立以提高质量为核心的教育发展观,注重教育内涵发展"是《国家中长期教育改革和发展规划纲要(2010~2020)》提出的战略目标。这标志着我国教育已经步入了以质量为核心的发展时期,同时也指明了我国幼儿教育必须遵循的发展方向。为了贯彻党中央的决策部署,并满足提高学前教育质量的迫切需要,2022年2月,教育部颁布了《幼儿园保育教育质量评估指南》(以下简称《评估指南》)。该文件贯穿幼儿园保育教育的全过程,聚焦了影响幼儿园高质量发展的关键要素。自文件颁布以来,我们不断地学习、研究、实践和反思,逐步理清思路,转变教育观念与教学行为,致力于全面推动幼儿园高质量发展的目标。

一、转变理念,坚定不移"以儿童为主体地位"

为有效落实《评估指南》,我们更新了教育理念,转变了教育行为。在日常保教活动中,老师们时刻用四个问题来审视自身的教育教学行为:是否"相信每一个幼儿都是积极主动、有能力的学习者"?是否"尊重个体差异,遵循幼儿身心发展规律和学前教育规律"?是否"坚持以游戏为基本活动,珍视生活和游戏的独特价值"?是否"最大限度地支持和满足幼儿通过直接感知、实际操作和亲身体验获取经验的需要"?我们通过问题驱动、实地观察、自我评估、行为调整、总结策略等五种行动研究方法,解决困惑问题,达成教育共识。

(一)走进儿童内心——让游戏成为幼儿园活动的核心

游戏是幼儿获取经验最直接的一种方式。在日常教学中,教师真正走进儿童内心,聆听每一名儿童的所思所想,真正做到"倾听儿童,相伴成长"。"六一"庆祝活动,老师将活动重点从"以结果为中心"转化为"以过程为重点",将单一的演出形式变为多元沉浸式的互动体验。师幼共同设计了50个游戏体验区。

在奇趣乐园中,孩子们可以捉泥鳅、钓小鱼、体验造云机、畅享泡沫之夏,他们在自然游戏中积极尝试,体验探究的乐趣。在花果乐园中,孩子们感受水墨长廊、花园写生、创意扎染等带来的艺术氛围,他们大胆表达,提升了艺术审美情趣。在爱心市集中,孩子们将自制的艺术品、家中的玩具和图书带到幼儿园,和同伴间进行以物换物或售卖,将筹集的所有善款用于公益活动之中。这种"小手拉大手"的形式传递了绿色环保和关爱他人的情感,养成了良好的品行。别样的六一亲子游园会,让孩子们自发地制定游戏计划、自主选择游戏材料和玩伴,充分体验和同伴一起游戏的快乐。这既满足了他们爱玩的天性,也在快乐中获得了自信,真正体现了孩子是游戏的主人。

(二)观察儿童行为——让互动成为幼儿园教学的基石

儿童行为观察与支持是幼儿园教师必备的专业素养,更是幼儿园质量提升的重要基石。《评估指南》强调,教师只有及时记录、持续观察以及客观全面地分析,才能提供有针对性的指导。我们引领教师要将观察、记录、分析作为日常保教常态化的工作。我园采用日常观察、随机观察、定向观察和集中观察相结合的模式,以提升教师在一日生活中观察及解读幼儿行为的能力。

在日常教学中,我们分析教师观察及解读幼儿行为的现状;在教研活动中,我们梳理教师观察幼儿行为的方式;在教育实践中,我们形成教师记录幼儿行为的方法;在案例分析中,我们提升教师分析解读幼儿行为的能力。教育教学活动中以观察为重点,我们给予幼儿高质量的互动支持,以促进幼儿健康、富有个性的发展。因此,园所教育教学质量得到了稳步提升。

(三)支持儿童发展——让儿童成为幼儿园课程的起点

我园一直将高质量学前教育的着力点放在园本课程建设上。园内四千多平方米的自然生态区域,植被种类丰富、设备设施齐全,这不仅是孩子们最喜欢的天然游戏场所,也是我园"乐"系列自然课程资源的不竭源泉。

例如,在金秋时节,当花果园里的桃子、核桃、花生、苹果等水果和农作物成熟时,孩子们期待已久的秋收采摘节便拉开了帷幕。在秋分时节,孩子们自发地准备各种工具,兴高采烈地去刨花生。他们发现花生原来是长在地下面的、是一串串的,刨出来的花生抖一抖就变干净了!孩子们把花生一个一个摘好、洗干净后分享给同伴和老师。他们发现原来花生的味道是甜甜的、脆脆的。这种真实的劳动体验让孩子们展现出了专注、持久、不怕苦、不怕累的学习品质,并且五大领域的能力都得到了发展。得天独厚的环境资源为孩子们提供了真实劳动体验的机会,使他们积累了丰富的生活经验。在摘枣时,由于高处的枣够不到,孩子们思考如何快速摘完枣子。他们想到了用长棍子敲击枣树的枝干来获得打枣的经验。当面对软软的柿子时,他们担心柿子一不小心就会掉到地上摔烂。于是孩子们发明了摘柿子的小网兜,还把班级不用的桌布制作成大网兜。几个小朋友一起合作,使得柿子能够被摘得更多、更快。在一次次真实的体验中,孩子们创造工具、总结技巧、积累劳动经验并展现出了劳动智慧。

二、聚焦现场,不遗余力"以质量为发展核心"

(一)教学现场——教学实践助力教师专业成长

为深入贯彻《评估指南》精神,有效提升我园教师队伍的专业素养和保教工作质量,我园开展了以"教以共进·研以致远·学以潜心"为主题的系列活动。通过区域、集体、户外及半日活动展评,以及园长、业务干部、骨干教师的示范课和研究课等途径,引领教师实现专业化成长。这使教师清晰地认识到:活动前,应依据幼儿的已有经验设计教学活动,准备丰富且适宜的游戏材料,以满足不同幼儿的个性需求;活动中,要关注幼儿的游戏行为,适时介入活动,给予有效的支持,并尊重及回应幼儿的想法和问题,及时记录幼儿的游戏行为;活动后,要加强记录和反思,并进行客观全面的分析,以便在后续活动中提供有针对性的支持。通过走进教学现场,在观摩与探讨中开拓教师思路,形成"互促共进"的研训模式。

(二)研训现场——教研先导助推教师教学水平

在日常教研中,我园始终遵循问题驱动式的教研模式。教研内容源于教师在保教实践中遇到的最迫切、最关键的问题。例如，通过双向调研，我们发现教师在观察幼儿行为、分析玩具价值、把握游戏介入时机等方面存在问题。针对这些问题，我们确定了教研主题，并开展了体验式、参与式培训活动。这使教师在沉浸式的教研中发现了玩具潜在的教育价值，了解了幼儿的游戏需求，从而能够为幼儿游戏提供有效支持。

在行政教研时，园长带领业务干部深入班级，聚焦主题环境创设的问题。我们以《评估指南》中幼儿游戏表达表征的评估要点为依据，开展行政教研。这引领教师在创设环境过程中，将注重结果性呈现转变为注重幼儿与人、与事、与物互动过程的记录。同时，我们强调环境的游戏性、互动性、探究性，充分发挥环境育人的功能，这体现了教师儿童观的转变。

（三）科研现场——科研引领推动园所内涵发展

教育科研是推进课程改革、解决教育教学难题、促进幼儿园高质量发展的重要措施。我们以“课题为引领，教科研相融合”为工作思路，将《评估指南》作为研究依据，在不同的年龄阶段积极开展支脉式的课题研究。这使我园的科研工作不断朝着“科研兴园，科研兴教”的方向努力。同时，我们邀请幼教专家走进我园教科研现场进行专业引领，使教师有机会向专家汲取科学、权威的专业知识，深刻领悟《评估指南》精神，夯实理论经验，更新教师的教育观念，为园所可持续发展赋能。

三、科学评估，客观全面，以过程为评价路径

《评估指南》为幼儿园干部、教师在评价过程中提供了抓手，使他们能够全面、客观、系统地分析教师发展和幼儿发展，进而采取有效措施，发挥以评促教、以评促改的作用。

首先，我们突出过程性评估。秉承“一日生活皆课程”的理念，我园将评估指标细化到一日生活的各个环节。老师们利用音频、视频、图像、文字等不同方式观察记录幼儿的游戏行为，并根据评价指标进行分析。业务干部则利用教研活动、业务学习等进行研讨，提升教师捕捉幼儿行为敏感性的能力，并给予及时解读和回应。这有助于我们发现每一个孩子最需要的关切点。

其次，我们注重多元化评估。通过延展评估范围，从不同层面去对接《评估指南》，以审议教育教学活动的实效性。具体而言，我们从保教管理层面考虑，在制定学期、月、周、日保教计划和撰写总结过程中对接评估要点，确保计划与总结的科学性；从主题活动层面考虑，我们在主题开展前分析幼儿已有经验，在开展中注重过程性的观察与记录，并在开展后注重五大领域不同形式的表达与表现；从教学层面考虑，我们通过对比分析活动组织和师幼互动的有效性，进而及时进行反馈调整；从教师个体层面考虑，我们关注幼儿发展的整体性、自主性以及教师善于抓住教育契机等专业能力。这些能力在实施《评估指南》的过程中得以提升。

最后，我们实行层级式评估。我园全体干部、教师通过学习《评估指南》，将指标与自身的实际工作相结合。一方面，十位干部进行包班式管理指导，他们充分利用评估指标去评估园所发展、卫生保健、保育安全以及教师的教育教学行为等，并提供有针对性的指导。另一方面，教师通过评估指标去审视自身的教育教学行为，这促进了教师的主动参与。通过集体诊断，教师能够反思自身的教育行为，寻找差距并提出改进措施，从而促进自身专业能力的发展。

开展家庭生活教育　科学做好幼小衔接

陈　慧
北京市怀柔区第三幼儿园

2021年3月,教育部发布了《关于大力推进幼儿园与小学科学衔接的指导意见》。幼小衔接是幼儿园和小学两个教育阶段平稳过渡的关键过程,也是幼儿成长中的重要转折点。当幼儿从幼儿园进入小学,他们会面临教育条件和生活环境的改变,从而需要应对许多新的问题。在这个过程中,幼儿必须努力适应新环境,并建立起一套新的行为方式,以满足新环境的适应性需求。当前,仍有许多家长对学习的认知较为片面,他们认为只有"集体上课"才是学习,只有学会了多少汉字,会算多少加减法,会背多少古诗词才算是真正的学习。因此,我们需要引导家长认识到:学习的价值不仅仅在于学到知识的数量,学习的成果也不应仅仅通过分数来衡量。幼儿园教育渗透在幼儿一日生活的各个环节之中。我们的目标是让幼儿培养良好的自理能力、学习能力以及学习习惯等品质。在"双减"背景下,我们家长工作的首要任务是真正理解孩子需做好哪些方面的入学准备。

《幼儿园教育指导纲要(试行)》明确指出:家庭是幼儿园重要的合作伙伴。我们应本着尊重、平等、合作的原则,争取家长的理解、支持和主动参与,并积极协助家长提高教育能力。孩子教育的起点是家庭,而家庭教育的核心在于日常生活。只有将家庭教育根植于生活之中,才能让孩子的生活焕发生机和活力。家庭生活中蕴藏着丰富的教育契机,只要家长用心聆听,在陪伴中耐心观察,并在行动中给予持续的引导,就能让孩子的教育更加完整和连贯。这将有助于幼儿形成积极主动、认真专注、不怕困难、敢于探究和尝试、乐于想象和创造等受益终身的学习品质。因此,转变家长的教育观念至关重要。我们需要让每位家长都明确幼小衔接阶段家庭教育的重要性,并能充分挖掘和利用家庭中的教育资源,以促进幼儿的全面发展。

一、开展家庭生活教育,培养良好习惯

假期生活虽然不像幼儿园生活那样规律,但它却是巩固孩子生活习惯、卫生习惯、阅读习惯、运动习惯以及劳动习惯等良好习惯的绝佳时机。这也是提升幼儿生活自理能力的好机会。家长可以与孩子共同制定一张每日计划表,从早上起床到晚上就寝,合理安排一天的活动。与孩子约定好固定的睡觉时间,并严格遵守,以保持良好的生物钟,这样开学时就不需要再花费心思重新调整。

早晨起床时,可以培养孩子的生活习惯。小班的孩子们可以尝试独立穿脱衣服,中班的幼儿可以尝试叠被子,大班的孩子则可以开始尝试整理自己的床铺等;在盥洗环节,可以培养孩子的卫生习惯。比如,孩子们可以和爸爸妈妈比赛,看谁的牙齿刷得最白,谁的脸洗得最干净;上午的时光可以用来培养孩子的生活自理能力。家长可以和孩子们一起整理家务,假期是培养孩子自理能力的最佳时机。不要嫌弃孩子动作慢,要给他们足够的时间,让孩子做一些力所

能及的家务，比如整理自己的衣物和玩具，帮助清洗瓜果，打扫房间的灰尘和收拾垃圾。在做家务的过程中，孩子们既能够锻炼身体，也能体会到责任感，同时学会收纳和解决问题。孩子的每一点进步，都意味着家长的适当退让，这也是孩子应有的成长过程。

在吃饭环节，可以培养孩子的劳动习惯。可以让孩子们参与准备工作，比如小班的小朋友帮忙择菜，中班的小朋友负责拿碗筷、分发碗筷以及收拾碗筷，大班的小朋友甚至可以帮助爸爸妈妈一起做饭和洗碗筷等；下午的时光则可以用来培养孩子的阅读习惯。放下手中的电子设备，陪孩子们玩一玩亲子游戏，一起画画或玩拼图和玩具。之后再与孩子们一起阅读绘本，听一个温馨的故事等。

这些看似平常的事情实际上非常重要，因为它们能帮助幼儿形成良好的自我管理和自我服务能力，学会帮助他人并懂得感恩。我们都说好习惯能够决定一生，而好习惯的养成正是源自日常生活的点滴积累。

二、挖掘家庭教育资源，夯实四项准备

除了培养良好的习惯外，家长还可以根据幼儿的年龄特点和兴趣，充分利用生活中的资源，开展有趣的探究类游戏活动。这样不仅可以增进亲子感情，还能促进幼儿大小肌肉的发展、规则意识的建立、责任感的形成，并逐步培养良好的学习品质。

对于小班幼儿，他们活泼好动、喜欢游戏，家长可以利用生活中的废纸折叠可爱的小动物、小衣服，或者通过剪纸来锻炼幼儿手部肌肉的灵活性，实现变废为宝。家中是否有许多废旧报纸？家长不妨用这些报纸来玩“报纸击剑”“踢报纸”“头顶报纸比赛”等小游戏，以此锻炼幼儿的灵活性和躲闪能力，组织一物多玩的游戏活动。在干燥的冬季，水果是孩子们的最爱，家长可以和孩子们一起制作有趣的水果拼盘，比拼创意；吃完的水果皮还可以晾干，制作精美的模型，这不仅能丰富幼儿的艺术审美，还能激发他们的创造力。小班幼儿善于模仿，家长可以在家里释放他们的天性，与孩子们一起进行模仿大赛，模仿家中成员或小动物，这不仅能培养孩子的观察能力和模仿能力，还能为家庭生活增添乐趣。

中班幼儿的规则意识较强，家长可以与孩子们玩一些规则类游戏，以此锻炼他们的各项能力。例如，利用露露罐、纸杯子、扑克牌等家中常见物品，玩叠罗汉的游戏，培养孩子的专注力和不放弃的毅力。同时，家长还可以利用家里的小物件，如娃娃等，自己创设简单的套圈游戏，并邀请孩子们共同设立游戏规则，全家人一起遵守，从而提高中班幼儿的规则意识。此外，结合节日和节气资源，与孩子一起了解传统习俗，并动手制作喜庆的灯笼、漂亮的窗花、美味的汤圆等，这不仅能增加幼儿对中国传统文化的了解，还能提升他们的动手操作能力。

大班幼儿做事具有计划性。家长可以与孩子们一起制定短期的小计划、小目标，并监督他们自主完成。例如，制定收拾玩具的计划、认识生活中简单汉字的计划等。同时，还可以在家里自编体操，锻炼身体，与孩子们一起玩有趣的运动游戏，提升他们的身体协调能力和耐力。大班孩子已具备初步的责任感，家长可以每天与他们一起观看新闻、关注时事，并讨论新闻内容。此外，利用绘画形式记录每天的所见所闻，做一些力所能及的事情，如勤洗手、出门戴口罩、避免前往人群密集场所等，为将来写日记做好准备。家长还可以利用家中的干果壳等物品，与孩子们一起玩拼摆游戏和数学游戏。对于发芽的土豆等物品，可以尝试种植，让孩子们照顾小植物并做好观察记录。大班幼儿不仅自理能力强，为他人服务的意识也很强烈，家长应给予他们充分的信任和支持，建立良好的自信心。

三、家园互动多方发力,树立正确观念

许多家长在幼儿教育方面存在困惑,不知道如何教育幼儿以及何种教育方式适合幼儿。同时,他们也未能充分认识到幼小衔接教育的重要性。因此,我们需要加强家长对幼小衔接教育的理解,确保与幼儿园保持同步,以帮助幼儿顺利过渡并实现科学有效的衔接。

首先,家长应主动了解相关知识。他们可以通过查阅书籍或在互联网上搜索有关幼小衔接的信息。此外,家长还可以寻访幼儿园和小学一年级的老师,了解不同学段的教育观念,并虚心采纳老师的建议,将其落实到日常的家庭教育中。

其次,幼儿园应利用家长会、家访、家园联系栏、讲座等多种渠道,引导家长树立正确的幼小衔接教育理念。让家长了解幼儿在不同年龄阶段的特征。考虑到小学老师在家长心中的权威性,我们可以邀请对幼小衔接教育有深入研究的小学老师为家长举办专题讲座,有效架起幼儿走向小学的桥梁。同时,家长应为幼儿准备良好的家庭学习环境,营造积极的学习氛围,激发幼儿上小学的愿望并增强他们的自信心。

最后,关注孩子的心理准备至关重要。家长是孩子的第一任教育者,在幼儿教育的道路上与教师是同行者和伙伴。然而,当前社会对幼儿园心理素质教育的研究相对较少。对于即将从幼儿园升入小学的幼儿来说,他们需要从依赖父母逐渐过渡到独立完成任务,学习方式也将从以游戏为主转变为以听讲为主。因此,教师与家长必须携手合作,共同帮助幼儿做好入学前的心理准备。

综上所述,家庭中的生活教育对幼儿的成长具有深远影响。孩子的教育是一个持续且重要的话题。面对新时代的机遇和挑战,幼儿期是人生中各方面发展的关键时期。在这一时期,家庭承担着首要的教育责任,其次是幼儿园、社区乃至整个社会。家庭在培养幼儿的生活习惯、情感熏陶、知识学习和社会规则建立方面发挥着不可忽视的作用,为幼儿未来的发展奠定坚实基础。作为父母,应深刻认识到自身的责任与担当,明确自己的角色定位,努力提升自身素质,成为幼儿学习与成长道路上的楷模。

著名教育家陶行知先生曾说:“教育即生活,生活即教育。”幼儿园应以生活教育为切入点,拓展家长工作的新思路,积极引导家长转变观念。通过多种形式和渠道开展分层分类指导活动,提升家长的教育能力,挖掘家庭中的教育资源,让每个家庭都成为幼儿园的合作伙伴,共同支持幼儿全面、健康、快乐的成长。

浅论幼儿园开展区域活动存在问题及应对策略

孙苏华
深圳市龙华区民治小学附属幼儿园

近几年，幼儿教育改革逐步深入，如何建设示范性幼儿园、如何开展幼儿教育活动已成为社会各界所关注的重要议题。《幼儿园工作规程》第五章对幼儿园的教育问题进行了明确的阐述，强调幼儿园教育应遵循的原则包括“遵循幼儿身心发展规律，符合幼儿年龄特点，注重个体差异，因人施教，引导幼儿个性健康发展”以及“以游戏为基本活动，寓教育于各项活动之中”等。本文将详细阐述幼儿园区域活动的内涵及其影响因素，重点总结幼儿园教师在指导区域活动时所面临的问题及相应的改进措施，以期为区域活动的有效开展提供启示，为儿童的健康成长保驾护航。

一、幼儿园区域活动的内涵及影响因素

当前，我国幼儿园的教育活动形式主要包括集体活动和区域活动，二者相辅相成，共同促进幼儿的全面发展。通过文献分析，我们发现学前教育研究者对幼儿园区域活动的定义多样，如活动区活动、区角活动、活动区教育等。冯晓霞在其著作中指出，区域活动是指教师根据幼儿的兴趣和活动需求，划分出不同的活动区域，让幼儿自主选择活动区域，通过与材料、同伴及环境的互动，实现学习与发展的一种教育形式。秦元东则认为，区域活动是基于幼儿的兴趣和需求，结合教育目标和其他教育活动，设置特定的活动区域（如美工区、角色区等），并提供相应的活动材料和规则，让幼儿自由选择并积极参与，通过与材料和同伴的互动，实现个性化学习和发展。霍力岩和齐晓恬在探讨区域活动的本质特征时强调，幼儿区域活动是在教师的引导下，在精心准备的环境中进行的，旨在关注幼儿个体差异并促进其个性发展的教育活动。

众多学者对幼儿园区域活动内涵的解读在本质上具有共通性，均凸显了区域活动在促进幼儿个性化发展、提升自主性与互动性、展现区域多样性以及实现活动内容和目标的生成性等方面的显著特点。对于幼儿而言，区域活动既是一种游戏形式，也是一种学习方式。幼儿在以游戏为载体的活动中，通过自主探索获得知识，而这一过程离不开教师的科学指导。这与《幼儿园工作规程》第五章第二十九条所强调的“幼儿园应当将游戏作为对幼儿进行全面发展教育的重要形式”的理念相契合。

幼儿园区域活动的理论支撑主要包括皮亚杰的认知发展理论和布鲁纳的学习理论。唐海燕通过问卷调查的方式，对400位教师进行了开放型问题的调查，并收集了区域活动的相关资料。研究发现，影响幼儿园区域活动开展的主要因素包括：一是相关部门对幼儿园教育的关注度不足，导致师资力量薄弱、设施不完善；二是教师对区域活动的重视程度不够，缺乏有效的教学策略和方法；三是家长对区域活动的认识存在误区，传统观念根深蒂固。李会敏、季燕对桂林市幼儿园的调查也揭示了类似的问题。这些问题制约了幼儿园区域活动的有效开展，需要

引起足够的重视并采取相应的措施加以改进。

二、幼儿园教师指导区域活动存在的问题

1. 区域活动观念落后

在幼儿园的发展过程中,许多教师仍持有片面观念,将区域活动简单等同于“游戏”,缺乏对区域活动深入理解和长远规划,从而忽视了其教育价值和战略目标。

2. 区域活动指导能力不足

教师在设计和实施区域活动时,缺乏专业的指导能力和技巧。在区角设置、材料投放等方面,往往显得力不从心,无法充分发挥区域活动的教育作用。

3. 区域活动质量参差不齐

幼儿园区域活动的质量受到多种因素影响,如活动设计、教师指导、管理监督等。当前,一些幼儿园的区域活动存在设计不合理、指导不到位、管理不规范等问题,导致活动效果不佳。

4. 教师在区域活动中的专业知识有待提升

教师是区域活动的关键指导者,其专业知识水平直接影响活动的效果。然而,目前一些教师在区域活动方面的专业知识储备不足,缺乏系统的学习和培训,导致在指导过程中存在诸多不足。

针对以上问题,国内外学者对区域活动中教师的角色和职责进行了深入研究。例如,陈淑琦总结了教师在区域活动中应担任的观察者、指导者、参与者、协助者、学习者等多重角色。霍力岩、孙冬梅等学者则从比较教育的视角出发,分析了幼儿教师在区域活动中可能存在的问题,如区域划分不合理、材料投放不恰当、活动评估不科学等。

此外,一些实证研究也进一步揭示了教师在区域活动指导中的问题。如左文玲在《幼儿园区域活动的新思考》中提出的“五点”现象,包括教师对区域活动的过度干预、忽视幼儿主体地位、指导方式单一等。杨莉君和邓双则以湖南省部分示范性幼儿园为例,对区域活动教师指导的有效性进行了调查,发现教师在指导内容、指导时机和指导方式等方面存在不足。

综上所述,幼儿园教师在指导区域活动时存在诸多问题,亟待通过加强培训、提升专业素养、改进指导方式等途径加以解决。同时,幼儿园管理者也应加强对区域活动的重视和监管,确保活动质量和教育效果。

三、教育指导与策略

根据以往研究中总结的教师在区域活动中的指导问题,特为幼儿园教师提供以下几条教育建议作为参考。

1. 区域活动的准备工作

首先,在投放材料方面,区域活动中投放的材料是保证活动顺利进行的物质基础。林霞(2009)提到材料的暗示性特点,即赋予材料以暗示性因素,使幼儿即便在没有教师亲自指导的情况下,也能自主探索并寻找答案。因此,教师在准备阶段需精心设计课程,明确区域活动的教学目标、可能遇到的状况、每个区域材料蕴含的知识点或能带来的启示等。同时,应充分征询幼儿的意见和建议,确保他们的参与感和积极性,避免“一言堂”现象,即所有活动均由教师单方面决定。

2. 区域活动过程中的指导

在区域活动进行过程中，教师应避免前文提及的“焦点过度集中”、“忽视盲区”以及“指导中断”等问题。要选择合适的时机介入幼儿活动，将语言行为与非语言行为相结合，而非对幼儿行为横加干涉或随意点评。在活动过程中，教师应以幼儿的自主性探索为核心，做好观察记录、问题解答、意外状况处理以及启发幼儿思维等工作，同时尊重幼儿的个体差异，因材施教。

3. 区域活动结束后的反思

区域活动结束后，教师应根据观察记录和幼儿的个性特点对活动进行评价和总结。反思过程可通过教师与幼儿之间的交流、教师与教师之间的交流等多种方式进行。这不仅有助于提升教师的教学能力和素养，也是提高区域活动效果的有效途径。

综上所述，区域活动是一项以幼儿自主性探索学习为主、教师指导为辅的教学活动，它积极响应了国家关于幼儿教育政策的号召，也是幼儿阶段更为适宜的教学方式。本研究对区域活动的内涵、教师指导过程中可能存在的问题以及相应的教育建议进行了详细的阐述。有效的教师指导是保障教学效果的关键，期待区域活动能够在幼儿园中得到真正有效地开展，为幼儿的健康成长提供有力支持。

淳淳师德润万物

唐冬梅
深圳市坪山区坪山实验松韵幼儿园

2014年,在第30个教师节即将到来之际,党中央鼓励广大教师努力成为具备理想信念、道德情操、扎实学识和仁爱之心的"四有"好老师。其中,有这样一位教师,她用自己的行动诠释了"四有"老师的真谛,成为我们学习的榜样。

她是尹捍红,坪山区某学区的总园长,从事幼教工作已有31年。她的一生都与孩子们紧密相连,她热爱自己的事业,关心每一个幼儿的成长,同时也理解并支持家长们的期望。每天早晨,她总是第一个到达幼儿园,带领安全主任巡查户外设施,确保孩子们的安全。随后,她会用温暖的微笑迎接每一个孩子的到来,亲切地与他们问好。

在尹园长的引领下,幼儿园的教育工作得到了全面推进。她非常重视教研活动,每周都会组织教师们进行有针对性的学习和交流。这些活动旨在解决教师在日常教育活动中遇到的困惑和难题,以及如何更深入地支持幼儿的成长。尹园长还积极为教师们创造外出学习的机会,鼓励她们开阔视野、增长见识,以提升自身的专业素养。

在保育方面,尹园长同样倾注了大量的心血。她经常组织保育老师进行专业技能的学习和实操演练,以提高他们的专业素养和实践能力。尹园长自己也对保育工作有着深厚的理解和实践,甚至在某些专业技能方面比保育老师还要出色,她会亲自为保育老师做实操展示。

尹园长不仅在工作上表现出色,在人格魅力上也让人敬佩。她虽然不是伟人,无法像伟人那样给人以榜样向上的力量,但她却用自己的行动给予教师们无数的支持和鼓励;她虽然不是英雄,无法像英雄那样树立丰碑,但她却用亲切的话语给幼儿们带来温暖和引导;她虽然不是明星,无法做到人人喜欢,但她却用认真负责的态度赢得了大家的尊敬。

尹园长就是这样一位"四有"好老师,她用自己的实际行动诠释了什么是对教育事业的热爱和执着。她是我们学习的榜样,激励着我们不断前行,为培养更多优秀的孩子而努力。

她循循善诱,当幼儿在探究的过程中遇到不懂的问题时,她像有读心术一样走到他们的跟前,接着用亲切的语气说:"你需要什么帮助,或者我可以怎样支持你……"她有时候很调皮,像孩童一样追逐、游戏;她又很可爱,总是出其不意地出现在幼儿面前,看着幼儿津津有味地讨论某本书里的人物,时不时地插一嘴,完了还问对不对,那亲昵语气,一度让幼儿大胆的大声反驳"不对"。她爱孩子,与孩子像朋友一样相处,更希望孩子专注的探索,专注的游戏。她就是这样的一个人。

她对待下属真诚热情,和蔼可亲,平易近人。她用心组织教研活动,期望每位教师在专业上都能实现不同程度的成长。在管理工作中,她认真负责,一丝不苟,致力于精细化管理,追求公平公正,与老师融洽相处,因此深受老师们的赞誉。在与老师交流时,如果发现老师有不足之处,她会顾及老师的感受,私下沟通,力求提出更好的解决办法,帮助老师成长,老师们对此深感感激；在工作方法上，她总是乐于与大家分享，不藏私，不摆架子，全心全意为大家着想；在生活上，她是老师们的知心人，无论他们在情感还是生活方面遇到什么困难，她都愿意伸出援手，从不计较个人得失；在个人成长方面，她利用假期休息时间，参加武汉研究生班的学习，不断提升自己。她时常鼓励老师们，有时间也要不断给自己充电，只有提升自己的专业水平，才能更好地支持幼儿的成长。作为教师，她虽不是全能型人才，但却能尽自己所能，帮助他人，与老师共同进步。她就像一根蜡烛，在照亮自己的同时，也照亮了他人。她就是这样的一个人。

正如雨果所言："花的事业是尊贵的，果实的事业是甜美的，让我们做叶的事业吧，因为叶的事业是平凡而谦逊的。"她并非那高山上遥不可及的雪莲，而是春风化雨，润物无声。她言传身教，身正为范，德高望重，情深似海。教育是一种潜移默化的浸染，只有持之以恒地辛勤耕耘，才能收获丰硕的果实。

身为教师，愿我们都能无愧于心，用自己的行动支持幼儿健康成长，兢兢业业，用心浇灌，用语言播种，用心血滋润，以培养中华民族的未来栋梁为目标，为孩子们播下一生幸福的种子，让他们能够幸福快乐地成长，最终实现自己的人生价值。

科研引领

——探寻基于儿童视角的生活教育

马安然
北京市怀柔区第三幼儿园

一、研究背景——三思而行,再思可矣

(一)理念——儿童观和教育观的融合体现

我们深入研究了我国著名教育家陶行知先生的“生活即教育”理论、陈鹤琴的“活教育”以及“大自然、大社会都是活教材”的理论,还有张雪门的行为课程理论等多位教育家的思想精髓。从这些理论中,我们发现了生活的独特教育价值,并将其实际应用于教育实践研究中。幼儿活动以生活为核心,这也是引导幼儿自主学习的主要途径。这一观点与《幼儿园教育指导纲要》的精神高度契合,均强调教师应鼓励幼儿通过亲身实践获得真实的知识,在直接的感知和体验中实现成长。

(二)教师——教育研究的主体力量

在我园,0~3年职初期的教师占27%,4~6年成长期的教师占43%,而7~10年以上成熟期的教师仅占30%左右。青年教师们对工作充满热情,富有创新精神,但他们缺乏研究理论与能力的支撑。这主要体现在他们捕捉生活中的教育资源,并将其转化为课程资源的能力不足;在教育实践中,他们分析解读幼儿行为的能力以及支持幼儿主动学习的策略也有所欠缺。因此,通过本研究,我们希望能够有效地帮助教师们积累相关的教学经验,以满足不同层次教师的发展需求。

(三)资源——教育研究的实践通道

我园占地9800平方米,周边拥有丰富的社区资源,如医院、银行、小学、超市、图书馆和邮局等。园内更是拥有一个占地5503平方米的“花果园”。这里是孩子们感受自然、探索世界的乐园。春天,他们可以在这里闻到花香;夏天,可以看到小鱼在水中游弋;秋天,能够品尝到果实的甜美;冬天,则有机会欣赏到雪景。同时,这里也是孩子们观察自然、探索科学的宝地,他们可以听小鸟鸣叫,看蚂蚁搬家,观察小蚯蚓松土等。此外,“花果园”还是孩子们嬉戏玩耍的游乐场,他们可以在这里蹦跳攀爬,尽情奔跑。作为教师,我们应在幼儿的一日生活中,细心观察,捕捉孩子们感兴趣的事物,激发他们主动探索的欲望。我们要善于将最平常、最普通的事物转化为宝贵的教育资源,并抓住各种教育时机,整合教育资源,为孩子们营造一个和谐、富有启发性的学习环境。

二、研究与实践——知行合一，钻之弥坚

(一)构建支持幼儿主动学习的生活教育资源体系

通过实践，我园已形成了有效捕捉并转化生活课程资源的教育策略。这些策略的制定，不仅有助于教师进一步内化生活教育理念，使教育与生活紧密相连，还让资源运用更加适宜和高效，从而实现了生活资源利用价值的最大化。

1. 以生活为基点，发掘生活中的教育资源

“一日生活皆课程”，生活的每一个细节都蕴藏着涉及多个领域发展的教育机会。教师应珍视幼儿生活的独特价值，挖掘真实的生活资源以生成课程，尽可能为幼儿提供更多学习的可能性和机会。在精心挖掘和充分利用生活资源的基础上，我们与教师共同明确了各年龄班的定位，并突出了相应的教育环节。对于小班幼儿，我们从他们的日常生活出发，以一日生活环节为重点，通过环境支持和游戏化的指导，帮助他们形成良好的生活习惯和自理能力；中班则侧重于从幼儿身边的事物出发，以区域活动为重点，通过开展与规则意识、行为习惯养成相关的各类活动，使孩子们在发现问题、解决问题的过程中积累经验，使活动更加自主、有序；对于大班幼儿，我们从解决生活中的实际问题出发，以服务生活为重点，通过生活中发现的真实问题开展系列主题活动，让孩子们在不断的尝试和探索中，学习解决问题，积累更多的生活经验，以更好地服务于生活。

2. 以幼儿为主体，发掘生活中的教育资源

只有当活动源于幼儿、生成于幼儿时，他们才会积极投入其中，并充满好奇地主动探索。在幼儿自主的状态下，教师应给予更多的关注和适时的引导，以挖掘生动有趣的主题活动。

3. 以问题为切入，挖掘生活中的教育资源

随着《3~6 岁儿童学习与发展指南》的深入贯彻落实，教师们已经能够认同一日生活中蕴含的教育价值。我们关注让幼儿以自己喜欢的方式积极主动解决生活中的真实问题，从而形成对周围世界的真实感受和理解。为此，我们开展了丰富的探究式生活活动，以生活环节和生活事件中的问题为切入点，引导和鼓励幼儿发现问题，并用已有经验对问题进行表达，从而采取多种途径获取新经验，最终解决生活中的一系列问题。

4. 以自然为载体，探寻生活中的教育资源

亲近自然是幼儿的天性，自然的生机与活力能够极大地激发幼儿的求知欲和好奇心。我园拥有一个占地面积 5 503 平方米的“花果园”，为孩子们提供了与自然互动的特有资源。在开展亲近自然的活动中，我们使幼儿感受到大自然的无穷奥秘，跟随春生、夏长、秋收、冬藏的季节变化而成长，以四季之美丰富和发展幼儿的身心，满足他们自主游戏与探究的需要。

(二)形成支持幼儿主动学习的方法体系

在教育过程中，教师需要不断探索灵活多样的教育方式，以启发幼儿进行有意义的探索活动，并支持幼儿在主动学习中实现全面和谐的发展。在多年的课程实践过程中，我园教师遵循幼儿的年龄和认知特点，探索出了适宜于大、中、小班不同阶段教师支持幼儿主动学习的方法。

1. 深度游戏法——通过巧妙设计游戏环节来激发小班幼儿主动学习的兴趣

我们针对 3-4 岁幼儿的特点，巧妙利用游戏化的一日生活来激发他们主动学习的兴趣。这包括使用激励化的语言环境来营造幼儿主动学习的良好氛围，利用游戏化的过渡环节来引

导幼儿主动养成良好的生活习惯,以及通过故事化的情境创设来提高幼儿主动参与学习活动的热情。这些方法为孩子们提供了丰富、适宜且有趣味性的教育形式,使幼儿对阅读、建构、拼搭、绘画、交往、运动、种植、饲养、整理等多方面产生了浓厚的学习兴趣。

2. 启发探索法——通过深度聚焦真实事件来培养中班幼儿主动学习的能力

针对中班幼儿活泼好动、喜欢动手操作和探究活动的特点,我们将中班幼儿的主题活动定位于"身边的真实事件"。这包括关注身边的热点事件以建立班级亮眼活动,探寻自然事物以打造自主游戏乐园,以及发现真实需求以解决身边的共性问题。在一系列聚焦身边真实事件的活动中,幼儿主动学习的能力得到了增强。

3. 实践操作法——通过精准对接生活教育来培养大班幼儿主动学习的品质

大班幼儿即将升入小学,我们通过深化生活主题的开展来使幼儿自然而然地对幼小衔接活动产生兴趣并养成主动学习的品质。这包括创设鼓励幼儿主动探究的环境以激发其内在学习动机和自主学习的能力,创设问题情境以提高幼儿反思能力和创造性解决问题的能力,以及在生活活动中激发幼儿去发现问题、思考问题并通过自己的努力去实践尝试解决问题。同时,我们在幼儿活动时要把握介入的时机,为幼儿的主动学习留出足够的实践和体验空间。

三、研究获成效——行而不辍,履践致远

我园致力于将课程理念融入日常教学实践中,从而培养孩子们主动发现问题、专注解决问题的能力。在面对困难时,孩子们愿意尝试并逐渐增强自信心,这些都是他们良好学习品质的体现。例如,我园基于孩子们的实际生活,开展了垃圾分类、节约用水、绿色出行、保护花草以及珍惜粮食等教育活动,旨在从小培养幼儿的环保意识。同时,我们还开展了传统文化主题活动,如"二十四节气之秋冬篇""二十四节气之春夏篇"以及"这就是节气"等,这些活动顺应节气、尊重自然规律。在这些活动的开展过程中,孩子们翻土、播种、浇水、除草,体验劳动的快乐;摘果、收菜、割麦、磨面,感受丰收的喜悦;制作树叶肥、腌制甜杏酱、炮制酸菜,领略发酵的神奇;为小树穿冬衣、为多肉换花盆、为小鱼搬新家,体会服务他人的温暖。在端午节插艾叶、挂香囊,霜降时摘柿子、做柿饼,冬至里包饺子,孩子们在动手操作中感受到愉悦。此外,我们还开展了砸杏核、揽柿子、编草绳、撒花瓣、接雨水、捡冰雹、攒雪球等自然类主题活动,这些活动不仅顺应了幼儿的天性,尊重了自然的规律,而且使我们的课程内容更加多元、丰富、开放,更具有说服力。

幼儿教育是一项系统工程,而培养主动学习的人才更是幼儿教育阶段的重要任务。因此,探寻适宜幼儿全面发展的教育方式,并开展满足幼儿天性、贴近幼儿生活的教育活动,才能真正满足幼儿主动发展的需要。未来,我园将继续以《3~6岁儿童学习与发展指南》和《幼儿园教育指导纲要(试行)》的精神为引领,秉承"生活即教育"的思想指导实践,致力于构建五育并举的园本课程,以回归幼儿生活的本真。

《幼儿园保育教育质量评估指南》引领下的园本化德育课程建构与实践

郭玉香
北京市怀柔区第三幼儿园

"德不优者，不能怀远。"办好教育，我们首先要深思的问题是"教育的终极目标是什么"，这一问题直接指向"培养什么人""为谁培养人"以及"怎样培养人"的核心议题。人是教育的出发点和归宿，教育的根本价值在于促进人的全面、协调、可持续发展。

2017年9月，国务院办公厅印发了《关于深化教育体制机制改革的意见》，明确指出要健全立德树人系统化落实机制，并强调构建以社会主义核心价值观为引领的大中小幼一体化德育体系。同年10月，党的十九大报告进一步强调了"要全面贯彻党的教育方针，落实立德树人根本任务，发展素质教育，推进教育公平，培养德智体美劳全面发展的社会主义建设者和接班人"。

2022年2月，教育部发布了《幼儿园保育教育质量评估指南》的通知，其中在办园方向的关键指标中，"品德启蒙"再次成为学前教育的热议话题。幼儿教育作为基础教育的重要组成部分，在立德树人方面肩负着不可推卸的使命与责任。

一、德育教育体系化，构建高质量的育人课程

（一）明确教育价值，夯实德育课程基础

我园在贯彻落实《3~6岁儿童学习与发展指南》《幼儿园保育教育质量评估指南》的过程中，引导教师逐步深化对五育并举的课程内涵的理解，旨在以"和"润品，以"乐"怡情，以"行"启智。这一理念成为我园德育课程体系建构的思想基础和价值追求。因此，在总课程目标的指引下，我园结合幼儿的发展特点和认知规律，遵循小、中、大班幼儿的身心发展需求，通过循序渐进的课程目标、贴近幼儿生活的课程内容和多元的课程实施路径，围绕"真"情感、"善"品行、"美"心灵构建了三大德育课程板块，并根据各个板块的课程要求制订相应的课程目标，以期在目标引领下有序地推进课程实施。

（二）聚焦学习方式，创新德育课程模式

（1）注重多方面教育的融合。在德育过程中，我们结合幼儿的生活经验、社会时事和兴趣点，开展形式多样的活动。以社会性的培养为核心，通过生活教育、主题活动、区域游戏、社会实践、家园共育等多种方式，培养幼儿形成积极的情感态度和健全的人格，促进幼儿的全面发展。

（2）强化幼儿的实践体验。我们为幼儿提供丰富的社会实践机会，如组织幼儿参观小学、生存岛、怀柔水库和科学城等，使他们在真实的环境中体验和学习，为成为有理想、有志向的未

来公民奠定基础。同时,我们鼓励幼儿参与公益活动,如组建创城宣传小分队、参与“世界地球日”熄灯活动、“世界粮食日”节约粮食倡议等,通过实践活动培养幼儿的良好生活方式和行为习惯。

(3)紧密结合幼儿生活。教师注重在日常生活中捕捉教育契机,将德育内容有机地融入幼儿的一日生活中。通过引导幼儿主动与老师、同伴打招呼、学会谦让和分享等行为,培养他们尊敬师长、团结同伴、关心集体、友爱互助的品质。同时,我们注重激发幼儿的情感体验,使他们在日常生活中潜移默化地受到良好的启蒙教育。

二、资源整合协同化,拓宽多视角育人格局

(一)整合家庭、幼儿园、社区资源,形成德育合力

幼儿德育是一个螺旋式上升、反复教育、不断培养的过程。我园构建了“三位一体”的德育模式,充分发挥家庭、幼儿园、社区三个核心要素资源的相互作用和共同支持作用。通过整合这些资源,我们开展了多主题的德育活动,旨在全方位、多角度地推进德育课程的实施。具体举措包括:成立幼儿园“家长学校”,邀请专家举办讲座、举办互动沙龙,帮助家长了解最新的德育教育理念,学习科学的育儿方法;组建“家长讲师团”,以“童心共筑航天梦”等主题,入园进行知识宣讲,激发幼儿的民族自豪感和自信心;为落实国家“双碳”目标,开展“垃圾分类”主题活动,带领幼儿走进社区,了解垃圾分类的意义,培养垃圾分类的行为习惯和环保意识。

通过这些活动,我们将德育渗透到社区和家庭,实现了德育教育由点及面的全方位开展,不断探索出多角度、立体式推进德育课程实施的策略与方法。

(二)整合区域优质教育资源,助力幼儿园德育发展

我园地处资源丰富地区,周边拥有超市、医院、银行、图书馆等优质社会资源。这些资源不仅为幼儿园的活动提供了参观、调研、实践的场所,也为幼儿园和教师提供了丰富的教育素材。

一方面,我们充分开发社会人力资源,邀请军人、警察、法院人员、消防员、科学家等走进幼儿园,让幼儿近距离了解他们的工作内容,从小树立正确的价值观。另一方面,我们充分利用社会物力资源,结合怀柔区“一城两都”的地域资源优势,与怀柔科学城等单位达成共建合作,邀请科学家来园开展科普活动,激发幼儿对科学的热爱和尊重。

此外,我们还与怀柔区实验小学、怀柔六小等学校建立结对关系,共同研究和实践幼儿园园所文化打造、德育环境创设等方面的内容,实现德育的双向衔接。

通过对区域优质教育资源的多元整合,我们为幼儿园德育和教育目标的实现提供了有力的外力支持,推动了幼儿园德育工作的深入开展。

三、教育路径多元化,衔接新时代的育人主旨

(一)以环境育人为导向,浸润文化底蕴

环境在幼儿园教育中扮演着隐性课程的角色。因此,我园不仅注重在生活中和课程中渗透品德启蒙,同时致力于将教育融入环境之中。在“和乐”文化理念的引领下,我们着力营造宽松、自主、民主、平等的精神环境,以促进同伴之间、师生之间、家长之间以及家园之间形成尊重、互助、包容的精神氛围。这种环境使幼儿能够产生积极的情绪体验,从而实现正向引导的目标。此外,我们利用公共环境与幼儿共同打造“爱幼儿园—爱家乡—爱祖国”的主题式楼道环境,并由“三幼小导游”为大家进行讲解。孩子们积极参与、轮流介绍,这不仅提升了他们的

自信心、归属感,还增强了民族自豪感。

(二)以传统文化为依托,树立文化自信

从小树立幼儿的文化自信是新时代教育的重要主题。其关键在于培养幼儿对民族传统文化的亲近感、认同感、自豪感和归属感。我园依托传统文化中蕴含的德育元素,开展了一系列顺应节气、尊重自然规律的主题活动。在这些活动中,孩子们体验翻土、播种、浇水、除草等劳动,感受劳动的快乐;通过摘果、收菜、割麦、磨面等活动,体会合作的喜悦;为小树穿冬衣、为草莓盖暖棚、为小兔建新家等,让孩子们感受到服务他人的温暖。此外,在端午节插艾叶、挂香囊,中秋节观月相、打月饼,重阳节赏菊花、绘菊花并举办菊花节,霜降时摘柿子、做柿饼,冬至里腌泡菜、烤红薯等活动,让孩子们在动手操作和分享中体验愉悦。我们还开展了"十二生肖""小孩儿的茶""过新年""扎染"等主题活动,师幼共同演绎传统故事,感受传统艺术的传承与创新。通过经典文化的再现,孩子们在亲身体验中充实和增强文化自信,激发未来传承中华文化的远大志向。

(三)以科普教育为载体,坚定理想信念

为贯彻落实关于"科学兴趣培养要从娃娃抓起"的讲话精神,我园开展了以"从小爱科学,长大也当科学家"为主题的科普系列活动。我们创设了三馆、一长廊的科技育人空间,让幼儿亲身感受科技的力量。三馆分别是以声光电为核心经验的"光影魔法馆"、以生活劳动科技教育为核心的"生活馆"、以生命和自然教育为主题的"种子博物馆"。在"光影魔法馆"中,孩子们表演皮影戏、制作采光灯和投影神器,感受各种光影游戏的神奇和乐趣;在种子博物馆中,他们认识、收集、统计秋天植物的种子,用滴胶制作标本,了解植物延续生命的多种方法;在生活馆中,孩子们体验制作辣白菜、腌萝卜的过程,了解食物的储存方式。同时,我们还设置了一条体现航天和科学技术发展的科学长廊。在"了不起的中国航天"和"我也要当宇航员"的主题活动中,孩子们逐步了解了神舟一号至十七号火箭发射升空的全过程。这不仅激发了孩子们对科学探索的兴趣,更重要的是让他们感受到了科技的力量,从而增强了民族自豪感和自信心。

(四)以五爱并举为核心,厚植爱国情怀

我园紧密围绕《幼儿园保育教育质量评估指南》中关于"培育幼儿爱父母长辈、爱老师同伴、爱集体、爱家乡、爱党爱国的情感"的考察要点,针对幼儿社会性发展,不断梳理课程实施策略。我们开展了五爱并举的"四个一"专题活动,旨在为幼儿提供更多可行有效的活动体验。通过这些活动,让不同年龄段的幼儿在亲身体验中获取经验并得到发展。品德教育作为我国传统道德观念与现代精神文明浓缩的精华,不仅是幼儿身心健康、全面发展的内在要求,更关系到整个国家和民族的未来。因此,我园将始终把立德树人作为教育的根本任务,在贯彻落实《评估指南》的基础上不断求索。通过品德启蒙教育,我们期望幼儿能够形成向上、向善的中华优秀传统美德。同时,我们也将继续探索一日生活中的各种教育契机,扎根大地办教育,致力于培养一批又一批德、智、体、美、劳全面发展的社会主义建设者和接班人。

足球启蒙　从娃娃出发

张　玲
华安县第二实验幼儿园

华安二幼自2019年8月被教育部认定为全国足球特色幼儿园以来，一直致力于打造足球特色，全力投入校园足球建设，并积极开展足球特色教育。我们遵循小、中、大班幼儿的年龄特点和身心发展规律，扎实地开展园内外足球教育活动，以不断提升校园足球水平。通过线上线下的广泛宣传和全面普及，我们与家园携手深入推进足球特色教育，为幼儿营造了浓厚的足球运动氛围，并提高了他们的足球运动能力。目前，我们每周至少开展两节足球特色课，校园足球普及率已达100%。现将具体工作总结如下。

一、贯彻落实足球政策，完善足球特色园制度

（1）我们全面贯彻《全国娃娃足球工程实施方案（2018—2020年）》和《全国青少年校园足球工作报告》的政策精神，高度重视幼儿园足球特色课程的教学工作。华安二幼已统筹幼儿园未来三年的发展规划，将足球特色活动纳入其中，并在校园文化建设中突出足球特色。

（2）为了健全组织领导工作机制，华安二幼成立了足球特色项目领导小组。园长负责统筹特色足球的全面工作，副园长则具体策划、实施足球教学工作。教研组长负责足球具体工作的部署、实施反馈。此外，我们还外聘了1名专业足球教练，并有18名幼儿园专职足球教师以及全园师幼共同参与。大家分工明确，职责落实到人。

（3）我们努力践行"足球从娃娃抓起"的理念。在2022年，成功申报了华安县幼儿园教育教学研究课题"幼儿园足球启蒙的开发与实践研究"。华安二幼定期组织足球课题组成员召开特色足球课题反馈会，规范课题内容，找准切入口，对课题研究现状进行梳理、分析，共同探讨课题存在的问题以及解决策略，并及时调整足球课题的开展方向。

二、趣味足球游戏课程，凸显园本教育特色

1. 晨间趣味足球运动

幼儿园的一日活动以晨间户外运动为开端。在每日的晨间户外运动中，教师会充分利用软垫、障碍物等辅助器材，开展层次丰富、强度适中且能巩固技能的趣味足球晨间锻炼活动，例如接力传球、绕障碍带球、传球控球以及运球变向等趣味足球游戏。孩子们在这些游戏中能够锻炼身体控制力、灵活的步伐以及良好的身体耐力，巩固拉、拨、荡、颠、传、接、运球等各项足球基本技能，深切感受足球带来的运动乐趣。

2. 大循环体能锻炼运动

我们利用幼儿园户外运动设施及足球运动场，通过将不同的体育器械进行组合，设置了走、跑、平衡、综合障碍、拉球、拨球、射门等活动区域。这些区域让幼儿进行大循环足球运动，

使幼儿在力量、速度、耐力、灵活性和柔韧度等方面得到充分锻炼，全面增强幼儿身体素质，为足球游戏活动的顺利开展奠定基础。

3. 开展足球特色课题活动

我们申报并成功开展了2022年度华安县幼儿园教育教学研究课题——“幼儿园足球启蒙的开发与实践研究”。根据大、中、小班幼儿的不同年龄特点和个体差异，我们有计划地开展足球特色课题活动。通过研讨，我们开发了63个融入本土文化特色的足球特色游戏案例，并汇编成册，形成了《园本足球特色游戏活动指导》一书。各班每周至少组织开展两节足球课。小班幼儿主要进行身体能力练习和足球兴趣的培养；中班则在身体能力练习的基础上加入足球技能练习；大班则巩固幼儿足球技能练习，学习基础足球赛制规则，并尝试进行足球对抗比赛。

三、教研与培训相结合，提升教师专业素养

在开展幼儿足球特色活动的过程中，我们将园本教研与师资培训相结合，旨在更新教师的教育理念，提升教师的教学能力，并促进教师足球教学专业化能力的提升。

1. 更新教师的教育教学理念

通过开展足球运动项目培训，使教师意识到开展幼儿足球游戏要注重促进幼儿团队意识、荣誉意识、运动水平和足球技能等各方面的发展。我们积极组织教师参加线上全国校园足球工作视频会和校园足球管理信息系统应用培训，以更新教师的教育教学理念，确保校园足球各项工作有序进行。

2. 提升教师的教育教学能力

在师资队伍建设中，我们华安二幼始终将足球特色教学与教师的培训与教研相结合。我们设计并开发了具有本土特色的园本足球游戏课程。这一课程的运用不仅激发了教师开展足球游戏的积极性，也带动了幼儿对足球技能的热爱。更重要的是，它促使教师在足球教学过程中产生了更多的创新与思路。

3. 提高教师的足球专业技能

理论与实践相结合是我们提高教师足球专业技能的关键。我们定期邀请足球教练入园，为教师们提供足球专业技能培训。教练会向教师们详细解说足球竞赛的场地要求、球员安排、装备器材、时间安排以及违规与处罚等各方面的专业规则，并帮助教师们理解如何将专业足球竞赛规则运用到幼儿足球竞赛游戏中。

4. 教师的精彩足球对抗赛

为了践行“知行合一，学以致用”的理念，教师们经常观摩我们县的足球协会精彩5人制足球竞赛。偶尔，教师们也会亲自上场进行足球对抗赛。在绿茵场上，他们快速移动、传球抢球、点球射门，展现出不同于平日的活力与激情。这种氛围不仅让教师们体验到足球运动带来的拼搏和激情，也让他们切实感受到足球运动的魅力。这也为加快我们幼儿园的足球特色课程建设提供了有效保障。

我们将不断学习、持续秉承幼儿足球的核心理念，将游戏作为主导，努力使幼儿足球启蒙活动实现常规化和游戏化。我们的目标是让孩子们爱上足球、享受运动的快乐，从而扎实推进华安二幼作为全国足球特色示范园的工作及课题活动的深入开展。

四、开展足球嘉年华活动,展现足球小将风采

为贯彻落实推动幼儿足球的普及,进一步推进我园足球特色活动的开展,增强幼儿体质,培养幼儿拼搏进取、团结协作的体育精神,华安二幼每学年都会定期开展足球嘉年华活动。我们秉持“一生一特长”的发展思路,坚持“特色立园、文化立园、特色强园”的发展之路,全力投入校园足球建设,不断丰富校园足球文化。我们传递“快乐玩足球”的理念,并将其融入足球教育课程开发研究中。通过多元化设置足球游戏活动,我们在寓教于乐中对幼儿进行启智育德与个性培养教育,促进幼儿身心健康发展。

在“趣味足球,快乐有我”华安二幼第四届足球嘉年华分享会上,老师们分享了足球嘉年华开展前的准备活动,包括幼儿足球技能培养、家园配合、活动计划方案制定、比赛所需材料的准备以及教师的足球比赛知识储备等。全体老师一起观看了嘉年华的精彩视频回放。以“足球嘉年华”活动为契机,老师们以年段为单位,激烈讨论如何进行游戏课程化拓展等相关内容,并请代表上台分享讨论结果。嘉年华活动在家校社的共同努力下取得了显著成效,让老师和小朋友都在有趣的足球游戏及竞赛中体验到了快乐,增强了身体素质,磨炼了意志品质,培养了合作精神。希望在今后的教育教学中,老师们能够放手让孩子们主导设计,教师辅导参与,用孩子的思维方式思考足球游戏设计,以儿童视角和孩子一起玩足球,让孩子真正享受到足球的乐趣,继续展现足球的特色魅力。

六一儿童节来临之际,我们还根据孩子们的六一小愿望,开展了精彩的娃娃足球 PK 对抗赛。在加油声、呐喊声、欢呼声中,足球 PK 对抗赛火热上演。足球小健将在绿茵场上欢快地奔跑,足球在赛场上滚动。虽然队员们年纪小,但他们斗志昂扬,信心满满,踢起球来有模有样,在赛场上生龙活虎、拼劲十足。场下助威队的呐喊声、欢呼声一浪高过一浪,把活动推向了高潮。这场活动在每个孩子的心中埋下了一颗热爱足球运动的种子。

五、家园亲子足球互动,感受足球运动魅力

幼儿园发展校园足球的脚步永不停歇。对孩子来说,家园共同互动,让孩子喜爱足球、享受足球的快乐才是最重要的。

1. 建立家长委员会

我们帮助全园家长了解幼儿园开展足球特色园的初衷、具体计划与工作安排,让家长了解幼儿园日常足球开展情况。同时,我们及时反馈家长对幼儿园足球体育活动开展方面的意见和建议,调动家长的积极性,让家长参与协助幼儿园组织开展大型足球亲子活动。

2. 亲子活动

我园每年定期举行游园活动和亲子嘉年华活动,邀请家长与幼儿一同参加丰富多彩的足球互动游戏。通过亲子活动,增进了家长和孩子们的情感交流,也让家长们更好地感受到足球的魅力,意识到体育运动对孩子身心健康的重要性。

3. 足球家长开放日活动

我园以“幼儿园足球启蒙的开发与实践研究”课题为契机,每学期开展“快乐足球,悦动童年”家长开放日活动。其中,足球亲子游戏是重头戏,如幸福向前冲、螃蟹夹球、赶小猪、足球呛呛滚等,这些亲子游戏让家长和孩子们都乐在其中。

六、砥砺前行，任重道远

作为全国足球特色示范幼儿园，我们扎实有效、常态化地开展的足球特色活动在各方面均取得了丰硕的成果，得到了上级领导部门以及家长们的肯定与赞许。今后，我园将继续结合县级课题“幼儿园足球启蒙的开发与实践研究”，不断创新形式，扎实推进幼儿园足球特色工作。我们将为教师提供更多的足球运动学习平台，不断探索幼儿足球教育规律，开展更具本土特色的幼儿足球游戏。我们将深入对足球特色课程的研究，不断尝试、不断探索，坚持让足球游戏活动更贴近幼儿，更具有趣味性。我们致力于让孩子们以球育德、以球健身、以球益智、以球励志，让足球运动在华安第二实验幼儿园这片热土上落地生根，开花结果！

体育活动和心理健康教育协同提升幼儿教育质量

曾佛招
深圳市龙华区潜龙学校附属龙岸幼儿园

一、引言

幼儿期是一个人一生中最关键的时期之一。在这个阶段,儿童的身心发展迅猛,对知识和技能的吸收能力异常强大。因此,提供优质的幼儿教育对于孩子的成长至关重要。然而,传统的幼儿教育方式往往侧重于学科知识的灌输,却忽视了儿童的全面发展,尤其是体育活动和心理健康教育的重要性。鉴于此,本研究旨在通过探索体育活动和心理健康教育的有机结合,提升幼儿教育质量。

二、体育活动与幼儿教育的紧密关系

体育活动在幼儿教育中扮演着举足轻重的角色。体育活动能显著促进幼儿的身体发育和健康。在幼儿期,身体处于快速发育阶段,体育活动能有效提升幼儿的肌肉协调性和灵活性。例如,简单的运动如跑步、跳跃、爬行等,不仅能促进幼儿运动能力的发展,还能整体提升其身体素质。此外,体育活动还帮助幼儿掌握基本的运动技能,如投掷、接球、踢球等,这些技能对幼儿的全面发展和协调能力至关重要。

不仅如此,体育活动还能培养幼儿的认知能力和促进思维发展。在体育活动中,幼儿需要进行观察、预测、计划和决策。例如,在运动游戏中,幼儿需探寻最佳策略,解决问题,并与其他幼儿沟通交流、协同合作。这种思维活动能显著提升幼儿的观察力、逻辑思维和问题解决能力。

同时,体育活动对幼儿情感发展和社交能力的培养也不容忽视。它提供了一个充满挑战和合作的环境,让幼儿在与其他幼儿的互动中学会体验和分享,培养友谊和团队合作精神。通过共同参与体育活动,幼儿能学会尊重和倾听他人意见,提升自己的交往能力和合作意识。

显然,体育活动在幼儿教育中具有促进身体发展、培养认知能力、提升社交技能等多重功效。因此,将体育活动融入幼儿教育,不仅能丰富教育内容,还能为幼儿提供全面发展的机会,促进其综合素质的提升。

三、心理健康教育与幼儿教育的内在联系

心理健康教育在幼儿教育中同样占据重要地位。幼儿期是儿童心理发展的关键时期,因此,优质的心理健康教育对幼儿的心理健康成长至关重要。它能帮助幼儿建立自信心和积极

心态，提升自我认知和情绪调节能力。例如，通过情商教育，幼儿能学会控制情绪，处理人际关系，提高解决问题的能力。此外，心理健康教育还能培养幼儿的自理能力和社交技巧，助力其逐渐形成独立、自信的人格。

1. 助力幼儿建立自信心和积极心态

心理健康教育对幼儿自信心和积极心态的建立具有显著作用。通过正面的心理引导和鼓励，幼儿能正确认识自己的优点和能力，并培养积极乐观的心态。这有助于他们在面对挑战和困难时保持积极心态，提高解决问题的能力。

2. 提升幼儿的自我认知和情绪调节能力

心理健康教育还能帮助幼儿更好地认识自己的情绪，并学会有效地调节和管理情绪。幼儿在日常生活中会经历各种情绪，如喜悦、愤怒、悲伤等。通过学习情绪识别和调节技巧，他们能更好地理解和表达自己的情绪，避免情绪冲动，提升情绪管理能力。

3. 培养幼儿的自理能力和社交技巧

心理健康教育注重培养幼儿的自理能力和社交技巧。通过教授适应性行为和社交技巧，如分享、尊重和合作等，幼儿能学会与他人和谐相处。此外，它还能教导幼儿如何建立积极的人际关系，处理冲突和解决问题。

4. 预防和早期发现心理问题

心理健康教育在预防和早期发现幼儿心理问题方面也发挥着重要作用。通过观察幼儿的行为和情绪变化，教师能及时发现潜在的心理问题，并采取相应的干预措施。早期的心理干预有助于幼儿获得更好的心理健康，进而提升幼儿教育的整体质量。

综上所述，心理健康教育在帮助幼儿建立自信心和积极心态、提升自我认知和情绪调节能力、培养自理能力和社交技巧以及预防和及早发现心理问题等方面发挥着重要作用。将心理健康教育纳入幼儿教育体系，有助于促进幼儿的全面发展，提升幼儿教育的整体质量。

四、体育活动和心理健康教育的协同作用

体育活动和心理健康教育的协同作用，可以显著提升幼儿教育的质量。以下详细讨论二者的协同效果。

1. 体育活动对幼儿心理健康的积极影响

体育活动能有效促进幼儿心理健康。运动刺激身体内啡肽的分泌，从而提升幼儿的情绪状态和心理健康水平。通过体育活动，幼儿能够释放压力、减轻焦虑并缓解抑郁情绪，进而促进心理健康的发展。

此外，体育活动还为幼儿提供了积极的体验和自我表达的机会。参与体育活动使幼儿感受到身体的活力和快乐，从而改善他们的心理状态。同时，体育活动作为一种放松和减压的机制，可帮助幼儿释放紧张和焦虑，实现身心的平衡。

2. 在体育活动中引导幼儿正确认识和处理情绪

在体育活动中，教师可以通过情绪引导等方法，教育幼儿正确认识并管理自己的情绪。例如，在运动游戏过程中，教师可以指导幼儿观察自身的情绪变化，如兴奋、紧张或愉快，并教授他们如何调节这些情绪。这不仅提高了幼儿的情绪智力，还增强了他们的情绪管理能力。

体育活动成了一个情绪表达和处理的平台。教师可以借此机会引导幼儿观察并理解自己的情绪变化，认识到不同情绪对行为的影响。通过与幼儿讨论各种情绪，教师帮助他们理解情

绪是正常的生理反应,并且可以通过适当的方式进行处理和表达。通过体育活动,幼儿还能学习如何通过身体活动来调节情绪,例如在情绪激动时通过运动释放能量以达到平静。教师也可以鼓励幼儿采用积极的方式应对消极情绪,如选择适合的运动或活动来缓解压力和焦虑。

体育活动不仅对幼儿身体健康有益,同时也对其心理健康产生积极影响。结合体育活动,教师可以教育幼儿正确认识和处理情绪,进而提升他们的情绪智力和情绪管理能力。这种协同作用融合了体育活动和心理健康教育,为幼儿营造了一个全面发展和健康成长的教育环境。

3. 通过团队合作和协作培养幼儿的社交技能和合作精神

体育活动提供了一个团队合作和协作的场景,使幼儿能够在其中培养社交技能和合作精神。例如,在团体运动中,幼儿需要与其他伙伴合作共同完成任务。教师可以指导幼儿学会倾听他人意见、尊重他人观点,并培养他们的团队合作意识。通过团体活动的实践,幼儿能够更深刻地理解合作的重要性,培养友谊并学会共同努力。

4. 通过体育活动培养幼儿的自我管理能力和自律意识

体育活动要求幼儿自觉参与并遵守规则,从而培养他们的自我管理能力和自律意识。例如,在户外竞赛游戏中,幼儿需要关注自己的技巧并遵守游戏规则。通过这些活动,幼儿能够学会自我约束、自我控制,并养成良好的行为习惯和自律意识。

体育活动和心理健康教育的协同作用可以实现优势互补和相互促进,从而提升幼儿教育的质量。通过促进幼儿心理健康、教育幼儿正确认识和处理情绪、培养幼儿的社交技能和合作精神以及自我管理能力和自律意识等方面的努力,体育活动和心理健康教育共同为幼儿提供了更全面的教育体验,推动其全面发展。

五、总结与展望

通过对体育活动和心理健康教育的协同作用进行深入研究,我们可以有效提升幼儿教育质量。体育活动能够促进幼儿身心的全面发展,而心理健康教育则有助于幼儿建立良好的心理健康基础。未来的研究可以进一步探索如何在幼儿教育中更好地结合体育活动和心理健康教育,以实现更佳的教育效果。

"双减"要求下幼小衔接"零起点"机制研究

李紫红
泉州市安溪县教师进修学校

全面推进幼小衔接工作,有助于幼儿更快地适应小学的学习和生活。通过根据幼儿的实际情况,有针对性地指导幼儿,我们可以培养他们的独立意识和实践能力,帮助他们养成生活自理能力和良好习惯,从而避免因教育环境的变化给幼儿带来的困扰。在幼小衔接工作与"双减"政策并行推进的背景下,如何实现幼小衔接教育的有效落实,避免过度干预,确保双向衔接有度,已成为当前教育领域热议的话题。

一、"双减"政策下幼小衔接"零起点"实施现状分析

(一)幼小衔接"零起点"教育政策落实不足

目前,部分幼儿园为了迎合家长"不让孩子输在起跑线上"的观念,导致教育目标偏离。许多教育机构为满足家长的片面需求,主要以知识教育为主,使早期教育目的变得更加功利化。幼儿园保教保育工作的"小学化"现象严重,常常通过减少幼儿的户外活动和游戏时间,来提前学习小学一年级的课本知识。这不仅剥夺了幼儿的童年快乐,还挫伤了他们的学习兴趣,对幼儿的身心健康发展产生不良影响。"非零起点"教育已逐渐成为幼小衔接的普遍问题。

(二)幼小衔接"零起点"政策实施缺乏秩序

幼儿园教育与小学教育的衔接缺乏主动性。在二者联动方面,部分教师未建立幼小双向衔接意识,对幼儿园的教育教学情况了解不足,不熟悉幼儿园的教育理念,导致难以实现有效的双向沟通。这使得幼小衔接工作无法深入开展,为幼小衔接联合教研活动的开展造成了一定的障碍。此外,幼儿教师与小学教师之间缺乏更深层次的交流,也是导致幼小衔接指导策略存在差异性的因素之一,加剧了幼儿教育和小学教育的断层,使幼小衔接工作无法深入持久地开展。

二、"双减"政策下幼小衔接"零起点"实施障碍机制剖析

(一)受传统教育思想束缚

"双减"政策下,幼小衔接"零起点"教育政策的最终目标是培养身心健康、人格健全的儿童。"零起点"教育政策顺应了幼儿的自然发展,但在具体执行过程中,幼儿科学教育存在一定的偏差。部分幼儿教师在幼儿园一日生活中未能渗透以人为本的理念,受传统教育思想的束缚,缺乏对幼儿主体性地位的重视,忽视了幼儿主体性的培育和发挥。教育的功利性越来越强,过于重视知识本位教育,缺乏对"以人为本"思想的深度解读,导致幼小衔接"零起点"教育政策落实与实施的偏差,背离了"以人为本"的教育宗旨。

(二)应试教育的影响

在“双减”政策下,要求建立健全多层次、多渠道、全覆盖的教育评价体系,以持续深化教育体制改革并健全立德树人落实机制。然而,目前我国的教育评价体系仍未摆脱“应试教育”的影响。考试升学的压力未得到有效缓解,传统的以应试教育为主的观念根深蒂固。片面的应试教育倾向以及唯分数评价教育质量的问题是影响幼小衔接“零起点”教育政策执行的重要因素之一。此外在应试教育的环境下,选拔人才的方式仍然主要以考试成绩为主,把考试分数作为评价标准。还存在以考试成绩和学校升学率作为考核评价教育工作依据的现象,这导致“双减”政策下幼小衔接“零起点”教育政策难以落实到位。

三、“双减”政策下科学实施“零起点”幼小衔接的对策

(一)更新教育教学观念

在全面推进幼小衔接工作、提升学前教育质量的过程中,我们应坚守“以幼儿为本”的核心理念,充分尊重儿童的年龄特点和身心发展规律。以“零起点教学”为基准,我们需要更新幼儿教育教学观念,深化“双向衔接”的教育思路,实现由“要求幼儿准备”向“为幼儿准备”的转变,从而凸显幼儿的主体地位,充分发挥其主体作用,并培养幼儿主动进取的意识。同时,从社会层面来看,我们应全力营造良好的幼小衔接舆论氛围,避免对幼小衔接产生误解,以构建良好的教育生态。在开展幼小衔接“零起点”教学活动时,可以通过培养幼儿的读写、计算、语言表达等各方面能力,为其做好幼小衔接的准备。例如,利用幼儿园一日活动开展幼儿早期阅读活动,以此促进幼儿口头语言和书面语言的发展,为幼儿提供主动学习、主动探索的机会。引导幼儿仔细观察图画书内容,用简短的语言和合理的想象来表达自己的想法,并鼓励幼儿尝试自主探索学习,让幼儿在自由探究、自主表现的活动中获得有益的经验,体验创造和表现的快乐。又如,在创设区域活动时,我们首先应深入了解幼儿的兴趣点,然后与幼儿共同商讨所在区角的主题,进行游戏。这样不仅能充分满足幼儿自主独立的需要,还能培养幼儿的主体意识,增强其自信心,激发幼儿参与活动的兴趣、好奇心和探索精神。

(二)优化学前教育管理新体制

幼小衔接是一项艰巨且长期的工作。只有通过多方认真研究、多措并举、深入推进,才能逐步建立起比较完备的工作体系,理清幼小衔接的工作思路,并建立完善的工作推进机制。就我国目前的教育发展阶段而言,提高幼儿园幼小衔接活动的实施质量,是加快高质量教育体系建设、持续深化新时代教育改革、改善基础教育薄弱环节、实现均衡发展的根本要求。因此,建议从政策决策、法规规定、制度构建等方面明确部门责任,进一步明确各职能部门的职责任务、提高各部门之间的协同能力、规范各部门的工作流程。在制定《学前教育促进条例》的基础上,应发挥教育行政部门的统筹协调作用,加强教科研机构对教育实践的引领和指导服务功能,从而提高幼小衔接工作的规范化水平。这样,幼小衔接教育就能真正站在幼儿发展的角度,促进其健康成长。

(三)构建幼小衔接课程体系

幼儿天性活泼,寓教于乐的教学模式不仅契合幼儿阶段儿童身心发展的特点和心智发展规律,同时也能营造出宽松的学习环境。因此,幼儿教师经常会以游戏为手段,贯穿于幼儿园一日活动中,将幼儿教育目标、教育内容融入各项游戏活动当中,让幼儿在游戏中获得相关的知识经验。在小学起始年级课程教学中,尽管以学科教学为主,但基于核心素养的教学改革势

在必行。建立幼小衔接课程体系是努力提高教育教学质量、实现优质教育资源共享的重要保障。在幼儿园一日活动中，幼儿教师应尊重和呵护每一个幼儿的学习兴趣，并为其提供愉快和谐的学习环境，让幼儿在直接感知、实际操作和亲身体验过程中进行学习。在幼儿园一日生活中开展形式多样、内容丰富的幼小衔接活动，有助于增强幼儿大脑接收和吸收信息的能力，使幼儿具备初步的逻辑思维能力，为幼儿做好入学准备。例如，在开展"水果吧"活动时，幼儿教师可以在课前准备时在幼儿园数学区角里布置相应的情景，如摆放苹果、橙子、香蕉、草莓等各种水果，指导幼儿轮流扮演水果店老板和客人的角色。通过创设游戏情境，不仅能够帮助幼儿进一步了解数数和物体间的关系，还能让抽象的数学变得具体化、形象化，起到事半功倍的效果。为了进一步做好幼小衔接工作，激发幼儿主动探索的欲望，养成合作的意识，发挥幼儿自主性，可根据幼儿实际情况开展各种训练，如遵守时间训练，要求幼儿在一定的时间内完成幼儿教师布置的任务，帮助幼儿树立遵守时间、珍惜时间的良好习惯，以便积极应对小学阶段学习和生活上的挑战；还有独立性训练，通过开展谈话、故事等活动为幼儿独立自主性的发展提供条件和机会，使幼儿养成良好的独立自主意识，培养幼儿独立思考问题和独立解决问题的能力。

（四）发挥幼儿园综合治理系统功效

在"双减"政策下，为有效落实幼小衔接"零起点"教育政策，应充分发挥政府各相关职能部门在幼小衔接政策工作中的作用。各级教育行政部门应进一步优化完善幼小衔接政策举措，建立健全长效机制，严格督促指导，推动全社会形成教育合力，促进教育部门与社会的良性衔接，让各职能部门真正发挥好职能作用。通过构建全方位、多层次的全社会共同参与幼小衔接"零起点"综合体系，科学做好幼小衔接的总体规划，把幼小衔接工作列为重要工作，并融入小学教育质量监控系统中，实现对学龄前儿童进行保育和教育的教育组织机构与基础教育的双重监测。在幼儿园职前教师教育课程中融入幼儿园幼小衔接内容，如发展人际交往能力、培养幼儿的规则意识和任务意识、培养主动性、培养独立性，帮助幼儿教师充分认识幼儿阶段的特性和价值，理解"保教结合"的重要性，学会按幼儿的成长特点进行科学的保育和教育；理解幼儿的认知特点和学习方式，学会把教育寓于幼儿的生活和游戏中，创设适宜的教育环境，保护与发展幼儿探究、创造的兴趣，让幼儿在愉快的幼儿园生活中健康地成长。职后通过开展幼小衔接专项培训，使幼儿教师对幼小衔接的阶段性、紧密性和连续性有更深入全面的了解，进而提高学前教育教师的政治理论和专业水平，夯实幼儿入学教育准备工作，奠基幼小科学衔接的基石，扎实推进幼小衔接工作的高质量开展。

四、结束语

做好幼小衔接工作，是在"双减"背景下构建高质量教育体系、推进基础教育公平、公益、优质发展的迫切需要。在为幼儿搭建适宜的桥梁、实现幼小联合教研共话双向衔接的过程中，通过更新教育教学观念、优化学前教育管理新体制、构建幼小衔接课程体系，切实发挥幼儿园综合治理系统功效，方可做好顶层设计，为"幼小衔接"保驾护航。

克服幼儿对新环境的适应难题

——过渡期支持策略与活动设计

王 丽

深圳市龙华区碧澜外国语小学附属星雅幼儿园

一、引言

在幼儿教育领域,协助孩子们适应新环境是一项既重要又富有挑战性的任务。幼儿期是人生的关键时期,此阶段的经历和学习将对他们的未来产生深远的影响。本文旨在探讨如何通过具体的过渡期支持策略和精心设计的活动来帮助幼儿克服对新环境的适应难题。通过结合游戏和创新的教育方法,本文深入分析了如何有效地满足幼儿在面对新环境时的心理和社交需求。采用理论与实践相结合的方式,本文提供了一系列实用的策略,以协助幼儿顺利过渡到新环境,并促进他们的全面发展。

二、儿童心理学基础

幼儿期是心理发展的关键时期,此阶段的心理变迁对幼儿适应新环境的能力有着深远的影响。在这一时期,幼儿的心理特征主要表现为对新事物的好奇心和强烈的探索欲。他们通过与环境的互动来学习并适应,这种互动不仅推动了认知发展,也塑造了他们的情感和社交能力。例如,通过探索性游戏,幼儿学习理解物体的属性和空间关系,这对思维的初步形成至关重要。

此外,幼儿期的自我意识开始觉醒,他们逐渐从自我中心转向能够理解他人视角。这一转变对于他们适应集体生活,如幼儿园或学校环境,具有特别重要的意义。然而,这也是一个挑战,因为幼儿需要学习如何处理与同伴的社交互动,包括分享、合作和解决冲突。

在情感发展方面,幼儿开始展现出更为复杂的情感以及对情感的理解,如同情和羞愧。这一发展阶段的情感变化可能会对他们适应新环境产生影响。因此,理解和支持幼儿的情感需求对于协助他们适应新环境至关重要。

综上所述,幼儿心理发展的这些特点不仅为我们提供了理解他们如何适应新环境的框架,也为设计有效的过渡期支持策略提供了关键的理论支撑。通过深入理解这些心理特征,我们可以更好地设计和实施有助于幼儿适应新环境的教育活动。

三、适应难题的原因解析

幼儿适应新环境的难题可以从多个维度进行深入剖析。以小明的案例为例,他进入幼儿园的经历可以帮助我们更具体地探讨这一过程中所遇到的挑战。小明在家中一直是众人关注的焦点,享受着父母的悉心照料和关爱。然而,当他踏入幼儿园时,情况发生了显著变化。在那里，他不再是唯一的焦点，而需要与其他孩子共同分享老师和同伴的关注。这一转变对小明而言是一个巨大的挑战，因为他需要适应在一个更广阔的社交环境中生活，这对他的社交技巧和情绪管理能力提出了更高的要求。

此外，幼儿园的日常生活和家庭环境存在显著差异。小明需要适应固定的作息时间、参与集体活动并学会自我管理。这些变化对于那些习惯在家庭环境中享受灵活安排和个性化关照的幼儿来说，无疑是一个挑战。它们要求小明学会自我调节，例如在规定的时间内用餐、休息以及参与集体活动。

这个案例揭示了幼儿适应新环境的难题主要源于两个方面：一是从家庭环境到集体环境的转变；二是对新规则和新结构的适应。对于小明而言，这不仅仅是一个环境的改变，更是一个对自我认知、社交技巧和情绪管理能力的全面挑战。因此，理解和支持幼儿在这些方面的发展是帮助他们顺利过渡到新环境的关键所在。

四、游戏在适应支持中的重要作用

在幼儿适应新环境的过程中，游戏发挥着至关重要的作用。游戏是幼儿与生俱来的学习方式，它不仅能够激发孩子们的兴趣，还能在无压力的环境中推动他们的全面发展。

（一）促进社交技能的发展

游戏是幼儿建立社交联系的重要途径。通过参与游戏，幼儿学习如何与他人进行沟通、合作和分享。例如，集体游戏“寻宝计数”要求孩子们在寻找隐藏的物体时进行数数。这类游戏能够帮助幼儿学会轮流参与和遵守规则，这对于他们适应集体生活至关重要。

（二）增强情感适应能力

游戏可以为幼儿提供情感表达的渠道，帮助他们理解和调节自己的情绪。在游戏中，幼儿可以经历成功与挫折，学会如何应对不同的情感体验，这对于他们在新环境中适应情感波动非常有益。

（三）激发认知和创造力

游戏中包含的各种问题解决和创造性活动能够激发幼儿的思维能力。借助游戏，他们学习观察、分类、推理以及解决问题，这些技能对于他们理解新环境和适应新规则非常重要。例如，小莉在数数游戏中学习如何对物体进行分类和排序。这一过程不仅提高了她的数学技能，还增强了她对环境的掌控感。通过分类和计数物品，小莉学会了如何组织和理解周围的世界，这对于她适应新环境、理解新规则至关重要。此外，数数游戏还培养了小莉的注意力和专注力，这些技能将有助于她在日常生活中更好地适应和参与。

五、过渡期支持策略

在探讨过渡期支持策略时，我们可以通过小宁的案例来进行深入分析。小宁是一位刚进入幼儿园的四岁幼儿，正面临从家庭到学校环境的过渡。在这个过程中，我们采取了若干关键策略来支持他的平稳过渡。

第一，我们实施了情感支持策略，以缓解小宁的分离焦虑。在他适应的初期，我们鼓励家长在一段时间内陪伴他待在教室，这样小宁就能在熟悉的亲人陪伴下逐渐适应新环境。同时，老师通过增加与小宁的互动来建立信任关系，让他感受到学校环境中的安全和关爱。

第二，认知支持策略也至关重要。我们设计了一系列有针对性的活动，例如角色扮演和故事讲述,以帮助小宁理解幼儿园生活的日常流程和规则。这些寓教于乐的活动使小宁能够在玩耍中学习如何在新环境中行动。

第三,社交支持策略也是我们关注的重点领域。通过组织小团队活动和互动游戏,小宁能够在有趣的活动中与同龄孩子进行交流与合作,逐步建立友谊和提升社交能力。这些活动不仅提高了他的社交技巧,还帮助他在情感上与同伴建立联系。

通过这样的综合支持策略,小宁在过渡期的表现日趋稳定。他开始积极参与幼儿园的各项活动,对新环境的适应能力也显著提高。这个案例表明,通过情感、认知和社交多方面的支持,可以有效地帮助幼儿在过渡期内顺利适应新环境。

六、案例研究与实践

小明在刚进入幼儿园时对新环境表现出了好奇心,但伴随着明显的不适应。面对小明入园时的不适应状况,我们观察到他对自然探索有着浓厚的兴趣,因此安排了相关的游戏和活动,例如植物观察和动物分类。这些活动在丰富他的自然科学知识的同时,也提高了他的社交技巧和团队协作能力,有效地帮助他融入了幼儿园生活。

当发现小明在面对团体活动时显得局促不安,我们特别设计了一些小组合作项目,让他在更小、更舒适的团队环境中逐步建立信心。例如,在一个小组共同搭建城堡的活动中,小明负责寻找三角形的材料。在这个过程中,他不仅学会了与同伴沟通和协作,还在小组中展现了自己的才能,并逐渐成为小组中的积极分子。

随着时间的推移,小明在幼儿园的表现取得了显著的进步。他开始主动参与更多的集体活动,与同伴之间的互动也变得更加自然和融洽。这个案例清楚地展示了,通过观察孩子的兴趣点并在此基础上设计适应性活动,可以有效地帮助幼儿在新环境中找到自己的定位,从而更好地融入集体生活。

七、结论

在幼儿园教育中,有针对性地识别和利用幼儿的兴趣点是促进其适应新环境的关键所在。通过设计与孩子兴趣紧密相关的活动,例如自然探索游戏,我们不仅能够激发他们的学习热情,还能间接提升他们的社交能力和团队协作技巧。这种方法有效地帮助幼儿顺利过渡到新环境,并促进了他们的全面发展。

以爱之名与爱同行

——读《做温暖的教育者》有感

吴明霞

潍坊市奎文区南苑幼儿园

《做温暖的教育者》,作者陈震。一名温暖的教育者,即拥有"四心"之人:爱心,乃温暖之源泉;真心,源于内心深切的呵护;公心,植根于平等与尊重的关爱之上;慧心,则始终站在孩童的立场,理解与接纳他们的一切。

教育,非但一场幸福的相遇,更是一场爱与被爱的精神修行。正如冰心所言:"爱在左,情在右,在生命的两旁,随时撒种,随时开花。"自 2008 年 7 月我踏入幼儿教育的殿堂,我便将人生坐标定位于为教育奉献的轨迹之上。我深爱教育事业,热爱教师这一职业,更珍视与每一个孩子的相遇。

一、以爱为教育之基石,呵护孩子成长之路

身为班主任,我时刻将孩子们的冷暖挂在心头。无论是孩子生病、迟到,还是家庭遭遇困境,我都铭记于心,并尽我所能给予帮助。对于班级中的特殊孩子,我更是倍加细心呵护,用心关爱。我常提醒自己:"同为母亲,应换位思考,理解孩童之心。"关爱孩子已成为我工作和生活的日常。当孩子们向我表达喜爱:"老师,我最喜欢你了!""老师,你真好看!""老师,我想抱抱你。"我深知这是他们发自内心的喜爱,是对我工作的肯定与褒奖。作为教师,我应通过多种方式深入了解幼儿、尊重幼儿,时刻支持他们的想法和行为,让他们在充满爱与和谐的环境中茁壮成长。

二、以爱为纽带,静待花开之时刻

爱,是相互的。正如古语所云:"爱出者爱返,福往者福来。"家园共育如同构建一个和谐的生态系统:孩子是希望的种子,家长是肥沃的土壤,教师是辛勤的园丁,社会则是滋养的环境。唯有土壤肥沃、园丁勤勉、环境适宜,方能保障孩子的健康成长。我们拓宽视野,增进家园之间的认同与理解。通过举办家长开放日、家庭教育讲座等活动,引导家长更新教育理念,实现家园共育。在与家长的交往中,我始终保持微笑,真诚感谢,以亲和力与换位思考助力孩子的健康成长。

三、立德树人,践行幼有优育之理念

为深入贯彻落实党的教育方针,我们将立德树人理念融入幼儿园教育的方方面面。我园通过保教结合、全员参与、生活活动自然融合、游戏活动有机渗透、主题活动系统引导、园所环境文化熏陶以及场域联动协同育人等多元路径,将立德树人课程落到实处。我们致力于打造

宽松、舒适、充满爱的校园环境,建设家长满意、有温度的幼儿园。

作为一名党员教师,我始终坚守初心、牢记使命,以党员的标准严格要求自己,规范言行。我坚定执行党的教育方针和政策,忠诚于党的教育事业。作为新时代的幼儿教师,我恪守职业道德、爱岗敬业、无私奉献。我愿化作老黄牛、孺子牛、拓荒牛,发挥“三牛”精神,踏实奋斗,诠释对幼教事业的深情与大爱。

最后,借用陈震老师的一段话与大家共勉:“向日葵告诉我们,只要心向阳光,努力向上,生活便会变得单纯而美好。”愿我们都能如向日葵般,迎着阳光的方向,被温暖所包围,开启美好的每一天。

高质量教学要求下幼儿倾听记录教学探析

吴彦红
深圳市龙华区观湖街道博蕾幼儿园

一、强调幼儿倾听记录教学的重要性

当前，幼儿启蒙式教育正逐渐受到广大学者和家长的关注。家长们普遍期望孩子在幼儿园能够获得更全面、更优质的成长环境。然而，我们观察到，许多幼儿园在教学过程中仍采用较为传统的教学方式，对幼儿的启蒙教育重视不足，这在一定程度上可能会对幼儿的心智发展产生负面影响。

在幼儿发展的关键阶段，了解他们内心的真实想法对于找到合适的教育方式和内容至关重要。因此，我们鼓励幼儿教师在日常教学中积极引导幼儿进行言语表达，并提供实践材料，以便幼儿能够充分展示自己的想法。通过观察和分析幼儿的言行举止，教师可以更深入地了解幼儿的内心世界，并在实践过程中给予适当的引导，帮助幼儿提升各方面的能力。

基于此，本文结合幼儿倾听记录应遵循的"四原则"，在高质量教育背景下，探讨幼儿倾听记录教学策略。我们期望通过"耐心听、深刻思、细致记"来提升倾听记录效果，以更好地开展"一对一"倾听记录工作。

二、教育高质量背景下幼儿倾听记录教学应遵循的原则

（一）"耐心等待"原则

对于3~6岁的幼儿来说，他们在园区活动过程中，由于语言系统尚未完全发育成熟，与同伴或教师交流时可能会出现发音不清、跳跃式发言等情况。因此，在进行倾听记录时，教师需要遵循"耐心等待"原则。具体而言，教师应给予幼儿充足的时间和空间来表达自己的想法，不要随意打断或代替幼儿说话。同时，教师可以利用录音笔、摄像机等设备记录幼儿的言行举止，以便后续整理和分析。

对于存在语言表达困难的幼儿，教师更应保持耐心和细心。在倾听记录过程中，允许幼儿暂时沉默，并通过巧妙引导的方式激发其表达欲望。此外，教师还应注重记录幼儿的非言语信息，如面部表情、肢体语言等，以更全面地了解幼儿的内心世界。

总之，在对幼儿进行倾听记录时，教师应学会等待和巧妙引导，不断激发幼儿的表达兴趣。同时，提出的问题应具有针对性和指导性，以帮助幼儿更好地表达自己的想法和感受。通过遵循这些原则，教师可以更有效地开展幼儿倾听记录教学工作，促进幼儿的全面发展。

（二）"全面接纳"倾听记录

幼儿教师在对幼儿言行进行倾听记录时，不能随意评判孩子表现的好坏。一个善于倾听记录的幼儿教师，能够接纳不同幼儿的发言并进行整理归纳，对不同幼儿的发言都做到均衡看

待。在倾听记录过程中,幼儿教师应当平等地对待园区的每一位幼儿,要学会接纳幼儿发出的不同声音。此外,幼儿教师要意识到幼儿的语言表达形式多种多样,如文字语言、肢体语言、表情语言等。为了能够全面了解幼儿,需要从各个层面对幼儿的言行进行记录,做到全面倾听。

(三)"积极反馈"倾听记录

在对幼儿的言行进行倾听记录时,幼儿教师首先需要调动自身的同理心,耐心地倾听幼儿内心的真实想法,这样在教学中才能够及时配合幼儿并给予相应的反馈。幼儿在与教师进行交流互动过程中,因其心理较为敏感,所以能够感知教师的言行举止。因此,教师应当多与幼儿进行互动交流,记录他们的日常言行,并给予一定的鼓励与支持。必要的话,还可以配合一定的肢体动作,如拥抱、点赞等,来给予幼儿回应,让幼儿感知到教师对他们的鼓励、支持与接纳,进而激发出幼儿学习或参与活动的积极性。在教学过程中,只有幼儿教师积极与幼儿进行交流,并给予反馈,才能够实现双方的思维互动、心灵互融。另外,为了不断提高自身的教育能力,幼儿教师在进行倾听记录时,也应当不断提升自身的专业知识能力,借助各类创新型教学技巧来确保倾听记录的质量。

三、"耐心听、深刻思、细致记"——教育高质量下的幼儿倾听记录教学策略

在幼儿园与幼儿相处的过程中,我们应当多关注他们的日常行为。在区域活动中,我们需要耐心倾听、认真思考并详细记录他们的各种行为。在进行倾听记录时,要结合幼儿的身心发育特点,深入理解其行为所反映出的思维、情感等发展需求,并整理所获得的教育信息。这样,我们可以在日常教学中调整教育方针,选择适合幼儿的教育内容和方式。实际上,从孩子出生的那一刻起,对于初为父母的年轻人来说,倾听并记录孩子的一举一动、呢喃细语,拍摄孩子的照片,已成为他们记录生活的一种喜爱方式。大多数父母表示,他们愿意花费大量时间欣喜地观察孩子每天的成长与变化。作为教育者,我们更加明白,倾听记录幼儿的行为绝不是浪费时间。倾听记录让我们能够愉悦地领略每个儿童的独特魅力。随着不断的倾听记录,我深刻感受到了孩子们真实的需求,我愈发认同这样的理念:"我们要倾听记录,我们要理解并回应儿童"。

(一)耐心听

瑞吉欧教育的奠基人罗里斯·马拉古兹先生曾说:"幼儿是自己成长过程中强大而积极的主角,教师的首要任务是倾听。"这里的"倾听"强调的是对幼儿想法的尊重。在参与园区各类活动时,幼儿能够发挥丰富的想象力,在游戏过程中创造新的游戏内容,改变游戏情节,选择不同的游戏角色等。然而,我们注意到,许多幼儿教师在倾听记录幼儿一日活动中的行为时,并未从幼儿的角度进行思考,而是用成人的视角来引导幼儿。例如,当幼儿在游戏中遇到看似简单的问题时,教师可能会直接给出一个简单的解决方案,但幼儿经过自主思考后,可能会提出一个更复杂的方法。在指导幼儿时,如果教师发现他们的想法与自己的思路不符,可能会错误地干预幼儿,限制他们的思考和行动。这种教育方式是不合理的,很容易挫伤幼儿的积极性。另外,我们观察到,在参与幼儿活动时,应让幼儿在面对问题时多思考,让他们在游戏中掌握主动权。例如,在带领幼儿进行户外沙土区游戏时,我们发现幼儿正在用铲子挖沙土建造水渠,并用水管往水渠里灌水。由于灌水过多,水渠被淹没。当教师发现这一问题时,并没有立即介入,而是耐心地倾听记录幼儿的解决方法。几分钟后,一名幼儿发现了问题,她迅速思考并让同伴停止灌水。当水流被截断后,她开始用小桶运沙土加高水渠,其他小伙伴也纷纷效仿。另

一名幼儿则跑到材料区拿来纸板，用纸板搭建堤坝加高水渠。从这个游戏活动中，我们可以看出，当教师在倾听记录时从幼儿的角度思考问题，把主动权交给幼儿，信任他们的能力并尊重他们的想法和行为，放手让幼儿进行自主探索和创新，我们就能看到幼儿在活动中的精彩表现和无限可能。

（二）深刻思

幼儿在活动中独立完成各类任务时，他们的言行表现代表着其独立思考和行动的能力。这样的表现是幼儿对世界进行探究的一种方式，也是他们了解世界的一种途径。如果在记录幼儿的言行过程中发现幼儿的想法与思考可能存在误差，教师也不应直接打断并进行指责。相反，我们应该尊重他们的观点，鼓励他们表达内心的真实想法，并进行恰当的引导。因此，幼儿教师在园区倾听记录幼儿的言行时，应站在幼儿的角度思考，真正了解并鼓励幼儿的内心表达，同时尊重他们的行为举止。教师还应多从记录内容中分析幼儿的表达意愿。下面，我们将通过幼儿表征来探讨如何在倾听记录时实现深刻思考。幼儿表征是幼儿通过语言、图像、动作、符号等方式来表达自身感受、经验、思想和情感的过程。教师们需要跟随孩子的脚步，感受记录的变化，解读孩子的视角，理解孩子的语言，并在游戏中为他们提供科学的支持。在教学中，教师可以通过表征来倾听并感知幼儿内心的真实想法。

本次表征活动以“幼见问题，幼见美好”为案例，从“问题”出发进行表征倾听，融入多种幼儿表征方式，以提升幼儿解决问题的能力和发现身边美好的能力。接下来，我们将展示一段“一对一倾听记录”的实践。

当琳琳完成绘画后，教师问道：“琳琳，你能讲讲你画中的故事吗？”

琳琳回答：“在游戏区，我和小朋友们经常一起玩开火车的游戏，我想把这个游戏画下来。”

老师继续问：“琳琳，上面这些花花绿绿的是什么呀？”

琳琳解释：“这些是我画的玩具，我想带它们一起开火车。”

教师继续进行倾听记录……

深刻思倾听记录强调，教师应重视幼儿通过绘画、讲述等方式对自己经历过的游戏、图画书阅读、观察等活动进行表达表征，并详细记录幼儿内心的真实想法和活动体验。此外，在带领幼儿开展园区活动时，教师应细心发现各种教育机会，引导幼儿参与活动并设置有意义或有趣的问题情境，以激发幼儿的主动学习兴趣，并提供必要的支持和引导。当幼儿表达出自己内心的真实想法时，教师应及时回应，并通过提问、讨论等方式进一步拓展幼儿的思维空间，帮助他们更深入地探究游戏活动。总之，从这个小案例中，我们可以感受到倾听记录的力量以及及时理解和回应幼儿的重要性。

（三）细致记

马斯洛曾言：“心态若改变，态度跟着改变；态度改变，习惯跟着改变；习惯改变，性格跟着改变，人生就跟着改变。”幼儿教师在倾听记录幼儿的言行举止时，也应秉持这样的态度。教师需不断提升自身的倾听记录能力，并重视在园区活动中对幼儿进行科学倾听记录的内容。这不仅有助于教师的职业成长，还能确保幼儿教育的效果。然而，我们发现有些幼儿教师在园区进行倾听记录时，并未意识到这一活动的价值，甚至认为没有必要。因此，我们必须让教师认识到自主倾听记录的重要性——只有在园区进行倾听记录，才能真正洞悉幼儿内心的真实想法，感知他们在活动中的表现，并透过这些表现了解幼儿的实际发展水平。

在倾听记录过程中，幼儿教师还能发现并挖掘幼儿的内在潜能，从而更深入地理解幼儿的行为。当教师理解和读懂幼儿行为时,他们会主动进行反思。例如,在记录幼儿游戏表现时,教师会思考:幼儿为何在游戏中选择这样的材料?他们的行为背后有何原因?我是否需要给予一定的指导?如果打断他们的操作,会不会影响他们的下一步行动?通过思考这些问题,幼儿教师的专业素养和自觉意识得以提升,进而愿意持续进行自主学习,以提高自身的专业知识和游戏指导技能。

幼儿教师在园区教学中应转变对倾听记录的态度,认识到其可行性和必要性。在进行倾听记录时,应做到全面、广泛、详细,以促进幼儿的学习与发展。同时,教师也能通过提升倾听记录能力来推动自身其他专业性能力的发展。为确保倾听记录活动的效率,教师可以利用各类记录软件,如有道云笔记、讯飞语记、印象笔记等。这些软件具备录音、拍照、打字等功能,便于教师随时储存和整理幼儿的记录材料。

总而言之,要提升教师的倾听记录能力,就需要调动他们的倾听记录意识,并借助外部APP的支持,以提高倾听记录的速度和效率。

四、结语

曾在《学前教育》中读到这样一段话:“教育要发现每一个儿童的力量,激发每一个儿童的‘原力觉醒’,从根本上改变‘有教无学’的积弊,就必须将视角重新转向儿童,关注并研究儿童,倾听记录儿童的行为及发展变化,准确解读其行为背后的‘深义’,进而在课程和教学领域提供针对性的引导和支持。”相信随着我们的转变和倾听记录的实施,教育将成为一门呵护生命胚芽的艺术。我们的呵护将是阳光般的肯定、理解后的保护以及平等中的尊重。总之,教师只有学会耐心倾听、细致记录,才能真正了解幼儿的内心、感知他们的所思所想,并满足孩子内心的需求,从而为教师真正了解幼儿奠定基础。

从“奇妙农场”看儿童友好环境创建

吴碧云　廖艳春
株洲市搏卡拉生态幼儿园

一、案例起源

在主题为“可爱的小动物”的月度课程探索中，各个班级都选择了自己最喜爱的小动物进行深入了解，并在班级里饲养。孩子们与动物们共同生活、亲密互动，甚至举办了别开生面的动物运动会。孩子们天生就喜爱并善于照顾动物，在课程结束后，他们表达出希望把小动物留在幼儿园的强烈愿望。在晨圈谈话时，孩子们开始积极表达自己的想法。

经过一个月的相处，动物们在孩子们心中已然成为班级不可或缺的一员。探究课程即将落幕，孩子们满怀不舍。在一次晨圈活动中，他们展开了热烈的讨论。

幼儿：“我们能不能继续喂养这些动物呢？”

老师：“如果有适合它们居住的环境，我们当然可以继续喂养。”

幼儿：“那就把它们养在我们班级里吧！”

老师：“动物们需要宽敞的活动空间，我们教室能提供的区域太有限了。”

幼儿：“那我们可以把它们放到户外去饲养啊！”

另一幼儿：“可是户外没有围栏，得围起来，不然它们会跑掉的。”

又一幼儿：“那我们自己动手为小动物们建个家，让它们能一直在这里生活吧！”

经过班级内部的深入讨论，孩子们达成了一致意见：他们希望在幼儿园内为小动物们建造一个长久的家，让动物们能够安心地居住。

幼儿园的环境是孩子们日常生活的场所，倾听他们的想法与心声，让他们参与到公共空间的设计和功能分区中来，这正是我园一直践行的儿童友好理念的生动体现。为此，我们进行了大量的调研工作，还特意咨询了有饲养动物经验的家长，并邀请园所设计师前来勘测场地。经过多方面的咨询与了解，我们对这项工程充满了信心，并下定决心要完成孩子们的愿望，共同打造属于他们的动物之家。

二、与孩子们共同筹建农场

由于我们之前缺乏大规模饲养的经验，经过与孩子们的深入探讨，我们决定首轮饲养以家禽类动物为主。经过孩子们的投票选择，最终确定了鸡、鸭、鹅、羊这四种动物。每个班级都认领了一种动物，并为它们取了富有特色的名字：“铁锅”“战斗鸡”“开心鸭”“小幸运”。

接下来便是农场的建设工作了。孩子们事先了解了动物们的生活习性，因此在农场设计上提出了许多宝贵的建议：“鸭子喜欢游泳，所以我们要建一个水池。”“小鸡喜欢吃小石子，所以要在地上放一些小石子。”“还要建一个温暖的鸡窝，让母鸡可以在里面生蛋。”……

综合孩子们的各种想法后,农场的设计草图终于出炉了:农场中有一个小水池供动物们游泳;地面一半是水泥地,另一半是沙土地,以满足小鸡吃小石子的需求;在入口道路中间设置了一条小石子路,方便孩子们进入喂养。

那么农场该如何命名呢?孩子们也积极参与了名字的征集活动。最终,“奇妙农场”这个名字以高票胜出。孩子们对这个名字的解释是:这是一个每天都有奇妙、美妙事情发生的农场。在孩子们的心中,永远住着真、善、美,这是我们成年人应该向他们学习的地方。

“奇妙农场”正式落成了,“高傲的大鹅、可爱的萌鸭、害羞的小羊、淡定的小鸡”齐聚一堂,整个幼儿园的师生都出动一同庆祝!孩子们为它们的到来准备了一系列隆重的欢迎仪式。他们用自己的方式欢迎这群新朋友的加入——营造气氛的欢迎啦啦队、铺设的红毯、热闹的乐队齐上阵。

小动物们也享受着这份仪式感满满的入住新家仪式。初来乍到的动物们还在慢慢适应新家,而孩子们已经感受到了小动物们的紧张与不安。他们轻轻地将动物们抱起放在怀中,小心地呵护着它们,给予它们足够的安全感!

三、奇妙农场为幼儿提供丰富的课程资源

(一)天然的农场环境,蕴含丰富的教育价值

著名心理学家皮亚杰曾言,儿童就是科学家。幼儿是天生的探索者,他们自出生起就不断地探寻着周围的世界,构建自己的知识体系。奇妙农场的建立,不仅让幼儿在幼儿园里获得了对自然和生命教育的认知,更是他们实践生命科学、探索生命奥秘的重要途径。在与小动物的相处中,孩子们逐渐学习与掌握了农场动物的喂养、清洁、照护、观察和记录等方法。

(二)幼儿有机会深入了解动物多样性

在农场建设之初,我们就根据场地特点、动物习性和儿童经验等不同维度来组织课程活动。这样,孩子们在感受物种多样性的同时,也能通过比较、观察和测量等方法来研究小动物。随着孩子们积累了初步的饲养经验,各班级也陆续增添了更多的动物朋友,如乌龟、寄居蟹和鱼等易于饲养的动物,从而将农场中的饲养经验迁移到班级中。

(三)开启幼儿对食育、美育的探索之旅

农场为班级提供了丰富的课程资源。孩子们利用捡来的鸡蛋进行研究探索,尝试孵化或开展食育课程。同时,他们还用捡来的动物羽毛进行艺术创作,这不仅培养了孩子们的审美能力,还锻炼了他们的手眼协调能力、动手能力和劳动技能。

(四)激发幼儿的科学探索与发现精神

在农场建立之前,孩子们对饲养的动物可能仅停留在简单的照料和一般性观察上,缺乏深入的探究和发现。然而,自从农场设立以来,孩子们开始积极提问、讨论,并带着问题去观察、思考和验证。例如,他们通过观察鸭子游泳,发现鸭子游完泳后身上依然保持干燥,从而揭示了动物羽毛的秘密。

四、奇妙农场促进幼儿全面成长

(一)培养尊重自然的生态观念

农场的建设引导幼儿形成了初步的生态观念。对幼儿来说,最基础的生态观念就是按照自然规律进行饲养活动。孩子们逐渐摆脱了对小动物单纯的情感态度,开始理解并尊重自然

规律，明白何种行为有助于物种的持续发展和生态平衡。

（二）参与农场的“再建设”过程

当农场正式落成后，孩子们在日常观察中发现了许多问题，并积极参与了农场的改进工作。例如，他们发现鸡很少去鸡窝下蛋，经过几天的观察，发现霸道的大鹅总是占据鸡窝，导致鸡没有机会回窝。于是，孩子们开始绘制设计图，为鸡重新设计了鸡窝。在春季雨水充沛的时段，为了满足动物们在下雨天也能在户外活动，孩子们请来饲养员爷爷一起为动物们在树下搭建了雨棚。而到了夏季，考虑到遮阳的需求，他们又将雨棚升级为遮阳棚，确保动物们在雨季和高温季节都能舒适地外出活动。

（三）从“奇妙农场”窥见儿童友好的教育理念

从想法的提出到实现，奇妙农场如今已成为孩子们最喜爱、最常光顾的幼儿园环境之一。在与孩子们共同探索的过程中，我们深刻感受到这是一次由孩子发起、管理、发展的环境创设实践。这体现了儿童友好的教育理念——尊重儿童的主体地位和参与权利，让他们在自由、平等、主动的环境中成长。同时，农场也提供了丰富多样的教育资源，融合了饲养、劳动、美育、科学等多方面的教育内容，让幼儿园的环境真正成为支持幼儿发展的推动力。此外，通过探索人与自然的关系以及可持续发展的生态观念，农场还帮助孩子们更真切地感受动物的发展和变化，从而培养他们珍惜生命、爱护自然的意识。

五、持续推进儿童友好的环境创设工作

为了践行儿童友好的环境创设理念，我们将继续努力改进和丰富农场环境。在现有农场的基础上，我们计划增加植物种类和动物多样性，并根据季节变化对农场进行相应的改造。同时，我们还发布了亲子调查问卷，收集家长和孩子们关于环境友好的意见和建议。此外，我们也组织老师、家长和孩子们一起寻找幼儿园环境中的“不友好”因素，以共同设计、创建真正“友好”的幼儿园环境。通过这些举措，我们希望能够更好地践行儿童友好的教育理念，为孩子们营造一个更加宜居、宜学的成长环境。同时，我们也期待通过“奇妙农场”这一成功案例的推广和复制，让更多的幼儿园能够受益于这种富有创意和教育意义的环境创设模式。

通过“奇妙农场”的建设过程，我们深刻感受到了家、园、社共同建设和治理的魅力与力量。我园将继续坚守儿童友好的教育理念，致力于创建一个更加友好、和谐的幼儿园和社区环境。

夏日莲莲 “荷”你相遇

易志芬
株洲市搏卡拉生态幼儿园

一、课程源起

夏天悄然而至,孩子们的周末活动变得丰富多彩。每周一的分享时刻,孩子们都会热衷于讲述自己的周末趣事。在某个周一,小宇兴奋地分享了他周末与妈妈一同观赏荷花的经历,还提到了美味的莲蓬和荷叶。他的讲述激发了孩子们对荷花浓厚的兴趣,一连串好奇的问题接踵而至:荷花究竟长什么样?莲蓬是如何成长的?荷叶能有什么用处呢?基于孩子们旺盛的好奇心,我们决定展开一系列关于“荷”的课程探索与研究。

二、主题目标

(1)深入了解荷的生长过程及特征,欣赏荷花的美,培养对荷花的喜爱。

(2)通过观察荷花、莲藕等的外貌特征,共同学习、体验相关知识,并尝试运用多样的绘画方法创作创意作品。

(3)引导幼儿通过收集、观察、对比和讨论等方式探索“荷”的魅力,同时感受大自然的美丽,激发幼儿对自然的探索兴趣,并增进他们对美的理解。

三、教师支持

荷花是夏季最常见的植物,孩子们对它产生了浓厚的兴趣。《3~6岁儿童学习与发展指南》强调要鼓励幼儿探索自然,进行自主学习,亲近大自然,贴近生活。我们将通过多方面的支持和鼓励,满足孩子们的探索欲望,揭示“荷”的奥秘,让幼儿体验成功的喜悦。

四、活动内容与课程实录

1. 活动一:“荷”你相约

为了让孩子们能够更近距离地观察、了解和感受荷花,我们利用周末时间组织家长们带领孩子们一同去观赏荷花。他们寻找荷花的秘密,通过看、摸、闻等方式感知荷花的美,并记录下这些美好的瞬间。回到幼儿园后,孩子们热烈地讨论和交流他们的发现,并用绘画的方式描绘出他们眼中的荷花。

2. 活动二:探索荷的秘密——调查表

观赏荷花后,孩子们的好奇心被充分激发,问题层出不穷。为了回应他们的好奇心,我们设计了一份调查表,并在家长的协助下搜集了更多与荷相关的知识,共同对荷花家族进行了深入的调查。通过讨论和交流,孩子们了解了荷花、荷叶、莲蓬和莲藕在日常生活中的作用。孩子们的想象力是无穷的,任何看似普通的材料在他们的眼中都充满了无限可能:可以用来做菜、观赏、制作小伞遮雨等。他们有的结合自己的生活经验,有的与家长共同讨论。家长的参与极大地拓展了孩子们的视野,促进了他们科学思维能力的提高。

3. 活动三:藏在荷里的大学问

通过与家长的互动,孩子们回家后热衷于与父母分享在幼儿园关于荷的故事。家长们认为这是一个难得的教育机会,于是为我们班级提供了许多与荷相关的绘本故事书籍供孩子们阅读,如“认识荷花的结构”“莲子从哪里来”“一颗莲子的生命旅程”等。

通过阅读这些绘本,孩子们了解了荷花的整个生命周期。原来,荷花是从一颗小小的莲子开始生长的,经历了许多成长阶段才变成我们眼中美丽的荷花。为了让孩子们更加了解荷花的生长过程,我们提供了与荷花相关的实物,结合绘本内容,帮助孩子们更好地记忆。在了解了荷花的生长过程后,孩子们对荷花的顽强生命力表示赞叹。为了让孩子们更直观地感知荷花的生命旅程,我们一同进行了小实验——种植碗莲。我们引导孩子们观察莲子的发芽情况,并及时做好记录。

4. 活动四:近距离与荷互动——探秘荷花家族

《幼儿园教育指导纲要》明确指出:“教育活动内容的组织应注重综合性、趣味性、活动性,将教育融入生活、游戏之中。”当“荷”这一元素进入孩子们的生活时,会碰撞出哪些有趣的火花呢?

(1)荷叶帽制作。孩子们巧手制作荷叶帽,既锻炼了动手能力,又增添了活动的趣味性。

(2)荷叶聚拢实验——不沾水实验。当孩子们在荷叶上轻轻滴水时,他们惊奇地发现水珠能够自然地聚拢在一起。这个现象引发了孩子们极大的好奇心。为了深入探究这一神奇现象,孩子们亲自动手进行了实践操作,并积极分享了自己的观察和思考。这个小实验不仅让孩子们收获了宝贵的知识经验,更进一步点燃了他们对科学的热情,激发了探索欲望。

(3)“小青蛙跳荷叶”游戏。受绘本故事的启发,孩子们模仿小青蛙在荷叶上跳跃的场景,玩得不亦乐乎。这样的游戏设计不仅让孩子们体验到了游戏的快乐,还有效地锻炼了他们的腿部肌肉力量。

(4)“莲藕知多少”探索活动。虽然莲藕是孩子们日常饮食中的常客,但他们很少有机会见到未加工的莲藕。当真实的莲藕展现在他们面前时,孩子们都表现出了极大的好奇心。他们争相闻嗅,“有点像糖果的味道”,“也有点像萝卜”……我们引导孩子们观察切开的莲藕,那内部的孔洞让他们惊叹不已。在探索过程中,孩子们还发现了“藕断丝连”的奇妙现象。此外,利用藕的独特纹路,孩子们尝试进行拓印画创作,既发挥了想象力,又体验到了艺术的乐趣。《3~6岁儿童学习与发展指南》中强调,应“创造条件和机会,促进幼儿手的动作灵活协调”。通过这一系列丰富多彩的活动,孩子们不仅表达了对荷花的深厚喜爱,还在实践中锻炼了手部精细动作能力。

5. 活动五:舌尖上的美食——荷花盛宴

当人们提及荷花时,总会称赞其清雅脱俗的美。然而,荷花除了观赏价值外,它的食用价值同样值得称道。经过前期的深入调查与探索,孩子们对荷花有了更全面的了解,迫不及待地想要开启一场关于“荷”的美食之旅。

(1)美食制作——莲子绿豆汤。结合前期的调查内容,孩子们了解到莲子可以制作成多种美味佳肴,如银耳莲子羹、冰糖莲子水等。考虑到当前正值炎炎夏日,莲子和绿豆的结合无疑是解暑的绝佳选择。因此,经过投票,孩子们决定制作莲子绿豆汤来犒劳自己。

(2)家庭亲子美食制作。清炒藕片、银耳莲子羹等菜肴的制作过程中,家长们与孩子们共同参与,不仅增进了亲子关系,还让孩子们更加深入地了解了莲子、莲藕的营养价值。

6. 活动六:课程成果展示会

随着课程的深入开展,孩子们在幼儿园学到的每一个新奇事物都会成为他们与家长分享的宝贵话题。为了让孩子们能够更好地展示自己在探索课程中的所学所得,并满足家长们对课程的好奇心,我们精心策划了一场小型的课程成果展示会。

在展示会上,孩子们自信地向家长和朋友们介绍荷花的生长过程、莲子的形成以及荷叶的多种用途等知识点。同时,他们还分享了自己制作的各种荷花美食,赢得了在场所有人的赞叹。这次展示会,不仅让家长们更加直观地了解了孩子们在课程中的成长与收获,还进一步促进了家园之间的沟通与合作。孩子们在介绍过程中展现出的自信与表达能力更是让人欣慰不已。其实孩子们的探索精神和解决问题的能力远远超出了我们成人的想象,他们身上的这种精神值得我们每一个人去学习和借鉴。

五、主题小结与反思

《3~6 岁儿童学习与发展指南》明确指出:幼儿艺术领域的学习关键在于充分创造条件和机会,使幼儿在大自然和社会文化生活中萌发对美的理解和体验,丰富其想象力和创造力,引导幼儿学会用心灵去感受和发现美,用自己的方式去表现和创造美。在整个活动过程中,我们始终引导幼儿去发现、去感知和探索荷的美。从亲身体验在大自然中观察它们的外貌特征和感受它们的美,到在教室里进一步与实物近距离观察和互动。每一个环节都让幼儿参与其中,鼓励他们用自己的语言来表达对“荷”的理解和感受,从而发现美。

生活即教育,处处皆课程。这个课程为孩子们带来了无尽的乐趣,同时也让他们学到了许多技能。在课程实施过程中,孩子们充分了解了荷的主要特征以及生长过程,并积极主动地去发现、去想象、去探索。他们不仅收获了丰富的知识,也提高了语言和动手能力。孩子们在游戏中体验生活,体验成长和收获。关于“荷”的课程故事,我们将继续深入探索,而孩子们的探究学习也仍在继续……让我们共同期待下一个美好的故事,期待下一次精彩的探究!

小熊过桥

肖　蓉
株洲市搏卡拉生态幼儿园

一、主题来源

随着新月份的到来，我们决定以戏剧的形式陪伴孩子们度过一个充实而有趣的时光。每周一的分享会上，孩子们都会兴致勃勃地讲述周末在家的有趣经历。有一次，安安小朋友分享了她周末与父母游览沿江风光带时看到的各式各样的桥梁，这一话题立刻引起了孩子们的热烈讨论。他们对桥梁的结构产生了浓厚的兴趣，诸如“桥梁是如何建造的?”“桥梁由哪些部分组成?”“桥梁都有哪些材质?”等问题层出不穷。鉴于孩子们对桥梁的浓厚兴趣，我们决定本月以“桥梁”为主题，展开一系列的研究活动。

二、主题目标

①在教师的引导下，孩子们能够通过动作和表情生动地表现小熊过桥时的恐惧与成功后的喜悦，并乐于通过戏剧形式进行表达。

②鼓励孩子们大胆想象，探讨小动物们如何帮助小熊过桥，并通过讨论和角色扮演来创造有趣的故事情节。

③培养孩子们自我表达的能力，并让他们在角色扮演中体验乐趣。

三、主题活动实施

1. 活动一：戏剧表达——我知道的桥

(1)活动目标。

①能够用完整的语言阐述桥梁的结构。

②主动参与桥梁的搭建活动，并能有条理地介绍搭建过程。

③在讲述和合作搭建桥梁的过程中体验乐趣。

(2)活动过程。

1)初步感知桥的结构。

①展示桥梁图片，引导幼儿观察并描述桥梁的外观。

②探讨桥梁的作用和重要性。

2)教师引导幼儿合作，用肢体模拟小桥。

①小组合作，通过肢体语言创造桥梁形态。

②幼儿自主合作，进行角色扮演。

3)活动延伸。

讨论除了用身体，还可以用什么材料来建造桥梁。

(3)活动反思。

在引导幼儿用肢体合作搭建小桥时,教师应提醒幼儿注意动作幅度,确保安全。同时,在幼儿描述桥梁时,教师应注重引导幼儿使用完整的语句进行表达,以提升他们的语言表达能力。

2. 活动二:戏剧表达——河边有座小桥

(1)活动目标。

①认识桥的形状和特点,并能通过身体动作形象地展示竹桥的摇晃姿态。

②尝试合作构建桥的造型,体验团队协作的乐趣。

③能创造性地运用多样化材料搭建一座小桥。

(2)活动过程。

①教师向幼儿展示桥的图片,引导他们仔细观察并理解桥的基本特点。

②幼儿分组,利用所提供的材料合作搭建拱桥和吊桥。

③各组幼儿分享搭建过程中的经验与收获,并总结实践经验。

④教师进行综合评价,激发幼儿对桥的深入思考与探索兴趣。

(3)活动反思。

在幼儿利用材料进行小桥搭建时,教师应根据他们的搭建能力和水平进行合理分组,以确保每个幼儿都能在活动中得到充分锻炼与发展,从而达到最佳学习效果。同时,教师应关注幼儿的个体差异,提供适当的指导和支持,以协助他们顺利完成搭建任务。

3. 活动三:戏剧表达——故事初选择《小熊过桥》

(1)活动目标。

①培养幼儿的基础戏剧表达能力。

②帮助幼儿初步理解故事内容。

③让幼儿体验小熊过桥时的害怕心理,并尝试通过表情和肢体动作来表现。

(2)活动过程。

①引入环节。进行"我们来过桥"的戏剧游戏。

教师利用班级椅子搭建两座桥,一座宽桥(可容纳2~3人并列通过),一座窄桥(仅供一人艰难通过)。先邀请孩子通过宽桥,再引导他们通过窄桥,让他们体验并表达通过不同宽度桥时的心情。

②以故事圈的方式解读《小熊过桥》的故事。

③结束环节。在舒缓的背景音乐中,教师带领幼儿进行深呼吸和全身放松练习。

(3)活动反思。

在讲述《小熊过桥》后半段时,由于孩子是首次接触,可能无法充分表现小熊过桥时的害怕和紧张。教师可以与孩子一起扮演小熊,以提高他们的扮演兴趣和表现力。

4. 活动四:戏剧表达——小熊的一家

(1)活动目标。

①激发幼儿对戏剧表演活动的热爱。

②鼓励幼儿大胆尝试表现小熊的一家人,并能准确表现不同角色的特征。

③引导幼儿结合自身经验进行创造性表演,感受亲情的温暖。

(2)活动过程。

①引入环节。进行"我家三口人"的戏剧游戏。

教师带领幼儿围成圆圈，随音乐念儿歌，并在提到人物时随机指定幼儿做蹲起动作，逐渐加快速度。

②观察图片，指导幼儿表现三只不同身份的熊。

③分组进行表演。

每组三人合作扮演小熊的一家，教师运用“魔法定格相机”策略捕捉幼儿的创意表现。

④结束环节。进行“抱抱你，抱抱我”的放松游戏。

（3）活动反思。

在幼儿表现熊爸爸、熊妈妈和熊宝宝时，教师应根据情况引导幼儿展现更多不同角色的主要特征。若孩子们在表演中未能充分体现出一家人的亲情，教师可以进行适当引导。

5. 活动五：戏剧创作——朋友来帮忙

（1）活动目标。

①鼓励幼儿积极寻找帮助小熊过桥的方法。

②启发幼儿想象并表现其他动物过桥的方式。

③培养幼儿愿意帮助弱者的品质，在戏剧创作中感受朋友的关心。

（2）活动过程。

①教师采用“坐针毡”策略与幼儿共同讨论帮助小熊过桥的方法。

②教师扮演各种小动物过桥并请求帮助。

③指导幼儿边做动作边念台词：“眼睛向前看，一二三，跑过桥。”

④结束环节：进行“小熊睡觉”的放松游戏。

（3）活动反思。

教师在扮演角色时应更加投入，可以利用道具来区分教师和小熊的身份，以更好地引导幼儿进入角色，使他们的表演更加生动真实。

6. 活动六：戏剧创作——我们一起编剧本 1

（1）活动目标。

①通过给图片排序，完整串联整个故事。

②在教师引导下共同梳理故事线索，创编新剧本。

③鼓励幼儿大胆讲述故事。

（2）活动过程。

①教师播放课程图片，带领幼儿完整回顾《小熊过桥》的故事内容，为新编剧本做准备。

②出示《小熊过桥》的故事图片，请幼儿进行梳理串联。教师打乱图片顺序并描述画面内容，引导幼儿将图片正确排序。

③教师和幼儿进一步熟悉新创编的剧本。

（3）活动反思。

剧本是在教师和幼儿的共同参与下架构而成的。在活动方案中，教师将故事分段，让幼儿感知事件发展的阶段性，了解事件的进程。然而，在具体实施过程中，应根据实际情况灵活调整故事阶段的划分。

7. 活动七：戏剧创作——我们一起编剧本 2

（1）活动目标。

①愿意与同伴分享自己对于场景的想法。

②能够根据教师的指导,恰当选择所需材料。

③能主动表达自己的想法,并理解他人的观点。

(2)活动过程。

①与幼儿一起确认新编剧本各幕的名称,并讨论各幕的场景设置。

②分组合作,共同完成各幕剧本的创作。

小组任务:角色涂色,简单制作小动物。

中大组任务:设计各幕的场景。

③幼儿共同欣赏完成的剧本,并逐一讲述各幕剧本的内容。

(3)活动反思。

在整个合作“编写”剧本的过程中,孩子们能够分工合作,氛围十分和谐。然而,由于材料种类的限制,提供的制作材料略显单一。如果提前准备更多的制作材料,戏剧盒子的呈现效果将会更加完美。

8. 活动八:戏剧创作——角色竞选

(1)活动目标。

①积极参与角色竞选活动,能在集体面前勇敢展示自己。

②享受与同伴公平竞争角色、合作表演戏剧的乐趣。

③能认真观看并欣赏他人的表演。

(2)活动过程。

①通过谈话导入,激发幼儿的表演兴趣。

②根据幼儿意愿,邀请他们自主参加竞选。

组织幼儿讨论并制定竞选规则,教师与幼儿共同确定最终规则。

③竞选活动正式开始。

④活动结束:教师带领幼儿一起观看统计板,宣布最终表演名单。

(3)活动反思。

在整个竞选活动中,孩子们的参与度和积极性都很高。然而,我们也需要关注到那些性格较为内向的孩子,引导他们主动自信地上台竞选自己喜欢的角色。在竞选角色的过程中,教师还可以引导孩子更好地把握和表现角色特点。

9. 活动九:戏剧创作——服装设计大会

(1)活动目标。

①学会测量肩宽与头围,并制作演出服饰。

②能够运用不同的材料制作服饰,并注意服饰色彩搭配和图案设计的整体协调性。

③提高幼儿的动手能力,并激发幼儿的想象力和创造力。

(2)活动过程。

①通过谈话交流,激发幼儿的兴趣。教师提问:“孩子们,戏剧节即将到来,我们新编的故事也将在舞台上演绎,但现在面临一个难题:我们的故事角色还缺少漂亮的服饰。大家有什么办法解决吗?”

②展示各种材料,引导幼儿思考如何利用这些材料制作出合身的角色服饰。

③教师进行讲解示范。示范如何测量肩宽和头围,讲解服饰的缝合方法。

④幼儿分组选择材料,开始制作角色服饰。

⑤幼儿相互展示自己的服装设计,体验设计衣服的乐趣,并获得成就感。

(3)活动反思。

通过此次活动,我们发现孩子们的想象力非常丰富,但在动手能力方面还有待提高。在活动中,孩子们表现出极高的兴趣。许多孩子在装饰制作服装时,巧妙地使用了毛毡球和不同形状的不织布进行装饰,设计出了丰富多样的花样。他们的色彩搭配能力也相当出色。不过,在使用剪刀裁剪不织布时,教师需要提供更多的指导。

10. 活动十:戏剧表演——我要扮演

①孩子们穿上各自角色的服装,增强了角色的氛围,使他们更加喜欢并融入角色。

②教师根据每个孩子的特性和能力,调整他们的表演状态,以激发他们参与戏剧表演的积极性。

③教师应更多地引导孩子进行与自己角色相匹配的表演。

11. 活动十一:戏剧表演——我们的小剧场

①在布置场景时,要充分考虑场地的安全性和空间利用的合理性。

②舞台布置主要以制作的道具为主,辅以孩子们制作的简单道具。道具应具体形象,并根据故事的色彩基调来选择,富有趣味性,且符合孩子的年龄特点。

③教师通过海报通知家长班级幼儿的戏剧表演剧目,并鼓励他们积极参与表演前的化妆和服装整理工作。

12. 活动十二:戏剧表演——片段剧场

①说台词。在教师旁白引导下,鼓励孩子们大胆说出自己所扮演角色的台词。

②教师指导孩子们在说台词的同时做出相应的动作,注意肢体动作与表情的配合,以突出角色的典型特征。

③在教师的提示下,孩子们能够根据已有的表演经验进一步刻画角色形象,使角色更加生动饱满。

13. 活动十三:戏剧节

活动重点:让孩子们将整个课程的成果汇聚并创作出来,然后在舞台上演绎,享受这难忘的高光时刻。

四、教师总结

桥是孩子们非常熟悉且常见的建筑,他们对深入探究桥的结构和特点表现出浓厚的兴趣。一个简单的分享便点燃了他们的探索之旅。而课程的最终成果,我们通过戏剧的形式来呈现,让孩子们用表演的方式来展示这一个月来对桥的探索成果。在这一个月的课程中,每次与孩子们的交流和互动都会激发出新的活动思路。这些活动都是从孩子们感兴趣的话题出发,激发他们的学习兴趣,进而将这些话题融入集体活动和分组活动中,让孩子们主动探索,满足他们的学习欲望。在整个主题的实施过程中,我们与家长保持紧密联动,充分发挥家长的教育资源,让戏剧节得以更加完美地呈现。主题活动结束后,家长们纷纷反馈说,孩子们的语言表达能力得到了显著提高,他们能够完整地说出整个剧目的台词,并能够准确地表现出剧中的不同情绪。在这一个月的主题活动实施中,我们深刻体会到戏剧不仅仅局限于舞台之上,它更是一次艺术与教育相结合的旅程。

滑索的故事

赵 鑫
株洲市搏卡拉生态幼儿园

在幼儿园众多游乐项目中,滑索无疑是最受孩子们欢迎的。然而,它的高度却让许多小朋友望而却步,往往需要老师的协助才能体验滑行的快感。每次游戏时,老师们不得不一个个地将孩子们抱上滑索的起始点,这不仅耗费了大量时间,而且限制了孩子们的游玩次数。看着孩子们渴望而不得的眼神,我们深感必须做出改变,于是,一场关于滑索改造的讨论悄然展开。

一、改造初想法

孩子们和老师齐聚一堂,脑洞大开,提出了各种富有创意的改造建议。陈昱璁提议用木头搭建梯子或从低处攀爬至滑索起点;姜星亦则建议加长滑索的绳索,以降低起始点的高度;易林燕的想法更为独特,她提议通过助跑和跳跃的方式直接上到滑索上。

二、想法初实践

孩子们围坐在一起,兴奋地讨论着如何改造他们心爱的滑索。每个小组都提出了自己的创意,并迫不及待地画下了他们的设想。

(1)轮胎组:计划使用三个轮胎作为支撑。

(2)木头1组:提议用积木和胶水搭建楼梯。

(3)木头2组:想用积木搭建一个斜坡。

(4)梯子组:简单地选择了使用梯子作为辅助工具。

(5)桌子组:打算利用桌子和木块构建一个平台。

(6)绳子组:设想用绳子和胶水固定滑索。

孩子们热情高涨,纷纷在幼儿园里搜集所需材料,开始了他们的改造工程。然而,实际操作中却遇到了不少挑战。

轮胎组兴致勃勃地搬来三个轮胎,试图将它们叠高。但当放到第三个轮胎时,它突然滚落。不过,站在两个轮胎上,他们已经能够自己爬上滑索了。整个过程充满了乐趣和挑战。

木头1组原本想用大量胶水把木头粘在一起,搭建成楼梯。但遗憾的是,胶水根本粘不住木头,它们总是倒塌。这个尝试虽然失败了,但他们学到了很多宝贵的经验。

木头2组计划搭建一个斜坡,以减少摔倒的风险。然而,由于木头太滑,他们一踩上去,木头就散架了。尽管如此,他们依然对这个项目充满了热情和期待。

虽然梯子组利用梯子可以触及滑索,但它太不稳定了,总是摇摇晃晃。梯子组虽然很害怕,但还是爬上了滑索,他们非常激动。

桌子组原本以为把桌子一放就能轻松爬上去,但没想到桌子如此不稳固。于是,他们找来木头固定桌脚,可惜高度仍然是个问题。最后,他们只能踩着下面的木头小心翼翼地爬上去。

绳子组原本打算用绳子将滑索牢牢固定,以便安全攀爬。但令人沮丧的是,绳子太难剪断了。最后,他们只能满足于攀爬的乐趣,而无法真正体验滑索的刺激。

面对改造过程中的种种挫折,孩子们感到有些气馁。在这时,何兹墨提议向园长妈妈求助。孩子们经过讨论,决定以书信的形式向园长妈妈表达他们的困境和期望。园长妈妈收到信后高度重视,迅速给予了回应和支持。

三、改造再进行

(一)活动一:对话专业工程师

园长妈妈特意邀请了工程师来到园所,孩子们兴奋地将精心挑选的三个改造方案展示给工程师叔叔,并热切地与他探讨每个方案的可行性。这次与工程师的面对面交流,对孩子们来说意义非凡。他们不仅领略了工程师的专业风采,更在无形中感受到了这一职业的魅力。或许,这次活动将在孩子们心中埋下成为工程师的梦想种子。

(二)活动二:共筑安全警示牌

工程师叔叔宣布下周二即将开始改建工作,孩子们满怀期待地准备着。在热议如何确保施工安全时,孩子们纷纷献计献策:从绿色挡板到牵绳警示,再到红灯停止标志,他们的安全意识在与日常经验的结合中得到了充分体现。最终,孩子们不仅想出了多种实用的安全警示方案,还亲手制作了警示牌,为即将到来的改造工作做好了充分准备。

(三)活动三:记录施工瞬间

随着施工的展开,孩子们以画笔为工具,用稚嫩的线条和色彩记录下了每一个施工瞬间。这些画作不仅见证了滑索改造的全过程,更承载了孩子们对这片游乐天地的深厚情感。

四、改造成功后的喜悦

(一)活动一:共创滑索公约

改造完成的滑索焕然一新,孩子们在兴奋之余,也意识到了安全使用的重要性。他们借鉴班级公约的形式,共同商讨并制定了“滑索公约”,旨在确保每位使用者都能安全、愉快地体验滑索带来的乐趣。这份公约不仅体现了孩子们的责任心和安全意识,更成了他们自律与互助的象征。

(二)活动二:举行剪裁仪式

竣工之日,孩子们欢欣鼓舞。为了庆祝这一重要时刻,他们决定举行一场别开生面的剪裁仪式。在孩子们的精心策划下,仪式隆重而热烈。园长妈妈与孩子们共同启动滑索,标志着改造工程的圆满成功。这场仪式不仅为孩子们的努力喝彩,更成了他们美好记忆中的珍贵一页。

五、教师思考

生活中需要一些仪式感来铭记重要的时刻。这次滑索改造工程的成功,是孩子们共同努力的成果。通过举行剪裁仪式,我们让孩子们深刻感受到了自己的付出得到了认可和肯定。这种仪式感不仅增强了孩子们的自信心和归属感,更让他们学会了如何庆祝和分享成功的喜悦。虽然时间仓促,但孩子们的热情和创意让这场仪式变得格外难忘。如果未来有机会,我们可以尝试让孩子们更多地参与到仪式的主持和策划中来,让他们的才华得到更充分的展示。

六、案例启示

滑索，对于我们幼儿园的孩子来说，既熟悉又神秘，是他们最向往的游乐设施。在滑索这里，我们举办过很多活动。有一次的毕业典礼，孩子们就是坐着滑索去领取毕业证的。因此，对孩子们来说，滑索不仅承载着他们的欢乐，还象征着一种信念。

在改造活动中，我们引导幼儿通过观察、设计和想象，对滑索现有的情况进行改造。同时，我们鼓励幼儿使用多种材料进行搭建，并尝试对滑索进行改造。当改造滑索遇到困难时，他们并没有放弃。他们学会了积累经验和反思，思考如何改进改造方案；他们懂得了寻求帮助，找到园长妈妈来协助解决问题；他们学会了提取重要信息和总结，与工程师叔叔一起探讨最佳方案。

改造完成后，活动并未结束。老师以滑索为起点，引导孩子们认识到滑索不仅仅是娱乐设施，还能为我们的生活带来便利。同时，我们鼓励孩子们设计未来的滑索，激发他们对滑索的创新想象。

在整个活动过程中，老师是陪伴者和观察者。在幼儿的学习和分享中，老师看到了他们每一次的成长和进步，深感欣慰。这就是这个课程的魅力所在——从孩子身边的事物出发，为孩子营造一个“生活化、游戏化”的课程环境。

开学季的“特别”新生

王梓萱
株洲市搏卡拉生态幼儿园

又到了每年的新生入园日，在一片嘈杂的哭泣声中，有位小宝贝主动伸手让我抱着入园，这让大家都感到很惊喜。然而，当我们准备热情地欢迎他时，他却神色紧张，紧握拳头，往我身后躲藏。当其他老师蹲下准备与他交流时，他突然一拳挥向老师胸口。只要有其他孩子靠近他，他就会再次举起拳头。我蹲下来拥抱他，告诉他这样不可以，他却大哭起来，什么也不肯说。

于是，我立刻与家长进行了沟通，了解到由于父母工作比较忙，不到3岁的成成一般由奶奶照顾，从小生活的环境很单一。孩子缺乏社交经验，对外部环境充满防备心理，因此第一次独立面对陌生的环境时感到害怕。面对陌生人突如其来的热情，他也不知如何应对，显然缺乏安全感。

针对这种情况，我与家长共同了解、分析孩子的问题，静下心来接纳成成的所有情绪。家长也积极配合老师进行正面引导，让他感受到幼儿园环境是安全的，同伴是友善的。

有一天，大家一起坐在线上准备做游戏。成成和另一个小男孩的椅子挨在一起，由于位置不够，两个人的椅子一直在相互挤压，试图将对方的椅子挤开。突然，我听到另一个孩子说“我先来的”，然后大哭起来。我一看，发现成成将一只手食指举起看着我，而另一个孩子的脸上有几道被挠伤的指甲痕。他哭着跟我说：“他抓我。”助教老师立刻带受伤的孩子去医务室处理。我蹲下来握着成成的手，问他发生了什么事。他只说“刮了手”，最后听旁边的孩子说明了事情的缘由——那个孩子在摆椅子时碰到了成成的手，成成就抓了他。受伤的孩子处理完伤口回到教室后，我引导他们说出自己的感受并互相道歉，但成成却怎么都不肯开口。

通过与家长交流，我了解到在家里，家长能够与孩子进行“无语言”的顺利交流。成成不善于用语言表达自己，其语言能力在家庭中没有得到足够的支持。遇到困难时，他的第一反应就是用肢体动作来代替语言解决问题。

于是，我邀请家长来园沟通。我们达成共识，在成成出现不当行为时，应该及时介入，理解孩子的情绪并引导他正确表达。我们会明确告知他哪些行为是不能够接受的，让他学会与人交往的正确方式。当成成有进步时，大人一定会及时给予肯定，以增强他积极表现的信心，让他明白语言带来的快乐。

入园已经有一段时间了，一天在离园前的搭积木活动中，每个孩子都会分到一些积木来自由搭建。突然听到哇的一声大哭并伴随着尖叫，我看到成成哭得全身发抖，旁边一个孩子也在哭，手上有牙印。助教老师立刻带他去了医务室处理。我问其他孩子们发生了什么事情，他们告诉我是因为成成手里的积木搭完之后发现不够用了，看到另一个孩子手里还有积木，于是就直接抢了过来。可是这个孩子并不愿意给，就从成成手里抢了回来。这时成成拿起自己手里的积木用力砸到了别人的搭建作品上。当时那个孩子非常生气,正准备去毁坏成成的作品时,被成成咬了手。

以老人代养为主的孩子多以自我为中心,成成不懂得如何及时正确地表达自己的想法。虽然每次我们都有耐心与他沟通,但他还是忍不住想用自己的方式快速解决问题。因此,如何让成成学会正确用语言表达需求显得尤为重要。

情绪具有感染力,环境轻松愉悦才能让孩子放松下来。这需要家园共同营造轻松的气氛才能达到和谐的关系,孩子才会慢慢地愿意尝试表达自己的想法。我们会通过多种方式鼓励孩子找到适当的情绪释放方式,并建议家长多陪伴孩子、带孩子多走出家门、增加社交频率。

有一天在户外活动前排队时,成成跑来告诉老师:"××刚刚插队了!"我蹲下来给他竖起大拇指并对他说:"你不仅会按秩序排队,还会认真观察其他小朋友是不是站对了位置,真棒!"由此可见,只要能够采取适当的方式给予支持,就能引导孩子逐步形成自觉遵守规则的好习惯。通过家园的共同努力,成成的语言能力现在有了明显的进步。他能够倾听他人说话、准确描述问题并用语言表达需求,也因此交到了很多好朋友。

有效师幼互动策略在教学实践中的运用与启发

蔡晓纯
广州市天河实验幼儿园

在幼儿园的一日生活中,教师与幼儿的互动无处不在。教师的每一句话、每一个行为都蕴含着教育的意义。因此,我认为学会观察幼儿、解读幼儿是幼儿教师最为核心的能力。只有掌握了这一能力,教师才能促进有效的"师幼互动"。在幼教岗位上有多年教学经验的我,对有效的"师幼互动"有着自己的一些理解和体会。

一、有效的"师幼互动"是一种基于对话的互动,通过"对话"走进幼儿的内心

(一)建立"好朋友""同伴"关系,以积极饱满的状态回应幼儿

在幼儿园中,教师应与孩子建立平等的关系,让孩子意识到我们是好朋友、是同伴。我们可以一起游戏,一起分享,一起成长。因此,无论在幼儿园做什么,我都会热情地回应幼儿,因为孩子非常在乎你的回应,你的回应将影响孩子一整天的状态。如果能得到积极的回应,他们自然也会保持积极饱满的状态。这样不仅让孩子知道我一直在关注他们,同时也让他们感受到自己的价值和归属感。即使是每天早晨回园时的一个简单拥抱,一句"早上好",或者日常生活中的一句:"老师……"回应一句:"来了……"这样日复一日地交流,会加深与孩子之间的感情。"老师,我告诉你一个秘密……""老师,我又想跟你讲悄悄话……"最终,我们将成为无话不谈的好朋友,也会成为孩子们最喜爱的老师。

(二)关注个体差异,对幼儿的回答保持开放和耐心的态度

每个孩子都是独一无二的,他们天生充满好奇心,甚至有着天马行空的想法。因此,我认为不应该限制孩子的思维,而要让他们的思维更加开阔。师幼互动的目的就是促进孩子能力的发展。在互动中,师幼双方是平等的。我们不应该限定孩子,而是要拓展孩子的思路,激发他们去思考、去学习、去实践、去尝试,并与他们一同学习。这既需要孩子倾听我们的观点,也需要我们敞开心扉,真诚地倾听孩子的声音,即使是那些初听起来毫无意义的话语。有些孩子表达能力较强,知识面较广,在回答我们的提问时,能够表达丰富的内容,这当然非常出色;而对于那些比较内向的孩子,我认为只要他们能够站起来说出几个字或几句话,就是成功的表现。有时,一句"你的想法很奇特"可以巧妙化解尴尬;一句"你一定可以想到更好的解决方法,我相信你"能给孩子增添信心;而"嗯,可能还没想好,再思考一下,等会再回答吧"则表达了对孩子的理解。

(三)发起针对性的谈话活动,巧妙解决日常生活中的困惑

在幼儿园中,吃饭是日常活动中的一件平常事。然而,要让孩子自觉吃饭并照顾到不同孩子的需求并非易事。毕竟每个孩子都是独特的,因此教师需要充分考虑到幼儿的需求,以幼儿为本,努力让孩子自觉吃饭、吃好饭,而不是过分强调规范。这就需要教师转变观念,去理解幼

儿行为的意义,从而让幼儿健康愉快地生活和成长。为了解决这个难题,我们可以尝试把原本枯燥的餐前食谱介绍变成简短的小讨论,聊一聊食物的营养问题,引发孩子对食物的深入讨论和了解。有时也可以与孩子共进午餐,这一举动往往会引起孩子的好奇心:"老师,你在吃什么?好香呀!"这时可以顺着孩子的心意聊一聊自己的午餐内容以及不同食物的颜色、味道和营养等话题。感兴趣的孩子也会积极参与讨论并分享自己的想法。通过这样的讨论和鼓励孩子分享自己的饭菜经历,久而久之孩子们对不同食物的营养和味道会有更深入的了解,从而更加享受吃饭的过程。"餐桌礼仪"的话题也可以在适当时机提起,以巧妙解决孩子们可能出现的不文明行为如发呆或大声讲话等问题。当然这些措施并不是一成不变的,而是需要根据本班孩子的实际情况进行观察和分析后灵活采取的。

二、有效"师幼互动"是一种行动上的潜移默化,在行为的互动中给幼儿供给能量

(一)多用鼓励性语言,激发幼儿的积极性

在幼儿园中,"收拾玩具"和"洗手喝水"是两个重要的过渡环节。在这样的情境下,孩子们的表现各不相同:有的依然沉浸在游戏中,有的开始整理或去洗手,有的在教室里不知所措地徘徊,似乎在逃避喝水,还有的仍在兴奋地交谈……面对这样的场景,为了顺利推进到下一个环节,许多老师可能会采用催促的方式,但我发现这样做并不能很好地解决问题,反而可能影响师生关系。因此,我的做法通常是不重复"收拾"或"洗手喝水"的提醒,也不使用任何催促的语言。我会说:"我看到卡卡在帮助小朋友收拾积木,谢谢你卡卡!""茗茗已经收好建构区的玩具准备去洗手了……"同时,我也会倒一杯水,跟正在喝水的小朋友说:"干杯,哇,喝水真好!"这样,笑声不断传出。此时,你会发现一些原本在游戏中的孩子开始关注周围发生的事情,有的孩子会装好水来到我身边说:"老师,干杯。"而那些被我提到的孩子,无论是有意还是无意,都会更积极地继续他们应该做的事情。总之,整个过程无需提高音量来维持纪律,一切都能自然衔接。

(二)减少干预,鼓励幼儿自主解决问题

在幼儿园中,对于孩子们之间发生的事情,我们不必立即介入,例如询问他们在玩什么、做什么,以免打断他们的思路。当孩子们发生矛盾冲突时,我们也不必直接制止。更不需要对孩子的所有要求都言听计从,而是要有巧妙的策略来解决问题。例如,当两个孩子发生争执时,在确保安全的前提下,我会尽量站在一旁观察。如果一个孩子哭着向我求助,我会给予安慰。但当孩子情绪稳定后,我会鼓励他们讲述事情发生的原因和过程,并激励他们自己通过对话交流来解决争执。因为我相信,老师的过度干预可能会限制孩子的思考空间,这对于他们解决问题并不利。因此,放手并鼓励孩子自主解决争端对他们的社会性交往有着极大的帮助。在幼儿出现常规问题时,一个眼神或一个生气的表情就足以让他们领会并纠正错误。在幼儿取得成果时,及时给予评价,有时无需夸张的语言,一个表情就足以让幼儿备受鼓舞。

三、有效"师幼互动"是一种隐性的交流,在间接互动中引领幼儿成长的方向

(一)自然角中的无声熏陶,启发幼儿深入探究活动

班级的自然角是幼儿探究生物、认识自然、了解自然知识的窗口,蕴含着丰富的教育机会。但往往班上的自然角容易成为摆设,很少有幼儿会关心这些植物的生长情况,更不用说去护理了。《3~6岁儿童学习与发展指南》中指出:"引导幼儿注意身边常见的科学现象,感受科学技

术给生活带来的便利，鼓励和支持幼儿在探究过程中积极动手动脑寻找答案或解决问题。”于是，我悄悄在自然角中增加了以“绳芯引水法”种植的植物，这一举动成功引起了孩子们的关注和回应。马上有人提出疑问，并随之自发展开了热烈的讨论。尽管有时孩子的兴趣和需要与我们正在进行的主题关系不大，但我们应该尊重他们的兴趣和需要，并据此生成新的活动内容。通常，孩子在这样的活动中会表现得更加投入、具有想象力和创造力，并能获得更多新经验。甚至在活动结束后，他们还会意犹未尽地继续讨论。”因此，我们应该追随孩子的脚步，及时捕捉他们感兴趣的事物和挖掘有价值的问题，积极成为他们的伙伴，与他们一起探究。同时，及时提供物质上的支持，使自然角成为幼儿探索和学习的有效环境，让幼儿在与我们创设的环境和材料的交互作用中获得更多经验。

（二）区域活动环境的隐性创设，促进幼儿的自主创造性发挥

我们应该给予孩子更多的自主权，让他们选择自己喜欢的方式进行游戏。我们只需在适当时机介入引导，然后在合适的时候退出。这样，幼儿的积极性和创造性就能得到充分发挥，同时他们的交往能力也会得到提高。例如，结合主题下的区域活动，我们可以创设以“小脚丫”旅行社为背景的主题环境和区域环境，提供丰富的材料支持幼儿进行探索和尝试。这样，幼儿就能获得心理上的满足和情绪上的愉悦感。环境中的标识可以指引幼儿正确取放材料，帮助他们建立良好的秩序感。我们还可以让孩子流动起来，自由选择游戏角色，并在每个区域进行密切的互动。在这一过程中，从固定的形式转变为流动的形式，扩大了活动范围，增加了互动机会。在整个开放性游戏环境创设的过程中，我们始终把幼儿放在游戏的主体地位，放手让他们以自己的能力去实践与环境的交互作用。这样，我们才能真正给予孩子充分的自由，让他们自己去探索、试错、纠正、负责、创新和成长，从而获得进一步的成就感和自信心。

在探索和感悟“师幼互动”的道路上，我们需要从心出发，这样才能收获来自孩子的喜爱，并建立深厚的感情。同时，我们需要静下心来观察互动现场，思考互动的有效性和积极性。在未来幼儿园的每一日生活中，我们应该更好地发挥“师幼互动”的积极有效性，成为孩子心灵的观察者和解读人。通过不断努力提高自己的综合素养，为孩子的生命成长增添点点亮光。

小留言大妙用

——幼小衔接活动案例

赖金树
德化县阳光幼儿园

一、活动背景

我们幼儿园与阳光小学相邻,仅一墙之隔的地理位置优势使两所学校经常开展“手拉手”共建活动。今年,为了进一步推进幼小衔接工作,幼儿园特别邀请了已从本园毕业、现就读于阳光小学的哥哥姐姐们,来班级指导小朋友们如何整理书包、佩戴红领巾等。同时,我们也邀请了小学的老师来园,为孩子们分享入学前的各项准备工作。不久前,幼儿园还组织小朋友们参观了小学,他们不仅参与了小学的升旗仪式,还体验了小学生的上课情景,并有机会与小学的老师、校长进行面对面的交流。这些经历使小朋友们对小学的生活充满了期待。然而,面对即将告别的幼儿园,孩子们又流露出深深的眷恋,他们经常聚在一起讨论如何纪念这段美好的幼儿园生活。为此,老师积极响应孩子们的内心需求,提出了一个问题:“快毕业了,我们如何在毕业前做一件既难忘又有意义的事情呢?”在孩子们的交流讨论以及与家长的共同查找资料后,“快乐留言册”这一活动应运而生。本次活动不仅衍生出多样化的活动内容,还巧妙地将观察分析、社会交往、情绪情感以及前书写等经验融入其中,旨在促进幼儿核心素养的提升,并从身心、生活、社会、学习四个方面帮助幼儿做好入学准备。

二、幼儿兴趣和前期经验

通过深入了解“小猫生病了”这一故事内容,孩子们明白了即使朋友间无法见面,也可以通过文字来进行交流。在阅读“小猫的信”过程中,他们掌握了信件的基本格式,了解到信件应包括称呼、内容、署名和日期等元素。此外,孩子们还学会了运用不同的图画、简单的文字以及数字等方式来表达自己的想法,并能够大胆地进行交流。

三、预期目标

(1)让孩子们了解留言册的书写格式,并能够以自己喜欢的方式书写留言。培养他们对文字符号的兴趣,并感知口头语言与表征符号之间的对应关系。

(2)鼓励孩子们大胆地向幼儿园的老师、小朋友、小学生的哥哥姐姐们以及小学的老师和爸爸妈妈等人群留言,表达他们对上小学的期待和喜爱。

(3)培养孩子们积极主动参与留言活动的态度,在留言中能够表达出自己对新环境的接纳和喜爱上小学的积极情感。

四、活动一:独一无二的留言册

为了书写留言,小朋友们在爸爸妈妈的陪同下前往商店选购留言册。然而,他们发现商店里的留言册款式千篇一律。那么,如何让自己的留言册变得与众不同呢?孩子们决定亲自动手,用自己喜欢的方式来装饰一本独一无二的留言册。回到幼儿园后,他们纷纷拿起画笔,运用各种喜爱的图案和线条等创意元素,设计出了属于自己的专属留言册。

(1)分析。《幼儿园教育指导纲要(试行)》明确指出,应让幼儿在书写和绘画的过程中体验文字符号的功能,从而培养他们的书写兴趣。通过为自己的留言册设计封面和封底的活动,孩子们得以大胆表达自己的想法和创意,这无疑极大地提升了他们的书写兴趣和创作热情。

(2)支持与回应。为了满足孩子们的创作需求,我们提供了空白的牛皮记录本和绘画本以及各种书写和绘画工具等材料。在教师的引导和支持下,孩子们得以自主地进行创作和发挥想象力。

五、活动二:给未来的留言

在前一阶段的参观小学活动中,小朋友们仍有许多问题想与小学的哥哥姐姐和老师交流。该如何实现这一愿望呢?经过集思广益,他们决定在幼儿园和小学门口之间设置一个留言板,以便给小学生、老师和校长留言,将自己的疑问一一写下。他们是否会看到并回复这些留言呢?孩子们内心满怀期待。

结果并未让孩子们失望,小学的哥哥姐姐、老师和校长纷纷前来留言回应。孩子们兴奋得跳了起来,陈瑜欣喜地说:“我以为校长会很忙,没时间看我们的留言,没想到她竟然回复了。她还说,她也是从幼儿园毕业的,然后慢慢长大成为校长,非常怀念幼儿园的生活。”维涛也开心地分享:“我一直担心上小学会迟到,原来迟到了也没关系,只要说声‘报告’就行了。”昕琦立志道:“我要听校长的话,努力成为一名优秀的小学生,争取早日加入少先队。”子晗则充满期待地说:“小学不仅有足球特色活动,还有我喜欢的轮滑特色活动。校长说欢迎我们加入阳光小学大家庭,我好想立刻就去上小学啊!”……通过第一次收到的留言,孩子们了解到,只要是关于小学的问题,都可以通过留言板得到满意的答复,这真是个好办法。于是,孩子们决定继续给他们写留言。

随着一次次的“你来我往”留言交流,孩子们发现每次回复留言的人都不同。他们心想,要是能知道留言者的身份就好了。为了满足孩子们的好奇心,老师邀请了写留言的小学生来幼儿园交流;同时,孩子们也收到了阳光小学的邀请,再次与哥哥姐姐、老师和校长面对面交流,分享快乐。

(1)分析。幼小衔接活动是一项长期且需要双方共同参与的活动。之前短暂的参观小学活动让孩子们看到了小学与幼儿园的不同。面对未来新的学习环境,孩子们内心既充满期待又略感焦虑。因此,解除幼儿的焦虑情绪、激发他们对小学生活的向往是幼小衔接的关键。在留言互动中,孩子们能够更深入地了解小学,为将来的入学做好准备。小学校长的一句“欢迎加入阳光小学大家庭”和“我也是从幼儿园毕业的”,让孩子们感受到了小学的温暖和亲切,从而更加期待上小学。

(2)支持与回应。

①与小学保持联系,确保小学生、老师和校长都了解我们的留言活动,并邀请他们积极参与,共同支持我们的活动。

②鼓励幼儿设计个性化的留言板,并与他们一起书写和阅读留言。

③持续开展与小学的留言互动活动,直至孩子们毕业。

④在班级家长群中分享我们的活动,鼓励家长参与并支持我们的活动,共同做好幼小衔接工作。

⑤根据幼儿的要求,多次组织见面交流活动,增进彼此的了解和友谊。

六、活动的价值

(一)本次活动对幼儿发展的价值

1. 幼小衔接的有效性

(1)身心准备。从收集留言到书写留言的过程中,幼儿的身心得到了愉悦的体验。通过留言互动,他们进一步了解了小学的学习和生活环境,激发了对小学的向往之情,并产生了积极上小学的情感。

(2)生活方面。活动联系生活实际,巧妙运用留言的方式,让幼儿明白在日常生活中除了使用手机和信息等方式外,还可以通过写留言来进行沟通交流。

(3)社会准备。《幼儿园教育指导纲要(试行)》明确指出:“幼儿园在组织活动时,应经常打破班级的界限,让幼儿有更多机会参与不同的群体活动。”教师通过营造宽松的活动氛围和打破班级界限的方式,鼓励幼儿自主决策、独立行事,从而增强他们的自信心和社交能力。

(4)学习方面。幼儿通过绘画、书写等方式参与留言活动,并学会书写自己的名字,积累了丰富的前书写经验。同时,他们了解了“留言”的主要结构和特殊体验,为将来的学习写作等积累了宝贵的知识和经验。在解读留言活动中,面对多样化的留言内容,幼儿需要通过对图文信息的解读将留言整理成连贯的词句,这有助于提高他们的语言表达能力、思维能力等学习品质。

2. 情感教育终身性

幼儿将带着这本满载祝福的留言册成长。相信当他们再次翻开这本留言册时会心存感激,感谢那些留言的人。这个过程也将教会他们带着感恩的心去生活。

(二)对教师行为的思考

1. 树立正确的儿童发展观,为儿童提供适宜的支持

教师应及时关注幼儿的兴趣点,并在活动开始前做好充分的前期经验准备。例如,通过语言活动“小猫生病了”引导幼儿了解信的基本格式和主要内容;通过认识自己的名字让幼儿掌握名字的书写方法等。同时,教师还要提供必要的物质支持如留言本、笔、纸等;联系幼儿园及小学的老师与同学共同参与支持幼儿的活动;并创设丰富的语言区环境投放象形字卡、绘本等为幼儿提供隐性支持。

2. 关注课程内容的连续性,确保幼小衔接的双向性

为了更好地做好幼小衔接工作,教师需要从更广阔的视角来把握课程的纬度和教育阶段的整体性连续性。在活动前,教师通过深入了解发现小学一年级有“根据一段文字写一份通知”的知识内容,其格式与“留言册”相似。因此通过“留言册”活动可以有效地为幼儿将来写

通知积累经验和技能。

3. 关注幼儿的“最近发展区”，支持学习主体的个别性

幼儿的身心发展具有一定的规律性和差异性，因此教师在留言活动中应关注每个孩子的最近发展区并提供个性化的支持。不同的留言内容如一张图或图文结合等体现了不同孩子的发展水平和兴趣点，这也有助于教师在今后的教学活动中进行学情分析和个性化指导。

优化管理细节　促进保教融合

廖小珍
深圳市罗湖区教工幼教集团莲馨幼儿园

保教结合是我国幼儿园工作的基本特征,也是我国幼儿园必须遵循的准则。《幼儿园工作规程》明确指出,“幼儿园的任务是实施保育与教育相结合的原则,对幼儿实施体、智、德、美诸方面全面发展的教育,促进其身心和谐发展”。由此可见,保教结合对于持续提升幼儿园保教工作质量至关重要。而优化幼儿园管理则是提升保教质量的重要前提。因此,本研究将详细阐述如何在幼儿园管理工作中优化细节,以提升保教质量。

一、建章立制,细化工作

(一)构建系统、完整的制度体系

高质量的幼儿园管理离不开科学合理的管理制度。我园制定的制度主要分为全园性制度,包括幼儿园教职工职业行为规范、教职工考勤制度、安全制度、家园联系制度等;部门性制度,涵盖总务、卫生保健、保教等方面;岗位责任制度,具体规定园长、保教主任、教师、保育员、保健员等职责;以及考核与奖惩制度。这些制度明确了幼儿园各工作岗位的责任,并建立了评价考核机制,有效地促进了全体教职工形成规范化的工作模式,实现了自律自主的工作状态。

(二)实现活动流程化,建立责任制

我们在班级环境中投放了一日生活活动流程指引和图示分解,确保幼儿能够一目了然,通过环境中的活动流程指引培养幼儿良好的生活习惯,提升他们的自我服务能力。户外活动场地则按功能进行区域划分,并通过线、框固定器械存放位置,提供适合不同年龄段幼儿的操作指引和器械数量总表。每个区域都有专人负责指导幼儿科学使用器材,并实行责任化分工管理。我们每周都会对器材进行擦洗维护,以确保存放标准化、使用专业化、维护定期化以及安全时时化的精细管理要求,从而保障器械的安全与卫生。

二、抓牢要点,精细落实

(一)运行保障机制,落实安全责任

我们实行园长为安全第一责任人、安全主任为直接责任人的制度。通过采取“教育防范为主、层层管理推进、责任落实到人”的安全管理措施,我们确保与安全相关的问题能够“时时有人查、事事有人抓、处处有人管”。我们建立健全了各项安全管理制度,如《幼儿接送制度》《门卫管理制度》等,使得安全管理有章可循、有据可依。同时,我们与教职工各岗位人员签订了《安全责任书》,明确了安全管理责任。我们成立了安全工作领导小组,负责检查、监督全园的安全工作。此外,我们还加强了门卫值班管理,严格执行来访人员登记制度,把好幼儿接送关。为了持续保障安全,安全工作领导小组每月、安全主任每周、各部门负责人每天都会检查各自

安全责任范围内的安全情况，一旦发现问题，会立即解决。

我们还邀请家委会成员参与幼儿园的安全检查工作，开展“第三只眼看安全”的活动。他们定期检查幼儿园周边环境、园舍场地及各类设施设备的安全情况，从多方位、多角度进行排查，以消除事故隐患。

（二）精心开展保育工作，确保卫生安全

幼儿园的卫生保健工作涉及消毒隔离、传染病防治、体格锻炼、健康检查、个人卫生以及疾病预防等多个方面。

1. 科学进行膳食管理，确保幼儿营养均衡

每周的幼儿膳食由后勤助理、保健医生和厨师根据幼儿的身体状况、食物的营养含量以及季节变化来制定。我们为幼儿提供科学合理、营养均衡的食谱方案，确保食物的荤素、干稀、粗细合理搭配。班级老师每天会根据孩子的就餐情况及时反馈意见。园领导和保健医生会严格把控食物的质量和营养，并会深入班级观察幼儿的进餐情况，以了解他们的喜好和饮食习惯，从而及时调整膳食安排。我们还会定期组织“膳食委员会”成员召开膳食会议，以不断改进幼儿膳食的质量。

保健医生会每日对厨房的卫生、伙食以及消毒情况进行检查并做好相关记录。我们幼儿园的伙食账目清晰透明，会按时公布并接受各方监督。我们严格把控食品货源的质量，坚持选择有质量保证和有相关凭证的食品，以确保食品安全，从而保障师生的卫生安全。

2. 采取有效的预防措施，严控疾病传染

我们已制定各类传染病的紧急预案，并坚持做好常见病和传染病的预防工作。这包括消毒、杀虫、灭鼠以及灭蚊等预防措施。我们坚持每天进行晨检和一日观察，并做好出勤记录及缺勤追踪工作，以确保对幼儿的疾病能够早发现、早诊断、早治疗。在传染病流行的季节，我们会加强预防和消毒工作。一旦发现病例或疑似传染病疫情，我们会立即向区疾病控制中心和上级主管部门报告，以便及时调查处理。同时，我们会及时采取有效措施来控制传染病的传播。我们还会向家长发放预防疾病的“温馨提示”，以取得他们的配合。此外，我们利用家园宣传栏、幼儿园网站以及微信群等渠道向家长宣传保健和疾病预防知识。

（三）物资管理保教学，管理促精细

对于提升后勤管理效益，我们在精细化管理方面实行管理责任制。我们确保每件物品都具体化、明确化，坚持日常常规工作日清月结的原则，一旦发现问题，我们会及时纠正、处理并解决。

1. 物料存放实现科学化、规范化

厨房食品仓库的物品都按照分类进行摆放，并且每个物品都标注了生产日期和保质日期。班级内的清洁用品都有明确的标识，并且定点存放。卫生间的清洁工具各自独立使用，避免混淆；清洁毛巾则按颜色来区分其用途。我们规范使用消毒水桶，并确保消毒水的浓度配备比率符合标准。对于服装的管理，我们设定了合理的存量，并进行了准确的分类。资料的管理也是分类存储，并粘贴了相应的标签。学习区的材料都按照标识对应摆放，方便幼儿取放。

2. 固定资产明确化

我们对所有的固定资产都进行了详细的标注，包括购买日期、保修期、维修期、使用年限、报废时间、生产厂家以及责任人。每学期，我们的管理层、财务、库管和固定资产管理者都会共同进行资产审核，确保资产的准确无误。

3. 易耗品“三整”实现精细化

首先是整理。我们严格区分必需品和非必需品,确保办公场所只摆放必需品。这样做旨在扩大空间、减少库存量,实现有用则留、无用则弃的原则。

其次是整顿。我们坚持“四定”原则:定物、定位、定量、定标。所有物品都定点定位集中放置,并且摆放整齐,加以标识,以便拿取方便。

最后是整扫。我们安排固定的人员进行清扫,以保持环境的洁净。对园内场所及设备的定期清扫是减少故障发生的重要保障。一旦发现物品有缺陷,我们会及时报修维护,以恢复物品的完好状态。

(四)日常巡班注重指导,提升质量

我们进行巡班的目的明确,将巡园看班的过程视为“发现问题,解决问题”的过程。在巡视过程中,我们重点关注安全与一日活动的合理组织。在安全方面,我们巡查全园环境和班级环境,重点对水、电、空调以及户外玩具设施设备进行常规检查,以及时消除安全隐患。在一日活动的合理组织方面,我们分时段观察幼儿一日活动中的各个环节,关注活动环节的自然衔接、活动开展的质量以及师幼互动的质量等。对发现的问题,我们会及时与班级教师进行沟通,共同分析问题的成因,并提出改进的意见与建议。此外,我们还借助信息技术平台记录幼儿的入园、进餐、睡眠和离园情况,以便更好地了解幼儿的生活状态和需求。

三、保教融合,提升品质

保教结合是幼儿园教育的基本原则。在保育中有教育,在教育中有保育,二者虽侧重点不同,但相互结合、相互渗透,构成了不可分割的统一体。以下是我园在促进保教融合、提升教育教学质量方面的相关案例。

(一)案例1:美味自助,快乐共享

我园开展了自助餐点活动,在“尊重幼儿,以幼儿为本”的前提下,让幼儿自主取餐、自主用餐。这一活动不仅锻炼了幼儿的自主能力,还让他们学会了分享与合作。我们的自助餐分为自助早餐和自助午餐,食物种类丰富多样,满足了幼儿的口味和营养需求。在前期准备中,班级教师反馈了班级环境中自主提示不足的问题,使得幼儿自主性得不到相应发展。针对这一问题,后勤保障管理立即采取行动,提供了相应的解决方案,如喷绘幼儿自主商讨的自助餐取餐流程图、提供碗碟餐具摆放标签等。这些措施有效地提升了幼儿的自主性和进餐的愉悦度。

(二)案例2:后勤助力,快乐游戏

后勤管理在幼儿户外自主游戏时段发挥着重要的保驾护航作用。卫生保健人员会流动巡视,密切观察幼儿的游戏状态和出汗情况,以及时规避安全隐患并避免安全事故的发生。此外,后勤管理还积极协助班级教师推进自主游戏的深入开展。例如,针对本园二楼操场无遮阳设施的问题以及户外器械收纳整理的难题,后勤管理及时提出增设器械柜的解决方案。这一举措不仅方便了器械的整体管理,还让幼儿能够更方便地取放器械,同时也减少了不必要的消耗。整体而言,这些改进措施提升了户外环境的质量,并确保了幼儿在游戏中的安全与快乐。

综上所述,在幼儿园管理工作中,我们只有通过全面设想、精准发力、落实细节以及实现保教融合,才能让幼儿园管理逐步走上规范化、标准化和高质量的轨道。我们将继续努力优化管理流程、提升保教质量,为孩子们创造一个更加美好的幼儿园生活环境。

浅谈学前教育质量提升与发展

陈海媚
深圳市龙华区创新实验学校附属东华明珠幼儿园

一、学前教育质量的发展

学前教育是研究学前年龄阶段儿童教育规律的科学。那么,什么是学前教育质量呢?虞永平教授曾说过:“衡量幼儿教育的质量,主要有结构维度、过程维度、结果维度三个方面。”在《中共中央国务院关于学前教育深化改革规范发展的若干意见》中,明确指出学前教育质量的核心是教育环境在多大程度上支持和促进幼儿成长。由此可见,学前教育质量对幼儿的成长至关重要。那么,学前教育质量是如何发展的呢?

(一)以往学前教育质量的发展状况

1. 教学内容小学化、单一化

传统的家庭教育中,由于受到苏联教育家凯洛夫的应试教育思想的影响,常常会出现拔苗助长的情况。家长们希望孩子在学前教育大班阶段就能学会更多的小学知识,他们认为这样孩子才能有更好的前途。因此,私立学校为了满足家长的需求,便开设了拼音等小学课程。同时,家庭中也出现了一味向孩子灌输知识的情况,家长们只关注孩子是否能记住所有知识,却完全不考虑孩子是否能理解。最后,他们通过在家测试孩子的成绩来衡量孩子是否优秀。例如,我们家隔壁的小朋友,在大班的时候,每天都能看到他在练习作业,学习拼音的拼读。有一次,他在尝试三拼音节的拼读时,由于不理解,怎么都无法正确拼读。孩子颤巍巍地从嘴巴里尝试发出三拼音节的音,说完便缓缓抬头小心翼翼地看着家长。家长很生气,用恶狠狠的语言对孩子进行训斥。上小学后,孩子经常被老师批评上课不专心,学习效率下降。由此可见,过早学习小学知识,未必是一件好事,这违反了孩子的发展规律,对孩子的身心也造成了不良影响。

2. 教师力量薄弱,缺乏专业的教育队伍

一位优秀的幼儿教师能够深刻影响孩子的发展。学前教育中最常见的问题就是师资问题,即教师力量薄弱。许多专业的老师由于薪资问题纷纷转行,导致教育机构无法聘请到专业、高素质的幼儿教师,或者只能聘请到专业水平和学历有待提高的幼儿教师。这部分教师往往无法胜任学前教育工作。

(二)近期学前教育质量的发展现状

随着越来越多的学者、家庭和国家对学前教育的重视,学前教育质量得到了显著提升。那么近期学前教育质量的发展有哪些现状呢?

1. 开始“以幼儿为中心”,倾听幼儿的想法

美国教育家杜威曾说过:“儿童是起点,是中心,而且是目的。儿童的发展、儿童的成长就

是理想所在。"随着时代的变化,教师和家庭的教育观念也在不断提高。他们开始以幼儿为中心,尊重幼儿的想法,聆听幼儿的声音,并学会与幼儿一起交流、探索。

2. 开始采用从下到上的教育学习与引导方式

过去受苏联教育家凯洛夫应试教育思想的影响,许多学校都采用从上到下的灌输式教育方式,这种方式忽略了孩子的发展和内心想法。随着教师专业水平的提高和多种教育理念的学习与实践,教师们开始尝试从下到上的教育学习方式,即以孩子的兴趣为中心,作为他们活动的支持者、引导者,激发他们自主学习,从而体验学习的快乐。这种方式更加关注孩子的个体差异和兴趣需求,有助于促进孩子的全面发展。

二、学前教育质量得到提升与发展的主要原因

近年来学前教育的质量得到了显著提升与发展,主要受以下四种因素影响。

(一)国家政策的推动

随着国家对学前教育的日益重视,政府发布了多项教育法规来规范和推动学前教育的发展。例如,《幼儿园保育教育质量评估指南》中明确提出了聚焦幼儿园保育教育过程及影响保育教育质量的关键要素,旨在引导幼儿园全面贯彻党的教育方针,落实立德树人根本任务,尊重幼儿年龄特点和发展规律,坚持保育与教育相结合,以游戏为基本活动,不断提高幼儿园办园水平和保教质量。

(二)教师教育观的提升

国家对教师的要求日益严格,这促使教师的教育观不断提升,并学习到更多的教育理念。教师教育观的提高是促进教学质量提升的一个重要因素。教师能够更好地平衡幼儿游戏与知识教育,为孩子设计适宜的主题活动,有效激发幼儿的探索兴趣和欲望。

(三)家庭教育观的转变

随着时代的变化、经济的发展和教育的改革,家长的教育观念也在不断变化。同时,随着家长受教育程度的提高,新时代的家长们开始改变自己的教育观念,让孩子接受更科学的启蒙教育。他们不再一味地以灌输式教育为主,而是开始学习先进的教育理念,从而促进了家庭教育观的提升与发展,进而推动了学前教育质量的整体提升。

(四)教育内容的多样化

随着教师专业水平的提高和家庭教育观念的提升,教育内容也发生了很大的变化。与传统的偏向于学习成绩和书本知识的教育不同,现代教育更加注重孩子的全面发展,包括创造能力、科技知识和探究能力等。这种多样化的教育内容有助于孩子的全面发展,提高了学前教育的质量。

三、学前教育质量的提升与发展的影响

学前教育质量的提升与发展带来的积极影响主要有以下三个方面。

(一)提高幼儿教师的业务素质

随着国家对学前教育的重视,政府提高了教师的福利待遇,并提供了一系列培训和专业水平测评机制。这吸引了更多优秀、高素质的学前教育人才加入该行业,同时淘汰了能力不达标的教育者,从而进一步提高了幼儿教师的业务素质。

（二）促进家庭教育的发展

现代家庭中，父母双方受教育程度较高，因此他们能够接触到更多西方和先进的教育理念，从而形成他们自己的家庭教育观念。学前教育质量的提升与发展也促使一些教育机构开展学前教育讲座，与家长普及学前教育知识，这不仅帮助家长科学育儿，还促进了家庭之间的亲子关系。家庭能更好地聆听孩子的内心想法，营造出和善而坚定的家庭氛围，从而培养出具有自律、责任感、合作精神和解决问题能力的孩子。

（三）注重幼儿的全面发展

《3~6岁儿童学习与发展指南》中强调要关注幼儿身心全面和谐的发展。随着学前教育质量的发展与提升，教师和家庭更加注重幼儿的全面发展，包括德、智、体、美等方面。这使得幼儿能够成为全面发展的受教育者，在快乐、健康的环境中度过一个美好的童年。

浅谈美术欣赏在幼儿项目学习中的作用

李 俐
深圳市龙华区教科院附属学校福安雅苑幼儿园

“欣赏”是指以愉悦的心态领略美好的事物,感受其中的乐趣,并通过感觉器官的体验和对其审美价值的认识来进行的一种文化行为。“美术欣赏”是通过观看多种艺术作品来发展和训练视觉形式感的一种活动。欣赏不仅可以潜移默化地提升一个人的艺术素养,同时可以陶冶性情。美术欣赏对于学龄前儿童的全面发展具有重要作用,主要表现在培养儿童的艺术品格和增强儿童的艺术创作能力这两个方面。《3~6 岁儿童学习与发展指南》中指出,幼儿阶段艺术领域学习的关键在于幼儿对大自然和社会文化中美的感受与体验,以丰富其创造力和想象力,并运用自己的方式去表现和创造美。因此,美术欣赏对幼儿的作用不可忽视。

幼儿项目学习是一个系统、有针对性且全面的实践性学习活动,以问题解决为逻辑线索,旨在激发幼儿内在的学习动力。幼儿在熟悉的生活环境中积极参与,自行计划、推进、评估,并对自己的行为负责。项目式学习更注重深入研究和开展,以培养幼儿的学习兴趣和学习习惯。

在幼儿项目学习中,美术欣赏可以作为一个载体,帮助幼儿理解、吸纳、再现和重新设计项目学习中的一些问题。二者相辅相成,互相支持、互相促进。美术欣赏中的观察、想象和创造不仅渗透于幼儿园项目学习的环境创设、课程等各个领域,同时也在潜移默化中熏陶幼儿的审美能力,引导幼儿发展个性创作能力。

一、美术欣赏提升幼儿项目教学活动中的认知能力

幼儿在享受绘画的过程中,会激发创作欲望,运用各种方法表现自身的审美感受。他们以自身特有的视觉与认知,表达自己的情绪和情感,形成独有的表达方式,使活动更加深入。例如,在一次中班关于“房屋”的美术欣赏活动中,幼儿通过观察了解到了房屋的基本结构,如房顶、墙面、窗户和门等简单构造。同时,有的孩子还观察到自己生活的城市中,房屋造型别具一格、各有特色。当孩子们进入项目教学活动搭建自己的未来房屋时,他们会将美术欣赏活动中所掌握的经验知识运用到搭建过程中。有的房子高大挺拔,有的房屋奇特非凡,不仅可以放在天空,还可以变成船只在大海上远航。有的房屋没有窗户只有门,孩子会说这样的墙在外面看不到里面,只有从里面看到外面等,呈现出不一样的建筑风格。美术欣赏活动通过观看和想象来发展和训练孩子的视觉形式感,在欣赏中潜移默化地提升艺术素养,增长知识。同时,它也培养了孩子以欣赏的眼光发现、感受美丽的世界,从而领悟其中的乐趣。这是通过感觉器官的体验来认识其审美价值的一种重要的文化感受行为。

二、欣赏作品中产生的有趣问题可以成为项目学习的起点

欣赏中生动有趣的形象和画面给幼儿带来了喜爱和欢乐的兴趣,使幼儿记忆犹新并提升学习兴趣。解华在谈及儿童绘画的基本特征后表示,“幼儿对周围现实生活的认识、情感、思想

的体验”在项目教学中同样重要。适当地运用欣赏活动来引导幼儿的探索与发现也能取得很好的效果。例如在中班的一次“地图”鉴赏项目教学中，小朋友们提出了许多问题：“图片有什么用?”“地图上有各种各样的颜色是什么意思?”“地图的箭头标识有什么用?”“地图可以把很大的地方变小吗?”“地图上 N 是什么意思?”等等。当孩子们看到地图上的图案并开始提问时，说明他们的思考与想象已经开始工作。这也表明在艺术感受与欣赏中，幼儿表现出的好奇心状态为项目教学提供了很好的先决条件。幼儿在欣赏“地图”的过程中产生了对方向的认知和对空间的感知，不知不觉中提高了项目学习的能力。

三、美术欣赏中的想象力与创造力的培养有助于提升幼儿项目学习的广度与深度

能力是一个过程性的表达，简而言之，就是通过科学的方式创造出独特的物质。加登纳在多元智能理论中提出，应通过多元化课堂教学来发展孩子们的潜能。这让我对具有创造力的课程设想有了新的认识。运用“创造力”来解决项目学习中的问题，应当是一件非常有意义的事。幼儿在欣赏过程中，会联系想象、思考、运用材料、技能等多种因素进行创造。教师和幼儿一起了解美术作品的内在美感价值后，可以拓展出有趣、奇特的想法，鼓励幼儿用自己的方式进行表达，进行师幼之间的共同创造，从而提高幼儿项目学习的能力。例如，在中班“拜访春天”主题活动中，幼儿在“护蛋”活动中体会非常深刻。在为期两天的护蛋活动中，出现了很多状况。有的孩子不小心把自己的鸡蛋摔碎了，然后我们就一起观察鸡蛋摔碎的样子。有的孩子为自己的鸡蛋起了个很好听的名字，还有的孩子为鸡蛋制作了床。最后，大家都期盼着自己的鸡蛋能在孵化箱里孵化出可爱的小鸡。然而，由于孩子们都是从自家冰箱里拿来的鸡蛋，这些鸡蛋是不可能孵出小鸡的。但我并没有直接告诉所有幼儿这个事实，而是买了几只受精蛋，和孩子们一起期待着我的鸡蛋能孵化成功。在这次探秘卵生动物成长的过程中，幼儿们不仅观察到了鸡蛋的样貌与结构，还了解到了小鸡的成长过程。同时，也让幼儿们体会到了生命的来之不易，对生命产生了敬畏之情，感受到了养育生命的不易，也理解了父母养育我们的艰辛。

四、欣赏活动不仅促进幼儿形成良好的艺术素养，同时提高幼儿的认知力和理解力，可以更好地支持幼儿的项目学习

他们往往能通过表情、动作、文字、音乐等形式来表现自己的艺术想法，并乐于与朋友们共同讨论自己所感兴趣的事物。加登纳在《儿童对艺术的知觉》中提到，2~7 岁的儿童处于符号认知期。这一阶段的儿童在艺术知觉发展上表现出开始在一定文化背景上掌握图像、手势、声音、数字、形式和语言等多种符号的意义。如果幼儿因学习经验不足而无法认识艺术的表现形式和艺术特点，那么他们的经验又从何而来呢？我想，更多的是需要成人为孩子们提供平台与机会。屠美如在儿童美术欣赏课程框架中谈到：幼儿美术欣赏课程的内容要宽泛，以美感教育为中心，突出感觉的层次、智慧的层次、表现的层次和创造性的层次。在美术欣赏活动中，作品内容的艺术性是否可以让幼儿接受；在实施过程中是否运用了潜移默化的方法；在欣赏过程中，教师是否从指导式逐渐过渡到合作式、独立式、放任式，还是延续传统的高支配教学或低支配的自由放任方式。

美术欣赏活动过程不是一个单一的过程，而是体现出师生互动与支持的关系。艺术品的内在含义、环境的提供以及美术欣赏活动课程是相互联系、相互支持、相互融合、相互作用的。我们应当充分利用这一特点，科学融合美术欣赏与项目式学习，让欣赏活动变得更有意义，让项目式学习更加丰富多彩。

浅谈幼儿园区域活动的问题及有效开展策略

颜 艺
成都高新区石羊第九幼儿园

幼儿存在个体差异,当自由选择区域活动后会存在一定的弊端,因此,正确地引导幼儿选择成为很关键的一步。同时,区域活动教育价值的实现是以材料为依托的,让幼儿通过与材料的互动去发现、思考和解决所面临的问题,从而实现其成长。因此,教师要及时更换区域材料,做到有针对性地投放材料,为幼儿提供一个合理有效的区域活动环境。

一、幼儿园区域活动中的问题

(一)幼儿自由选择区域活动存在的弊端

1. 区域活动呈现出"冷门"和"热门"

区域活动存在于幼儿的一日生活中,因此,幼儿对区域活动的内容就十分熟悉,会少了以往的探索兴趣,会跟随自己的好伙伴进行从众性选择。在这两种情况下,就会出现一部分区域特别受幼儿欢迎,甚至区域人数已经超标;而一部分区域活动可能只有零零散散的几个人甚至一个人也没有。益智区、科学区、建构区往往就是小男生们的天下,美术区、娃娃家就是小女生们的世界。同时,这样的区域活动下,幼儿没有得到全面的学习和能力的发展。

2. 区域时间利用不合理

幼儿的一日生活是十分丰富的,所以开展区域活动的时间也是有限的。美工区的幼儿正在画画,当结束区域活动的音乐播放时长已过半,幼儿说:"我还没做完呢,我做完了就会收玩具。"幼儿的自我意识逐渐变强,当幼儿专注地参与区域活动时,会坚持自己的想法。如果幼儿选择遵守区域规则,结束还未完成的作品,其探索性也会被打断。

3. 区域材料使用率不均衡

区域材料是幼儿开启区域活动的基础,在幼儿们的选择中,会有熟悉的"幸运儿";也会有被忽略的。建构区的材料比较单一,幼儿常选择的是木头积木;益智区的材料几乎以成套的高结构材料出现,难一点的玩教具则很难进入幼儿的视野;美工区的材料丰富,多以低结构材料进行投放,存在幼儿持续一段时间只选择几个材料进行创作的现象。

4. 幼儿对区域材料不熟悉

对于益智区、科学区这一类较难的区域材料,幼儿会感到不熟悉。因此,一部分幼儿会持续性地进行探索并创新玩法;一部分幼儿会选择放弃,不再去尝试玩法;另有部分幼儿不尝试但也不放弃,在一旁观察别的幼儿玩耍。

(二)区域材料的投放问题

1. 区域材料投放随意且更新不及时

区域材料决定幼儿选择探索的方向以及能累积到什么样的经验。然而,实际上,幼儿园教师每天任务繁重,精力有限。在投放区域材料时缺乏"因材施教"的考虑,或者区域材料更新得不及时。如:图书区的书籍,一学年投放的可能也就那些;科学区、益智区的教玩具也就是同样的区域材料和一成不变的游戏玩法;建构区都是木头积木、奶粉罐等。幼儿多玩几次还是以前的物品,探索欲望也随之减少,游戏变得单调。

2. 不同类型区域材料的抉择投放

区域材料一般分为高结构材料和低结构材料,也可以分成成品材料、半成品材料和自然材料。在幼儿园的区域活动中也会出现自制玩教具材料,而这类材料也成为现在的幼儿园评选的考核项目之一。对于班级的幼儿来说,自制的玩教具玩法单一、开放性低,而且不耐用。在最初的投放时,幼儿会带着好奇的兴趣去使用,但久而久之,幼儿创新不了别的玩法,自制玩教具也变得破旧甚至损坏,幼儿也就不再去选择。

(三)区域活动的环境问题

幼儿园的教室空间有限,但要满足室内游戏、各种活动以及幼儿午睡、进餐等多种需求。在有限的场地还要安置区域活动,如建构区、娃娃家等。而这一类的区域活动所需要的场地比较宽阔,所以,区域活动在班级中往往会遇到场地不足的问题,导致幼儿的游戏活动没办法延展。

二、区域活动的有效开展策略

(一)教师引导幼儿正确选择区域活动

1. 正确引导幼儿选择区域活动

在引导幼儿选择区域活动之前,教师首先要明确自己的角色定位,在适当的场合扮演适当的角色,避免成为幼儿游戏的主导者。作为引导者,教师应指导幼儿创新玩法,并及时认可和鼓励幼儿的优秀表现。作为观察者,教师应避免直接示范和参与,以培养幼儿的想象力和解决问题的能力。作为参与者,教师应尊重幼儿的想法,听从幼儿的主导,增加活动的趣味性。

2. 建立区域活动观察个案记录

在区域活动中,教师应做好幼儿个人行为的观察记录,以便进行有针对性的"因材施教"教育指导。区域活动既包含学习性活动,也包含游戏性活动,幼儿在学习中积累学习经验,在游戏中获取直接经验。因此,区域活动是幼儿游戏和学习共同探索的过程,这正是教师了解各幼儿兴趣和发展水平的良好时机。

3. 幼儿自由创设区域活动

教师应反思不受幼儿欢迎的区域的原因,并寻求幼儿的帮助,与幼儿共同创设他们感兴趣的区域,以提高幼儿的参与度。在幼儿的讨论中,决定在班级创设换装区,让幼儿提出想要的区域场景布置并设计规划图,再讨论制定区域规则,最后师幼共同制作区域环创。在后续的发展中,幼儿会对自创的区域活动产生持续性的关注,并自发地为换装区投放材料,如家里的闲置发饰、衣服、项链等,以及妈妈的空瓶护肤品、化妆工具等。这样,幼儿会逐渐产生责任意识,在一日生活中会主动地整理归纳换装区的东西,建立主人翁的角色意识。

4. 建立半成品展示台

区域活动时间结束后,教师应将幼儿未完成的半成品投放在展示台,这既是为了尊重幼儿及他们的作品,培养幼儿对作品美的欣赏能力,鼓励幼儿用作品去布置环境,打造属于自己的特色班级;同时也是为了让幼儿保持对此区域的喜爱,在下一次区域活动中,将自己未完成的作品进行完善,从而培养幼儿的坚持性和感受做事有始有终的道理。

(二)区域材料的合理管理

1. 班级区域活动材料统计表和区域个案观察表

教师应通过观察、记录各区域中幼儿对区域材料的使用情况,并进行分析和反思,以便对班级的区域材料进行精准性投放。教师先统计出区域中的具体材料及数量,再在区域活动开展过程中观察幼儿对具体材料的使用情况。在后续中对于本班幼儿使用较多、感兴趣的材料进行大量投放;对于幼儿使用较少的材料进行反思是教师引导不足还是此材料对幼儿的发展无促进作用,以便做到区域材料的及时更新。

2. 根据幼儿年龄特点和兴趣投放区域材料

区域材料是区域活动开展的前提和物质保障,直接决定了区域活动的质量。高结构材料的投放有助于幼儿确定区域活动主题和展开活动情节,而低结构材料则有助于幼儿开发和创造活动。例如,小班的娃娃家可以有更多高结构材料玩具,而大班则应该投放更多低结构材料。教师应抓住幼儿的兴趣点,投放他们感兴趣的区域活动材料,创设有利于发展幼儿探索力和想象力的活动环境。

3. 粘贴区域材料说明图

在科学区、益智区、数学区等区域,教师可以标识一些简单的材料说明图,以帮助幼儿了解材料的基本用途。这些区域的材料都是为了锻炼幼儿的创新思维能力。但是,对于同班能力较弱的幼儿,需要提供一定的引导思路来保持他们对此类区域活动的热爱,这样他们才能进一步地去探索和创造。

(三)区域活动环境的改善

1. 区域活动的延伸

除了教室,班级还有走廊、盥洗间,甚至有些幼儿园还有自己的班级小阳台等,这些都可以作为幼儿活动区域的延伸。例如,建构区和表演区可以延伸到走廊,让幼儿在更宽阔的地方进行搭建和表演。同时,这两个区域还可以结合,在幼儿自己搭建的场景里进行表演。对于科学区,有些活动可能会用到水资源,这时可以将活动开展到盥洗间进行,以防止水洒落在班级教室影响其他区域的幼儿,同时也方便幼儿取水和换水。

2. 班级与班级的联动

在对幼儿进行良好的常规教育后,可以尝试让班级和相邻班级进行互换体验各班的区域活动。当幼儿在班级的区域活动持续开展一段时间后,他们对班级的区域几乎都会有所了解,可能会缺乏新鲜感。此时,如果让他们走到相邻班级感受全新的区域环境,将会大大激发他们的探索欲望。同时,这也能增加幼儿与非本班幼儿的社会交往能力。

三、结语

在区域活动中,教师投放的区域材料直接决定着幼儿的选择以及他们对区域的喜爱程度。因此,教师需要通过实际的材料统计和个案分析来更有效地进行区域材料的投放和更新。创设有益于幼儿全面发展的区域活动环境是关键,将区域活动真正交还给幼儿去主宰,这样幼儿才会有主人翁意识去爱护和创新这个属于他们的小世界。

浅谈家庭教育中提升幼儿独立性思考的分析与研究

洪 艳
深圳市罗湖区教工幼教集团莲馨幼儿园

孩子自然发展的内在力量里,不仅包含身体上的成长需求,更重要的是心理上需求的满足和精神上的认可,这些都将直接影响孩子日后在智能和道德精神方面的发展。在循序渐进地在行动和精神中间求得平衡的发展过程中,孩子的人格、心理、生理等特质会从抽象到具体,个体身体、精神、道德等行为会从混沌到清晰,逐步成熟并提升到一个新的高度。下面浅谈家庭教育中提升幼儿独立性思考的分析与研究。

一、在家庭教育中创设适宜幼儿独立性思考的生活环境

(1)创设舒适优美的居家生活环境

婴儿期是一个从"空白"开启人类个体发展的至关重要的阶段。婴幼儿像一块干燥的海绵,他们会普遍地、无意识地、不加分辨地、无选择性地、自发地、无限地、不知疲倦地以及毫不费力地全面吸收环境中人类的所有方面、永久性的信息。温暖与舒适、安全与和谐的环境有助于婴儿从母亲"体内"心理胚胎向"体外"心理胚胎实体化过渡;从精神胚胎到实体化的精神胚胎,内外环境的需求及影响,性格形成、人格奠定、心智特质逐步显现。比如,可以从空间的美学设计、环境的宜人香气、透过窗户的微风、适宜的室内温度,以及灵活的家具(如可堆叠的长凳)、折叠式家具(如可折叠的桌子)、可伸缩的家具或可用于双重功能的家具等等,来激发幼儿对居家生活环境的探究兴趣,以及全方位感受生活之美。

(2)创设儿童参与家庭管理的工作环境

3~6岁幼儿逐渐从无意识创造向有意识工作发展,成人为孩子准备属于他们个体的环境,带有目的性与参与性的家庭与社会环境确保幼儿能正常参与日常家事管理。通过丰富的语言交流,让孩子自由发挥"手"与"思想"的联结,从而完成功能性独立。通过满足个体独立与探索的需求、意识与觉知的需求、环境与秩序的需求,奠定稳定的人格特质,帮助幼儿顺利度过语言、动作、感官、秩序等多个环节的敏感期。家里应准备适合孩子身材比例、具有可操作性的家庭环境,以便孩子释放精力,同时又能配合孩子心理发展的需求。这样,孩子就能获得充分的自由,并看到自己与这些事物之间的联系。比如,自己打扫房间、整理书架、梳洗、穿衣、整理衣柜等等,这些活动能够联结到物品的分类整理及归类,促进个体协调的精细化动作和感官的精细化动作发展的独立性。孩子将拥有属于自己的工作环境,从而实现成为独立的管理者。

(3)创设尊重儿童自主选择权的学习环境

孩子会在属于自己的环境里注意自己的行为举止,并学会控制自己的行为。成人需要蹲

下来聆听孩子生命的声音,才能帮助孩子选择他真正需要的工作。孩子的发展需要大量的练习,在生活中自己动手解决问题,这将有助于他们满怀信心地、乐此不疲地通过工作和自己的能力,一步一步完善自我生命构建。比如在参加不同形式的活动中,尊重孩子的个性,让他们自己选择着装搭配,这将锻炼孩子对款式、颜色协调的运用能力,从而达到提升幼儿自主选择信心的目的。

二、在家庭教育中父母角色对幼儿的独立性思考的影响

孩子的心智在内驱力的推动下适应环境,直接将知识吸收进他们的心灵生命。这一过程通过吸收性心智和敏感期的相辅相成来实现自我构建。与成人用心智获取知识不同,孩子们是通过吸收环境来学习的。成人通过记忆回想与环境相关的事物,而孩子则是全面地吸收环境。对成人而言,获取语言、动作、社会规范和文化方面的知识是一个有意识的学习过程,而孩子则是通过从抽象到具体的肉身化吸收,进行内部活动后稳定、缓慢、显著地向外扩展。

(1)言传身教是完备环境最好的榜样

成人以为正确的生活及工作方式,往往会被孩子无意识地、不加分辨地全面吸收。成人的闷闷不乐、烦躁不安、不闻不问等情绪和行为,很容易被孩子敏感地观察到,紧张的环境气氛很容易影响孩子情绪的自我完善。孩子时刻注意成人的一言一行,成人做过的每一件事情、说过的每一句话都会深深地印刻在孩子的脑海里。成人的言传身教平稳有序地引领孩子自我塑造。

(2)在丰富的环境里扮演观察者

完备的成人应睿智地对待孩子,帮助其心智发展,任其自由发挥,自发自动地工作,才能推动孩子自然、自由、真实地探寻自我心智发展的谜底。孩子的每个成长阶段都具有二元性天性,其一显现在孩子内在心理的发展,其二则是外在身体的成长教育。成人应克制想要给孩子提供一切所需的冲动,与孩子保持适当的距离,以满足其精神需求并激发其内在的力量。例如,在孩子清洗自己的内衣、清洗家中的碗筷、穿好舞蹈裙及舞蹈鞋跳舞等喜欢的工作中,成人只需准备好相关物品,然后在旁边观察孩子的行为,适当给予引导并多次练习,孩子便会有极大的进步。

(3)成为情感交流与支持者

当孩子需要帮助或遇到困难时,成人应作为情感交流者给予适当的帮助与支持。帮助孩子在获取语言、动作、社会规范和文化方面延展或扩大能力,争取个体独立。如果孩子每做一件事情都需要父母的帮助,孩子会产生挫败感。当孩子有不愉快、不高兴的情绪时,我们应鼓励孩子表达失败情绪,同时引导孩子排解不悦的情绪。成人应合力营造一个合作的环境,给予孩子平等的生活空间,当孩子遇到问题的时候,支持以及激励孩子主动做事。

三、在家庭教育中渗透的社会教育力量

(1)尊重幼儿独立性,依法促进儿童友好型社会建设

家庭教育不仅关乎个人和家庭福祉的“家事”,也关乎国家和民族命运的“国事”。我国首部家庭教育领域专门立法《中华人民共和国家庭教育促进法》将家庭教育从“家事”上升到“国事”,始终坚持儿童需求导向,尊重儿童主体地位,充分考虑儿童需求,听取儿童意见建议,将儿童友好理念贯穿全过程的各方面。该法按照实施、支持、干预逐层递进的逻辑构建家庭教育的

支持体系，其中家庭负责实施教育，学校、政府和社会负责提供支持，相关部门在必要时进行干预。国家的高度重视有助于避免家庭教育的缺位。

（2）邀请幼儿参与社会协同织密家庭教育网

“十四五”规划和2035年远景目标纲要中首次设立“加强家庭建设”专节，对新时代家庭领域发展中遇到的新问题、新挑战做出了更加具体、更加全面的统筹部署。该纲要从社会服务、家校责任、妇联组织等多个维度对构建家庭建设工作新格局给予重要指引。同时，我们积极引导社会力量参与家庭教育建设工作，让家庭教育服务机构为家庭提供社会支持力量。作为社会成员，“大手拉小手”共同参与社会建设活动，如寻找“最美家庭”活动、绿色家庭创建、引导家庭杜绝餐饮浪费、实施垃圾分类以及参与最美志愿者、自然课堂等社会服务活动。在这些活动中，孩子们能够亲身参与并体验到社会的温暖和责任感。

成长的过程中必然伴随着争执与磨合，但家庭教育通过与学校教育、社会教育的融合，最终以爱的方式渗透到孩子的心底。虽然期望与现实的差距伴随着幼儿、成人以及每一个社会个体的成长过程，但完备的成人能够以快乐的方式享受学习的乐趣，并在接下来的旅程中共同构建稳定的家庭并为之赋能。我们坚信凝聚了社会正能量的家庭教育一定能够帮助孩子走向独立，并接力完成完备成人延续的使命。

浅谈家庭养育对儿童影响策略研究

刘 乐

深圳市龙华第二实验学校附属鸿创幼儿园

2020年,根据《中华人民共和国婚姻法》的规定,以及“人口情况永远是一项全局性、重要课题”的理念,中华人民共和国育龄女性的平均生育率已经降至1.3,远低于1.5的全球平均值。为积极应对人口问题,2021年5月,国家宣布实施“三孩”政策,一时成为学界和业界关注的焦点。在3岁之内,儿童与他人的互动对其社会性发展至关重要,因此,在这个阶段,父母的指导和帮助尤其重要,这将有利于儿童交往能力的更好发展。

一、家庭教养的不同类型

戴安娜·鲍姆林德将家庭教育方式区分为四种:权威型、专制型、宽容型和放任型。

(1)权威型的家长往往具备很强的控制力,能够很好地影响孩子的决策。在面临问题时,家长需保持冷静,不断提醒孩子遵守家庭规则。同时,也需要与孩子进行深入的交流,培养其独立性。根据最新研究,在婴儿早期阶段,采用权威的教育模式可以促进其情绪、心理健康及社交技巧的成长。此类模式可以培养出更好的个性,如乐于团队合作、具备自我管理的意识,以及更高的自我调节能力,从而更好地适应幼儿园的环境。

(2)专制型的家长控制欲较强。他们对儿童的要求非常严格,要求儿童完全按照自己的意愿行事。儿童必须遵循父母的要求,而这类家长也很少与儿童沟通交流,导致儿童缺乏创造力和想象力,过度服从家长而迷失自我。

(3)宽容型的父母给予孩子更多自由,他们尊重孩子,不会强迫其完全服从,也不会过分惩罚,而是积极沟通,倾听孩子的想法和建议。但研究发现,在这种教育模式下成长的孩子可能缺乏自我管理能力和自律性,难以区分对错,也缺乏社会责任感。

(4)放任型的家长往往因忙碌的工作而忽略家庭的重要性,导致他们表现出较弱的控制能力和较少的反馈,无法充分关注和培养孩子的成长。他们对儿童的发展未抱太多希望,但实际上应给予更多关注和支持。然而,研究发现,许多儿童因缺乏充分的家庭关怀而存在心理问题,无法形成良好的社会规范意识。

借鉴鲍姆林德的理论,我们根据控制、监督、成熟度等维度,结合温暖、接纳等特点,把鲍姆林德的放任模式进一步细化,形成了溺爱模式和忽略模式。

二、家庭养育类型

家庭养育是指父母或其他主要照顾者对儿童生活、需求和行为进行照顾、引导和培养的方式。家庭养育有多种类型,以下列举一些常见的类型。

(1)权威型。此类型注重父母与子女之间的亲密关系,同时强调父母的权威和责任。父母为子女制定规则和界限,并给予适当自主权和独立性。

(2)放任型。此类型注重自由和独立性,认为父母应减少对子女的限制和干涉。父母给予子女很大自由,并对其行为负责。但需注意平衡自由与责任的关系。

(3)忽视型。此类型缺乏父母的关注和照顾,可能因父母情感或心理上的困扰或家庭经济困难等原因造成。这种养育方式可能对孩子的成长产生负面影响。

(4)虐待型。此类型指父母或其他照顾者对儿童进行身体、情感或性虐待等行为。这是极端且不可接受的养育方式,需引起社会关注和干预。

了解和认识不同的家庭养育类型对于指导和改善养育方式、促进儿童健康发展具有重要意义。

三、幼儿家庭教养方式对幼儿同伴交往的影响

(1)家庭教育的成功深受社会文化的影响。例如,东方和西方的家庭教育方式存在差异:东方更注重传统的家庭责任和规范。这种差异有时会导致家庭教育的不平等,甚至可能引发家庭成员间的冲突。在中国古代,家庭教育以专制为主,子女必须绝对服从父母。但随着社会的进步,孩子们得到了更多的关爱,而由于父母的繁忙,家庭养育方式也逐渐从专制型转变为更为宽容的放任型。

(2)家庭背景是亲子关系的重要影响因素。父母的特质可能会对孩子的反社会行为、不良行为、攻击性以及内心焦虑产生显著影响。国内外研究显示,家庭环境的质量直接影响孩子的心理健康,进而影响其社会适应能力。父母的性格、婚姻状况、教育理念、教育水平、职业发展、经济状况、社会地位及人际关系等多重因素,都会深刻影响孩子的成长。从中可见,孩子的个人特点,如倾向、品行、需求、健康状况、心理状况、偏好、发展趋势、成就感、兴趣和价值观等,可能与其成长环境紧密相连。

(3)父母的个性对儿童有深远影响。例如,情绪稳定的父母更能以积极、温和的方式与孩子互动,从而帮助孩子更好地应对负面情绪,如焦虑和抑郁。社交能力强的父母更可能与孩子积极交流,提升其社交技巧。研究还表明,父母的智商和教育水平越高,孩子的认知能力和学习成绩往往也更为出色。坚韧和有毅力的父母,更可能以身作则,为孩子树立榜样,帮助他们在逆境中坚持不懈。总之,父母的个性特质深刻影响着儿童的发展。了解这些影响,可以帮助父母更有效地发挥自身优势,为孩子的成长提供更好的支持。

(4)父母的教育理念对儿童的影响也极为显著,因为父母是儿童最重要的教育者和楷模。教育理念有严格和宽容之分:严格的父母对孩子的行为和学业有高标准,而宽容的父母则更关心孩子的情感和社交成长。然而,过度严格可能让孩子感到压力和焦虑,过度宽容则可能导致孩子缺乏目标和责任感。此外,多元化的教育理念,如传统教育、非传统教育和家庭教育等,也各有利弊。因此,父母需根据孩子的特性和兴趣选择最合适的教育方式。明智的教育理念选择,能为孩子营造一个积极的成长环境。

(5)学龄前儿童的成长主要围绕家庭展开。他们往往被家人倾注了大量的爱,并承载着家族的期望。然而,这种爱和期望有时容易转化为溺爱,使孩子产生以自我为中心的心理。此外,家族的过度保护也可能导致孩子过度依赖,削弱他们的主动性和独立性,进而影响其社会主动性和亲社会行为。因此,家长应意识到,无条件满足孩子的所有要求并非真爱,适当提出要求才是更高级的爱。

综上所述,家庭教育在促进孩子心理健康方面发挥着至关重要的指导作用,其中的教养方式尤为关键。它能为孩子的身心健康和全面发展奠定坚实基础。但只有通过家长们的共同努力,才能为孩子营造出一个理想的学习环境。

幼儿科学区域活动中教师的有效组织策略探究

郭亚飞
深圳市南山区科技第三幼儿园

《幼儿园教育指导纲要(试行)》明确指出,幼儿科学教育属于科学启蒙教育范畴。我们应努力创造条件,让幼儿有机会亲身参与探究活动,且科学教育应与幼儿的实际生活紧密相连。幼儿对周遭世界总是充满好奇,热衷于不断地探索科学与未知。幼儿园所开展的科学区域活动恰好能满足幼儿的这种好奇心,并有效地提升其探究能力。作为教师,即科学区域活动的组织者,我们应为幼儿提供必要的探索条件,确保科学区域活动能够高质量地展开。

一、教师在科学区域活动中进行有效组织的意义

(一)激发幼儿参与科学区域活动的兴趣

在集体科学教学活动中,教师教育过程往往受到目标要求、时间限制以及需要顾及大多数幼儿探索情况等多重因素的制约,因此难以充分满足每位幼儿的个性化探索需求。然而,在科学区域活动中,幼儿可以根据自己的兴趣自由地进行探索,自主选择探索的内容和方式。

在科学区域活动中,教师可以通过提供丰富多样的材料来延续幼儿在教学活动中产生的兴趣;通过巧妙的问题引导来进一步激发幼儿的好奇心;通过实验操作的亲身体验来强化幼儿对科学探索的热爱。因此,科学区域活动为幼儿打造了一个广阔的科学探索乐园。例如,在集体科学教学活动“遇水开花”结束后,孩子们在接下来的一周内依然对动手做实验保持着浓厚的兴趣。此时,如果教师在科学区域中提供充足的材料支持(如水盆、水、各种材质的纸、剪刀、笔等),孩子们就会自发地进行探索,并从中获得乐趣。当孩子们小心翼翼地将自己剪好的“花”放入水盆中,静静地等待花开时,他们展现出了对科学活动的专注和热情。作为教师,我们应当珍视并保护孩子们的这份探究兴趣。

(二)提升幼儿的科学探究能力

在科学区域活动的开展过程中,教师的活动组织能力显得尤为重要。教师可以通过提供多样化的材料和营造潜移默化的环境来支持幼儿对客观事物或现象提出问题、做出假设。通过观察和适时的介入,教师可以协助幼儿制定并实施探究计划。活动结束后,通过分享与评价环节,教师可以与幼儿一起得出结论并进行表达与交流。这一系列过程有助于幼儿了解科学探究的基本步骤、培养科学精神、激发科学兴趣,并最终达到提升幼儿科学探究能力的目的。

二、幼儿科学区域活动中教师的有效组织策略

(一)教师应成为科学区域活动的引导者

在科学区域活动中,教师应给予幼儿充分的信任,但这并不意味着放任自流。当幼儿在探索过程中遇到困惑、困难或停滞不前时,教师应适时出现,成为引领幼儿继续前进的向导。

例如,在幼儿科学区域活动中,当孩子们用纸和纸杯建造纸桥时,一些孩子发现将桥面折成褶皱状能承载更多的玩具小人,但却无法承载所有的玩具汽车。此时,孩子们陷入了困境,无法找到解决方案。笔者及时介入,引导孩子们思考桥的其他可变部分,或参考“桥”的图册以获取灵感。在笔者的引导下,孩子们开始尝试增加桥墩、改变桥的结构等,科学区域的活动再次变得活跃起来。

由此可见,教师的引导能够帮助幼儿进一步探索,发挥他们的主动性,并为他们提供更大的自由探索空间。

(二)肯定幼儿在科学区域活动中的自主探究方式

在科学区域活动中,幼儿的自主探究行为是推动活动进行的关键动力。幼儿通过自主探究来探索世界、获取知识,提高探究能力,并培养积极的科学态度。为了鼓励和强化幼儿的自主探究行为,教师应灵活抓住适当时机,使幼儿的探究行为得以持续并不断深入。

例如,在“好玩的尺子”科学区域活动中,笔者使用引导性的话语如“你用……来试一试”,鼓励幼儿从不同角度、用不同方式进行思考。在幼儿迷茫时,笔者用讨论式的语言如“你发现了什么?”来引导他们的探索行为。当幼儿的探索取得新进展时,笔者及时用“你今天有了新发现”和微笑的表情给予肯定和鼓励,增强幼儿对自己想法的信心,推动他们的探索行为。当幼儿在阐述自己的发现时,即使表达不够流畅,教师也应耐心、认真地倾听,给予他们更多发现和总结的机会,以构建自己的认知结构。当幼儿成功完成探索尝试时,教师应及时给予动作和语言的双重肯定,如“你的想法真不错”,并点头和竖起大拇指,这一系列的语言和动作都在对幼儿的自主探究行为给予肯定、鼓励、激励和接纳,促使他们在科学区域活动中更加大胆地尝试、想象、表述和实施。

(三)科学区域活动探究后的成果分享与评价

教师在科学区域活动中不仅扮演着倾听者的角色,同时也是分享者。教师需要分享在观察过程中发现的幼儿在探索中的闪光点,或是幼儿在分享时可能忽略的关键性经验,以此协助幼儿将新的认知内化。在分享时,教师应选择典型的事件和经验,结合幼儿的实际问题进行深入的思考。分享应以鼓励和肯定为主,旨在强化幼儿在科学区域的自主探究行为和培养端正的科学态度。同时,帮助幼儿学习和体会如何更好地与材料交互,以解决问题。

例如,科学区域活动结束后,笔者与其他幼儿一起分享了科学区域的探索成果:“今天,科学区域的小朋友们使用姜黄这种植物染色原料进行了染色实验。大家都积极开动脑筋,大胆猜测,并相互交流如何能把纸染得又快又好。初次染色尝试非常成功,纸张都被染上了颜色,但效果有所不同,有的染成了淡黄色,有的则染成了深黄色。这究竟是为什么呢? 期待更多的小朋友来科学区域一同探索。今天的成果已经展示在走廊的晾晒架上了,感兴趣的小朋友可以去参观哦!”

这样的分享过程不仅肯定了已参与实验的幼儿的探索结果,还能激发未参与实验的幼儿对科学探究的兴趣,具有非常实际的意义和价值。

(四)引导幼儿参与班级科学区域的环境创设

虽然教师是班级科学区域活动的设计者,但幼儿才是科学区域活动的主体。科学区域的存在是为了更好地服务于幼儿的探究活动,因此,科学区域不能脱离幼儿而单独存在。所以,让幼儿参与科学区域空间环境的布置是合情合理的。通过参与布置过程,幼儿会更加了解科学区域,并因为自己的参与而对其产生更深的亲切感。

例如,教师和幼儿可以一起讨论和思考:“近期的科学区域主题是什么?在这个主题下,科学区域增加了哪些新材料?这些材料都放在什么位置?墙饰中有哪些可以在进行科学实验探究时利用到的元素?我们制作的东西应该挂在哪里或摆放在哪里?我们的制作在进行科学探究活动时能对小朋友提供哪些帮助?当我在探究过程中遇到困难时,应该去哪里寻找解决方法?如果产生活动垃圾,应该如何处理?”等等。幼儿参与制作的过程不仅是一个动手和思考的过程,同时也是他们理解美、感受美和创造美的过程。这会使幼儿获得充分的参与感和成就感。

三、结语

如果没有教师的有效组织和支持,幼儿很难从材料操作中观察出更多的现象和规律。因此,教师对科学区域活动组织的有效性至关重要。教师应成为科学区域活动的引导者,肯定幼儿在科学区域活动中的自主探究方式,并在科学区域活动探究后带领幼儿进行成果的分享与评价。同时,教师还可以引导幼儿参与班级科学区域的环境创设,并根据幼儿的探究兴趣和需要及时更新科学区域的活动材料。这些措施将有助于提高幼儿科学区域活动组织的有效性以及提升教师的科学区域活动组织能力。

以衔接之名 共赴花开未来

姚 瑶
南通市如东县鑫城幼儿园

2021年4月,《教育部关于大力推进幼儿园与小学科学衔接的指导意见》这一重要文件的出台,犹如一场及时雨,为我们在幼小衔接工作中长期存在的种种问题与困惑提供了明晰的方向。在如东县鑫城幼儿园,我与教师团队肩负着这一重大责任,秉持着积极探索的精神,启动了一场贴合园情的幼小衔接实践。

一、聚焦核心问题,顶层预设精准施策

面对从幼儿园到小学的关键过渡期,我们强调运用科学方法、积极肯定态度以及无私的关爱陪伴孩子度过。为确保幼小衔接工作高效有序,我园专门成立了幼小衔接工作专项小组,并借力暑期园本培训,深入研读《幼儿园入学准备教育指导要点》等指导性文献。鉴于幼小衔接应从小班阶段就开始持续进行,我们组织全园教师通过多元化的研讨形式,如读书分享、沙龙讨论、专题报告、案例解析、观摩学习、知识问答等,共享智慧,共同进步。

为进一步摸清实际情况,我们采取了线上线下相结合的方式,不仅实地回访了一年级的学生,了解他们在新环境下的适应状况,还通过在线问卷平台问卷星,邀请一年级新生家长参与回访调查。问卷数据揭示了家长们普遍认为孩子的"学习习惯"、"学习能力"以及"学习品质"有待加强。据此,结合"亲与子"调研结果和《指导要点》中提出的"四大准备"具体建议,结合开学第一周内教师对大班幼儿全面发展的详细观察,我们初步制定了具有科学性、针对性、持久性的园本幼小衔接实施方案。

二、对接实际需求,深化联合教研效能

在与对接小学结对合作的过程中,我们始终坚持贯彻文件精神,追求"双向奔赴"的理想目标,将幼小双方的联合教研活动放在首要位置。为此,我园与小学共同组建了幼小衔接联合教研小组。双方教师分别考察彼此的校园环境后,意识到两者间的环境差异,进而确定了首次联合教研的核心任务——协助小学打造与幼儿园相衔接的学习环境。双方教师参照一年级教材内容,共同设计了适合幼儿的互动环境创设方案,并在小学环境中成功创建了符合幼儿特点且富有操作性的互动墙面。

联合教研不仅实现了预期目标,还带来了意想不到的收获。例如,小学体育老师对我园幼儿体能评价提出宝贵意见,明确了教师评价的具体标准;在参观幼儿园区域活动时,及时纠正了美工区幼儿握笔姿势的问题;在幼小双方研讨中,"双重气泡图"清晰展示了共性和个性的衔接问题,有利于我们进一步完善衔接方案。尤其值得一提的是,我园主办的一次衔接主题共同体活动,幼小双方围绕"绘本"开展对比式教学,鲜明的教学模式差异促使双方都渴望减少

因集体教学差异带来的衔接陡坡。后续开展的多次互听互评和送课活动，构建了“一而再，再而三”的递进式教研模式：首先，邀请一年级教师走入幼儿园，深入了解幼儿园开放、体验、游戏、情景交融的集体教学模式；其次，大班教师进入小学课堂，领悟小学教学模式，认识到良好学习习惯的重要性；最后，联合教研组教师共同探讨大班集体活动和一年级课堂教学模式的融合策略。通过追踪教师的成长历程，我们发现每一次教研活动都产生了立竿见影的效果。

三、遵循“三同”原则，强化家园共育合作

家庭教育是一个永恒的主题，随着时代的变迁，教育孩子的方式也需要不断更新。一日在幼儿园门口值勤时，我无意间听到大班家长讨论寒假、暑假培训班的事宜，纷纷表示希望孩子在假期也能学到“硬功夫”。这启发了我的思考，科学的幼小衔接不能仅限于幼儿园与小学之间的热闹互动，必须让家长同步参与到衔接过程中。为此，我和专项小组成员经过研讨，提炼出了“三同”原则，即“同心”、“同向”、“同行”。

“同心”意味着家园双方需在理念上保持一致，共同树立正确的儿童观。我园教师频繁通过线上家长会、线上家长学校、微信公众号推送等方式，帮助家长形成共识，积极引导他们理解“幼小衔接”实质在于“衔接什么”。

“同向”是指家园双方在教育目标上保持一致，减轻过渡难度，助力幼儿顺利融入小学生活。我们倡导以目标为导向，树立正确教育观念，通过“心灵对话”和推荐相关绘本，帮助家长缓解衔接过程中的焦虑情绪，明确幼小衔接的目标并非让孩子“领先他人”，而是“适应小学”。

“同行”则是指家园双方在教育行为上保持一致。为更科学地执行和调整衔接方案，我园高度注重与家长的对话沟通，每月发放“家庭问题调查表”，定期了解幼儿在家的表现，发现问题，提供解决方案，实现信息的及时反馈与循环互动，从而提升家园共育的质量。

四、回归幼儿主体，着力课程体系建设

关注幼儿的实际发展，我们注意到，当孩子们认识到衔接阶段存在诸多变化时，可能会产生一些消极情绪。为激发他们对小学生活的美好期待，建立积极的入学愿望，我们精心策划了“参观小学”活动，让孩子们自由地游走、观察、交流，充满好奇与向往。

同时，我园基于幼儿兴趣需求，以“充分做好入小学准备”为目标，先后开发了一系列大班幼小衔接课程。尽管这些课程均属幼小衔接范畴，但每个幼儿个体的需求不尽相同，每位教师的引导策略各有千秋，所以各个课程主题、实施路径及框架设计都呈现出独特的特色。比如，近期推出的“成长总动员”课程，紧抓幼儿对“跳绳”这一兴趣点，该兴趣源自于线上参观小学活动中孩子们的采访经历。在幼儿园体能特色的熏陶下，孩子们对有趣味性的体能活动尤为关注，一段简单的跳绳展示就能吸引他们全神贯注。由此，围绕“跳绳”拓展出了一系列涵盖入小学所需各方面的准备活动。

课程的设计不仅依托幼儿的兴趣点，也可以来自区域活动、交谈活动、日常生活活动等。我们拥有一群智慧与才艺兼具的教师，他们巧妙运用各种教育资源，搭建起一座连通幼儿园与小学之间的桥梁：在区域活动中，孩子们通过游戏活动悄然激发出兴趣，锻炼能力，积累经验，塑造优秀的品质；在生活活动中，孩子们学会自我管理，养成良好的生活习惯，提高生活自理能力；每日布置的数学作业、阅读打卡、跳绳打卡以及家务劳动等，逐渐增强幼儿的规则意识和任务意识，使他们逐步向一名合格小学生迈进……

总结而言,真实的幼小衔接应当是幼儿园、小学、幼儿与家长四方共同努力、共同成长的过程,各方相互支持,相互促进。作为衔接工作的守护者,我们更需要多一份爱心去教育孩子,多一分耐心去引导家长,多一份信心去推动幼小协同合作,使得“架桥”艺术得以切实体现成果,让科学的幼小衔接成为构筑孩子美好未来的基石!

基于绘本的幼儿参与式体育游戏设计探索

刘 震
北京市门头沟区大峪第二小学附属幼儿园

伴随教师“利用绘本元素设计体育游戏”经验的逐渐丰富,教师能够根据幼儿的年龄特点,逐渐增强分析、解读绘本的能力。游戏设计的思路和原则也变得更加明确,能够持续从幼儿视角审视游戏设计的科学性、合理性、适宜性和可行性。然而,理解幼儿并不仅仅意味着以幼儿的视角去替代他们的想法,而是认识、发现和尊重他们的表现。在幼儿进行游戏实践后,教师需要更加注重倾听他们的游戏体验,加强对游戏中幼儿的细致观察和指导,给予他们参与游戏调整的机会。同时,教师应明确游戏设计的合理性和适宜性的判断标准,并从幼儿动作发展的角度进行把握。为了进一步发挥幼儿的主体性,我园转变了观念,决定赋权给幼儿,以推动游戏设计由教师主导向幼儿参与转变。

一、发现联结价值,树立融合思维

(一)绘本

绘本,这一词汇源于日语对图画书的称谓,意指通过绘画制作而成的书籍。绘本结合了图画和文字,通常以故事的形式呈现,因此深受学龄前幼儿的喜爱。

(二)幼儿参与

“参与”即指加入某项活动之中。在幼儿园五大领域的教育教学活动中,幼儿的积极参与与被动加入,其产生的结果是截然不同的。在我园开展课题研究的过程中,我们以幼儿喜爱的绘本为媒介,鼓励并支持幼儿参与到体育游戏的设计中,以实现融合教育的目标。

(三)体育游戏

体育类游戏,也被称为“活动性游戏”,是体育教学的重要内容和方法之一。它的基本构成要素包括身体活动、情节、规则、方法、结果以及场地与器具。体育游戏不仅是幼儿园健康领域教育的主要方式,还是幼儿体能训练的重要途径。同时,体育游戏也为个体提供了参与集体、进行同伴交往与合作的机会。在体育游戏中,幼儿能够通过语言交流和肢体动作相互配合,共同完成体能练习。这不仅锻炼了幼儿的身体,增进了同伴间的交往,还培养了他们的挑战意识和抗挫能力。最重要的是,体育游戏对于幼儿从小树立团队精神具有积极的推动作用。

二、研讨共性问题,找准改进方向

《3~6 岁儿童学习与发展指南》中指出:教师在组织幼儿的体育游戏时,需要融入自我观察,通过在发现问题和解决问题的过程中,改变幼儿活动的方式。学期初,在保健医生的带领下,班级教师完成了对幼儿的体能测试,并根据测试结果进行了数据评价分析。在教研活动中,教研组长引领组内教师逐项梳理共性问题、分析原因并制定策略。在分享环节中,各个教研组一致认为,网球掷远是幼儿当前阶段动作发展最为薄弱的项目,应作为首要解决的问题。

三、聚焦游戏设计,梳理关键因素

为了充分发挥幼儿的主体性,推动游戏设计由教师向幼儿转变,并促进其肢体动作的发展,我园提出了一个核心问题:支持幼儿以绘本为载体设计体育游戏的关键因素有哪些?通过这一问题的探讨,我们帮助教师明确了游戏设计的关键因素,包括环节、玩法、材料、场地、规则和绘本元素。我们围绕这六个关键因素进行了逐一交流和研讨,梳理出了幼儿应具备的经验准备,从而为教师提供了支持幼儿游戏设计的具体方向。

在教师的持续支持和引导下,小、中、大班的幼儿都参与到了网球掷远这一运动项目的游戏设计中。例如:小班幼儿结合绘本《你好》,选择自己喜欢的动物形象和画面情节,与教师共同设计了"帮助小动物"的游戏;中班幼儿则结合绘本《森林图书馆》,尝试设计了集体游戏"打败森林大怪兽",其中不仅运用了绘本中的形象和情节等元素,还尝试利用不同材料设置了攻打怪兽的路径;大班幼儿则结合绘本《蛤蟆爷爷的秘诀》进行了小组游戏设计"拯救蛤蟆爷爷"。在运用绘本形象和情节等元素的基础上,以"勇敢"和"机智"为核心思想贯穿始终,设置了游戏情节和攻打怪兽的路径,使情节故事化和游戏化。同时,为了进一步引导幼儿规范投掷动作并逐步掌握动作要领,教师还尝试将前期梳理的支持策略融入幼儿的游戏实践中,如使用动作儿歌、设置标志线架高和目标物架高等方法。

四、明确观察内容,细化观察要点

评价是对活动实施效果的直接反馈。在体育游戏中,对幼儿的评价已经从粗放型评价转变为精微型评价。在分层思想的指导下,我们对幼儿的教育注重领域化评价,并顺应时代需求呈现相应的评价层级。在幼儿游戏实践前,为了让教师能够有的放矢地观察和解读幼儿的行为,我园通过行政教研分别制定了小、中、大班的《幼儿参与绘本体育游戏观察量表》。其中观察要点的制定来源于幼儿游戏设计及投掷问题背后的原因。这使得教师在记录时能够围绕幼儿的游戏实践现场进行勾选,判断教师支持幼儿游戏设计所采取的支持策略的适宜性。这为教师在集体体育游戏中观察幼儿的自主游戏行为、丰富支持策略提供了更清晰、更具体的指导方向。

五、立足案例分析,丰富支持策略

《幼儿园保育教育质量评估指南》第 28 条明确指出:"应重视幼儿通过绘画、讲述等方式对自己经历过的游戏、阅读图画书、观察等活动进行表达表征,且教师应能一对一倾听并真实记录幼儿的想法和体验。"遵循这一指导原则,在幼儿初次游戏实践后,我园通过一对一倾听的方式,客观且真实地记录了幼儿游戏后的体验、感受及想法。我们发现,幼儿普遍认为他们设计的游戏非常有趣,但对于如何能将沙包投得更高、更远的方法缺乏清晰认知,相关表述也较为模糊。

同时,我园对教师观摩感受进行了调研,结果显示,教师们普遍认为观察量表的制定为游戏中观察幼儿行为提供了有益的指引,但在观察要点的设置方面仍有待完善。为此,我园通过教研活动,引领教师根据游戏观摩现场的实际情况,并围绕"观察量表"所记录的内容,进行了两个方面的改进:一是完善观察要点的制定,使观察幼儿的角度更加全面;二是通过对观察要点达成度的分析，明确不同年龄段幼儿在投掷项目中的关键问题。通过深入的研讨，我们进一步丰富了教师支持幼儿动作发展的指导策略，从而优化和完善了“观察量表”的制定。

在支持幼儿参与以绘本为载体的体育游戏设计过程中，教师们不断积累和丰富支持幼儿游戏设计、动作发展的指导策略，持续跟进并解决幼儿在投掷动作要领中的关键问题。同时，我们不断完善观察量表的制定，梳理出更具针对性的指导策略。在学期末的幼儿体能测试中，通过与学期初的测试结果进行对比分析，数据显示各班幼儿网球掷远动作的发展均呈现出上升趋势。这一成果也验证了我园前一阶段教研工作的实效性、有效性和必要性。

在我园开展“利用绘本元素设计体育游戏”的研究过程中，我们惊喜地发现，“绘本”与“体育游戏”的结合产生了妙趣横生的碰撞。这种结合不仅让幼儿的阅读体验更加丰富，也让运动变得更加充实。我园将继续秉承“启智明确，阅伴生长”的核心理念，持续深化研究实施路径，不断为幼儿的发展赋能。我们衷心希望每一名幼儿都能在自己设计的体育游戏中增强体质、丰富阅读体验，从而实现“赋权幼儿”从观念到行为的转变。这也将是我园今后继续探索并为之努力的方向。

幼儿户外自主游戏评价的策略研究

李育怀
深圳市龙岗区平湖街道阳光星苑幼儿园

一、自主性游戏中教师评价行为的意义及类型划分

(一)评价的重要意义

1. 教师评价行为对幼儿"自我"的健康发展至关重要

在幼儿个性培养和发展的过程中,自我意识的形成和自我发展是衡量其成熟度的重要指标,同时也是推动个性发展的关键动力。"自我"包含"自我认识"、"自我情感体验"和"自我调控"三个方面。从出生开始,个体就会有一定的情感体验,随着成长,会逐渐形成自我概念,进而构建完整的自我。然而,个人的身体、语言、认知、情感及创造力的发展都体现了其人格和价值,这意味着自我的发展是一个持续终身的过程。但不容忽视的是,儿童早期阶段的自我发展为其后期社会化奠定了重要基础,忽视这一阶段可能会影响个体自我概念的形成和自尊的培养。

2. 幼儿自尊水平与教师评价行为紧密相关

儿童的自尊水平是早期教育中的关键议题,它深刻影响着儿童的发展。个人对自身价值的判断或他人给予的评价,会直接影响幼儿的情绪和行为。长此以往,幼儿会形成特定的自我认知,进而影响其个体发展。因此,教师评价行为的引导作用至关重要。

(二)游戏中教师评价行为的类型

1. 认可

认可指的是当幼儿展现出符合教师期望的行为、态度或作品时,教师通过积极言语、行为或表情来传达肯定态度。这包括使用如"好、可以、聪明、棒"等正面语言,或微笑、惊讶等表情,以及陪伴、拍照、倾听等行为。认可能有效激发幼儿的主体性,让其获得认同感。

(1)细节式认可:教师在认可时具体说明赞同的幼儿行为,帮助幼儿明确哪些行为受到认可。

(2)整体性认可:对幼儿或其作品做出的整体性正面评价,但相比细节式认可,其具体性可能不足,难以指导下一步活动。

(3)信任式认可:在游戏过程中,教师通过耐心倾听、回应幼儿问题或观念,或单纯陪伴游戏全过程来展现信任。

(4)回应:在活动中积极反馈幼儿需求,简单明了地肯定其正确行为,通常代表对话结束。

2. 鼓励

当幼儿缺乏自信、情绪低落或未达到目标时,教师用评价行为来安抚、减轻消极情绪并激发自信。

3. 激励

教师通过比较、个别提名和奖励等方式鼓励幼儿向同龄人学习，取得更好成绩。与引导不同，激励更注重满足幼儿的情感肯定需求。

二、幼儿园小班幼儿自主性游戏评价原则

鉴于幼儿自主性游戏的丰富内涵和过程性特点，对小班幼儿游戏的有效评价并不简单，应遵循以下原则。

（一）过程导向原则

评价时不仅追求终结性评价，还要关注幼儿在游戏中的差异化表现和心理状态，并根据动态变化进行及时评价。同时，用发展眼光看待幼儿游戏全过程，合理解释和回答游戏中产生的问题，让幼儿感受到自身价值。此外，重视幼儿在游戏中的学习、交流和协作，不因某一时刻表现而对游戏质量和幼儿发展水平做最终评价。

（二）评价方式多样性原则

针对不同主题和种类的自主游戏，教师应进行具体分析并合理评估，包括评估载体、主体和方式。例如，在强调团队协作的游戏中，重点评价幼儿角色扮演和合作情况。总之，要掌握游戏实施情况并进行全面评估。

（三）个别与集体相结合原则

通过个别化评价深入剖析幼儿在游戏中的表现，有针对性地解决问题。而集体评价则能改进其他幼儿的游戏观念，优化游戏行为。评价过程中应将个别化和集体化评价有效结合，全面评价幼儿游戏行为。

（四）评价内容具体性原则

幼儿自主游戏评价必须结合具体表现，跟踪不同幼儿的表现并深刻分析原因，以最大限度发挥评价工作的价值。

三、幼儿园小班幼儿自主性游戏评价创新思路

（一）注重游戏全过程的观察记录

针对幼儿个体间的差异，教师应科学、全面地收集幼儿在自主性游戏活动中的行为信息和心理状态。具体来讲，教师可参照《3~6 岁儿童学习与发展指南》，合理设置自主游戏的观察目标、形式和时机，并将个人观察记录与群体观察记录相结合，为自主游戏的评估提供充分依据。其中，个人观察记录应针对每个孩子在游戏过程中的表现进行全程跟踪并及时记录。小组观察记录则针对多名幼儿在不同游戏环境和游戏阶段的活动情况进行观察和记录，此方式侧重于幼儿间的互动和交流行为，旨在为评价自主性游戏活动过程中幼儿的独立性、创造性、适应性和协作性提供依据，同时帮助教师了解游戏活动设施及活动方案的适宜性。例如，在“翻山越岭”安吉梯建构游戏活动过程中，教师要引导幼儿利用各种直梯、人字梯、平衡木和 H 梯等，共同商讨桥梁的搭建思路，有目的、有计划地实施，最终协同完成活动。此时的评价应重点关注幼儿的协作情况，肯定幼儿间的相互交流与合作搭建的优点，以激发幼儿团队协作的积极性。

（二）综合运用多种评价手段

在对幼儿自主游戏进行评估时，教师应主动适应幼儿的发展需求，从而实现活动环境的优

化和活动模式的创新。尤其是作为自主性游戏活动的直接参与者,幼儿的主观体验和反馈应被视为重点,这也是最直接、最客观地评价自主性游戏活动的依据。因此,首先,要鼓励孩子们积极展示自己的成果。教师可以引导幼儿按照自己的审美标准和主观感受,选择他们认为好的作品进行展示。例如,可以让幼儿将自己完成的绘画或手工作品放置在专门布置的展示区中,供大家欣赏和交流,而非由教师通过评价选定和布置作品。这样可以充分激发幼儿作为活动直接参与者的主观能动性和积极性。其次,要全面鼓励幼儿开展自主交流活动。例如,在开展“自制乐器”自主性游戏活动时,教师可以通过“评价+提问”的方式,引导幼儿描述自己和他人制作的乐器发出的声音,同时思考如何美化、包装自制乐器的外观,以提升其美观性。通过幼儿间的自主交流,可以让幼儿借鉴同龄人的经验,营造相互学习、共享快乐的良好氛围。

幼儿园大班户外自主游戏存在的问题及对策研究

黄燕妮
深圳市龙岗区平湖街道阳光星苑幼儿园

一、概述

当前,我们在已有研究的基础上,对幼儿园大班户外自主游戏的实施进行了深入分析。这一研究不仅加深了教师对户外自主游戏的理解,同时也协助教师提出有效的指导策略,进一步完善了与户外自主游戏相关的理论体系。为了更好地开展大班幼儿户外自主游戏,我们从环境、材料、教师等多个维度进行了深入剖析,旨在为幼儿教师在开展户外自主游戏时提供坚实的理论基础。

我们通过对目前大班户外自主游戏的细致研究,深入了解了其现状。在此基础上,我们从幼儿的角度出发,深入探讨了问题产生的原因,并提出了一系列针对性的指导策略,旨在帮助教师更全面地认识户外自主游戏,明确如何顺利推进户外自主游戏,并在实施过程中为幼儿提供更为丰富多彩的游戏活动。

二、幼儿园大班户外自主游戏的现状

幼儿园户外游戏环境是通过精心设计户外活动空间结构,合理安排活动设施与材料,从而形成的幼儿户外游戏活动场所。它不仅是幼儿园整体环境不可或缺的组成部分,更是幼儿园室内环境的重要补充与延伸。根据《幼儿园教育指导纲要(试行)》的明确指示:“环境是关键的教育资源,应通过精心创设与利用环境,有效推动幼儿的发展。”其建议:“幼儿园应为幼儿提供健康、丰富的生活和活动环境,全方位满足他们的发展需求,使他们在快乐的童年生活中积累有益于身心发展的经验。”因此,重视幼儿园户外游戏环境的创设,为幼儿打造一个安全且适宜的户外游戏环境,对于保障幼儿身心健康的发展具有深远的意义。然而,当前以标准化为取向的幼儿园户外游戏环境存在诸多不足,如忽视自然游戏情境、忽视幼儿与环境间的双向互动、忽视幼儿多样化的游戏体验等,这些不足导致环境难以有效满足不同年龄阶段以及不同发展水平幼儿的身心发展需求。

三、幼儿园大班户外自主游戏存在的问题

(一)户外自主游戏材料数量与种类不足

多数教师反映,目前游戏材料的数量和种类均显不足,难以激发幼儿的兴趣。游戏材料是开展户外自主游戏的基础和前提,而兴趣则是最好的老师。游戏前材料的准备直接关系到户

外自主游戏能否顺利进行以及是否能吸引幼儿的兴趣。通过对3名幼儿的观察,我们发现每次游戏材料都会出现不足的情况。同时,游戏材料主要以购买的材料为主,并且这些材料不经常更换,导致长时间只玩一类游戏材料的现象出现。

(二)教师在游戏中的角色过于单一

在幼儿的一日生活中,教师扮演着多重角色。同样,在户外自主游戏中,教师也应扮演多重角色。然而,经过调查我们发现,在户外自主游戏中,大部分教师只扮演一种或两种角色。其中出现频率最高的是主导者角色,共出现了9次,所占比例高达90%。当教师扮演主导者时,他们会直接告诉幼儿应该做什么、不应该做什么,这种方式往往会干扰到幼儿的游戏,剥夺幼儿的自主权。其次是参与者、支持者等角色。幼儿教师应注重角色的塑造,使其更加积极地投入活动中。如今,教师在游戏中所扮演的角色会对幼儿的户外自主游戏产生深远影响。有些教师可能认为孩子年纪较小,对很多事情都不了解,因此在游戏过程中会过多地扮演主导者角色。虽然教师的初衷是好的,但过多的指导会阻碍幼儿主动性的发展和创造性的发挥,导致他们在做事时难以独立选择,而更多地依赖于教师和父母。同时,这也会给幼儿造成过多依赖成人的现象,使他们在遇到问题时总是寻求老师的帮助。总体而言,教师在大班幼儿户外自主游戏中的指导角色相对单一,不能根据游戏的实际需求灵活调整角色来指导游戏。

四、幼儿园大班户外自主游戏存在问题的原因分析

(一)教师对角色的认识不足

教师在游戏中的指导角色未能随着游戏情境的变化而灵活调整,普遍呈现出单一性。这一现象的主要原因是教师对自身在游戏中的角色认知存在不足。例如,在户外自主游戏中,当幼儿表现出无所事事、兴趣不高或频繁更换游戏材料等问题时,教师应根据具体情况灵活变换角色,而非仅仅以主导者的身份直接指导幼儿该如何行动。教师需要具备支持和引导的能力,并根据情境扮演适当的指导角色,尊重幼儿的选择,包括他们暂时的不选择,这样才能让幼儿真正成为自主游戏的主人。教师角色的不恰当处理会直接限制幼儿在游戏中创造性的发挥。

(二)幼儿的自我保护能力差

幼儿的安全健康始终是幼儿教师工作的重中之重。由于幼儿的自我保护能力较差,游戏中难免会出现磕碰等安全问题。近期,幼儿安全问题在幼儿园中频繁发生,使得教师对幼儿的安全问题关注度越来越高。特别是在户外自主游戏中,由于幼儿按照自己的意愿进行游戏,自由度较高,因此存在一定的风险。同时,户外自主游戏的过程具有不确定性,教师难以预知幼儿的下一步行动,这增加了组织户外自主游戏的难度。由于幼儿的年龄小、自我保护意识差,户外自主游戏中幼儿的安全问题直接影响着幼儿园的发展。因此,现在的幼儿教师在活动中更加注重幼儿的安全问题,有时可能会忽略对其他方面的关注。

五、幼儿园大班户外自主游戏的指导策略

(一)合理安排幼儿的一日生活,增加户外自主游戏时间

目前,幼儿户外游戏的时间并不能满足他们的需求。作为教师,应合理安排幼儿的一日生活,增加户外自主游戏的时间。在幼儿园中,时间分配的不合理会影响到幼儿的一日生活质量。教师应精心规划每一时间段的活动,这样既可以帮助幼儿养成良好的生活习惯,也能使教师的工作更加得心应手。同时,教师应为幼儿争取更多的户外自主游戏时间,准备一个集中的

时间段来开展游戏，避免因时间不足而影响幼儿在游戏中的表现。对于5—6岁的大班儿童来说，他们的探索欲望在幼儿时期最为强烈，对什么事情都充满好奇。因此，为教师他们提供充裕的户外自主游戏时间至关重要，这可以让幼儿有足够的时间去自主探究、合作游戏，实现在玩中学、学中玩，从而发展他们的创新能力和自主性。

（二）结合幼儿特点，教师变换多种角色进行引导

在户外自主游戏中，教师的指导角色往往过于单一。为了激发幼儿对游戏的兴趣，教师应巧妙地引导幼儿进入游戏情境，并根据游戏情境的变化和幼儿的需求采取多样化的指导角色。教师应给予幼儿足够的探究空间和独立解决问题的机会，在适当时机为幼儿提供适宜的帮助以促进他们的能力发展。在游戏中，教师可以是观察者、引导者、支持者等多重角色，通过直观了解游戏的进展情况来抓住教育时机并随时变换自己的角色身份对幼儿进行引导。这种多种角色的变换既可以调动幼儿的积极性也可以让教师在游戏中对幼儿进行有效引导保证户外自主游戏的顺利开展并发挥户外自主游戏带给儿童的最大价值。

六、总结

本次研究通过观察和调查的方法了解了当前幼儿园大班户外自主游戏的现状并结合大班幼儿的特点进行了分析总结。游戏材料是开展户外自主游戏的基础条件同时作为教师我们不能过多地干预幼儿的自主行动而应放手让幼儿大胆地去尝试和探索。过多的干预会导致幼儿过于依赖成人而失去自主性和创造性。

总而言之在幼儿园开展户外自主游戏时教师应以幼儿的年龄特征为出发点巧妙地引导幼儿参与游戏为他们提供宽裕、自由的游戏空间和时间让他们能够全身心地投入游戏之中并在游戏中获得全面的成长和发展。

以儿童视角开展主题活动的理论与实践研究

李赛男
深圳市龙岗区阳光星苑幼儿园

一、引言

幼儿期是人的成长发展的重要阶段,幼儿园作为儿童早期教育的关键环境,对儿童的学习和发展具有举足轻重的作用。主题活动是幼儿园教育中常见的教学方法,它以主题为核心来组织和展开教学活动,旨在激发儿童的学习兴趣、发展其综合能力。然而,在幼儿园主题活动的设计与实施过程中,仍存在一些问题和挑战,诸如活动设计过于成人导向、缺乏儿童视角的参与以及内容过于领域化等。

本论文旨在探讨如何优化幼儿园主题活动的设计与实施,以更好地满足儿童的兴趣和发展需求。在这一研究中,我们特别关注了基于儿童视角的主题活动优化策略,并提出了三个关键优化方向:儿童视角重构、从领域性到情景性的转变以及赋予儿童活动的自主权。这些策略意在改进现有主题活动的设计与实施方式,以更贴合儿童的学习和发展需求。

传统上,主题活动往往由教师根据自身理解和教学目标来设计,这种做法常常忽视了儿童的真实需求和参与意愿。我们主张从儿童视角出发,重新审视主题活动的理论框架和目标设定,确保其与儿童的兴趣和发展需求相契合。通过调查和反思儿童的参与情况及反馈,教师可以更深入地了解儿童的思维方式、兴趣点和学习特点,从而重新构建主题活动的内容和形式。

二、主题活动的问题与挑战

开展主题活动是让幼儿能够自由探索、迎接挑战的一项重要教学活动。因此,本文将重点讨论三个关键优化策略,即儿童视角重构、从领域性到情景性的转变,以及赋予儿童活动的自主权,以期提高主题活动的质量和效果。

(一)儿童视角重构

儿童视角重构要求我们从儿童的角度重新审视主题活动的理论框架和目标设定,以确保活动设计与儿童的真实需求相契合。为实现这一目标,研究者可以通过调查和反思儿童的参与和发言情况,深入了解儿童的思维方式、兴趣点和学习风格。例如,通过与幼儿进行交流,并记录他们在学习活动中的思考和感受,教师可以更准确地把握儿童的需求和兴趣点,从而更好地定制主题活动。

(二)从领域性到情景性的转变

传统的主题活动往往局限于特定领域的知识和技能传授,缺乏与儿童实际生活和情感体验紧密相连的情境设置。为了提升主题活动的真实性和情感体验,我们提议将主题活动从领域性转变为情景性。在情景性主题活动中,儿童被置身于真实的情境中,可以通过角色扮演、情景模拟等方式,亲身体验和感知学习内容。这种真实情景中的学习体验不仅能够激发儿童的情感投入和主动参与意愿,还能有效提高他们的学习效果。例如,在学习社交技能的主题活动中,教师可以创设小组合作的情境,让儿童在实际交流中学习和提升沟通和合作技巧。

(三)赋予儿童活动的自主权

在主题活动中,教师应为儿童提供充分的学习探索机会,并培养他们自主解决问题的能力。教师可以引导儿童在小组合作中自主制定活动规则和决策活动内容。这样的参与和决策过程能够充分激发儿童的创造力和主动性,同时也有助于培养他们解决问题和合作协作的能力。研究表明,赋予儿童活动的自主权可以有效提升儿童的学习动机和主动学习的意愿,进而促进其全面发展。

通过实施儿童视角重构、从领域性到情景性的转变以及赋予儿童活动的自主权等策略,我们可以有效优化幼儿园主题活动的设计与实施方式。这些优化策略的目的在于更好地满足儿童的兴趣和发展需求,提高他们的参与度和学习效果。

三、儿童视角重构策略

以儿童视角重构主题活动是提高活动质量和效果的关键途径。通过从儿童的角度重新审视和调整主题活动的理论框架和目标设定,我们可以确保活动设计与儿童的真实需求相契合。

(一)研究方法和框架

在研究方法上,我们可以采用定性研究方法如观察、访谈和焦点小组讨论等来深入了解和探究儿童对主题活动的看法、需求和期望。同时,也可以运用定量研究方法如问卷调查和量表评估来对儿童的参与情况和学习效果进行量化测量。在选择和运用研究方法时,我们还需要构建适当的研究框架,如树立以儿童为主体的学习观念和重视儿童参与的教学理念。

(二)儿童参与和发言的调查与反思

对儿童参与情况和发言内容进行深入调查与反思是儿童视角重构的重要一环。教师可以通过观察幼儿在主题活动中的实际参与情况、记录他们的发言内容和思考过程以及与幼儿进行深入的交流和讨论来了解他们的思维方式、兴趣点和学习风格。这些调查和反思结果将为教师提供宝贵的信息和观察依据,从而帮助他们更好地理解和满足儿童的需求与期望。

四、从领域性到情景性的转变

传统的主题活动往往局限于特定领域的知识和技能,且通常在教室内进行。然而,为了让活动更加贴近儿童的实际生活和情感体验,从而提升学习的意义和效果,将主题活动从领域性转变为情景性成了一种重要的优化策略。

(一)情景性主题活动的理论

情景性主题活动以提供真实的情景和体验为基础,通过将儿童置身于具体的情境中,增强了学习的情感和沉浸感。这种学习方式基于建构主义的理念,认为学习是通过与具体情境互动和解决问题来实现的。情景性主题活动为儿童创造了具有情感投入和意义感的学习环境,进而培养他们的创造性思维、解决问题的能力和合作精神。

(二)设计情景性活动的原则与方法

设计情景性活动需要遵循一些原则和方法,以确保活动的质量和有效性。在设计过程中,应充分考虑儿童的能力水平和发展需求,确保活动的可操作性和学习效果。通过让儿童进行观察、实验、讨论和合作等方式,积累经验和知识,从而提高学习效果和学习成就感。

五、主题活动的总结与反思

(一)主题活动总结

生活即教育。我们以幼儿的兴趣为出发点,基于儿童视角,将探究融入一日活动的各个环节。这让幼儿通过亲身体验、直接感知、动手操作,感受到了土豆的有趣之处。在本次有关土豆的旅程中,孩子们不仅提升了科学探究、语言表达、动手操作、社会交往等各方面的能力,还通过与各种材料的互动,获得了对土豆的真实且深刻的感受。这个过程中,我们始终秉承着游戏化、生活化、经验化的课程理念。虽然本次课程已经结束,但孩子们的土豆之旅仍在继续……

在"嗨!土豆"主题课程中,幼儿深入了解了植物及其生长发展过程。活动中,幼儿们沉浸在探索、体验、交往和表达之中,他们通过多种感官获得了各种新的经验。这始于土豆课程的教育价值:《3~6岁儿童学习与发展指南》为我们探索土豆提供了目标方向。我们的生活中到处都是教育契机,即使是小小的土豆也蕴含着无穷的教育价值。

(二)论文的局限性和研究方向

本研究主要采用文献研究和实证调查的方法。未来,我们可以尝试引入更多的研究方法,如行动研究、案例研究等,以便更深入地了解幼儿园主题活动的现状和问题。此外,本研究的研究范围主要集中在城市的幼儿园,未来可以在更广泛的范围内进行调查和研究,以便得出更具普遍性的结论。同时,我们可以进一步探讨如何将研究成果应用于实际教学中,为幼儿园教师提供更具操作性的指导。

六、结束语

幼儿园一日活动的组织是否成功,主要取决于幼儿是否能在活动中受益并受到启发。教师需要围绕组织活动内容来对整个过程进行策划,改变以往过度干预幼儿活动行为的不当做法。通过丰富幼儿所能看到的外界生活环境,引导他们形成沟通意识和自主能力。这将促使幼儿园通过实践、思考、执行、积累的一整个大循环,形成利于幼儿自身发展的行为习惯和参与游戏或集体活动的较强自主能力。进而提高幼儿的综合能力,促进他们的长远发展。同时,这也将推动幼儿教育的发展。

"幼儿立场"幼儿园科学探究主题活动开发路径研究

朱晓娟
中国人民解放军四川省军区第三幼儿园

随着学前教育改革的不断深化,"幼儿立场"、"幼儿视角"、"幼儿本位"等词汇已成为近年来学前教育领域内的热门话题。那么,"幼儿立场"究竟是何含义?为何我们要倡导它?基于"幼儿立场"的幼儿园科学探究活动又该有哪些理念与行为的转变?这些问题在我园幼儿科学教育改革中亟待解答。因此,在课题研究的推动下,我们进行了以下思考与实践。

一、对"幼儿立场"的深入理解与思考

浙江师范大学的王春燕教授曾指出:"儿童立场"即教师站在儿童的视角看待教育问题的立场。这意味着教师应设身处地地体验儿童的内心世界,满足他们的兴趣和成长需求,以引导并促进儿童的发展。结合专家的诠释和我园的实践探索,我们认为"幼儿立场"是针对3~6岁儿童提出的,其教育起点应基于幼儿的兴趣和需求、已有的经验和能力水平。在教育过程中,应重视幼儿所遇到的问题,并通过倾听、尊重、理解和引导的方式,承认每个幼儿的独特性和差异性,从而有针对性地推动每个幼儿在不同层面上的学习与发展。"幼儿立场"既是一种教育理念,又是一种指导教育实践的方法。

二、幼儿园科学主题探究活动开发中"幼儿立场"的缺失

我园长期致力于幼儿园科学教育课题的研究。然而,在前期的研究过程中,我们过分强调了科学教育的"科学性",导致经常出现过多的"成人立场"。具体问题如下。

(一)忽视幼儿在科学主题探究活动中兴趣的持续性

在前期开发科学主题探究活动时,我园教师虽然注重激发幼儿的兴趣,但这些活动更多的是从"成人立场"出发设计的。教师关注每个科学探究活动的内在逻辑性,却忽视了在探究过程中幼儿兴趣的持续性。因此,开发出的活动常常使幼儿的兴趣中断,或忽略了幼儿在探究过程中兴趣的保持与延续,导致幼儿逐渐失去兴趣,所获得的科学经验也停留在表面。

(二)忽视幼儿在科学主题探究活动中的多元化学习方式

在我园前期开发的科学主题探究活动中,大多数为集体活动。这些集体探究活动在探究内容、形式、时间及材料等方面都过于僵化。教师更注重引导幼儿积累科学知识或经验,强调科学集体教学活动的效率,却忽视了不同个体幼儿的多元化学习方式。虽然活动中也涉及幼儿的"说""做""听""看""思"等方面,但在有限的时间内,这些学习方式并未得到充分发挥。这忽略了多元化学习方式在幼儿终身学习与发展中的重要价值与意义。

（三）忽视幼儿在科学主题探究中的个体性经验

《3~6岁儿童学习与发展指南》明确指出："幼儿的发展是一个持续、渐进的过程，每个幼儿在沿着相似进程发展的同时，各自的发展速度和到达某一水平的时间并不完全相同。"然而，在我园前期的幼儿园科学主题探究实践中，教师往往更重视集体性经验，而忽视了幼儿的个体性经验。这导致在科学主题探究活动中，获得成功的幼儿更受教师关注，而未成功幼儿的探究经验则被忽视。例如，在活动中哪些幼儿没有获得成功？他们在探究中遇到了什么问题？他们的探究经验处于哪个层面？如何帮助他们解决探究中遇到的问题？教师通常对这些问题视而不见。

三、基于"幼儿立场"的幼儿园科学探究主题活动开发的途径

针对我园前期在科学探究主题活动中存在的问题，我们进行了基于"幼儿立场"的幼儿园科学探究主题活动开发与实践研究，并总结出以下四种基于"幼儿立场"的开发途径。

（一）"链接"幼儿的学习兴趣，生成驱动性主题探究活动

幼儿时期的学习特点表现为对身边的科学现象或问题充满好奇心，他们好问、好探究。正是兴趣驱使着幼儿不断探究周围环境中的未知。作为教师，我们不仅要激发幼儿对科学探究的兴趣，还要重视幼儿兴趣的延续，将开发的科学探究主题活动与幼儿的学习兴趣相"链接"，让幼儿对科学探究性学习产生内驱力，从而更易生成适宜的幼儿园主题探究科学活动。

在我园小班的"蛋宝宝"科学探究主题活动中，教师引导小班幼儿参与了许多与蛋相关的科学探究游戏。幼儿不仅了解了蛋的多样性，还知道了蛋是有毛孔的，可以将盐水吸到蛋内，变成有盐味的蛋等经验。在"蛋宝宝"科学主题探究活动的后期，幼儿对蛋会孵出小鸡非常感兴趣，每天都会问教师："这个蛋会孵出小鸡吗？""小鸡是怎么孵出来的？""小鸡小时候和鸡妈妈长得一样吗？"等问题。教师敏锐地捕捉到幼儿探究兴趣的延续点，于是买来了孵化器，放入受精蛋，引导幼儿去观察。经过大约3周的时间，一天早上，一个鸡蛋破了一个洞，幼儿惊奇地发现小鸡即将破壳而出。在教师的支持下，小班幼儿观察到了小鸡破壳的全过程。小鸡孵出来后，幼儿又产生了许多新的科学主题探究问题："小鸡为什么会在发抖？""小鸡吃什么？""小鸡的毛为什么是毛茸茸的？"等等。在兴趣和问题的驱动下，新的科学探究主题"你好，小鸡"应运而生。

（二）"对接"多元化学习方式，开发聚焦式主题探究活动

多元智力理论认为，人的智力是多元的，并会以某种复杂、多维度的方式进行组合，从而形成人的综合智力。尽管幼儿期的学习特点相似，但每个幼儿的成长经历不同，导致他们在学习方式上存在一定差异。例如，有些幼儿小肌肉灵活，更擅长操作性活动；有些幼儿思维活跃，更擅长语言表达；有些幼儿在学习中认真细致，但在探究过程中总是比别人慢。由此可见，幼儿存在着多元化的学习方式。基于"幼儿立场"的教育理念，我们应该充分尊重每个幼儿的学习特点，"对接"他们多元的学习方式，提供多样化的机会，开发出聚焦式科学探究主题活动。

在我园大班组，我们根据幼儿园的环境资源开展了"幼儿园的树"科学探究主题活动。为了激发幼儿的积极参与，教师让他们围绕主题自由分组、自主选择感兴趣的科学探究活动。有的幼儿选择"搭树屋"作为主题探究活动，有的选择"测量大树"，还有的选择"做鸟窝"等。于是，这些聚焦式的小主题科学探究活动被开发出来。在这个过程中，每个幼儿都根据自己的探究兴趣，"对接"自己擅长的学习方式，开展聚焦式的科学探究主题活动。在这种聚焦式的科

学探究小主题活动中，幼儿在获得科学探究经验的基础上，还能收获更多的自信与成功。

（三）"承接"幼儿个体性经验，引发渐进式主题探究活动

幼儿在科学领域的探究中，受个体性经验的影响，常常会遇到不同的问题。有些是共性问题，教师可以通过集体性探究活动加以解决；但有些个体性的问题则需要教师给予针对性的教育支持，才能引发幼儿更为深入的探究行为。

在我园大三班开展的"制作树叶收集器"主题探究活动中，每个幼儿都根据自己的经验设计了"树叶收集器"并开始制作。幼儿桃子在第一次制做中遇到了材料之间无法连接的问题。教师发现她只有双面胶和泡沫胶的使用经验，于是为她提供了新材料——胶棒，引发新的探究，从而成功地将收集器——塑料瓶和风扇连接在一起。在探究树叶收集效果时，桃子发现自己的"收集器"只能吹走树叶，无法将树叶吸进收集瓶里。教师引导她去观察另一个幼儿的"收集器"，让她明白了收集器与风扇连接方向存在问题。于是，通过对比实验与调整，她成功地将树叶吸进了收集器。在我园的科学主题探究性活动中，教师会关注每个幼儿的探究情况，并在过程中不断"承接"幼儿的个体经验，给予针对性、差异化的引导与支持，从而促进每个幼儿都能获得新的科学经验。

（四）"嫁接"主题之间的经验，生发延续性主题探究活动

延续性活动是指针对一个活动的延续和拓展。在这里，它主要指针对一个科学探究主题活动的延续和拓展。在"幼儿立场"的研究中，我们发现，在班级科学探究主题活动中，也会出现主题与主题之间经验的"嫁接"情况。这种情况往往会引发延续性主题探究活动。

在中班组开展"花卉王国"的主题探究活动中，幼儿在了解花苗的多样性、种花、养花、护花的过程中发现，天气越来越热时，太阳直射花圃会导致泥土变得很干，花朵也会因缺水而萎靡不振。于是，幼儿想到要给花圃安装自动浇花器，让泥土保持湿润。然而，自动浇花器是什么？制作自动浇花器需要什么材料？怎样才能制作出自动浇花器？这些问题引发了一系列的科学探究活动，从而生发出延续性科学主题探究活动"制作自动浇花器"。在"制作自动浇花器"的主题探究活动中，幼儿将前一个科学探究主题"花卉王国"中获得的经验，如浇花的间隔时间、浇花所需的水量等，"嫁接"到"制作自动浇花器"的科学主题探究活动中。这使得延续性主题探究活动更加丰富而有价值。

在前期的研究中，我们发现，通过"链接""对接""承接""嫁接"等途径，不仅可以紧密结合幼儿的兴趣与经验，还能较为适切地开发出基于"幼儿立场"的幼儿园科学主题探究活动。

浅谈游戏故事在幼儿教师专业发展中的角色与实践

陈　欢
广州市天河实验幼儿园

安吉游戏以“爱”“冒险”“喜悦”“投入”“反思”为核心元素,为幼教工作者提供了宝贵的指导和启发。在游戏中,幼儿通过故事表征和口语表达,不仅锻炼了自身的想象力和观察能力,还提升了沟通与表达能力。教师则通过与幼儿进行一对一的交流,及时回应、支持和互动,进一步强化了幼儿的表达与沟通能力。随后,教师鼓励幼儿分享自己的游戏故事,并将这些故事展示在主题墙、绘画走廊以及区域游戏过程性作品展示区,让幼儿能够随时回顾、反思自己的游戏经历。

经过两年的实践与观察,教师的儿童观念得到了深刻的转变。他们开始更加真实地看到幼儿的原貌,学会了更全面、系统地观察幼儿,并提高了对幼儿游戏行为的理解能力,从而增进了师幼之间的关系。

一、游戏故事助力教师深入理解与欣赏幼儿的游戏行为

在传统的教育模式下,师生比例失衡往往导致教师缺乏足够的时间和机会与每个幼儿进行深入的沟通。然而,游戏故事的出现改变了这一现状。与以往的教学模式不同,游戏故事要求教师认真倾听并记录幼儿的讲述,从而将对幼儿的关注从部分扩展到全体。通过倾听幼儿的游戏故事,教师能够更深入地了解每个幼儿的思想、情感和观念。

(一)案例一

中班的知知在自主游戏中经常选择安吉积木进行搭建,其作品常出现“酒店”的造型。在游戏故事表征时,他这样描述:“妈妈带我去过澳门的威尼斯酒店,我搭建的就是酒店的大门,门口有拱门、花园和喷泉……但门口经常堵车,我觉得应该建一个停车场。”通过倾听知知的故事,教师不仅了解了他的游戏经历,还感受到了他的观察力和解决问题的能力。

(二)案例二

大班的彬彬在游戏故事表征作品中经常使用黑色画笔,画面显得“乱糟糟”。然而,在一对一倾听时,彬彬透露了他的内心世界:“我喜欢黑色和混乱的东西。”“今天不开心,希望乌云快来,让游戏早点结束。”通过这些故事,教师走进了彬彬的内心,了解了他的情感和想法。

教师在倾听和记录的过程中,逐渐深入了解幼儿的内心世界,感受到了一个个具体生命的独特样貌。这种理解和欣赏有助于教师树立更科学的儿童观和教育观。

二、游戏故事推动教师发现与培养幼儿的学习能力

“安吉游戏”倡导将游戏的权利归还给儿童，强调教师在不干扰儿童游戏的前提下进行观察和记录。这对教师的专业能力提出了挑战。而游戏故事的存在成了一个重要环节，帮助教师更好地解读和推进游戏。

幼儿通过绘画回顾、反思和表达游戏经历，这不仅有助于教师及时发现幼儿在游戏中的精彩时刻，还能引导幼儿学习同伴的技能和方法，从而提升他们发现问题、解决问题以及合作互助的能力。

例如，在中班的游戏故事分享中，孩子们表征了“多米诺骨牌”的游戏过程。教师通过孩子们的故事了解到了他们对“多米诺骨牌”的浓厚兴趣，于是在班上增设了相关探索区，并调整了材料投放策略。这样的互动不仅提升了幼儿游戏的自主性，还推动了幼儿自发性游戏的生成。同时，教师在材料、场地以及言语上的互动中，也推动了游戏的深入发展，使幼儿能够更清晰地理解游戏玩法并创新游戏规则。

游戏故事不仅让教师能够发现幼儿在游戏中的积极学习行为，还帮助他们洞悉了幼儿的学习状态和演变过程。这为教师提供了宝贵的机会，使他们能够为幼儿创设更加自主开放的游戏环境，并有效地支持和培养幼儿的学习能力。

三、游戏故事提升教师的专业能力

（一）教师通过转变自身的教学角色，提高对自主游戏的认识

在以往的幼儿教育模式中，教师往往会提前为幼儿安排好游戏场地、设计好游戏内容，幼儿的人数和游戏顺序也都受到限制。教师在游戏中始终占据主导地位，这种教学模式下，教师的高参与度可能会直接影响幼儿各项能力的发展，同时，幼儿在游戏活动中也难以真正表达自身的发展需求和观念。然而，在安吉游戏理论的影响下，教师开始深刻认识和理解游戏故事对幼儿学习与发展的独特价值，他们更加重视幼儿在自主游戏中的表现，把幼儿视为有能力的创造者，尊重幼儿的想法，并能准确识别幼儿的行为表现，提供适宜的教育支持。

（二）提高教师自身解读幼儿游戏行为的能力

通过对游戏故事的深入观察和实践，教师可以从幼儿的表征、游戏行为、合作和规则行为等方面进行细致的观察和分析。这种在游戏中更好地观察幼儿、读懂幼儿行为表现的过程，有助于提升教师剖析幼儿行为背后价值意义的专业能力。分析游戏故事需要教师具备扎实的专业知识和技能。通过这种形式的实践和反思，教师可以提升自己的观察、分析和解读幼儿行为的能力，从而更有效地支持和引导幼儿的游戏和学习。

（三）巧用介入，提高干预性指导能力

虽然游戏故事强调要充分发挥幼儿在游戏中的主体地位，但这并不意味着教师完全不介入幼儿的游戏过程。相反，在自主游戏期间，教师在全面观察和解读幼儿活动行为的同时，适时的介入可以促使幼儿达到更高一层的游戏水平。例如，在“多米诺骨牌”游戏中，教师通过游戏故事了解到幼儿产生了探究兴趣，但对“多米诺骨牌”的游戏水平认识参差不齐，幼儿的游戏停留在基础阶段，无法进一步推进和提升。于是，教师采用视频展示的方式，引导幼儿了解多米诺骨牌的多种玩法。游戏故事让幼儿对游戏的探究有了一定的基础，而教师又提供了

更大的场地,让幼儿能够发挥想象、自主思考与动手实践,形成更多的游戏体验。此时,幼儿的游戏水平呈现出提升的趋势,同时,教师在游戏中的干预性指导能力也在实践中逐渐提升。

此外,教师可根据幼儿的实际游戏情况,通过呈现幼儿游戏故事的形式,充分体现幼儿在游戏中的自主性。教师的指导与支持扩展了幼儿的游戏经验,帮助他们实现自己的想法,支持游戏活动的发展。例如,在种植区里,一颗土豆遭到了猫的破坏,教师支持幼儿的想法,鼓励他们一一尝试驱赶猫的方法,并将幼儿在活动中的过程以游戏故事的形式展示在主题墙上,吸引更多幼儿参与讨论和实践。这让原本几个人的游戏演变成了集体游戏,最终成功将猫驱赶走,解救了"受伤"的土豆。在此过程中,教师的及时介入与干预促使幼儿不断发现问题、探讨问题、解决问题,使原本简单的游戏通过自我生成、自我创造、自我超越而演变成深度学习。整个过程教师通过游戏故事获取到幼儿发展的全面而丰富的信息,借助实际观察而进行的介入与指导能够与幼儿的能力精准对接。教师在游戏故事中探寻适应幼儿兴趣的教育内容与教育方式,实施针对性的教育策略,促进幼儿全面发展,同时也提升了自身的观察能力与水平。

综上所述,游戏故事对于幼儿教师的促进作用主要体现在理解幼儿、发现和培养幼儿的学习能力、提升教师的专业能力以及促进教师角色的转变等方面。幼儿教师需要重视游戏故事的价值,加强专业学习,丰富理论知识,通过实践游戏故事促进幼儿的全面发展。

记一场由“坐椅子”引发的风波

马小燕
仪征市马集镇中心幼儿园

小雨是一个聪明的小朋友,但他有一个让人头疼的习惯,就是喜欢不停地摇晃他的小椅子,或者把腿搁在椅子上,甚至有时候还半躺在椅子上,一点精神都没有。每次坐小椅子的时候,小朋友们都会在老师的提醒下坐端正,只有小雨总是“我行我素”。作为教师,我们都知道,幼儿能够自愿养成良好习惯才是教育的根本。压迫式、说教式的教育措施是收不到理想效果的,也无法持之以恒。

一、椅子受伤了

一天,我们正在开展谈话活动“周末趣事”,只听啪的一声,把我和小朋友们都吓了一跳。原来,小椅子被小雨摇断了一条腿,连人带椅子摔在了地板上。我急忙走向小雨,确认他是否受伤。可能是怕被老师批评,小雨立刻扶起坏椅子,坐正身体看着我,只见他屁股只坐了椅子的前半部分,依靠自己的身体来平衡“断后腿”的椅子,中间有几次由于“失衡”向后仰,差一点摔倒,但他反应敏捷,总能及时调整,不让自己倒下。看到这种情况,我既好气又好笑。转念一想,对于小班孩子来说,光靠训斥、说教是解决不了问题的。于是,我决定抓住时机,用拟人化教育对小雨进行引导。

我压住“怒火”,一边瞄着小雨,一边说:“咦,小椅子你怎么了?为什么哭啊?”小朋友们都露出了疑惑的神情,小雨也一脸疑惑地看着我。接着,我把耳朵凑近小椅子,假装听它说话,然后对小朋友们说道:“原来,有小朋友不爱小椅子,会把脚踩在它身上,小椅子变得脏脏的;还有人会摇小椅子,把它的腿摇疼了,现在小椅子的腿摇断了,它更疼了。”我一边说一边看向小雨,此时他脸上也露出了一些不忍的神情,慢慢低下了头。捕捉到幼儿的情绪,我继续说道:“现在啊,小椅子不想和摇它的孩子做朋友了,怎么办呢?”小雨开始着急了,站了起来,只听“哐当”一声,“受伤”的椅子倒下了,小雨赶忙扶起小椅子,摸着它说道:“老师,我不摇小椅子了,让小椅子别走,我小手放在小腿上,坐得端正。”

瑞士著名心理学家皮亚杰指出,三四岁的孩子普遍存在一种独特的心理现象,就是“泛灵论”,指这个时期的孩子会把所有的事物都视为有生命、有灵性的一种心理倾向。应用“泛灵论”教育孩子爱护“小椅子”,由事移情到人,不失为一种有效的教育措施,既能培养幼儿的爱心和同情心,又能进一步理解和形成相应的良好习惯,这比向孩子们说教、讲解大道理效果要好得多。

二、椅子好朋友

经过椅子“受伤”事件后,摇椅子的现象逐渐减少了,但好习惯并非一蹴而就的,需要我们师幼共同“维护”。因此,我在班级里和全体幼儿进行了一个讨论,话题就是“怎样和小椅子做朋友?”几个小朋友发表过自己的观点之后,我请小雨来讲一讲自己的看法。小雨说:“上课时,小手放腿上,坐端正,不能摇椅子,椅子会疼。”我继续引导:“还可以怎么做?”其他小朋友立刻回答:“不能踩椅子、躺在椅子上。”他听到别人的答案,也跟着说不能踩椅子、躺在椅子上。我见机行事,说道:“好的,小雨,自己答应老师的,小椅子要爱护好,所以不能踩椅子、摇椅子,也不能无缘无故地躺在椅子上,好吗?”小雨点点头,我说道:“那小雨走到老师这边来我们拉钩。”可是,小雨迟疑了,似乎不太情愿和我拉钩,可能怕自己会做不好。我告诉他老师会帮忙的,过来拉钩吧,他才缓缓地走了过来。接下来的日子里,我只是观察小雨,给他自我表现的机会,增加他和椅子做好朋友的“曝光”频率,增强幼儿的自信心,帮助其逐渐养成良好的坐姿习惯。

同时,我还带领幼儿一同学习了《坐姿礼仪》儿歌,帮助幼儿掌握正确的坐椅子方法。我一边念儿歌一边示范:“好孩子,好习惯,坐姿端正要注意。坐下时,像大钟,抬头挺胸背要直……”孩子们一下子就学会了儿歌,纷纷模仿着我的样子坐椅子。儿歌虽短,孩子们却乐在其中。在这个过程中,幼儿以新的方式主动学习、观察、发现、思考、动手操作,充分体现了幼儿的主体地位。“不会坐椅子”事情虽小,却是孩子们的习惯体现。正如陈鹤琴先生所说:“习惯养得好,终身受其福,习惯养得不好,则终身受其累。”

三、坐好椅子,我最棒!

透过现象看本质,是教师成长的必修课。“小雨的故事”本质上是不良坐姿引起的。不良坐姿可能带来的后果是眼睛近视、弯腰驼背等。教师的口头提醒、儿歌引领,并不能完全改变他们的习惯。于是,我便开始寻找合适的绘本,以此为媒介来引导他们,毕竟直观地呈现,要比口头提醒更有帮助。经过一番搜罗,我找到了绘本《如果你坐得歪歪扭扭》一书。它以幽默生动的画风,简单易懂的语言,向小朋友们展示不良坐姿带来的危害。与其老师、家长说一百遍,不如孩子自己去发现问题,解决问题。当这本书的封面出现在屏幕上时,孩子们便叽叽喳喳地讨论起来……

秋秋:“老师,我姐姐和这个人一样,在家看书就是这样,还把椅子翘起来,然后她就摔倒了!”

月月:“上次豪豪坐在椅子上,把脚搁在屁股下面,碗都给打翻了,汤都洒到桌子上了!”

老师:“看!没坐好,是不是会出现很多问题呀!有的还会发生危险的事情!”孩子们纷纷点头表示赞同。

通过阅读绘本,孩子们发现书里的小男孩“他躺着看书”“他趴着看书”“他把书放在地上,边看边做别的事情”等等,看书姿势五花八门。这些歪歪扭扭的坐姿产生的严重后果就是:如果你坐得歪歪扭扭,屁股就会歪歪扭扭,脊柱就会弯曲。

阅读到这里,孩子们既好奇又担心,议论了起来:

“我不要屁股歪歪扭扭,走路一定很丑。”

“会站不稳吧?”

听到这样的讨论,我乘胜追击,指着画面说道:脊柱弯曲了,肩膀就会一高一低,然后脑袋就会歪向一侧,整个身体就会嘎吱嘎吱响。这时候,有些孩子已经挺直了身体:“嘎吱嘎吱是机器人吗?好奇怪呀!”

“一高一低，怎么办呀？”

“我不想嘎吱嘎吱响，我要坐好！”

不良坐姿引发的严重危害已经引起了孩子们的重视。看到孩子们的反应，听到他们的回应，我觉得让孩子们“坐好椅子”的目标已近达成。此时，我又趁热打铁，继续带孩子们了解“坐得端正”的“好处”：身姿挺拔、身强力壮、个子变高、头脑清醒、双眼有神等。

故事至此，我向孩子们发起倡议：“让我们一起坐端正吧！”看到这样鲜明的对比，孩子们也纷纷回应，表达了自己的决心：

“我以后每天都要坐得很端正，比谁都要端正。”

“老师，我保证以后不坐得歪歪扭扭！”

“老师，如果我看到别的小朋友坐得歪歪扭扭，我也会提醒他要坐好。”

至此，一场由“坐椅子”引发的风波告一段落。

在以上案例中，我捕捉到“坐椅子”的教育契机，引导幼儿与周围的人、事、物进行互动与学习，并根据幼儿的年龄特征，有目的、有计划地为幼儿营造一个有利于行为养成的氛围。通过师幼良好互动，幼儿在主动参与、耳濡目染、情绪熏陶中逐步养成了“坐椅子”的良好行为习惯，在伙伴、老师的鼓励与赞美中也强化了幼儿的好习惯行为。同时，通过阅读绘本《如果你坐得歪歪扭扭》，由发现危险、讨论问题，丰富了幼儿对“坐好椅子”的认知，从而能够落实行动，解决“不良坐姿”问题。

其实，好习惯养成教育不是一朝一夕就能完成的，而是一个长期的、循序渐进的过程。它需要家长、教师共同长期对幼儿进行培养教育。因此，接下来，我们会与家长配合，综合多种教育方法，全面提高幼儿的素质，从而达到最终目的——形成良好的习惯，为孩子们的成长打下坚实的基础。

借助幼儿园教学活动评价促进教师教学能力提升研究

陈 瑛
深圳市罗湖区水库新村幼儿园

教学活动评价是幼儿园办学过程中一项极其重要的活动,对教师优化和改进教学活动具有重要的促进作用。在教育改革不断推进的背景下,幼儿园教师需要真正认识教学活动评价的重要意义,积极参与其中,通过以评促教来实现教学能力提升的目标。

一、幼儿园教学活动评价对教师教学能力提升的作用

(一)促进教师角色的转变

在传统的幼儿园教学实践中,教学活动大多围绕教师“教”而开展,教师主要扮演知识传授者的角色。在这种背景下,幼儿园教学活动存在单向知识传递的问题。随着教育的快速发展,这种单向传递知识的方式已经不能满足孩子们多元化、个性化发展的需求。通过对幼儿园教学活动进行评价,教师可以及时了解不同幼儿在各个方面的表现和需求,探索适合幼儿发展的教学方法和策略,从而转变为具有创造力和创新能力的教育者。

(二)推进教学模式的创新

借助教学活动评价,教师能够系统全面地认识班级中的每一名幼儿,根据幼儿成长的需要来设计教学活动,构建以生为本的教学现场,从而进一步强化对幼儿的引导,帮助幼儿更好地融入幼儿园的学习与成长中,充分体验学习的快乐,使教学活动取得预期效果。幼儿教师要充分认识到每个孩子都是独特的个体,他们在认知、情感、社交等方面存在差异,传统的集体评价往往无法全面了解每个孩子的优势和需求。而通过对每个孩子进行细致入微的评价,可以更好地发现他们各自的特点和潜力,并针对性地开展教学设计,从而进一步创新教学模式,适应时代发展的最新需求。

二、幼儿园教学活动评价促进幼儿教师教学能力发展的策略

(一)建立明确的评价标准助力教师教学能力发展

建立明确的评价标准是非常重要的。制定清晰、具体的评价标准,可以涵盖教师在教学活动中应具备的各项能力和素质,如课堂管理、教学设计、师生互动等。这些评价标准应该全面反映幼儿教师的综合能力,并且要与实际工作紧密结合,以便能够真实地反映出幼儿教师在实际工作中表现出的水平。评价过程中应该综合运用观察、记录、访谈等方法,通过对教学活动的评价发现幼儿教师在教学中存在的问题和不足之处,及时将评价结果反馈给幼儿教师,并提供具体的改进意见和建议。通过组织培训、研讨会等形式来进行指导,帮助幼儿教师提高教学

能力。在此基础上，幼儿教师能在明确的评价标准引领下，借助教学活动评价全面提升个人的教学能力。

（二）借助多元化评价加深认识，提升教学活动针对性

在幼儿园教学活动评价中，需要充分应用多元化评价模式来对幼儿教师的教学活动进行评价，了解教师在教学模式和方法方面存在的不足，根据幼儿在学习过程中表现出的问题展开深入分析。通过这种评价模式的应用，幼儿教师能够立足于幼儿园五大领域教学活动开展的目标，进行深度反思，从而更好地认识每一名幼儿，根据幼儿的兴趣爱好设计出有针对性的教学内容，满足幼儿学习和成长的需要，使教学活动的针对性得以稳步提升，以此助力幼儿教师教学能力的发展。

（三）借助教学活动评价建立共同学习与合作机制

为更好地促进幼儿教师教学能力提升，在开展幼儿园教学活动评价的过程中，要结合评价结果积极鼓励幼儿园教师之间进行经验交流和互助合作。通过组织定期的教学研讨会或小组讨论，让幼儿园教师分享自己的优秀实践经验，并从他人的经验中汲取灵感和借鉴。在研讨会上，可以邀请经验丰富、表现突出的教师分享自己在课堂中运用不同方法和策略时取得的成效，详细介绍所使用的方法，并解释其背后的原理和逻辑。同时，引导幼儿教师充分利用互动交流的机会，提出问题、分享困惑，共同探讨解决问题的方法和建议。通过这种方式，幼儿园教师可以学习更多不同的教学思路和策略，从而提升自己的教学能力。在相关教学研究活动中，可以将幼儿园教师分为不同的小组，每个小组由几名有相似兴趣和特长的教师组成。在小组讨论中，教师可以立足于幼儿园五大领域教学活动开展的需要，深入探讨具体问题或主题，分享观点和经验，从彼此身上获得启发和借鉴，形成共同进步、共同成长的氛围。

除了定期举办研讨会和小组讨论外，还可以利用现代科技手段促进幼儿园教师之间的交流与合作。比如，建立一个在线平台或社群，让教师们可以随时随地分享教学经验、观察到的问题以及解决问题的方法，提供便捷的交流渠道，让教师们能够利用平台互相帮助、共同成长。同时，这个平台也可以成为一个资源库，收集和整理各种有关幼儿教育的优秀案例、教学资料和研究成果，供教师们参考和借鉴。

三、结束语

通过幼儿园教学活动评价的开展，能够帮助幼儿教师进一步加深对教学现状的认识，从而立足于当前教学活动存在的问题，持续不断地优化和改进课堂教学。教师在教学活动中需要积极转变教育理念，真正认识教学评价活动的重要意义，并以积极的态度融入其中，从而改变对教学评价活动的认知。在此基础上，教师能够重新定位自身在教学活动中的角色，为幼儿设计出有针对性的教学内容。通过持续不断地优化和改进教学设计，满足幼儿多样化学习的需要，使幼儿在积极参与教学活动的过程中，各方面能力都得到培养和提升，为幼儿未来的发展奠定更加坚实的基础。在这一过程中，幼儿教师的教学能力也能得到培养和提升。

CLASS视角下幼儿园中班户外体育活动的师幼互动质量评估

——以广州市T园S班为例

何 倩

广州市天河区华景泽晖幼儿园

一、前言

越来越多的研究发现,儿童早期(0~6岁)在教育和健康上的人力资本投入会影响其长期发展。然而,由于成长阶段的特殊性,该环节的完成水平很大程度取决于幼儿在不同环境中的互动质量,如社会、家庭、幼儿园等,而其中师幼互动质量最为关键,因为它是联结不同群体之间的纽带。所谓“互动”,《社会心理学词典》认为其是“个人领会他人及依据他人反应而调整自身行为的过程”,《教育大辞典》则将其解释为“人与人或群体之间发生的交互动作或反应的过程,也包括个人与自我的互动过程”,因此从狭义角度理解,师幼互动即为幼儿园中教师与幼儿之间所发生的相互作用。

在明确概念的基础上,本文将以广州市T园S班户外体育活动为例对师幼互动质量进行全面评估。之所以选择户外体育活动,主要由于以下两点原因:一方面,我国教育部于2001年颁布的《幼儿园教育指导纲要(试行)》中明确提出:“幼儿园必须把保护幼儿的生命和促进幼儿的健康放在工作首位”,而幼儿的健康(身体、心理、社会适应)工作很大程度上依赖于幼儿园户外体育活动的开展;另一方面,作为幼儿一日生活的重要组成部分,户外体育活动对于促进幼儿五大领域的学习与发展具有综合性作用。

随着师幼互动研究的不断深入,评估工具也越来越完善。本文基于课堂互动评估系统(Classroom Assessment Scoring System,简称CLASS)对师幼互动质量进行评估,该系统由美国弗吉尼亚大学Robert Pianta教授及其团队设计编制,在学术界得到广泛使用。具体而言,CLASS包括情感支持、活动组织、教育支持三个维度,为了在评估时做到清晰准确、客观翔实,每个维度又包括二级、三级以及四级指标(陈婕,2019)。现有的中文文献对不同地区(如东中西部)、不同班级类型(如大中小班)、不同活动类型(如集体与分组)进行评估,但专门针对户外体育活动的研究依然不足。

二、研究设计

本文采用了参与式与非参与式相结合的观察方法。首先,T园S班H老师每周随机抽取两节户外体育活动,在其进行中和结束后,根据CLASS四级指标(每个指标质量由低到高打

1~7 分)共计 101 个指标对师幼互动质量进行自评;然后,由 2 名观察员老师依据录音、图片、小视频、教案等内容进行他评;最后,将两者平均分计为该四级指标的最终分数。这种研究方法具有明显的优点:一方面,自评过程能捕捉到体育活动中的细微环节,另一方面,他评过程能提高数据的相对客观性。

本研究共收集整理了 T 园 S 班一学期中 34 节户外体育活动的师幼互动情况,该时间序列数据不仅可以直接评估师幼互动质量,还可以探究教学经验是否对其产生重要影响。

三、数据分析

通过对 CLASS 三个一级指标的平均得分进行统计,可以发现情感支持得分最高(5.49 分),活动组织次之(5.37 分),教育支持最低(4.86 分)。

若分析二级指标,会发现:一方面, S 班户外体育活动中情感支持指标下的师幼互动氛围得分最高(5.57 分),这说明在户外体育活动中,该教师与幼儿关系很融洽,习惯于用微笑与孩子们交流,在活动高潮时会与孩子们一同表现出兴奋与热情,通过肢体接触、目光接触或语调变化来增强活动氛围。在教师敏感性和产出性上均有 5.48 分,这表明在活动中教师能够关注到孩子的情绪反应,针对幼儿遇到的问题能及时安慰幼儿、帮助幼儿调整活动状态并给予个别化支持。然而,另一方面也发现语言示范和认知发展得分较低,分别为 4.78 分和 4.75 分,这表明教师应注意给幼儿充分的自主探索、交流、分享的时间,在幼儿有新的想法时及时给予适当的回应,尊重幼儿主体性,鼓励幼儿多尝试。教师应更加重视活动总结这一环节,在总结时注意词汇的多样性,尽量与幼儿的日常活动经验相联系,必要时鼓励幼儿主动分享自己的收获。

为了对该活动有更加深入的分析和更加直观的了解,本文对 CLASS 三级指标也进行了统计。从中可以发现,平均分最高的十项指标为幼儿行为(5.93 分)、尊重(5.88 分)、支持自主及领导(5.74 分)、常规(5.67 分)、积极情感(5.66 分)、积极交流(5.63 分)、幼儿自如的表现(5.61 分)、清晰的行为期望(5.59 分)、使学习时间最大化(5.52 分)和幼儿感兴趣(5.49 分),平均分最低的十项指标为高级语言(4.24 分)、创造力的挖掘(4.49 分)、自我以及平行式谈话(4.69 分)、分析和推理(4.74 分)、幼儿表达(4.81 分)、开放性问题(4.84 分)、与现实生活相联系(4.85 分)、提供支架(4.91 分)、重复和延伸(4.91 分)及学习目标的澄清(4.93 分)。

最后,为了观察 S 班整个学期户外活动师幼互动质量的时间变化趋势,本文对一学期中的情感支持、活动组织、教育支持三项一级指标分别进行时间趋势拟合,这在一定程度上可以显示老师教学经验对师幼互动质量的影响。通过线性拟合可以发现:情感支持、活动组织和教育支持平均得分在一学期中的上升变化,师幼互动质量整体呈上升趋势,平均得分从 5 分以下提升到 6 分以上。这也启示幼儿园工作者应及时反思总结经验,这对于师幼互动质量的提升具有显著的作用。

四、总结讨论

通过对广州市 T 园 S 班户外体育活动进行一学期的追踪观察,本文基于 CLASS 视角对师幼互动质量进行评估,但仍然存在以下不足之处:第一,本研究仅收集了一个班级 34 节户外体育活动的数据,样本量较小,对于不同年级、不同教师、不同园所、不同地区之间存在的异质性尚未讨论;第二,本研究对于户外体育活动中师幼互动质量的评估有助于教师发现活动过程中存在的问题,进而及时调整。但由于数据限制尚未讨论师幼互动质量对于幼儿短期和长期发展的影响。

即便如此,本文的研究方法与结论依然具有强烈的现实意义。其一, CLASS 视角能够帮助我们认识到目前师幼互动中存在的优点与不足;其二,结合已有文献,我国教育支持方面得分较低这一问题具有普遍性,值得研究者共同关注;其三,“做中学”是师幼互动质量提升的一种有效方式,因此学校应建立有效的激励机制,鼓励教师们总结和分享经验,不断创新师幼互动形式,提高师幼互动质量。

筑自主之基　享快乐成长

——大班幼儿自主游戏教育随笔

李欣桐

北京市门头沟区第三幼儿园

作为一名幼儿教师，我深知自主游戏对幼儿发展的重要性。今年我带的是大班幼儿，在与孩子们共同生活与成长的教育过程中，我始终坚持给予孩子足够的自主选择权，让他们在玩乐中探索、体验并发展自身。

自主游戏是一种开放式、多样化的教育方式。孩子们在自由的环境中选择游戏内容和同伴，可以更好地展现出他们的个性和创造力。就如我们班的室内游戏选择，孩子们是通过游戏插牌去自主选择区域进行的。每日离园前，孩子们会回顾今日玩过的游戏区域，并说一说明天想玩什么区，然后再把自己的游戏牌子插入相应的区域标识牌处。每周五，孩子们会对一周所玩的游戏区进行小结，同时我也会根据孩子的实际情况，鼓励他下一周尝试选择一周内没有玩过或者很少玩的区域。这便体现了用自主的方式去鼓励孩子们自主选择更多的区角进行游戏活动。再如我们的建构游戏活动，这完全是幼儿自主游戏的区角。孩子们可以自由结伴，在共同商量好建构主题的基础上进行自由搭建，而作为教师的我，便是在旁陪伴与观察，又或者当孩子们需要我的时候，我便适时出现。这也是一种开放且多样的教育方式。

自主游戏更注重过程而非结果。5~6 岁阶段的孩子们的思维方式和能力不尽相同，有着比较明显的个性思考。因此，对于孩子们的自主游戏，我更注重观察和引导他们在游戏过程中如何思考、解决问题以及与他人合作。这种方法可以帮助孩子培养独立思考和解决问题的能力，激发他们的创造力和想象力。记得一次在户外，孩子们发现草丛里生长出来的蘑菇，顿时产生了探究兴趣：这个白色的蘑菇有毒吗？可以食用吗？于是，我便组织孩子们围绕蘑菇展开自主性的探究活动。尤其是在孩子们了解了各种蘑菇种类后，他们自发创造了各种好玩的蘑菇游戏，比如：在益智区里比一比谁是“蘑菇大王”，在表演区里上演“蘑菇记”……正是这样的自主游戏，使得孩子们对蘑菇的探究兴趣越来越浓厚，这就是一个精彩的活动过程。

自主游戏可以延伸到幼儿的实际生活中。这一点是我对以后的幼儿自主游戏活动的展望。提到幼儿的自主游戏活动，我们想到的多数都是在幼儿园内开展的，但是我觉得它也可以延伸到幼儿的日常家庭生活中。如，家长和孩子一起进行玩具整理比赛、陪伴孩子在超市里自主购物、让孩子自主决定一天的活动计划……这些实际生活中的“自主”行为，是否就可以看出幼儿园里自主游戏对能力培养的成效呢？接下来，我也准备让大班幼儿进行尝试，来一场“自主生活”的比赛，以此让自主游戏与实际生活的结合，促进孩子们的综合发展。

总之，自主游戏是培养大班幼儿成长的方式之一。我相信，尊重孩子的选择和兴趣、注重自主游戏的过程等，都是帮助孩子发展全面能力的关键。作为一名教师，我将继续坚持这种教育理念,并相信通过深入学习和实践,我能够掌握更多关于幼儿自主游戏的知识和技巧,并在实际教学中取得更好的效果。我会努力将自己的思考和收获应用到实际中,将幼儿自主游戏的理念落地生根。

家园合作培养幼儿良好行为习惯研究

陈邦俊
泰州市寺巷幼儿园

一、幼儿良好行为习惯培养的价值

幼儿时期形成的习惯对孩子一生的发展有着至关重要的作用。良好的行为习惯有益于孩子身体健康、自信自立和未来的事业成就。为了孩子的长远发展，教师要进行优化教育，以达到习惯培养的最终目的。可以利用行为强化法、榜样示范法、家园共育等多种方法进行综合教育，让幼儿在潜移默化中养成好习惯。

二、幼儿行为习惯的现状分析

通过对周边幼儿的观察和了解，笔者发现部分幼儿在学习、卫生、睡眠、饮食等方面仍存在不良习惯。通过对所在园中幼儿的观察，笔者注意到，有些幼儿不能做到饭前便后洗手，还有少部分幼儿无法早睡早起，甚至早晚也不能坚持刷牙洗脸。大部分幼儿在幼儿园和家中玩玩具时都能做到分享和遵守游戏活动的规则，但仍有小部分幼儿无法做到。笔者通过对这一问题的研究，深入了解了幼儿生活习惯的现状，并探索了在幼儿园一日生活中培养幼儿良好生活习惯的方法。同时，通过家园合作，为幼儿良好生活习惯的形成创造一个积极的环境。

三、培养幼儿良好行为习惯的方法策略

（一）家庭方面

家庭是幼儿的第一所学校，父母是幼儿的第一任老师。良好的家庭教育是造就幼儿成才的必要条件，家庭教育的好坏将直接影响孩子的一生。

1. 言传身教

幼儿在家的表现大多数来自对父母行为的学习和模仿，所以，父母在孩子面前要时刻做好榜样。如果想让孩子养成尊老爱幼的习惯，父母自己就要先做到孝顺父母；如果想让孩子养成爱读书的习惯，首先要给孩子创造一个良好的阅读环境，其次父母自己也要热爱读书，并且可以陪孩子一起阅读；如果想让孩子养成热爱劳动的习惯，父母自己要经常做家务，做到自己的事情自己做；如果想让孩子养成勤俭节约的习惯，父母自己在生活中就要避免铺张浪费。

有家长曾跟笔者分享过一个例子：朋友告诉他孩子最近学说脏话了，这位家长首先询问孩子是从哪里学到的这些脏话，然后告诉孩子："说脏话是很不好的行为，虽然你只是模仿别人，但你说的那些字眼其实是人身上的隐私部位。所以说脏话是很不礼貌的，会让人笑话和讨厌。爸爸妈妈从来不说脏话，我们更希望你能够礼貌待人。"后来，孩子逐渐改掉了这个习惯。由此可见，家庭教育在幼儿良好品德习惯养成过程中的重要性。

2. 循循善诱

由于幼儿年龄较小,他们对于对错还没有一个清晰的概念,需要家长正确地引导,帮助他们明辨是非。幼儿行为习惯的培养需要从日常的每一个环节中一点一滴地渗透和强化。当幼儿在家阅读图书时,家长应根据幼儿的年龄特点制定切实可行的学习目标和规则,提出明确而严格的要求来培养幼儿良好的阅读习惯。在幼儿学习时,家长应鼓励他们多提出问题、思考问题和解决问题,以促进幼儿学习习惯的养成。对于已经逐步养成良好学习习惯的幼儿,家长应给予适当的表扬和鼓励,让幼儿能够主动坚持下去。

3. 分工合作

现在的父母往往喜欢为孩子包办一切,这样会导致孩子变得依赖性强、缺乏独立性。为了培养孩子的责任感、自立能力、自信心和动手能力,父母应该让孩子学会自己的事情自己做。通过分工合作的方式让孩子参与家务劳动,可以逐步培养他们爱劳动、爱整洁、有条理的生活习惯。

在生活中,家长可以督促孩子早睡早起,帮助他们形成良好的生活作息习惯;可以通过餐前阅读绘本让孩子意识到三餐的重要性并了解良好的饮食习惯;平时可以和孩子相互监督,逐渐培养孩子讲究卫生、不挑食的好习惯。同时,让孩子参与家务劳动并分工负责,可以锻炼他们的动手能力并培养他们爱护环境的习惯。

(二)幼儿园方面

1. 创设优质环境,潜移默化影响

环境也是幼儿的老师。教师要对幼儿所处的环境进行精心设计和创设,以充分发挥环境对幼儿的教育作用。在班级环境创设中,教师应紧密围绕课程主题进行构思,并让幼儿适当参与其中,体验环境创设的乐趣。例如,如果教师发现幼儿存在浪费饮用水的情况,可以与全班幼儿一起讨论这个问题并商议解决方案。比如可以在饮水区贴上幼儿自己设计的"监督检查表"进行记录,让幼儿自己发现自己的浪费行为以及可能带来的后果。通过与幼儿共同创设环境的方式,不仅可以让幼儿感受到自己的主体地位,同时也能够增强他们对环境的认同感,并更好地遵守生活活动各环节中制定的规则。

2. 提升教育方法,寄予适当期望

一个孩子会发展成什么样的人,与其所受的教育方式和方法紧密相关。作为教师,我们应尊重幼儿的人格,积极帮助他们养成良好的行为习惯。

(1)榜样激励,实施评价

在日常生活中,教师应以欣赏的眼光去发现孩子的闪光点。当幼儿展现出各种能力时,我们要及时关注并给予赞赏,以提高幼儿的自信心和积极性。

在让幼儿体验良好表现带来的愉悦感的同时,激发他们内心的动力,使其从"要我做"转变为"我要做"。例如,在巧手坊进行绘画活动时,如果有幼儿的水彩笔没水了,可以鼓励其他幼儿与其分享,让幼儿体验到分享的快乐。当幼儿表现出正确行为时,我们要及时认同和赞赏,如:"你把玩具借给他玩,你们真是懂得分享的好朋友";"他不会叠被子,你教他了,你真是个乐于助人的好孩子"等。这些鼓励会大大增强幼儿的自信与成就感。对于幼儿的不当行为,教师应耐心倾听并积极引导,如:"你如果把魔方借给他玩,他也会把你想要的飞行棋借给你玩的";"你觉得把花朵摘下来它会疼吗?只有生命力旺盛的鲜花才会让我们开心"等。通过这一系列的心理教育和提升,逐渐让幼儿学会在理解中自觉改正错误,培养良好的行为习惯。

(2)制定规则,激励向上

最近,笔者在班级中实施了一个“积分兑换礼物”的活动。上课认真听讲、积极举手发言可以获得一张五分的积分卡;能够回答老师提出的具有一定难度的题目可以获得八分;在建构区搭建时能够展现出新颖的构架思路可以获得十分。放学时,我们会总结每个幼儿的积分情况,对积分多的幼儿进行班内表扬,对积分少的幼儿进行鼓励,希望他们明天能够再接再厉。这样逐渐培养幼儿积极向上的行为意识。同时,我们在各个区角悬挂进区规则,通过图文结合的方式让幼儿树立规则意识。通过幼儿园一日生活中的常规教育,幼儿逐渐养成遵守规则的好习惯。

(三)家园合作,共同努力

行为习惯是衡量一个人素质的重要标准。想要提高幼儿的整体素质,并不是一朝一夕就能实现的。只有充分整合家庭、幼儿园、教师、社区、社会等多方面的资源,才能为幼儿创造良好的学习环境,发挥最大的教育影响,让幼儿真正做到“好习惯,早养成,受益终身”。

幼儿的发展离不开家庭、社区、幼儿园、教师和幼儿自身的共同努力。父母与教师应积极主动地相互沟通、相互理解、相互支持,共同探讨适合幼儿成长发育的方法。在家庭中,父母应响应教师的教育方式,采取同步措施,形成教育合力。这种有效的家园合作会促进幼儿多个方面的成长。

良好的家庭氛围、与教师一致的教育观念,通过时间的积累和自然的渗透,才能彰显教育的凝聚力。笔者在实习期间,班里有一位叫熙熙的小朋友,该幼儿每天午睡时间总是不能好好睡觉,还会打扰旁边的幼儿,睡觉习惯较差。但笔者坚信每个孩子都是有可塑性的,不能轻易给一个孩子定论,而要给予孩子更多的理解和帮助。平时,笔者会将孩子在班上的午睡行为用视频的方式记录下来,查阅专业的书籍进行思考和探索,同时询问幼儿在家中的睡觉情况。原来近两年该幼儿的父母分开了,只有妈妈和外婆照料他。妈妈忙着工作,外婆在家也不看着孩子入睡,孩子在房间玩各种玩具,有时睡觉也是拿着外婆的手机在玩,根本不会好好睡觉。了解原因后,笔者在午休时都会与熙熙进行对话,像父母关心自己的孩子那样去哄熙熙睡觉,并且及时与熙熙妈妈交流。虽然起初没什么效果,但在多次的沟通和关爱后有所成效,在家中熙熙不玩手机了,玩一会儿玩具后就睡着了,在幼儿园也能和其他幼儿一起入睡。由此可见,家园共育具有很大的教育意义。教师可以通过班级群发送育儿知识、定期家访、电话访问、问卷调查、家长开放日等形式及时交流最新的教育理念,将家园合作的教育意义发挥到最大化。

四、结论

综上所述,幼儿良好行为习惯的培养对于提升幼儿自身的价值并帮助他们实现社会价值具有重要意义。培根曾说过:“习惯是人生的主宰,人们应当努力追求好的习惯。”一个孩子只有从出生就开始培养好的习惯,在家庭中父母制定规则、进行榜样指导,在幼儿园中贯穿一日生活进行教育,以及进行有效的家园合作,才能使我们的孩子养成好习惯,拥有诚实、自信、好学、友爱、讲礼貌、守纪律等良好品质。

幼小衔接面临的问题与对策研究

王喃喃
济南市市中区经纶幼儿园

一、引言

幼小衔接期是指适龄儿童从幼儿园过渡到小学的关键阶段,这一阶段在孩子的发展进程中发挥着至关重要的作用。幼小衔接的重点在于养成良好习惯,这些习惯包括学习方法、思维模式、人际关系等基本技能。这一阶段使学前儿童由自然学习状态转变为有纪律的学习状态,同时注重发展他们上小学所需要的多种综合技能,包括专注能力、语言表达能力、数理思维、人际交往能力等。

二、幼小衔接的意义

幼小衔接是学校整体教学阶段中一个关键的环节,其连接是否顺畅将影响孩子们未来的发展。因此,这一课题历来都受到人们的广泛关注和重视。幼小衔接是指在孩子步入小学之前,由父母、小学、幼儿园教师所组织的教学活动。这些活动旨在协助孩子们适应幼儿园和小学之间的环境转变。幼儿园课程和小学课程是一个系统整体,既有持续性也有过程性,而连续性需要将幼儿园课程与小学课程相连接,利用前者为后者做好准备。孩子由幼儿园步入小学是一次重大的转变,是幼儿主体对迅速变化的外界环境进行适应的关键时期。孩子的人际交往能力是社会化与适应中至关重要的内容,也是孩子交往、学习、生存的重要基础与保障。如果幼小衔接工作开展得不顺畅,幼儿身体上可能会出现睡眠时间不足、身体疲劳、饮食障碍、体重下降等现象;心理上也可能出现问题,如精神负担过重、情绪低落、缺乏信心等,这些可能会导致在社会化领域出现人际关系不佳、厌学,或者学习成绩不理想。

三、当前幼小衔接中存在的问题

(一)单向性

许多幼儿园都将幼小衔接教育视为重点任务,积极开展孩子们入小学前的准备工作。无论在教学要求、内容、教学方式,还是作息时间等方面,都努力与小学保持一致。然而,小学与幼儿园之间的衔接较少,导致衔接教学的单向性。实际上,双向衔接才是解决幼小衔接问题的有效方法。一方面,多数幼儿教师缺乏对儿童教育理念和幼儿身心发展规律的深入研究,一味进行填鸭式的机械教学。为了顺应部分家长的要求,幼儿教师可能会重视“智”的衔接,而忽视德、体、美、劳方面的发展。另一方面,幼儿教师的教育能力参差不齐,难以确保教学质量。同时,学校师资队伍也存在两极分化的现象,一些经济发展欠佳地区的优秀教师流向经济发达地区,导致学校师资队伍建设无法得到有效提升。尽管学校方面重视幼小衔接的教学,并组织低年级教师进行相关培训,但培训效果并不理想。

(二)片面性

幼小衔接工作中常常出现片面化的倾向,即重知识准备而轻能力培养。人们只关注孩子认识了多少汉字、会做了多少算术题,却忽视了孩子的兴趣、行为和认知技巧等的发展,以及语言活动能力、人际交往技巧、应对困难的能力等的培养。同时,人们也只重视儿童的生理健康,而忽略了儿童的心理健康。为了让孩子不输在起跑线上,部分家长会提前让孩子学习小学一年级的课程甚至更高年级的课程,并采取不定时的课程考试形式进行评价,以成绩作为评价儿童的唯一依据。这些明显存在小学化趋势的行为以及错误的观念严重违背了幼儿园阶段的教育理念的初衷和办学理念,对儿童的身心健康造成危害。

(三)表面性

许多幼儿园的幼小衔接工作仍停留在表面上,如让孩子背着书包上课、延长活动时间、每天布置习题等。然而,孩子的适应性、有意注意的持续性、对学业的自主性、兴趣以及自控力等方面经常被忽视。幼小衔接教育是我国基础教育的重要阶段之一,做好这一时期的教育工作对孩子的成长和发展具有重要意义。当孩子从幼儿园升入小学时,他们在年龄和学识上都进入了一个新的发展阶段,需要从生理和心理上做出积极的调整以适应新的生存环境和发展环境。这对孩子来说是一个巨大的考验,对每一个家庭也是如此。然而,由于家长和社会对幼小衔接的认识不够深入,往往会因为家长的认识不到位而给成长中的孩子造成巨大的心理压力,最终导致得不偿失的结果。

四、怎样做好幼小衔接

(一)应端正学前教育思想

学前教育属于启蒙式教学,其目的是培育体、智、德、美全面发展的儿童。它的目标并不仅仅是传授儿童科学知识,最主要的目的是要培养孩子有强健的体魄和优秀的品格。因此,幼儿园教师应认真规划培育孩子的计划,严格按照幼教的基本原则进行教学,避免拔苗助长。学前教育的工作重心应是为后续的教育打下基础,明确认识自己的工作任务是为小学教育作准备。幼儿教师则要尽量避免采用小学化的课程,因为这不但会增加幼儿的压力,而且还会削弱他们初入小学的学习兴趣和主动性,从而导致幼儿智力的发展受阻或延缓。所以,幼儿园教师要根据《幼儿园教育指导纲要》,从孩子身心、人格、智能发展和行为习惯等方面,为孩子的进一步教育作准备。尤其是必须在教学中注意训练他们认识世界的能力、归纳能力,培养幼儿的组织和控制能力,并开发他们的创新思维和抽象思维能力。

(二)提高教师素质,加强业务培训

教师的专业素质决定了教学的质量。在获得高等院校的学历后,教师应接受专业和系统的培训,设置上岗标准,在达到上岗标准并获得上岗资格后方可进入教学工作。这样对于那些缺乏科学性、仅凭自己经验进行教学的教师来说,会达到更好的教学目的和教学效果。要提升师资队伍的建设,政府应主导幼小衔接,相关法令政策也要跟进实施保障。对于发展落后的地区,政府要积极出台相关政策,打破教育壁垒,实现教育资源共享,以此来保障学前教育阶段和小学教育阶段的连续性。同时,要加强教师的业务培训,明确培训目的,为幼小衔接提供细化的教学内容,优化教师幼小衔接观念,增强优质幼小衔接的意识。定期进行交流,分享优秀的教学理念和教学方法,及时转变落后的教学方式,优化教学手段。

(三)加强幼小教材的连续性与系统性

这是做好幼小衔接管理工作的关键,对培养幼儿学习积极性起着重要作用。一旦幼儿园和小学教学内容重复,将导致幼儿对学习的积极性严重下降,甚至上课时不专心听课、操作马虎,给老师课堂教学带来麻烦。相反,如果幼小衔接教育出现严重脱节现象,就很容易导致幼儿对所学内容掌握困难,甚至让幼儿对所学内容不感兴趣、缺乏学习积极性、学习效果不佳。因此,应该对幼儿园大班和小学一年级的教学情况进行仔细分析研究,并认真开展调查研究,以做好幼儿园和小学的衔接管理工作。学校也要尽可能为他们提供较多的自由空间——合理调整上课节奏,在课间上厕所时较为随意,在学业方面可以暂时减轻难度以缓解他们的负担,从而减少他们在进入小学后的紧张感,以便使小朋友们尽早适应小学的学习节奏与方法。

(四)重视家长作用,实现家园合作

父母在幼儿的健康成长过程中起着非常关键的作用,所以父母也应注重言传身教的效果。首先,父母应改变错误的教育思维方式。如果幼儿园、小学阶段的教育中缺乏家庭与社区之间的相互配合,那么教育管理工作就无法切实推进和落实到位。所以,要提高衔接教育的有效性,做好家庭管理工作十分关键。通过举办家长会向家长传达幼小衔接教育工作的重要意义,让家长更加主动、积极地投入此项工作中。通过校园网向家长传达和交流学校在幼小衔接工作方面所进行的每一项管理工作,并对家长提出一些具体要求,即要求家长协助教师在家指导自己的孩子能在学校规定的时限内完成某一具体的教学管理工作。这样做的目的既可以提高学生教学管理工作的效率,又有利于增强学生的责任心,让学生做到有始有终,从而防止学生在学习上发生虎头蛇尾的情况。

理念是行动的先导,要形成合理的教学理念并选择恰当的衔接方式。在重视儿童幼小衔接的教学中积极指导儿童的活动、重视儿童心理的变化、启发儿童的兴趣、发展儿童学习的能力。因此建立有效的合作沟通是实现家园合作的重要内容,帮助儿童顺利渡过幼小衔接阶段需要各方的双向配合和努力,以真正达到教育的目的。

小树林游戏案例

——搭桥过河

冉晴云
成都市龙泉驿区启夏幼儿园

一、活动起源

《幼儿园指导纲要(试行)》中明确提出:“开展多种形式户外及大自然的活动,提高幼儿对环境的适应能力。”自然是幼儿成长的绝佳场所,能够赋予幼儿无限的生机。小树林是孩子们游戏的乐园,我园将园外的小树林向孩子们全面开放,孩子们可以走进小树林中开展自主游戏。在一次小树林自主游戏活动中,小宝拿了一块红色的布铺在地上并从上方跳了过去。真真说:“它像一条小河一样,我们来玩过小河的游戏吧,谁能跳过去谁就成功了。”杉杉抬来了一块梯子放上去说:“哈哈哈,我跳不过去,但是我可以踩着梯子过河。”小朋友们纷纷叽叽喳喳开始讨论还可以用什么材料过河。通过观察和倾听,教师发现了孩子的兴趣点,捕捉到了游戏的生发契机。游戏具有独特的教育价值,大班幼儿喜欢探索游戏,身体具有一定的力量和耐力,乐于合作,敢于挑战。根据幼儿的兴趣和年龄特点,我们开始探索搭桥过河游戏。

二、活动过程

(一)阶段一:初次尝试——用什么材料搭桥?

教师和幼儿展开了讨论:你想用什么材料过河呢?

经过讨论,孩子们一致认为使用滚筒、蹦床、绳子、组合梯等四种材料搭桥可行,孩子们用表征的形式做了游戏计划。大家一起分工搬运材料,合作搭建出了六座小桥。老师们协助检查了器械的牢固性后开始游戏。

(二)阶段二:再次探索——还可以怎样过河?

孩子们游戏兴趣浓厚,我们开始了第二次游戏探索活动。这次孩子们新增了三种材料:轮胎、长木凳、跳凳。在搭桥和游戏过程中,孩子们发现问题并解决问题。

幼儿在探究中能够感知和发现物体和材料的特征,分析其结构与功能,然后寻找材料辅助自己搭建适宜的小桥。在使用绳子过河时,能够调整身体姿势和动作,努力坚持,体现出了幼儿的聪慧、勇敢和毅力。教师充分放手,给幼儿提供丰富的材料,支持幼儿在游戏过程中探索并感知常见材料的特性和结构特点,推测和证实它们的用途,成功达成游戏目标。

(三)阶段三:遇到问题,解决问题

在进行了两次游戏以后,孩子们更喜欢挑战采用绳索过小河的方法。然而问题出现了:手太痛了,没走多远就从绳子上掉下来了。

1. 分析原因——手为什么会痛?

孩子们针对这个问题展开了分析和讨论,最终从自身和外界方面找到了原因。自身原因包括:①小朋友太重了;②手的皮肤太嫩了;③移动的方法不对。外界原因包括:①绳子太粗糙了;②没有保护手的东西;③脚下没有支撑物。

2. 寻找对策——手痛怎么办?

孩子们经过讨论,提出可以通过戴手套的方法保护手,同时可以采用辅助材料支撑身体部位,如绳子、椅子、轮胎、滚筒、滑索、垫子、头盔、梯子、吊环、绳结等。经过激烈讨论,孩子们共提出了15种用绳子过河的路径以及所用的辅助材料。在讨论滚筒的使用方法时,孩子们各抒己见,想出了多种方式。

在讨论过程中,孩子们大胆表达、提出异议,如在使用滚筒时,孩子针对问题共同商讨搭桥方法,幼儿的逻辑思维能力和解决问题的能力得到提升。在做计划时,能感知并通过表征表现出物体的形体结构特征以及自己计划使用的方式,从而丰富经验。孩子们积极思考、激烈讨论、大胆分享,在解决问题时感到兴奋和满足,成就感和自豪感油然而生。

3. 验证方法

在验证方法的过程中,幼儿分工合作、不怕困难、积极思考、勇敢向前、快乐地游戏、努力地验证。幼儿从使用一根绳子过河到探讨出15种方法,在新旧经验转换中让游戏越来越精彩。孩子们开始根据汇总的方法合作搭建,通过实践验证大家的搭桥方法是否可行。

4. 总结经验

将所有的搭桥过河方法都实践完后,孩子们纷纷分享自己的感受和发现。最终判断出方法是否可行,并说明了方法不可行的理由及调整措施。

一开始,孩子们用绳子搭桥发现手太痛了,于是他们想办法解决手痛的问题。经过一系列的失败尝试和不断探索实践后,孩子们总结经验、分析材料的危险系数、主动避开危险方法,具备了基本的安全知识和自我保护能力。通过筛选,最终成功地找到适合安全搭桥的材料和方法。

(四)阶段四:优化方案

有了之前发现问题、解决问题的前期经验,孩子们回顾游戏情况,发现了部分材料的使用方法可以再优化,并通过讨论提出了解决办法。例如,增加蹦床数量以增加游戏趣味性和安全性;用树枝、轮胎以及砖块共同组合起来固定滚筒;用可滑动的滑板绑上绳子代替跳箱以节省力气。

幼儿的游戏经验是在不断探索中丰富起来的。虽然经历过失败,但是孩子们在失败中总结经验,在交流中尝试整理、概括自己探究的成果,提炼方法。从第一次游戏到最后一次游戏,幼儿凭借着思考和尝试,一次次丰富经验、提高技巧,体验合作探究的乐趣以及游戏成功的自豪。

三、幼儿的学习与发展

回顾整个游戏历程,幼儿从最开始的直接跳跃、尝试搭建梯子过小桥,到利用蹦床、滚筒、绳子、组合梯等材料搭桥过河,再到途中遇到问题并解决问题,最后升级搭桥材料,整个活动都是幼儿自主探究、发现和实践创造的过程。幼儿在这个过程中自由、自信、自主,遇到问题积极寻求解决方案,在前期经验的基础上,不断迁移、建构新的经验。幼儿不仅收获了快乐,更收获了成长。在游戏前,幼儿们共同制定游戏计划,分工合作搬运材料,共同搭建游戏场地,初步实现了游戏计划。在游戏时,幼儿们的动作协调、灵敏,他们勇敢、自信、友爱,互相鼓励,在快乐的游戏中同时锻炼了运动能力、合作能力和创造能力。游戏后,幼儿们与同伴合作探究,分享交流问题与发现,一起想办法验证猜测和总结经验,感受到了合作与坚持的快乐,培养了自主、勇敢、合作、乐观的品格。

四、教师的总结反思

(一)关注儿童,捕捉契机

教师密切关注儿童的发现和思考,及时捕捉并判断游戏的生发契机,支持幼儿搭桥过河的游戏想法。当教师发现幼儿喜欢挑战用绳子过河的游戏行为时,便持续关注幼儿的游戏情况,支持他们发现并解决手痛的问题。这让幼儿体验到了更多的搭桥方法和技巧,以及成功探索出适宜的过河材料及方法的快乐。

(二)创设环境,积极支持

教师为幼儿创设了宽松、自由、安全的游戏环境,以及愉悦、自由的语言环境,践行了"自主、愉悦、创新"的游戏精神。教师鼓励幼儿自主选择游戏的主题、玩具的选择,以及游戏的进行与结束都应该由幼儿自己来确定,让幼儿成为自主游戏的真正主人。在保证安全的情况下,教师为幼儿自主游戏的顺利进行提供了一些必要的准备和帮助,支持幼儿在游戏中按照自己的想法行事,帮助他们完成游戏的探索与发展。

(三)提升经验,促进发展

在幼儿遇到问题时,教师通过提问或讨论的方式引发幼儿思考,支持和鼓励幼儿积极动手动脑寻找答案并解决问题。教师引导幼儿通过观察、比较、操作、实验等方法,学会发现问题、分析问题和解决问题,帮助幼儿不断积累经验,并将这些经验运用于新的学习活动。例如,当遇到幼儿不会绑绳子时,教师会引导幼儿探索绑绳的方法和技巧,以丰富幼儿的经验。教师不断帮助幼儿提升游戏经验,使他们在游戏中根据自己的兴趣和需要与环境、材料充分互动,从而引发他们的深度学习,使游戏进一步深入和丰富下去,提升游戏水平,促进幼儿的发展。

利用田园资源开展幼儿劳动教育研究

冉晴云
成都市龙泉驿区启夏幼儿园

杜威所倡导的“生活教育理论”主张“教育即生活”,这一理念深刻强调了教育与生活的紧密联系。他特别指出,田园是儿童特别感兴趣且得天独厚的教育资源,提倡实施田园教育,即走进自然的教育方式。在笔者看来,田园资源广泛涵盖了生物与土地资源,具体包括动物、农作物、杂草、泥土以及石头等多元要素。幼儿园若能有效利用这些田园资源来开展劳动教育活动,不仅能为幼儿提供丰富的劳动场所与实践机会,更能推动他们的全面发展。

一、我园劳动教育的当前状况

我园位于大学校园之内,拥有得天独厚的自然条件。园内外配备了大棚、耕地、水田、种植地以及种植箱等多样化的田园资源。在日常教学活动中,我们已尝试利用这些资源开展劳动教育。然而,目前我园在田园资源的劳动教育利用上仍存在一些问题:首先,资源利用不够充分,导致劳动教育内容单调、形式单一;其次,幼儿参与劳动的时间与机会有限,普遍缺乏劳动实践,尤其是田园劳动的体验;再者,园内教师对劳动教育的内涵、形式及其价值意义认识不足;最后,尽管家长愿意与幼儿共同参与田园劳动,但实践经验匮乏。综上所述,更有效地利用我园的田园资源,开展幼儿劳动教育活动,将为幼儿、家长及教师创造更多劳动的条件与机会,进而提升劳动技能,增强劳动意识与能力,更深刻地体验劳动的价值与作用。

二、利用田园资源开展劳动教育的重要性

1. 提升幼儿的劳动技能

在利用田园资源进行劳动的过程中,幼儿通过观察和记录动植物的特征与生长过程,能够加深对自然事物的理解与记忆。通过参与种植、饲养、家务以及生产等劳动活动,幼儿在轻松愉快的氛围中认识各种劳动工具,掌握劳动技能,并逐步培养起初步的劳动意识。同时,在照料管理动植物的过程中,幼儿能够养成良好的劳动习惯,如爱惜农具、珍爱生命、整理物品以及保持卫生等。

2. 促进幼儿经验与能力的发展

劳动过程中,幼儿的经验与能力得到显著提升。观察发现,幼儿参与每一项劳动活动时,都能促进其经验的积累与能力的发展。这包括认知能力、意志力、手眼协调能力、感知觉能力以及解决问题的能力等。

3. 推动幼儿情感与品格的培养

劳动教育有助于幼儿情感的发展。通过直接感知、亲身体验与实际操作,幼儿能够更真切地感受田园中事物的发展与变化,感知田园中的生命存在以及自己与这些生命之间的关系,从

而学会保护自然与珍惜生命。同时,这也有助于培养幼儿热爱劳动、尊重劳动以及珍惜劳动成果的思想感情。在参与日常田园劳动、生活劳动、生产劳动以及服务性劳动时,幼儿能够初步养成勤劳、坚持、负责、友善等良好的劳动品格。

三、利用田园资源开展劳动教育的具体措施

(一)资源分析以确保劳动活动的顺利有效开展

1. 准备适宜的场地与空间

通过全面统计与梳理本园的田园资源,我们发现现有场地与空间尚显不足。因此,结合幼儿园的总人数以及各班级幼儿的年龄特点、人数、兴趣与种植内容等因素,我们对部分场地进行了增加或扩建。通过提前规划与设计劳动活动,我们为幼儿提供了适宜的场地与空间以开展劳动教育活动。

2. 提供科学的劳动材料与工具

劳动工具对于激发幼儿的劳动兴趣至关重要。因此,我们致力于为幼儿提供丰富、适宜且充足的劳动工具,以支撑他们顺利有效地进行劳动活动。在发现幼儿园现有劳动工具的种类与数量不足后,我们及时增加了工具的种类与数量。同时,教师带领幼儿认识并分类这些工具,如播种工具、浇灌工具、采收工具、观察与记录工具以及辅助工具等。针对不同的劳动活动,我们引导幼儿采用不同种类的劳动工具,掌握更多工具的使用技巧。这不仅能满足学前阶段幼儿探索的需求,激发他们的劳动参与兴趣,还能使他们在劳动过程中获得成就感。

3. 设立合理的时间安排活动

(1)设定课表活动时间,并根据需要适时调整劳动时间。为确保幼儿每周都能获得劳动体验,我们固定每周至少进行一次劳动体验活动。这些活动主要包括种植、养殖、家务劳动等。我们将劳动融入幼儿的一日生活之中,如晨间活动进行浇水、施肥等;餐后散步时拔杂草、饲养小羊、小金鱼等;远足时观察写生、播种等;户外活动时给果树修剪枝丫、保护果实等。此外,我们还开展了如"春天来了""大蒜的秘密"等主题活动。

(2)根据植物的生长特点灵活安排劳动时间。鉴于每种植物的生长规律不同,照顾植物所需的劳动时机也有所不同。因此,教师和幼儿会根据植物的特征和生长过程中的变化,灵活调整劳动教育的内容和时间。例如,在需要给秧苗覆膜、为青菜除虫或给黄瓜搭架时,班级会根据植物的种植方法和生长情况灵活调整劳动活动的内容和时间。

(3)采用特色节日的形式开展劳动教育活动。幼儿园会利用节气和节日开展特色活动,让幼儿在劳动氛围中体验劳动的价值。例如,在春分时节进行浇水活动,小满时节进行保护农作物活动,植树节进行植树和种植蔬菜活动,劳动节则进行大型劳动活动等。我们根据时间线及特殊时节来开展劳动教育活动,旨在丰富幼儿的生活经验、认知经验和劳动经验。

(二)挖掘资源,实现家园社的协同共育

幼儿园、家庭、社区"三位一体"的劳动教育体系强调,幼儿园应发挥主导作用,并积极与幼儿家庭、社区进行合作。这既要发挥家园合作的优势,也要充分利用社区中的人力和物力资源。我们充分利用本园的人力资源,例如,行政人员提供劳动教育资金支持、田园环境及物资保障;教师则负责组织与开展劳动活动,以提升幼儿的劳动能力和经验;后勤人员则负责保障安全并提供已有的劳动经验。在充分利用本园人力资源的基础上,我们结合家庭、幼儿园和社区资源,形成多方协作的教育模式,例如:(1)邀请家长参与田园劳动;(2)组织参观大学生劳

动活动;(3)拓展家庭劳动活动。

(三)整合资源,增强幼儿活动的多样性

1. 以种植活动为基础,探索劳动活动的丰富性

我们以种植活动为基础进行探索。幼儿在大棚、耕地、种植地、种植箱内开展种植活动时,会参与选种、播种、间苗、浇水、除草、除虫、搭架、施肥、采摘、脱粒等一系列劳动活动。以此为基础,我们进一步探索了更多样化的劳动内容。例如,在种植萝卜的活动中,幼儿不仅参与播种、除草、除虫、施肥等种植劳动体验活动,还开展了采摘、拔草、清洗、喂食、洗澡、除渣、除粪等与养殖相关的劳动活动。当萝卜丰收时,幼儿们将萝卜运回学校,进行清洗、切割、穿串、烹饪,制作串串火锅和包萝卜馅饺子。品尝美食后,他们还会进行洗碗、扫地、拖地等家务劳动活动。之后,幼儿们将剩余的萝卜标上适当的价格进行售卖,所得收入用于爱心捐款或购买学习用品等。同时,他们还会将萝卜带回家中,与家长一起制作泡萝卜、腌萝卜、炒萝卜、萝卜汤、油炸萝卜饼等家庭美食。通过这些活动,幼儿在田园劳动中体验了种植劳动、饲养劳动、家务劳动、生产劳动等多元化的劳动实践活动。我们围绕劳动的本质,通过整合资源实现活动形式的创新,进一步探究劳动教育活动内容的丰富性。

2. 理念融合,促进幼儿劳动教育的全面性

以“五育融合”为出发点,我们致力于促进德育、智育、体育、美育和劳育的共同发展与相互渗透。在利用田园资源开展劳动教育的过程中,我们始终秉持五育渗透的教育观,将劳动活动与德育、智育、体育、美育相融合,努力实现“五育渗透”理念进活动、进班级、进幼儿心灵的目标。以种植油菜活动为例,我们将劳动教育与智育、体育、德育、美育有机结合。在劳动过程中,幼儿开展认识油菜种子、油菜苗、油菜花和油菜籽的智育活动;进行鼓励幼儿积极播种、坚持拔草、耐心浇水、合作收获的德育活动;参与运输油菜、打油菜籽的体育活动;以及开展观察油菜写生、用油菜花、叶、果实进行美工制作的美育活动等。在五育并举的背景下,幼儿得以全面和谐发展,同时也在他们幼小的心灵中播下了“劳动最光荣”的种子。

四、结语

利用田园资源开展的劳动活动为幼儿园注入了无限的生机与活力,使我们的劳动活动变得灵动而鲜活。田园资源已成为幼儿劳动活动的重要载体,家长们也积极参与其中,丰富了亲子活动的形式和内容。我们坚持利用田园资源开展劳动教育,深入挖掘田园劳动的价值,并始终以园为本、以幼儿为本、以地为本,以幼儿的发展和成长为目标。我们珍视幼儿发展的自然需求,致力于促进他们的多方面发展。在此过程中,我们明确了本园的优势和不足,努力将劳动活动与各领域建立联系,不断探索适合我园的劳动教育活动,以进一步丰富我园的劳动内容和形式。

幼儿园科学主题游戏材料投放的有效策略研究

朱 兵
中国人民解放军四川省军区第三幼儿园

幼儿处于身心发展和探索世界奥秘的关键时期。从幼儿感兴趣的现象和已有的生活经验出发,充分挖掘并投放适合幼儿自主探究的科学游戏材料,有助于激发幼儿的探究兴趣,拓展其科学思维,并提升其操作实践能力。教师围绕科学主题,充分挖掘适合幼儿探究的科学游戏材料,并开发了一系列科学主题游戏,以满足幼儿学习探究的需求。然而,在实践中,教师也观察到科学主题游戏材料投放存在的一些问题,并针对这些问题制定了有效策略。

一、基于实践研究,发现幼儿园科学主题游戏材料投放存在的问题

科学区为幼儿自主探究提供了广阔的空间。在这里,幼儿可以根据自己的兴趣自主选择探究内容、材料和方式。作为教师,应根据幼儿的需求,为他们的自主探索和自由发现提供必要的材料支撑,鼓励他们积极探索物体和材料的特性,发现生活中有趣的科学现象。但经过观察,教师发现科学主题游戏材料投放存在以下问题:

(一)科学主题游戏材料过于偏向高结构,限制了幼儿探究思维的发展

游戏材料的结构对幼儿思维发展具有重要影响,在幼儿探索世界的多样化过程中起着关键作用。根据华爱华教授的分类,活动区材料可分为未设目标的非结构化游戏材料、目标隐蔽的低结构化游戏材料、目标明确而结果不确定的高结构化规则性游戏材料,以及目标明确且结果固定的高结构化作业性材料。在科学主题游戏开发过程中,教师虽基于幼儿的年龄特点、已有经验以及科学主题与游戏开发之间的关系进行了一系列游戏的开发,但分析发现,这些游戏的材料大多偏向于高结构,玩法单一且直接指向目标,未能深入挖掘科学游戏材料玩法的多样性,从而难以引发幼儿积极主动的科学学习。这导致幼儿探究不够深入,其探究思维也难以得到发展。

(二)科学主题游戏内容缺乏科学性,使得幼儿难以达成探究目标

教师在开发科学主题游戏时,应重点关注游戏内容是否具有科学性。然而在实践中,教师往往更注重游戏是否聚焦主题,而忽略了游戏是否符合幼儿的学习与发展目标。同时,也未充分考虑游戏材料是否能支持幼儿在探究过程中获得科学核心经验。因此,提供的科学游戏材料操作难度与幼儿的认知和实际操作水平不相匹配,导致幼儿在探究过程中表现出不感兴趣、游离在外的状态。这使得科学游戏探究难以达到预期的目标。

二、针对幼儿园科学主题游戏材料投放存在的问题制定有效策略

(一)关注兴趣:激发幼儿参与科学探究的积极性

兴趣是幼儿发现、探索和解决问题的基础。在科学游戏探究中,幼儿的注意力容易随兴趣

转移,因此生动有趣的科学探究游戏更能吸引他们的关注。为此,我们应从与幼儿息息相关的生活现象出发,选择贴近幼儿生活且能引发他们探究兴趣的内容来开发科学主题游戏,从而激发幼儿的探究积极性。同时,通过观察我们发现幼儿对实验类、操作类科学游戏表现出浓厚的兴趣。经过分析,我们发现这两类科学游戏材料种类丰富,为幼儿提供了更多的动手操作机会。在这两类游戏中,幼儿既能通过动手操作获得直接感知,又能激发大脑的思维碰撞,因此更愿意积极进行探究。

例如,"糖水彩虹"游戏就深受幼儿的喜爱。在探究过程中,幼儿需要自主添加三种不同浓度的糖水到试管里,并积极动脑筋进行排列组合,才能成功制作出糖水彩虹。这个过程不仅让幼儿玩得开心,还使他们获得了科学经验,并进一步激发了他们对科学主题游戏的探究兴趣。

(二)筛选材料:促进幼儿科学探究思维不断发展

《3~6岁儿童学习与发展指南》解读中指出,具有适宜结构的材料能够支持幼儿的自主探究和发现。因此,教师在开发科学主题游戏时,除了应围绕科学主题提供丰富的游戏材料外,还应关注和研究材料的结构,并根据幼儿的年龄特点有针对性地筛选和提供高、低结构化的材料。对于小班幼儿来说,他们在进行科学主题游戏探究时往往缺乏目的性,因此教师可以适当借助高结构化的游戏材料来引导他们开展科学主题游戏;而对于中大班幼儿来说,他们的自我意识、求知欲逐渐增强,动手实践和自主解决问题的能力也在不断发展,因此教师应重点投放低结构化的科学游戏材料,让幼儿在自主作用于材料的过程中主动思考、发现问题并积极寻找解决问题的方案,从而促进其认知能力和思维能力的不断发展。

例如,生活中常见的纸杯属于低结构材料,它具有很强的可变性和广阔的探究空间。在探索搭杯塔的过程中,幼儿会不断建构自己的理论,如杯口和杯底的朝向、杯子间的距离、搭建方式和位置等。同时,因为纸杯太轻,在搭杯塔时常常会掉落,这还可能引发幼儿对纸杯滚动轨迹的探索兴趣。通过一次次的探究实践,幼儿的思维和探究能力将得到不断地发展。

(三)提前试验:确保科学主题游戏具有探究意义

在开发和投放科学主题游戏时,我们不仅要围绕主题和幼儿兴趣筛选并投放适宜的材料,更要确保游戏的科学性。即,必须"保证游戏中蕴含的科学知识内容准确、难度适中,且符合科学教育的目标以及幼儿学习的可能性。"如果开发的科学主题游戏材料不满足上述条件,那么科学主题游戏开发的意义也就荡然无存。因此,教师在开发科学主题游戏过程中,必须提前进行试验,以检验科学主题游戏是否科学、完善、合理,并且能否成功进行探究,从而为幼儿开展科学主题游戏提供有力保障。

例如,在"旋转的雪糕片"游戏中,虽然使用的材料简单,玩法也不复杂,但其关键在于雪糕片两侧物体的重量必须相等,以保持雪糕片在小木棍上的平衡,这样拨动雪糕片时它才能旋转起来。在游戏投放之前,教师进行了预先试验,探索何种材料适合放在雪糕片两侧。我们尝试了粘贴磁铁、使用胶泥,以及悬挂回形针等多种方法,最终选择了胶泥。这是因为胶泥的可变性和黏性使得探究过程更为顺畅,从而确保了整个科学主题游戏的顺利进行。

(四)营造环境:用图示拓展幼儿的科学认知经验

《幼儿园教育指导纲要(试行)》明确指出,环境是重要的教育资源,应通过精心创设和利用环境,有效地推动幼儿的发展。幼儿天生就具备敏锐的观察力,他们对班级环境的细微变化都能迅速察觉。为了真正发挥环境的教育功能,我们需要摒弃将幼儿园墙面仅仅视为装饰的观念，转而建立“以幼儿为中心”的教育理念，创设能够激发幼儿兴趣并促进其发展的互动性墙饰。基于此，教师在投放科学主题游戏时，应从幼儿的实际需求出发，在科学区的墙面上展示科学主题游戏的玩法图示。环境的变化能激发幼儿的观察力，并进一步促进其积极的思维活动。通过与环境的互动，幼儿可以在独立思考或与同伴的交流讨论中，借助材料进行科学主题游戏的探究。

在“纸桥承重”的游戏中，当教师提出如何让A4纸的承重力增强的问题时，幼儿们初时可能感到束手无策。为此，教师在科学区的墙面上展示了纸桥承重的图示。幼儿们通过观察发现，可以通过改变纸的形态来提升纸桥的承重力。于是，他们开始积极探索，并创造出各种能够承重的纸桥结构。例如，有的幼儿将A4纸放置在桥墩之间，形成拱形桥以增加承重；有的幼儿则将A4纸折叠成扇形，这样纸桥也能承受一定重量。通过实践操作，幼儿们探索出多种增强纸张承重力的方法，从而不断丰富他们的科学认知经验。

（五）挖掘玩法：引导幼儿进行持续且深入的探究

在提供科学游戏材料时，教师应能够洞察幼儿学习的多元性和不同的兴趣点。如果科学主题游戏的玩法单一，那么材料的可玩性就会大打折扣，无法持续激发幼儿的兴趣，自然也就无法吸引他们积极参与活动。因此，教师在开发科学主题游戏时，应尽可能挖掘游戏材料的多种玩法。同时，在游戏投放到科学区后，教师还需进行定点观察，适时引导。例如，可以提出问题：“这个游戏还有哪些新的玩法？”以此鼓励幼儿充分发挥想象力和创造力，探索新的游戏方式。此外，教师还应及时提供辅助材料，以支持幼儿进行持续且深入的探究。

在“轮子滚回来”的游戏中，教师最初投放了滚轮以及不同材质和重量的物体。幼儿在探究后发现，只有具有一定重量的物体才能让轮子滚回来。随后，教师观察到幼儿将建筑区的长条积木组合成斜坡，让滚轮从斜坡上滚下，以此来感知坡度和轮子滚动距离之间的关系。在这个过程中，教师根据幼儿的兴趣生成了新的探究点，并提供必要的材料支持，使幼儿能够不断深入探究，从而引发他们的深度学习。

综上所述，在投放科学主题游戏材料时，我们应从幼儿的兴趣出发，在准确把握科学主题核心经验的基础上，筛选并投放适宜的游戏材料。同时，我们还应根据幼儿的需求不断调整和丰富游戏玩法，让幼儿在与材料和环境的互动中感知科学现象、解决科学问题，并建构自己的科学学习经验。

幼儿园信息化平台及资源库的建设与应用

刁燕萍
深圳市龙华区松和幼儿园

一、绪论

1. 研究缘起

今天,我们生活在互联网飞速发展的时代。信息技术已经融入我们生活的各个方面,各类电子产品给我们身边的一切都带来了巨大的变化。信息技术对教育的革命性影响也日益显著。同时,我们紧紧把握深化信息技术与教育融合的重要思想,在充分发挥现代信息技术优势的同时,高度重视教育信息化建设和发展。幼儿教育是启蒙教育的初级阶段,良好的基础启蒙教育是儿童发展的重要条件。因此,实施信息化教育,加快信息平台和资源库建设,既是大势所趋,也是幼儿教育发展的迫切需求。

2. 研究的目的及意义

本研究的主要目的是通过对幼儿园信息化基础设施建设、软件资源建设、信息资源建设、教育信息化建设等方面的调查分析,掌握幼儿园教育信息化的实际情况,找出存在的问题,并提出有效的对策建议。同时了解幼儿教师信息素养和信息化应用现状,为下一步幼儿园信息化平台和资源库建设的发展指明方向,对提高幼儿园信息化教育整体发展水平具有一定的实践意义。

3. 理论基础

幼儿园教育信息化主要是教育信息化在学前教育领域的应用和体现。许多学者将学前教育信息化定义为信息技术在学前教育中的适当应用,开发适合儿童早期学习的数字资源,优化学前教育中的学习活动,提升儿童的信息素养,促进儿童的学习和发展。幼儿园信息化是建立在儿童发展规律的基础上的。

二、幼儿园教育信息化平台及资源库的建设与应用现状

为了探究幼儿园教育信息化平台和资源库的建设和应用,我们调查了本市不同类型幼儿园教育信息化的平台和资源基地的建设和使用情况。调查样本为本市 10 所幼儿园的信息化平台及资源库的建设与应用情况,并分析幼儿园教育信息化发展的影响因素。

1. 幼儿园信息化基础设施建设

基础设施的发展主要在四个方面:建立幼儿园信息系统、完善幼儿园网络设备、开放幼儿园网络、利用幼儿园网络资源。关于幼儿园信息化设备配置情况,大多数幼儿园已经配备了常用的信息化设备。在信息化设备的数量上,示范园与非示范园存在很大的差异。几乎所有的示范园都能为所有教室配备全套设备,而非示范园只能配备有限的设备。

2. 幼儿园信息化软件资源建设

软件资源建设主要表现在幼儿园信息化教育设备维护人员情况,以及幼儿园信息化建设

经费来源及投入情况两个方面。幼儿园一般缺乏专业的设备维护人员，60%的幼儿园配备了信息化教学设备维护人员，而40%的幼儿园则没有；60%的幼儿教师基本上能熟练维护信息化设备，40%的幼儿教师则不能胜任这项工作。其中极少数幼儿教师的信息素养较高，基本上能熟练维护信息化设备，这些幼儿园不需要额外的培训就能操作计算机科学教学设备。

3. 幼儿教师信息化素养

在幼儿教师信息化素养方面，90%的幼儿教师有信息化学习或参与的意识。50%的幼儿教师能熟练使用QQ、微信、微博、电子邮件等通信工具，但是只有30%的幼儿教师能熟练使用计算机Office办公软件。10%的幼儿教师能熟练使用Photoshop，7%的幼儿教师能熟练使用Flash。一半以上的幼儿教师能从网上搜索、下载、归类、整理、保存与教学内容相关的教学资源。

4. 幼儿园信息化资源的应用

在信息化管理层面，很多幼儿园使用了信息化的教务管理系统、家校通管理系统等。然而，在日常生活管理、物流管理、资金管理、幼儿园疾病管理、幼儿园膳食管理系统等方面的应用还很少。多数幼儿园使用乐贝通APP软件、智慧树软件等。幼儿教师在应用信息化资源的过程中会遇到很多困难。

5. 幼儿园教育信息化发展的影响因素

（1）政府对幼儿园教育信息化的重视程度

在幼儿园发展信息化的大前提下，政府可以在政治和经济两方面给予积极支持，创造有利的外部环境。如果没有政府的支持，幼儿教育信息化难以取得突破。目前，政府对教育信息化的支持和监管仍然不足。

（2）幼儿园信息化环境

幼儿园作为一个独立机构，其资源的丰富程度直接影响着信息化的发展，在学前教育信息化的发展中发挥着重要作用。调查结果显示，不少幼儿园在硬件和软件方面仍有相当大的改善空间。

（3）幼儿教师的信息素养

学前教育工作者在教学活动中运用信息化资源是学前教育信息化的重要组成部分。因此，幼儿园教师的信息素养水平直接影响应用效果。根据目前的相关调查显示，教师对使用幼儿园信息化资源的态度相对积极且感兴趣，但在信息技术方面的知识和技能仍有待提高。

三、幼儿园信息化教育平台及资源库的建设与应用存在的问题

1. 教学信息化基础设施不健全

发展教育信息化基础设施是学前教育信息化发展的基石。有效的信息基础设施可创造有利的外部环境，保障教育信息化推广活动的成功，从而满足幼儿园在信息技术教学方面的需求，使幼儿园适应信息化社会的趋势，提升教育质量。

2. 教学信息化软件资源匮乏

教育资源信息是幼儿园信息化的重要内容。幼儿、教师、家长和幼儿园管理人员都需要高质量的信息资源，以确保幼儿园信息系统能顺利运作。软件信息资源与硬件设备相辅相成，不可或缺。

3. 幼儿教师信息技术技能不足

在幼儿园信息化的推进过程中，教育工作者和教师既能积极影响信息和教育效果，但也可

能误导儿童。调查结果表明,尽管很多幼儿园教师积极评价信息技术在幼儿园应用的重要性,但他们由于不同环境的限制,难以充分参与各种信息化计划。

4. 教学信息化与实际教学脱节

在学前教育中,信息平台和资源的使用不仅影响教育质量,还会影响儿童的学习热情和自我发展。目前,许多幼儿园缺乏适用的幼儿园信息管理软件,同时也不注意信息资源的深度开发,这导致幼儿教育信息资源的利用和管理效率低下。

四、幼儿园教育信息化平台及资源库的建设与应用改善措施

1. 加强基础设施及环境建设

幼儿园在创造有利的信息化条件时,应充分考虑儿童的习惯和心理特征,选择合适的电脑和家具。安装电脑时,应考虑到儿童不同年龄段的身心发展特征,让他们在使用时感到舒适并且充满兴趣。

2. 丰富软件资源开发利用

鉴于幼儿的特殊性和学习观念,幼儿园在开展信息化教育的同时,应扩大适宜课程的设计和应用,并确保这些课程符合幼儿的学习需求。通过更多地使用幼儿教育管理软件,提高幼儿教育的质量和效率。幼儿园可以在包含趣味性的电子文件中提供符合幼儿发展需求和学习特点的学习计划,所设计和应用的课程应多元化,涵盖教育、艺术、科学、实践等多个领域。

3. 提高师资队伍信息素养

为了提高幼儿园师资队伍的教育信息化专业素养,需要对教师进行系统的教育信息化培训。教师培训应针对教师的个人发展需求,使他们能够更好地满足幼儿对于信息化的学习需求。学校行政管理人员可根据教师的情况进行分组培训,同时调整教学内容,以实现最有效的教学效果。对于相对年轻的教师,应加强理论知识内容和教学技能的培训,以鼓励教师逐步学习计算机科学和教育技术,积累经验。

4. 促进信息技术与课程整合

将幼儿教学活动中的信息与课程内容相结合是幼儿信息化教育发展的重要条件之一。信息技术和课程的整合不应局限于在教育活动中简单应用计算机,而应是计算机和高端课程的有机结合,使儿童积极适应教育活动。将信息技术融入幼儿园课程和活动中,特别是将信息资源融入各个幼儿园活动以及教学环境中,让幼儿拥有丰富的学习和游戏资源,这是提高幼儿园教育效率和教学质量、促进幼儿个性化发展的主要因素之一。

五、结语

幼儿教育信息化是幼儿教育发展以及时代发展的重要组成部分。在幼儿园信息化进程中,应用信息和资源平台可以为儿童创造良好的学习环境,增强课堂活力,提高教育效率和教育质量。本研究重点关注幼儿园教育系统信息平台和资源基础的建设与应用,深入研究了幼儿园信息基础设施的发展、软件资源的建设、教师信息技术的培训以及信息资源的利用。在此基础上,我们分析了影响幼儿园信息化发展的因素,总结了幼儿园信息教育平台和资源库建设与应用中存在的主要问题,并提出了相应的改善措施。信息化平台及资源库建设是一项动态发展的项目,还需要随着时代的发展不断完善。

浅谈如何发展孩子的社会性技能

陈 宁
广州市天河区侨英幼儿园

一、孩子的社会性技能概述

任何一个孩子都是生活在一定的社会中的。孩子出生时只具备一定的生理条件,只是一个自然实体,还未成为一个社会实体。要成为一个适应社会生活的成员,孩子需要在与他人的互动中学习相应的社会经验。如果这种学习被剥夺,儿童将无法成长为一个有社会经验的社会人,而是会永远停留在自然人或是生物人的水平上。为了能够与他人交往,为了能够被自身所处的社会所接受,孩子必须学习和接受这个社会特有的价值规范、风俗习惯和行为标准。社会性技能主要包括:交往技能、与同伴合作解决问题的能力,以及关心、同情他人的情绪。有一种社会技能界定为“社会效度定义法”,认为社会技能是在给定的情景下,能预测儿童的某些主要社会性发展结果的行为。这些重要的社会性结果是:(1)同伴接纳或受欢迎度;(2)对自己有重要影响的他人的评判;(3)与前两者都有关的其他社会性行为。这种界定法的优点是,它不仅可以详细说明儿童在哪些行为和情景中有缺陷,而且也可以把那些产生重要意义的社会性结果(如同伴接纳和教师认可)的行为看作具有良好的社会技能。

二、家庭教育对孩子的社会性技能发展的影响作用

儿童时期是一个人社会性发展的关键时期,而家庭教育是孩子社会性发展的基础。在孩子从自然的人发展成为社会的人的过程中,家庭是第一教育场所,父母是第一任教师,是他们第一个直接模仿的对象。

(一)家长的教育观念对教育行为的影响

传统的家庭教育观念与现代的家庭教育观在如何看待子女方面是迥然不同的。传统的观念将子女视为小大人,认为“从小看大,三岁看老”,认为幼小不成器,长大难成才,从而放弃对子女的教育培养。而具备现代观念的家长能理解到子女不仅具有极大的可塑性,而且还具有主观能动性。因此,他们着眼于启发诱导,培养孩子的独立自主性。这种现代观念使家长注意培养孩子的独立思考能力、耐挫折能力、自信心、合群性、善于与人交往等优良品质,有利于发展孩子的社会性技能。家长具备不同的儿童观,将会形成不同的家庭教育模式,从而决定不同的教育行为,并产生不同的教育效果。

(二)家长教养方式对孩子教育行为及社会性技能发展的影响

儿童家长的教养方式是指学前儿童家长在教育、抚养子女的日常生活中表现出的一种行为倾向。大部分家长在引导其子女实现社会性发展的过程中,所采用的教育方式主要有以下三种。

1. 专制型

专制型的学前儿童家长在给予孩子的关爱时过于吝啬,过于强调父母的权威,而给予的限制却很多。家长希望子女按照自己为其设计的发展蓝图去成长,希望对孩子的所有行为都加以保护和监督,以至于幼儿不能按照自己的喜好和愿望来发展兴趣爱好。当幼儿的需要和兴趣被不断遏制后,加之父母过度的"保护",使亲子之间不断产生问题和矛盾,容易使孩子养成消极、自卑、被动等性格。在缺乏社会准则和道德规范认识的学前期,幼儿面对家长的专制还是会以服从为主,但在心理上容易对父母产生敌对和逆反心理。在家庭得不到肯定时,儿童易去寻求社会的肯定和支持。当儿童接受了不良刺激后,慢慢会对他人产生粗暴的举动,产生攻击性行为。

2. 民主型

民主型的学前儿童家长适当满足孩子对爱的需求,同时给予幼儿一定程度上的限制。在与子女的交往中保持温和的态度,但不放弃适度的批评。家长经常用自身的行为来教育和影响子女,在教育孩子的同时注重自身修养的提高,与子女一同成长。父母为孩子营造一种和谐的家庭氛围,给孩子充足的安全感和舒适的成长环境。民主型教养方式的家长把孩子作为独立的个体,尊重、热爱幼儿,给幼儿创设理解、民主、平等、宽松的家庭环境,给孩子的发展提供了广阔的空间。父母的尊重和理解使孩子拥有良好的兴趣爱好,并保持强烈的好奇心和探究欲望。孩子在与他人交往的活动中,较多地表现出关心、谦让、帮助、分享、合作等亲社会行为。

3. 放任型

放任型的学前儿童家长对子女关爱和限制都较少,具有放纵的意味。在与子女的交往中是一种消极冷漠的态度,既不会肯定、称赞孩子,也不会批评惩罚孩子。亲子间接触的机会很少,很少有互动和沟通,与孩子间易产生代沟和分歧。对孩子的意见、想法采取忽略或置之不理的态度,无视孩子的情况和需要。放任型教养方式的家长或忙于生计,或因为心理因素与孩子接触的少,对孩子不闻不问,彼此缺少沟通和了解,亲子间容易产生代沟和分歧。在放任型家庭中,家长对儿童的错误行为很少进行惩罚,对儿童违反规则的行为采取漠视或接受的态度,使幼儿对自己的行为不以为意,自制力降低,缺乏必要的社会责任感。在与同伴的交往中,由于幼儿的冷漠和攻击性行为,使小朋友不愿理他,排斥并拒绝和他交往,不和谐的人际交往不利于孩子的社会性技能的发展。

三、发展孩子的社会性技能的指导途径

孩子的社会性技能对其一生具有重要意义。孩子在观察和学习榜样行为、接受各种教育后,成人需帮助他们逐步建立起良好的内部行为准则。这样,当孩子的行为符合这个准则时,他们就能自我表扬;违反行为准则时,也能自我批评。只有边教育边巩固,才能使他们形成良好的习惯。因此,在教育教学工作中,教师应有计划地、循序渐进地对孩子进行社会性的教育。

(一)在日常生活中教导孩子遵守社会行为准则

对孩子进行社会性教育,首要的是让孩子掌握和遵守最基本的社会行为准则,培养良好的行为习惯。教师需要通过言语教导和动作指导等方法,向幼儿具体说明应遵守的准则是什么,并讲解一些简单的道理,让他们明白什么是对、什么是错,以及应该怎样做和为什么要这样做。行为习惯的培养可分为讲解培养和习惯形成两个阶段。为达到以上目的,应给幼儿提供丰富的行为实践机会。只有在实际生活中,幼儿才能学习社会知识、经验、行为规则,将所学知识指

导自己的实践,并逐渐养成习惯。

(二)开展游戏活动,培养交往技能等

开展多样的游戏活动,能培养孩子的交往能力。孩子与同伴的交往对于其掌握社会交往技能至关重要。因此,应重视和鼓励孩子的同伴交往,为他们提供充分的与同伴接触、交往的机会。在日常教育活动中,游戏不仅深受孩子喜爱,而且能为他们提供丰富的交往机会,满足他们参与社会活动的愿望。例如,在角色游戏"我是小主人"中,幼儿通过扮演"主人"这一角色,学习作为主人应具备的职责和行为要求:照顾好客人,待人有礼貌,当接待比自己小的弟弟妹妹时,应更加体贴、关心和爱护等。通过游戏,教育孩子学习如何待人接物、关心同伴。此外,可以在游戏中引导和培养孩子团结互助的协作精神。这种品质是社会性教育的一项重要内容。因此,在开展游戏活动时,教师应注重发挥孩子的自主性,让他们自己商量如何进行游戏、制定游戏规则。在游戏中,教师应引导他们解决争执和矛盾,学习如何协调各种关系,正确采纳别人的意见等。

教育叙事

——白菜储藏的奥秘

刘嘉琳
北京市怀柔区第三幼儿园

一、活动背景

宝宝种植园里的白菜已经成熟了。孩子们萌生了收白菜的念头。经过孩子们的一番努力,白菜堆积成了小山。一天午饭后,孩子们在散步时来到了种植园,来看望这座白菜小山。他们惊讶地发现,许多白菜上都结满了冰霜。孩子们看着白菜上的冰霜,都感到十分心疼,“我们怎么能不让白菜起霜呢?该怎么储藏白菜呢?”我向孩子们提出了这个问题。

回家后,孩子们与家长一起寻找答案。他们了解到,地窖可以用来储存白菜,并想在幼儿园里尝试一下这种方法。

二、开启地窖储藏白菜的探秘之旅

(一)地窖储藏初体验

第二天,孩子们行动起来了。“我们幼儿园没有地窖,我们怎么办?”孩子们决定在幼儿园里挖一个地窖。可是,地窖应该选在哪里挖呢?孩子们通过温度计的对比发现种植园的温度较高。那么,应该在种植园的哪个位置挖地窖呢?这再次成了孩子们议论的话题。有的孩子说:“我们不能在种着东西的那块地里挖地窖,会破坏地里的菜的,可以在之前的草莓地挖。”有的孩子说:“可以在之前种白菜的地里挖。”诗梦提议大家可以在这两个地方都试试,看看哪个地方更容易挖。孩子们找来铁锹各自进行尝试,尝试后发现,之前种植草莓的土地不容易挖,因为土比较硬。相反,白菜地更容易挖,因为土比较软。

孩子们拿着铁锹打算在白菜地挖地窖,但新问题又来了:“我们的地窖要多大呢?什么形状的好呢?”孩子们开始商量起来,他们决定让喜欢画画的文雅用小铁锹画出一个圆形标记。可是画好的圆形不够大也不够圆,于是他们请来了个子高的佳颖站在中间,用手臂伸出的长度来画圆,但还是觉得不够大。一旁的诗萌说:“刘老师的手臂长,我们让刘老师帮忙试一试。”于是,我帮孩子们画好了一个大圆圈。孩子们开始挖了起来,新的问题又出现了:“我们需要挖多深的坑呢?”“我们要挖一个和我们小朋友腿一样长的深坑。”“可是小朋友们的腿长短不一样啊,用谁的比较好呢?”大家一致决定用梓萱的腿作为标准。坑挖得差不多了,梓萱开始进入坑中进行比较,发现还不够深,孩子们就继续挖。终于,地窖的坑挖好了。

接着,孩子们面临了一个问题:“我们就这样直接把白菜放在坑里吗?”梦涵说:“直接放在坑里白菜会脏的,我们应该用什么东西搭一个架子。”于是,孩子们找来了班上木工坊的小木棍搭架子。架子搭好后,孩子们把白菜放进坑里。他们又用剩下的小棍子和木工坊的小木板拼成了一个盖子,上面铺上了棉布。就这样,窖藏白菜在孩子们的欢声笑语中完成了。此外,孩子们还在地窖里外放置了温度计,以便日后的观察。

(二)观察地窖储藏的白菜:发现新问题

1. 问题一:地窖内外温度一致的原因

在观察过程中,孩子们发现地窖内的温度与地窖外的温度相同。他们利用各自的记录方式进行了记录,有的用数字 3 表示,有的画了两个三角,有的则在表上点了三个小圆点。当孩子们提出疑问:“为什么窖里的温度和地窖外的温度是一样的呢?”我引导他们思考这个问题。这时,家里有地窖经验的大堡同学分享了他的看法:“我们挖的地窖可能不够深,通常挖得越深地窖就会越暖和。”孩子们对这个观点产生了兴趣,决定再次尝试挖地窖,并借鉴了上次挖地窖的经验。他们开始讨论地窖应该挖多深,意见分为 70 厘米和 100 厘米两种。最终,孩子们决定挖两个地窖,分别命名为“地窖”和“爱莎地窖”,以进行对比实验。

2. 问题二:地窖深度与温度的关系

我与孩子们一起来到种植园的地窖观察储藏的白菜。他们发现地窖外面结满了厚厚的冰霜,温度计显示温度为 3 ℃。孩子们好奇地想知道地窖里面的情况,于是他们取下了地窖上的棉布、小木棍和木板,露出了大白菜。令他们惊喜的是,两个地窖里的白菜都没有结冰,依然翠绿。然而,温度计显示的温度有所不同,小七地窖的温度为 6 ℃,而爱莎地窖的温度为 8 ℃。孩子们兴奋地得出结论:“我们的地窖储藏白菜成功了,白菜放在地窖里果然很暖和。”他们进一步认识到,地窖挖得越深,温度就越高。因此,他们决定把小七地窖里的白菜转移到一个与爱莎地窖深度相同的新地窖中。

3. 问题三:解决观察地窖白菜不便的问题

几天后,我们再次来到地窖观察白菜。孩子们重复着上次的观察步骤,取下地窖上的覆盖物,观察完后又将其放回原处。这时,李腾跃提出:“每次看白菜都好麻烦啊,我们要把地窖上的东西弄下来,看完后还要放回去,这样很浪费时间。”回到班级后,我把这个问题抛给了孩子们。家里有地窖经验的大堡同学建议大家可以制作一个地窖门,以便更方便地观察白菜。听了大堡的建议,孩子们纷纷表示要为地窖制作一个门,以提高观察效率。

(三)制作地窖门

“做什么样子的门呢?”正好孩子们制作了两个地窖,经过孩子们的投票,他们决定制作一个长方形的门和一个拱形的门。“地窖门要做多大呢?”孩子们运用了木工坊游戏时的经验,知道在制作前要先测量长度。班上的鑫鑫和梓轩两人带着尺子、纸和彩笔来到地窖进行测量,结果为长边是 73 厘米,短边是 64 厘米。孩子们一听尺寸,立刻找来了 5 块相同长度的木板,但发现宽度过长。经过反复测量,他们发现四块木板的宽度与地窖的宽度相吻合。孩子们决定将这四块木板摆放成一个大长方形并钉在一起,然而钉子长度不足,木板之间如何连接成了问题。孩子们尝试使用美工区的胶带进行缠绕,但拿起来时木板便散了架。接着,他们又尝试使用毛根进行缠绕,但结果同样不理想。孩子们想到了使用高粱秆进行尝试,但高粱秆在钉钉子时总是移动,尝试几次后均告失败。孩子们转而寻找木棍作为替代,发现木棍一头可以钉上,另一头却不行。这时,肖鑫提出了一个建议:“我们可以尝试使用木板,将木板摆放成高粱秆的形状再进行钉合。”孩子们找来了两块长条木板,并按照门的宽度 64 厘米锯好,摆放在“大长方形”的两个短边处,顺利地钉合进去。孩子们欢呼雀跃,长方形的门很快就完成了。

在另一边,孩子们选择使用高粱秆来制作拱形门。他们开始思考如何使门呈现出拱形。

唐瑀成提议:“我们可以模仿盖垫儿的形状,盖垫儿是圆形的。”孩子们尝试将长木棍放在两边,短木棍放在中间,但发现形状并不圆。他们又尝试了两个长木棍和两个短木棍的组合,但依然不够圆。于是,孩子们找来了高粱秆制作的盖垫儿照片,仔细观察后得知,应该将短木棍放在两边,长木棍放在中间,才能拼成圆形。拱形门的形状拼好了,但如何固定高粱秆成了一个问题。孩子们各抒己见,有的尝试使用绳子和毛根捆绑,有的尝试使用乳胶和胶带粘贴。在不断尝试中,他们发现毛根更容易固定高粱秆。然而,拱形门两边并非全是圆形,有一边是直的。孩子们思考如何将一头的圆形变为直线。他们想到了锯掉圆形一边的部分,但锯掉多少呢?孩子们使用尺子量出 73 厘米的位置后,将多余的木棍锯掉,拱形门也制作完成了。孩子们高兴地带着地窖门来到地窖处,将长方形门安装在爱莎地窖处,将拱形门安装在小七地窖处。

三、活动总结与思考

《3~6 岁儿童学习与发展指南》中指出:重视幼儿的学习品质。要充分尊重和保护幼儿的好奇心和学习兴趣,激发幼儿自主学习的能力,帮助幼儿逐步养成积极主动、认真专注、不怕困难、敢于探究和尝试、乐于想象和创造的品质。此次系列活动,孩子们在探索地窖储藏活动中经历了失败-尝试-再失败-再尝试的过程。这就是学习!在困难中,孩子们体验到了挑战自我的乐趣,那种难能可贵的品质是非常值得我们去敬佩和学习的。其次,我们主要以问题为引导,引发幼儿活动,从地窖的选址、地窖挖多深,到为地窖做门等,引导幼儿在活动中尝试发现问题、解决问题。孩子们获得了多方面的发展,特别是在科学领域方面的发展居多,在观察、比较、测量、记录、发现问题和解决问题的能力等方面均得到了提升。

关于构建幼儿园游戏化足球园本课程的实践研究

刘　霓
成都市金堂县第三幼儿园

一、课程背景

振兴中国足球要“从娃娃抓起、从基层抓起、从基础抓起”。坚持以优质的课程来提升幼儿园办园品质，是我园一直以来的办园追求。为了拓展我园“和乐”园本课程的深度与广度，近几年，我园以“足球”为载体，以足球游戏为主线，以户外活动为主阵地，以培养幼儿的综合素质能力为目的，积极开展足球游戏化课程的建设。通过游戏化足球课程，带领儿童认识健康的价值，体验健康的生活方式，培养儿童的健康素养。目前，我园已成功申报为“成都市足球兴趣试点幼儿园”和“全国足球特色幼儿园”。

二、政策导引

足球，享有“世界第一运动”的美誉，但幼儿足球并非专业足球，并非足球竞技，而是足球游戏。对孩子而言，游戏的重要性超过练习，兴趣的价值超越竞技，引导的作用大于灌输。

《教育部办公厅关于开展足球特色幼儿园试点工作的通知》中明确指出：应通过普及性的幼儿足球游戏培养广大幼儿对足球的浓厚兴趣，营造浓厚的足球文化氛围。应根据幼儿年龄特征开发足球游戏项目，坚决克服和纠正“小学化”倾向，坚持以游戏为基本活动。

那么，如何能让孩子们爱上足球运动呢？探索出科学、系统且适合我园实际情况的幼儿游戏化足球课程便成为我们亟须解决的问题。

《全国足球特色幼儿园游戏活动指南》为我们幼儿园足球游戏活动的开展提供了明确的方向，也验证了我园坚持以游戏作为足球运动途径的正确性。

三、成立足球联盟小组

为了将这一课程做深、做实，我们成立了萌宝足球联盟小组，定期开展幼儿足球游戏园本教研活动，并注重将实践研究与反思相结合，形成良性循环，以研促教，以教兴研。

专业指导对课程建设的推进有着极其重要的作用。幼儿园依托外援对课程进行专业化的过程管理，邀请足球专家、利用家长足球资源、进行园本体能培训等，建立专业的课题研究共同体。我们采取“线上+线下”的模式开展幼儿足球研讨活动，对教师专业知识、活动方案设计、活动组织进行专业培训。

我园不仅与足协建立了长期合作关系，还邀请了“中国雏鹰计划”专家团队走进我园，围绕“幼儿足球游戏”进行交流。专家团队为我们带来了国际先进的幼儿足球课程理念,开阔了我们的视野。

四、设立游戏化足球课程目标

经过近几年的反复修改完善,初步形成了我园的萌宝足球游戏课程目标。

(一)总体目标

充分发挥足球教育的育人功能,提高师幼健康水平,形成幼儿园足球办园特色。

(二)育人目标

1. 以球育德,促进幼儿良好意志品质的形成

足球作为一项团队项目,需要团结协作精神。把足球作为立德树人的载体,让幼儿在参与足球活动中形成团结合作、勇于拼搏的良好意志品质。

2. 以球健体,促进幼儿强壮体魄的形成

足球运动有益于幼儿和教师身体素质的提高。足球游戏、足球啦啦操等都能活跃身心,增强幼儿的动作协调能力、反应能力,提高身体素质。

3. 以球促智,促进幼儿的全面发展

智育是全面发展教育的重要组成部分,将足球文化作为幼儿智育发展得更丰富课程资源。

五、游戏化足球课程的实施途径

围绕课程总目标,我们通过优化足球运动环境,创设足球运动情境,提供丰富的运动材料,有计划地开展足球主题活动、社团活动,举办足球亲子运动会、足球节等,对幼儿园游戏化足球课程进行了探索。

(一)足球环境氛围“浓”起来

为了营造浓厚的足球运动氛围,我们精心打造了自然、轻松和愉快的足球环境。例如,我们打造了形式多样的足球文化墙,创设了充满趣味的足球游戏区。这些环境的营造,不仅丰富了孩子们的足球知识,也大大提高了孩子们参与足球运动的兴趣。

(二)足球主题探究活动“活”起来

我们基于幼儿的生活经验和兴趣开展了主题探究活动“足球乐无穷”。教师和幼儿一起,通过调查访问、收集资料等方式,获取了有关足球运动的信息,深入了解了足球的发展历程、种类和赛制等。随后,我们通过分享交流足球运动的小故事,自制足球运动绘本,设计各种足球小游戏,并成立足球探寻小分队,让幼儿深入探究足球运动的常识和玩法规则,充分感受足球运动的趣味性。

(三)足球社团活动“玩”起来

我园根据幼儿的兴趣,成立了多个足球小社团,旨在将幼儿的个性爱好与足球课程有机结合,让幼儿在社团活动中尽情玩耍。目前,我们已经成立了幼儿足球社团、亲子足球社团、足球啦啦操社团和足球小记者社团。

1. 幼儿足球社团

我们邀请了专业的足球教练,每周到园开展幼儿足球社团活动。小社团汇聚了一群热爱足球运动的孩子,教练通过形式多样、内容丰富的游戏活动,带领孩子们享受足球带来的快乐!

2. 亲子足球社团

我们充分利用家长资源,邀请有足球运动特长的家长助教,带领幼儿和家长们一起开展亲子足球运动。他们还组建了周末足球小分队,在周末开展趣味足球游戏,进一步丰富幼儿对足球的经验,激发幼儿对足球的兴趣,营造了更加浓厚的足球运动氛围。

3. 足球啦啦操社团

足球啦啦操社团通过计划、协商和练习,以活力四射的啦啦操为球队加油鼓劲。他们活跃在足球场上,成为绿荫场上一道亮丽风景线。

4. 足球小记者社团

足球小记者社团主要负责幼儿园足球运动的宣传工作。他们采访足球教练,制作宣传海报,播报足球小故事等,积极传播足球文化,成为足球运动的优秀代言人。

社团活动有效吸引了更多幼儿参与足球主题活动。在教师和家长的引领下,幼儿们从多个角度了解足球运动,用多种形式体验足球的乐趣,用多种方式表达对足球运动的喜爱,真正实现了快乐玩耍、运动和游戏的目标。

(四)足球运动“乐”起来

足球运动是一项综合性的集体运动项目,它能够让人感受快乐。幼儿通过日常的足球游戏活动,以及每年的足球嘉年华,充分感受足球独特的魅力。

1. 抓手一:将足球元素融入常规活动

我园游戏化足球课程以“快乐、游戏、运动”的理念为基础,遵循以快乐为先、以游戏为本、以运动为主的原则,满足幼儿“玩”的天性,让幼儿在玩中学。

课程开展初期,幼儿园根据幼儿的年龄特点开设了足球课程。然而,在进行足球游戏时,我们遭遇了游戏内容匮乏的瓶颈。为了解决这个问题,幼儿园的老师们尝试对传统的或已有的体育游戏进行“改造”,将其转变为足球游戏,从而使游戏内容变得丰富多样。

例如:在小班中,我们设计了“小猫运鱼丸”“汽车运球”“足球宝宝”等游戏;中班则有“怪兽吞球”“小马停球”“足球大作战”等游戏;大班幼儿喜欢挑战性、竞争性游戏,因此我们为他们设计了“射门大赛”“夺宝小将”“移动的足球”等更具挑战性的游戏。值得一提的是,大班户外活动“‘足’够精彩之夺宝小将”还荣获了我县幼儿园户外活动评比一等奖。

2. 抓手二:每年一届足球运动会

园内每年都会举办一届足球运动会。这项活动以足球为载体,让幼儿与家长们共同参与,大足球、小足球轮番上场,现场气氛热烈非凡,“嗨”翻全场!

(五)足球运动“火”起来

我们通过举办足球文化节,让幼儿深入感受足球文化的内涵和魅力。在“和乐”理念的指导下,足球文化节是在师幼“共商共享”中开展的。各班级围绕不同的主题开展丰富多彩的活动。例如:大一班以“世界杯吉祥物”为主题,大二班则选择“世界杯主题曲”作为他们的主题,大三班展示了“大力神杯”,而大四班则通过“足球明星我知道”这一主题让孩子们了解更多的足球明星。

在幼儿园的各个角落,我们还精心创设了与足球文化相关的展示栏,如“足球文化展板”“足球文化节标志”“本周足球小将”“足球运动小趣事”“足球文化长廊”等,这些展示栏不仅美化了环境,更营造出了浓厚的足球文化氛围。

在足球文化节当天,教师和幼儿将他们探究、了解足球文化的过程和结果以展板的形式展示出来,将创编的与足球相关的歌舞进行现场表演,将宣传足球文化的广告以视频的方式播放出来,还将绘画、摄影等作品进行展示。这些活动形式多样、内容丰富,大大丰富了幼儿园的足球文化生活,让足球文化在幼儿园中“火”起来。

我们鼓励教师、幼儿和家长都积极参与到足球文化体验中来,通过说、唱、跳、画、演等多种形式来表达他们对足球的热爱。同时,我们还设立了多个奖项,如创意奖、表演奖、团体合作奖、人气奖、服务奖、参与奖、个人优秀奖等,以表彰在足球文化节中表现突出的个人和团体。

通过师幼共享各班的文化成果,我们大大丰富了幼儿园的足球文化生活。这种共享文化的方式不仅增强了师幼之间的交流与互动,还进一步提升了幼儿园足球文化的内涵和影响力。

未来,我园将继续以“快乐、游戏、运动”为主线,深入探究足球课程的实施途径,不断丰富“和乐”课程的内涵,努力探索出具有园本特色的游戏化足球课程,让更多的孩子通过足球运动享受运动的乐趣、增强体质、锤炼意志。

中医启蒙　润心养正
——中医药文化启蒙课程建设的实践探索

肖　燕
成都市金堂县第三幼儿园

一、课程背景

中医药学蕴含着中华民族几千年的健康养生理念及其实践经验，是中华文明的一个瑰宝，凝聚着中国人民和中华民族的博大智慧。中医药文化作为国家非物质文化遗产，既是中华文明的重要载体，又对人民健康事业发挥着独特作用。国务院颁发的《中医药发展战略规划纲要（2016—2030 年）》，曾明确提出到 2030 年，要将中医药普及到校园、社区、乡村、家庭，并将中医药基础知识纳入中小学课程。在学前教育阶段，培养幼儿对中医药文化的喜爱与认同感，对于弘扬国粹、传承中医药文化具有重要意义。2017 年 5 月，我园成为首批“成都市中医药文化启蒙教育基地”。为了传承中医药文化，我园积极挖掘中医药背后的传统文化内涵，在《3~6 岁儿童学习与发展指南》《幼儿园教育指导纲要》中寻找理论指导和实践依据，对中医药文化进校园展开了积极探索。

我园对国家方针政策进行深入分析和研判，最终确定了中医药文化进幼儿园的最佳方式——开发并实施课程。基于儿童立场，我园构建了以亲闻、亲见、亲历为根本，由多样化活动组成的、涉及五大领域的“中医药文化启蒙课程”。

二、课程核心思想

以“传承与体验”中医药文化为导向，以培养幼儿健康生活习惯为目的，让中医文化启蒙根植于幼儿的心田。

三、课程基本理念

基于坚定文化自信、中医自信，传承精华，守正创新，我们提出了“中医智慧、强身健体、启迪生活”的课程基本理念。

四、课程总目标

中医药文化启蒙课程的总目标包含：“三健”“三人”“六习”“七致”。

（1）“三健”指的是要培养拥有健康体魄、健美品格、健全人格的孩子；

（2）“三人”是指要注重以体健人，以美育人，以德养人；

（3）“六习”是指生活、卫生、运动、心理保健、自我防护及中医认知方面的六种良好习惯；

（4）“七致”是指养以致健、学以致康、学以致理、学以致立、学以致知、学以致能、学以致德。

五、课程内容及实施路径

目前,我园重点从“中医药文化”环境和“中医药文化”教育活动两方面建构课程。

(一)打造中医药特色环境,实现环境育人

为打造具有中医药文化特色的校园环境,让师生们在自然的环境中自在成长,幼儿园利用户外种植场地、班级植物角,打造了百草园,并种植了二十余种具有药用价值的植物。幼儿园生态文化墙、班级文化的打造和提炼,取材于中草药文化元素,将中医药文化与校园文化深度融合,形成了“处处皆课程,时时有教育”的中医药文化传承氛围。

(二)构建适宜的幼儿园中医药启蒙课程框架

课程以“班本课程——中医药游戏——中医小课堂——种植中草药——药食同源——中医健康运动——亲子行走课堂”七大板块构成,幼儿园采用“氛围营造——课程聚焦——多方合力”的途径,对孩子进行中医药文化的启蒙,力求课程内容更加贴近幼儿生活,更加符合幼儿的学习特点。

1. 探究导向的班本课程

各班级根据幼儿年龄特点、兴趣点,寻找切入点,生成了具有本园特色的中医药班本课程。例如小二班关于薄荷的四季课程“春之‘薄荷你好’”“夏之‘凉凉的薄荷’”“秋之‘秋收薄荷’”“冬之‘薄荷冬眠了’”,中二班关于枇杷的四季课程“‘枇’里‘杷’啦”“玩‘枇’ 夏”“又是一秋枇杷叶”“乐此不‘枇’”,在幼儿提出问题、调查讨论、尝试操作、再次讨论……最终解决问题的过程中,自然地获得了相关经验。

2. 兴趣导向的中医游戏

经过班本课程及系列实践活动,孩子们对中医药文化产生了浓厚的兴趣。因此,我园将中医药文化延伸到区角游戏当中,创设了“中医馆”等游戏环境。让孩子们在角色体验中真切感受中医诊治的流程、制作药膳、研制植物精油、制作驱蚊包、体验推拿等,了解中药的来源,感受中药与自身生活的紧密联系,从中切身体会到中药的用途和给生活带来的便利,激发幼儿对中药文化的浓厚兴趣。

3. 社区共建的中医小课堂

为使中医药活动开展得有深度、有广度,我园与县中医院、县医院中医科、社区医院建立了长期合作关系。这三所医院为我园开展中医药文化活动提供了专业的指导。我们也利用这些社会资源,通过“请进来,走出去”的方式开展中医药亲子课堂,邀请中医走进幼儿园,为孩子们开展中医药主题活动,为家长进行科学育儿讲座,为教师普及中医药理论。

4. 贴近健康的药食同源

我园深度挖掘中医药倡导的“药食同源”理论,以新鲜的食材、科学的搭配、用心的烹饪,让孩子吃得更加营养健康。药食同源旨在将中医药和饮食智慧结合在一起。我园结合季节、节气、节日开展了系列活动。首先,我园把适合幼儿食用的、中医提倡的膳食,制定到日常营养膳食、每月自助餐的活动菜单里,引导幼儿感受中医药在生活中的运用。然后,基于幼儿对美食的热爱,师生、亲子进行养生美食的制作,并衍生出了“大树下的野炊”节气活动。古人一直推崇不时不食,顺应自然才是正确的养生之道。幼儿在野炊中体验节气与饮食的关系,感受中医药文化的魅力。

5. 贴近自然的趣味百草园

虞永平教授说过："教师应关注身边的环境和资源，更应关注这些环境、资源之间以及与儿童之间的相互关系，以生发更多的活动和经验。课程的拓展不是增加新的领域，而是挖掘现实生活中、现有课程中的新的发展可能性。"为了进一步丰富和拓展幼儿的学习经验，我们尝试组织开展以百草园为中心的班本主题课程活动，根据幼儿的兴趣和问题生成"快乐小药童"班本主题课程，积极围绕中医药文化核心价值观，通过项目化区域活动、集中活动、家园探究等多形式，支持幼儿进行深度和广度的学习与探索。

6. 传统中医养生运动

我园针对幼儿的生理、心理特点和认知接受能力，坚持寓教于乐、家园合作，鼓励幼儿自主学习，在生活中学习，在学习中获取关键经验。大力普及推广武术操、五禽戏、太极拳等传统中医养生运动，使孩子们亲身体验感受中医药的神奇。

7. 亲子研学行走课堂

金堂依山傍水，有着良好的自然地理优势。在万物生长的春季和硕果累累的秋季，我园组织家长和孩子走进大自然，寻找、认识、采摘中草药，进一步激发了孩子们探索中医药文化的兴趣。

六、课程成效

1. 提升了幼儿的文化自信

通过中医药启蒙课程的开展，我园幼儿的国学素养得到了进一步提升，推动了中华优秀传统文化的体验与传承。同时，他们的健康素养也得到了提高，将中医的健康知识和养生理念内化为了日常的健康生活习惯。此课程培养了一批热爱、使用并传承中医药文化的受教育者，使中医药文化深深扎根于幼儿的心中。

2. 提升了教师的课程建设能力

教师在深入研究幼儿的过程中，通过挖掘和研究中医药文化，提高了自身的传统文化素养，并具备了一定的中医药文化课程构建能力，从而推动了自身的专业成长。

3. 提高了幼儿园的社会声誉

幼儿园紧密结合儿童生活，全方位构建中医药文化进校园的活动体系，并注重对家庭和社区产生的积极影响，赢得了家长和社会的一致认可和好评。

在中医药文化启蒙课程的体验和实践中，三幼的孩子们对中国优秀传统文化的认识和喜爱逐渐加深，对中医药文化所蕴含的文化底蕴和健康生活方式也变得更加理解、认同和接受。中医药文化启蒙课程不仅培育了身体健康、具有民族文化自信的现代小公民，还传承和弘扬了中华优秀传统文化。我们将积极响应社会号召，紧跟幼儿的兴趣与需求，尊重幼儿的身心特点，使幼儿园课程与中华传统文化在碰撞中实现交融、传承与发展！

文化“润”童心　快乐“新”起航

——幼儿园园本课程建设的策略思考

陈　君

苏州市工业园区怡邻幼儿园

地域文化资源，如同一本百科全书，在景色宜人的阳澄湖畔，自然生态、人文环境以及周边教育资源都十分丰富，蕴含着无尽的文化教育资源。中华优秀传统文化是我们最深厚的文化软实力，也是中国特色社会主义植根的文化沃土。弘扬传统文化，树立文化自信，已成为社会发展的普遍共识和价值认同。在课程建设过程中，我们与教职工团队携手合作，将《幼儿园教育指导纲要（试行）》《3~6岁儿童学习与发展指南》精神落实到幼儿的日常生活中，深入挖掘阳澄地域的文化教育资源，形成阳澄文化资源库。以幼儿最喜爱的游戏活动为核心，我们构建了“三岛——六乐园”课程活动。在实施过程中，我们经历了瓶颈、探讨、收获与成长……不断积累经验，力求使课程活动更为丰富多样、更适合孩子、更贴近生活、更生动有趣。

一、充满艰辛与快乐的探究历程

在课程实施过程中，我们努力践行课程游戏化的教育观，以游戏精神为引领，根据幼儿活动发展的需要，结合园所的地理位置，系统地对幼儿园的资源库建设进行理念和实践层面的研究与架构。师幼共同逐步打造了“三岛——六乐园”的课程内容，即“阳、澄、美”：阳光半岛（康乐园、趣乐园）；澄味半岛（渔乐园、植乐园）；美丽半岛（星乐园、创乐园）。我们将游戏理念和游戏精神渗透到幼儿的一日生活游戏中，遵循幼儿发展的特点，让幼儿在游戏过程中获得自由自主、愉悦创造的体验，同时为教师的工作和专业发展提供有效支持。在游戏乐园里，孩子们释放童真，体验游戏的快乐，在直接感知、实际操作、亲身体验中获得别样的成长。而我们也从孩子的生活中走向了教育的生成，从孩子的亲身实践中走向了教师的支持策略，从活动场所的转移走向了活动内容的丰富，充分体现了自由自主、愉悦创造的游戏精神。

（一）完善“三岛——六乐园”资源库

我们坚信“生活处处是资源，人人都是开发者”，一切有利于课程建设的因素都是课程资源。通过研讨，我们把课程资源进行分类，包括园内和园外的资源，如人力资源（园内人才资源、园外人才资源、家委会家长人才资源）、社会资源（社区资源、景点文化资源、商业资源、服务机构资源）、文化资源（节日节气资源、民间游戏资源）、自然资源（园内自然资源、园外自然资源）等。怡邻幼儿园充分挖掘阳澄半岛的文化资源，结合具有浓郁地域文化特色的“三岛——六乐园”游戏场：康乐园、趣乐园、渔乐园、植乐园、星乐园、创乐园，形成了适合幼儿发展需要的“三岛——六乐园”资源卡，并逐步构建了链接孩子经验发展的资源库。教师也及时获得了课程资源的更新，拓宽了教师的资源视野和专业视野，让资源成为助力课程发展的最有效途径。

（二）开发“三岛——六乐园”环境资源

园所的整体环境充分彰显了阳澄半岛的文化特色，从理念、设施、颜色、造型上都凸显了阳澄半岛的文化特色。我们围绕“三岛——六乐园”，为孩子们创设了适合他们成长的游戏体验场。环境中的色彩、构图、材料和作品都体现了阳澄半岛文化的自然美、生活美和艺术美。各种阳澄文化的老物件成为幼儿学习历史、了解过去的真实载体，新老文化的交融以及充满浓郁地方特色的文化墙饰，如本土方言、童谣、服饰等民俗文化，都在潜移默化地影响着幼儿，让他们感受到家乡文化的熏陶。我们立足当下、放眼未来，努力为幼儿营造一个健康和谐的成长环境。

二、探寻建构课程活动的科学体系

以《幼儿园教育指导纲要（试行）》为指导，我们坚持贴近幼儿生活的原则，充分挖掘本土优秀文化的精髓，发挥幼儿园、家庭、社会多元文化的合力，利用周围环境中一切有价值的资源，建构阳澄半岛“三岛——六乐园”课程活动。我们归纳整理出适合小、中、大不同年龄段的主题活动，汇编成熟化、科学化、合理化的“三岛——六乐园”课程活动内容。在课程游戏化理念下，我们着眼于幼儿的学习过程，倡导幼儿充分调动所有感官，让幼儿在学习过程中有所发现、有所发展、有所创新，从而彰显课程活动的特色教育。

（一）“园本化”的课程活动研制

在研制过程中，我们与教师们一起不断更新教育观念、优化教育行为。我们重视幼儿生活和游戏的独特价值，关注幼儿的全面成长。通过组织和引导教师学习有关课程活动的研讨，利用相关理论和实践，大家围坐在一起进行智慧的碰撞，坚持做好课程审议。在主题课程实施过程中，我们采用“三级”审议（园级审议、年级组审议、班级审议）模式，以全新的视角审议主题活动。通过骨干教师沙龙、怡邻讲台、教研研讨等多样化教研形式，我们聚焦教师的教育实践，结合幼儿的核心经验及兴趣对主题背景进行分析，深入探讨可开发与利用的资源，思考“三岛——六乐园”内容的主题渗透。这些基于阳澄文化的园本教研不仅为幼儿综合能力的提高搭建了有效的平台，而且在教师培养方面，大家相互吸取经验，提高了教学能力。许多精彩的教学活动崭露头角，构建并丰富了“三岛——六乐园”园本课程，让园本课程课题研究得到了进一步的发展。

（二）“特色化”的班本阳澄文化活动

在富有童趣的“三岛——六乐园”活动中，幼儿不断引发新的游戏生活、积累新的学习经验。他们自发地在游戏中自由地操作与创造，主动交流、模仿、操作、探究、表现、创造，获得更多真实的体验和感受。师幼共同形成适合班级幼儿发展的班本课程，使幼儿在丰富的活动中积累和提升经验、拥有愉快的情绪体验、获得身心的快乐成长，实现更加全面、整体、身心平衡的均衡发展。我们耐心观察，深度挖掘和判断幼儿的学习需求与课程的生长点，与幼儿一起共同推进课程的发展。幼儿从中积累和提升经验、拥有愉快的情绪体验、获得身心的快乐成长，师幼共同推动幼儿园“三岛——六乐园”课程活动的形成。

三、倾心助推师幼共生共长

在建设阳澄半岛文化“三岛——六乐园”园本特色文化的过程中，孩子们感受到浓郁的阳澄半岛文化，培养热爱家乡情感的同时，开拓了幼儿的视野，充分做到传承与创新有机结合，全面促进幼儿健康快乐地成长。

(一)搭建平台、提升能力

每个幼儿都是富有个性的主动学习者。在实施开展“三岛——六乐园”课程活动中,我们结合孩子的兴趣和发展需要,开展了丰富多样的课程活动。在主题开展的过程中,我们聚焦教师实践问题,通过持续沉浸式大教研小教研活动,注重学习的系统化,理论联系实际,关注主题实施的情况。我们鼓励教师科学分析幼儿的核心经验和兴趣,有效设计每一个活动,制定科学合理的活动目标,并在活动设计、区域活动、自主性游戏、生活活动等方面制定层次分明、内容丰富、形式多样的可操作性方案,助推幼儿能力逐步提升。在集体智慧碰撞的过程中,通过不断深入地探索,与老师们一起共同解决教育实践中的问题,尝试并检验课程资源挖掘和利用的途径和方法。我们碰撞教师集体的智慧和力量,解决日常实践工作中的教育问题,实现共生共长。

(二)课题引领、扎实理论

为推进“三岛——六乐园”课程的有效实施,彰显办园特色,多年来我们积极开展课题研究。在“十三五”期间,我园承担了苏州市教育学会课题“多种表现形式在幼儿艺术教育中的应用实践研究”“幼儿园渗透式国学文化研究”以及苏州工业园区教育科研课题“以阳澄本土文化为基石有效开展幼儿园创意美术活动的研究”“‘全收获’理念下——乐·智农乐园种植活动的研究”“阳光·绿色——幼儿园“戏·乐”户外草坪游戏探索开展的研究”。在“十四五”期间,我园已成功申报江苏省学前教育学会规划研究课题“挖掘本土资源开展创美活动的研究”、苏州工业园区教育科研课题“以阳澄本土渔家文化促进幼儿表现力发展的研究”。在前期课题研究的基础上,我们积累了许多富有特色的课程素材。课题的研究提高了园所的文化内涵建设。近五年来,教师们刻苦钻研,勤于练笔,共有40余篇文章发表在省市级刊物上,有80余篇教案设计获得省级、市级奖项,市、区级教学展示30余次。课程活动的有效实施见证了孩子的全面发展、教师的专业素养提升和园所的品牌文化内涵建设,为我园建构“三岛——六乐园”课程活动研制打下扎实的基础。

“长风破浪会有时,直挂云帆济沧海。”在爱的世界里,我们相遇并共同成长。在接下来的课程活动建设中,我们将继续一路探寻,旨在以“真资源、真课程、真基地”服务于园所、滋养幼儿成长、促进教师提升,真正实现课程活动的价值,让幼儿体验快乐、感受幸福。

音乐游戏中培养幼儿主动合作的教学策略探究

黄博毓
成都市高新区知音幼儿园

一、游戏化教学的含义

游戏化教学指的是通过趣味游戏的方式,使教学内容更具吸引力,最终目的是充分调动幼儿的学习积极性。具体来看,游戏化教学的功能主要可以分为四点,分别是娱乐、保健、认知与交流。游戏的主要作用是给人带来身心愉悦,因此,娱乐应当被视为游戏最为基本的一项功能。而将游戏与教学活动全面融合,在保证娱乐基本功能的同时,赋予游戏以教学的附加功能,这对于幼儿本身的认知发展是非常有益的。

游戏化教学的核心目标,是让幼儿在轻松愉悦的环境中成长,充分发挥游戏"寓教于乐"的特性,帮助幼儿提升综合素质,建立正确的人生观、世界观与价值观。此外,游戏往往需要一定的身体活动,具有一定的健身效用,因此,采用游戏化教学对于促进幼儿身体健康也具有重要作用。在游戏化教学的实施过程中,教师与幼儿、幼儿与幼儿之间要保持充分的交流,这样才能充分发挥游戏化教学的效用,促进幼儿的社会化发展,让幼儿在游戏过程中真正学到有价值的东西。

二、大班幼儿合作的行为与能力

(一)大班幼儿合作行为

笔者所认为的合作行为是指:在5~6岁的幼儿群体中,为了实现音乐游戏活动中的某一共同目标,幼儿们通过自由组合或教师安排,相互配合、相互协调,共同努力以达成音乐韵律活动中的某一共同目标的行为过程。

(二)大班幼儿合作能力

笔者所认为的大班幼儿合作能力是指:在5~6岁的幼儿群体中,为了实现音乐游戏活动中的某一共同目标,幼儿能够萌生出合作意识;通过自由组合或教师安排,幼儿们相互配合、相互协调,共同实现音乐游戏活动中的某一共同目标;并通过成功的经验、总结,学习合作的方式,使合作精神能有效迁移到其他情境之中。

三、音乐游戏活动中支持幼儿主动合作的策略

(一)创设培养幼儿合作能力的支持性环境,营造浓厚的合作氛围

教师的言行举止潜移默化地影响着孩子。这本身就是一种巨大的教育力量。因此,教师与教师、教师与其他人员之间的合作会对幼儿直接产生作用。

如:音乐活动中一位教师伴奏,另一位教师带领幼儿复习歌曲;或是两位教师共同为幼儿

做的示范动作，这样的合作行为在孩子们心目中起着积极的作用。另外，同伴也是幼儿观察和学习的榜样，教师对有合作意识和合作行为的幼儿给予表扬和鼓励，鼓动其他幼儿向他们学习。

（二）为幼儿创造合作的机会，及时肯定幼儿的主动合作行为

在每一次的音乐游戏活动中，有意识地为幼儿创造、提供与同伴合作学习和探索的机会，引发主动合作行为的产生。

如在复习歌曲环节中，较多地倾向于伴唱、轮唱歌曲，像歌曲《小兔和狼》，一半幼儿演唱歌词，另一半幼儿用“呼呼呼”“沙沙沙”等象声词为之伴奏；身体律动环节也多采用合作式，比如“炒豆豆”“马兰花”等民间游戏。在音乐活动中，教师注意观察幼儿的行为表现，发现幼儿的主动合作行为及时给予肯定、鼓励和赞扬。对于幼儿在音乐游戏活动中的消极合作行为给予恰当的引导。

（三）鼓励幼儿自己讨论解决合作中的问题

在开展音乐游戏活动中，面对幼儿遇到的困难，教师不用立刻站出来帮忙解决，而是留给他们一些思考、商量的时间，给予一至两条支持性的建议。

（四）学会赏识他人

在一次次的音乐游戏活动中，幼儿尝到了分工、协商、合作活动的乐趣。在交流分享中，教师可以引导孩子思考为什么有的小组能成功，说说其中的原因。孩子们渐渐琢磨出：要发挥每个小组成员的特长。细心的孩子在日常生活中就开始关注起同伴的闪光点。

四、音乐游戏活动有意识地培养大班幼儿主动合作教学策略

（一）在音乐游戏活动的目标分析中，培养大班幼儿的合作意识

（1）珍视幼儿的好奇心，让幼儿感觉到与人合作是一件有趣的事，激发幼儿想尝试合作的欲望。

（2）采用对比的方法，让幼儿感受、体验单独参与音乐韵律与合作参与的差异性。

（3）通过图谱的作用，引导幼儿从感性认识上知道如何合作。

（4）在自主选择合作小组的过程中强化幼儿的合作交往的情感体验。

（二）提高幼儿对音乐韵律节奏协调的敏感度，培养幼儿的合作能力

（1）培养幼儿学习倾听和观看的习惯，更好地融入合作情境。

（2）引导幼儿感受音乐中的节奏力度，提高身体参与音乐韵律活动的协调性。

（3）“累加”音乐情境活动的进行，让幼儿在创造性的表现中体验合作成功的快乐。

（三）在学习指挥与观摩实践中，培养幼儿合作的精神

（1）尝试如何竞争当好音乐游戏活动中情境故事小指挥。

（2）幼儿学会观摩指挥音乐游戏活动。

（四）创设情境，促进幼儿合作精神的有效迁移

由于幼儿参加任何社会群体活动都需要群体合作，把在音乐游戏活动中形成的协调合作精神迁移到其他活动中去，能够进一步促进幼儿的社会性发展。

五、结语

对于幼儿来说，热爱游戏是一种天性，幼儿在合理参与游戏的情况下，可以全面提高其交

际能力,还能够全方位推动幼儿的情感发展,是针对学龄前儿童的一种非常有效的教学手段。音乐本身具有非常浓厚的艺术气息,利用优美的旋律和声音来传递对应的思想与情感。游戏化教学与音乐教学活动的融合,可以将抽象化的音乐变得更加具体,使幼儿易于理解。同时丰富多彩的游戏活动也能够最大限度地吸引幼儿加入音乐学习当中,最终实现音乐教学质量的有效提高。

大班音乐

——小老鼠历险记

赵梓汐
深圳市罗湖区教工幼儿园

一、设计意图

根据《3~6 岁儿童学习与发展指南》,体验音乐活动的愉悦感比单纯学习音乐知识和技能更为重要。音乐欣赏在幼儿园教育中占据不可或缺的地位,它不仅有助于提升幼儿的欣赏与理解能力,还能拓宽他们的音乐视野,增强对音乐节奏的感知和音乐素养的积累。“小老鼠历险记”以其鲜明的形象和显著的音乐节奏变化,特别是其明确的节奏,使幼儿能够轻松辨识,并通过有趣的旋律,非常适合大班幼儿的学习。本次活动旨在通过“小老鼠历险记”这一主题活动,帮助幼儿了解音乐节奏与节拍的区别与对比,并体会由音乐节奏和角色情境所带来的乐趣。

二、活动目标

(1)引导幼儿初步感受乐曲的诙谐与幽默,并认识到小老鼠音乐形象的变化。

(2)帮助幼儿初步掌握音乐中的顿音技巧,以及节奏的连拍和快慢节奏的对比。

(3)让幼儿在音乐和角色扮演中体验乐趣,培养音乐兴趣。

三、教学重点与难点

(1)教学重点。指导幼儿掌握音乐节奏中的连拍技巧,以及感受快慢节奏的对比。

(2)教学难点。引导幼儿在音乐节奏中感知小老鼠音乐形象和情绪的变化。

四、活动准备

(1)经验准备。通过拍手节奏律动的练习,使幼儿对音乐节奏有所感知和准备。

(2)物质准备。为确保活动的顺利进行,需准备的物品包括:音乐播放设备及相关乐曲;粉笔和黑板;平板图谱和立体图谱;小老鼠指偶。

五、活动引导流程

(一)以拍手节奏开启活动

教师将与幼儿们一起进行拍手节奏的练习,以此作为活动的热身,同时巧妙引入音乐元素。

教师导语:“亲爱的小朋友们,今天老师带来了一首特别的曲子,想和大家一起分享。但在那之前，让我们先用拍手来找找节奏的感觉吧！请随着我拍手的节奏，一起动起来。”

（二）完整欣赏音乐

接下来，教师会完整地播放这首曲子，引导幼儿们静心聆听，并随着音乐的节奏拍手，体验音乐的变化。

教师提问：“孩子们，你们从音乐中听到了什么？有没有感受到节奏的快慢和曲调的变化呢？”

教师揭示：“其实，这首曲子背后藏着一个故事，是关于一只小老鼠的冒险旅程。小老鼠饿了，决定出门寻找食物，但它的旅途并不平坦。现在，我们再来听一遍这首曲子，想象一下小老鼠可能会遇到哪些挑战和困境。”

（三）深入感受音乐的情绪和形象

1. 分段细听音乐

（1）A 段音乐分析。教师将引导幼儿感受这一段落中小老鼠的行走状态和可能的心情。

（2）B 段音乐探讨。与幼儿一起讨论这一段音乐中小老鼠行走方式的变化，以及这些变化可能反映出的心理状态。

2. 利用身体语言探索音乐

（1）教师通过身体动作来模拟小老鼠可能遇到的障碍。

（2）鼓励幼儿利用自己的身体部位（如胳膊、腿等）来创造障碍，并随着音乐模拟小老鼠的冒险过程。

3. 通过图谱理解音乐结构

（1）展示平面图谱，帮助幼儿更直观地观察和理解音乐中的元素和变化。

（2）在播放完整音乐的同时，教师将指着图谱引导幼儿感受音乐的起伏和变化。

（3）通过立体图谱的展示，进一步揭示小老鼠冒险故事中的精彩情节。

（四）教师引导感受音乐结构与形象

教师将随着完整的音乐旋律，利用小老鼠指偶在路线图上模拟行走，同时通过生动的语言提示，帮助幼儿更直观地感受音乐的结构和塑造的形象。为了加深幼儿的体验，教师会邀请两位幼儿戴上指偶，亲身参与小老鼠的历险过程，并在一旁用语言进行引导和提示，让幼儿更加投入地感受音乐的魅力。

（五）幼儿表演与创编，展现音乐情境

教师热情邀请幼儿们：“小朋友们，现在让我们来扮演勇敢的小老鼠，通过它的历险路线，一起创编动作，演绎那天的惊险历程吧！你们觉得可以根据哪些陷阱来设计你的动作呢？大胆发挥你们的想象力吧！”

1. 音乐情境中的即兴表演

教师充满期待地说：“想不想像小老鼠一样去探险呢？那就让我们跟随音乐的节奏，一起踏上历险的旅程吧！”幼儿们在音乐的引导下，自由地表现小老鼠的各种动作和情绪。

2. 游戏情境与动作匹配

为了增强活动的趣味性和互动性，教师精心设置了游戏情境，利用地垫、呼啦圈等道具来模拟小老鼠历险途中的各种障碍。幼儿们在教师的指导下，根据图谱上的路线和音乐的节奏，灵活地进行动作匹配，如蹲伏、跳跃、攀爬、快跑、慢跑和转圈等，充分体验小老鼠的历险过程。

3. 立体图谱引导与结束活动

在活动即将结束时,教师利用手指着立体图谱,通过语言引导幼儿们回顾整个历险情境。最后,教师以富有想象力的方式结束活动:“经历了这次惊险的探险,小老鼠变得更加聪明和勇敢了。不过,它吃得太多,现在需要去运动一下来消化这些食物。好了,孩子们,让我们也一起动起来,去户外锻炼锻炼身体吧!”这样的结尾既符合故事情节,又能自然地过渡到下一个活动环节。

六、记录与分析

在此次活动中,我使用了指偶并制作了立体图谱教具。幼儿对指偶表现出极大的兴趣,利用指偶与小朋友们打招呼的方式也极大地激发了孩子们对本次活动的热情。立体图谱中,我设计了一个可以取出的棒棒糖,将其作为奖励,使幼儿在动作编排环节保持高度集中,对 A、B 段分段倾听时也格外专注。

在过程中,我发现每个幼儿对音乐节奏的理解和学习能力存在差异。有些幼儿能够迅速、准确地捕捉到音乐的节奏,而有些幼儿则较为困难。因此,作为教师,在前期经验准备时,应对本班幼儿的音乐节奏感进行一定的评估。在活动进行中,也可以适时调整环节,对节奏感较差的幼儿,在 A、B 段分段欣赏环节适当增加拍手和手部律动等简单但易于感知的节奏感动作,以帮助他们更好地理解和掌握本次活动的重难点。

中班幼儿户外体育游戏违规行为的原因及对策探究

——以L市D幼儿园为例

陈丹丽
深圳市龙华区大浪实验学校附属小燕子幼儿园

一、引言

2012年9月，教育部制定的《3~6岁儿童学习与发展指南》对幼儿的社会发展目标提出了明确要求："遵守基本的行为规范；建议利用生活实践帮助幼儿认识基本行为规范，学会自觉遵守规则。"幼儿违规行为会直接影响体育游戏的正常进行，因此，规则的建立对幼儿来说至关重要，它不仅能帮助教师维持游戏秩序，还有助于幼儿养成良好的行为习惯。本研究从幼儿违规行为这一角度出发，进行深入探讨，分析儿童违规行为的具体成因，并据此提出相应的教育建议。

二、文献综述

皮亚杰认为，成人通过建立合理的行为规范来体现其对幼儿理想形象的期待。当规范构建在集体利益之上并有助于维持个人和他人之间的良性关系时，规则便具有了道德价值。任瑛则将违规行为定义为幼儿不遵守幼儿园内的规章制度或班级一日生活、学习活动中的规则要求。

综上所述，本研究采用观察记录表的方式，对幼儿在体育游戏中出现的违规行为进行了详细观察，并结合教师的访谈结果进行分析。最后，根据分析结果，为教师提供切实可行的教育建议。

三、核心概念界定

（一）中班幼儿

本研究中的"中班幼儿"指年龄在4~5岁的孩子。中班孩子精力充沛，容易与同龄人发生冲突，且注意力集中时间相对有限。4~5岁是幼儿自我控制的敏感时期，因此，对他们的教育需要特别关注规则意识和行为习惯的培养。

（二）体育游戏

儿童体育游戏是指教师在幼儿身心健康成长过程中有目的、有计划地组织的户外活动。体育游戏的主要目的是促进幼儿身体发育和机能和谐发展，提高孩子的体能素质。

(三)体育游戏违规行为

高志娟将体育活动中的违规行为定义为幼儿不执行体育活动所制订的规定和教师临时性提出的要求或条件。

四、研究对象和研究方法

(一)研究对象

本研究以L市D幼儿园中三班38名幼儿为主要观察对象,同时选取6名教师作为访谈对象。

(二)研究方法

(1)文献法。通过查阅相关资料,为幼儿违规行为的研究提供理论依据,并在现有研究基础上找到本研究的切入点,构建研究框架。

(2)观察法。制定《中班孩子体育游戏违规行为观测记录表》,对L市D幼儿园中三班38名幼儿在体育游戏中的违规行为进行记录和分析。

(3)访谈法。设计《中班幼儿体育游戏违规行为的现状及对策研究》访谈提纲,与教师就幼儿违反体育游戏规则的情况进行深入交流,收集并整理访谈信息。

五、D幼儿园中班孩子户外体育游戏违规行为的类型及主要体现

(一)体育游戏言语违规行为表现

体育游戏言语违规行为指在体育游戏过程中,幼儿以语言、眼神或动作等方式违反游戏规则。例如,在“勇敢的小羊”游戏中,规则要求扮演“小羊”的幼儿根据其他幼儿的声音说出自己的名字。当强强作为“小羊”站在起跑线上时,其他幼儿纷纷叫出强强的名字。然而,在强强走向终点线的过程中,橙橙却代替强强说出了浩浩的名字,违反了游戏规则中关于语言表达的要求。

(二)体育游戏非言语违规行为表现

体育游戏非言语违规行为是指幼儿在体育游戏过程中通过表情、姿势或动作等方式违反游戏规则。例如,在“皮球夹着走”游戏中,规则要求两名幼儿用双肩夹球前行,不能用手或其他部位触碰球。然而,在实际游戏过程中,有两组幼儿在球掉落时直接用手抱起球继续前行,违反了游戏规则中关于身体动作的要求。

(三)体育游戏混合型违规行为表现

混合型违规行为是指在体育游戏中同时出现言语和非言语违规行为。例如,在“一二三,木头人”游戏中,规则要求幼儿在领头人喊出“不许说话不许动”后保持静止不动且不说话。然而,在实际游戏过程中,有两名幼儿在领头人转头时未及时停止动作并发出声音,同时违反了言语和非言语方面的游戏规则。

六、中班幼儿体育游戏违规行为的成因分析

(一)班级孩子规则意识差

中班幼儿遵守规则的意识较差,自制力弱,在体育游戏中容易出现各种违规行为。皮亚杰的认知发展阶段理论指出,2~7岁儿童属于前运算阶段,该阶段的逻辑思维仍受到具体直觉表象的限制,具有不可逆性;该阶段的幼儿会认为规则对他们没有约束力,不能意识到游戏规则

的真实意义。

(二)缺乏专业的体育游戏教育教学培训

随着社会各界对教师专业能力与素质需求的提升,培训成为提高教师专业能力和完善专业知识的重要途径之一。在体育游戏活动过程中,专业的体育教师和非专业教师在处理幼儿违规行为上存在着一定的差异。在幼儿园中,大部分教师都没有受过专门的运动游戏课程训练,对运动理论与技术动作的教学能力非常匮乏,导致幼儿体育游戏活动的组织缺乏科学性。部分教师甚至不知道怎么组织体育游戏活动。

(三)体育游戏场地过窄

从物质环境来看,首先是运动场地狭窄。《城市幼儿园面积定额(试行)》中规定,户外运动场馆包括分班运动场馆和共用运动场所,每生均不能小于2平方米。在幼儿园中,游戏场地的宽窄是组织体育游戏所必须具备的条件之一,也是孩子们进行各种游戏的基础。因此,游戏空间要具有一定的合理性,这样才能让孩子们全神贯注地投入游戏中,并在游戏过程中学会遵守游戏规则。

(四)体育游戏的内容或形式过于单一、枯燥

幼儿园教师一般都是根据幼儿的身心发展规律来设计体育游戏的,以发展幼儿各方面的协调能力。然而,研究者发现中班幼儿阶段体育游戏的种类稀少,基本上都是之前玩过的一些小游戏,只是更新了游戏名但玩法和游戏规则相似,游戏形式太简单化不能满足中班幼儿的"最近发展区"需求,无法激发幼儿的兴趣。

七、中班幼儿体育游戏违规行为的解决策略

(一)加强中班幼儿规则意识与自控能力

中班幼儿阶段主要是以具体形象思维为主,只能理解直观、表面的事物。在幼儿园开展体育游戏活动中,教师可以利用直观形象的图标,清晰、生动、有趣地训练孩子的规则意识和自控能力。例如,在游戏场地画出幼儿活动的范围、路线,用图标标示游戏规则等。这样的设计符合幼儿的思维特点,能吸引幼儿的注意力。幼儿通过观察这些图标,自然而然地理解体育游戏规则。

(二)建立体育游戏教师专业培训制度

新手教师在体育活动规则教学方面的知识与专业技能相对薄弱,因此,幼儿园必须针对体育活动师资进行专业培训,开展有针对性的职前培训和职后培训等活动。例如,邀请体育游戏领域的专家对幼儿园新手教师或部分体育游戏女教师进行体育游戏规则教育、体育游戏违规行为教育、解决策略等方面的相关理论知识和技能的培训和讲座。

(三)创设合理的体育游戏场地空间

由于幼儿的注意力以无意注意为主,游戏场地不宜过大或过小。幼儿人数过多导致游戏场地空间不足以开展体育游戏时,教师很难对幼儿进行常规管理,因此容易出现体育游戏过程中干扰其他幼儿游戏、出现违规行为的情况。教师为了避免此类问题的发生,可以对幼儿进行分组教学。分组教学使体育游戏场地空间充足,能减少幼儿出现违规行为的情况。

结束语

幼儿体育游戏违规行为是现代教育中比较受重视的问题。因此,本研究在中班幼儿体育

游戏的背景下进行研究,分析了中班幼儿体育游戏中违规行为的原因,并提出了相应的建议,旨在提高中班幼儿体育游戏教学的质量。由于研究者在研究时间、方法、能力等方面有限,本研究还存在一些不足之处,如对事情分析思考角度相对狭隘,提出的建议不够全面。希望未来能有更深入的研究,为幼儿教育的发展做出更大的贡献。

我想和"泥"做朋友

曾思璇　周千慧　马　琳
深圳市罗湖区教工幼儿园

一、活动起源——探寻"泥朋友"

端午节期间持续的龙舟雨使得幼儿园户外场地形成了若干积水洼地，吸引了幼儿们的关注并讨论："泥坑里有什么奥秘？为什么有的泥巴感觉软软的，有的却硬硬的，它们的颜色为何有所不同？"

《3~6 岁儿童学习与发展指南》指出，5~6 岁的儿童对感兴趣的事物常怀探究之心，教师应当充分利用自然界和现实生活的教育资源，引导幼儿发掘问题、解析问题、解决问题，累积经验，并将这些经验运用于新的学习情景，形成终身受益的学习态度和能力。

本次"我想和"泥"做朋友"的课程实践中，教师顺应幼儿的兴趣与好奇心，支持他们大胆尝试与探索。

二、活动过程纪实

（一）师幼共同探讨泥坑游戏的玩法

教师将幼儿对泥坑的好奇和疑惑带回教室，与幼儿共同讨论在泥坑里可以玩什么、如何玩，以及玩耍前需要做哪些准备等问题。幼儿如欣桐、乐乐、郡熙、浩然和沐妍提出了各自的想法，教师根据幼儿的意愿和需求，不断丰富游戏材料，调整摆放方式，全力支持幼儿的自主游戏。

（二）选定泥坑位置

教师带领幼儿在幼儿园各个角落进行实地考察，然后共同研讨并筛选出适合挖掘泥坑的几个地点，探讨如何在泥坑中开展各种活动，为下一步改造泥坑指明方向。

（三）创建泥坑乐园：动手挖个大泥坑

1. 递交挖掘申请

在正式挖掘前，幼儿产生了新的顾虑，担心挖掘可能会影响到他人或遭到投诉。经过讨论，他们一致同意给园长妈妈写信征得许可。教师在美工区提供了多样化的材料，支持幼儿进行预写作练习。

2. 第一次挖掘尝试——难以挖动的泥坑

初次挖掘并不顺利，对此，教师组织幼儿进行了一次经验总结会议，重点聚焦实地勘探、选用正确的挖掘工具以及寻求外界帮助三大问题。

3. 第二次挖掘尝试——优化方案后的挖掘

（1）绘制设计方案。幼儿再次实地勘察挖掘地点，注意到泥土中混杂的碎石粒会影响挖掘效率，并发现加水能使泥巴变得更易于挖掘，据此绘制成图，确定了挖掘位置。

（2）改良挖掘策略。幼儿认识到金属制、尖头的工具比塑料、圆头工具更便于挖掘，于是他们收集了各类金属铲子，并制作邀请卡，请保安叔叔提供帮助。挖掘虽看似简单，却蕴含许多智慧。幼儿考虑以自身脚部大小作为衡量泥坑尺寸的标准，浩然表示泥坑需大于脚掌以便站立，渐渐则提议与朋友共享，所以要挖得更大些。在选址上，幼儿也展示了对泥土质地和地形的判断，梓豪强调要选泥土松软之地，清如告诫不可在斜坡上挖掘以免坍塌，沐妍建议选择较大面积以方便玩耍。

挖掘过程中，幼儿的手部精细动作如碾压、搅拌等得到发展。面对“挖不动”的问题，幼儿创新性地借鉴沙区的筛子，去除泥土中的石头和树叶，体现了工具使用的灵活性和已有的经验迁移。

（四）解决泥坑水源问题

在第二次成功的挖掘之后，幼儿面临的挑战是如何为泥坑引入水源。幼儿们采用多种工具和方法引水，如提水桶、端水盆、用塑料管从水龙头取水、铺设PVC管连接泥坑和水渠，并尝试用勺子舀水，甚至还用漏斗配合塑料管输送水源。从单独游戏逐渐过渡到集体合作，幼儿在实践中领悟了水的流动性原理以及合作的重要性。

在引水过程中，幼儿发现每次获取的水量有限，倒入泥坑后很快被吸干，频繁取水耗时耗力。经反思和调整，幼儿分成了运输组、搭建组和饮水组，分别负责搬运材料、构建水道和导入水源。通过观察和修正，他们发现了水流失的原因在于水管连接不当和地面不平整造成的渗漏。幼儿运用既有经验，模仿建构游戏中“围合链接”和“倾斜式链接”的方式尝试搭建水渠，逐渐掌握了水的导流技艺。

（五）享受与“泥”相伴的时光

幼儿沉浸于大自然最原始的气息中，他们在泥坑中玩耍，用手触摸、堆积泥巴，有人在泥巴池中跳跃，有人进行泥巴大战……

1.“泥”有百态

泥塑是我国独特的民间艺术，历史悠久。幼儿通过揉搓、按压、拼接等技巧，用泥球、泥片、泥条等组合成各种作品，在泥土的世界中发挥想象，创造独一无二的艺术形象。

2.“泥”池城垒

在经历挖泥、踩泥坑的游戏后，幼儿遇到了新的挑战：路过泥坑的幼儿无意间会破坏已经搭建好的泥塑作品。因此，“砌墙小组”就此诞生，小组成员共同策划和执行保护泥塑作品的方案。起初，幼儿在砌墙时只能简单地将砖块叠加，导致砖墙不稳定且无法形成完整封闭的表面。通过教师引导和利用积木区的经验迁移，幼儿尝试采用“平砖交错排列”的砌筑方法，第二次砌墙时将砖块间的泥浆抹平，并小心翼翼地将上下砖块衔接压实，砌墙技巧日益熟练。

在挖掘、玩泥巴、砌墙等活动中，幼儿不仅切实感知到了泥土的特性，积累了丰富的游戏经验，更重要的是，他们在这个过程中满足了探究欲望，锻炼了社会交往能力和合作精神，同时对干湿泥巴的不同特性和工具的使用技巧有了更深的认识。通过一系列活动，幼儿的想象力、创造力和动手操作能力得到了大幅提升。

三、教师的分析与反思

本次以“我想和“泥”做朋友”为题的活动，充分体现了幼儿主导的自主学习过程，活动涵盖了丰富的教育价值,如专注力、想象力、创造力等品质的培养,以及对泥坑游戏这一综合五大领域学习活动的探索。尽管活动过程中,教师主要起到了支架作用,但仍需继续深化和拓宽泥坑自主游戏的教育深度和广度,如开展植物种植活动以了解泥土特性,进行泥土过滤实验,认识不同种类的泥土,邀请园内同伴共同参与游戏,以及组织民间传统游戏如摔响炮等,以最大限度地开发自主游戏的教育价值。

活动结束后,幼儿询问泥坑是否会永久保留,夏季是否需要持续补水等问题,教师巧妙抓住这一教育契机,计划在后续延伸活动中,以了解泥土的重要性以及水土流失对人类生活的影响为切入点,引导幼儿关注自然资源保护,进而呼吁大家珍视水资源、保护环境。

小班沙水课程

——沙啦啦变形记

陈雯冰
南通市如东县鑫城幼儿园

沙池是大自然赋予的天然乐园,其中蕴藏着丰富的“宝藏”。在沙池里,孩子们尽情探索着未知的游戏,寻找着不期而遇的小宝贝。每周五的户外沙水游戏,因此成了我们班孩子最为期待的时光。鉴于孩子们对此的浓厚兴趣和需求,我们携手小二班的孩子们,共同开启了一段沙水游戏的探索之旅。

一、自由探索,发现问题

《幼儿园教育指导纲要(试行)》明确指出:“应尽量创造条件让幼儿实际参与探究活动,使他们感受探究的过程和方法,体验发现的乐趣。”开学之初,为了让孩子们自主探索沙子的趣味与奥秘,我们选择了让孩子们自由挑选工具进行玩沙。然而,经过两次游戏后,我们发现小班的孩子在面对多样的游戏材料时,并不知道如何挑选,他们的选择较为随意,游戏过程缺乏明确的目的性,游戏形式也相对单一,主要集中在挖沙和堆沙上。此外,孩子们还发现,每次玩沙结束后,鞋子里都会留下不少沙子。鉴于孩子们在游戏中的这些发现和存在的问题,我们班的沙水课程便正式拉开了序幕。

二、循序渐进,自主游戏

针对在玩沙过程中出现的问题,我们决定调整玩沙工具的提供方式,从让孩子们随意挑选自己喜欢的工具,转变为在认识和了解各种玩沙工具之后,再进行有目的的选择。

1. 徒手玩沙乐趣多

为了让孩子们更直观地感受沙子的特性,我们经过与孩子们商讨后,决定先让他们徒手玩沙。在游戏中,他们用双手堆出了“流沙山”,挖出了独特的小蛇形状,还在沙池中寻找着各种“宝藏”,享受着徒手运沙的乐趣。尽管孩子们在没有使用任何材料的情况下尽情地在沙子的世界中遨游,但他们也发现了一些问题。有的孩子表示,玩久了手会觉得很累;有的孩子提出,用手挖沙洞不仅耗时,而且洞口很小;而那些尝试运沙的孩子们则告诉我们,用手运沙时沙子会边走边漏。大家在亲身体验中发现,原来徒手玩沙确实存在诸多不便,如果有合适的工具辅助,游戏会变得更加有趣。

2. 认识工具收获多

于是,我们引导孩子们认识了各种玩沙工具。当看到一张张工具的图片时,孩子们纷纷发表自己的看法:“我认识这个铲子,它可以用来挖沙子。”“这个蓝色的塑料盆应该是用来装沙子的。”“这个水桶看起来和我们平时浇花用的桶很像。”

对于那些孩子们不太熟悉的工具，他们更是充满了好奇心。当看到一个形似盘子、上面有许多小孔的工具时，他们好奇地问：“这个是用来做什么的呀？”“这个应该装不了水吧。”那么这个工具究竟是做什么用的呢？我们找来了盆和沙子，将沙子倒在这个工具上面，然后让孩子们两只手稳稳地握住工具，再悬空放到盆的上方，轻轻地抖动。孩子们惊讶地发现：“咦？沙子怎么像小雨一样落到了盆里？”他们用手摸了摸盆里的沙子，感觉细细的、软软的，再观察工具上方，竟然发现有小石子留在了上面。

“这种工具叫做筛子，它可以帮助我们筛选出更细的沙子。”在老师的讲解下，孩子们认识到了生活中许多不同种类的筛子。有几个特别感兴趣的孩子，还回家和爸爸妈妈一起寻找家中的筛子，并带到了幼儿园来。这些筛子有的来自玩具，有的来自厨房用具，甚至还有姚姚妈妈亲手制作的筛子呢。孩子们在科学区里玩得不亦乐乎，筛一筛、说一说，这些各式各样的材料激发了他们对身边科学现象的探究欲望，给我们带来了许多意想不到的惊喜。

3. 工具助力玩沙乐趣增

到了玩沙的时间，孩子们都挑选了自己心仪的工具。波波和家霖都选择了铲子，但他们使用的方法却各不相同。家霖用铲子挖沙，而波波则用家霖挖出的沙子堆起了“小山”。两人不停地“挖掘”“堆砌”，完成后还反复进行修整，并兴奋地告诉我们这是他们建造的停车场和一座宏伟的金字塔。

另一边，几个孩子齐心协力正在挖一个大坑。他们一边挖一边喊着：“嘿哟、嘿哟！”没多久，两个大大的坑就出现在了沙池中。为了感受坑的深度，他们还邀请刘老师把脚放进坑里。“哇，坑已经深到刘老师的小腿了！”孩子们激动地叫了起来，接着他们一起用工具把刘老师的双脚都埋在了沙子里。之后，他们又一起商量如何把刘老师解救出来，最终齐心协力铲走了沙子，成功“解救”出了刘老师。

三、家园携手，共护清洁

孩子们对于玩沙游戏热情高涨，可游戏过后从鞋子里倒出的沙子该如何处理？这不仅影响环境美观，还会影响大家走路的舒适度。该如何解决这一问题呢？

我们在游戏回顾环节进行了讨论，“为什么沙子会进鞋子？怎样防止沙子进入鞋子呢？”大家想到将鞋子里的沙子倒进沙池，若不小心把地面弄脏了，就请最后一位离开的同伴和保育老师一同打扫干净。虽然大家达成了共识，但在实施过程中，由于孩子们年龄较小，自我服务能力较弱，每次玩沙结束后都脱鞋倒沙的方法并非长久之计。于是，我们再次开展讨论。

“可以穿娃娃家里的鞋套。”“还可以穿雨靴。”没想到，围绕“沙子进鞋”的现象，孩子们给出了很实用的建议。于是，我们便把孩子们的想法在第一时间分享给了其他老师们，发动他们一起思考更好的办法。经过审议，石老师建议我们把与孩子们商量的内容及时告知家长们，请他们出出主意。人多力量大，热心的姚姚妈妈为孩子们设计出了一款可以束腿、不用脱鞋，又防水的鞋套。有了这款“私人定制”的鞋套，沙子再也不会跑进鞋子里了。我们把鞋套挂在一旁的大型玩具下，游戏时只要轻轻取下，套在自己的脚上就可以，既方便又实用。

四、沙水游戏，妙趣横生

就这样，孩子们每天在沙池里尽情游戏、不断发现，他们的语言表达能力变得更丰富，观察能力也有了显著提升。一天，几个男孩子跑来告诉我，沙池旁的压水器不出水了。我们便一起去寻找原因。“呀,这里面有沙子。”“之前里面是有水的。”孩子们你一言我一语,“怎样才能把压水器里的沙子弄出来呢?”

大家纷纷想办法:用手在压水器里抠、找来树枝使劲挖,或者用自来水冲走沙子。一次、两次、三次,失败了再来。功夫不负有心人,经过反复尝试,终于有水流了出来。虽然流的时间不长,但找到了出水的办法,他们便再次乐此不疲地玩起了沙水游戏。

孩子们在桶里装上水,多次加入沙子,等到沙子堆满水桶,再整个桶口朝下倒出来,这样沙子便呈现出了桶的形状。孩子们发现沙子遇水颜色会变深,不再像原来那样一粒粒散落,可以变出不同的造型。有了直接操作的经验,大家一下子就明白了“干”沙子和“湿”沙子的不同,思维也变得更加活跃!

五、通力合作,贯通小河

一天,童童带着几个孩子卖力地挖着一个大坑,他们越挖越深,之后开始往里面倒水。孩子们不停地倒,但水却一会儿功夫就消失了。“水融化了,融化进沙子里了。”“沙子变得像棉花糖一样了。”柯柯边回答,边不断往水坑里加水。渐渐地,加水区域周边的沙子形成了一个大水坑。安安突发奇想,提出了是否可以把沙池变成大池塘的想法。

带着这个想法,回教室后我们进行了一次讨论。大家发现受到实际条件的限制,无法在沙池里挖出大池塘,但挖出一条小河还是可行的。说干就干,大家先观看了挖掘河道的视频,看看大人们是怎么做的。“大家一起挖,分开来挖。”“洞不能离得太远,要连起来。”有了初步计划,便开始行动。第一天,孩子们各挖各的,这儿一个,那儿一个。波波提醒大家,“小河是长长的,洞要横着挖。”改变了方法,户外游戏时大家又挖了两三天,他们心中的“小河”逐渐呈现在眼前。

挖好后,赶紧放水试一试。可是,“小河”里的水并没有像孩子们预想的那样哗哗向前流动,而是流一会儿就停下来,慢慢不见了。“水怎么不见了呢?”“水进了沙子里啊!”“那怎样才能不让水渗到沙子里,流动起来?”“可以用那些材料吗?”汐瑶手指向工具架上的U形管说道。于是,孩子们拿来了U形管拼在一起,准备做运水的管道。可拼着拼着,发现U形管太长、弯道处不好转弯、连接的地方有缝隙。怎么办呢? 再去工具架上找其他材料试一试。

睿睿边拿边思考,当他走到透明的PC管前时,突然大叫起来,“哈哈,这个管子圆圆的,让我来试试。”他将PC管放在挖好的“河道”上后开始放水,其他孩子纷纷效仿。这一次,真的看到水流动了,可流了一段又不再继续,原来“接头没有连接”是导致运水失败的原因。大家便又去架子上寻找连接PC管的接口,将管子一个个连接起来。“呀,看到水啦!”“它流到我这里来了。”“真好玩!”孩子们看着水从PC管里一直流下去,流成了一条“小河”,一条他们期待已久的小河,大家欢呼着,跳跃着,内心的激动与喜悦无以言表。

和小羊宝宝一起成长

李宏琳
北京市怀柔区第三幼儿园

一、主题活动缘起

幼儿园的羊妈妈生宝宝啦！孩子们看到新朋友的加入格外开心，争先恐后地说："小羊宝宝好可爱啊！""我给小羊带点奶粉吧！我小时候就喝奶瓶里的奶粉呢！"孩子们对小羊产生了浓厚的兴趣，同时也非常期待和小羊的见面。为了满足孩子的好奇心，我们开启了与小羊的亲密接触。

《3~6岁儿童学习与发展指南》中提出：经常带幼儿接触大自然，激发其好奇心与探究欲望。支持幼儿在接触自然、生活事物和现象中积累有益的直接经验和感性认识。帮助幼儿感知和发现动植物的生长变化及其基本条件。基于身边的大事件和幼儿的兴趣点，我们开展了"和小羊宝宝一起成长"的主题活动。在主题的开展过程中，我们引导幼儿了解小羊的外形特征、种类，感知小羊的生存条件、本领。在和小羊一起成长的同时，也让幼儿感受生命成长的变化和意义。我们针对孩子们的发现和问题，追随幼儿的兴趣开展系列活动，注重提升幼儿的观察能力和思考能力。同时，在照顾小羊的过程中，开展生命教育，引导幼儿学会尊重生命。

二、主题活动目标

（1）能够运用多种调查的方法收集关于小羊的信息，并用简单的符号进行记录。

（2）能按顺序进行观察，并用完整的语言进行简单描述。

（3）通过实际观察、比较，发现小羊宝宝与羊妈妈、小羊等的相同与不同。

（4）在观察、照顾中发现小羊不同成长阶段的明显变化，了解小羊的生命历程。

（5）对感兴趣的动、植物能够仔细观察、照顾它们，感知和发现小羊的生长变化及基本条件。

（6）能经常用写生、创意制作等多种方式表现自己对小羊的情感。

（7）喜欢参加与小羊有关的故事表演，能与同伴一起商量制定简单的计划和分工，并大胆表现。

三、主题活动内容

（一）集体教学活动

1. 活动一：小羊的生活环境

（1）活动目标。

1）培养幼儿愿意与同伴交流小羊生活环境的话题，并能够用连贯完整的语言介绍小羊喜爱的生活环境。

2)引导幼儿用自己能理解的标志符号来表示小羊偏好的环境。

(2)活动重难点。

1)重点。能够清晰、完整地阐述小羊所喜爱的生活环境。

2)难点。创新性地使用个人理解的标志符号来描述小羊的生活环境。

(3)经验准备。

幼儿有照顾小羊和参与小羊生活习性调查的经历。

(4)物质准备。

小羊生活习性调查表、大白纸、马克笔等。

(5)活动过程。

1)展示小羊大调查结果,唤起幼儿对小羊生活环境的记忆。

2)小组讨论,鼓励幼儿用完整的句子分享自己的调查结果。

3)教师引导幼儿用标志符号创造性地表示小羊的生活环境。

4)小组代表展示汇总结果,并引导幼儿产生照顾小羊的责任感。

2. 活动二:给小羊起名

(1)活动目标。

1)引导幼儿细致观察小羊的特征,并据此为小羊起名。

2)增强幼儿交流小羊名字信息的勇气,体会命名的意义。

(2)活动重难点。

1)重点。 体会为小羊命名的意义。

2)难点。鼓励幼儿大胆分享有关小羊名字的想法。

(3)经验准备。

幼儿了解名字背后的含义。

(4)物质准备。

准备幼儿与小羊互动的照片。

(5)活动过程。

1)通过讨论自己名字的由来,引导幼儿理解名字的意义。

2)集体讨论并为小羊起名,教师记录幼儿提出的名字。

3)通过投票选定小羊的名字,并记录最终决定。

3. 活动三:怎样照顾小羊

(1)活动目标。

1)鼓励幼儿围绕"如何照顾小羊"展开讨论,并自由表达观点。

2)结合小羊的习性,总结出照顾小羊的有效方法,并从中体验快乐。

(2)活动重难点。

1)重点。 在讨论中感受照顾小羊的乐趣。

2)难点。根据小羊的习性,归纳出适当的照顾方法。

(3)经验准备。

幼儿已了解小羊的基本生活习性。

（4）物质准备。

小羊习性墙饰图片、创造宽松的语言交流环境。

（5）活动过程。

1）通过观察图片，回顾小羊的生活习性。

2）开展讨论，探索如何更好地照顾小羊。

3）集体总结并分享照顾小羊的佳法。

（二）自主游戏

1. 游戏一：我和小羊的成长手册/创意制作小羊

（1）游戏目标。

1）激发幼儿对美工活动的兴趣，掌握材料和工具的基本使用方法。

2）学习制作步骤，尝试运用多种材料表现“小羊”主题。

（2）游戏材料。

提供橡皮泥、棉花、生活废旧材料等。

（3）教师指导要点。

创设情境，指导幼儿运用不同材料创造性地表现小羊的外形特征。

2. 游戏二：狼和小羊

（1）游戏目标。

1）在表演中注意把握角色特点，鼓励创新性表演。

2）尝试在表演中挑战不同的角色。

（2）游戏材料。

提供表演服装、道具及剧本。

（3）教师指导要点。

1）引导幼儿自主选择角色，学会在表演中发现问题并寻求解决方法。

2）与幼儿共同总结经验，提供表现与分享的机会。

七、课程活动反思

在主题活动的开展过程中，孩子们感知了羊妈妈从怀孕到生育宝宝的全过程，深入了解了小羊的生命历程。我们共同照顾和陪伴小羊的成长。通过充分利用家长资源，我们开展了“羊羊大调查”活动，让孩子们了解了常见的小羊种类以及它们各自的特点和本领。在调查中，孩子们得知我们幼儿园的小羊是山羊，这种羊具有独特的特点和本领。我们鼓励家长和孩子们一起探索小羊的世界，以丰富孩子们照顾小羊的经验。

在主题系列活动的开展中，孩子们通过了解自己名字的由来，以投票的方式为小羊取名。他们还通过多种方式探究和发现了小羊的外形特点、种类、生活环境、饮食习惯等秘密，从而激发了他们照顾小羊的兴趣，建立了他们与小羊之间的深厚情感，并感知到了人与动物之间的依存关系。

同时，我们结合主题活动，开展了自主游戏。我们提供了孩子们感兴趣的材料，如美工材料来创设羊舍情境，让孩子们能够运用多种材料制作小羊；在建构游戏中，孩子们运用积木和自然材料搭建“羊舍”；在表演游戏中，孩子们通过角色扮演演绎“狼和小羊”的故事。我们全力支持孩子们的探究和游戏。基于对小羊宝宝的观察和照顾，孩子们为其制作了成长档案，详细记录了小羊的成长变化和饮食情况。

在主题活动的开展过程中,教师需要合理利用身边的资源,将自然资源、家长资源、课程资源进行有效融合。在幼儿活动中,教师也应扮演摄像机的角色,在记录的同时,能够有针对性地对幼儿进行观察与分析,作出教育识别,为下一步的活动奠定坚实基础。在材料投放方面,要为幼儿提供充足的制作和探究材料。同时,也鼓励幼儿自己寻找材料、想办法解决在活动中遇到的问题。

培养小班幼儿阅读兴趣策略研究

马祎放
北京市怀柔区第三幼儿园

一、图书的选择对阅读起重要作用

新《幼儿园教育指导纲要(试行)》语言领域中指出:要利用图书、绘画和其他多种形式,引发幼儿对书籍、阅读和书写的兴趣,培养前阅读和前书写技能。小班的幼儿由于年龄的限制,他们只能阅读一些以图画为主,文字为辅或是没有文字的图书。那么,在选择图书的过程中,就要以图画书为重点,选择适合小班幼儿年龄特点的书籍。应该选择颜色鲜艳、人物可爱、情节简单的图画书,例如,我为我班的幼儿准备了《好饿的毛毛虫》《鳄鱼怕怕,牙医怕怕》《想吃苹果的鼠小弟》,自制绘本故事《开学第一天》《吃饭这样吃》《我想睡觉》等。

二、利用多种途径,激发幼儿阅读的兴趣

阅读指导的重点是激发幼儿阅读的兴趣,只有兴趣被培养了,才会让幼儿真正领悟到"书"为我们带来的无穷无尽的力量。吉姆·崔利斯给我们一个忠告:"给婴儿听故事不是为了让孩子成为优秀的儿童,而是希望能激发孩子本身具有的潜能,增进亲子之间的亲密关系,以及在孩子能够独立阅读之前,先帮孩子在他们与书籍之间建立一座桥梁。"我们要帮助幼儿树立对阅读的兴趣,引导他们走进图书的世界,获得丰富的知识,成为有用之才。

1. 环境的创设,为培养阅读兴趣营造愉快的氛围

良好的阅读环境,不仅能维护幼儿愉快的阅读心态,还能激发幼儿的阅读兴趣。我一直以"亲和、舒适、愉悦"为宗旨,一个具有亲和力、舒适感的阅读区域能让幼儿产生愉快、积极的情感体验。因此,我将班中的图书区创设成一个"家"的氛围,里面有小沙发、小靠垫和可爱的长毛绒玩具,幼儿可以抱着长毛绒玩具靠在沙发靠垫上舒服、惬意、自由地享受阅读的乐趣。

"无规矩,不成方圆",在图书区中我也设立了相应的阅读规则。我创设了"嘘,别吵醒小猫"的墙饰,时刻提醒阅读图书的幼儿要安静阅读。小美来到图书区,拿了一本喜欢的图书来到丫丫身边说:"丫丫,我们一起看这本书好不好?"丫丫做了一个"嘘"的动作说:"嘘,小声点,小猫会被吵醒的!"马上,小美的声音变小了说:"哦,那你能给我讲这个故事吗?"丫丫也很小声地说:"好的,但是我们不要吵醒小猫哦!"两个孩子就这样安静地讲起了故事。这种富有童话般的规则,让幼儿感受到童话的美好,又能做到遵守阅读图书的规则,还能满足幼儿童话世界的梦想,让自己变成童话世界中的一员去阅读图书,实现愿望与兴趣的共同培养。

2. 让幼儿成为书中的主要角色

在开学初,我为这些刚刚进入集体生活的孩子们准备了一些图画书。当时的他们对于图书的阅读方式只是"匆匆地翻阅"就赶紧换下一本了。对于这样的孩子们,我并没有去阻止,

而是给他们空间让他们自由发挥，我在一旁仔细观察，准备随时引导。我发现有两个小朋友因为一本书而争吵起来，我赶紧走上前询问："哎呀，你们拽得我好疼啊，你们为什么要一起拽我啊？"茜茜说："我喜欢这本书，我要看！"小宝又说："这里有我属的小老鼠，给我！"我又说："你们两个都要看啊，那好吧，我们一起看好不好？我们就坐在这里，我给你们讲吧！"我拉着他们两个坐在我的身旁，开始给他们讲这本图画故事。这本图画书的名字是《小老鼠找朋友》，我把里面的小老鼠的名字改成了小宝，"小宝老鼠从家里出来，自己玩很没意思，想找个朋友一起玩。找到小鸟，可是它要搭房子；找到小青蛙，可是它要捉害虫；找到小花猫，'啊呜'吓得小宝老鼠赶紧跑，最后找到了小老鼠茜茜，他们成了好朋友！一起去玩耍了！"他们在听时，发现故事中有自己的名字，非常开心。故事结局中，两个小老鼠又成了好朋友，让他们高兴地直拍手，"我们是好朋友"，"我们一起看书吧！"他们坐在一起，讲起了"自己"的故事。

3. 多样的阅读方式，激发浓厚的阅读兴趣

孔子曾说过："知之者不如好之者，好之者不如乐之者。"激发幼儿阅读的兴趣，把阅读活动建立在幼儿的兴趣上，并以多样的阅读方式指导幼儿阅读是十分重要的。

以往，阅读活动常停留在教师讲故事，幼儿拿着图书被动地听，或教师不做任何指导，仅让幼儿读完一本书就算结束，这使大部分幼儿在阅读活动中处于被动消极状态。然而，阅读的方式其实多种多样，不同的方式可以在不同途径上激发幼儿的阅读兴趣，提高阅读能力。

（1）运用有趣、诙谐的故事，激发幼儿参与阅读的愿望

阅读图书时，作为教师，我会有目的地选择一些读物，比如会选择一些内容很有趣、很诙谐的故事，将幼儿的积极性充分调动起来。在讲述故事绘本《小猴子的尾巴》时，我和班上的另外两名教师将这个故事表演出来。在小狗摔到地洞中，摔了一个大屁蹲儿时，老师的表演幽默有趣，逗得孩子们大笑起来，之后便纷纷模仿起来。这个故事的选择，内容简单，当中有比较有趣的"亮点"，引发幼儿用"笑"去记住故事的内容。在有趣的"亮点"下，激发了他们乐于阅读的兴趣。

（2）运用有趣的反问策略，激发幼儿探索的主动性

在以往的教学中，多是老师问、幼儿答的形式进行教学。而在我的教学活动中，会发生由幼儿向我提问、我来回答问题的教学方式。因为我认为，只有幼儿敢于提问、懂得了提问，那么就说明他在主动地去探索、去挖掘图书中的价值。也只有会提问了，才意味着他已经喜欢上阅读了。在讲述自编绘本《怎么了》故事之前，我大声地哭了起来，孩子们纷纷走上前，问我："老师，您怎么了？""老师您为什么哭啊？"我回答："我不开心！"有的孩子问："为什么不开心啊？"有的孩子说："老师，是不是你的妈妈不来接你了啊？""老师，是不是你的玩具不见了啊？"孩子们不断地猜测我到底是为什么哭，孩子们的种种问题都反映出他们原有的生活经验。之后，我出示绘本《怎么了》，让他们来说一说这个娃娃为什么哭了？到最后为什么又会笑了？这样反问的形式，让孩子们潜移默化地成了主动探索问题的主人，成了阅读兴趣的最大优势。

（3）运用有趣的多媒体课件教学，捕捉幼儿阅读的注意力

多媒体课件的特点是：可以愉悦环境、活跃气氛，符合幼儿的年龄特点。我在培养幼儿阅读兴趣的研究中，恰当地设计、运用多媒体课件，将阅读与多媒体有机结合起来，使教学更直观、生动、形象，激发了孩子们对阅读的兴趣。例如：在阅读绘本《新开张的饭店》中，我利用多媒体课件展示了"小猫、狐狸看到青草不开心，小羊看到青草却很高兴"的形象。生动的画面过后，引导幼儿猜测小猫、狐狸为什么看到青草不开心，而小羊却很开心，袋鼠老板又会怎么办

呢？孩子们开始大胆地猜想。正是由于多媒体课件教学有着浓烈的形象性和生动性，使幼儿能进入自觉的学习状态，爱动脑筋，积极回答问题。动态的形象引起了幼儿联想，从而让幼儿感受到阅读的乐趣，捕捉幼儿的注意力。

三、指导家长创设良好的家庭阅读氛围，增进阅读兴趣

家长们都比较重视幼儿阅读兴趣的培养，但是，通过与家长沟通发现，他们大多数只是会为幼儿提供“硬件”上的需求，却往往忽视了“软件”上的必要。家长们常常会购买一些网上风靡一时的书籍，却忽视了书中内容的教育价值以及是否适合自己孩子的需要。为此，我专门搜集了有关“亲子阅读”的相关材料，指导家长经常和孩子一起分享读书的快乐，定时定内容地去指导幼儿阅读图书，鼓励幼儿在听书的过程中跟读。另外，在家里也为孩子创设一个自由读书的空间，让孩子随手可以拿到自己喜爱的书。

同时，我还定期开展“爸妈应该这样做”的阅读主题活动，指导、帮助家长们如何激发自己的孩子对阅读产生兴趣，如何引导自己的孩子正确阅读，如何将自己阅读获得的信息传递给其他的同伴，使幼儿的理解、想象、概括、倾听等多方面的能力得到提高，从而提高幼儿的阅读能力等。通过这一系列的活动，家长们感受到阅读兴趣对幼儿的重要性，意识到阅读兴趣的必要性，都很配合我的这个活动，并积极与我沟通交流，最终形成更好地为幼儿服务的有效方法。

“书是人类的朋友”“书是知识的源泉”。我们的孩子无论是翻书、玩书，还是看书，只要他对阅读产生兴趣，那么就会离拥有无尽的知识更近一步。作为教师、父母的我们，应该为我们的孩子创设良好的家园阅读环境，运用灵活多变、活泼有趣的阅读方式方法，让幼儿把阅读和一切愉快的情绪体验连接起来，在潜移默化中培养阅读的兴趣，从而获得更多、更有用的知识。

精粹管理法在幼儿园食育课程建构中的实践研究

程滟茗
深圳市龙华区松和幼儿园

一、精粹管理法在幼儿园食育课程中的价值

(一)促进幼儿全面发展的需要

学前期是饮食习惯形成的关键期。《学龄前儿童膳食指南》(2~5岁)第一点就是要培养孩子规律进餐、自主进食不挑食的饮食习惯。健康饮食教育是下一代教育的核心,我们应该且必须意识到,一个健康的身体才是孩子成长成才的"起跑线",没有健康的身体,何谈获得优异的成绩。因此,在学前期养成良好的饮食习惯,一方面有益于改善幼儿的营养状况,促进身体发育;另一方面有利于其从小养成良好的生活、卫生习惯和能力,减少日后因饮食不当造成的身体疾病。食育以食为基础,在与其他教育相互渗透中既丰富了其他教育的教育内容,又在实践中逐步完善了自身的结构系统。协同其他教育有效作用于幼儿的成长。食育不只是单一的饮食教育,也传达出生活价值,使孩子学会尊重自然,感恩生活。

(二)文化传承的需要

中国饮食文化博大精深、源远流长,在长久的发展演变过程中从食物选择、制作、营养保健以及饮食审美等方面形成了别具一格的饮食风俗。我们应当不断发扬和传承拥有地域独特性的传统饮食文化。中国传统文化不仅对我国有着深远的影响,甚至被其他国家学习。例如,日本饮食所强调的阴阳平衡很大程度上是受中华文化的影响。我们应该保护地域饮食文化,传承创新中华饮食文化,使之成为世界饮食文化中一颗璀璨的明星。学习传统饮食文化,让幼儿熟悉餐桌礼仪,体验生活乐趣、感受生存智慧。

(三)饮食文化具有独特的教育价值

我国的饮食文化源远流长,是物质和精神的融合,蕴含着丰富的精神内涵与人文科学价值,具有丰富的育人价值。随着时代发展,饮食文化为幼儿园及学校教育拓展和丰富了教育资源,成为当下幼儿园课程的重要实践方向。将饮食文化与课程、教学及其他活动等相融合,在教育实践过程中充盈了校园的文化底蕴、激发了幼儿的发展潜能、提升了教师的专业素养、增添了幼儿一日生活的趣味。

二、精粹管理法在幼儿园食育课程中的实施路径

精粹管理的六要素包括时间、空间、数量、质量、因果性、必然性。

(一)时间要素

自2016年精粹管理进入幼儿园起,6年来我们一直在精粹管理的道路上不断前行。后来我们参与了保健院运动与健康的体医结合的项目,由幼儿园老师组织了一次体能活动展示。

2020年,随着青少年"食育"工程项目的引进,我们的幼儿园作为市级项目启动仪式落地点。在深圳市食品安全局、市场监督局、深圳市教育局、市卫生健康委员会等领导和相关部门的协助下,我们顺利开展了教学活动和游园会现场展示。同时,根据亲子绘本《食物做朋友》,我们开发了《食物的来源》《不同食物的营养》《卫生健康的饮食习惯》和《食物选购及保存方法》四个课件。这些课件生动形象,通过实践让孩子们去学习知识,能够让孩子有较高的参与性和积极性。同时,能够向孩子科普正确的食品安全以及饮食教育内容。

从2016年开始至今,我们以精粹管理为抓手,在食育课程建构与实践研究中,以科研带动教研,在专家指导下,让我们以实践出真知。这让我们的教管干部、老师的研究水平得以提高,同时也提升了幼儿园的保教质量。

(二)空间要素

空间要素包含课程落实的具体空间和课程外部的普及及运用。关于课程落实的具体空间,对于幼儿而言,他们主要接触的是家庭、幼儿园和社区,这些环境中包含了很多丰富的教育资源。在幼儿园中,我们致力于创建良好的学习环境,如教室的学习环境,包括主题环境、游戏环境、生活环境、公共环境等。我们根据学习内容、活动开展等创建有关饮食的可操作性板块,让孩子能够通过学习及操作来巩固他们的学习内容。我们将绘本融入环境,在公共活动区域和幼儿一起制作作品进行展示,包括《揭秘食物系列》《让我不生病的这样子》等,让绘本还原生活。同时,我们还根据开展的二十四节气的活动和食物相结合,展示在墙面让孩子能够自主学习。除了公共学习环境,班级环境也是重要的组成部分。根据班级开展不同的主题,我们会根据主题的开展阶段去创设不同的学习环境、游戏环境。除了幼儿园的环境,家庭和社区也是不可或缺的。家长拥有丰富的资源,可以通过不同的社会活动,让孩子能够共同参与到课程中,作为观察者、陪伴者,促进幼儿探索的兴趣和交往能力的发展。例如,我们共同制作亲子绘本活动。我们也会将家长和小朋友一起制作的亲子绘本投放到幼儿园专设的亲子绘本阅读区,让幼儿自由阅读、学习。很多家长多才多艺,制作出的亲子绘本非常精彩,我们也把家长做的亲子绘本进行扫描展示。关于课程外部的普及及运用,我们通过不同的交流为课程积累更多的经验。

(三)数量要素

我们根据亲子绘本《和食物做朋友》的四个绘本故事,继续通过思维导图深入研发了衍生的36个活动。利用思维导图中的流程图、气泡图、括号图等的8大图示,我们设置了不同的年龄段目标,以便让小朋友更好地学习这个绘本故事。同时,从游园会中的游戏,如宝塔接力赛、实物圈圈圈、玉米、立定跳远、水果长在哪里,我们衍生出了适合小、中、大各年龄段的体育游戏,共计18个。这些游戏同样设置了不同的年龄目标,以便让幼儿通过游戏进行延续性的学习。

从2020年开始到现在2022年,这两年4个学期,我们有阶段性地开展园本活动。根据3个年龄段,我们每个年龄段在每个学期会进行两个专题或主题活动。两年四个学期我们生成了食育相关活动24个。根据班级老师业务能力的不同,有的是主题活动,有的是专题活动。在两年的时间里,我们幼儿园全园都参与到健康课程当中,包含全体的幼儿、家长以及我们的教职工。同时,因为我们幼儿园一直在做健康特色,于是我们就聚焦到了食育课程。我们把体育与健康、保健等保教结合,以食育课程为输出口,将所有内容融入在一起。在精粹食育课程中,我们梳理出了小班、中班、大班三个食育教育模块,制定了食物的认知、合理膳食、习惯与健康、礼仪与实践、饮食文化以及5大领域等维度的目标体系初稿。在这个目标体系下,我们去建构活动,以确保活动开展的方向性。

(四)质量要素

我们以幼儿为本,将教育涵盖在一日生活和保育教育当中。我们开展的主题活动和专题活动,根据教师不同的能力、经验,开展不同的活动,致力于提高教师的专业水平和幼儿的学习能力。我们在区域会投放相应的材料,让孩子能够体验到食育与健康内容的学习。根据不同年龄段设置不同的区域,例如大班,我们开展茶文化课程,在大班每个班级都创设了一个茶艺区作为学习区域,小朋友可以在这个区域里进行学习和研究茶。

在一日生活当中,我们也是将学习内容渗透到各个环节,例如用餐的礼仪、运动前后什么时候适合喝水、喝多少水、水果如何搭配、如何有意义地吃自助餐等。小朋友加入我们自助餐食谱的制定,让他们学以致用,知道要均衡营养膳食以及如何均衡营养膳食,这些都是涵盖在我们的一日生活当中。我们要去思考的教育价值,是希望孩子能够通过一系列的实践,自主、自控、自立、自创去运用饮食健康的知识,并将这些知识运用到生活当中。保教结合是幼儿园区别于其他年龄段教育等形式。我们一直说保教共育、提升保教质量。在我们幼儿园,通过师幼互动,共同创立规范操作流程。这一块不是单一的老师或者保育老师的事情,而是需要小朋友共同参与其中,让小朋友能够真正地在保教中学习。例如:吃水果,怎么吃?什么时候吃?老师和小朋友可以一起讨论制定吃水果的生活流程,从取、洗、切、放、吃等制定规范,让孩子参与其中。保教结合中,我们的园医也是非常重要的。在我们幼儿园,园医进课堂,小朋友特别喜欢。在开展活动中,医生用不同的视角给小朋友进行一些科普、宣讲、膳食建议以及定期做体格锻炼观察,参与到我们的教育教学当中。我们以青少年食育项目为契机,开始进行“光盘行动”,从我做起,不浪费食物,体验适量取餐等。同时,我们也在一日生活中融入6个游园会游戏,让小朋友在体能活动、餐前、餐后以及自主游戏当中进行开展。

(五)因果性要素

我们建构这个课程的理念是希望小朋友能够健康地全面发展。

1. 社会环境的思考

在中国,“民以食为天”,人们离不开吃。因此,“怎么吃”和“吃什么”就成了关键。培养小朋友的良好习惯也是非常重要的。我们要把重点放在培养儿童良好的生活和行为习惯上,让小朋友能够通过全面的教育成为未来人才。

2. 专业环境的思考

倡导理念也是很重要的。我们要有正确的健康观,专业地教授小朋友并引领家长。同时,我们也需要专业的学习、成长,最终让老师、小朋友、家长都有所受益。

3. 文化环境的思考

抓住教育的契机,我们以精粹管理为工具,在精粹环境下,让我们的老师和孩子能够去传承民族优良传统,比如节俭、适度,并将这种精髓共同分享。把一些理念传递给小朋友和家长,促进我们幼儿园整体的教育教学水平提升。

(六)必然性要素

课程的建构与实践不是短时间能够显现成果的。我们将一如既往地深挖精粹管理对幼儿食育课程的价值与实施路径。

《幼儿园保育教育质量评估指南》引领下师幼互动的行与思

黄海波
扬州市生态科技新城泰安镇中心幼儿园

2022年2月，教育部颁发了《幼儿园保育教育质量评估指南》(以下简称《评估指南》)。基于《评估指南》中的第25至31条，我园对教师在师幼互动方面的现状进行了梳理，发现存在以下问题：(1)教师们虽有师幼互动的意识，但缺乏具体可行的操作方法；(2)在师幼互动中，教师们的语言机智不足；(3)师幼互动往往以教师为主导，缺乏幼儿的主动参与；(4)师幼互动的形式过于单一，缺乏多样性和创新性。为了解决这些问题，我们以"师幼互动"为主题展开了深入的学习与研讨。

一、细化评估指标，提升教师互动能力

在《3~6岁儿童学习与发展指南》中，"师幼互动"这一关键指标被细化为七个具体的考察要点。其中，"支持、尊重、重视、理解"等关键词被频繁提及，凸显了"以儿童为中心"的教育理念，这也是《评估指南》对学前教育中师幼互动提出的新要求。在此基础上，我们结合"师幼互动"的相关内容，组织教师们深入探讨了师幼互动的内涵与意义。我们明确指出师幼互动是发生在幼儿园内部，贯穿于幼儿一日生活中的双向交流活动。这种互动需要教师和幼儿的共同参与和投入，不仅涉及知识技能的传授，更包括师幼之间情感的交流与共鸣。

依照这七个考察要点，我们邀请老师们用1~2个关键词来表达自己对"有效的师幼互动"的理解。例如，针对指标27，有的老师提炼出"观察发现、记录分析、有效支持"等关键词。通过集思广益和深入讨论，老师们对《评估指南》下的师幼互动有了更为深刻的认识和思考：首先，教师要做到身心投入，只有真心实意地关注幼儿，才能有意识地开展高质量的师幼互动；其次，教师要善于观察和了解幼儿，这是有效开启和回应师幼互动的前提；再次，教师要学会倾听幼儿的心声，准确把握他们的心理状态和需求；最后，教师要在尊重幼儿兴趣和意愿的基础上进行有效互动，促进幼儿的全面发展。

二、通过案例诊断，强化语言机智的运用

我们通过分析具体案例来诊断师幼互动的质量与效果。案例一描述了在游戏活动时间发生的一个小插曲：东东不小心撞翻了乐乐手中的调色盘，颜料洒了一地。老师A闻声赶来后处理不当导致东东一上午都闷闷不乐。围绕这个案例，我们组织老师们进行了深入的讨论和诊断。大家一致认为这样的师幼互动是消极且低效的。在与幼儿的交流中，教师应该注意自己的言辞和态度，以鼓励为主并引导幼儿学会解决问题而不是一味指责或惩罚。

紧接着我们展示了案例二:当教师B遇到类似情况时她采取了完全不同的处理方式。她不仅用幽默的语言化解了紧张的气氛还巧妙地引导幼儿们将地上的颜料痕迹想象成一幅美丽的画作并与他们一起欣赏和讨论。这个案例让老师们深刻体会到理解孩子行为的重要性以及如何通过积极的语言和机智的应对方式来促进有效的师幼互动。

在日常教育活动中老师们既有积极的师幼互动实践也存在一些消极的互动情况。通过分析和对比这两个案例老师们看到了自己的优点和不足也明确了改进的方向和目标。我们鼓励老师们从实践中不断总结经验教训用积极的互动方式去推动和改善消极的师幼关系努力营造一种和谐、愉悦、有效的教育环境促进幼儿的健康成长和全面发展。

三、交流研讨,尊重幼儿主体地位

在幼儿教育中,尊重幼儿的主体地位是构建积极师幼互动关系的基础。真正的尊重不仅仅停留在口头上,更需要在实际操作中得以体现。通过引导、鼓励、参与和支持幼儿的活动,我们能够激发他们的积极回应,从而建立起一种正向的、富有成效的师幼互动。

然而,在现实中,我们常常发现,尽管教师们口口声声强调将孩子放在首位,但在具体实践中,他们仍然不自觉地主导了活动,让孩子按照自己的意愿行事。例如,在“木头人”这个游戏中,老师的规定性指令限制了孩子们的自由活动,使得原本应该充满乐趣的游戏变得机械而乏味。

为了纠正这一问题,我们深入探讨了如何真正做到尊重幼儿。在研讨中,我们强调教师需要真诚地倾听孩子的心声,了解他们的需求和愿望。这不仅包括倾听他们的言语,更包括观察他们的行为,理解他们的情绪。为此,我们探索了多种倾听和表征方式,如通过绘画、摆放、捏制等方式来表达幼儿的想法,同时也利用录音和视频等手段来记录他们的自然表现和真实内心。

通过这些努力,我们期望能够建立起一种更加平等和尊重的师幼关系,让孩子们在自由和有纪律的环境中健康成长。

四、走进现场,丰富师幼互动形式

为了更好地理解和改进师幼互动,我们依托详细的评估细则,组织教师们深入班级现场进行实地观察。他们关注幼儿在游戏中的情绪变化和专注程度,同时记录和分析教师与幼儿之间的回应和关注情况。

在具体的观察案例中,如大一班孩子们制作皮影舞台的活动,教师们通过言语和非言语的激励方式,成功地激发了孩子们主动参与的愿望。在面对舞台朝向的意见分歧时,教师采用质疑和拓展性的提问方式,引导孩子们进行深入思考,培养了他们的探究和思辨能力。

观摩结束后,我们组织观摩小组进行反馈和总结。他们通过回顾现场情况、发现问题、分析现状以及总结经验等步骤,以客观的自评和他评方式找出了活动中的亮点和不足。同时,结合“班级师幼互动评估表”进行详细的分析记录。各小组还根据自己的观察角度提出了具体的意见和建议,为进一步优化师幼互动提供了有力的支持。

通过这些实地观察和深入研讨,我们更加明确了师幼互动的重要性和改进方向。我们坚信,只有真正尊重幼儿、理解幼儿,才能构建起积极、有效的师幼互动关系,促进孩子们的全面发展。

五、共读书籍，提炼师幼互动策略

为了深化对师幼互动的理解并探索更有效的互动策略，我们共同阅读了《有力的师幼互动》一书。通过学习和讨论，我们更加清晰地认识到，将日常的师幼互动提升为真正有力度、有深度的交流，是每一位幼儿教育工作者应当追求的目标。要实现这一目标，我们提炼出以下关键策略。

1. 自我检查与真诚交流

在每次互动前，教师需要快速地进行自我检查，确保自己的身心都投入与幼儿的交流中。在沟通过程中，教师应使用“真诚”的声音，避免过于正式或命令式的“老师”口吻，以营造更亲切、平等的交流氛围。

2. 建立与幼儿的情感联系

教师要细心观察幼儿的行为、语言和情绪，发现他们有趣和有意义的表现。通过积极的反馈，让幼儿感受到教师的关注和参与，从而建立起深厚的情感联系。这种联系不仅能够增强幼儿的安全感，还能激发他们更积极地参与互动和学习。

3. 拓展幼儿的学习体验

有力的师幼互动不仅是情感的交流，更是教育的契机。在互动中，教师应有意识地引导幼儿深入学习和探索，根据他们的兴趣和经验设计富有挑战性的学习任务。通过这样的互动，教师可以帮助幼儿超越现有的技能水平，实现更全面的发展。

虞永平教授的话提醒我们，“幼儿教师所要做的不仅仅是蹲下身来，更多的是要蹲下心去。”这意味着，作为教师，我们不仅要关注幼儿的身体发展，更要关心他们的内心世界。师幼互动不仅仅是一种关系，更是一种需要终身学习和修炼的能力。我们应该“相信儿童，看见儿童”，真正以幼儿为中心，尊重他们的主体地位，从他们的发展需求出发，展开高质量的互动。这将是我们作为幼儿教育工作者不懈追求的目标。

浅谈疫情之下教师如何有效开展家园共育工作

王英辉
北京市怀柔区第三幼儿园

新《幼儿园教育指导纲要(试行)》指出:“家长是幼儿园教育的重要合作伙伴。”每个孩子都有不同的家庭背景,可以说有多少个家庭就有多少种家庭教育,每个家庭对孩子的期望也各不相同,因此加大了疫情之下家园共育的难度。我们既要有明确的专业引领,向家长传递科学教育理念,提供给家长易行有效的育儿策略,又要有同理心,能换位思考,切实理解、接纳家庭教育的复杂性与家长的难处,调动起家长自身的教育智慧、育儿能力和教养资源。还要充分考虑居家环境的特殊性和个体需求,用专业引领行动,以家长带动家长。

一、疫情之下家园沟通的重要性

家园共育对于提高学前教育质量、提升幼儿园品质、促进幼儿全面发展、转变家长育儿观念、改进教育方法都起到积极的促进作用。因受疫情影响,幼儿园一律实行封闭管理,家长不得进入幼儿园。看似一个小小的改变,却给家园沟通带来了一系列巨大的变化与调整。这样的规定大幅度地减少了家长亲身参与幼儿园活动以及与老师面对面沟通交流的机会,给家园共育工作带来很多不便。人与人之间只有通过心灵深处的交流与沟通,才能达到真正地了解和信任。在幼儿园中,这种与家长的交流与沟通显得尤为重要。半日开放活动无法正常开展,家园面对面交流的机会少之又少。我们不得不思考:如何增加疫情防控背景下的家园沟通机会,让家长和幼儿园走得更近?如何让家长更直观地了解孩子在园的一日生活,消除因不了解情况而带来的焦虑?

二、疫情之下沟通形式的多样性

随着现代通信技术的发展和网络技术的普及,网络沟通成为家园沟通的新载体。教师和家长可利用微信、钉钉、腾讯会议等软件进行沟通,关心幼儿居家情况、身心状况,积极回应家长反馈的问题,及时给出教育建议。

(一)“幼儿园公众号”方便家长了解园内动态

随着疫情的常态化管理,教师与家长面对面交流以及家长走进幼儿园的机会在减少。对于新小班幼儿的家长来说,他们未进入到幼儿园内,不了解幼儿在园生活、学习环境的现状。幼儿园公众号弥补了这个缺憾,家长与教师的沟通不再受时间、场地的限制。家长可以通过公众号了解幼儿园的动态、班级活动的内容。公众号可以图文并茂地展示幼儿园最新的教育活动、幼儿活动,比如:森林运动狂欢节(幼儿运动会)、最浪漫的爱、生活课程之探秘月、是红薯还是南瓜、疫苗接种、光盘行动等。还上传幼儿食谱,便于家长了解。同时,还有儿童歌曲、故事、保健知识、育儿小常识等。丰富的内容便于家长根据自己的需求进行选择,让家长对幼儿园的教育有所了解。

（二）“班级群”为家长提供交流平台

通过班级家长微信群，幼儿园与家长、家长与家长间的沟通更为通畅。家长们可把育儿心得发布到群中，供大家交流、共享。老师还可以根据家长共同关注的话题引发讨论，比如：如何培养幼儿的自理能力？孩子的注意力不集中怎么办？围绕这些讨论，大家各自发表意见，其中有经验，也有教训，都可以成为供家长借鉴的宝贵资源。另外，教师定期向微信家长群中推送专业教育理论文章，如《幼儿冬季运动指南》《流感高发季，如何帮孩子做好流感防控》《致即将入园的幼儿家长，园长有话对您说》等。

此外，还可以分享形式多样化的亲子互动游戏、律动、儿歌、舞蹈视频、故事等，如手工制作花束、儿歌《中秋节》《防疫歌》、亲子互动小游戏、舞蹈律动、故事“上面和下面”等。

同时，班级群中还可发布一些临时小任务，让家长参与到班级环境的创设中。比如，请家长结合班级开展的活动，在家中和孩子一起收集图片、查找信息，做好活动前的物质准备和知识经验准备，让孩子们在活动中获得更丰富、更全面的知识。

（三）“电子成长档案”共同见证幼儿成长

孩子在幼儿园的生活表现是家长最关心的话题。可以将孩子近期在幼儿园的活动和学习内容上传至幼儿成长电子档案中，此电子档案分为两大板块：宝贝在园和宝贝在家。“宝贝在园”就是由班级老师通过多种方式（包含文字、语音、照片、视频等）记录幼儿的生活。家长们随时可以通过此软件关注班级活动的进展，了解孩子在园的生活趣事和学习状况。比如，以视频的方式记录幼儿和同伴间的互动状态，使家长了解幼儿交往方面的能力；还可以以图文并茂的方式记录幼儿阶段性的发展情况，使家长在闲暇时间了解幼儿现阶段的发展。同时，家长也能针对所发内容进行评论，以推进家园合作，促进家园共育。

（四）“腾讯会议”便于家长线上交流

由于疫情原因，家长不能走进幼儿园与教师进行面对面的交流，所以我们利用腾讯会议平台与家长约定统一时间召开线上家长会，帮助本班家长全方位了解幼儿在园情况。我们会针对同年龄段的孩子讲解班级近期发展目标、孩子们的年龄特点和发展水平，使班级所有家长能在较短的时间内，比较集中、全面地了解幼儿在园生活、学习状况。并且，我们还会为家长分析全班幼儿的群体发展优势和不足，以满足家长的心理需求。通过腾讯会议平台，我们会向家长介绍班级近期的重点目标，让家长了解该目标对于孩子发展的重要性，以及当前孩子的身心发展水平。同时，我们会阐述教师准备通过哪些途径和手段，开展哪些活动来组织实施这些目标。此外，我们还可以向家长宣传正确的教育思想，让家长在思想上认同并主动配合，从而提高家庭教育水平。

（五）“线上家访”增进家园联系的温度

开学初期，我们会进行一对一线上家访，了解幼儿及家长的近况和幼儿的发展现状。通过与家长沟通、与幼儿互动的方式，我们拉近师幼关系，为新学期幼儿来园适应做好充足的准备，从而减轻家长的担忧。我们会针对家长的疑虑进行答疑解惑，使家长与幼儿感受到幼儿园的关注与温暖。这种一对一的交流、沟通方式增进了家园之间的了解，起到了良好的互动作用。

（六）“主题月活动”促进家园关系

我园会以月为单位开展一次主题活动，如九月阅读月、十月运动月、十一月探秘月、十二月美食月、三月爱的传递、四月运动月、五月科学探秘月、六月毕业季。这些主题开放活动不仅促进了幼儿的发展,还推进了家园合作关系。例如,每年的九月份,我园会开展“亲子阅读”的相关活动。月初会开展好书分享、亲子共读、好书推荐等活动,月中会开展相应的亲子图书制作、创编故事以及与同伴一起制作故事中的人物、场景等活动,月底会根据幼儿的年龄特点和发展现状进行相应的展示阅读活动。在每月的活动中,孩子们能充分体验到活动的快乐,家长们也能看到孩子在幼儿园的进步。

(七)“班级主题活动”促家园联系

我们结合主题活动,充分调动家长参与学习活动的积极性。因为孩子的学习必须建立在孩子的生活经验上,所以我们经常与家长相互合作,帮助孩子积累良好的生活经验。比如,每周我们都会分享给孩子一个小主题,并写好目标和实施小建议。请家长们结合自己孩子的发展需要自选目标,然后根据实施小建议来培养孩子,真正地做到因材施教,使每一位幼儿都能够有所得、有所获。在主题活动“小手本领大”中,我们发动家长资源,请孩子们观察自己的小手是否容易受伤,如咬指甲、吸吮手指、手上有倒刺、喜欢用手触摸危险物品等情况,并请家长和孩子记录下来。之后将问题带到幼儿园里和小朋友们一起分享自己的经验并寻找解决问题的方法。在家长的配合下,该活动激发了孩子们认识手、保护手的欲望,从而让他们知道一些保护手的方法并提升生活经验。

(八)“家长委员会”架起沟通的桥梁

家长委员会的成员在家长群体中担负着收集意见和建议的任务。如果家长因担心或顾虑而不敢向老师或园方提出建议,此时家长委员会的成员能够在家长与幼儿园之间牵线搭桥,及时协调并解决问题。同样地,当幼儿园有重大活动需要取得家长更多的理解和支持时,家长委员会也能发挥重要作用。例如:2020 年突如其来的疫情使得新冠病毒悄悄走进了小朋友们的生活。为保障小朋友们的身体健康, 2021 年 10 月北京市怀柔区全面启动了 3~6 岁幼儿新冠疫苗接种工作。在宣布新冠疫苗接种通知前,班级教师会提前与本班家委会成员进行沟通,向他们渗透有关 3~6 岁儿童接种新冠疫苗的信息并了解接种新冠疫苗的利弊。在得知家委会成员都愿意积极配合接种后,我们会请他们帮忙向班级其他家长宣传相关工作。在家长委员会成员和园所教师的大力宣传和努力下,全园幼儿接种新冠疫苗的工作得到了很好的落实。

总而言之,在这个特殊时期,教师通过多种形式的沟通加强与家长之间的联系,在疫情防控常态化形势下切实做好对幼儿健康生活指导和心理关怀的工作,并促进家园共育。在多种形式的沟通交流中,教师和家长不断学习和成长并跟随时代的步伐前进。相信在教育的路上家园携手同行一定能培养出顺应时代需要的社会主义建设者和接班人。

依托幼儿一日生活开展品德启蒙教育的实践探索

王英辉
北京市怀柔区第三幼儿园

“德者，本也。”德，是推动整个国家、民族、社会走向光明与进步的核心力量。自党的十八大以来，我国高度重视立德树人在教育体系中的关键位置与深远影响，多次强调必须将立德树人作为教育工作的核心使命，致力于培养在德智体美劳各方面均衡发展的社会主义建设者和接班人。

一、深刻理解“立德树人作为教育根本任务”的内涵

“知之深则行愈达。”在贯彻落实立德树人这一教育根本任务的过程中，我们深刻认识到，只有教师深刻理解立德树人的含义，教学实践才会有正确的方向。

（一）立德树人是党的教育方针的继承、丰富和发展

中华人民共和国成立以来，党的教育方针始终强调受教育者应德智体美全面发展。在 2007 年的党的十七大报告中，明确提出了以下表述：“坚持育人为本、德育为先，实施素质教育，提高教育现代化水平，培养德智体美全面发展的社会主义建设者和接班人，办好人民满意的教育。”

而在党的十九大报告中，进一步强调了“落实立德树人根本任务”的要求，并将立德树人的定位放在了“全面发展”之前。这一变化体现了党中央对党的教育方针的继承、丰富和发展，同时也是党的教育理论创新的最新成果。

（二）各级各类教育必须坚持立德树人

国家高度重视少年儿童的成长，并希望他们学习和传承中华民族传统美德，弘扬社会主义新风尚。在强调社会主义核心价值观的重要性时，也提倡少年儿童要热爱生活，懂得感恩，与人为善，明礼诚信，成为学习和实践这些价值观的小模范。

对于高等教育机构，国家同样寄予厚望。以清华大学为例，站在新的历史起点上，它应坚持正确的办学方向，坚持立德树人，为国家和社会服务，不断推进改革创新。

此外，国家也明确要求各级各类学校必须坚守立德树人的教育理念。提升全民族的道德文明素养，进而增强我国的软实力，已成为当前教育战线上一个重大且紧迫的战略任务。通过这样的努力，我们期待培养出一代又一代具有高尚品德和卓越才能的社会主义建设者和接班人。

（三）学前阶段对“品德启蒙”教育的要求

2001 年和 2012 年颁布的《幼儿园教育指导纲要（试行）》和《3~6 岁儿童学习与发展指南》

等文件中,学前阶段是以“学习品质”“行为习惯”进行描述的。2021 年印发了《北京市大中小幼一体化德育体系建设指导纲要》,把整体性德育目标要求贯穿大中小幼各学段。2022 年教育部颁发的《幼儿园保育教育质量评估指南》中将“品德启蒙”列为“办园方向”中的一个关键指标,强调落实立德树人根本任务,将培育和践行社会主义核心价值观融入保育教育全过程,为培养德智体美劳全面发展的社会主义建设者和接班人奠基。

二、贯彻落实“立德树人教育根本任务”于幼儿生活中

纸上得来终觉浅,绝知此事要躬行。幼儿园是幼儿良好品德形成的关键期。在充分认识立德树人教育根本任务的深远意义的基础上,我们根据园所实际情况,依托幼儿一日生活,开展多种形式的品德启蒙培养活动,努力引导幼儿扣好人生的第一粒扣子。

(一)环境浸润,树立好品行

我国幼教先驱陈鹤琴先生曾提出,幼儿园环境是“儿童所接触的,能给他以刺激的一切物质”。由此可见,环境可谓是一门“隐性课程”。我园是如何利用环境帮助幼儿树立好品行的呢?

第一,创设宽松、自主、民主、平等的精神环境。教师之间、师幼之间保持和善、平等的关系,使幼儿在有爱的环境中产生积极的情绪体验,在宽容和睦的人际氛围里达到正向引导的目的。

第二,在物质环境中渗透品德教育。我园两个大厅里显著位置悬挂的“中国、北京、怀柔”三张地图,就意在让幼儿感受到我们的祖国版图地大物博。通过幼儿自身游历,寻找显著特点,了解我们的首都北京和家乡怀柔。同时,结合“爱幼儿园、爱家乡、爱祖国”三条主线的楼道环境,使幼儿感受到我们国家航天事业的雄心壮志,了解家乡怀柔的蓬勃发展,享受幼儿园宽松和乐的游戏活动,增强幼儿对集体、家乡、国家的归属感。班级环境创设中也体现了教师的智慧,与幼儿一起讨论创设的“班级公约”“垃圾分类”“创城小达人”等环境,都在无形中帮助幼儿养成了良好的品行。

(二)生活习得,养成好习惯

品德启蒙要融于幼儿的一日生活,就要将培育和践行社会主义核心价值观融入保育教育全过程,注重从小做起、从点滴做起。

我们遵循幼儿的认知特点,制定了《一日生活活动内容及培养目标》,从入离园、进餐等八个环节中,都能够渗透品德教育。师幼一起设计早来园的打招呼方式,让幼儿来园问好的形式丰富有趣,自然而然地培养幼儿礼貌问好的习惯;一起制定友好相处、保护班级卫生、来园开心、使用礼貌用语等班级公约,并且每一名幼儿都在公约上庄重地画下自己的自画像或者签上自己的名字,从而来约束自己的行为,成为一名讲文明、爱同伴、爱老师、爱集体的幼儿;小小值日生的活动也意在让幼儿学会自我服务和为他人服务,培养助人为乐的意识。洗手、如厕、穿脱衣服,一切幼儿能够自己做到的,教师都会鼓励其自己动手,让幼儿在具象的、有趣的、生活化的行为中提高自己的自理能力。

(三)主题教育,形成好行为

近年来,我园教师与幼儿一起开展了各项渗透德育教育的主题活动,结合幼儿年龄特点,抓住幼儿的兴趣。小班开展了“爱上幼儿园”“我的好朋友”“我的小手真能干”等主题活动,让 3~4 岁的幼儿对幼儿园生活产生好奇,并喜欢上幼儿园。在教师与园所创设的温暖、关爱、

平等的集体生活氛围中，重点培养小班幼儿的生活能力，帮助她们养成自己的事情自己做的习惯；中班幼儿正处于规则意识萌芽期，社会交往意识增强，且语言表达能力处于提升的高速时期，因此我们也开展了“我的班级我做主”“创城小达人”“餐桌上的故事”等主题活动，使幼儿在活动的进展中感受规则的意义，能够遵守社会规则，使用礼貌用语，在主题中探索、了解各项礼仪，建立积极和谐的同伴关系；大班幼儿语言表达能力、社会交往能力都较强，逻辑思维开始萌发，开始对周围或者社会上发生的事情感兴趣，同时也是幼小衔接最为关键的一个年龄段。因此我们开展了“地球一小时”“快乐星球”“我要上小学了”等主题活动，帮助幼儿提升爱护身边资源的意识，关心国家大事，引导幼儿认识到自己即将成为一名小学生。

（四）文化滋养，弘扬好传统

我国是四大文明古国之一，拥有五千年延绵不断的文化底蕴。继承和发扬中国传统文化，是为了更有力地推进中国特色社会主义文化建设，更好地建设中华民族现代文明。

1. 依托节日，感受传统文化的魅力

我园依托传统节日开展相关主题活动。例如，借助重阳节赏菊花的习俗，创办了我园首届“菊花节”。幼儿与教师一起商讨、布置富有传统文化魅力的环境，投放丰富的材料。幼儿在花果园里赏菊、画菊、品菊等，玩得不亦乐乎。端午节我们一起包粽子、搭龙舟、编五彩绳、挂艾草；中秋节我们一起做月饼、赏桂花、记录月相；春节我们组织幼儿园亲子庙会活动，体会欢乐、祥和、团圆、喜庆的节日氛围。依托传统节日，感受其背后美好寓意。

2. 依托节气，深谙古人智慧

一年有四季，每个季节分别有六个节气。二十四节气与农耕息息相关，是古人智慧的结晶。“谷雨前后，种瓜点豆”“芒种收小麦”“霜降拔萝卜”“立冬起白菜”等，教师利用园所自然资源，结合二十四节气，开展春生、夏长、秋收、冬藏的农事活动。孩子们在开垦、播种、浇水、捉虫、采摘、翻挖、冬储、沤肥等过程中，感受植物生长变化，体验劳动的乐趣，感知劳动创造智慧的道理。

（五）家园社协同，共育好儿童

为了更好地发挥家园社协作的力量，我园邀请专家从发展心理学的角度，帮助家长解读孩子注意力不集中、做事拖拉等行为背后的原因，形成积极的应对策略。我们邀请电视台负责火箭专题篇制作的家长，为孩子们讲解火箭升空的过程，从小培养孩子们学科学、爱科学的兴趣，以及长大后当科学家的愿望。邀请军人家长通过视频的方式，教会幼儿将衣服、被子叠整齐的方法，培养孩子良好的生活习惯。医生家长根据自身的真实案例，向孩子们讲述什么是白衣天使的奉献精神等。利用社区资源，开展“给光荣院爷爷奶奶送礼物”“警察叔叔辛苦了”等慰问活动，培养孩子们关心关爱他人的良好品质。

华东师范大学李季湄教授曾在《对幼儿园品格教育的思考》专题讲座中提到，教育是一项道德事业，既是为个人的发展，也是为社会的发展。教育者如果不给孩子精神力量，那就是在培养机器。新征程上，我们继续以教育家为榜样，大力弘扬教育家精神，牢记为党育人、为国育才的初心使命，树立躬耕教坛、强国有我的志向和抱负，努力培养一代又一代社会主义合格的建设者和接班人。

优秀传统文化如何应用于幼儿教育

黄 月
成都市高新区知音幼儿园

我国在发展过程中,对于孩子的教育予以了高度重视。优秀传统文化教育是实现教育目标的有效途径,对国家的全面发展具有重要的意义。在幼儿教育期间,幼儿应当接受早期的启蒙教育,通过将我国优秀的传统文化与幼儿教育有机地整合在一起,大力弘扬传统文化,提升幼儿的综合素质,在实践中帮助幼儿获取丰富的传统文化知识,从而提高幼儿教育的效果。

一、优秀传统文化的重要作用和意义

传统文化不仅仅是人类在发展中积累创造的物质与精神财富的总和,更是中华民族的灵魂。在漫长的历史长河中,中华民族拥有着丰富的文化内涵,优秀传统文化是中华民族的根本,对增强民族的自尊心和自信心发挥着至关重要的作用,也提升了我国的综合实力。优秀传统文化具有其非常独特的价值,是民族发展中的重要文化力量和精神支柱,也是特色社会主义不断发展的精神基础。加强中华优秀传统文化的教育,应从小孩子抓起,更要从对孩子的人生启蒙阶段——幼儿阶段开始抓起。为此,应当为幼儿营造良好的教育氛围,将传统文化教育资源和幼儿的启蒙教育结合起来,为幼儿的未来发展打下坚实可靠的基础。

二、优秀传统文化在幼儿教育中的有效应用

(一)诵读传统蒙学经典

幼儿的启蒙教育是教育的基础,幼儿教育的实施对于幼儿日后的发展有着深远的影响,因此应当对幼儿教育予以高度的重视。一般来说,幼儿具有多记性而少悟性的特点,所以幼儿教师要结合幼儿们的实际情况来开展教学活动。将优秀传统文化应用在幼儿教育教学中,对幼儿教育的有效实施具有深远的影响。教师也应该选择传统的启蒙读物让幼儿们诵读,如《弟子规》《三字经》和《千字文》等,因为这些读物都具有德育和文化知识教育的双重功能。幼儿在诵读传统经典文化过程中,不但可以体会到中国古汉语的文化魅力,也能逐渐提升其素质。在内容上,这些读物有利于幼儿的记忆和联想,对幼儿教育的实施具有重要意义。

(二)加大隐性传统文化教育力度

幼儿园是教书育人的地方,为幼儿提供了良好的学习环境。为了增强整体的教育效果,需要对优秀传统文化有深刻的认知。所以在实际教学期间,可以将优秀传统文化应用在幼儿教育中,通过加大隐性的传统文化的教育力度,尤其是充分运用传统节日来达到教育目的,继而为幼儿各个方面的素养得到提升发挥关键性作用。在幼儿教育过程中,教师应当汲取并合理利用优秀传统文化教育资源,科学地进行隐性传统文化教育,再设计教学活动方案,定期开展具有传统文化专题性的节庆活动,促使幼儿在节庆活动的熏陶下培养其情感。

（三）合理利用传统民间游戏

对于幼儿而言，游戏是其认知了解世界的主要途径，游戏对于激发幼儿的学习兴趣具有非常重要的意义。传统民间游戏中蕴含了丰富的中华优秀传统文化，对于推动社会的发展以及幼儿群体的健康成长有着举足轻重的作用。在幼儿教育过程中，为了增强教育效果、培养幼儿的综合能力，可以合理利用传统的民间游戏，间接地将优秀的传统文化渗透在幼儿教育教学中，充分发挥游戏的作用。当幼儿参与到游戏中时，为幼儿的表演能力、语言表达能力以及与人交往能力的提高打下坚实基础。教师结合教学内容选择具有针对性与合理性的传统民间游戏，通过开展传统民间游戏，实现对幼儿创造力和思维能力的有效培养，也在一定程度上增强幼儿的协调能力、跳跃能力和投掷能力等，在娱乐中促进幼儿的身体发育并增强身体素质。教师要对幼儿实施早期启蒙教育，通过将优秀传统文化与幼儿教育有机地整合运用起来，从而促进幼儿教育教学质量的显著提高。

三、传统文化资源在幼儿教育中的应用对策

（一）大力应用现代多媒体技术，丰富幼儿教育资源

目前，幼儿教育教学资源大多以课本知识或实践活动来呈现，传统文化教育资源在幼儿教育中的应用相对较少。因此，应结合社会发展的特点，严格遵循幼儿身心发展的规律，分析幼儿的认知、生理特点、兴趣爱好以及生活习惯等，采取现代多媒体技术与传统文化相结合的形式来进行教育。在传统文化中寻找符合幼儿身心发展的音频视频，为幼儿选择积极健康且具有浓郁传统色彩的动画片。在选取动画片时，不仅需要考虑到益智和有趣，还更要注意优秀传统文化的潜在教育价值，从而促进幼儿教育事业的蓬勃发展，弘扬民族优秀的传统文化。

（二）建立健全幼儿教育资源服务体系

就幼儿教育资源系统而言，仍存在着幼儿教育资源服务系统不完善的问题。在幼儿教育方面，存在教育经费不足、教育发展滞后、教育配置不达标、教师能力水平不高等问题。幼儿资源开发单一、落后、不丰富，各个幼儿园间的经验交流甚少。因此，应搭建传统文化教育资源与幼儿教育的地区开放公共平台，实现传统文化教育资源共享。同时，组织大批幼儿教师集中学习传统文化，以提高幼儿教师的传统文化修养和学识。各个幼儿园间也可以建立相应的资源共享服务平台，结合当地的文化特点以及各地的幼儿教育经验，制定具有传统文化的幼儿教育主题课程。

（三）营造良好的传统文化生活氛围

为幼儿们营造良好的学习氛围，将优秀的传统文化不断地渗透到幼儿们的日常生活和学习中。由于幼儿的个性特征和心理特点，他们容易受到周围环境的影响，这通常在活动积极性和好奇心强等方面反映出来。因此，有必要为幼儿们营造良好的传统文化学习氛围。可以以传统节日为纽带，慢慢向幼儿们渗透传统文化的韵味，让幼儿体会到传统节日的深厚魅力。在良好的学习和生活氛围下，帮助幼儿们学习优秀的传统文化。

（四）引导幼儿学习经典

引导幼儿学习经典故事。由于幼儿这个年龄段记忆力好但悟性不高，可以通过多给幼儿讲中华传承的经典小故事来不断向幼儿渗透传统文化，如孔融让梨的故事，让孩子从小就领会相互谦让、不可自私自利、尊老爱幼的优秀品质。引导幼儿学习经典故事可以帮助孩子树立正确的价值观、辨别是非、学会尊重他人。

(五)玩民间游戏

民间游戏可以促进幼儿的综合协调能力的发展。例如,“跳绳”可以通过一些小游戏发展孩子的肌肉和手脚的配合能力。又如经典的传统民间游戏“老鹰捉小鸡”,可以促进幼儿控制自己的行为并遵守规则。幼儿们在一起玩民间游戏可以学会与其他小朋友友好和谐相处并学会自己想办法解决矛盾。玩民间游戏是促进幼儿合作协调的开端,帮助幼儿们学会在游戏中摆脱以自我为中心的思想,学会与小伙伴们相互合作和分享快乐。同时帮助幼儿们不断克服自身弱点并忍受游戏中所受到的挫折,逐渐形成良好的情绪和坚忍的意志品质。

四、提高教师对民间传统文化资源在幼儿园课程运用的重视程度

在目前幼儿园的教育教学中,虽然逐渐开始将民间传统文化融入教学课程教育当中,但是少部分幼儿园当中仍然存在着一些不足,如教师专业程度不够导致幼儿兴趣程度较低等状况。由于各方面的原因,不能将民间传统文化资源很好地运用在幼儿园课程活动中。因此,务必要加强对幼儿学习民间传统文化的引导,其前提就是要先加强教师对这方面的重视程度。只有幼儿园教师的重视程度加强了,才能够保证对幼儿的教学成效。应让幼儿重视对民间传统文化的学习,潜移默化地影响幼儿成长,让他们在以后的发展过程中逐渐完善自己。

五、结束语

综上所述,在幼儿教育实施过程中需要结合幼儿的特点将优秀传统文化应用在其中。幼儿教育是教育的起点,通过发挥优秀传统文化的作用为幼儿综合素质的提升奠定坚实基础,也有助于提高幼儿教育质量。随着我国幼儿教育的快速发展,对幼儿教育的传统文化教育也提出了更高的要求。本文从多角度探讨幼儿教育和传统文化资源的结合,帮助幼儿从小接受我国优秀传统文化教育,在促进幼儿教育发展的同时弘扬优秀的传统文化。

探索 STEM 活动在幼儿园中的问题式学习模式

——以"'线系线策',探究缠线机"活动案例为例

廖瑞敏　陈芬兰　郭　倩
广州市天河区东圃幼儿园

在本研究中,教师依托科学游戏活动案例"'线系线策'——探究缠线机",深入剖析了其在幼儿园问题式学习中的运用。通过精心设计的科学游戏,探讨了如何有效激发幼儿园儿童对科学的兴趣和好奇心,并在解决实际问题的过程中,着力培养孩子的观察、实验和推理能力。教师将细致审视不同科学游戏的设计要素,诸如场景构建、问题导入和团队协作,以评估这些要素对学前儿童学科认知和综合素养的深远影响。通过深入的案例研究分析,本研究旨在为 STEM 教育在幼儿园中的推广提供有力支撑,揭示科学游戏在问题式学习中的实效性,并给出具体的实施策略与实践指导。

一、结合案例,初步探索问题式学习的特质与意义

问题式学习是一种以孩子自主提出问题、深入探究问题、最终解决问题为核心的教学方法。该方法通过引入发人深省的问题,有效激发孩子的求知欲,推动他们进行深层次思考、自主探究和实践,从而真正理解并掌握知识,而非被动接收信息。其关键要素包括以下 5 点。

(1)问题驱动。教学的出发点是一个具有启发性和探究性的问题,旨在引导孩子主动参与学习。例如,在本活动中,孩子们对"线线变身记"中的线产生了浓厚兴趣,这引发了他们对线管理问题的思考,并提出了一系列解决线管理难题的创新想法,为"线系线策——探究缠线机"活动的开展奠定了坚实基础。

(2)孩子主导。在问题式学习中,孩子担任主导角色。他们不仅负责提出问题,还积极参与问题的探究和解决过程。例如,园区每周的 STEM 活动中的工具操作和练习,为孩子们提供了思考和动手能力提升的重要平台。

(3)跨学科性。问题式学习常涉及多学科内容,鼓励孩子综合运用不同学科的知识和技能来解决问题。在"'线系线策'——探究缠线机"的科学游戏活动中,孩子们在第三代产品的探索中,发现了手摇柄的原理,这体现了跨学科学习的特点。

(4)实践应用。孩子通过实际操作、反复尝试、验证等实践活动来运用所学知识,使知识更具实际意义。在第三次探究中,孩子们针对卷线时速度慢、操作烦琐、费力以及占用空间大等问题,提出了改进方案,并尝试利用二代产品进行改造,最终找到了更便捷省力的方法。

(5)批判性思维。孩子在解决问题的过程中逐渐培养出批判性思维,能够评估信息的可信度,分析不同观点,观察并判断事物的适用程度,从而形成自己的独立见解。在第四次探究

中,孩子们针对手摇柄的支撑问题进行了深入探讨和实践,最终在区域活动搭建中找到了解决方案。

综上所述,问题式学习模式对于培养具有批判性思维、解决问题能力和自主学习技能的孩子具有重要意义。而开放性的问题,尤其是以假设性形式出现的问题,更能激发幼儿进行假设、猜想和预测的热情,从而培养他们多角度、多侧面看待和思考问题的习惯以及探究事物的精神。

二、结合案例,续探问题式学习的条件和建构

实施问题式学习需要一系列的条件和环境支持,以创造一个有利于问题式学习的氛围。以下是一些关键条件。

(1)激发问题的质量。为了点燃孩子们的兴趣和好奇心,教师或学习环境需要能够抛出引人深思的问题。这些问题应具有开放性,鼓励孩子们去探索和发现。在我们的活动案例中,为了凸显班级的环境优势,教师巧妙地将户外学习环境、自然探索区与木工坊相结合,让孩子们能够在木工坊中自由寻找自然材料进行实验,从而更直观地面对和解决问题。

(2)资源和技术支持。在问题式学习过程中,孩子们往往需要寻找并利用各种资源,如书籍、网络、实验场地等,以获取解决问题所需的信息和知识。在此次活动中,我们通过书籍查阅、网络图示展示以及小组讨论,详细记录了活动主题的起源、探究过程的演变,以及第一、第二、第三代产品的诞生历程。此外,户外的科学场景也为活动的深入推进提供了丰富的实践机会和自然探索空间。

(3)孩子间的团队合作。问题式学习强调孩子们之间的合作与团队精神。在这次活动中,孩子们积极投身于探索和试验,共同寻找解决问题的策略。这包括独立思考、小组合作、实践操作等多种方式,使他们能够积极参与并共同解决问题。特别是在第二代产品的探究阶段,当孩子们发现线从两端滑落的问题时,新一轮的讨论随即展开。经过方案提出、投票分组、自制带挡板的线轴等步骤,孩子们成功地完成了第二代产品的制作。

(4)教师培训与支持。教师在问题式学习中扮演着至关重要的角色。他们需要具备引导孩子探究、评估和操作能力。为此,我们定期开展教师教研活动,并提供必要的培训和支持,以确保他们能够有效地引导孩子们进行问题式学习。

(5)孩子的自主性和动机。问题式学习着重培养孩子们的批判性思维能力。这不仅要求孩子们收集信息,还需要他们学会评估信息的可信度、分析各种观点,并形成自己的独立见解。问题的设置是引导孩子们进行深入探究的关键。通常,孩子们对某一探究对象提出的问题越多,说明他们对它的关注程度越高。因此,教师可以通过设置开放性的问题来引导孩子们进行思考、展开想象,为后续活动做好铺垫。

(6)适时而有效的评估和反馈。为了确保活动的顺利进行,并及时了解孩子们的学习进展和操作正确性,我们需要提供适时且有效的评估和反馈。这有助于孩子们在活动中不断调整自己的学习策略和方法,从而更高效地解决问题。

三、剖析案例,再探问题式学习的过程和展望

1. 活动背景

(1)游戏活动缘起。

本次活动的灵感来源于“线线变身记”活动结束时,孩子们面对凌乱的线材所产生的困

惑。这一场景激发了他们对线管理的思考,经过头脑风暴,孩子们贡献出众多解决线管理难题的创意,由此拉开了"线系线策——探究缠线机"活动的序幕。

(2)游戏条件。

通过详细的图示和生动的描述,我们记录了活动主题的诞生、探究的每一步进展,以及第一、第二、第三代产品的完整研发过程。此外,户外的科学实践场景为孩子们提供了广阔的探索空间,使得活动能够深入且多样地展开。

(3)幼儿的兴趣和前期经验。

在先前的"线线变身记"活动中,孩子们通过操作各种线材,不仅体验了线的多变与趣味,也在整理线的过程中积累了宝贵的经验。这些经验为他们后续参与"缠线机的诞生"探究活动奠定了坚实的基础。

2. 活动过程实录

孩子们在面对线材混乱的问题时,开始主动思考解决方案。经过集体讨论,他们引导教师一同参与到线管理的实际操作中。

在初步尝试阶段,孩子们在幼儿园的各个角落寻找能够用来卷线的材料,并提出了多种解决方案。

随着探究的深入,孩子们相继研发出第一代、第二代和第三代产品。在每一代产品的研发过程中,他们都遇到了不同的问题,如线卷掉落、线头滑落等。然而,通过不断的讨论、尝试和改进,孩子们最终成功地解决了这些问题,并完成了缠线机的制作。

3. 教师的支持与策略

教师在整个活动中坚决贯彻STEM教育理念,通过激发孩子们的学习兴趣,引导他们自主发现问题、设计解决方案、进行实验验证、分析结果并总结经验。

教师不仅传授知识,更在孩子们的探索过程中担任了引导者的角色。他们通过巧妙的引导,帮助孩子们发现问题,鼓励他们自主选择探究方向,并与同伴合作寻找答案。这一过程不仅锻炼了孩子们的手眼协调能力,还培养了他们的耐心和合作精神。

活动的设计充分考虑了孩子们创造性思维的培养。教师鼓励孩子们在探索中大胆提出自己的想法,并通过实践来验证和改进这些想法。这种教学方式为孩子们创造性思维的发展提供了广阔的空间。

4. 评价与展望

问题是驱动时代进步的重要力量。要培养出具有创新意识、团队协作精神、问题解决能力以及实践能力的孩子,就必须构建以问题为中心的教学模式。通过对"线系线策——探究缠线机"这一科学游戏活动案例的深入研究,我们发现以问题式学习为核心的教学方式在幼儿园教育中具有显著的效果。

展望未来,我们将继续关注并优化幼儿科学游戏活动的设计与实施。同时,我们也会深入探讨教师在这些活动中的角色定位和支持策略。我们相信,通过持续的努力和创新,我们能够在幼儿园教育中推动更多富有创意和启发性的科学活动,为孩子们的全面发展注入新的活力。

小班课程故事

——光盘行动 从我做起

刘 艳
运城市稷山县稷王幼儿园

一、题记

《幼儿园教育指导纲要(试行)》明确指出:“教育活动的组织应结合本地、本园的条件以及本班幼儿的实际情况,制定切实可行的工作计划并灵活执行。教育活动内容的选择应贴近幼儿生活,挑选他们感兴趣的事物和问题,以此拓展其经验和视野。”我们立志从幼儿身边的实际社会生活出发,通过生活实践开展教育,使教育方法和内容更贴合生活需求,以此践行陶行知先生的“生活即教育”理念。

二、课程叙事

(一)追随儿童,把握教育契机

午餐时间,孩子们中间传来了嘀咕声……

冯一桓皱着眉说:“老师,我讨厌这个汤里的菠菜。”

龚梓渊问:“我能回家吃奶奶做的面条吗?我不想在学校吃。”

文婉宁含泪道:“老师,我吃不下……”

乔柯涵指着某同学:“老师,他把饭都倒了。”

这时,杜雨晴高声呼吁:“这样不对,不能浪费,我们要光盘!”大家立刻静下来,疑惑地看着她。

面对午餐时的挑食、偏食和浪费现象,我们该如何引导孩子们理解并实践“光盘行动”呢?如何在日常生活中培养他们“光盘”的好习惯呢?

(二)探讨话题:何为光盘?

杜雨晴:“光盘就是吃完后盘子很干净。”

张亦辰:“像新碗一样。”

胡怡丹:“光盘是吃完没有剩余的盘子。”

薛锦瑞:“就是把饭全都吃光,盘子空空的。”

孩子们对“光盘”的理解虽不同,但都传达了不浪费的核心概念。

(三)深度思考:为何要光盘?

孩子们给出了各种理由支持“光盘行动”。

张赫江提到:“老师讲过《怕浪费婆婆》,不光盘就是浪费!”

通过观察,我们发现许多孩子在午餐时存在挑食现象。午餐作为幼儿一日生活的重要环节，对于培养自理能力和良好习惯至关重要。

再次强调，《幼儿园教育指导纲要（试行）》的指导思想引领我们从幼儿身边的社会生活出发，通过实际生活进行教育，使教育方法和内容更加生活化，以此践行陶行知先生的教育理念。我们致力于培养孩子们珍惜粮食、养成“光盘”的好习惯。这样的教育方法不仅贴近幼儿生活，选择他们感兴趣的话题，还有助于拓展其经验和视野，实现教育的真正意义。

（四）实地探访：深入了解光盘行动

为了进一步了解身边的光盘行动实施情况，孩子们自发分成两组，分别对班级内以及教师食堂的光盘状况进行了实地考察。午饭后，小组内的讨论异常热烈。

薛迪曦惊讶地发现：“这是谁的碗？怎么剩下这么多米粒没吃干净？！”

张艺姗猜测：“我猜这可能是高亦珩的碗，你看，他桌上散落的都是米粒。”

宋梓赫提出不同看法：“也不一定就是他的，我刚刚放碗时看到……”

刘浩睿则直接举手示意：“老师！你看这里，有饭粒掉在地上了！”

张亦辰观察得更细致：“每个剩饭桶里都有好多被浪费的米粒！”

段钰滢也发现：“这些桶里怎么全都是剩饭剩菜和汤啊。”

实地考察后，孩子们回到班级围绕“光盘行动”展开了热烈的讨论，他们都能用清晰、完整的语言描述自己在食堂所见。讨论中发现，孩子们对“光盘”并不陌生，而且多数孩子都能理解光盘的意义和重要性，这引发了群体的共鸣。

（五）提出疑问：你们能做到光盘吗

（1）我们在小班进行了一次光盘行动的调查。

能够做到光盘：40 人。

不能做到光盘：12 人。

面对这一疑问，孩子们给出了不同的回答。虽然他们知道光盘行动的重要性，但实际行动起来却并非易事。那么，究竟是什么原因导致这些孩子不能做到光盘呢？

（2）不能做到光盘的原因一。

“饭太多了，我吃不完，每次都是满满的一碗……”

确实，了解自己的需求和喜好非常重要，这样才能更好地控制餐量。

（3）不能做到光盘的原因二。

“有些菜我喜欢吃，有些菜我不喜欢。”

孩子们纷纷表达自己的喜好。

解峰骅问：“食堂的爷爷能不能都做我爱吃的菜呢？”

任德轩期待地说：“如果都是我喜欢吃的菜就好了。”

段开森表示：“我喜欢吃西红柿，但不是每天都有。”

俞渝则直接坦言：“我最不喜欢吃青菜。”

了解到孩子们不能光盘的多种原因后，我们开始寻找解决方案。

（4）解决方案一：按需加饭，学习手势。

为了让孩子们能够根据自己的需求加饭，并与老师有效沟通，我们一起讨论并约定了一套加饭手势，采用简单易懂的石头、剪刀、布形式。

（5）解决方案二：了解幼儿园食谱。

我们带领孩子们参观了幼儿园的每周食谱安排，让他们了解食谱的制定不仅考虑营养价值,还要考虑季节性和食材种类。同时,幼儿园会根据季节变化提供丰富的食材来制作美味的食物。

(6)解决方案三:自己制定菜谱。

我们鼓励孩子们了解自己到底喜欢吃什么,并在考虑营养价值、荤素搭配以及季节性和种类的基础上制定自己的菜谱。通过这一过程,家长和老师共同鼓励孩子们坚持光盘行动。

(六)激励措施:评选“光盘小达人”

为了激励孩子们坚持光盘行动,我们开展了“光盘小达人”的评选活动。

薛迪曦自豪地说:“我每天都把饭菜吃得光光的!”

张艺姗也分享:“我现在特别喜欢吃蔬菜,因为老师说多吃蔬菜对身体好。”

宋梓赫则表示:“我每天都坚持光盘哦,都有记录的……”

激励措施四:自己动手制作美食

《幼儿园教育指导纲要(试行)》强调家园合作的重要性。因此,在光盘活动中,我们鼓励孩子们在父母的帮助下亲手制作自己喜欢的美食。这样不仅能让孩子们体会到美食的来之不易,还能激发他们对食物的热爱。

经过一个月的评选活动,孩子们挑食的现象明显减少。他们开始珍惜每一粒粮食,从不喜欢吃到愿意尝试一点点,这是一个显著的进步。每到午餐时间,孩子们都会小心翼翼地吃饭,生怕米粒掉在桌上。如果有人发现米粒掉落,大家都会自觉地捡起来放入垃圾盘。

(七)发起倡议:让每个孩子都参与光盘行动

我们的“光盘行动”并不仅限于本班。为了让更多孩子养成这一好习惯,我们决定制作“光盘行动”宣传海报,并向其他班级宣传我们的活动。

(八)活动反思与课程延续

那么,“光盘行动”仅仅是孩子们的事情吗?

李泽含明确表示:“当然不是,大人也应该参与光盘行动。”

牛滢然好奇地问:“那老师们每天也和我们一样光盘吗?”

这引发了一场关于成人是否参与光盘行动的小检查。孩子们决定去实地查看幼儿园老师们的用餐情况。

杜雨晴在看到老师光盘后赞叹道:“哇,老师你吃得真干净,你真棒!”

段玉莹则给一位光盘的爷爷贴上了奖励贴纸:“爷爷,你吃得很干净,这是给你的奖励。”

通过这次活动,孩子们不仅自己践行了“光盘行动”,还成功地将这一理念传递给了更多的人。

三、课程反思

在此次“光盘行动”中,我们一直紧密关注幼儿的问题,追随幼儿的脚步。在如何才能实现“光盘”的问题上,我们引导幼儿去主动发现,并鼓励他们积极解决所遇到的问题。同时,对于幼儿进餐的实际感受,我们也给予了积极回应,为幼儿营造了愉快的进餐体验。勤俭节约是中华民族的传统美德,而家庭教育是培养这一美德的最佳途径。我们充分利用家长资源,在家庭中开展剩饭大调查和宣传活动。此外,我们还让幼儿自己设计食谱并由家庭执行,从而使幼儿对“光盘行动”充满期待,并培养了一定的责任感。幼儿因此更愿意成为“光盘小达人”,让“勤俭节约”的种子在他们心中自然生根。

大班活动案例
——“画画我的好朋友”

苏涛慧
远城市稷山县稷王幼儿园

一、设计意图

随着年龄的增长，大班幼儿的生活经验日益丰富，对周围事物的理解也越发深刻。美术表现的情感素材随之增多，从幼儿的生活中挖掘具有深厚情感的题材，对于培养他们的审美感知能力、审美情感和创造能力至关重要。经过两年多的幼儿园生活，孩子们在相互交往中增进了了解，彼此间的情感也日渐深厚。因此，我们选择孩子们身边熟悉且喜欢的人——他们的好朋友，作为此次活动的主题，旨在让孩子们在有限的题材内发挥无限的创意。

二、活动目标

（1）引导幼儿细致观察好朋友的特征，鼓励他们自由大胆地进行创作。

（2）激发幼儿的想象力和创造力，主动探索多样化的绘画方式。

（3）让幼儿体验自主创作的乐趣，并感受与好朋友之间的深厚情谊。

三、活动重难点

本次活动的重点在于引导幼儿观察好朋友的特征，难点则是鼓励他们运用不同的方式，自由大胆地进行创作。

四、活动准备

（1）环境准备：设置透明膜区、白板区、KT 板区（整张）。

（2）材料准备：提供排笔、刷子、海绵滚轮、涂鸦蘑菇头、水粉颜料、大小调色盘、彩笔、马克笔、油画棒、记号笔、轻黏土、粉笔、棉花和树叶等丰富的绘画材料。

（3）音乐准备：选择适合作画和收区的音乐。

五、活动过程

（一）导入部分——游戏“你来说 我来猜”

以轻松愉快的语气开启活动，老师问：“孩子们，你们都有自己的好朋友吗？”通过这个问题，激发孩子们对好朋友的情感和回忆。（此环节旨在通过游戏引导幼儿观察并描述好朋友的特征，从而加深他们对好朋友的印象。）

接着，老师提议：“今天，我们来玩一个‘你来说 我来猜’的游戏。请大家描述一下自己好朋友的特点，然后让我们来猜猜看是谁。”

在游戏过程中,老师根据幼儿的回答和反应进行互动,营造出轻松愉快的氛围。当有人被猜中时,老师给予积极的反馈:“哇!大家真是太聪明了,一下子就猜出来了!这说明你观察得非常仔细,描述得也很清楚。”

如果有多个孩子想要继续游戏,老师可以提议:“看来大家都很想分享自己的好朋友呢!那我们换一种方式来继续猜猜看吧。”

(二)基本部分

1. 准备绘画材料和介绍新材料

老师带领孩子们来到涂鸦区,并询问:“大家猜猜看,我们今天要用什么方式来创作呢?”当孩子们猜到是“画画”时,老师给予肯定。

接着,老师向孩子们展示涂鸦区的新材料:“看,老师在涂鸦区为大家准备了这些新材料:刷子、海绵滚轮、粉笔。还有这个涮笔筒,当我们需要换颜色时,就可以用它来洗笔。”同时,老师示范如何使用这些新材料。

此外,老师还介绍了三个大的绘画区域:“我们有透明膜区、白板区、KT 板区供大家选择。你们可以根据自己的喜好自由选择绘画区域和材料哦!”

在孩子们开始绘画前,老师强调了几点注意事项:“首先,我们要穿上涂鸦服,保持衣服的干净。其次,大家要互相合作,一定要画出好朋友的特点,让我们可以轻易地猜出画的是谁。最后,画完之后,我们要把材料整理好,养成良好的习惯。”

2. 幼儿自由创作

在孩子们创作的过程中,老师鼓励他们大胆表现自己的想法,并自由选择材料和区域进行创作。老师则作为观察者和支持者,在孩子们需要时提供适时的帮助和指导。

3. 分享与评价

当孩子们完成作品后,老师组织他们进行分享和评价。首先,老师邀请孩子们猜测某幅作品画的是谁,并从作品中找出好朋友的特点。接着,请小画家揭晓答案,并分享自己的绘画方式和创作思路。在此过程中,老师引导孩子们互相评价作品,并鼓励他们用拥抱等方式回应友谊。

此外,老师还关注孩子们在绘画过程中是否遇到困难,并给予及时的帮助和解决。最后,通过观看回顾创作过程及作品的视频,老师对孩子们的创作进行总结和提升,强调友谊的珍贵和绘画的乐趣。

(三)结束部分

在活动结束时,老师感慨道:“这真是充满友爱的一天啊!让我们一起去跟你的好朋友和作品合影留念吧!”通过合影的方式,让孩子们再次感受到友谊的温暖和创作的喜悦。

六、活动反思

《3~6 岁儿童学习与发展指南》中提出:喜欢进行艺术活动并大胆表现。涂鸦是一种艺术表现形式,在涂鸦的过程中,孩子们可以自由、自主、天马行空地畅想,也可以随心所欲地表达,用手中的小小画笔创作出自己的好朋友和五彩斑斓的世界。宽松的心理环境和丰富的物质材料环境,尊重了孩子自发的、有个性的艺术表现与创造。在好奇心的驱使下,孩子们很快就根据自己的喜好自取材料开始了涂鸦。从他们专注的神情和笑脸中,可以感受到孩子们的积极与主动。孩子们在活动中的互相交流,你一言我一语的对话推动了自主游戏的发展,同时发展了孩子们的语言表达能力、想象力和创造力。当孩子们在涂鸦过程中遇到问题,老师引导孩子通过想一想、试一试、涂一涂的方式,寻求解决问题的办法。老师应以欣赏的态度积极评价每个孩子,尊重并支持孩子的表现和创造,充分创造条件和机会,同孩子一起用心去感受美、发现美、创造美。

通过高质量艺术教育提高幼儿素质

王 英
深圳市龙华区潜龙学校附属龙岸幼儿园

幼儿期的发育主要包括两大核心要素,一是生理发育,这涵盖了身体的成长,自理能力的提升,以及均衡、健康的身心发展;二是认知与心理发展,这一方面涉及情感调控、注意力集中、记忆力培养、想象力拓展和思维能力的发展,并且还包含了对周围环境和事实的认知理解、信息积累,以及初步的知识创新意识等方面。

艺术教育是美学教育的核心载体,通过绘画、剪纸、雕塑、歌唱、舞蹈等多种艺术形式进行。在儿童艺术和音乐教育中,教师着重培养儿童的综合素养,涵盖特殊技能、情感经历、兴趣爱好、观察力、创造力、想象力以及艺术实践能力。

一、艺术教育概论分析

随着优质教育理念的发展,艺术教育在教育界日益凸显其重要地位,被视为提升教育质量的有效途径之一,涵盖美术、音乐、戏剧等多种形式。当前,大部分教育机构的艺术教育主要结合音乐、美术和其他艺术类课程实施,而在更广泛的定义中,凡是在日常教学框架内组织的任何有助于提升学生整体素质的活动,均可视为艺术教育范畴。

二、艺术教育提升学生综合素质的应用策略

1. 强化艺术课程与艺术氛围建设

作为美术教学的重要手段,幼儿园应聚焦于高质量的艺术教育,聘请专业美术教师进行指导,帮助幼儿提高认知水平,养成良好的行为习惯,为个人发展付出努力并树立理想。通过打造友好艺术环境,不仅激发幼儿对艺术的兴趣,更能培养他们的艺术精神,从而更高效地进行学习。

2. 摒弃错误艺术教育观念,参与创新艺术教育实践

教师需具备开放心态,重新审视教学方法,减少传统教学模式对学生身心的束缚,营造轻松愉悦的学习氛围。一些学校已认识到美术教育在课程体系中的价值,视其为优质的教育内容。

3. 以艺术形式展现教育成果,强化艺术与教育的实践结合

学校应充分利用艺术教育形式,搭建全年艺术节项目,使学生在筹备艺术节、参与艺术活动的过程中拓宽视野、深化学习,清晰发现问题并解决问题。

4. 深化艺术教育认知,推动素质教育进程

优质教育在学校中扮演着鼓励学生全面发展精神和能力的角色。以往过于侧重智力和能力培养而忽视了道德品质和高层次训练的现象应当得到纠正。现代社会急需负责任、有道德、

专业素养高的公民，因此，学校应加深对美术教育的认识，不仅要针对有特殊能力的学生进行教育，还要通过艺术教育培养全体学生的艺术修养和文化底蕴，使他们拥有独特审美视角和深层次文化根基。

三、艺术活动氛围对幼儿创造力的影响

艺术活动的环境对幼儿创造力的培养具有重要作用。强烈的创新意识是创新人才必备的素质，强大的创新意识能够驱动个体设立创新目标、发挥创新潜力和智慧，释放创新激情。在传统的教育环境中，教师常常以权威形象出现，导致学生被动接受知识，限制了其独立思考和想象力的发展。依据新课程理念，课堂教学应以学生为主体，鼓励独立活动和主动探索。

四、艺术教育中如何培养幼儿创造力的具体策略

1. 丰富幼儿生活体验

幼儿生活的丰富多彩是创造力产生的源泉，通过丰富的生活情境，增强他们的感知力、记忆力和情感体验，促进创造力的发展。比如，在教孩子们画蝴蝶之前，可以先带他们实地观察捕捉蝴蝶，通过愉快的体验和观察，让他们真正理解和掌握蝴蝶的特点，从而在绘画中展现出各种生动活泼的蝴蝶形象。

2. 激发艺术教育中的创意想象力

教师有时故意展示不完美或错误的描述，引导幼儿进行创造性想象，如以“洗大象”为例，通过讲解大象的不同动作，引发幼儿对其他可能场景的联想和创造。在充满创意的氛围中，幼儿们变得自信且富有热情，他们的绘画作品也因此充满创意，呈现出各异的风貌。

3. 美术教育思想的传递

通过多维度的教学活动，如教师讲述故事开头，鼓励幼儿续写故事结局，这种方式能有效激发幼儿的创意，使他们在多样化的故事情境中锻炼创造力。

4. 创设利于幼儿教育的和谐民主环境

教师需营造积极创新、鼓励探索的氛围，首先要表现出对活动的热情和支持，通过提问引导幼儿发挥创造力。同时，通过亲子实践活动、家校合作，使家庭成为幼儿创造力培养的第二课堂，提升幼儿在日常生活中的观察力、审美能力和综合实践能力。

5. 尊重并遵守幼儿精神与身体发展的基本原则

在幼儿发展阶段，应遵循其身心发展规律，通过合适的方式，如利用“小平面”等元素引导幼儿有意识地创作简单图像，培养他们观察、思考和表达的能力，让幼儿在绘画房子、树木等过程中享受到艺术创作的乐趣。

6. 关注幼儿的情感和观察力发展

随着幼儿逐渐学会体验美好、探索艺术美感，教师应鼓励他们多角度观察、倾听和交流，通过艺术教育提供更多感官体验和与外部世界的互动机会，以达成儿童全面发展的目标。

总之，通过高品质的艺术教育，深圳市龙华区潜龙学校附属龙岸幼儿园致力于提升幼儿的综合素质，通过系列案例研究和实践探索，展示了艺术教育在培养幼儿创造力、情感表达、审美能力和整体素质方面的积极作用。通过不断创新和优化艺术教育课程，为幼儿未来的发展打下坚实基础。

论幼儿园探究式科学游戏促进幼儿创造性思维

李桂情
深圳市龙华区潜龙学校附属龙岸幼儿园

幼儿园阶段是儿童认知和思维发展的关键时期,而创造性思维作为一种高级思维形式,被广泛认为是培养幼儿创新能力和解决问题能力的重要因素。在幼儿园教育中,如何有效地促进幼儿的创造性思维能力一直是教育工作者关注的焦点。幼儿园通过科学游戏的方式来激发幼儿的创造性思维,已经成为一种备受关注的教育模式。

一、幼儿园科学游戏的特点

幼儿园以游戏为基本学习方式,科学游戏是指通过游戏方式进行科学探索和学习的活动。幼儿园科学游戏适宜简单易行,贴近生活,结合科学游戏和科学知识教育的方法。科学游戏具有趣味性,能吸引幼儿,激发他们的兴趣;科学游戏具有实践性,提供丰富的材料和活动,让幼儿通过动手操作继续学习;科学游戏具有探索性,鼓励幼儿对事物进行观察、探索和实验,培养他们的探索精神。

二、幼儿园探究式科学游戏注重幼儿的探索与实践

幼儿园的科学活动结合幼儿的年龄特点,从幼儿自身发展看,探究的兴趣远比直接获得知识更为重要。以游戏的形式,引导幼儿主动参与科学探索和实践活动,以激发幼儿的好奇心、求知欲。通过让幼儿亲身参与科学实验、观察、探索等活动,激发幼儿的创造力和探索欲望,培养幼儿的科学思维和创造性思维。例如:结合幼儿的年龄特点和兴趣,组织了科学活动《瓶子吹气球》。以生活中幼儿熟悉的气球导入活动,让幼儿尝试用各种方法吹气球,进而引出问题:“如何让瓶子把气球吹起来?”并思考:“利用现有的材料是否可以协助瓶子把气球吹起来?”实验中,让幼儿亲自动手操作,两两合作中直接感知科学的奥秘。通过操作后发现醋和小苏打可以协助瓶子把气球吹大,满足幼儿的探究兴趣,体验成功带来的喜悦。同时,教师将科学原理和生活中可用的科学知识告知幼儿,便于幼儿接受和理解,激发幼儿对科学的浓厚兴趣。如实验中的材料醋是酸性物质,苏打粉是碳酸氢钠,当醋和苏打粉混合时就会发生化学反应生成二氧化碳气体,所以可以把气球吹大;生活中的科学——二氧化碳可以制成碳酸饮料、灭火器、防腐剂、干冰等。

三、探究式科学游戏对幼儿创造性思维的促进作用

科学游戏作为一种探究式学习的方式,对幼儿的创造性思维发展起着积极的促进作用。在幼儿园的实践研究中,通过设计有趣、具有挑战性的科学游戏,可以激发幼儿的创造性思维,培养他们的科学探究能力和创新意识。例如在科学活动“空气火箭”中,我利用生活中常见的

材料融入幼儿的生活科学，让幼儿从多个方面体验和探索操作，用多种方法让火箭飞起来。这样既符合幼儿的兴趣和现有经验，又有助于形成符合教育目标的新经验，既贴近幼儿的生活，又有助于幼儿的经验提升。首先，通过火箭升天的视频引起幼儿兴趣；其次，介绍材料，让幼儿通过探索操作了解如何让火箭飞起来；接着，出示小瓶子，引导幼儿对小瓶子进行探讨；最后是猜想和验证环节，探讨什么方法可以让火箭飞起来，如果没有气，火箭是否能飞起来？活动中，我鼓励幼儿多次尝试让火箭飞起来，并大胆表达自己的发现和想法。通过多次探索，幼儿发现挤压瓶子能产生气流让火箭飞起来。从而得出空气火箭的科学原理是气压的相互作用使火箭飞起来。在整个活动中，我充当问题的引导者，不断提出问题，鼓励幼儿进行探究和寻找解决方法。让孩子们一次次地挑战并最终获得成功，激发幼儿的探究精神和解决问题的能力。

在上述活动中，我们可以看到：一是培养了幼儿的发散思维。探究式科学游戏鼓励幼儿从多个角度思考问题，尝试不同的解决方案。这种思维方式有助于培养幼儿的创新意识和解决问题的能力。二是提升了幼儿的洞察力。在科学游戏中，幼儿需要观察、分析和理解事物的特征和规律，从而发现问题并解决问题。这种观察和思考的能力有助于提高幼儿的洞察力和判断力。三是激发了幼儿的创新力。探究式科学游戏鼓励幼儿尝试新奇的想法和方法，从而激发其创新意识和创造力。这种鼓励尝试和探索的精神有助于培养幼儿的创新力和解决问题的能力。

四、幼儿园探究式科学游戏的实践策略

根据幼儿认知发展水平的特点，幼儿进行科学游戏的探究可以从以下策略开展。

一是创设问题情境，设置有趣的问题情境，引发幼儿的探索欲望。如幼儿园设置科学功能室，班级设置科学探索区域；同时提供丰富的、可操作的材料，便于幼儿在游戏中自由探索。教师适时引导观察和思考，鼓励幼儿对事物进行细致的观察，提出问题，并思考问题的答案。组织小组内的科学游戏，让幼儿在合作中互相学习，分享经验，激发创造性思维。对幼儿的表现进行及时的评价和反馈，鼓励他们的创造性表现，提供建设性的改进意见。

二是鼓励家长参与科学游戏，与孩子一起探索，不仅能增强亲子关系，还能巩固学习成果。幼儿园每年 5 月举办一次科技节活动（我们也称之为科技月），重视仪式感，既有开幕式也有闭幕式。除增加一些高科技的物品外，如机器人导览、会跳舞的机器人、机器怪手、无人机、光影墙等，还鼓励家长积极参与制作可操作的亲子科技作品。同时，各年龄段（级组）征集科学实验，每天在班级晨谈分享。在闭幕式当天开展亲子游园活动，并对亲子作品进行投票，对最受欢迎和最喜爱的科技作品颁奖。让幼儿感受科技带来的便利，在挑战中走进科学，感受科学，爱上科学。

幼儿园探究式科学游戏对于促进幼儿创造性思维具有积极作用。通过实施上述策略，可以有效激发幼儿的想象力和创造力，培养他们的发散性思维和解决问题的能力，为他们的未来发展奠定坚实基础。

总之，幼儿园探究式科学游戏是促进幼儿创造性思维的有效途径。通过实践，我们发现探究式科学游戏能够激发幼儿的好奇心，培养幼儿的观察力、动手能力和自信心，同时也有助于提高幼儿的发散性思维和创新意识。因此，我们应该在幼儿园教育中进一步推广和实施探究式科学游戏，以促进幼儿全面发展和创造性思维的提升。

幼小衔接视角下大班幼儿时间观念的现状分析与培养策略研究

李颖霜
南通市如东县鑫城幼儿园

一、问题的提出

新学期开学不久,就有孩子感叹,这是他们在幼儿园的最后一个学期了。晨间谈话环节,孩子们回忆起了幼儿园生活的时光。孩子们纷纷说出了各自在幼儿园生活中最难忘的事情。

聊完了关于幼儿园的事情,那么关于即将上小学的未知生活,孩子们都有哪些好奇的事情呢?问题一抛出,孩子们便七嘴八舌地讨论起来,讨论的答案也五花八门,层出不穷。有的孩子想知道小学的教室是什么样子的?有的孩子想知道小学几点钟上学?……面对孩子们诸多的疑惑,我们的课程之旅也由此开展。

二、研究方法

(一)调查法

有目的、有计划、有系统地搜集有关研究对象现实状况或历史状况的材料。通过向家长和孩子发送调查问卷,调查孩子和家长关于幼小衔接相关知识的了解情况。

(二)观察记录法

该幼儿园幼小衔接课程活动的观察对象主要有幼儿、幼儿活动的表现。笔者所在的幼儿园班级中有幼儿27人,教师3名。活动开展中,笔者对该班级的幼小衔接课程活动进行细致观察和记录。

(三)访谈法

访谈法是笔者围绕某个主题带有目的性地提问被研究者以获得特别或详细信息的一种研究方法。根据本文的研究任务,对有关制定教学方案的负责人和幼儿家长进行开放式访谈,以了解R县幼儿园幼小衔接活动开展情况和现状。

三、参观小学开展情况

(一)参观方案

再多的讨论不如实地考察,于是我们决定一起去参观小学。可参观也不是一场说走就走的旅行,需要我们认真规划,合理安排,充分准备之后,才能付诸行动。参观小学的计划在孩子们的心中萌发。

参观小学需要做哪些准备呢?沈昕小朋友画下了前往小学的路线,何璟琰认为参观小学需要带一些必备的物品，比如太阳帽、水杯、口罩等等。根据孩子们商定的结果，我们确定了参观时间。

（二）幼儿的好奇

参观也不能走马观花，我们需要根据大家想了解的事情，一个一个地点去参观。因此，孩子们提前画了参观调查表，上面记录了孩子们想要了解的事情。比如：小学的走廊是笔直的吗？小学一共有多少个班级呢？小学的操场在哪里？教室里的黑板有多大？能写多少字？还有关于食堂、厕所、教学楼等等一系列的问题。

（三）改变方案

可是计划赶不上变化，在我们精心制定了参观小学的方案之后，参观小学的计划却因疫情的原因戛然而止。面对这样的突然事件，孩子们难免会有些失落，但是孩子们也没有气馁。除了实地参观，我们不能有其他的方案吗？有孩子提议，我们可以线上直播，一位老师去现场用手机给我们直播，孩子们在教室里也能通过电视机看到小学的样子了。

（四）线上直播

孩子们也认为这个方法是可行的，于是周一早上，孩子们早早地到了教室里等待直播的开始。直播一开始，孩子们就发现，小学的哥哥姐姐们都在往操场走，原来周一早上是他们例行的升旗仪式的时间。跟随严老师的步伐，孩子们看到了小学的操场、教室、食堂、音乐教室、乒乓球室……孩子们还发现，教室里的每个小朋友都有一张桌子和椅子。

（五）参观后——小学印象

直播结束后，小朋友们趁着新鲜劲，把刚才看到的小学景象画了下来。原来小学跟想象中有很多不一样的地方。孩子们还发现，他们刚到教室的时候，小学的哥哥姐姐们都已经聚集在操场上了，那他们是几点到学校的呢？他们又是几点钟放学的呢？他们一节课是几分钟？通过这次线上直播，孩子们对小学的环境有了一定的了解，但是也引发了新的问题，那就是小学的生活与幼儿园的生活在时间上有什么样的差异呢？

四、了解时间奥秘与策略

（一）了解时间的差异

关于小学与幼儿园时间上的差异，我们进行了新的讨论。从一日流程对比来看，确实能发现很多不同之处。孩子们都知道，我们大班孩子现在是 7 点 50 分入园，这个时候小学的哥哥姐姐们在干什么呢？我们通过询问家里上小学的哥哥姐姐们了解到了情况，小学生进入校园的时间比我们早。

孩子们还了解到，小学的哥哥姐姐一节课的时间有 40 分钟，而我们大班是 30 分钟左右。小学还有课间 10 分钟，我们幼儿园是没有的。我们幼儿园的放学时间是 4 点 20 分，小学现在有延时服务，放学时间要到 6 点左右，比我们要晚很多。

（二）初步认识时间

了解到了幼儿园与小学一日生活上的差异之后，孩子们知道了不少问题。但对于孩子来说，这些认识是片面的，不能更深层次地去理解时间。

我们决定从最直接的地方入手，首先，我们开展了集体活动“认识时间”。通过活动，孩子们认识了生活中常见的钟表，有闹钟、手表、电子钟等。如何看钟表上的时间呢？还有认识时针、分针、秒针的关系。这是一大难题，孩子们观察了半天，仍然有大部分孩子没理解。没关系,我们找来儿歌口诀一起学习。有了儿歌口诀的帮助,孩子们关于时钟的认知能力有了很大提升。

(三)了解课间十分钟

随后,我们还开展了关于《课间十分钟》的讨论活动,旨在让孩子们通过这个活动更清晰地认识小学生活。上小学之后才有的课间十分钟,这课间十分钟是用来做什么的呢?小朋友立马回答:“我知道,是休息的时间。”“课间还可以上厕所,可以玩游戏。”老师问:“还可以做什么呢?”讨论之后,孩子们把各自的想法画了下来,孩子们自己尝试去规划,在课间十分钟的时候要做些什么事情。

(四)关于十分钟的规划与体验

可是,有的小朋友画纸上计划了数不清的事情,那在十分钟之内能把事情都做完吗?为此,我们计划开展一个十分钟计时体验活动,让孩子真实地感受十分钟时间内,到底能做哪些事情。于是,孩子们重新规划自己的十分钟安排表,从实际出发,考虑自己在十分钟之内想做哪些事情。

接着,十分钟的体验活动开始,老师一声令下,孩子们立即四散而去,各自忙碌于自己的安排表上的事情。当老师大喊:“时间到”的时候,明显听到了孩子们发出的惊喜和哀嚎声,看来是有的欢喜有的忧。通过这个活动,孩子们明白了合理的时间规划是多么的重要,同时也感受到了时间的短暂,做事不能拖拉。

之后,我们一起体验了安静的十分钟。孩子们安静地坐在椅子上度过了十分钟的时间。小朋友们发现,这个安静的十分钟和刚才忙碌的十分钟体验完全不一样。小朋友说:“我一直在想这个十分钟怎么还不结束呢。”老师问:“那您刚才忙碌的十分钟是什么感觉呢?”小朋友说:“刚才的十分钟,我觉得时间过得太快了,我还没做完就结束了。”原来,同样的时间长度,如果是在做不同的事情,却能带来不同的体验。

(五)关于时间的绘本

接着,我们找来了一些与时间有关的绘本来加深孩子们关于时间概念的理解。《老狼老狼几点了》和《鸭子叔叔的时钟》这两本绘本就深受孩子们的喜爱。我们根据绘本内容开展了一系列的绘本微课程。通过阅读绘本,孩子们发现鸭子叔叔在一天当中不同的时间都在有计划地做不同的事情。而老狼也是如此,每天不同时间段都有不同的小动物来问他“老狼老狼几点了”。孩子们在绘本的世界中徜徉,在绘本中学习认识时间。不光如此,孩子们还把绘本中有趣的情节内容画了下来,同时还能说出故事发生的时间是几点,故事的主人公当时在做什么事情。

根据绘本故事情节,我们设计了“老狼老狼几点钟”一系列的数学区域游戏。游戏情节设置需要一只“老狼”小朋友和数只“小羊”小朋友,小羊们想要去到山坡吃草需要通过老狼家的栅栏,而通过栅栏则需要时间通行卡。通行卡分别有三个等级的难度,一颗星最简单,小朋友需要在通行卡上圈出时钟显示的正确时间,通行卡才能生效。两三颗星的卡片以此类推。通行卡分为不同的难度,根据难度通行卡也有不同的有效时长。一颗星有效时长 1 分钟,两颗星有效时长两分钟,以此类推。当老狼问到“老狼老狼几点了”,小羊出示正确的通行卡之后,就能在山坡上欢乐地吃草。通过游戏,激发了孩子们的参与热情,孩子们发现,原来认识时间也可以这么有趣,活动充满了挑战,趣味无穷。

五、活动开展的反思

虽然不能亲自去参观小学，了解小学，但是我们与时间的相遇，也能让我们和小学更加亲近。孩子们通过比较幼儿园与小学生活的流程，发现它们之间的差异，让孩子心里对小学的生活也有了一定的了解，熟悉了小学生活。同时，孩子们在认识时间的过程中，也明白了时间的重要性，学会了如何合理规划自己的时间，为自己今后的小学学习生活做了铺垫。在课程活动中，孩子们提升自我，超越自我，成长自我，收获颇丰。

高质量探索视角下体育游戏与教育融合的实施策略研究

周 婷
深圳市龙华区潜龙学校附属龙岸幼儿园

学前融合教育是指让有特殊需要的儿童进入普通幼儿园,与一般儿童共同接受保育和教育的教育形式。学前期是幼儿全面发展的关键期,特殊儿童与普通儿童在同一学习空间,打破特殊儿童单独成长的环境界限。游戏是幼儿喜爱的基本活动,幼儿在游戏中绽放天性、释放能量。体育游戏带给幼儿不同的游戏体验,结合多样化的游戏锻炼活动,发展特殊儿童的肌肉运动能力,促进孤独症儿童在宽松的体育游戏中尝试融入集体,助推弧独症儿童身心发展。本文就如何实施体育游戏促进融合教育,以特殊儿童所需视角,从园本课程顶层设计出发,建构系统化的体育游戏课程,提升教师专业指导素养,鼓励儿童在实践中获得真发展,实现融合教育下体育游戏的"教、学、做"合一。

一、以"实"为基:融合教育课程系统化

高质量的融合教育以人为本,对幼儿长远发展有着深刻意义。体育游戏中的融合教育以夯实课程体系为基础,建构系统化、递进性、多维度的体育游戏课程,让幼儿在游戏中自然地享受教育的乐趣。

1. 整合体育教育资源,夯实硬件基础

融合体育游戏借助游戏器材、场地等丰富、全面的教育资源支撑,充分挖掘融合教育体育资源,夯实硬件基础,添置各类适合特殊儿童锻炼的体育器材,是开展融合体育游戏的必备且基础条件。幼儿园应合理规划融合体育游戏场地,根据特殊儿童发展所需利用园本特色资源开展融合体育游戏。融合教育体育游戏资源要最大限度地满足特殊儿童和普通儿童锻炼需要,特殊儿童能根据不同的发展需要进行协调、反应、灵敏度、肌肉训练,器械难度可根据发展水平随机调整。如教师借助步态训练仪器,锻炼特殊儿童行走、平衡能力,投放不同难度的训练仪器,供不同层次的幼儿锻炼所需,促进特殊儿童身体发展。

2. 创设融合体育课程,平衡教育短板

融合体育课程的支持和建构为融合体育游戏的开展提供系统化、科学化的方向和指引。融合体育课程蕴含着专业的指导思想,从不同年龄、不同层次的课程内容出发,以主题式游戏、阶段性游戏贯穿于融合体育课程之中。融合体育课程内容跟随特殊儿童发展现状设定一个或多个课时,给予幼儿弹性的学习空间和学习自由度,确保幼儿在体育游戏中得到适度的发展。

融合教育体育课程要建立科学的评价体系,以多元科学的评价体系,促进体育课程教育的常态化,使相关教师将课程评价带来的压力转化为高效开展教育教学的积极动力。

二、以“学”为要:融合体育指导专业化

教师在融合教育体育游戏中的指导成为高质量教育发展的重要因素。教师专业化水平影响幼儿接受融合教育的质量,幼儿园通过专题讲座、实践教研等途径,鼓励教师以学促教,为教师专业发展提供优质成长平台。

1. 开设专题讲座,加强专业化学习

专题讲座是提高教师认知的有效渠道,围绕融合教育知识、心理健康指导、体育游戏开展等多方面、多层次对教师进行有针对性的指引。幼儿园课程的发展引导教师参与活动建设,首要条件是能调动教师积极性,及时更新教师观念。在传统教育观念影响下,教师对融合教育存在困惑与难度。在专业教育指导的普及和引领下,教师更愿意主动地、持续地跟随课程发展,走近特殊儿童理解他们的发展所需,为幼儿发展提供资源支持、精神支持。

甄选优质体育游戏资源,调试融合教育的针对性,教师结合幼儿心理需要和本班级特殊儿童的发展状态,高效开展针对性的教学研讨,集全员之力进行系统化课程教学研讨,打磨体育游戏内容,对比教学方法,创新体育教学新思路。

2. 立足儿童需要,施以个别化指导

融合教育要求教师在体育游戏中因材施教,立足儿童需要设计体育游戏环节。教师在体育游戏活动中以集体式、突破式贯穿体育教育教学。集体式教学指教师以班级为单位实施统一的体育教育,幼儿在体育游戏中接受相同的、无差别的游戏指导。突破式教学以个别指导为主,对运动能力较弱的幼儿提供针对性、具体性的指导。教师根据特殊儿童在体育游戏中的实际情况,转变教学方式,鼓励幼儿在反复练习、试错中感受体育游戏的快乐。

如在投壶游戏中,教师根据特殊儿童和普通儿童的差异,设置差异化的积分规则,并对特殊儿童施以强化训练。当特殊儿童成功完成投壶任务时,给予两分的积分奖励,普通儿童则奖励一分。教师适当地给予特殊儿童多次的尝试机会,满足他们体验的需要,给予充分的体育游戏时间,提升幼儿的运动技能。

三、以“行”为本:融合体育游戏的多元化

多元化的体育游戏融合了多形式、多样化的游戏活动,创设了具有情境性、趣味性的体育游戏,鼓励幼儿在融合教育中通过亲身体验、实践操作获得体育认知、习得体育游戏技能、积累游戏经验。

1. 丰富游戏形式,点燃运动兴趣

趣味性的体育游戏充满了乐趣与活力,融合教育中特殊儿童和普通儿童沉浸在富有生机活力的体育游戏环境中,幼儿的注意力能较快集中于游戏中,点燃参与的热情。特殊儿童在运动能力方面与普通幼儿存在较大差异,教师在设计体育游戏活动时需考虑不同幼儿的发展水平,增设情境化、挑战性的游戏任务,以激发幼儿运动热情。

由于特殊儿童运动能力较弱,对环境的适应性较差,教师可引入具有情境性的游戏背景,营造良好的体育运动环境。如,在“龟兔赛跑”体育跑步训练中,教师讲述龟兔赛跑的故事,创设乌龟、兔子两种角色,鼓励特殊儿童自选游戏角色,参与体育游戏挑战,以推动幼儿在与同伴的比赛中发展跑、跳等动作技能。

2. 增强融合互动，促进同伴交流

《幼儿园教育指导纲要（试行）》指出，教师应帮助孩子建立良好的师生关系和同伴关系，让孩子在集体生活中感受到温暖和快乐，并形成安全感和信任感。融合教育中体育游戏的开展要充分考虑幼儿的心理状态。宽松、安全、自由的体育游戏氛围有利于特殊儿童融入同伴集体，减轻特殊儿童参与体育游戏的压力，促进特殊儿童和普通儿童合作交流。教师在体育游戏中应观察特殊儿童的心理活动状态，注重心理、行为等多方面的指导，充分考虑儿童的体力、能力、运动技能等多维度差异，引导特殊儿童与普通儿童产生互动，促进同伴间的交流，以普通儿童的榜样力量带动特殊儿童的成长。

在体育游戏中，创新同伴间合作的游戏机制，鼓励特殊儿童和普通儿童结对，一起进行游戏活动，让特殊儿童参与游戏的设计、商议，以激发特殊儿童的主人翁意识。特殊儿童在游戏中以小主人姿态参与同伴合作，增强其自信心，发展体育技能的同时促进其语言表达能力的提升。

融合教育下体育游戏的开展是长期性工程，需要深度挖掘融合教育资源、探索有效路径，以促进体育游戏的可持续深入。以“实”为基、以“学”为要、以“行”为本的三步进阶融合教育体育游戏策略，将促进特殊儿童运动技能的提升。在后继融合教育中，教师应树立新型的融合体育教育理念，了解儿童的个体差异，有针对性地开展体育游戏活动，发挥其引导作用，并与家长进行有效沟通，整合和总结儿童在家和幼儿园的表现，并建立详细的日常生活档案。幼儿园应携手多方力量渗透新教育理念，培养身心健康的完整儿童。

创意戏剧活动案例

——“愚公移山”

张家千惠
济南市槐荫区大金新苑幼儿园绿地广场园

一、缘起

在一次晨间谈话中，义博小朋友与大家分享了故事“愚公移山”。讲完后，小朋友们立即纷纷议论起来，其中有几位小朋友凑在一起，他们谈论的话题竟是主人公——愚公。“愚公是他的名字吗？”“这个名字真难听！”“为什么叫他愚公？”带着这些问题，我们开启了“愚公移山”的研究之旅。

二、晨间谈话“愚公的名字”

第二天，孩子们迫不及待地想要分享自己的收获。我们围坐成圈，自由且开放地开始了晨间谈话活动。

刚一坐下，就听到孩子们纷纷发表看法：“愚公没有自己的名字。”“对，我也没查到！”“愚公是别人笑话他愚蠢才这么叫的！”听到这里，我提出了一个问题：“愚公真的愚蠢吗？”“我觉得不是，他要是愚蠢就没有人帮他移山了！”“嗯嗯，我也觉得不是，妈妈说愚公有坚持不懈的决心才把大山移走的，希望我也有！”“我昨天觉得他是，因为我觉得很好笑……”

孩子们有的说愚公愚蠢，有的说不愚蠢，还有的说觉得愚公很厉害。这时，我提议道：“哎！刚好今年的六一是戏剧节，孩子们要不要演一演这个故事呀？”“好，我要演愚公！”“我也要演愚公！”“可是愚公只有一个人，那我们怎么办？”“对啊！除了愚公还有谁可以演呢？我们也不知道啊！”

孩子们提出的问题确实值得思考，我们决定从“愚公移山”这个故事开始，一点一点地了解！

三、背景了解

（一）“愚公移山”观影会

为了满足孩子们的要求，我们一起观看了《愚公移山》这部剧，以深入了解故事的脉络、人物和具体台词。观影会后，孩子们纷纷用自己的方式绘制了故事中的场景。他们兴奋地表示：“大家一起移山也太有趣了！”“他们只用锄头真是辛苦！”

（二）“山有多高”

孩子们好奇地问：“太行山和王屋山到底有多高呢？”“愚公移山到底有多难？”有的孩子得意地说：“我爬过山，很快就登顶了。”另一个孩子则反驳：“你那是小山，我爬的山可高多了！”

为了满足孩子们的好奇心,我们决定调查这两座山的确切高度。但考虑到仅仅给出数字孩子们可能无法形象地感知,于是我们决定让孩子们通过比较身边的事物来具体感知山的高度。

(三)"闭塞的大山生活"

大山生活的闭塞给人们的生活带来了哪些不便呢?我们一起搜集了关于大山生活的资料,并准备了调查表。孩子们纷纷表达自己的看法:"两座这么高的大山挡在面前,生活肯定很艰难。""出门还要走这么长的山路,简直像走不到头一样!""在山里面没有电也没有网络……""大山里的水也不干净啊!""山里蚊子肯定很多!"孩子们热烈地讨论着,很快就完成了调查表。

四、前期准备

经过前期的调查,孩子们开始感叹:"愚公可真不容易!""他才不是愚公,他是聪明公!""我觉得一定要把这些不容易都说出来!""对!这样我们就可以多几个人来演了!""就说山里蚊子多。""哈哈,我觉得要说山路太难走了。"……大班小朋友的合作讨论总是很多,想法也更为多样,聊着聊着剧本的雏形便逐渐成形。

(一)了解剧组

"老师,我们没有山怎么办?""这大山谁来做呀?"要完成一部剧目,需要大家一起努力。大班小朋友注重在团结合作中分工明确;我们一起搜集资料,了解了剧组的组成与具体职责。于是,我们开始组建《愚公移山》剧组!

通过小朋友的讨论,最终确定了创编剧本的编辑组,画山的道具组,选演员的导演组,以及场外评委和大众评审团,还有负责设计的美术师和负责安保的统筹组,收纳道具、服装的服装组。除了需要投票产生的演员外,孩子们可以根据自己的兴趣自由选择进入各个小组。

(二)创编剧本

每当想到编辑组一起讨论剧本的情景,我的脑海里便浮现一句"众人拾柴火焰高"。孩子们说:"我们看的"愚公移山"里,'只要人心齐,大山也能移'真是太好了,我们就用这句话!""我觉得山里蚊子多也可以演。""太难听了吧,还是山里没有 WiFi 好听。""一定要有大山移走的场景,我们可以跳个舞蹈,我在舞蹈班刚学了这个。"……孩子们热烈讨论,我在旁边听着也灵感闪现:"孩子们,你们觉得我们跳个武术操怎么样,表示一下决心和力量!""好啊好啊,我爸爸会武术,很酷!"……

(三)角色分析会

在编辑组的协调下,孩子们确定了几个角色:愚公老爷爷、智叟(大嫂角色)、老奶奶、小女孩、八条裤(角色名需斟酌)等。为了激励孩子们积极参与童话剧,我们带着孩子们一起分析了每个角色的表情、语气、台词和动作。

开完角色分析会,小朋友们就迫不及待地报名角色。为了公平公正,大家一起商量后决定投票。"我们怎么选呢?""选演得像的!"想要报名角色的小朋友都递上试戏申请表,在表上画上要报名的角色,并在旁边写好自己的名字。

(四)试戏准备会

除了导演和总导演,孩子们还选出了三位评委来核对票数(在除去递交演员申请的小朋友范围里选),剩下的小朋友组成大众评审团。每个小朋友在准备会上制作自己的评审票及试戏需要用到的席签。

(五)试戏现场(我就是演员)

孩子们根据自己选择的角色进行试戏,每位试戏小演员都有1-2句台词。每个角色试戏结束后,大众评审团会根据表情、动作、语气、台词来投票;投票后由三位评委进行合票,并将结果写在对应的演员申请表中。在所有角色的试戏都结束后,“我就是演员”的评选结果由三位评委在公布时刻揭晓。

(六)制作道具

道具组的孩子们也忙碌起来!美术师画好底稿,大家根据底稿进行制作,团结一心,我们的两座大山便成功立起来了!

五、演出准备

万事俱备,我们就开始正式排演了。

(一)排练

俊熙爸爸细心地为小朋友们录制了武术操的完整视频及分解动作的视频。孩子们的排练兴致也很高,武术操的口号喊得响亮,动作做得整齐划一且充满力量。小主演们也整装待发。

(二)宣传

为了让幼儿园更多的小朋友支持我们,美术师绘制了海报线稿,道具组制作了邀请票。孩子们一起为海报润色,并亲自到各班进行宣传与赠票。最后,孩子们将宣传海报贴在了每一层楼梯口。

六、演出现场

正式演出前,小观众们陆续进场。我们统筹组的安保人员监督小观众们测量体温,体温正常则进入演出现场。在演出现场,台下的观众们都聚精会神地观看童话剧。演出结束后,观众们为小演员的演出竖起了“大拇指”。在演出结束后,我们进行了随机采访,发现小观众给出了很高的评价:“太棒了”、“棒极了”。当被问及印象最深刻的地方时,他们纷纷表示:“我觉得移山的地方最好看”、“前面打拳的部分很好看”、“我觉得所有的部分都很好看”......

七、戏剧背后

(一)基于问题的“聚焦式探究”

这是一个源于分享,诞于留白的缘起,基于幼儿的问题探究:“愚公是他的名字吗?”这一问题引发了孩子们的共鸣,于是大家都积极地参与到这个故事中来。

(二)支持“聚焦式探究”的项目策略

1. 问题探究,戏剧深化

愚公移山基于幼儿的问题意识,层层推进。从一开始的“愚公的名字”到后来“愚公是否愚蠢”,再到“为什么移山?山有多高?闭塞的大山生活到底带来哪些不便利?”等等问题,幼儿的问题意识和能力也在逐渐地发展,数量经验、生活经验、常识性知识等都在逐渐丰富。

2. 幼儿主体,推动进程

在整个主题活动中,幼儿是推动戏剧的主体。大班小朋友偏重于合作再分工,在发现问题、商讨问题、解决问题的过程中推动着主题的层层深入。我作为引领者和支持者,在孩子们灵光乍现时给予了肯定;在他们争论不休时指了个方向;在主题无法深入时抛出关键性问题;

在参与意见遭遇反对时给予了鼓励……

3. 相信孩子,放手去做

在这段追随幼儿诞生戏剧的过程中,每个孩子都是天才编剧。他们的创意和灵感来源于生活。结合已有经验,他们展开适合于表演场景的无限想象,绘画技巧、色彩搭配以及精细动作的发展,通过活动表现得淋漓尽致。

(三)反思与感悟

在整个活动过程中,我参与进幼儿的讨论中,和幼儿一起成为了学习的共同体。一次晨间谈话的契机,让我们一起认识了"愚公",这个中国传统故事的经典人物。以前,我对"愚公"也是知之甚少,在和幼儿一起完成戏剧的过程中,一路学习,一路收获。童话剧的创演过程中,幼儿提升了经验和能力,发展了品格,提升了意志品质。"教育即生活,教育即生长,教育即经验改造",这其实也是由戏剧活动衍生的课程吧。

以研究意识促课程建设　以综合架构推课程完善

李柃霏
北京市怀柔区第三幼儿园

课程研究意识是新时代课程改革的重要推手,园本课程的持续深化研究推动园所课程逐步沉淀,形成完整的体系。课程研究是一个植根于历史文化、在当代视野下解读、以幼儿成长为导向、以教师发展为动力的持续发展与不断优化的过程。园所的课程建设往往容易局限于基层实践,难以提炼与梳理,缺乏理论支撑和理念引领的课程将停滞不前。因此,园所的课程建设必须用先进的理论武装,用丰富的经验促进课程的完善和持续发展。

此外,园本课程的建设容易忽视其背后的历史文化,而盲目照搬西方的或某个区域的课程模式。不同国家的历史文化以及中国不同地域文化下的课程带有各自的文化色彩,需要课程建设者用辩证的眼光去筛选可为自己所用的内容。与此同时,时代在变化,课程观念也在不断更新,课程建设不应一成不变,需要用发展的眼光和研究的视角去看待课程的建设。

提高幼儿园教师的课程建设意识对园本课程研究具有重要的促进作用。当前,较多幼儿园的园本教研仅聚焦于教师教学能力的培养,导致教师专业发展出现偏颇失衡的情况。教师们的课程建设意识较弱,难以敏锐捕捉幼儿生活中的教育契机,难以把握机会促进儿童全面发展,不易整体把握课程的综合架构走向。例如,在教学过程中,教师往往存在领域倾向性,导致幼儿领域发展的偏差和失衡。因此,教师课程建设的意识培养亟待加强。

有的园所将课程生活化、活动化、经验化等作为课程建设的主要途径。虞永平教授强调要高度重视游戏,发展适宜性实践也指出游戏是其核心实践形式。较多学者均指出游戏对幼儿发展的促进作用。因此,园所领导者应重点关注"课程游戏化"的建设途径。这里的"游戏化"并非指新建一个独立的游戏课程,而是在课程建设中融入游戏的精神,在保证幼儿基本游戏活动时间的前提下,将自由、自主、愉悦、创造的游戏精神渗透到课程实施的各类活动中。"课程游戏化"的"化"在于内化和进化,内化是内在观念体系的转化,是内心的认知、体验、态度和情感的变化;进化是外在行动体系的转化,是外显的、可行的实践行动,两者相互照应、相互支持。

课程的建构是融合多元素的综合架构。泰勒课程原理指出课程要素包括理念、目标、内容、过程、评价。综合课程实践模式即课程要素的有机整合。换言之,综合课程本质上是一场涉及课程价值体系、观念体系、制度体系和行动体系的深层变革。综合课程已不仅是一种单一的课程模式,更是一种教育理念和课程文化。在课程具体实施过程中,应以综合主题的形式开展,即主题实施路径包括集体活动、日常活动、环境创设、家园联系和区域游戏这几个方面。主题下这些环节的组织要有焦点性,活动类型的路径之间要相互支持、纵横交错,形成蜘蛛网般的结构,共同为主题目标的达成发挥作用。总的来讲,渗透游戏精神、关注整体的主题实施是提高课程适宜性的重要策略,也是落实课程建设综合架构的关键。

浅析阅读活动中师幼互动的策略

廖佳琪
深圳市龙华区第二外国语学校慧美幼儿园

一、师幼互动在阅读活动中的意义

(一)能激发幼儿阅读活动的兴趣

在各类师幼阅读活动中,教师应仔细观察幼儿的整体发展情况,关注并充分理解、尊重幼儿在各类阅读活动中的具体表现,鼓励幼儿按自己真正感兴趣的方式积极参与各类阅读活动。通过各种活动形式促进师幼阅读互动关系网的建立,拉近教师与幼儿情感上以及互动上的距离。良好、融洽的师幼互动关系,能有效调动幼儿积极参与各类阅读活动的积极性、主动性、创造性,从而激发幼儿对各类阅读活动的兴趣和热情,进一步提升阅读活动的质量。

(二)能有效提升阅读活动的效率

师幼互动的本质是一种对话互动关系,在幼儿阅读活动中,师幼对话不仅可以视为师幼之间的互动,同时也可以视为辅助幼儿与阅读教学材料间的互动。这种互动关系具有多向性而非单向性。在幼儿阅读教育活动中,良好的师幼互动可以生成诸多“正面”引导因素,发挥“正能量”的引导作用。因此,教师可以通过专业指导和精心点拨,引导幼儿正确参与阅读活动,同时也有助于教师进一步培养幼儿良好的阅读方式和阅读习惯,从而有效提高阅读活动的效率。

(三)能促进幼儿身心和谐的发展

有效的师幼互动是构建和谐的师幼关系、幼幼关系的前提。能让许多幼儿感到心情愉快并产生愉悦感,有利于其身心健康成长。良好的师幼互动能充分突显幼儿参与阅读的主体性,不仅有利于充分发挥幼儿参与阅读的积极性、自主性与创造性,还有利于加强幼儿在集体中的自信心与自尊心,让幼儿充分体验到阅读所带来的各种乐趣,从而有效地促进阅读活动的开展,促进幼儿身心和谐健康发展。

二、阅读活动中良好师幼互动关系的构建策略

在阅读活动中,师幼互动是凸显早期阅读价值的重要措施。在开展阅读活动时,教师应以“以幼儿为本”的教育理念为指导,基于幼儿的认知特点和兴趣,从环境、角色、模式等方面,探索良好师幼互动关系的构建策略,全面提升幼儿阅读活动的实施效率及效果,促进幼儿的全面发展。

(一)学会接纳、理解与尊重关爱幼儿,构建轻松愉快的师幼互动氛围

在师幼阅读互动中,教师应充分关心和爱护每一个幼儿,尊重他们的独立人格,为他们提供各种自由探索以及独立发展的学习机会和活动条件。教师应多与幼儿进行各种阅读方式的经验分享和交流,为每个幼儿构建多样化的“阅读活动开展方式”,接纳并充分尊重他们在阅

读活动过程中的各种表现。

例如,在今年阅读主题活动“没有耳朵的兔子”中,幼儿通过绘本的阅读,认识到“没有耳朵的兔子”虽然特别,但喜欢帮助他人的兔子是善良、可爱的。不过,仍然有个别幼儿认为“没有耳朵的兔子”是丑陋的,令人不想接触的。面对本班幼儿这种独特、个性的阅读见解,教师不应急于反驳,而应以接纳、尊重、欣赏的教学态度,认真评价该幼儿的独特阅读见解。幼儿的阅读理解自有其理由和价值,因此,教师可以通过结合这个活动时机,更进一步促进师幼的深入互动,引导幼儿大胆探索并发表自己独特的阅读见解,从而将幼儿在阅读活动中的内容引向更高的境界。

(二)明确自身角色,突显幼儿的主体地位

在“以幼儿为本”理念下,教师应明确“引导者”与“主导者”的区别。如果教师将幼儿定位为被保护、被管理的对象,这将形成不平等的师幼关系,剥夺了幼儿的主体地位。教师应成为和谐交往机会的“提供者”,成为环境和谐互动的“创造者”,促进幼儿个性化阅读,更是幼儿情感体验的“支持者和引导者”,需以“合作者”的角色参与到活动中。在充分引导幼儿参与阅读活动积极性的同时,还要尊重和维护幼儿在阅读活动中的话语权,并促进幼儿向“主体性的阅读”方向发展。

例如,在“中秋节”为主题的阅读活动中,教师通过出示“月亮”图片,引导幼儿围绕“月亮”进行观察,并结合自身经验,自由、自主地表达看法。成功激发幼儿对“月亮”的兴趣后,再引导幼儿自主选择有关“月饼”的阅读资料开展个性化阅读,并根据幼儿具体的阅读情况,开展引导性的师幼、幼幼互动交流,协助幼儿更好地参与到阅读活动中。

(三)因材施教,构建多元的师幼互动模式

《3~6岁儿童学习与发展指南》中强调指出:第一,教师必须尊重并充分理解幼儿个体发展的差异性,学会引导和支持各个阶段进程中个别幼儿的发展差异,并支持和引导他们从原有的个体水平向更高级的个体水平方向发展。第二,教师要认识到社会、环境、家庭等各种因素的共同作用,每个幼儿之间必然存在这种不同发展的个体差异性。因此,教师在组织开展幼儿阅读活动时,应学会理解、支持、尊重每个幼儿的这种个体差异性,做到因材施教,并构建多元化的互动模式,以满足不同幼儿对阅读活动的实际需求,促进幼儿阅读经验的提升。

例如,在一次阅读小组活动“一园子青菜成了精”中,教师根据小组幼儿的发展差异性,实施小组分层阅读互动,并从形式上来引导小组幼儿进行阅读。例如,将幼儿语言表达综合能力与逻辑理解能力发展较强的幼儿划分为一个阅读小组,主要活动目标在于教师引导小组幼儿仔细观察、理解阅读材料,启发幼儿对图书的内容、情节、人物进行探究、交流、讨论和分享。在此基础上,鼓励幼儿根据图书内容进行角色扮演或二度创作、续编故事。将语言表达能力与理解能力发展较弱的幼儿划分为一个小组,主要目标在于帮助幼儿更准确地理解图书内容,以及解答幼儿阅读过程中遇到的疑问。在此基础上,还要引导、鼓励幼儿用完整、流畅的语言去描述图书画面内容。基于对幼儿个体差异性的考虑,教师采用了分层互动的形式:个体互动、小组互动、与全班幼儿互动,三种方式灵活运用,通过针对性的师幼互动模式,构建出多元化的师幼互动模式。

三、结语

综上所述,在阅读教学活动中,教师要全面实施有效的师幼互动模式。此模式的开展,有助于激发幼儿早期阅读的兴趣,以及提升教师阅读活动开展的效率,进而让幼儿的阅读能力向更全面、更理想的方向发展。《幼儿园教育指导纲要(试行)》中明确指出,教师要关注幼儿在活动中的各种表现以及反应,还要敏感地察觉他们的需要,并及时以适当的方式应答,以此形成合作探究式的师生互动。教师应秉持“以幼儿为本”的教育理念作为核心教育目标,通过采取尊重接纳、明确自身教育角色、因材施教等教育对策,在幼儿阅读教学活动中构建起有效的师幼互动关系,以此有效促进幼儿得到更全面的发展,进一步提升幼儿“早期阅读”的教学效率和质量。

探秘牙齿

刘艳红
太原市山西省康乐幼儿园

《3~6 岁儿童学习与发展指南》明确指出：幼儿的学习是建立在直接经验基础之上的，尤其在游戏和日常生活中进行。教师应敏锐地发现幼儿感兴趣的事物、偶发事件所蕴含的教育价值，并把握时机，积极引导。以下，我将基于一次偶发事件，讲述一个关于探秘牙齿的课程故事……

一、课程缘起

某日午点时分，恺恺小朋友正在品尝饼干，突然举手向老师求助。经询问得知，恺恺在咬饼干时感到牙疼。这一突发状况引起了我们的好奇：究竟是什么原因导致的牙疼呢？于是，我们开始了寻找原因的旅程。

正是这次恺恺的求助，激发了我们对换牙、掉牙、保护牙齿等话题的深入思考与探索，探秘牙齿的课程之旅也由此展开。

二、课程实施

（一）求助医生，了解原因

1. 情境实录

同组的小羽建议道："我们去找医生阿姨看看吧。"于是，我们一同前往保健室。

恺恺："医生阿姨，我的牙疼。"

老师："宝贝吃饼干的时候牙就疼了吗？"

保健医："请坐，张大嘴巴，啊，不用害怕，我来看看。"

保健医生用棉签轻按疼痛的牙齿，说："哦，原来是这颗牙齿有些松动了。"

保健医问："恺恺，你今年几岁了？"

恺恺："5 岁。"

老师："他是班里年龄稍大的孩子了。"

保健医："五岁多到六岁就要开始换牙了。这是很正常的现象。乳牙会逐渐脱落，恒牙会取而代之。适当咬一些硬东西有助于乳牙脱落。如果牙疼得厉害，可以尝试用凉水漱口。"

老师："恭喜你恺恺，你长大了！"

回到教室后，小朋友们纷纷围上前来询问："到底是怎么回事？"

恺恺和同组的小朋友告诉大家："恺恺要换牙了，他长大了。"

随后，孩子们提出了一系列关于掉牙、换牙的问题，我们决定继续探索牙齿的秘密。

2. 教师思考

这次偶发事件为我们提供了适宜的教育契机。我们紧随孩子们的兴趣和问题,继续探索牙齿的奥秘。教师的介入完全符合幼儿的发展需要。同时,我们利用生活中的真实问题作为课程进一步探究的起点。

(二)做好调查,分享结果

1. 情境实录

利用周末时间,老师设计了一张关于牙齿的调查表,让孩子们带回家与家长一起查阅资料,自主探索牙齿的秘密。周一,孩子们带来了调查表,并在小组内进行了分享。

2. 教师思考

孩子们对牙齿的问题充满了好奇。我们利用周末时间发放了调查表,让孩子们与家长一起查阅资料,了解他们感兴趣的问题。这不仅促进了亲子情感交流,还让孩子们对牙齿有了更系统的了解和认识。通过小组分享,孩子们的语言表达能力得到了提高,同时也为后续的课程活动打下了坚实的基础。

(三)阅读绘本,探秘牙齿

1. 情境实录

在接下来的日子里,我们收集并阅读了许多关于牙齿的绘本,如《牙齿大街的新鲜事》《揭秘牙齿》《小熊拔牙》等。我们进行了相关的集体教学活动,并在餐前时间分享绘本。家长还带来了关于牙齿的图书,我们将其投放在图书区,供大家阅读。

2. 教师思考

书籍是知识的宝库。我们利用绘本扩展了孩子们的知识和经验。收集到的绘本、故事种类繁多,包括科普书籍、故事书籍和立体书等。孩子们对探索牙齿的秘密产生了浓厚的兴趣。

(四)家园互动、扩展经验

1. 情境实录

我们充分利用家长资源,开展家长进课堂的活动。图图妈妈是儿童医院的牙科医生,孩子们邀请图图妈妈来园进行换牙的知识分享,她告诉孩子们换牙并不可怕,牙齿松动后咬食物可能会疼,掉牙时会流血。她建议孩子们咬一些硬的东西加速掉牙,流血时可以用凉水漱口,不要惊慌。同时,图图妈妈再次和孩子们分享如何正确刷牙、使用牙线剔牙,以及六岁时应做窝沟封闭、如何正确保护牙齿等。

老师总结了图图妈妈的建议,并在班级群里分享了关于如何保护牙齿的经验。家长们纷纷点赞收藏。孩子们通过专业的知识分享,对牙齿有了深度的了解,同时也得到了家长的感谢。

因为班级里有两个小朋友已经换过牙了,一个小朋友是不小心跌倒磕掉了大门牙,还有的小朋友因为龋齿导致牙疼,家长带孩子到医院看牙。孩子们创作了《保护牙齿四部曲》《换牙四部曲》的连环画作品。

2. 教师思考

孩子们通过亲身感知获取保护牙齿的方法和经验,并用画笔将自己的理解表征出来,从而获得发展和提高。

（五）延伸话题、持续活动

1. 情境实录

有一天，垚垚早晨一进门就对老师说："我长了双排牙，下午妈妈带我去看牙医。"垚垚兴奋地告诉老师这个消息。孩子们也纷纷围过来。

垚垚张大了嘴巴，小羽说："后面长出来一个牙齿呢。"

垚垚："妈妈说得赶快拔掉，要不就会长歪的。"

舒怡："为什么会长两个牙齿呢？"

垚垚："我也不知道。"

老师："那把这个小任务交给垚垚。垚垚今天下午拔牙的时候问问牙医，明天给孩子们解答吧。"垚垚欣然同意了。

垚垚拔掉牙后，一进门就张大嘴巴和小朋友们聊天："昨天我去拔牙了，流了血，医生让我漱口，虽然有点疼，但是我能忍受。"

垚垚和小朋友说："牙医告诉我，正常掉牙是恒牙要往外出、向上长，这样向上顶着乳牙，乳牙就会松动、掉下来。但是乳牙长得很结实，恒牙没有顶得动小乳牙，这时就会长歪，所以要赶紧拔掉，牙齿慢慢就会长直的。"

垚垚很自豪地和小朋友说："我长大了，我都掉第一颗牙了！"最后垚垚还画了自己拔牙的过程和小朋友分享。

2. 教师思考

本以为牙齿的故事就此告一段落，但孩子们的问题仍在继续。垚垚的故事给孩子们一些经验：要适当地咬硬的食物，这对牙齿是有好处的；需要时一定去看牙医，同时要勇敢面对牙齿的各种问题。有了这些故事，孩子们的经验才会不断积累，这就是孩子的成长！

三、收获与反思

1. 幼儿的收获与成长

经过一系列的活动，孩子们通过各种渠道对牙齿进行发现、探索，不仅解决了个别幼儿的问题，还调动了其他孩子们的积极性，最终大家一起参与到活动中来。每名幼儿都有不同程度地对牙齿的了解与认识，这对幼儿的成长起着重要的作用。

随着孩子们的成长，关于牙齿的故事还会有很多。中班幼儿换牙的小朋友还是较少的，所以关于牙齿的故事我们还要继续在大班进行。我们要继续追随孩子的兴趣和需要，解决孩子的问题与困惑，正确面对成长中的各种问题，让孩子们在生活中有所收获。

2. 教师的支持与灵活

整个故事始于偶然，终于必然。教师充分利用偶然事件，进行深度学习和挖掘，体现了教师的教育智慧。同时，在整个活动中，教师充分调动家长、保健医、绘本、幼儿的经验分享等各种资源，来支持幼儿探索关于牙齿的秘密，支持幼儿深度学习。教师追随孩子的兴趣、需要，调动幼儿参与活动的积极性，不断解决新问题，积累新经验，探索新发现，实现螺旋式上升的深度学习，体现了教师的灵活性。

以德育人 以爱施教
——幼儿园实施立德树人理念的实践策略研究

杨开好
深圳市龙华区乐景幼儿园

一、确立立德树人的教育目标

幼儿园需明确立德树人的教育目标,并将其贯穿于幼儿教育全程。首先,着力培育幼儿的基础道德品质,涵盖尊重他人、诚实守信及乐于助人等核心道德观念,通过生动的故事讲述、趣味游戏等手段,让幼儿在快乐体验中习得道德知识,陶冶道德情操。其次,关注幼儿心理健康,教师应敏锐洞察每个幼儿的心理状况,及时发现并解决问题,适时组织心理辅导活动,助力幼儿形成健康的心理素质。再次,引导幼儿树立积极向上的生活态度,鼓励他们勇敢面对挑战,保持进取心,拥有乐观的人生观,教师可在日常互动中运用表扬、奖励等激励方式激发幼儿的积极心态。

二、构建立德树人的教育环境

(一)强化德育课程体系建设

幼儿园需将德育元素融入各类教育教学活动,比如利用讲故事、歌唱、游戏等多种形式,教导幼儿尊敬师长、关爱他人以及诚实守信的基本道德品质。举例而言,借助讲述“狼来了”的故事教育幼儿讲诚信,不可撒谎;通过演唱《感恩的心》歌曲,让幼儿在感恩父母和老师的过程中学会关爱他人;通过设计合作性游戏,让幼儿在实践中学会团队合作与共同进步。在日常生活中,教师还应指导幼儿养成良好的集体生活习惯,如排队有序、合作分工等,鼓励他们在活动中积极参与,发扬团队精神,协同完成任务,从而在实践中学会尊重他人、团队合作,逐步形塑良好的集体意识和团队协作精神。

(二)加强师资队伍的师德建设

首先,幼儿园须加强教师师德培训,定期举行师德教育培训项目,促使教师深刻理解师德的本质和要求,明晰自身的职业责任和使命。如此一来,教师便能在日常教学中自觉遵循师德规范,成为幼儿的良好楷模。其次,教师应以自身的良好言行示范,为幼儿树立典范,与幼儿交往时始终坚持高尚的职业道德和行为习惯,以此潜移默化地影响和教育幼儿。再次,教师要悉心关注每一位幼儿的成长,耐心引导他们健康发展,尊重每位幼儿的个体差异,关注其情感需求,协助解决他们在学习和生活中的困扰,使其在幼儿园内感受到如同在家一般的温暖关怀。最后,幼儿园应建立健全师德评价机制,对表现优异的教师予以表彰和奖励,对违反师德规定的行为进行严肃处理,这样既能激励全体教师积极履行职责,又能起到警戒作用,全面提升园区整体师德水平。

（三）深化家园共育合作

一方面，幼儿园应定期举办家长会、座谈会等活动，让家长有机会直接观察到孩子在幼儿园的生活实况，了解他们在学习、生活、游戏等各方面的表现，这对家长而言无疑是极大安慰和有力支持，使他们能及时掌握孩子的实际需求，调整家庭教育的方法与策略。在互动中，教师可根据幼儿特点和需求，向家长反馈幼儿在校的学习进展、兴趣爱好、性格特点等相关信息，帮助家长更好地认识幼儿并提供更具针对性的教育。此间，家长可就幼儿德育教育的具体问题与教师深度交流，共同探究优化德育教育的有效路径，这不仅有利于提升教师的教学成效，也有利于增强家长对教师工作的信任和支持。活动中，家长之间还可相互分享育儿经验和德育教育心得，携手探讨更好的教育引导方法，这有助于提升家长自身的教育水平，同时也为培养幼儿的良好品德奠定了坚实基础。

另一方面，幼儿园应积极倡导家长参与园内的各项活动，如举办亲子活动等。在亲子活动中，家长可亲身体验幼儿园的教学环境和教育理念，深入了解孩子在园所内的学习生活情况。同时，家长可通过与教师和其他家长的交流，分享各自的育儿经验与德育教育见解，进而增进对幼儿园工作的理解，提高对园方的信赖度和满意度。在活动中，家长与幼儿共同参与游戏互动、共同完成任务，这不仅让孩子感受到家庭的关爱与支持，还能锻炼他们与人合作、分享和尊重他人的能力。通过与家长的互动，幼儿学会倾听和表达意见，逐渐培养起良好的沟通能力和人际关系。家长陪伴幼儿参与活动的过程中，也能发现幼儿的潜能与特长，并给予适当的扶持和鼓励。同时，家长还可与幼儿园教师紧密协作，共同规划幼儿的德育教育方案和发展目标，全方位推动幼儿的全面发展。

三、开展丰富多样的立德树人实践活动

（一）组织幼儿参与志愿服务活动

（1）探访敬老院活动是一项教会幼儿尊重长辈、关爱弱势群体的志愿服务活动。在此过程中，幼儿亲历老年人的生活场景，了解他们的需求和困境，通过与老人的互动交流，学会关爱他人、尊重长者，培养出同情心和责任感。此外，此类活动还有助于幼儿认识到尊老爱幼这一中华传统美德，并从中懂得珍惜生活、怀抱感恩之心。

（2）环保活动则是让幼儿体验珍惜资源、保护环境的重要载体。幼儿亲身参与到垃圾分类、植树造林、河流清理等环保行动中，由此意识到资源的宝贵和环境保护的重要性。这类活动不仅能帮助幼儿养成节水节电的习惯，培养他们的环保意识，而且通过与其他志愿者合作完成任务，幼儿得以锻炼团队协作和沟通交流的社会技能，同时通过与不同人群的接触，扩大视野，增进对他人的理解和尊重。

（二）举办以“诚信、友善、团结、尊重”为主题的德育主题活动

（1）教师可以运用讲故事的方式，向幼儿传递德育知识。选取富含哲理的故事如《阿里巴巴与四十大盗》等，通过故事叙述，使幼儿认知到诚信的价值，以及友善、团结和尊重在个人和社会层面的意义。同时，教师还应根据幼儿年龄段的特点选择适宜的故事，让他们在轻松愉悦的氛围中接受德育熏陶。

（2）表演小品是一种寓教于乐的德育方式，幼儿在参与表演时，更能深入理解和践行诚信、友善、团结和尊重等美德。教师可以策划幼儿分角色表演小品，通过生动的表演实例展现这些美德在现实生活中的应用。例如，可以编排一部关于诚信主题的小品，通过展示幼儿因不

诚实导致后果的故事,警示孩子们要做个诚实可靠的人。另外,观看教育影片也是德育教育的有效途径,教师可以选择有关诚信、友善、团结和尊重的教育短片,让幼儿在观影过程中深入理解这些美德的内涵和价值,并鼓励幼儿分享观后感,加深对美德的认知和体会。

四、评估立德树人教育的效果

(一)构建多元化的德育评价体系

评价体系应全面考察幼儿的德育成长状况,包括但不限于日常行为准则的遵守情况(如是否尊重他人、乐于助人等),参与德育活动的表现(如集体活动的参与度、社会责任的承担情况等)。通过对以上多个维度的综合评价,可以全面把握幼儿德育发展的全貌,为后续教育提供精准指导。

(二)保证评价的客观公正

在评价过程中,务必避免主观臆断和片面认识,确保评价结果准确反映出幼儿的真实情况。为此,幼儿园可以采用自我评价、同伴评价、教师评价等多种评价方式,减少单一评价可能产生的偏见。同时,幼儿园还需定期审查和改进评价体系,确保其科学合理、与时俱进。此外,幼儿园通过召开家长会、家访等形式,收集幼儿在家中的德育表现信息,为幼儿的整体发展提供全面的评价参考。家长作为幼儿成长的重要参与者,他们对幼儿德育成长的观点和建议对教育工作具有重要的参考意义,故幼儿园应主动与家长沟通,共同关注并推进幼儿的德育成长。

五、结语

幼儿园应牢牢围绕立德树人的核心教育目标,通过明确教育目标、营造有利环境、开展丰富活动以及科学评价成果等一系列措施,全面实现立德树人的教育理念,为培养具备优秀道德品质、健康心理素质和积极向上生活态度的新一代儿童做出充分的前期准备。

科学做好入学准备　助力孩子健康成长

——大班幼小衔接活动实施策略

张秀荣

泰安市东平县实验小学幼儿园

一、设计背景

我们大班的宝宝们即将结束幼儿园生活，步入小学的大门。有些家长希望孩子能提前学习拼音、算题、写汉字，这种“抢跑”的做法，看似让孩子在起跑线上领先，但实际上可能会让孩子在学习的道路上受挫。根据一年级老师的反馈，提前学习小学知识的孩子，升入小学后往往上课不认真听讲，依赖提前学习的知识，容易形成不良的学习习惯，缺乏学习兴趣和动力。因此，我们坚决反对“小学化”教学，坚持“零起点”入学，这是幼小衔接工作必须坚守的原则。

《幼儿园工作规程》明确指出：“幼儿园教育应和小学密切联系，互相配合，注意两个阶段教育的相互衔接。”为了更好地实现幼小衔接，我们需要有目的地、有计划地设计活动方案，帮助幼儿顺利升入小学。以下是我们的幼小衔接活动实施方案。

二、指导思想

我们严格遵循《幼儿园教育指导纲要》和《3~6 岁儿童学习与发展指南》的理论宗旨，以幼儿为活动主体，以游戏为主要活动形式，引导幼儿直观感知、亲身体验、动手操作，让孩子们在玩中学习，玩中发展。结合孩子的认知水平，我们注重活动的综合性、实践性、趣味性，积极创造条件，探索活动方法，通过教育活动、环境创设、日常生活管理、户外体育活动、区域活动延伸以及家长配合，将幼小衔接工作融入一日生活的各个环节。

三、活动目标

（1）激发幼儿对小学生活的向往，消除对小学生活和老师的恐惧感和陌生感。

（2）培养幼儿良好的学习习惯、行为习惯、生活习惯，形成初步的规则意识、任务意识、合作意识。

（3）实现家园共育，携手共进，确保教育一致性，共同为幼儿的升学做好各项准备工作。

（4）引导幼儿学习安全常识，掌握简单的安全技能，增强安全意识。

四、具体实施方案

（一）活动一：召开家长会，家园共育，双向奔赴

（1）制作家长邀请函。

（2）召开幼小衔接专题讲座。

①组织家长观看幼小衔接专题的专家讲座视频,及时与家长交流沟通,讨论幼小衔接的看法和做法。

②请一年级的老师为家长们讲解一年级的一些注意事项,包括学习、行为习惯方面,家长应配合的工作,以统一教育思想,实现家园共育,携手共进。

(3)请家长和孩子们共同收集有关好习惯的小故事;利用空余时间,制作毕业礼物;商议购买书包和文具,教育孩子不攀比,培养节约意识。

(二)活动二:创设环境,直观感知

环境作为一种隐性课程,能潜移默化地培养孩子们的良好习惯,发展各种能力,帮助他们学会自我分析问题、解决问题。孩子们分组设计、积极探索、合作制作,通过这一过程发展能力,培养参与意识和合作意识,激发对小学的积极情感。

(1)合理设计布置主题墙。

①根据孩子们的具体情况和主题活动内容,设计"问题树",引导孩子将上小学的担忧粘贴在树上,用绘画等方式展示已解决的问题。

②布置"本领树",让孩子们展示自己的新本领。

③布置"友谊树",引导孩子们自制礼物并展示。

(2)主题墙上设计"离别倒计时牌",由值日生每天更新日期,引导孩子们感知毕业临近,培养对老师和同伴的深厚情感。

(3)合理设计区域活动,让孩子们在区域活动中快乐学习,实现"智"游戏,"慧"衔接。

(三)活动三:活动开展,寓教于乐

游戏活动是幼儿园活动的主要方式。为激发孩子的学习兴趣,我们采用灵活丰富的活动,融合各领域内容,以孩子为主体,设计适合的游戏活动,引导幼儿观察、表达、讨论、演唱、表演、游戏、绘画,从而促进幼儿全面和谐发展。

(1)故事"好担心"引导幼儿了解上小学无需担心,消除恐惧和焦虑,激发对上学的兴趣。

(2)社会活动"我长大了"、散文诗《毕业歌》、美术活动"难忘的幼儿园生活"、歌曲《再见了,幼儿园》等,帮助幼儿回忆幼儿园生活,体验成长过程,感受师生和同伴之情。

(3)半日活动"走进小学",让孩子们观察小学教室和上课情况,了解小学与幼儿园的不同,激发对小学生活的向往。

(4)美术活动"想象中的老师""我的学校",通过了解小学和观察小学外观,画出想象中的学校和老师。

(5)科学活动"我的一天"和"挑战一分钟",让孩子们体验时间的长短,学会珍惜时间,养成良好的作息习惯。

(6)故事《铅笔盒变医院》、音乐活动"铅笔盒进行曲"、社会活动"整理小书包"等,培养幼儿整理书包和物品的能力,培养任务意识。

(7)体育活动"放学路上"和"穿衣乐",培养幼儿的动手能力和自理能力,为升入小学做准备。

(8)阅读绘本故事《小阿力上学》,让孩子们跟随故事走进小学,解决上小学的担忧,激发对小学的向往和积极态度。

（四）活动四：习惯培养，至关重要

1. 作息习惯的培养在平时

孩子们入园、离园都应按时，无特殊情况不得请假，全勤的孩子会得到奖品。孩子们的睡觉和起床都有固定的时间，这样养成的良好作息习惯对孩子一生都有益。

2. 学习习惯的培养在活动中

（1）通过各种教育教学活动培养孩子们的习惯。通过故事《铅笔盒变医院》让孩子们学会整理自己的书包和学习用品。通过学习儿歌《书写姿势歌》学习正确的坐姿。通过学习《小花猫上学校》培养孩子的注意力集中的好习惯。

（2）适当延长上课时间，减少游戏时间，做好过渡时期的训练。

（3）上课时保持安静，不许说话，不能随意走动或下位，有问题先举手，才能询问老师。

3. 行为习惯的培养贯穿一日生活各环节

礼貌的习惯培养从孩子入园时的“老师早”，离园时的“老师再见”，小伙伴帮助时的“谢谢”，做错事时的一句“对不起”和“没关系”开始，慢慢养成了良好的礼貌习惯。区角游戏结束时收拾整理玩具，户外活动结束后整理运动器械，孩子们学会了整理各种物品，做到物归原处。

（五）活动五：参观小学，实地观察

我们幼儿园是小学附设园，有着得天独厚的条件，幼儿对小学的环境很熟悉，平时经常遇见小学老师并和他们问好，每个星期一都能看到小学生的升旗仪式和做课间操的风采，这些都为孩子们升入一年级提供了很好的条件。为了让孩子们更全面地了解小学的生活，我们六月份将系统地开展参观小学活动。

（1）参观升旗仪式。星期一带领幼儿去操场和小学生一起参加小学的升旗仪式，模仿小学生行注目礼，观看国旗飘扬在空中，激发孩子们的爱国情感。

（2）观察小学生的课间操和上体育课的过程，了解与我们体育活动和户外活动的不同之处。

（3）参观小学的图书室、舞蹈室、实验室，激发孩子们的探索和学习兴趣。

（4）观看一年级学生的课堂。比较小学生是如何上课的，如何举手回答问题的，以及他们是如何做作业的，和我们是否一样。

（5）与一年级的老师交流，感受他们的亲切度，消除孩子们对新老师的恐惧感。

（6）绘画“我心中的小学”。

（六）活动六：安全教育，常抓不懈

利用课件视频、小故事、小案例，结合实践演练，组织幼儿学习安全常识，掌握安全技能，学会保护自己，培养安全意识和自救意识。

（1）防火的安全教育和实际演练。

（2）防踩踏的安全教育和实际演练。

（3）防地震的安全教育和实际演练。

（4）防走失的安全教育和实际演练。

（5）防雷电的安全教育和实际演练。

（6）防溺水的安全教育和实际演练。

(七)活动七:毕业演出,汇报成果

1. 文艺节目会演《扬起风帆,快乐起航》

在六一儿童节,组织开展亲子文艺汇演,让幼儿上台表演节目,增强自信心和表演能力,同时培养浓浓的亲情。

2. 长画卷《难忘的幼儿园生活》作品展览

引导孩子将自己在幼儿园三年难忘的时光画下来,孩子们在绘画和交流中,体会三年美好的时光,留下温馨的记忆。

3. 幸福合影拍照《幸福一家人》

我们幼儿园大班所有的老师和小朋友共同合影留念,留下童年最美好的瞬间。

花开有时,衔接有度。做好"幼小衔接"工作,不仅帮助孩子顺利步入小学,更是培养他们终身学习的动力和良好品质。我们幼儿园老师将不忘初心,砥砺前行,积极探索,创造性地做好幼小衔接工作,让每一个孩子都在自己的人生路上走得更稳、更远。

"区"动成长　"域"见美好
——支架幼儿区域游戏活动开展的有效策略

王梅芳
苏州市工业园区怡邻幼儿园

党的二十大报告对"实施科教兴国战略，强化现代化建设人才支撑"作出了全面部署，要求"坚持为党育人、为国育才，全面提高人才自主培养质量，着力造就拔尖创新人才"。坚持以"立德树人"为导向，办好人民满意的教育，并结合陶行知先生的"生活即教育"理念，以生活为中心进行教育。《幼儿园教育指导纲要（试行）》中指出："要充分尊重和保护幼儿的好奇心和学习兴趣，帮助幼儿逐步养成积极主动、认真专注、不怕困难、敢于探究和尝试、乐于想象和创造等良好的学习品质。"融合陶行知先生的思想，在区域游戏活动中，教师应作为幼儿游戏的追随者，追随孩子的兴趣，关注孩子的发展，指导孩子探索的脚步。结合陶行知先生的理念，教师应为幼儿提供更多的自主探究空间、游戏材料，使幼儿的综合实践能力和创造能力在游戏中自然获得提升。

一、区域活动的科学设置——寻找观察

生活蕴含着教育的意义。在开展区域游戏活动时，结合孩子们的日常生活经验，作为教师，观察孩子们的游戏活动开展情况至关重要。与孩子们一起，根据他们的发展需要科学设置游戏区域。在自然的游戏状态下，教师观察发现孩子们的兴趣需要。首先，我们与孩子们一起商讨班级的区域设置数量及摆放，孩子们讨论得热火朝天。在活动区中，我们与孩子们一起利用柜子的高矮组合、不同摆放方向，根据各区域需要的空间大小及区域活动时的需要特点进行区域划分，共同创设适宜的区域活动空间，也创造出了更符合班级空间的区域规划。有了孩子们的直接经验参与，区域活动的设置也更为灵动。其次，我们注重"一日生活皆课程"的理念，在设置区域活动区时，除了考虑相对独立的个别探究空间外，还要方便孩子们有序喝水、如厕等生活活动空间，平衡好一个环境中的开放与围合区域，使幼儿在园的一日活动进展得更流畅，环节衔接时活而不乱，场面既有安静处又有灵动性。再次，我们还与孩子们一起将游戏区的活动空间进行拓展，利用桌面、地面、墙面空间，进行了立体化的创设，这也更好地体现了幼儿与环境的有效对话。班级中有孩子发现地面上也可以进行设计规划，于是就有了孩子们一起设计的各种圈、线、点等标识，这些标识有效辅助了区域游戏的顺利开展，帮助幼儿与周围环境直接互动，为孩子们提供真正促进其身心快乐成长的空间。

在观察的基础上，教师为孩子们的经验发展提供有效支撑，支持区域游戏的深入开展。班级中的区域游戏也会随着孩子的兴趣点及发展需要而调整。孩子们在区域游戏中不断地探索，与同伴一起发现问题、解决问题，并寻找答案，从而获得经验能力的提升。

二、区域活动中的经验链接——对话操作

实际生活是教育的核心。陶行知先生始终将教育与社会生活紧密相连,生活与教育相互交织。孩子们身处周围的世界,生活过程中的每一次经历都是他们学习的过程。在《3~6岁儿童学习与发展指南》的指引下,我们与孩子们共同深入探讨和规划如何有效开展丰富多彩的主题活动。孩子们从不同角度和层面进行合作探究,使他们的情绪情感、合作交流、表达表现等能力得到全面发展,实现了区域活动和主题活动的经验链接。

1. 尊重发展规律

在教育实践中,我们观察到不同幼儿之间的发展水平、发展领域、发展速度等各有差异。因此,在具体游戏实施的过程中,我们尊重幼儿之间的差异化发展,因材施教,尊重每个幼儿独特的发展规律。我们为幼儿提供多元化的学习游戏切入点、多样化的学习内容和方式,使他们能够根据自己的兴趣、发展需求等选择适宜的学习途径,并取得最佳的学习效果,使每个孩子都能在自己原有的发展水平上得到适宜的提升。

2. 有效的"记录单"

在游戏过程中,我们积极调动孩子的主动性,鼓励他们进行建构和合作学习,主动进行各种探究、操作、表征的活动,并在其中寻求合作。我们与孩子们共同设计相匹配的"记录单",将孩子的学习和发展过程转化为可视化的"游戏记录",使幼儿、教师与家长都能清晰地看到孩子的成长轨迹。此外,我们还建立了"成长档案",班级教师通过对"成长档案"的归纳整理、分析评价,深入了解幼儿的学习和发展状况,进一步调整和优化教育策略,同时也提升了教师的专业素养。

3. 构建科学的实践

在区域活动中,我们重视并尊重幼儿的兴趣,不强制规定统一的学习实践,而是更注重创设促进幼儿深入理解的游戏环境。在实际的区域游戏活动中,活动实践、活动内容的灵活性确保了孩子主动学习的可能性,这是推动活动自然生成、支持儿童实际需要的重要体现。在具体的区域游戏中,我们共同探索孩子主动学习的规律,并以此促进孩子的主动发展。孩子们拥有灵活自由的学习形式,他们主动建构、合作学习相辅相成。在此过程中,教师不断研究孩子的学习成长规律,成为孩子游戏学习的合作者和支持者。我们与孩子是平等的,教师支持儿童的主动学习探究,成为儿童的倾听者、观察者。

三、区域活动中的有效指导——有效探索

生活决定教育。陶行知先生认为:一方面,生活决定教育,教育的目的、原则、内容、方法都由生活所决定;另一方面,教育又能改造生活,推动生活进步。在区域游戏活动中,教师应充分尊重孩子们的探索。教师在游戏中应细致地观察孩子们的活动表现,以《幼儿园保育教育质量评估指南》为指导,分析孩子们在游戏活动中的行为,真正了解他们的需求,并选择适当的时机介入,为孩子们提供适宜的指导,引导孩子们在区域游戏活动中主动探索、深度学习。

首先,通过操作材料的互动,幼儿能够获得经验。在这一过程中,由于幼儿的发展水平存在差异,他们在探索材料的发展路径上会有所不同,获得的经验成长也是各异的。在区域活动中,教师应关注每个幼儿,根据他们的不同兴趣、不同的发展水平、不同的学习节奏完成不同的

活动。教师应观察发现幼儿与材料互动中的表现,引导孩子们用多情境的记录方式,为后期的活动评价创设情境回顾,使游戏活动的评价更生动,更容易为幼儿理解和接受。

其次,经验交流的分享也是关键。分享交流环节应组织孩子回顾区域学习活动、讨论材料操作过程、梳理和提升关键经验,形成对在游戏中产生问题的共识。通过师幼间、幼幼间的交流、讨论、梳理,教师能够了解孩子在游戏活动中的发展情况、他们的活动效果。孩子与同伴则通过相互介绍、展示自己的游戏学习过程与结果,加强相互间的了解,促进孩子间的相互学习交流,开阔眼界,拓展思维,激发进一步探索的积极性,也放大了区域活动对幼儿发展的实效。

最后,应聚焦幼儿能力的提升。随着区域游戏活动的深入开展,在游戏过程中应聚焦孩子的能力提升。一是丰富主题活动内容,二是激发进一步探索新主题的愿望。根据其路径,可分为两个步骤:第一步骤是在本主题活动经验的基础上进行提升,这种经验提升可以涉及活动规则、关键经验或活动难点突破等方面。第二步骤则是提出新问题,并对围绕新问题将开展的主题活动提出活动建议、构思设想。聚焦活动可以是当日主题的结束,也可以是新主题的开始,在主题活动中系统性地关注幼儿能力提升,从而助推孩子们在区域游戏活动深入有效开展。

陶行知先生是我国现代杰出的人民教育家,毕生从事教育事业,倡导"生活教育"理念,结合生活中的点滴。在区域游戏活动中,我们应给予幼儿充分的自主空间和活动空间。每一次的遇见都是美好的开始,与孩子们在一起的时光都是幸福的成长,也是一场心之所向、向美而行的旅程。在课程游戏化理念下,以幼儿发展为需要,我们一起凝聚更好的教育力量,在教育的筑梦路上,不断思考、感悟、行动、提升,以陶行知先生的教育理念践行在教育的实践工作中,打造孩子们的幸福七彩童年。

以生活活动为载体促进幼儿发展的几点思考

王　丹
北京市怀柔区第三幼儿园

党的二十大报告强调,要坚持以人民为中心发展教育,加快建设高质量教育体系。学前教育作为高质量教育体系中最基础的环节,在高质量体系建设中发挥着奠基性的作用。学前教育的高质量发展对孩子们的身心健康有着深远的影响,也是社会全面发展的重要保障。面对稚嫩的小班幼儿,我们如何实施教育,以确保幼儿身心健康和谐的发展呢?对此,我们进行了探索,有了一些心得与体会。

一、爱心倾注,保育为先,助力幼儿提升自理能力

小班幼儿刚刚步入集体生活,各方面能力都需要提升。面对这样的情况,我们小班教师针对本班幼儿的实际情况,制定了有效的教育策略。如:每天复习洗手儿歌;点赞小朋友之间互相帮助穿衣服的行为;每周在家长群公布幼儿自理能力情况;用小贴画和小奖状等奖励来激励、肯定幼儿在自理、自立方面取得的进步。我们开展了相关主题活动,其中最重要的是,教师用耐心和爱心每天重复指导幼儿进行洗手、穿衣、擦鼻涕、叠放衣物等生活活动,不厌其烦,多提示,常夸奖,耐心教授,给予幼儿充分的信任,为每个幼儿提供宽松的成长空间。

小班保育员教师认真执行我园各项卫生制度,做好每日消毒和开窗通风工作。在春季传染病高发时期,尤其关注幼儿的洗手、着装、体温和流涕等情况,确保班级幼儿的健康。在教师们的共同呵护下,小班幼儿的自理能力和自护能力有了显著提升。

二、关注需求,尊重兴趣,开展贴近生活主题活动

以我园“和乐”理念为引领,小班教师遵循我园生活课程开展思路,切实关注并发现幼儿的需求,尊重并引导幼儿的兴趣,以满足幼儿多元深层发展为出发点,精心策划并实施了不同领域、不同方面的主题活动。具体活动如下。

(1)运动健康。“好玩的球”与“跳一跳 更健康”通过趣味游戏锻炼幼儿大肌肉的力量,提升身体控制能力。

(2)自理能力。“我的小衣服”活动中,孩子们学习认识衣服的正反,掌握穿脱简单衣服及叠放衣服的基本方法,培养初步的自理能力,鼓励幼儿自己的事情自己做。

(3)健康饮食。“甜甜的水果”与“好吃好吃我要吃”活动中,孩子们感知多种果蔬的外形特征和口感,了解果蔬的营养价值,逐步养成爱吃水果、多吃蔬菜的好习惯。

(4)自我保护。“身体的秘密”活动中,幼儿了解男孩女孩的不同,认识自己的身体部位,学习并掌握一些基本的自我保护方法。

(5)畅想自然。“可爱的小兔子”“清凉过夏天”与“风来啦”活动中,孩子们对周围的事物

和现象产生浓厚兴趣，通过亲身体验和实践操作寻找问题答案，感知季节与人类的关系，培养对小动物的爱护之心，对生命保持敬畏。

（6）传统节日。“我的好妈妈”活动中，孩子们感知家人为自己付出的辛勤与努力，懂得尊重并听从长辈的话，愿意为长辈做力所能及的事情，培养初步的感恩意识，传承中国传统孝道精神。

（7）科学探究。“好玩的洞洞”活动中，幼儿对身边的事物充满好奇，在教师的引导下能够持续关注某一事物的发展变化，培养初步的探究意识和科学精神。

主题活动的开展紧密结合我园每月的主题月内容，以培养幼儿的自理自护能力为核心，同时兼顾艺术、科学、社会等多方面的教育内容，旨在最大限度地满足孩子的发展需求，拓展孩子们对新事物的认知，为幼小衔接小班阶段的身心、学习、社会等方面准备打下坚实基础。

三、动态调整，灵活指导，打造个性发展区域活动

在区域活动中，我们实施重点指导，组织教师观摩和评选建筑区活动。在评选过程中，我们深入研讨：小班幼儿在建筑区活动应达到何种水平？应采用何种方法指导幼儿进行搭建活动？如何拓展幼儿思维，使其对图形及转换组合有更深入认知？同时，在保障建筑区基本能力发展的基础上，我们着重指导幼儿在建筑审美如对称、重复等方面的提升，有效促进了幼儿搭建水平的提高。在其他区域，教师动态调整区域材料，灵活指导幼儿活动，使孩子们在区域活动中均得到个性化发展。

四、趣味打造户外游戏，坚持强健体质快乐运动

我们精心打造户外分区游戏，增加大循环内容，设立投掷区、车区、球区、钻爬区等多种游戏场所，整合不同户外材料，满足孩子们走、跑、跳、钻、爬等多方面能力的发展。根据天气变化，我们灵活调整户外内容，如夏天打造玩水乐园，让孩子们在炎炎夏日中享受户外活动的清凉与快乐。学期末体能测试显示，小班幼儿在走、跑、跳、投掷、拍球等方面优秀率均在95%以上，显著提升了大肌肉的耐力和小肌肉的灵活性。

五、精心准备，营造氛围，展开各具特色各月主题

我们围绕幼儿园保教工作计划，开展丰富多彩的主题月活动。3月文明礼仪月，教师与孩子们共同调整娃娃家内容，以招待小客人为主题，渗透礼貌待人教育，利用绘本演绎雷锋叔叔的故事，传递文明友善、热心助人的中华民族传统道德价值观。4月快乐运动月，我们重点打造小班亲子运动会。5月“你好，艺术家”主题月，孩子们欣赏初夏美景，开展赏花、过家家、捉迷藏等活动，用画笔、软陶土、撕纸粘贴等艺术形式再现美好场景，感受大自然的馈赠。6月，师生共同筹备六一儿童节庆典，体验戏水时光，经历大班毕业典礼，丰富的游戏场景和情感体验使孩子们情感饱满，充满热爱生活之情。

六、倾情沟通，诚心交流，共建和谐家园共育桥梁

今年是疫情放开后的第一年，家长们迫切希望走进幼儿园，深入了解幼儿园的生活，目睹孩子们在幼儿园的快乐成长与学习。为满足家长的各种需求，我们精心策划了多样的亲子游戏活动。在4月的亲子运动会上，家长们目睹了小班幼儿整齐划一的武术操表演，与孩子们一

同沉浸在欢乐的角色游戏中。5 月的春季读书畅游日,家长们感受到孩子们在美丽的花果园中仿佛置身童话世界,惬意的大自然为孩子们的阅读提供了极佳的氛围,他们在此嬉戏、阅读、游戏,尽情享受童年的快乐。庆六一开放活动中,文艺汇演、趣味游戏、爱心义卖、艺术体验、戏水乐园、美食共享等多个项目为家长和孩子们留下了深刻而快乐的记忆。活动结束后,许多家长和孩子们仍不愿离去,沉浸在这份快乐之中。这些大型开放活动不仅增强了家长对怀柔三幼的满意度和好感,更成功构建了幼儿、教师、园所与家庭之间的友谊桥梁,对家长认同我园的教育理念,参与课程共建起到了积极的推动作用。

在大型开放活动中,我们充分发挥家委会及家长的作用,招募志愿者协助筹备工作,维护管理班级秩序,并鼓励家长为活动出谋划策,尊重并适时采纳他们的意见。此外,我们还利用晚离园时间,确保每学期与每位孩子家长进行 3~4 次面对面的沟通,交流幼儿情况。教师们将幼儿在园内的活动照片及时上传至平台,让家长能够随时了解。老师们的辛勤付出赢得了家长对班级工作的认可,进一步巩固了家园之间的良好合作关系。

七、审视自身,展望前路,规划下一学期努力方向

在追求高质量发展的道路上,我们取得了一系列成绩,同时也引发了一些新的思考。例如,如何深入挖掘和利用身边的教育资源,以促进幼儿的全面发展;如何有效转变家长观念,提升科学育儿水平等。在接下来的工作中,我们将继续贯彻落实《3~6 岁儿童学习与发展指南》《关于学前教育深化改革规范发展的若干意见》等文件精神,通过实践探索出切实可行的措施,努力为孩子们营造一个既适宜又高效的教育环境,以促进他们的全面发展。

创设丰富游戏情境有效提升幼儿语言交往能力

王 丹
北京市怀柔区第三幼儿园

《3~6 岁儿童学习与发展指南》在语言领域部分明确指出“语言是交流和思维的工具。幼儿期是语言发展，特别是口语发展的重要时期。幼儿在运用语言进行交流的同时，也在发展着人际交往能力、理解他人和判断交往情境的能力、组织自己思想的能力，这非常明确清晰说明了语言发展对孩子的作用。

社会交往离不开语言，语言是最简单、最方便、最直接的能清楚表达社交意愿的方式，所以语言的发展尤为重要，尤其是对于初入社会的 3 岁孩子来说，他们表达自己最直接需求的方式就是语言，清楚地表达可以帮助幼儿提高自信心，建立良好的幼师、幼幼关系，从而提高社会交往能力，情境游戏中的交往更能激发幼儿表达的意愿，积累各种学习经验。

一、要为幼儿创设具有安全感，宽松感，丰富性的交流氛围

小班幼儿心理稚嫩，教师的作用举足轻重，小班孩子对周围环境中的语言刺激特别敏感，有强烈的学习说话积极性。周围人的语言特别是老师的语言，是孩子们学习的主要对象。因此，发展幼儿的语言表达能力，就一定要促进幼儿的交往，丰富他们的生活经验，激发情感、活跃思维，使孩子们想说话，爱说话，会说话。研究中，教师规范自己的言行，用符合幼儿发展水平的语言组织一日生活，成为表率，同时也与孩子们平等相处，尊重和鼓励孩子，增加情谊，为孩子创设宽松，自由，丰富的交往环境，便于幼儿表达。

除此之外，有条件的还要充分利用地域资源，将孩子们的情景游戏场景转移到室外，徜徉于大自然中，孩子们的身心更加放松。随处可得的自然资源给他们的游戏带来了极大的丰富性。随手捡几片树叶，炒一盘美味的菜肴，摘几根青草，熬一锅鲜香的汤，孩子们在快乐的花果园中置灶架锅，学着爸爸妈妈，有模有样的煮菜做饭。在这样的游戏活动中，小班幼儿的想象力得到充分的发展，自由的交谈，他们以物代物，将生活经验运用于游戏之中，有效的区分了物体的象征属性和真实意义。更为重要的是，在这种宽松，自然的氛围中，孩子们的情绪安定愉快，同伴关系融洽和谐，使用语言中社会性交往得到积极的情感体验。为日后健全人格的形成奠定了良好的基础。

二、结合集体、个别指导，教师有意使幼儿掌握基本的交往语言

小班幼儿年龄小，口语表达的清晰度，词汇掌握的量，个体差异性很大，所以教师一定要关注到这一点，对那些不敢说、不善于说话的孩子，要特别地加以照顾，多给他们表达的机会。要给予目光的鼓励，身体动作的支持，耐心的倾听他们的讲述；过渡环节或者平时要多与这些孩子进行接触交流，积极的鼓励他们与同伴进行交往，排除孩子们因口语表达不清晰，自身性格

内向等原因而产生的胆怯心理，萌生他们愿意表达想表达的意愿。针对这样的孩子，我们还要时刻关注他们的情绪变化，为他们创设操作性的便于了解他们内心活动的游戏环境，例如："心情角"的表情小贴纸就是非常不错的选择，当老师发现小贴纸上的表情，出现沮丧、伤心等符号时，就可以有针对性的和孩子进行交流，用自己关切的话语去引导他们他自己心中的想法，给予他们更多的关爱。

三、创设丰富交往情境游戏环境，多提供幼儿与人交往的机会

围绕交往情境，我们大致可以分为3类。

1. 家庭情境游戏

家是孩子们最熟悉的场所，家庭中的成员是我们最亲近的人，"娃娃家"能够让幼儿通过模拟身边的环境，在游戏中展现自己的思想，锻炼自己的口语表达能力，在"娃娃家"中，每隔一段时间参与研究的班级都会制定一个主题内容，围绕着主题内容投放不同的材料，并且根据孩子们游戏的状态随时的进行调整，使孩子们的话题，能够围绕着一个主题进而深入，在这样的活动中孩子们大胆表达着自己的发现，与同伴交流着自己的想法，能够将"照顾宝宝""打扫房间""洗衣，刷碗"，等事情描述的完整、形象，大大发展了自己的描述性语言能力。

在变换主题的内容中，我们也注重孩子们文明礼仪方面的养成，如家庭类主题："今天有人来做客"，教师会着重引导孩子们使用文明礼貌用语，引导幼儿向客人介绍自己的家庭成员，最喜欢做的事情，最爱吃的菜等等，在这样的游戏中孩子们大胆地表达了自己的想法，有效地与他人沟通。

2. 社会情境游戏

在为孩子们创设游戏情境过程当中，我们也会给孩子们增加社会性情景的内容，有效唤起幼儿语言表达的责任感，孩子们之间会有不同的分工，为了完成一个活动，每个人都要参与其中，有效的体现出自己的价值。例如：去超市买食物的游戏中，老师会指导幼儿了解家人对食物的喜好，想一想自己都要买哪些物品，在选购物品遇到问题时，鼓励孩子们勇敢地向店员提出自己的疑惑，购买者、收银员、售货员，每一方都有自己的职责，如果有任何一方不配合游戏，那么我们的角色游戏就不能完美地完成了。社会情境游戏内容更重要的是要唤起角色扮演者，唤起幼儿语言表达的责任感。这样的游戏还有很多，例如："送外卖""小医院""照相馆"等，除此之外，孩子们最喜欢的社会性游戏体验活动是类似于我们幼儿园的爱心市集，在爱心市集中，孩子们会随意挑选自己喜欢的小礼物或者商品，在父母的引导下询问价钱，与售卖者进行交易，如果孩子不表达，就买不到自己喜欢的小商品，这种带有强烈社会交易规则的游戏。激发着孩子们表达的欲望，在进行交易的过程中，发展着他们的口语表达能力和与人交往的能力。

3. 想象情境游戏

想象情景游戏来源于幼儿熟悉的动画片，绘本故事，听老师讲故事的情景模拟，这也是孩子们特别喜欢的游戏内容，对于一些游戏角色，孩子们会产生崇拜向往的心理，利用这种心理，他们会围绕角色产生多种想法，大胆表达着自己的意愿，例如：孩子们在花果园里玩"小兔和狼"的游戏，他们一方面模仿着故事中的语言情节，一方面又发表了自己的看法，有时候还会互相指导对方的表演，告诉大灰狼应该从什么时候出场，告诉短尾巴应该怎样关门，告诉妈妈要买什么样的食物是自己最喜欢吃的，就是在这样的想象游戏中，幼儿穿梭于真实和想象之间，

感受着语言表达与沟通的快乐。

四、有效发挥家庭游戏情境提高幼儿语言表达能力的作用

词汇量的丰富，影响着孩子语言表达能力的强弱，词汇量的积累是一个长期学习，反复聆听，周而复始的过程，在这一过程中，家庭生活占据的孩子大量的时间和精力。所以我们不仅在幼儿园开展游戏活动积累词汇，也指导家长在家庭中通过情境游戏来积累词汇，小班幼儿的词汇掌握除了拓展认知的名词以外，更多的是生动具体的形容词为主，我们指导家长和孩子一起玩“我说你猜”的游戏，比如：妈妈说，这是水果，圆圆的，大大的，甜甜的，外面绿绿的皮，里面红红的瓤……反向再让孩子说，重复说，慢慢地幼儿就会记住这些词汇；推荐好听的绘本故事，评选读书打卡之星；鼓励说有节奏的童谣，手指游戏儿歌等，在长期的反复的游戏中，幼儿的词语量得到有效的积累。注重家长的参与，可以增进亲子关系，建立良好家园关系的同时，大大丰富幼儿词汇量的掌握。在创设情境游戏环境，发展幼儿语言表达与交往能力的过程中，也会有一些实际的问题。

（1）小班幼儿由于年龄较小，生理发育不成熟，发展也不均衡，幼儿在口语表达清晰度方面存在差异，有些孩子由于这方面的沟通障碍，虽然在游戏中玩得很开心，但是有想法却不愿意和小朋友老师交流，且很普遍，不在少数，如何掌握更为专业的知识，对这一部分幼儿进行有效的引导，是我们要继续深入研究的。

（2）教师在组织幼儿语言活动时，自身的语言表达词汇量和表现力还存在一定的进步空间，且我们已经注重个体差异，但是由于幼儿人数较多，还不能做到面面俱到，活动中对幼儿的积极干预还不够深入，且对于幼儿情感，认知的关系包括发挥家庭在提升幼儿语言能力发展方面的作用没有做到最好，有待在实践中继续摸索。

《幼儿园保育教育评估指南》颁布以来，我们用《3~6岁儿童学习与发展指南》中的精神引领行动，因地制宜的为幼儿创设情境游戏环境，并提高丰富适宜的游戏材料和内容，注重五大领域的相互渗透的融合，在一对一倾听的基础上努力思考和满足幼儿发展的需求，拓展着幼儿的生活经验，丰富他们交流的内容，幼儿在这样有准备的环境中，自身的语言表达，理解能力和人际交往能力都得到了有效的发展。

依托音乐教育活动提升小班幼儿学习品质的研究

曹潇月
中国人民解放军四川省军区第三幼儿园

《3~6岁儿童学习与发展指南》中明确指出要重视幼儿的学习品质,幼儿在活动过程中表现出的积极态度和良好行为倾向,积极主动、认真专注、不怕困难、敢于探究和尝试、乐于想象和创造等,这些都是幼儿重要的学习品质。然而学习品质不是孤立存在的,它在各领域具体活动中都有所体现。音乐活动是幼儿园阶段进行艺术教育的一种重要教育方式,其任务是通过音乐舞蹈的审美实践活动来促进幼儿的全面发展,它具有审美性、整体性、游戏性、综合性、技能性。因此教师尝试依托音乐教育活动提升幼儿的学习品质。以下,我仅结合自身的教育实践,针对在音乐教育活动中提升小班幼儿学习品质这一内容进行分析探讨。

一、结合理论研究,分析幼儿学习品质的主要表现

(一)学习品质维度的划分

学习品质是指学习态度、行为习惯、方法等与学习相关的基本素质,是在幼儿期开始出现和发展,并对幼儿现在与将来的学习都具有重要影响的基本品质。国内外学者对学习品质的内涵有不同的界定和解读:卡根将学习品质分为主动性、专注度、独立性、想象力、创造力和抗挫力;李燕芳将学习品质分为好奇心、灵活性、注意力、坚持性、独立性、创造力;冯晓霞等将学习品质分为好奇心、主动性、专注程度、想象与创造、独立性、目标意识、坚持性、抗挫能力;鄢超云将学习品质分为好奇心、主动性、坚持与专注、想象与创造、反思与解释;高瞻学前课程将学习品质分为主动性、计划性、专注性、问题解决、资源利用、反思。综上所述,笔者将出现率较高的6个维度进行总结,分别是:好奇心、主动性、坚持性、想象与创造、反思与解释、问题解决能力。

(二)在音乐教育活动中,小班幼儿学习品质的主要表现

《3~6岁儿童学习与发展指南》对不同年龄段幼儿可以达到什么发展水平提出了合理期望,这要求我们在实施教育活动时,要结合幼儿年龄特点。对于小班幼儿的学习品质主要表现,笔者对两个音乐活动进行了记录:在小班歌唱活动“彩色花园”中,幼儿学习品质主要表现为:好奇心、主动性、坚持性、想象与创造;在小班律动活动“爱玩水的小鸭”中,幼儿学习品质主要表现为:好奇心、主动性、坚持性、想象与创造。结合对以上两个音乐活动分析比对,小班幼儿在音乐教育活动中常表现的学习品质为:好奇心、主动性、坚持性、想象与创造。

二、依托音乐活动提升小班幼儿学习品质的可行性

（一）音乐能激发幼儿好奇心和主动性

黄瑾在《学前儿童音乐教育》中指出幼儿可以在歌唱中表达自己的情感，获得快乐，歌唱还可以使儿童更加主动自信活泼。小班幼儿主要是无意注意占优势，新异的或是明显带有响声的刺激往往支配着他们的注意。例如在小班律动活动《小鸡小鸭》中，幼儿听到音乐中小鸭嘎嘎和小鸡叽叽的叫声时兴奋地说到“这是小鸭子的声音吗？”“是小鸭子在和小鸡聊天。”音乐中小鸡小鸭的声音激发了幼儿的好奇心，让幼儿对音乐活动产生了浓厚的兴趣，积极地参与到模仿小鸡小鸭的音乐活动中来。

音乐教育的内容和方式贴近幼儿的本性，小班幼儿对自己喜爱的乐曲或旋律，会情不自禁地伴随音乐主动模仿，进而积极主动地参与到活动中，潜移默化地形成对音乐活动热爱的态度。在小班音乐活动“小汽车滴滴滴”中，幼儿听到汽车的喇叭声，不由自主地模仿起了爸爸妈妈开车时的情景；在小班歌唱活动“小矮人和大巨人”中，幼儿听到“变成大巨人”时情不自禁地举起双手、垫起双脚，模仿出大巨人，当听到“变成小矮人”时则蹲下变出小矮人。在这些活动中，幼儿往往都能全身心地投入。可以说依托音乐为载体进行教学，可以提高幼儿的主动性，从而促进幼儿学习品质的发展。

（二）音乐能激发幼儿创造性

想象和创造是幼儿学习品质的重要表现方面。音乐教育活动往往具有较强的创造性，例如小班歌唱活动“跑跑镇”中，通过诙谐有趣的歌词“从前有一只黑熊，一只白熊，他们撞成了大熊猫”来激发幼儿想象力，引导幼儿自由想象创造出歌词“小猫和老鹰撞成猫头鹰”，“爸爸和妈妈撞成小宝贝”等。在大班律动活动“一起来游泳”中，幼儿结合自身经验创编出了不同的游泳姿势，还跟随音乐节奏变化创编出了“一”字形、“十”字形、“△”型等不同的花样游泳的队形。这说明音乐学习可以作为幼儿学习品质发展的良好载体。

三、针对年龄特点，制定有效策略

（一）贴近生活选材，吸引幼儿的好奇与兴趣

《3~6 岁儿童学习与发展指南》中强调让幼儿学会发现和感受生活中美的事物。小班幼儿喜欢接触大自然，容易被生活中好听的声音所吸引。因此应尽可能地从幼儿比较熟悉和喜爱的事物出发进行活动选材，引发幼儿的好奇心，激发幼儿的主动性。例如在小班打击乐活动“小汽车滴滴滴”中，教师选材来源于生活中熟悉的汽车，通过汽车滴滴叫的声音来激发幼儿好奇心，通过体验小汽车在马路上会遇到的各种情境来激发幼儿对打击乐的兴趣，通过营造马路的氛围，保持幼儿参与活动的兴趣。

（二）多样教学手段，促进幼儿的坚持与专注

《3~6 岁儿童学习与发展指南》在艺术领域教育建议中提出提供丰富的材料、工具或物品，支持幼儿进行歌唱、表演等艺术活动。小班幼儿具有喜新、好奇，集中注意的时间短，持久性差等心理特点。如小班音乐活动“彩色花园”，教师提供了不同的玩具花、小花头套、花朵转盘等幼儿可操作的道具，以此来帮助幼儿熟悉记忆歌词，同时也能增加活动的趣味性。在小班歌唱活动“跑跑镇”中，教师提供了各种大小的房子、不同动物的卡片、不同动物的头套等道具，结

合生动有趣的动画,帮助幼儿感受歌词的诙谐幽默。幼儿通过抽取不同的角色卡扮演不同的动物,不断提供刺激,促进活动中的坚持性与专注性。

(三)趣味游戏设计,增强幼儿的参与主动性

游戏是幼儿教育的一种重要手段,也是幼儿最喜欢的活动之一。幼儿园音乐教学游戏化是指在音乐教学中加入游戏元素,使音乐教学更具有趣味性。小班幼儿的形象思维占主导地位。游戏化的音乐教学形式比以教师为主导的传统音乐教学形式,更适合小班幼儿。因此教师在设计活动时,应当注重游戏化,借助游戏吸引幼儿的注意力,增强幼儿的参与主动性。例如在小班律动活动"小鸡咯咯哒"中,教师设计"鸡妈妈孵蛋"游戏,幼儿扮演小鸡从蛋壳里孵出,或扮演鸡妈妈来孵蛋。活动给予幼儿自主选择的权利和空间,有效地激发幼儿的参与主动性。又例如在"爱玩水的小鸭"活动中,教师设计单人、双人、多人的游戏,环节层层递进,融合数学领域"1""2"和"许多"概念,保持幼儿在活动中参与主动性。

(四)解析音乐结构,激发幼儿想象与创造

小班幼儿虽然能被生动形象、富有节奏的音乐所吸引,但音乐的抽象性,让幼儿不一定能够理解音乐,更不能大胆想象与创造。因此,教师应分析幼儿年龄特点,将音乐解构之后再介绍给幼儿,并利用肢体动作、图谱、语言、表演等方法帮助幼儿理解音乐,激发幼儿的想象与创造。例如当我们听到音乐"墨西哥舞曲"时,我们很难将之具象化,更难理解音乐的结构和曲式。于是教师将音乐结构为"小雨和花",教师邀请幼儿在A段时创编各种不同的下小雨的动作,在B段时创编各种不同花的造型动作。教师通过用肢体动作将音乐进行解构,帮助幼儿欣赏理解音乐结构的同时,也能通过肢体创编来激发幼儿的想象力和创造力。

良好的学习品质是幼儿终身受益的核心素养,是幼儿获得可持续发展的有力基础。通过此次实践研究,我发现了这些策略,让音乐教育活动更有实效,也对培养小班幼儿学习品质起到了促进作用。

主题探究活动中促进幼儿深度学习策略

——以小班主题探究活动“泥好有趣”为例

王辰琭

深圳市龙华区第五幼儿园

一、概念界定

（一）深度学习

1957年，美国著名心理学家布卢姆在其著作《教育目标分类学（第一分册）——认知领域》中提出，相对于浅层学习以记忆为主的认知方式，深度学习则包含了理解、应用、分析、评估和创造五种层层递进的高级认知活动。1976年，学者马顿和萨乔在《论学习的质的差异：结果和过程》一文中，进一步提出了“表层加工”与“深度加工”的概念，强调浅层学习更注重记忆，而深度学习则更注重理解。我国学者何玲与黎加厚在2005年的文章《促进学生深度学习》中，将深度学习定义为对知识的理解与批判、联系与构建以及迁移与应用的过程。

（二）幼儿深度学习

根据叶平枝等学者的著作《幼儿深度学习课程设计与实施》，幼儿深度学习是在教师的引导下，幼儿在较长的一段时间内全身心地投入富有挑战性的课题中，与同伴合作和探究，进而迁移已有经验，解决实际问题的富有意义的学习过程。

二、教师促进幼儿深度学习的策略

（一）追随幼儿兴趣，师幼共生主题

小班探究性主题“泥好有趣”源于一次艺术区的户外活动。几位小朋友在秋千旁发现了一片没有小草覆盖的光秃秃的泥土，于是他们席地而坐，玩起了泥土。他们一会儿把泥土堆成小山，一会儿把干燥的泥土撒向空中，很快空气中就弥漫了黄土，吸引来了更多的幼儿围观。这次户外活动后，班级教师根据幼儿玩泥土时的兴趣完成了活动预设。然而，真正实施的主题探究活动并不会与活动预设完全一致，因为幼儿的兴趣点随时都可能发生变化。因此，教师会根据幼儿的关注点对活动计划进行调整和修改，以保持大多数幼儿在主题探究活动中的强烈内在动机。

（二）聚焦共同问题，选择活动内容

当小朋友们和爸爸妈妈一起完成了教师预设的“泥趣调查表”，并把收集来的“泥”带到幼儿园时，大家发现不同地方收集到的“泥”是完全不同的。这时，有个小朋友提出了问题：“沙子也是泥吗?”这个问题引起了幼儿们的强烈反响，他们针对此问题提出了不同的猜想。教师灵敏地捕捉到幼儿发现的共同问题，着手修改了接下来的主题活动内容，以集体讨论结合小组探究的形式，引导幼儿探究泥与沙的异同。通过这次探究活动，幼儿们不仅积极参与，而且通

过自己的猜想或实践解决了问题,掌握了泥与沙的异同的经验。

(三)关注个体差异,因材施教

教师在美工区投放了大量的陶泥,供幼儿在区域活动时间制作作品。通过观察,教师发现幼儿在操作陶泥时存在明显的个体差异。有的幼儿能够在整个区域活动时间内专注于一件作品,他们充分运用揉、搓、捏、压等手法,将陶泥制作成各种形状。长时间的练习使得他们的手法越来越熟练,作品也越来越精致。

但有的幼儿在一开始对于陶泥以及各种工具表现出浓厚的兴趣,他们会拿着泥拍不停地拍打一块泥,直到这块泥变得又薄又干。接着,他们可能会用喷壶把泥喷湿,再换一把泥工刀在泥上刮出一条条不规则的痕迹。他们还会尝试使用花朵型模具,把泥压成一朵朵的形状……然而,由于他们对这些工具的使用都是浅表性的、无目的的,因此在随意地尝试之后,他们很快就丧失了继续玩泥的兴趣。区域活动时间还未过半,这位幼儿就已经开始注意力涣散,直到活动结束时才意识到自己没有完成一件作品。这种情况下,教师应当主动介入,通过询问等方式引导幼儿树立目标意识。例如,教师可以问:“你今天想用陶泥做个什么作品?”这样的问题可以促使幼儿在探索各类泥工用具的同时进行深层思考,比如“我要怎样使用这些工具,才能完成我想做的奥特曼呢?”通过这样的引导,幼儿在制作“奥特曼”泥作品的过程中就不再仅仅停留在记忆的浅层学习阶段,而是能够达到理解和应用的深度学习阶段。

当这名幼儿开始能够专注于制作作品时,教师及时地对其进行表扬和鼓励,以强化他专注于一件作品的行为。教师在鼓励时,不仅使用了宽泛而重结果的话语(如“你做得真好”“你真棒”),还使用了具体而重过程的语句(如“你刚才制作时真专注”),以此强调对幼儿深度思考和实操过程的肯定。通过这种具体而有针对性的表扬,教师可以循序渐进地培养幼儿专注的学习品质,促进他们的深度学习。

"1+3+N"幼小衔接背景下幼儿时间管理策略

康后利
重庆市江北区载英中学校附属康泰幼儿园

一、问题提出

《幼儿园入学准备教育指导要点》中明确指出,要让幼儿形成初步的时间观念,养成做事不拖沓的习惯。教育建议强调:应引导幼儿逐步树立时间观念;通过多样化的方式,让幼儿在日常生活和游戏中感知时间,学会按时作息,培养守时、不拖沓的良好习惯。在一日活动中,我们需帮助幼儿建立时间概念、形成时间意识,以提高他们自主规划和管理时间的能力,从而更好地适应学校生活。因此,本文基于当前幼儿时间管理的现状及问题,提出"1+2+3+N"策略,旨在帮助幼儿提升时间管理能力,为其入学准备提供有力支持。

二、儿童时间管理的现状及存在的问题

儿童时间管理的现状受到多种因素的影响,并存在一些问题。以下是关于儿童时间管理现状的一些观点:

(1)时间概念模糊。由于幼儿正处于成长和发展的关键时期,他们可能因对时间的学习和感知不足,或成人引导方式不恰当等原因,导致对时间的长短、早晚等概念模糊不清。

(2)时间意识薄弱。幼儿缺乏外部的引导和提醒,难以形成稳定的时间意识。同时,家庭和学校环境中缺乏明确的时间管理指导和支持,或未建立起稳定的时间规划和日常安排,导致幼儿无法充分感受到时间的流逝和影响。

(3)自主规划能力不足。幼儿的注意力时间较短,容易分心,且缺乏自主规划和管理时间的能力。此外,过度沉迷于电子媒体,如电视、智能手机、平板电脑等,可能使幼儿忽视时间的价值,不会设定目标、制定计划和优先排序任务。这导致他们容易拖延、时间浪费和任务完成效率低下。

综上所述,儿童时间管理确实存在一些问题和挑战。因此,我们必须重视儿童时间管理,并采取有效措施来提升儿童的时间管理能力。本文提出的"1+2+3+N"策略,旨在为幼儿入学准备和科学衔接提供有力支持。

三、"1+3+N"幼儿时间管理能力策略

(一)概念界定

要提高幼儿的时间管理能力,我们需深入理解"1+3+N"幼儿时间管理能力策略的含义。其中,"1"指的是一个载体,即以绘本作为主要的教育媒介;"3"代表三方协作,即幼儿园、家庭与社区三方面的共同努力;"N"则指的是多种实施路径,如日常活动、游戏、环境布置、主题活

动、激励机制等,通过这些多元化的方式,来巩固幼儿对时间的认知,培养时间意识,并提升他们计划和管理时间的能力。

(二)实施原则

教育在时间上必须"顺应自然",充分尊重儿童的天然时间节奏和内在时间体验,以儿童的身心发展规律和体验为基础,遵循以下原则:

1. 以幼儿为中心

我们要充分尊重并关注每个幼儿的个体差异,坚持"以幼儿为中心"的教育理念。在幼儿园的各个教育环节和实践中,我们需要根据幼儿的年龄特征和发展阶段,设计形式多样、内容丰富的学习活动和游戏,让幼儿通过亲身实践和探索来构建知识和技能,鼓励他们参与决策和解决问题。

2. 实践性

幼儿对时间的认知主要依赖于感性的经验和直接的体验。正如蒙台梭利所说,"幼儿实际上是有着内在的、精确的时间表的人"。我们需要理解幼儿的学习方式和特点,为他们创设丰富多样的教育环境,合理安排一日生活,最大程度地支持和满足幼儿通过直接观察、亲手操作和实践体验来获取时间管理的经验和知识。

3. 渗透性

时间管理教育应当贯穿幼儿的一日生活之中,融入幼儿园的各个环节,包括环境布置、学习活动和游戏中。我们要让幼儿在自主学习和环境的熏陶下,自然而然地感知时间、珍惜时间、规划时间、管理时间。

四、提升幼儿时间管理能力的"1+2+3+N"策略

根据幼儿年龄特点及时间管理现状,我们探索出助推幼儿科学衔接的策略,具体如下。

(一)1 个载体:利用绘本帮助幼儿建立时间概念,形成时间意识

绘本作为幼儿教育中的重要资源,以其丰富的故事情节和生动的插图,能够极大地激发幼儿的想象力和好奇心。通过绘本故事中的角色、情节以及角色塑造和情节发展,我们可以帮助幼儿更好地理解时间的概念、顺序和流逝。例如,"现在几点了"可以帮助幼儿认识小时和分钟的概念,并理解日常生活中的时间流逝;"时间在流动"则帮助他们深入理解时间的概念和顺序;"时间轮盘"则通过一个小女孩使用时间轮盘来安排一天的活动,使幼儿感知一天时间的轮回。

(二)3 方协作:社区、学校、家庭三方联动引导幼儿管理时间

社区、学校、家庭是幼儿成长的重要环境,通过三方联动,可以共同助力幼儿的时间管理,减缓幼儿适应小学的坡度。

(1)社区、学校给幼儿家庭提供时间管理的指导和培训。通过问卷调查、家长访谈、家长会、家长学校等多种方式,了解家长对幼儿时间管理的看法和困惑,提高家长对幼儿时间管理能力培养的重视程度。同时,为家长提供时间管理的指导和培训,确保幼儿作息规律,并有针对性地给家庭提供指导和支持。此外,提供平台供家长之间互动分享彼此的经验和方法。

(2)学校和家庭密切合作共同制定时间管理计划。小学、幼儿园应商讨适合幼儿衔接过渡时间的一日作息和学习游戏计划,适当调整幼儿园低年级及大班孩子的作息,以减缓时间差。同时,与家长分享幼儿在校、园的作息时间和学习计划,建立家校园联系,共同制定适合幼

儿的作息时间表和学习计划。

（3）教师和家长共同调整适合幼儿的时间管理策略。作为时间管理的重要参与者，幼儿园教师与家长间应定期或不定期交流，了解幼儿在园、在家的时间管理情况，共同探讨幼儿的时间管理问题和解决方案，以找到最适合幼儿的时间管理策略。

（三）N 条途径强化时间管理

利用一日活动、游戏、环境创设、主题活动等多条途径帮助幼儿建立时间概念、形成时间意识，提升时间规划和管理能力。

1. 利用一日活动助力幼儿时间计划和管理

制定清晰的日程安排，并标注每个活动的开始和结束时间，以幼儿能理解的方式呈现出来。帮助幼儿理解每个活动所需的时间，形成时间概念。鼓励幼儿参与时间规划的过程，并给予他们一定的责任。例如，活动前，让幼儿参与活动计划；活动后，与幼儿一起回顾和反思活动的进行情况，帮助幼儿意识到时间管理的重要性，激发他们主动管理时间的意识。

2. 以游戏为载体助推幼儿建立时间概念，形成时间意识

设计一些专门的时间管理游戏，让幼儿在游戏中学习时间管理的技巧和策略。如设计一个任务清单游戏，幼儿需在规定时间内完成一系列任务并记录完成时间；在自主游戏中，幼儿听到音乐提示即明白游戏时间的开始与结束；通过角色扮演游戏"坐公交""当小医生"等帮助幼儿理解任务优先和合理分配时间的重要性。

3. 环境创设激发幼儿时间管理兴趣和意识

家庭、幼儿园应为幼儿创造一个整洁、有序的学习环境。提供足够的储物空间和学习工具，让幼儿方便找到所需物品和材料，减少在寻找物品上浪费的时间，提高学习效率。在幼儿的学习环境中设置时间管理的提示和提醒，如放置时钟、日历或定时器，让幼儿能清楚地看到时间的流逝和任务的完成情况。在区角环境中投放一日流程图、幼儿关于时间游戏的表征、绘本阅读的认识、关于时间的游戏规则等，为幼儿提供一个有序及与时间相关的学习环境，激发他们对时间管理的兴趣和意识，帮助他们建立良好的时间管理习惯。

4. 主题活动助力时间管理

组织小组讨论或小组活动，让幼儿分享和讨论时间管理的经验和策略，进行表征等，从中学习和借鉴彼此的经验。如主题活动"一分钟能做什么""我的课间十分钟""我的时间我做主"；以时间为主题的艺术创作，如"我的小闹钟""爸爸的手表"；艺术表演"时钟滴滴答答"，儿歌《时间歌》；组织二十四节气活动等，引导幼儿感知、计划、安排、管理时间。

5. 建立时间管理规则和奖励机制

充分给予幼儿一定的自主权，让他们参与时间管理决策。例如，游戏前让幼儿做计划，游戏时让幼儿自己选择完成哪些任务或活动，并为他们提供适当的指导和支持。通过建立规则和奖励机制，鼓励幼儿主动管理时间，并培养他们的自我约束和责任感。例如，设定完成任务的时间限制，幼儿完成后可获得奖励或表扬。

时间是最稀有的资源，若不将时间管理好，要想管理好其他事情就只是空谈。对于幼儿来说，同样如此，唯有认识时间、珍惜时间、懂得合理安排时间，学习做事才能有效率，在幼小科学衔接的道路上才会走得顺畅。

广府童谣在建设班级粤语文化中的应用

黄冰玲　林美玲　谭宝华
广州市天河区侨英幼儿园

一、广府童谣在班级粤语文化建设中的基本情况

(一)广府童谣的相关概念

广府童谣是以粤语为载体,在珠江三角洲地区以广州为核心,经口耳相传而形成的一种民间歌曲,已经流传了数百年。广府童谣融入了广府百姓的生活习惯、市井景象、社会礼仪等元素,从广府人生活的早茶到技艺精湛的广绣……这些都是广府人最熟知的生活场面,也是最普遍的文化和艺术形态,都以儿歌的形式呈现出来,展现了广府人独特的地域性,体现了广府人诙谐幽默、务实豁达的性格,同时也反映了广府人的风土人情、文化价值观、语言表达、做人做事的基本方法等,其中蕴含着丰富的文化因子和价值观,充分展现了广府人浓郁的人文精神和地域特色。广府童谣作为一种具有很强儿童性的语言,对于培养幼儿的道德情感、行为习惯、语言能力、地域文化认同等都具有十分重要的现实意义。

(二)广府童谣在班级粤语文化建设中的意义

广府童谣是中国民间文化的一种,也是我国民间音乐的一种。我们应当将中国优秀的传统文化发扬光大,让更多的人能够领略到它的魅力。在教育的主阵地上,学校是不可或缺的一环,而老师则承担着传承文化的重任。广府童谣兼具文化和艺术特征,其教育价值主要体现在三个方面。首先,广府童谣对民间文化的传播起着重要作用。儿歌中所蕴含的文字与文化信息,对于粤语和广府人的口音与文化的传承都具有重要意义;其次,广府童谣对广府文化的传承具有重要意义。它以最简单、最直接的方式描绘了当地人民的生活方式、礼仪和风俗,儿歌的传唱具有深远的文化传承意义。最后,一首优秀的广府童谣,不仅能够给儿童带来快乐,更能陪伴他们成长,启发儿童思维,拓展想象空间,同时也具有审美教育的功能。因此,童谣的教育价值不容忽视。

二、广府童谣在建设班级粤语文化中的应用内容

(一)广府童谣在班级过渡环节的应用

一日生活是幼儿园课程中至关重要的一环,其中存在许多衔接阶段。将广府童谣的教育融入这些衔接阶段,既能使孩子们的一日生活日常行为变得更加轻松愉快,有利于班级管理的有序性,又能对孩子们优秀品质的发展产生积极影响。例如,《排排坐》这首童谣描绘了大家一起吃水果的场景,每个水果都有自己的特点,传递了相互分享的快乐。在此基础上,将广府童谣融入幼儿园的日常生活中,不仅能帮助孩子养成好的生活习惯,还能促进他们社交能力的发展。

（二）广府童谣在班级环境的应用

情境是幼儿与外部世界沟通的桥梁。通过将玩具、图卡等素材放置在课堂情境中，可以使幼儿在活动中对广府童谣有更直观的感受。此外，将广府童谣与晨锻等环节相结合，让孩子们在听歌的同时获得良好的美学体验，从而在广府歌谣的氛围下对广府文化产生认同。

（三）广府童谣在班级教学环节的应用

广府童谣是幼儿的语言，它似歌似诗，易于说唱，这种简洁而富有韵律的语言深受孩子们的喜爱，是语言教学不可或缺的一部分。适当地将广府童谣融入音乐、舞蹈、绘画等活动中，让孩子们在有趣、多感官的环境中感知和认知，从而达到全面发展的目的。

三、广府童谣在建设班级粤语文化中存在的主要问题

（一）教师对粤语发音掌握不全

随着幼师队伍的年轻化和地域来源的多样化，一些教师不熟悉广府地区的民俗文化和广府童谣，导致在幼儿园的教学内容中存在不足。在实际教学中，由于对粤语文化背景认识不足，幼儿难以完全理解粤语发音，容易造成文化误传现象。

（二）缺乏传唱方式，儿童自主性不强

由于缺乏有效的传唱方式和对广府文化的不理解，幼儿对广府童谣的内涵产生了误解。如果无法从教师那里获得足够的知识，幼儿就很难对这些内容产生兴趣。然而，一些教师在广府童谣的教学实践中往往过于注重讲授，缺乏游戏性和灵活性，忽视了幼儿的创造力和自主性。他们只是将广府童谣作为一种学习材料，而没有将其融入其他领域和活动中。这导致只注重幼儿“听、读、说”等能力的培养，而忽视了“做、唱、跳、画、演”等能力的培养，从而降低了幼儿对广府童谣的自主性和全面发展。

（三）家园合作程度较低

家庭教育在学前教育中占据重要地位，而父母是儿童早期教育的重要合作伙伴。父母对广府童谣在幼儿园中的认同程度直接影响幼儿园教育的开展。在与一些家长的交流中，我们了解到现在的父母大多是 80 后、90 后，他们对广府童谣并不熟悉，因此在与孩子的交流中大多使用普通话。而在幼儿园中，为了帮助孩子尽快融入社会，也普遍采用普通话教学。这导致家园合作程度较低，影响了广府童谣在幼儿园教育中的有效实施。

四、广府童谣在建设班级粤语文化中实施的策略

（一）制定园内指导教师学习粤语的活动计划

作为一名幼儿园教师，不断提升自身整体素质，是成功实施“广府童谣”教育的重要因素。在课堂中，以协作学习方式构建教师课堂知识体系最为有效。通过小组集体讨论，教师可以更好地对广府童谣的教育内容进行深入剖析和发掘，并在此基础上，实现资源的共建和共享。

第一，确保儿歌具有正确的粤语读音。组织教师学习粤语，尤其是粤语发音。第二，主动准备儿歌材料。例如《新广府童谣》《广州音乐》《广府童谣氹氹转》等，这些书籍中收录了许多生动的儿童歌曲，配有插图和讲解。通过扫描微信二维码，可以听到歌曲，并深入了解歌曲中蕴含的民间文化。第三，在教学方法上寻求创新。实践中，采用以幼儿为中心的多元化教学方式，使课堂更加生动有趣。第四，善于运用各种现代化的教育手段。例如，利用图像、影像等多媒体资源作为直观教具，辅助儿歌音乐教学。

(二)将广府童谣融入班级日常过渡环节

通过对广府地区儿童歌曲的资料分析,我们可以看到,大部分歌曲都描绘了真实的生活情景和故事情节。粤语学习可以随时随地进行,并巧妙地应用于一日生活的各个环节。

一是按课时安排,在晨间和午间活动中融入广府童谣。利用早晨起床、课间休息、离园等自由活动的时间,播放广府童谣。例如,在中午休息时,播放《点虫虫》和《世界真细小》作为背景音乐,使孩子在轻松的氛围中养成良好的行为习惯和生活卫生习惯。

二是"随机性"融入,这很大程度上依赖于教师的教学智慧。例如,下雨天时,教师和孩子可以一起唱:"落雨大,水浸街,阿哥担柴上街卖……";夏天吃西瓜时,学唱粤语歌《大西瓜》;端午节时,唱"凼凼转……五月初五系龙舟节啊……";在孩子们讲道理时,如《要做好娃娃》《边个懂礼貌》《刷牙歌》等。

(三)构建良好的家园合作关系

家庭共同养育是儿童成长的关键。我们将广府童谣的画册以电子版形式上传至微信群或网站,以图文并茂、生动有趣的方式向家长展示广府童谣的魅力。家长在家时,可以用手机播放儿歌,为孩子营造良好的学习氛围。我们也鼓励家长积极参与,可以带领孩子去图书馆、书店、网络等地方寻找广府儿歌,同时也提倡家长在孩子生日或节日时,用书籍来表达他们的祝福。

此外,还可以举办一些主题活动,邀请家长来幼儿园与孩子们共同表演。我们也欢迎家长和孩子自己创作、模仿、改编广府儿歌,并在家里的联络群组中分享他们的作品。这样的亲子互动不仅能增强家庭的亲密感,还能让孩子更加深入地理解和喜爱广府童谣,从而推动广府童谣的传承与发展。

五、结语

通过对广府童谣的深入研究,我们发现其不仅适用于幼儿园的整体教学,还能巧妙地融入幼儿园的过渡阶段。在幼儿的一日活动中,有目的地运用各类广府童谣,不仅能有效减少幼儿的消极行为,降低潜在的安全风险,还能使教师们更加重视过渡期的教学功能,进一步丰富和充实过渡期的教学内容,为幼儿营造一个快乐、和谐的班级环境。目前,广府童谣的教育应用在我们幼儿园仍处于探索阶段,但广府童谣的引入已经激发了孩子们浓厚的兴趣。孩子们在学中玩,在玩中学,这不仅增强了他们对岭南音乐的喜爱,还提高了他们表达美和创造美的能力,同时也极大地提升了他们的情绪状态。一首又一首的广府童谣,不仅是广州人民的骄傲,更是将我们带回了那段美好的时光。愿这份感动能在这片土地上永远闪耀。

自然而"染"

李华烨　田晓倩　耿丽雪　解　敏
泰安市泰山区中心幼儿园

一、活动背景

端午节当天，幼儿园为孩子们精心准备的早餐是粽子和艾叶蛋。孩子们闻到鸡蛋上散发着淡淡的艾草香，看到鸡蛋的颜色也变成了绿色，这一枚枚独特的艾草蛋立即引发了孩子们极大的兴趣。他们纷纷提问："除了艾草，还有什么可以让鸡蛋变绿呢？""是不是所有绿色的植物都能够让鸡蛋变成绿色呢？""那是怎么染出来的呢？"每一种猜想都让孩子们变得兴奋不已，他们迫不及待地想要去尝试、探索。就这样，一场自然而然的"染色"鸡蛋之旅开始了……

二、活动材料

（1）染色材料。紫甘蓝、火龙果、菠菜、石榴，以及新鲜的花草、艾叶和不同种类的花草若干等。

（2）染料工具。滤网、锤子（用于破碎坚硬的材料）、石臼（用于研磨材料）、纱布（用于过滤汁液）等。

三、活动过程与内容实录

第二天，孩子们带来了鸡蛋，并迫不及待地选择自己喜欢的染色工具开始行动起来。他们聚精会神、小心翼翼地尝试着……

（一）初染

玉玉尝试用水彩笔涂色，不一会儿，一颗彩虹蛋就诞生了。谦谦决定用火龙果皮进行染色。朵朵则提出将鸡蛋放入茶叶水中。孩子们将加工好的鸡蛋放入水中煮沸，然而，他们并没有得到自己想要的"彩蛋"。

问题1：颜色去哪了？

彩笔涂色的鸡蛋颜色变浅了，小弟说："彩笔水煮过的鸡蛋不能吃，是有毒的！"用火龙果皮涂抹的鸡蛋颜色几乎没有了。用茶叶水煮的鸡蛋上也没有颜色。

孩子们开始讨论，怎么才能把颜色染到鸡蛋上呢？圆圆见过妈妈洗牛仔裤时加入盐可以防止掉色，因此决定往水里加盐进行固色。

教师思考：孩子们结合自己的生活经验进行染蛋。在初染的过程中，他们尝试了四种不同的染色方法，但都没有成功。尽管遇到挫折，孩子们并没有放弃。张小弟提出了彩笔染蛋可以留色但有毒不可食用的观点；圆圆则借鉴了妈妈洗牛仔裤加盐固色的方法，尽管没有成功，但也推动了活动的进一步发展。

(二)再染

带着疑惑,孩子们回到家和爸爸妈妈共同查找资料。他们了解到,水果和蔬菜属于水溶性染料,晒干水分后颜色会变淡,需要长久的浸泡才能上色。

于是,孩子们再次对鸡蛋进行染色。他们将上次的彩笔涂色改为使用天然水果汁液;将火龙果捣碎后煮沸,然后放入鸡蛋;同时,他们还在水中放入大量的茶叶加热后,再放入鸡蛋一并煮沸。孩子们盖好锅盖,期待着鸡蛋的华丽变身。

午休起床后,孩子们兴奋地打开了锅盖。

朵朵:“我的鸡蛋被染成了棕色!”

玉玉:“我鸡蛋上的颜色为什么这么浅?”

孩子们交流、讨论鸡蛋成功染色的经验,并将鸡蛋拿出进行对比。他们发现两枚鸡蛋的颜色并不相同,有深有浅。

问题2:为什么鸡蛋的颜色有的深有的浅?

玉玉:“我的鸡蛋还是温的,煮的时间久,所以颜色更深。”

小弟:“她放的茶叶多,水的颜色深,所以鸡蛋的颜色也深。”

那么,影响鸡蛋颜色深浅的因素到底是什么呢?孩子们经过一番热烈的讨论后,及时调整策略,先从茶叶染蛋开始实验,并认真记录下来。

教师思考:在活动推进中,幼儿对染色的方法越来越明晰。针对彩笔涂色有毒的现象,他们选择使用水果汁液作为染料。针对茶叶水染蛋颜色浅的问题,孩子们尝试加大茶叶的量进行浸泡。他们不断地调整染色方法,但并未完全解决鸡蛋染色的问题。这也更加激发了他们的好奇心和求知欲。

(三)续染

孩子们渴望将鸡蛋染成五颜六色,但一直未成功。通过查阅书籍和上网搜索,他们了解到这种用自然材料汁液为物品着色的方法叫做草木染,是一项古老的手工艺技术。

问题3:哪些东西可以作为草木染的原料?

小弟:“草木染应该就是用小草、花、木头树枝等东西。”

朵朵:“我们吃的水果、蔬菜应该都可以。”

圆圆:“有颜色的东西应该都可以做草木染。”

在孩子们的眼中,可以做草木染的东西有很多,如葡萄皮、火龙果、茶叶、洋葱皮等。他们迫不及待地想要进行更深一层的探究,学习如何把汁液提取出来。

问题4:提取汁液的方法是什么呢?

孩子们将带来的蔬菜、水果以及捡拾的落叶等材料进行探索、尝试。他们使用压泥、切碎、捣烂等方法,放入锅中煮沸来提取植物的汁液。

教师思考:孩子们开始猜想如何提取植物汁液。他们发现问题、提出猜想并进行验证。他们充分利用擀面杖、锤子、石臼、纱布等工具进行尝试和探索。

(四)趣染

在染蛋的过程中,孩子们发现有的鸡蛋壳裂开了,鸡蛋清上出现了细细的线条。

玉玉:“这个线条好像一条小蛇。”

小弟:“像弯弯曲曲的小路,真好看。”

拨开鸡蛋壳,蛋清上的一条条纹路好像绘制的地图。有的说是动物的家,有的说是枝干,还有的说是蜘蛛网。

谦谦:“要是鸡蛋壳上也有这样的花纹就好了。”

问题5:怎么制作有花纹的鸡蛋?

谦谦:“可以盖章,印上好看的花纹!”

朵朵:“我在手机上看见是用树叶和花朵做的!”

于是,孩子们搜集了艾叶、梧桐叶、冬青等植物的叶子带回幼儿园。他们观察这些叶子不同的纹理变化和叶脉成长的轨迹。

玉玉:“叶子有的软,有的硬,怎么贴到鸡蛋上呢?”

问题6:叶子粘到鸡蛋上,怎么固定呢?

谦谦:“我们可以用胶棒把叶子粘上。”

小弟:“可以用布裹住,再用绳子把它扎住。”

经过讨论,孩子们决定用布包裹住鸡蛋。他们各自挑选喜欢的花草叶子轻轻贴在蛋上。然后,他们将紫甘蓝、火龙果捣碎提取汁液,并将包裹好的鸡蛋放入锅中浸泡煮沸。

一段时间后,他们捞出鸡蛋放凉并拆开。这一次鸡蛋有了颜色,但是并没有印上美丽的图案。

问题7:为什么鸡蛋上没有好看的图案呢?

谦谦:“包裹得太松了,鸡蛋在里面摇晃,叶子就掉下来了。”

朵朵:“包裹的时候得多缠几圈绳子才行。”

孩子们分享着自己的经验。这一次他们更加小心专注地将叶子贴在鸡蛋上,并在捆绑扎紧的时候两人合作:一人拿鸡蛋扶好,另一人来捆绑扎紧。一枚枚被包裹得紧紧地、贴着树叶的鸡蛋就包好了。他们再次将这些鸡蛋放入准备好的汁水中浸泡煮沸。第二次实验成功了,他们制作出了漂亮的花草蛋。

教师思考:草木染还有一道传统的捆扎技艺。在捆扎的过程中,孩子们先后遇到了四个问题。很多孩子急于想把鸡蛋浸到染料里,所以只松松地捆扎了一圈或两圈。我们并没有直接告诉孩子解决方法,而是等待他们自己去发现捆扎的松紧与花纹的关系。

四、活动的特点及价值

1. 在美丽的色彩中回归自然与环保

在与材料的互动中,幼儿培养了初步的环保意识。草木染色在选材上“不挑剔”,洋葱皮、秋天的落叶、果核等平常被当作废弃物的物品,都是重要的原材料,都可以被巧妙利用起来创造价值。

2. 在不断探索中培养深度学习的品质

在创作过程中,幼儿先后遇到无法上色、颜色不够鲜艳、颜色深浅不均、染不出图案等多个问题。他们通过一次次的实验、反思、再实验,不断探索,充分体现了利用已有经验灵活运用解决问题的能力。这种品质的培养对于幼儿的深度学习具有深远意义。

浅谈幼儿体育活动对儿童身心发展的积极影响

农嘉文
深圳市潜龙学校附属龙岸幼儿园

一、幼儿身心发展与教育

1. 幼儿身心发展的重要性

“少年强则国强，少年智则国智”。作为社会主义建设者和接班人，幼儿的全面发展至关重要。我们需坚持优先发展德、智、体、美、劳全面发展的教育方针，不断探索教育的高质量发展，增强幼儿的身心健康发展，提升综合能力。幼儿期是儿童身心发展的关键阶段，在这个阶段，儿童的身体和心理健康对其全面发展具有重要意义。因此，提供高质量的教育环境和适宜的体育活动对于幼儿的身心发展至关重要。随着教育理念的改变和研究的深入，“少年强则中国强，国运兴则体育兴”的理念更加深入人心。夯实体育发展是国家发展和时代发展的需要，体育活动作为教育中不可忽视的一部分，幼儿体育活动作为一种重要的教育手段，越来越受到人们的重视并得到广泛应用。在幼儿教育的高质量研究中，我们以体育活动为切入点，关注幼儿身心健康发展，在体育活动的组织中有意识地根据幼儿的发展水平以及需求调整活动组织，不断完善体育活动组织的质量水平，推进幼儿体育活动高质量发展，让幼儿在体育活动中获得身心健康的支持保障。

2. 幼儿体育教育的意义

幼儿体育教育在促进幼儿认知发展中尤为凸显。体育活动中的各种规则和技巧要求幼儿进行思考和决策，培养幼儿的逻辑思维和问题解决能力。同时，体育活动的开展还可以使幼儿的注意力和专注力得到提升，促进幼儿的认知水平发展。在组织体育活动时，教师会提前预设活动的开展情况，把握好幼儿在活动中需要掌握的能力目标，包括认知目标、情感目标、能力目标，将目标渗透在活动的过程中。在活动开展的过程中，教师会通过情境将幼儿带入活动中，以满足幼儿认知发展水平的需求，促进幼儿的认知发展，让幼儿更好地了解活动开展的目的，帮助幼儿获得新的知识。幼儿体育活动对幼儿认知水平的影响是通过幼儿自己对活动的体验，通过真实的感受获取认知并内化的一个过程，满足了幼儿“玩中学，学中玩”的教育模式。因此，积极的幼儿体育活动能够促进幼儿的认知水平和认知宽度的发展。

二、幼儿体育活动在幼儿成长中的作用

1. 幼儿体育活动的重要性

幼儿体育活动对幼儿的综合能力发展具有重要影响，涵盖了学习能力、语言表达能力、思维能力、创造力、协作能力等方面。这些能力的培养旨在帮助幼儿更好地适应社会环境，实现自我成长。在体育活动中，教师不仅关注幼儿的体能发展，还有意识地将综合能力培养融入体

育活动的目标和过程中，使幼儿在健康发展的同时，也能在语言分享、思维发散、创造力展现以及协作能力方面得到提升。健康是发展的前提，良好的身体发育、愉快的情绪、健康的体质是幼儿身心发展的重要标准，也是其他领域学习发展的基础。体育活动通过组织活动、开展游戏等方式，促进幼儿的身心健康发展，并在其中融入“五育”，以培养幼儿的综合能力，实现幼儿的全面发展。

2. 通过体育游戏培养幼儿对游戏的兴趣

皮亚杰提出的“玩中学，学中玩”理念强调了游戏在学前儿童活动中的重要性。为满足学前儿童的认知发展需求，教师应从幼儿的兴趣出发，根据幼儿的年龄特点和能力发展水平，从儿童视角出发，通过游戏方式激发幼儿的兴趣和好奇心。学前儿童处于具体形象思维阶段，因此，活动的开展可以通过具体的、实际的、真实的场景或道具，让幼儿更加沉浸于活动中。通过丰富多样的体育活动，满足不同幼儿的天性和需求，同时也照顾到幼儿的个体差异。这些活动不仅培养了幼儿对游戏的兴趣，还通过具体的操作和体验，让幼儿更直观地感受到游戏带来的成就感。幼儿体育活动培养幼儿对游戏的兴趣，不仅体现在活动场地和开展方式上，还体现在满足幼儿对空间的探索需求，让幼儿在开放式的活动场所中更加放松，释放精力，并在心理上获得满足和释放。

3. 幼儿体育活动对幼儿心理和身体发展的影响

在心理发展方面，幼儿体育活动能够促进幼儿的社交能力和情绪管理能力。以大班幼儿为例，在体育活动中，教师会组织互相合作、协作的活动，以培养幼儿的团队意识和合作精神。同时，体育活动也是幼儿释放情绪、提高情绪管理能力、培养积极心态的重要途径。在身体发展方面，幼儿体育活动能够增强幼儿的肌肉力量和骨骼发育，提高身体机能和协调能力。通过有氧运动，幼儿可以增强心肺功能，提高耐力和灵敏度，还能促进身体知觉和空间意识的发展，培养运动技能和运动表达能力。体能活动的开展会通过平衡、跑、跳等锻炼幼儿的技能发展，促进手眼协调、平衡能力和大肌肉的发展，以满足幼儿的身体体能锻炼需求。

三、幼儿体育活动与身心发展的关系

1. 幼儿体育活动对幼儿认知水平的影响

幼儿体育活动在促进幼儿认知发展方面尤为重要。体育活动中的各种规则和技巧要求幼儿进行思考和决策，这有助于培养他们的逻辑思维和问题解决能力。此外，体育活动的开展还能提升幼儿的注意力和专注力，进一步促进他们的认知水平发展。教师在组织体育活动时，会预设活动目标，包括认知目标、情感目标、能力目标，并通过情境将幼儿带入活动，以满足他们的认知发展水平需求，帮助他们获得新的知识。例如，在中班体育活动“我是小小兵”中，教师利用角色代入的方式让幼儿更好地投入活动，通过走平衡木锻炼他们的平衡能力，在模拟翻山越岭的环节中培养他们的勇气与手脚协调能力，并让幼儿通过亲身体验了解到军人的不易，从而渗透爱国主义的教育。幼儿体育活动对幼儿认知水平的影响是一个通过真实体验获取认知并内化的过程，满足了“玩中学，学中玩”的教育模式。因此，积极的幼儿体育活动能够促进幼儿的认知水平和认知宽度的发展。

2. 幼儿体育活动对幼儿心理和身体发展的影响

在心理发展方面，幼儿体育活动能够提升幼儿的社交能力和情绪管理能力。以大班幼儿为例，在体育活动中，教师会强调互相合作、协作，以培养幼儿的团队意识和合作精神。同时，体育活动还能帮助幼儿释放情绪,提高情绪管理能力,培养积极向上的心态。在身体发展方面,幼儿体育活动能够增强幼儿的肌肉力量和骨骼发育,提高身体机能和协调能力。通过各种有氧运动,幼儿可以增强心肺功能,提高耐力和灵敏度,并促进身体知觉和空间意识的培养,进一步提升他们的运动技能和运动表达能力。幼儿体育活动对心理健康的促进主要体现在活动场地和开展方式上,大多数体育活动在室外或宽敞的室内进行,这有助于幼儿放松身心,释放精力,并在活动中获得心理上的释放和抒发。同时,体育活动通过平衡、跑、跳等动作锻炼幼儿的身体技能,促进他们的手眼协调、平衡能力和大肌肉的发展,以满足幼儿的身体锻炼需求。

3. 幼儿体育活动对幼儿积极性和品行的影响

在幼儿体育活动中,教师会根据各年龄段幼儿的能力发展和社会交往需求组织相应的活动。通过不同的活动模式,促进幼儿的积极性和品行的发展,帮助他们学会在活动中与伙伴合作,感受团队的力量,认识自己在集体中的作用,为自己的进步感到自豪,并获得成就感。这种成长过程使幼儿不断感受到内在的力量,从而培养他们的积极性和良好品行。通过体育活动,幼儿能够真实地感受到自己的力量和作用,从个体认知发展到对他人的关爱,在品行上获得进步。

把握灵动瞬间　优化过渡环节

——借助音乐优化幼儿过渡环节的策略研究

张宝静
天津市滨海新区塘沽保育院

《幼儿园教育指导纲要(试行)》明确提出要“尽量减少不必要的集体活动和过渡环节,减少和消除消极等待等浪费时间的现象,提高活动效率”。优化幼儿园一日生活的过渡环节,使活动之间更好地衔接、转换,是确保幼儿度过有意义且美好的一天的关键。而音乐与幼儿天生就是一对好搭档,它既是幼儿生活的反映,也是幼儿抒发情感的一种方式。因此,在过渡环节中融入音乐元素,使其与日常生活联系起来,既能增添过渡环节的趣味性,提高衔接效率,又能满足幼儿身心调节的需要,提供必要的休息和调整。让音乐浸润幼儿的生活,让美的体验时刻相伴。

一、理清思路,把握过渡

(一)明确音乐在过渡环节中的价值

幼儿音乐教育旨在通过不同形式的“音乐”活动来开发幼儿的各种潜能。在一日生活中,将音乐作为教育的载体,以音乐为教育的支点,通过开展多种形式的音乐游戏,提升幼儿的音乐素养,从而促进幼儿健康全面的发展。

1. 减少因等待产生的消极情绪

在幼儿一日生活中,存在很多环节转换时的等待时间,如上一个活动结束后,教师会组织幼儿分组进行如厕、饮水,速度较快的幼儿就要进入等待。消极的等待无形中会让幼儿因无所事事而产生一定的消极情绪,出现调皮捣蛋、专注力不集中的情况。在过渡环节中插入简单的音乐游戏,不仅能够调动幼儿参与游戏的主动性,还能大大减少无形中的消极等待。

2. 调动情绪,为后面的活动做准备

抒情的音乐能让幼儿平静下来,而欢快的音乐曲调能让幼儿愉快地扭动起来。将音乐镶嵌到幼儿的一日生活中,能够起到很好的灵动作用,帮助幼儿调动情绪,为接下来的活动做好情绪准备,用积极的情绪迎接后面的活动。这时,幼儿的情绪是饱满的、积极主动的,其学习能力和最终的成果势必事半功倍。

3. 在音乐游戏中提升幼儿的音乐素养

音乐是幼儿生活中必不可少的能量元素。将过渡环节与音乐巧妙地结合,让幼儿们有机会进入丰富的艺术世界,让音乐教育不再停留在教师的课堂式教授,而是运用生活中的音乐元素,让它转变为一种符号指令、一种美妙的自然声音、一种欢快游戏的烘托、一种奇妙的赞歌等。让每一位小朋友都能成为快乐的参与者,没有任何心理负荷。逐步培养幼儿的学习兴趣、观察力和创造性,让幼儿在音乐活动中自然而然地形成良好的学习品质,健全人格。

(二)理清音乐与过渡环节的关系

一日生活虽琐碎,但不难发现每日有相对稳定的时间段,并且相对固定:来园、离园、集体活动、区域活动、户外活动、进餐。这样就自然形成了三个大的过渡环节,即:入、离园前后;餐前餐后、午点后;集体教学后。

1. 有序和自主的关系

有序成就自主,从最初的无序自主管理中慢慢地向有序的自主管理发展。比如,为幼儿营造一种快乐、轻松、有序的活动氛围,教师巧用“音乐指令”作为提示信号,帮助幼儿通过感知不同音乐的节奏、风格、旋律、音高等变化,明白当前该做什么,明确自己的行为目标,懂得各种音乐的指令内容,从而形成良好的常规习惯,实现自我管理。这样既提升了音乐教育与生活常规教育的趣味性,又丰富了幼儿对音乐的体验。

2. 主导和主动的关系

在传统的过渡环节中,教师作为一日活动的组织者,经常会出现高度控制的倾向,尤其体现在容易被忽略的过渡环节中。那么,如何让幼儿在轻松愉悦的环境中建立起良好的一日常规,既井然有序又能体现孩子的主动性呢?教师在选择和欣赏音乐指令的过程中,应吸引幼儿主动地参与到对音乐的讨论和筛选中,师幼共同商定某环节的音乐旋律,增强幼儿的主人翁意识,提高幼儿的参与感和融入感,促进幼儿在音乐活动中主动地学习。

二、音乐唤起,巧妙过渡

将理论学习融入教学实践,在理清思路的基础上,我们将如何过渡作为实践的重点内容。爱因斯坦曾说:“兴趣是最好的老师。”幼儿的行动是受兴趣支配的,有了兴趣,幼儿参与音乐过渡游戏的愿望将会变得积极主动。因此,在优化过渡环节的探索中,我们以幼儿为主体,以兴趣为导向,创设过渡三部曲,实现巧妙过渡。

(一)激发兴趣,增加过渡乐趣

兴趣是培养音乐常规活动的前提,教师应有计划、有目的、有组织地引发幼儿的音乐兴趣。前期创设情境,重视对幼儿音乐的熏陶与欣赏;中期多元支持,肯定幼儿对音乐的讨论与决定;后期深入体验,鼓励幼儿对音乐的表现和创编,用创意、灵活、丰富的手段激发幼儿参与的兴趣。

(二)充分参与,减少隐性浪费

在过渡环节中,我们要让幼儿自然、自主地动起来。幼儿的充分参与能调动兴趣,兴趣又给予了幼儿持久的内驱力。幼儿园音乐教育活动的基本类型包括歌唱活动、韵律活动、打击乐演奏和音乐欣赏,老师要灵活地把握每种类型与过渡环节的充分契合,鼓励幼儿高度参与其中,既有利于过渡环节整体效率的发挥,避免时间的隐性浪费,又可以在不知不觉中提高幼儿的音乐修养。

在音乐元素对过渡环节的优化策略研究中,我们主要运用达尔克罗兹音乐教育理念指导幼儿园音乐教学活动,包括音乐四大教学内容——歌唱歌谣、玩奏乐器、音乐欣赏、律动游戏的组织与实施要领、活动常规的建立等。

(1)歌唱活动。“大锤子和小锤子”,体验边拍节奏边说唱的乐趣。

(2)演奏活动。“森林狂想曲”,学习看图谱合拍演奏,体验合奏、轮奏的快乐。

(3)韵律活动。“蚂蚁和西瓜”,积极参与表演活动,大胆表现,分享与同伴合作游戏的乐趣。

(4)音乐欣赏。结合幼儿的最近发展区和兴趣需要,以及近期音乐教育发展目标,选取在内容、形式、风格上多种多样的音乐作品,让幼儿感受不同类型音乐带来的乐趣,使过渡环节音乐活动既涵盖了教师的思考又体现幼儿的参与。

过渡环节的背景音乐指令还需做到动静相宜、张弛有度,既能使幼儿感受到欢快、愉悦等积极的情绪体验,又能巧用音乐有效调节、安抚幼儿情绪,让音乐成为隐性的指令,浸润到幼儿的心灵、思维及行动中,实现自然过渡。

(三)融合多样,增加过渡弹性

1. 多元融合过渡,贯穿幼儿一日生活

过渡环节在幼儿一日生活中应该是轻松、自然、流畅的,能让幼儿以自由、放松、积极的心态参与其中。而幼儿对音乐的感知不应局限于过渡环节,更应注重音乐与日常生活的结合、与环境的相辅相成、与区域的有机结合、与五大领域的相互渗透、与身体律动的感受表现。通过贯穿于幼儿生活以及各项活动中潜移默化的影响,提升音乐教育与生活常规教育的趣味性与知识性。

2. 优化过渡时间,增强幼儿自主空间

给予幼儿充分爱和自由的空间,适当延长过渡环节的时间,为幼儿营造自主、宽松的氛围。通过唤醒幼儿内在的自我管理驱动力,让过渡环节成为孩子的自主活动空间,这不仅给了幼儿自由活动和释放个性的时间,也让教师在过渡环节中实现了教育价值的探索。

如:在传统起床环节中,老师会在固定的时间节点提示孩子该起床了,然后幼儿便起床、穿衣、吃午点,老师则忙于叠被子、给女孩扎辫子,整个过程略显混乱无序。为了使幼儿在起床这个环节更自主和有序,老师可以借助苏醒操来优化过渡。以音乐唤醒、动感韵律两种呈现方式,在音乐刺激的基础上,充分调动幼儿的情绪状态,引发肢体自然地摆动,以放松、惬意的情绪舒缓身体,调动体内能量细胞逐渐苏醒和恢复。

常规有序,音乐至美。当活泼、欢快的音乐元素与有序、重复的一日生活相碰撞时,产生的火花兼具趣味性和教育性。这种有趣的碰撞使过渡环节存在而不突兀,自然而不生硬,体现常规而不呆板,使生活立体而不盲目照搬。它为过渡环节的常规培养增添了趣味性与丰富性,为幼儿创造了更加生活化、体验式的音乐教育,为幼儿园音乐教育提供了更多的可能性。让幼儿在生活化、融入式的音乐过渡环节中提高音乐素养、实现自我管理、促进真正意义上的成长。

深度学习视角下幼儿园微主题课程的实践与探索

——以中班“探秘海洋平台”为例

张宝静
天津市滨海新区塘沽保育院

一、兴趣驱动——以“真兴趣”激发幼儿探索内驱力

(一)兴趣使然,主题自然过渡

中班上学期,我班开展了“快乐职业达人”主题活动。幼儿对各行各业的工作产生了浓厚的兴趣,跃跃欲试。通过开展多元形式的体验活动,我们帮助他们更加深入地去了解、体验、感受和理解职业背后的意义。在众多职业中,幼儿对“海油工人”这一职业既好奇又充满疑惑。教师及时捕捉幼儿的兴趣点,把握教育契机,积极引导,与幼儿共同开启了一段海洋平台的探秘旅程。

(二)兴趣延伸,主题承上启下

微主题“探秘海洋平台”活动拉开帷幕,幼儿提出了种种疑问:“海洋平台是干什么的?”“海洋平台长什么样子呢?”“工人叔叔是怎么在海洋平台上工作的?”以幼儿的兴趣为内驱力,我们激发了他们的探索欲望,并发动家长与幼儿共同探索主题活动。

二、多元融合——以“真探究”链接发展的核心经验

中班幼儿好奇心强,兴趣多变,对新鲜事物充满好奇和热情。因此,在主题活动的开展中,需要教师不断追随、激发幼儿的兴趣,采用多元融合、灵动链接的方式,让幼儿在解决一个个新问题的同时丰富经验,始终保持对海洋平台的探究乐趣。

(一)家长进课堂,丰富前期经验

我们调配家长资源参与到主题活动建设中,邀请从事海油工作的家长走进课堂。他们凭借自身的工作经验和能力优势,丰富了幼儿的认知基础和知识储备。通过家长图文并茂的讲解,幼儿了解到海洋平台是用于在海上进行钻井、采油等活动的构筑物,对建筑主体形成了更加直观全面的认识,也从最初的好奇逐渐延展到对海洋平台的思考与探究。

(二)设计调查表,丰富石油知识

通过前期的语言活动,我们讲述了《如果没有石油》绘本故事。师幼共同设计了《石油知多少》调查表,表格中包含“石油从哪里来”“石油的颜色”“石油的用途”“假如生活没有石油……”四个方面。幼儿通过思考猜测、调查验证、收集信息等多种方式完成调查表,从而认识到石油对于人们生活的重要性以及海洋开采平台存在的独特意义。

(三)投放模型,助推游戏开展

海洋平台对于中班幼儿来说存在抽象性和距离感,而模型是一种简化的表达方式,更直观也更具体,可以帮助幼儿更好地理解海洋平台的建构。借助模型,教师和幼儿一起梳理认知,促使幼儿能够积极参与到建构游戏中,以保障后续游戏的顺利开展。

(四)初次体验,搭建海洋平台

在搭建“海洋平台”的前期,我们在区域中投放了丰富的搭建材料,以支撑幼儿的游戏;中期,孩子们自选材料大胆尝试,如用桌子的四条腿当海洋平台的支撑柱、桌面当甲板、奶粉罐当储油罐、益智玩具创设海油工人生活区等情景;后期,我们引导幼儿谈谈搭建的感受以及在搭建中遇到的问题,以小组讨论的形式商议解决方案。教师进行针对性指导,和幼儿一起发现问题、探究问题、解决问题。

(五)材料诊断,巧做“加减法”

材料作为游戏的重要载体,其投放不仅要诱发幼儿的游戏行为,还要满足幼儿的操作需求。因此在材料适宜性问题上,师幼共同商议做出决定:先做减法——减少材料的种类,顺应需求,避免过多游戏材料对幼儿游戏的干扰和影响;后做加法——增加材料的数量,满足需求,解决幼儿因材料不够而争抢的问题。同时,我们在班级中创设了“材料自选区”,以满足幼儿对搭建海洋平台的需求,为主题的深入开展提供有效支撑。

三、真实情境——以“真学习”丰富幼儿的建构经历

(一)观察与倾听

观察幼儿是促进深度游戏的重要组成部分,学会倾听是走进儿童世界的关键方式。

案例一:随着主题的开展与深入,阳阳在自主区域游戏中偶然搭建了一个海洋平台,这一独特的建筑既新鲜又好奇,吸引了很多小朋友的关注。他们七嘴八舌地谈论起来,跃跃欲试,也想参与其中。

策略:运用访谈的方式了解阳阳“偶然”行为背后的原因。在幼儿阐述想法时,我给予耐心倾听、恰当反馈,并赋权幼儿参与决策,让幼儿成为活动的主导者。在幼儿充满疑惑时,我支持幼儿思考,为幼儿提供有效的支架,促进幼儿深度学习的探索、发现和创造。

(二)计划与实施

计划是行动的先导,在建构游戏中起关键性作用。计划能让儿童明确建构目标,提升搭建水平,构思搭建方法与步骤。

案例二:犇犇正在画区域计划,上面画着一个长条形和很多小正方形。通过倾听,我了解到他的想法:由于海洋平台上的装置是在陆地组装好后由船拉到海洋平台上的,所以犇犇也想模拟“船拉装置”这一现象。进区后,他选择一块一米长的亚克力板当底座,用纸砖在上面建生活区。犇犇模仿船将亚克力板拉过去,可是亚克力板太沉了,犇犇自己的力量不够。于是,他又邀请同伴一起将亚克力板抬到海洋平台甲板上。最终,由于受力不均、配合不默契等原因,导致亚克力板刚抬起来就倾斜了,纸砖也倒了。

策略:游戏前,鼓励幼儿将自己的所想通过可视化的方式表征出来,这一过程也是他梳理经验、引发联想、建构新知的过程;游戏中,教师做好观察者、引导者、支持者、合作者,鼓励幼儿将自己的想法付诸实践,让幼儿拥有活动的自主权;游戏后,教师以思维导图的形式帮助幼儿梳理经验,促使幼儿能够积极参与到建构游戏中,并表现出丰富多样的行为,以保障后续游戏

的顺利开展。

(三)回顾与追溯

追溯的过程就是读懂儿童发展的过程。

案例三:小宝向我讲述他的区域计划,画中有很多密密麻麻、弯弯绕绕的线。原来,这都是运输石油的管道,他想把开采出来的石油运到加油站去。我问他:“开采出来的石油直接就给汽车加油吗?”小宝想了想,回答道:“不对,石油要过滤的。”在区域游戏中,我观察他的行为,并用录像的形式记录下来。小宝选择了塑料管子当吸油管、玉米粒设计成钻头、奶粉罐当储油罐,再用一个粗粗的大管子将开采出的石油导入过滤箱中,进行提纯。

策略:教师引导幼儿带着问题在区域游戏中寻找答案,通过回顾幼儿游戏行为,追溯幼儿想法。教师在不同的视角中理解幼儿,在理解的基础上支持幼儿的游戏,从而推动幼儿深度学习。

(四)呈现与互动

创设“倾听墙”,关注幼儿“玩什么”。教师以真诚的态度倾听幼儿表述,以尊重的情感理解幼儿想法,以平等的意识给予恰当的回应。在了解儿童的真实想法后,为幼儿提供有效支架,促进幼儿深度学习的探索。

创设“问题墙”,重视幼儿“怎么玩”。让幼儿的学习过程和成果变得清晰可见,满足同伴经验的共享、互补以及自己经验的温习、提炼和强化。让教师了解幼儿的兴趣点、学习过程、学习方式,让无声的环境发挥其隐形的教育意义。

四、总结提升——以“真反思”助推幼儿深度学习

在幼儿深度学习的过程中,教师的引领尤为重要。应用适宜的策略,可以让幼儿在学习的过程中更加积极、主动、快乐、专注,从而获得成长。以微主题活动“探秘海洋平台”为例,谈谈我的思与行:

(一)初期——激发深度学习的积极性

教师要善于发现各种偶发的教育契机,基于幼儿的好奇心和兴趣点确定主题,激发他们喜欢玩、愿意做、喜欢探究的自主性。教师要创设支持幼儿实现深度学习的环境,体现多元、交互、开放的环境特点,注重留白、留痕和解读,善用思维导图、自主表征、表格表单等形式呈现环境的教育性。同时,教师要科学投放游戏材料,强调优化和调整,以激发幼儿积极参与、深入探究的内驱力。

(二)中期——引发深度学习的持续性

教师要充分尊重、信任幼儿,学会放手游戏,让幼儿自由使用空间和材料,自己决定在哪里玩、玩什么、怎么玩,不做过多的限制。同时,教师要观察、记录、懂互动、善倾听、巧指导,使幼儿的学习由浅层走向深层,在原有水平上持续发展。

(三)后期——推进深度学习的深入性

教师要搭建多元的活动平台,通过集体活动、小组讨论、家长进课堂、问题墙、区域小结等多种形式,引发幼儿的思考,找到探究的线索,不断引发幼儿持续、深入学习的欲望。同时,教师应当成为一位敏锐的观察者,悉心洞察幼儿的行为,发现可以引导的契机,采取恰当的策略,推进深度学习的深入开展。

“探秘海洋平台”微主题活动聚焦于幼儿的真兴趣、真探究、真学习以及教师的真反思。

它承载着幼儿的行动与探究,树立了积极主动、认真专注的学习品质,为幼儿终身学习打下坚实的基础。同时,它也承载着教师的思考与实践,探寻促使幼儿可持续发展的途径,着眼于未来。在主题活动实施的过程中,我们重视深度学习对幼儿整体发展的作用。

基于核心素养培养的幼儿园科学探究活动策略研究

蒋　琼
深圳市龙华区第五幼儿园

一、核心素养的培养是新时代人才培养的重点

《深入实施新时代人才强国战略,加快建设世界重要人才中心和创新高地》指出了新时代人才培养工作的重要战略目标,其中核心素养的培养是重点。由此可见,核心素养的培养是全面贯彻党的教育方针、落实立德树人根本任务、全面推进素质教育、深化新时代教育改革的重要方向。2012 年,教育部在《3~6 岁儿童学习与发展指南》(以下简称《3~6 岁儿童学习与发展指南》)中明确指出,幼儿教育要为幼儿后继学习和终身发展奠定良好素质基础,以促进幼儿体、智、德、美各方面的协调发展。因此,幼儿阶段的核心素养培养对幼儿未来更好地适应和融入社会具有非常重要的价值和意义。

二、科学探究活动对核心素养培养具有重要价值

近几年,科学探究理念在幼儿园教育教学中的影响日益加大。科学探究活动侧重以探究的方式进行学习,需要幼儿在活动过程中动手动脑去探索物体和材料,以及寻找问题的答案。这个探究过程是一个活跃幼儿思维、激发幼儿灵感、发挥幼儿创造性、尊重幼儿个体差异、重视幼儿自主性、帮助幼儿理解并尊重多样多元、结果开放、持续、深入、灵活且富有变化的过程。由此可见,幼儿科学探究活动非常注重学习品质和关键能力的培养,使幼儿的核心素养在科学探究过程中得到了很好的提升。

三、基于核心素养培养的幼儿园科学探究活动的策略

(一)更新教师科学教育观念和方法

随着科技的飞速发展,教育领域也在不断地进行改革和创新。教师作为教育的主体,需要不断地更新自己的科学教育观念和方法,以适应时代的发展。教师应关注学科之间的联系和互动,重视幼儿创新意识、创新精神、创新能力、实践精神和综合素质的培养;教师应让幼儿作为科学探究的真正主体,在幼儿思维受到阻碍、活动遇到困难时,教师不必急于告诉幼儿解决问题的方法,而应鼓励幼儿参与科学探究,多启发引导,为幼儿主动建构提供线索,架起桥梁;教师应采用多元化的教学方法,如归类、排序、判断、推理、讨论、实验、分析、合作学习等;教师应不断提高自己的科学素养和科学探究能力,加强教学的自我反思,全方位改进和完善教学行为,真正地实现教学观念向教学行为的转化,使幼儿园科学探究从形式走向实质。总之,教师

在更新科学教育观念和方法时，需要一个内化过程，并不是一蹴而就的。这既需要以实践为基点，建立学习共同体，通过“从上到下”与“从下到上”多种途径相结合的培训与学习，更加应关注幼儿的个性化发展，注重培养幼儿的实践能力和创新精神，充分利用现代教育技术，加强学科交叉与整合，建立良好的师生关系，不断提高自身素质。

(二)注重探究性质的问题情境设计

教师应注重为幼儿创设探索的情境，以激发他们探索的兴趣。幼儿通过自主的操作与同伴一起讨论自己的发现，然后，教师对幼儿的经验进行梳理，幼儿再在教师提出的新挑战中进行再操作，最后自己得出结论。以小班科学活动“带着瓶子去旅行”为例，幼儿自主选择材料装进瓶子，感受物体的大小，再玩装行李的游戏，探究让小于瓶口的物体进到瓶子的方法，并与幼儿一起分享讨论如何让大件的东西装进小空间，体验问题情境游戏的乐趣，同时激发幼儿收拾整理行李的兴趣。教师小结幼儿的探索发现。在这类活动中，问题情境游戏为主要形式，主要的活动流程为：创设活动情境—幼儿自主探索—讨论—教师梳理经验—幼儿操作—得出结论。

(三)提问与思考推动活动深入发展

教师与幼儿对问题的思考应成为科学探究活动的核心，这是发展幼儿高阶思维及促进幼儿核心素养发展的关键。在科学探究活动中，教师不应一直跟随教案“静待花开”，而需要随时保持与幼儿共舞的状态，给幼儿提供解答问题的“燃料”，让活动场域里充盈着“寻找答案、解决问题”的热情，这才是教师及幼儿面对探究问题该有的态度。而这“燃料”就是提问的五条黄金原则。第一条原则是“挑战性问题”，这种问题可以激发幼儿的好奇心和求知欲，例如，教师在开展“沉与浮”的科学探究活动时，可以提问：“如何把水面浮起来的材料全部沉下去?”“如何把沉在水底的东西全部浮起来?”第二条原则是“开放式问题”，这种问题可以鼓励幼儿深入思考，分享他们的观点和想法，例如，教师可以问：“你认为这个问题的关键是什么?”或者“你有什么建议或想法?”第三条原则是“探索性问题”，这种问题可以帮助幼儿探索新的观点或解决方案，例如，教师可以问：“如果我们改变这个策略，会有什么可能的结果?”或者“有没有其他的方法我们可以尝试?”第四条原则是“反思性问题”，这种问题可以帮助幼儿反思他们的经验和学习，例如，你可以问：“你觉得这次活动的最大收获是什么?”或者“你从这次活动中学到了什么?”第五条原则是“情境性问题”，这种问题可以帮助幼儿更好地理解和应对特定的情境，例如，教师可以问：“如果你处于我的位置，你会怎么做?”或者“你认为在这种情况下，最好的行动方案是什么?”综上所述，给幼儿提供解决问题的“燃料”是为了激发幼儿思考、讨论、操作、实验以及提升经验，而不是为了得到一个确定的答案。

(四)强化过程性和多元性评价

科学活动是以探究的方式进行学习，旨在通过手脑并用的活动与过程，激活幼儿的思维，而非导致思维僵化；是一个能够不断激发幼儿灵感、发挥幼儿创造性的过程；是一个连续的、能够不断深入的、非断裂的、非孤立的过程；是一个灵活的、变化的、非一成不变的、非机械的过程；是一个更加尊重幼儿个体差异、更加重视幼儿自主性的过程；是一个重在帮助幼儿理解，而非让幼儿机械练习、记忆的过程；是一个结果开放、尊重多样、尊重个性的过程。由此可见，强化过程性评价的重要性。

另外，评价方式的多元化可以使得幼儿们过程性的学习得到全面关注。过去单一的评价方式过分强调技能掌握，而现在的评价方式则更加关注幼儿们的学习态度、合作精神、创新能力等更广泛的领域。这种评价方式的变化让幼儿们的学习过程变得更加丰富多元,同时激发了他们的学习兴趣和动力,培养了他们的学习品质和深度学习能力。过去,评价主体以教师为主,而现在,幼儿自评、同伴互评等多元化的评价主体共同参与。这种评价主体的变化让幼儿们能够更好地认识自我、发现自我、发展自我,同时也促进了幼儿之间的互相学习与交流。这种互相学习与交流的过程也进一步激发了幼儿们的求知欲和学习热情。

综上所述,强化过程性及多元性评价可以引导教师始终关注每个幼儿的表现,记录他们的成长和进步,并及时发现幼儿在学习过程中的问题,然后给予指导和帮助。如此,也更加客观、全面地反映了每个幼儿的学习情况和进步程度。总之,基于核心素养培养下的科学探究活动不仅有利于培养幼儿们的创新精神和实践能力,还有利于促进幼儿全面发展、培养良好学习品质和深度学习能力,为他们的未来发展奠定坚实的基础。

"童乐"教育文化的探索与实践

黄雪真

南安市诗山镇第一中心幼儿园

童,即童心,乐,即玩乐。幼儿园是孩子走向社会的第一个驿站,本文"童乐"教育文化指挖掘"童"心,开发童趣,以增进幼儿的童年幸福体验为目标,以游戏为根本的课程实施方式,根据幼儿教育规律和发展趋势,通过体验自然、体验生活、体验合作、体验服务、体验真情,探索童乐教育文化,探索教育实施途径和方法,拓展幼儿自主发展空间,让每个幼儿都能自由选择喜欢的内容,尽情体验享受学习游戏的愉悦,做最出色的自己,过最快乐的童年。

一、营造"乐园"环境———发挥育人功能,营造园本特色文化

《3~6 岁儿童学习与发展指南》中指出"环境是重要的教育资源,要通过环境的创设和利用,有效地促进幼儿发展。"去年我园进行校园改造,让环境具有思想性、功能性、互动性、发展性。一是改造教学室内环境,展乡村生态美。幼儿园大厅、走廊、活动室墙体,采用烤漆玻璃,以淡绿色的枝芽和原木色为主色调,创设自然生态的校园环境;充分利用中厅开展农家展览馆、生活体验馆,特色美食坊、趣味建构,以亲自然、真游戏、会生活为主线打造楼道中厅文化;活动室购置新的橡胶木玩具柜,盥洗室改建增加收纳木柜,使原本狭小的空间光线更加充足,更具生态气息。二是优化户外活动环境,展乡村文化美。踏进校园大门,我园增建阳光长廊,创设木桩舞台,寓意激励幼儿在阳光大道上通过自己探索、在舞台中获取人生第一枚奖杯;其次是修建创意树桩,设计礼仪围栏,每日对幼儿进行文化礼仪熏陶;三是铺设瓷砖园路,修建喷水鱼池,丰富四周花木品种。幼儿每日行走在平坦园路上,能更多地观察发现大自然各种花卉的成长秘密,能充分感知金鲤鱼喷水池内游动的鱼群。我们还对幼儿园教学楼后面的空地进行重新规划,创建农家小院。幼儿快乐地在种植地采摘、在红砖小灶投入的制作美食、在农家小屋全神贯注地进行创意制作,木桩道、嬉水池、古井、黑白相间的鹅卵石路、水培墙处处留下孩子欢乐的身影。小院从造型、风格、色彩等方面,更具有生态气息、更充满童趣。

二、打造"童乐"师资——注重队伍建设,锤炼优秀教师团队

幼儿教师是幼儿园的主体,幼儿教育是一个特殊的行业,孩子小需要教师倾注更多的关心和爱护。我们创设良好心理环境,倡导教师"把微笑带进课堂,让情感充满校园",组织教师学习《幼儿教师日常行为规范》《幼儿园教师专业标准》。提倡"四字精神",即在师德上,对幼儿全面负责,突出一个"爱"字;在工作上,努力奋斗突出一个"勤"字;在作风上,脚踏实地突出一个"精"字;在效果上,不断创造突出一个"新"字,还利用教师节、三八节、开展丰富多彩的工会活动,激发童心,激励教职工坚定理想信念。其次是从优化教师个体素质入手。为教职工成长需要提供发展平台,为其成材铺路搭桥。我们重视培训学习,采用外出参观学习、邀约名师入

园、听专家讲座视频、园本教研等多种学习形式，组织教师参加各级各类的培训和进修，更新教师教育观念；我们搭建展示平台，实施因才管理，如对骨干教师，我们让他主持幼儿园的各项大型活动、承担市级示范课、主持课题研究等，对于能量中等的教师，让她们承担班主任工作、承担片区观摩活动，对新教师，引导制定三年规划，通过师徒结对、一对一帮扶、开展全园性的专题教学展示活动，使每个教师找到最适合自己的工作模式，展现每个教师与众不同的特质，发挥每个教师巨大的内在潜能。第三多样锤练内功。我园构架展示专业风采平台，鼓励教师积极参加省、市、县里组织的各种竞赛和学习活动：如“教师业务技能比赛”、教坛新秀、论文、案例评比、活动计划、教育教学反思评比等，达到“以赛促研、以赛促学”的目的，让保教人员在竞争中学习、成长，提高幼儿园保教人员的自身素养。

三、实施“乐园”管理——落实有序管理，增强有效管理效能

乐园管理是童乐课程建设的可靠保证。我们将情感渗透到管理的各个领域，注重培养和激发人的合作意识和团队精神，明确办园方向，形成共同愿景。一是改革管理体制，建立岗位责任制：在各项工作上定岗、定人、定责，充分发挥各条线负责人的工作自主性，形成有序积极互动的管理网络。二是重视民主管理，增强其参与意识。如每日的户外活动、每周的户外大公共区域，责任到人，让每个教师负责管理一个区域，卫生责任区也由专人负责管理等。使师生体验到自己是幼儿园的主人，人人都成为管理者，同时人人又都是被管理者。三是形成激励机制。在管理中，我们创设轻松和谐的工作、学习环境，给全体师幼创造表现和获得成功的条件与机会。在教师中倡导“以情带管，以学带管，以研带管”。建立了一支志同道合的队伍，增强教师的职业自豪感。同时，我们还因材施教开展多彩活动。幼儿园设立“小童星、小主持人、小旗手、礼仪小标兵、环保小卫士，开展体能运类、创造表演类、自理能力类多彩竞赛活动”等奖项，让更多幼儿有自我表现、获得成功的均等机会，使不同能力的幼儿个性得到发展，充分感受成功的喜悦。

四、开展“乐园”教学—— 遵循儿童规律，潜心特色教育活动

我们遵循儿童学习规律，倡导乐教乐学。一是基于儿童主体立场，充分尊重儿童的主体性，按照儿童自己的能力、方式建构教学。二是基于多元智能理论：对儿童选择性的课程进行多元设计，鼓励幼儿多元化发展、个性化发展。从儿童实际需求出发，探索构建童乐教学范式，通过情境体验-乐探共享-智趣点拨-同乐建构四条路径构筑童乐教学范式。“情境体验”环节侧重趣味，我们创设适度生动有趣的情境，激发儿童学习的兴趣，在“情境体验”中，幼儿在小组内自主交流，实现同伴之间的互助，分享共同学习的快乐。“乐探共享”环节主要是让幼儿分享自我学习体验，尝试解决问题。在“乐探究共享”中，既有同伴间的合作探究，也有同伴间的共识与成功分享。“智趣点拨”是侧重智慧的、趣味性的新授知识，教师在关键处给幼儿以适当的点拨，激发幼儿进一步的思考。最后“同乐建构”是融汇所学内容，灵活运用，丰富认识，拓展延伸，实现幼儿个人的主动建构，伙伴协助建构。“童乐”教学范式的构建和实施，各个板块是相辅相成的，灵活运用于实际操作中，注重对幼儿关键能力的培养，促进幼儿核心素养的形成。

五、构建“童乐”课程——整合特色活动，构建童乐教育课程

幼儿园课程是帮助幼儿获得有益的学习经验，促进其身心全面和谐发展的各种活动的总

和。我园童乐课程设置以省编《领域活动指导》《主题活动指导》为基本教材，立足于本土资源，以捕捉幼儿兴趣，寻找生发点，整合、丰富、拓展原有的教育内容，从育人环境、育人主体、育人能力探索支持策略，助推生发点，构建“童乐课程”体系并深耕，从幼儿发展的需要不断平衡课程内容，使课程更优化更有利于幼儿发展。本学期我园重新规划幼儿园户外和室内功能室，按功能区域进行重组与规划。户外是体能运动、表演观赏、自主体验三大板块。如：户外设有体能挑战区——军事野战基地、民间游戏区——舞龙舞师高甲戏、小将运动场——球区、投掷区、多彩游乐园——能干小骑手、探迷宫小将，情境游戏区——茶艺馆、攀登区、露营区等；户外表演观赏区设有童梦舞台、金鲤鱼水族池、升旗台；农家小院自主体验游戏区设有围炉煮茶、钓鱼坊、美食坊、创意坊、劳作坊、休闲坊。室内按功能划分：创建创意美工室、囊萤阅览室、绿柳舞蹈室、趣味建构室、小名星剧场、生活体验馆（诗山超市、娃娃家、医院、中国银行）等特色功能室，灵趣的空间、共享的区域，丰富多元教育环境。让幼儿有更多的机会和时间自由自主地游戏，实现环境资源优势的整合。

课程实施前期我们结合学园环境、设施条件，以自然为依托、以生活为主线、聚焦核心经验、必备经历进行课程审议，开发以游戏为基本活动，以幼儿为主体，适合本园特点，有效促进幼儿学习与发展的教育内容，形成幼儿园童乐教育资源地图。课程实施过程我们尊重幼儿发展规律，关注幼儿心理成长，以全员幼儿参与形式，让每个孩子都能自由选择喜欢的内容，尽情享受学习游戏的愉悦，通过体验自然、体验生活、体验合作、体验服务、体验真情，提高幼儿综合素养、培养乐阅读、乐探索、乐交往、乐合作、乐表达、乐运动、乐创造七乐儿童，打造让每个孩子享受快乐童年为最终归宿的“童乐”教育特色品牌。

利用观察数据指导大班儿童安吉式滚筒游戏的优化与实施

丁 霄
泰州市寺巷幼儿园

一、概念阐述

教师对儿童的观察属于观察的范畴,观察是教师了解儿童现有水平、调整指导策略最直接和最普遍的方法。教师可以利用行为观察记录获取幼儿最直观的成长发展资料。安吉滚筒是来源于安吉游戏中的一种户外活动材料,主要锻炼的是幼儿的平衡能力。《3~6 岁儿童学习与发展指南》有关平衡能力的内容中包含了“经常与幼儿玩拉手转圈、秋千、转椅等游戏活动,让幼儿适应轻微的摆动、颠簸、旋转,促进其平衡机能的发展”。

二、研究背景

安吉滚筒是在安吉游戏、自主性户外游戏的大背景下产生的。浙江安吉地区的幼儿园充分利用低结构材料进行了幼儿自主性游戏的探索,而安吉滚筒正是其中非常具有代表性的、具有一物多玩、一物多发展能力的代表性材料。

2022 年至今,研究者所在幼儿园正在开展户外健体课程,幼儿园中幼儿的各项运动能力均有较高的发展。现为大班上学期,我班幼儿在使用滚筒时有了更多新的玩法和尝试。在平时的观察中可见,幼儿各方面的运动能力相较于中班时都有了较大发展,对于操纵安吉滚筒具备了相应的能力。依据幼儿的兴趣和发展特点,研究者对幼儿探索安吉滚筒的行为进行了为期 5 周的连续观察。

三、研究价值

(1)提升幼儿运动中平衡能力的发展。

(2)锻炼身体,提升其他运动能力。

(3)促进社会性交往能力。

(4)满足幼儿在户外滚筒游戏中的自主性需求。

(5)增强幼儿在活动中的自信心。

四、观察记录案例分析

(一)实录一:教师辅助下的行走、站立尝试

在上午的户外活动时间里,小朋友们来到了木梯组合、滚筒活动区。活动开始后,班级半数的小朋友在搬取木梯、木板、木架进行组合,做活动前的场地布置。约五分钟后,场地基本布

置完毕，蕊蕊和媛媛小朋友开始进行攀爬。此时，我选取了一个较大的滚筒，在上面行走。大约一分钟后，我周围聚集了近十个孩子，蕊蕊和媛媛都在其中。蕊蕊笑着大声说："哇，老师好厉害呀，我就不敢。"我笑着没说话，跳下了滚筒。这时媛媛说："我要玩，我要玩。"说罢走过去，尝试单腿跨过去，结果一屁股坐在了滚筒上面，紧接着从另一边滑掉下来。又有几个小朋友尝试，结果也都失败了。于是我补充道："这个滚筒滚来滚去怎么办呢？"蕊蕊低头沉思了一会儿，用手推着滚筒。这时媛媛成功坐在了滚筒上面，但是站起来的时候有一点颤抖。我就走上前，用双手扶住媛媛。媛媛用了较大的力气抓住我的手臂，刚面对我准备走的时候，就很快滑落下来。蕊蕊说："我也要。"于是她们利用同样的方法帮助蕊蕊也蹲在了滚筒上，我扶着蕊蕊尝试站立。

分析：

（1）模仿是幼儿的天性，兴趣是最好的老师。在本次活动中，我作为模仿的对象，挑战安吉滚筒，孩子们瞬间来了兴趣。我在活动中没有大声邀请，只是平行加入游戏中。蕊蕊和媛媛产生了浓厚的兴趣，主动参与到滚筒游戏中，并且不断地进行尝试。

（2）幼儿的平衡能力有了一定的发展。蕊蕊从刚开始尝试站立，到尝试行走，站立时长也从开始的五秒到后来的十几秒。媛媛从开始的无法站立，到后面的稳定站立 10 秒以上。在这近一个小时的户外活动时间中可以看出，幼儿的平衡能力是有的，只是对于新的平衡器材没有熟练掌握。

调整：

（1）在活动后的分享环节中，对幼儿本次活动中的行为进行了分享，讨论了幼儿出现的问题和解决的方法，对蕊蕊及媛媛等多个孩子勇敢挑战进行了表扬。

（2）制定挑战目标，和幼儿讨论后，制定了"有人帮助下平稳站立 20 秒"的挑战目标。

（二）实录二：幼儿互助下的行走、站立尝试

经过一段时间的游戏后，蕊蕊和媛媛已经能够在教师的帮助下熟练地进行站立和初步的行走。孩子们时隔一周又一次来到了木梯组合活动区。因户外活动场地未收回，班级幼儿直接进入场地中，很快他们又推出了滚筒继续开始尝试。蕊蕊大声呼叫："老师老师，快来帮我。"我摇了摇头，对她说："你可以请其他小朋友帮忙。"在我拒绝后，她直接离开了场地。过了约 3 分钟之后，蕊蕊和媛媛回到了滚筒边上。蕊蕊对媛媛说："你扶我一下。"媛媛回答说："我先来，你先扶我。"

分析：

（1）幼儿的社会交往和合作能力有了一定的提升。从开始比较依赖老师，到后面自己寻找朋友一起，在协商的过程中，蕊蕊做到了让步，这是保持同伴交往非常好的做法。在两人的密切合作之下，她们坚持的时间也越来越长。

（2）幼儿的平衡能力有了一定的发展。幼儿由于身高原因，互相搀扶的时候容易前倾，这导致想要保持平衡变得更加困难。但是在孩子们的配合下，依旧成功了，说明了她们的平衡能力有了很大的进步。

调整：

（1）在平时的体育集体活动中增加一些平衡游戏。户外活动中，鼓励幼儿去挑战荡桥，通过不同的器材，锻炼平衡能力，这样才能更快地掌握滚筒。

（2）教师分享滚筒游戏需要注意的问题和成功的技巧。通过提问引导幼儿了解滚筒游戏需要慢慢来,每走一步调整平衡,再走下一步。

(三)实录三:双人合作走滚筒

经过近一个月时间的不断尝试,蕊蕊和媛媛在互相帮助下,能操纵滚筒行走约20米远。在一个月后的又一次户外活动中,蕊蕊和媛媛又进行了滚筒游戏。刚开始蕊蕊先走,媛媛帮忙。刚开始媛媛用手扶住了蕊蕊,过了一米后,蕊蕊把手松开,继续独自行走了两米远,随后就掉了下来。媛媛也尝试独自一人操作滚筒行走一米,维持了大约一米多就掉下来了。过了一会儿,她们开始在无人帮助下进行行走尝试。过了约十分钟后,蕊蕊看着媛媛说:"我们一起走好吗?"媛媛面露笑容地回答:"好的。"

分析:

(1)幼儿活动中的勇气和自信逐步提升。在活动中,两位小朋友从开始的需要人扶到后来渐渐地松手自己独立完成,可见孩子的勇气和自信是不断提升的。

(2)幼儿的合作体育游戏能力也在不断发展。从个人进行尝试,另一个小朋友帮助,演变为俩人的合作行走。这个从相互帮助上升到相互协作的过程,体现了合作游戏的难度不断增加,挑战性也不断增加,因为两个人要互相为了对方调整自己的速度。

调整:

(1)幼儿分享后得知,许多小朋友不愿意一直玩滚筒,因为这个游戏想要成功需要比较长时间的努力,需要幼儿有着较强的坚持性和平衡能力。为了更好地帮助幼儿尝试,可以将这个活动加入零碎的时间中,比如说在饭后散步的时间,可以做一做此类运动量较小的活动。

(2)加强同伴之间的相互分享,尤其是同伴之间的相互学习。同伴间的互助、合作、分享有非常高的价值,教师应当鼓励能力强的孩子帮助能力弱的孩子,同时给予失败的幼儿更多的鼓励和支持。

(四)教师反思

(1)顺应幼儿的游戏意愿,充分尊重幼儿的游戏兴趣和需要。《幼儿园教育指导纲要》中提出,培养幼儿对体育活动兴趣是幼儿体育的重要目标。因此,体育活动要以幼儿的兴趣为出发点,利用幼儿的心理和生理发展特点,通过教师的示范,激发幼儿的好奇心,不断地通过正面的引导和鼓励,满足幼儿的成就感,从而满足幼儿对滚筒游戏的需要,激发幼儿对滚筒游戏的兴趣。

(2)追随幼儿的游戏发展进程。幼儿运动能力是在不断的参加运动的过程中逐渐发展起来的,是在不断的变化中的。随着游戏次数的增多,幼儿的平衡能力和对滚筒的熟悉度会逐渐提升。利用连续性的观察,能够详细地了解幼儿每一个阶段的水平,从而更好地对幼儿的能力阶段进行对应的指导。

五、研究成果及结论

本研究通过连续性的观察记录,对幼儿户外自主性游戏中的安吉滚筒进行了连续的分析和指导。通过不断的指导,幼儿在保持高度兴趣和自主性的前提下,获得了社会性、持续性、勇气、自信、运动能力等多方面能力的发展。

观察是教师了解儿童内心和行为表现的重要途径。通过观察,可以准确反馈幼儿阶段性能力的发展情况,并进行更加适宜的指导。可见,通过观察记录的手段,对支持大班幼儿开展安吉滚筒游戏有着良好的辅助价值。

幼儿园建构游戏中促进深度学习的教学策略研究

周 丹
泰州市康居新城幼儿园

一、概念界定

“深度学习”一词源于人工智能领域,后被华爱华教授首次引入教学领域,相对于浅层学习,它旨在培养学生获得高阶思维和发现问题、解决问题的能力。建构游戏是大班幼儿非常感兴趣的游戏之一,由于砖石建构的特殊性,建构过程中极易遇到问题,而通过解决问题能更好地激发幼儿产生深度学习。

二、研究思路

创造性游戏的指导分为三个阶段:游戏前的支持、游戏中的介入、游戏后的反思。本文将围绕这三个阶段,结合具体案例,分析支持策略。

三、研究方法

本研究采用观察法、表征记录法、谈话法进行研究。

四、深度学习的支持策略研究

(一)活动前:教师、环境、材料的支持

1. 背景

建构活动发生在九月下旬,几天后即将迎来国庆佳节。围绕国庆主题,教师引导幼儿进行讨论,讨论的主题包括天安门广场、长城、故宫,幼儿最终通过投票决定以长城为主题。考虑到长城在历史上是用砖石建造的,于是场地选择在了幼儿园特色的砖石建构区。

2. 支持

建构材料尽可能还原真实,使用真实的砖头进行。同时,为了避免安全问题,活动场地准备了足够数量的手套和头盔,并在活动前开展了相关的安全教育,如禁止抛扔、轻拿轻放等。场地选择草地,以减少砖头易碎、易发出噪声等问题,便于建构游戏的进行。

3. 准备

确定长城为主题后,幼儿根据已有经验和教师提供的一些长城照片,开始设计图的制作。蕊蕊小朋友设计了一段长城的建构图,并特别强调长城有烽火台,并对烽火台进行了详细的设计。

(二)活动中:教师适时适当的介入

1. 片段一

(观察对象:蕊蕊)活动开始后,蕊蕊小朋友来到放置手套的架子前,选取了一双手套并迅速戴好。此时,她发现右手手套的食指上有一个洞,便笑着跑过来对我说:“老师,这个手套上有一个洞!”我笑着对她点了点头,她看了我一眼,又回到架子边上换了一双。然后,她拿出设计图纸,对旁边的小朋友说:“我们先来搭城墙吧!”旁边的小朋友都点头同意。于是,有的小朋友搬砖,有的小朋友开始搭城墙路面。蕊蕊最先开始搭建路面,她将长方形的砖头铺在地上,按照一块竖着摆放、两块横着摆放、再一块竖着摆放的规律进行铺路。大约三分钟后,欣欣从另一端开始,按照四块都竖着摆放的方式搭建。蕊蕊见到后,跑过去说:“不要这样搭,路要搭一样的,不然的话太丑了。”说着,她拿过了欣欣的砖头重新摆放。当摆放到长约三米的时候,蕊蕊对诗曼说:“你去搭烽火台,我来修围墙。”蕊蕊将长的砖头铺在路面上,随后将一样大小的长方形砖头重叠在第一块上面。当重叠到第5块的时候,墙面倒了下来,她大叫了一声,随后又开始重新叠加。这一次,她叠加后用手将砖头摆放得更加整齐。但由于地面不平整的原因,到第5块的时候又倒了。她看了一下,便离开去建造烽火台了。

教师介入:当幼儿遇到路面不平整的问题并放弃后,我走过去对蕊蕊说:“蕊蕊,你想想,你设计的图纸上,长城的围墙是什么样子的?它们是完全重叠摆放的吗?”蕊蕊回答:“草地上有点不平,容易倒。”我又说:“那长城还建在山上呢,它为什么没有倒呢?你去试试看。”

2. 片段二

蕊蕊拿出了设计图纸看了一下,然后对我说:“这个砖头是不对齐的。”我回答:“你试试看。”于是她开始尝试,经过五分钟的努力,她成功了。她成功叠加到了第5层。由于时间和体力原因,我加入进来,帮助她快速完成了许多重复的建构。接着,她们开始进行烽火台的建构。由于有了刚才的经验,搭建过程顺利多了。这时蕊蕊说:“烽火台应该有门,我们要做一个门。”于是,她们用了许多正方形的碎砖头搭建了门的边框。但在搭建门的上沿时发现了问题:门的宽度超过了两块砖头的宽度,无法把门的上端围起来。蕊蕊说这个门太大了,砖头一放就会掉下去。于是她和小朋友说:“我们把门造小一点就可以了。”大家听从了蕊蕊的建议,果然第一扇门洞成功制作完成。

教师介入:蕊蕊她们完成门洞后,在一段时间内一直重复搬运。为了提升游戏的难度和挑战性,我对蕊蕊说:“我记得长城上面有很多窗洞,古代打仗的时候要躲在里面偷袭的,怎么你们没有呢?”蕊蕊听到后说:“对啊,我们没有搭建窗户。”

3. 片段三

蕊蕊和小朋友们一起继续搭建窗户。她们从搭建好的烽火台中间往外掏,结果发现掏不动。于是,她们从上面开始将中间一部分的砖头拿走,直到掏出一个小正方形的空洞。由于用的都是长砖头的原因,窗户参差不齐。于是,孩子们用碎砖头将空的地方填起来。很快,她们发现窗户上面要合起来。这时蕊蕊说:“爱爱,你先按着上面,我拿几个砖头压一下,它们就不会塌掉了。”于是,经过合作后,孩子们成功完成了烽火台的搭建。

(三)活动后:借助游戏分享,提问,整理经验

在活动结束后,我带着孩子们分享了游戏过程中出现的一些问题,并借助《小脑袋大问题》一书中提出的六阶段思维方法,帮助幼儿进行反思和总结。

活动分析:在活动中,孩子们多次遇到了挑战。由于平时他们更多的是用木头积木进行建构,所以对于形状单一但重量较大的砖头积木显得不太适应。同时,不平整的草地也给孩子们的建构带来了很大的难度。除了我第一次强行介入之外,蕊蕊和其他孩子都能够通过自己的思考和尝试去克服挑战。最后,在活动分享时,他们能够将自己收获的经验传递给其他孩子。

五、促进深度学习的策略

建构游戏是幼儿非常感兴趣的游戏类型,也是容易出现问题和产生教育契机的创造性游戏。在本次连续的个案观察中,我发现可以借助以下措施来提高幼儿的建构游戏能力、深度学习能力和高阶思维水平。

(1)丰富幼儿的生活经验。丰富的经验可以为幼儿提供创造的灵感和内容,有利于他们建构水平的发展,并提升他们解决建构问题的能力。生活即教育,这是陶行知先生生活教育理论的核心观点。它强调教育应以生活为中心。建构思路源于生活,许多建构游戏都围绕着我们的实际生活展开。通过生活经验的引导,幼儿往往能快速地想到解决问题的办法。

(2)开展高水平提问。高水平的提问能引发幼儿高水平的思维活动,更好地帮助他们尝试思考与分析,从而获得深度学习的机会。我们可以借助《小脑袋大智慧》一书中的六阶段提问方法,引导幼儿猜测问题出现的原因,并思考解决问题的方法,以激发他们的高阶思维。

(3)注重连续的探索。给予幼儿充足的时间和连续探索的机会是非常重要的。《3~6岁儿童学习与发展指南》中提出,幼儿获取经验的手段包括直接感知、亲身体验和实际操作。幼儿直接经验的获取与实际操作有着密不可分的关系,这也是产生高阶思维和深度学习的重要基础。

(4)重视游戏分享环节。游戏分享是幼儿思考、表达和吸取其他幼儿经验的重要途径,也是个体经验向群体经验转变的过程。经验之间的相互分享和融合可能会使经验得到升华和提高,同时也能激发幼儿的建构游戏从联合向合作过渡。

(5)建构主义理论提出。游戏是主动的,幼儿是游戏的主体。教师的作用是利用材料、环境、时间、形式等因素推动幼儿的建构水平和深度学习的发展,帮助幼儿实现全面和谐的发展。

中班科学教案
——浮起来,沉下去

易梦莹
深圳市龙华区第五幼儿园

一、选材理由

孩子们已经参与过探索沉与浮的科学活动,他们了解到哪些东西会浮起来,哪些东西会沉下去,并且已经通过记录单进行了记录。孩子们对于为什么有些东西会沉下去,而有些东西会浮起来非常感兴趣,他们经常问我这是什么原理,以及是否能让浮起来的东西沉下去,让沉下去的东西浮起来。为了满足孩子们的好奇心,我设计了这节“浮起来,沉下去”的科学活动,旨在与孩子们一同探索沉浮的秘密。

二、活动目标

(1)通过亲身操作体验,感知物体的沉浮与浮力和重力之间的关系。

(2)尝试让原本沉下去的物体浮起来,以及让原本浮起来的物体沉下去。

(3)体验沉浮游戏的乐趣,并积极表达自己的发现。

三、重点难点

(1)重点。通过亲身操作体验,感知物体的沉浮与浮力和重力之间的关系。

(2)难点。尝试让沉下去的物体浮起来,以及让浮起来的物体沉下去。

四、活动准备

(1)经验准备。幼儿已有初步的沉浮实验经验。

(2)物质准备。记录单、透明大水箱 2 个,小蚂蚁、小鱼、船、潜水艇、游泳圈图片,抹布 1 块、剪刀 2 把,松果、树叶、树枝、干花、棉花、石头、纽扣、塑料瓶、玻璃瓶、亚克力球;纸张、纸杯、纸盘、纸板、KT 板、木板、黏土、螺丝、橘子、李子等。

(3)环境准备。幼儿园美工室。

五、活动过程

(一)情景导入,激发幼儿兴趣

(1)引入话题。“今天我们班来了一位好朋友,小蚂蚁图片。冬天快要来了,小蚂蚁要到河对岸寻找食物准备过冬,我们怎么帮助它呢?”

(2)小结。为了帮助小蚂蚁过河,我们需要制作一艘船,而制作船的关键在于物体能否浮起来。请幼儿讨论、摸一摸材料,并猜想它们的沉浮状态。

(二)引导幼儿探索不同材质物体在水中的沉浮状态

(1)讲解实验要求。“请大家卷起袖子,用抹布清理积水,保持实验台的整洁。”

(2)幼儿自由探索不同材质物体在水中的沉浮状态,教师观察并给予鼓励与肯定。

(3)验证猜想是否正确,并分享探究结果。

(三)通过亲身操作体验,感知物体的沉浮与浮力和重力的关系

(1)教师提问:“刚才大家都进行了实验,哪些材料浮起来了可以作为小船帮助小蚂蚁过河? 哪些物体沉下去了? 为什么塑料瓶会浮起来,而石头会沉下去呢?”

(2)教师操作示范并小结,幼儿再次操作体验。浮力是使物体向上托的力,而重力则是使物体向下落的力。当浮力大于重力时,物体会上浮;当浮力小于重力时,物体会下沉。

(四)引导幼儿探索让沉下去的材料浮上来

(1)教师提问:“我听到李子、橘子、小石头还有螺丝宝宝说,它们也想浮在水上面玩耍,你们能帮助它们吗?”

请成功的幼儿分享方法,并鼓励其他幼儿想出更多的办法。

(2)小结。通过借助工具的浮力,我们可以让原本沉下去的物体浮起来。

(五)引导幼儿探索让浮起来的材料沉下去

(1)出示小鱼图片并提问:“小朋友们在水底还发现了什么? 是的,水里有小鱼。小鱼刚才悄悄跟我说,它想带它的新朋友们(如小杯子、塑料瓶等)去水底下玩,我们可以怎么帮助它呢?”

(2)请成功的幼儿分享方法,并鼓励其他幼儿想出其他的办法。同时鼓励幼儿在教室内寻找更多材料进行操作。

(3)小结。通过增加物体的重量或使用其他方法,我们可以让原本浮起来的物体沉下去。

六、联系生活,拓展认知

(1)出示潜水艇图片并提问:“我们生活中也有一个这样的物体,它可以在水里通过进水排水来改变自己的浮沉状态。小朋友们知道这是什么吗?”(潜水艇)教师解释潜水艇的储水仓工作原理以及它是如何通过改变自身重量来实现沉浮的。

(2)师生交流。“你们还知道生活中有哪些物品是与沉浮有关的吗?”

(3)小结。生活中还有许多与沉浮相关的物品,如游泳圈、船以及修建海下隧道等,它们都给我们的生活带来了很多便利。

(4)分享记录单。鼓励幼儿分享自己的猜想以及操作材料的方法,并讨论实验中遇到的问题和解决方法。

做有趣的教育　成有趣的老师

陈文丝
深圳市龙华区第五幼儿园

众所周知,好看的皮囊千篇一律,而有趣的灵魂却万里挑一。作为一名幼儿园老师,如果是一个有趣的人,那么就能激活整个班级,培养出一群有趣的孩子。在追求“有趣”的过程中,孩子们喜欢我,我也在孩子们的喜爱中找到了作为教师的职业幸福。

有时,在一日活动中,我可能会紧绷一根弦,为了建立常规和养成良好习惯,会设立很多规矩。但我发现过于严肃的说教方式往往适得其反。例如,当小朋友吃饭慢时,老师经常催促“快点吃,快点快点”,但孩子们往往无动于衷。这时,我们何不尝试以故事的方式引导他们自我领悟呢?我喜欢挑选一些画风幽默、能用儿童语气讲述的绘本,让孩子们乐于接受。与“不要、不可以、不能、快点……”的教育方式相比,采用共情的方法让孩子们更容易理解不良饮食习惯的坏处,从而达到养成良好吃饭习惯的目的。除了培养好习惯,还能让孩子们在阅读过程中感受到乐趣。

有趣不一定是幽默。用苏霍姆林斯基的话来说,就是“始终不忘自己是个孩子”。保持一颗童心,能够感受儿童的快乐和悲伤,成为孩子们有趣的朋友。在户外活动时,我愿意和他们一起做游戏,手拉手,一起欢笑。在游戏中,我设置有趣的问题,使用别出心裁的教具,变着花样让孩子们争抢着回答,一场场精彩的活动也充满了趣味。

与一个“有趣”的老师相处,孩子们会在欢笑声中集中注意力,因此收获更多知识,更好地成长。在上学期的“镜”探究性活动中,我及时捕捉孩子们的兴趣,将镜子投放到区域后,他们时常观察、探索。有的做鬼脸,有的发现脸变长了,身体变歪了,孩子们在区域活动时间对镜子进行探索,并将发现记录下来。有一次区域活动,科学区的小朋友对镜子里的我非常感兴趣,于是我随机开展了小组活动,鼓励幼儿观察不同镜子中的自己,并将观察到的记录下来进行集体分享。这激发了孩子们的兴趣,于是“镜”的探索之旅就开始了。孩子们玩转镜子,探索镜子的奥秘。他们用颜料打造了一个多彩的魔镜世界。孩子们问:“魔镜魔镜,我是谁?”魔镜的世界让他们哈哈大笑,眼睛变大,鼻子变歪,身体变成波浪。他们还用三面镜发现了对称的秘密,通过三个镜面的反射发现了更多奥秘。孩子们都说:“简直太好玩了!”万花筒里的镜子映射出了这个世界的色彩斑斓,也激发了孩子们的想象力。他们对生活中镜子成像现象产生了进一步的探究兴趣,乐于参与科学探究活动。

我认为,成为一名有趣的老师,能够激发出孩子们无限探索的兴趣,而这又让人感到如此有成就感。教育不是死板的“规矩”,而是鲜活的、有趣的。只有不断探索与自我成长的人,才能带出有生命力的儿童。有趣的老师也是好的教育源头,和孩子们一样保持一颗探索心和好奇心,同时引领他们进入这个万物有灵的世界。我是“有趣”的,成长也便在“有趣”中变得越发精彩!

户外游戏中生成性安全课程的案例研究

——以中班木梯游戏为例

王 生
泰州市寺巷幼儿园

一、研究背景

(一)研究现状

据统计,全国每年约有1.6万名儿童死于意外伤害。这些死亡事故中,有80%可以通过预防和应急措施得到避免,因此儿童的安全防范意识的培养和普及变得尤为重要。在幼儿园实施安全教育的过程中,安全教育的方法和手段相对单一,缺乏对 儿童兴趣的思考和激发幼儿自主安全意识内容的探索。儿童常处于被动输入状态,教师忽视了对幼儿主动性的激发,导致安全教育效果呈现不佳。面对新的安全环境,幼儿园的安全教育迫切需要引入新的教育形式。

(二)理论基础

《幼儿园教育指导纲要》明确指出:“幼儿园必须把保护幼儿的生命和促进幼儿的健康放在工作的首位。”《幼儿园教育指导纲要(试行)》在健康领域目标与内容要求中也提出:“幼儿应知道必要的安全保健常识,学习保护自己。”

由此可以得出,安全意识的培养是培养幼儿自我保护能力的一个重要方面。3—6岁的儿童存在许多的知识空白区,缺乏一定的防范能力。而通过幼儿园开展的安全教育则可以逐步培养幼儿的安全意识,提高幼儿面对风险时自我辨别危险的能力。

二、生成性课程的概念阐述

生成性理念源于杜威“教育即生长”的观点。杜威在《民主主义与教育》著作中提出了“教育即生长”的理论。他提出:“生活即发展;发展,生长,即生活。”因为生长是生活的特征,所以教育即生长,教育本身没有其他的目的。生长不是朝着一个固定目标进行的运动,而应把生长本身看做是目标。即教师本身没有预设性的目的,教育本身即是经验的改造或改组,它随着经验的生长而生长,经验的生长本身就是目标的生长,反对将外在性的功利性的目标强加于教育。

三、案例——木梯游戏

幼儿的好奇心很强,对生活中的事物和人都很感兴趣。他们每天在幼儿园里嬉闹,对目之所及的东西都想要上去看一看、闻一闻、摸一摸,但由于幼儿的身心发展还不成熟且缺乏生活经验,所以很容易导致安全事故的发生。

四、木梯游戏中的安全意识培养案例研究

(一)实录一:观察背景

(1)观察对象。简称为a(中班上学期)。在上午的户外活动中,a在木梯组合上进行玩耍,在需要双手双脚爬行通过的一段路程中,a的右脚踩空导致嘴巴磕到了前方的木梯上,嘴巴受伤流血。虽然教师及时将其带到保健室处理了伤口,但回到班上后,a嘴巴上的小伤口还是被细心的孩子们发现了。不少孩子都围到a的身边,有的仔细观察伤口;有的关心a是不是感到很疼;还有的与别人讨论自己以前也受过伤,要学会保护自己。

(2)分析。孩子们是天生的游戏家,他们对身边发生的任何事情都充满了好奇心和探究欲。a在木梯游戏中发生的安全事故成功引起了孩子们的注意,也让教师看到了教育的契机。安全工作一直是幼儿园工作的重中之重,然而安全工作往往是口头的说教,比较抽象化。此次发生的安全事故,教师可以以此为契机,生成一个木梯课程,引导幼儿去寻找木梯游戏中存在的安全隐患,培养幼儿自主的安全意识。

(二)实录二:初探木梯,发现隐患

(1)对木梯现场进行了详细的观察与摸索,观察对象:a及其伙伴们b、c、d。

几个孩子各自带着一张纸和一支笔,分散进入了木梯组合的各个区域。a首先来到了他上次磕到嘴巴的那段木梯前,他仔细观察了那段梯子好一会儿,随后伸出一只手来回抚摸。b则在木梯搭建的末端停了下来,他用双手紧紧抓住支撑梯子下方的架子,用力摇晃,并说:“就是这个,我感觉这个不太稳,一摇就要倒了,大家快来看啊。”他这么一喊,其他几个人都跑了过来。d原本蹲在木梯的另一端用手触摸架子上的木板,听到喊声也跑了过去,大家围在一起用手去摇晃那个架子。

(2)分析:教师根据上次两名幼儿受伤的经历,引导幼儿尝试发现木梯游戏中存在的安全隐患。孩子们分组通过观察、触摸、摇晃等方法去感受哪些地方可能有问题。在此过程中,教师为孩子提供了纸和笔,引导孩子将发现的问题用简单的气泡图形式进行绘画表征。教师在这个过程中进行了一对一的倾听,并协助孩子进行记录。最终,教师整合了孩子们的问题,并引导、支持他们尝试自己解决问题。主要问题如下。

1)木梯上有小木刺露出,容易扎伤孩子的手。

2)木梯拼成的滑梯下滑时会磕到屁股。

3)木梯组合下方需要放置垫子。

4)某个支撑木梯的架子摇晃,需要更换。

5)部分梯子过高,需要调整。

(三)实录三:解决问题的过程

(1)第三次来到木梯游戏处,观察对象:a、b、c、d。

孩子们再次来到木梯游戏处。a带着一张砂纸,他跑到木梯的一端,开始用砂纸对木梯进行打磨,一边打磨一边说:“你们先别急着玩,等我打磨完,就光滑了,可以玩了。”b则叫上c一起去拿垫子,开始合作将垫子放在木梯的下方。d一个人在那里试图将木梯从架子上取下,并说:“我这儿需要帮忙,你们快来帮帮我,我拿不下来。”a一听,立刻放下手中的活,去帮助他。在换了一个新架子后,d发现木梯的另一端过长,一直放不上去。d在那里反复按压木梯,但一

直无法放入。这时c跑了过来,说:“你把架子往后移一点就好了,我来帮你。”随后,四人都过来,一起将架子往后移动了一些。然后四人一起更换了几个架子和木梯。

(2)分析。在这个过程中,教师为孩子提供了解决问题的材料,然后将主动权交给了孩子,让他们自己动手去解决问题。虽然效率稍低,期间也发生了一些小插曲,但孩子们学会了合作的意义。在四人的共同努力下,他们成功解决了上述问题。在解决后,教师引导孩子用数学思维去思考问题,并支持他们自己玩耍自己摆放好的器械,引导孩子验证整改后的木梯组合是否能在玩耍过程中保证他们的安全,满足他们的需求。

孩子们在试玩后,发现了新的问题。教师引导孩子了解了“安全员”的概念,并支持他们自主设计安全员的牌子。最后,孩子们再次进行了木梯游戏。

(四)反思

在幼儿的户外自主性游戏中,首先,我们应顺应幼儿的游戏意愿,真正将游戏归还给孩子。而非一味按照教师预设的安排进行。如果孩子一直按照教师有计划的安排进行游戏,会缺乏自主性和创造性,孩子的天性将被压制,无法得到更好的发展。其次,要重视幼儿的多次试错。教师往往过于注重结果,希望幼儿能更快地找到正确的方法。但失败乃成功之母,无论是孩子还是成人,都是在一次又一次的失败和试错中成长起来的。

五、木梯游戏中的案例研究价值——有利于儿童自主安全意识的建立与完整安全经验的形成

在探索过程中,孩子们通过触摸、观察、讨论等方式发现了户外游戏木梯组合的一些安全隐患,这有助于幼儿从安全的角度看待问题,建立了自我安全意识。通过隐患整改和设计安全员标志,孩子们对户外游戏中安全的注意事项有了全面的了解,以生成性课程中自主探索解决问题的方法为主,促进了幼儿完整安全经验的培养。

六、结论

安全意识的培养与完整安全经验的形成作为幼儿园工作的重要组成部分,对儿童身心健康和未来发展具有重要的教育意义。凭借教育科学相关的研究方法,基于共性研究之上,生成性课程与学前安全教育在属性上具有一定的融合性,具备学前安全教育中生成性课程开发的建构性研究基础。本研究采用案例分析方法,通过教育实践验证了生成性课程在学前安全教育中的功能意义,证实了生成性课程在学前安全教育过程中对于儿童思维智能的开发、安全意识的培养具有非凡的价值,为学前安全教育提供了先进的教育理念及崭新的研究视角。

浅谈教师对幼儿游戏行为的观察与指导
——以X园建构区大班幼儿游戏为例

傅淑娟
怀化市辰溪县幼儿园

一、捕捉典型进行观察,巧用"白描"记录

在幼儿进行自主游戏时,教师要时刻牢记十二字箴言:"管住手、睁大眼、竖起耳",这是教师对幼儿进行观察的基本准则。对于观察,定点观察、扫描式观察和追踪观察等是教师进行观察时可以采用的观察方法。本研究同时采用了扫描法和定点观察法。教师对幼儿游戏行为的观察记录如下。

当我宣布游戏开始时,他们迅速四散跑开,纷纷开始了对建构区的探索。卓卓和航航在游戏前就约好一起玩,他们环顾四周找到一块空地,开始搬运纸箱。大约来回取了8次纸箱后,他们开始搭建。

卓卓说:"航航,我们俩搭个大别墅住吧。"航航急忙回答道:"好啊。"他们先把搬来的纸箱按顺序一个一个地垒高变成一面墙,眼看材料快用完了,航航说:"我们的箱子不够了,我先去搬箱子,你继续搭房子。"这时月月和轩轩走了过来,充满好奇地问:"你们在干什么?"航航边搬箱子边回答道:"我们在建别墅。"月月说:"我也想和你们一起。"轩轩紧跟着说:"我也是。"卓卓爽快地回答道:"可以,但是你们必须听从我们的安排,你们俩多搬点箱子过来,我们需要更多的箱子。"听完卓卓的安排后,两个男生开始疯狂运箱子。大约过了15分钟,卓卓说:"箱子够了,不用搬了。我们的房子还有两面墙没建出来,我们一起把它围起来吧!"在四人的合作下,最后他们成功地搭建了一个大别墅。

卓卓满意地说:"房间建好了,我们可以在这里睡觉啦!"这时,房子外面的寒寒很好奇这个大房子,就悄悄地把墙面中的一个箱子取了下来,笑嘻嘻地往里面看。轩轩看到墙面出现了一个洞,也抑制不住好奇地往外看,然后准备用箱子堵住洞口。这时寒寒在房子外面把箱子取了出来,大声喊道:"来快递啦,大家快来取快递!"在"快递驿站"里面的卓卓和航航看着快递被送出去了,赶紧清点驿站还有多少快递,"1、2、3、4、5、6、7、8、9、10",卓卓高兴地喊道:"我们这里来了10个快递,快来取快递咯!"话音刚落,闻声而来的3个小朋友加入了他们,于是他们玩起了寄取快递的游戏。

从案例中可以看出,教师首先运用了扫描法对建构区所有幼儿的游戏状态进行大致了解,然后敏锐地捕捉幼儿的典型游戏进行定点观察。在幼儿游戏的整个过程中,教师一直扮演着观察者的角色,观察幼儿在游戏中的同伴互动、游戏主题的发展,用"白描"的手法客观记录了幼儿的整个游戏过程,为游戏活动的成功反思与客观评价奠定了基础。

二、加强专业理论学习，深入解读幼儿行为

幼儿的行为背后往往隐藏着他们的情感、需求和认知发展。只有深入解读幼儿的行为，教师才能提供更为精准和有效的教育指导。本研究教师分别从幼儿的建构游戏行为和幼儿建构游戏中的学习行为进行分析。

（1）对于幼儿的建构游戏行为，教师做了以下分析。

1）幼儿对纸箱的兴趣十分浓厚。他们对纸箱的玩法进行了持续的探索，能根据自己意愿搭建任何建筑。

2）进行“别墅”搭建的幼儿为了使别墅搭建成功，在搭建前环顾四周进行场地选择，最终在一块比较宽阔的场地停下准备搭建。他们四人经交流商讨，明确了分工，两人负责搬运纸箱，两人负责建“别墅”。以上行为说明幼儿已经能根据游戏主题自主选择游戏场地、进行责任分工。

3）在搭建过程中，他们是有计划地一面墙连着一面墙的合围，先确定别墅的大小范围，打好地基，然后在此基础上慢慢垒高。可以看出幼儿对于房屋的搭建顺序掌握得较好，掌握了一定的搭建技能。

4）从搭建“别墅”游戏到“快递驿站”游戏的转变，幼儿在建构区中表现出较强的创造力和想象力。他们可以通过构建不同的物品、场景、角色等，创造出自己的想象世界。他们可以构建出城堡，也构建出快递驿站进行寄取快递游戏。

（2）对于幼儿建构游戏中的学习行为分析，教师分析如下。

1）幼儿的操作行为表现。

游戏中，幼儿熟练地运用了直线平铺、连接、大小不一的积木封闭垒高等搭建技能，有一定的创作意识，能根据经验中的房子进行想象搭建“别墅”和“快递驿站”。

2）幼儿的认知行为表现。

①在立体“别墅”的搭建中，幼儿知道要先铺下面的地基然后往上逐层垒高，在“寄取快递”游戏中，幼儿知道快递驿站里必须有人拿快递通过“洞”送给外面的人。可以看出游戏中，幼儿已经对于空间方位上下、里外有了比较深刻的认识。

②数量认知。在“寄取快递”时，幼儿清点了屋里的“快递”数量，并告诉大家，来了10个快递，呼喊大家快来取快递。在游戏中增强了幼儿对于数的认知和运用。

3）幼儿的协作行为表现。

①在建构游戏中，4名幼儿进行合作共同完成一个“别墅”。能清楚看到他们有明确分配任务，相互配合，协同工作等行为，群体意识非常强，幼儿的游戏处于合作游戏阶段。

②游戏进行中，月月和轩轩两位小朋友看到他们在玩建“别墅”的游戏，会主动上前进行询问，并大胆表达自己想加入游戏的想法。所以可以看出幼儿交往的主动性，而非被动与别人沟通。

③在搭建“别墅”的过程中，通过聆听他们的对话，可以看出游戏中卓卓小朋友充当了总指挥的角色，能条理清晰地安排后加入的幼儿的工作。在合作过程中，幼儿之间会进行眼神交流、语言沟通，共同解决问题，具有良好的沟通能力和团队协作精神。

三、有的放矢地给予幼儿支持与指导

(一)了解幼儿最近发展区,提供"支架"

在游戏过程中,对于已掌握一些基础搭建技能的幼儿,如能通过合围、垒高、连接等方法建造一个四面闭环的"别墅",教师可以帮助幼儿梳理已学习到的搭建技能,引导幼儿探索不同的搭建技巧,使幼儿的搭建能力得到更进一步的提升。

建构游戏的产生都是源于幼儿周围熟悉的事物。幼儿的生活经验越丰富,游戏内容就越丰富。在确定"快递驿站"建构主题后,教师可以多途径帮助幼儿建立对快递驿站的认知经验。在活动开始前,教师带领幼儿实地参观快递驿站,引导幼儿更加深入地了解寄取快递的具体工作流程,帮助幼儿更好地开展下一个游戏主题。

(二)引导幼儿反思总结游戏经验,促进游戏深入开展

游戏过后,教师可以引导幼儿用绘画等方式来进一步表征和总结自己的经验,鼓励他们有计划地规划下一次游戏,交流讨论快递驿站如何建,里面的快递如何分布,如何对不同类型的快递进行分类等问题。这有助于他们玩得更加深入,获得更多的发展。如:教师可以创设各类儿童化、教育化的"主题墙",多方面展示幼儿的搭建过程。前期,幼儿用图纸进行表征,并把它们张贴在"表征墙"上,以便借助图纸自主构建。任何游戏都要遵循一定的规则,"规则墙"由幼儿自主讨论制定。"作品墙"满足了幼儿的成就感,呈现的是每个阶段的搭建进度。"问题墙"呈现幼儿在搭建过程中所遇到的问题及其解决方法,既能够让幼儿体验搭建的乐趣,还能够帮助幼儿梳理问题,提高搭建质量。

(三)提供丰富的游戏材料,满足幼儿后续探索的欲望

材料是幼儿开展游戏的基础。作为教师,应根据幼儿的游戏状态和游戏主题的发展,积极为幼儿提供丰富充足的游戏材料,满足幼儿持续游戏的需要。如:在建构区,教师可以投放不同形状的积木,让幼儿在愉快的游戏中能更加具体地感知数学特征,投放不同种类、材质的半成品游戏材料,引导幼儿充分发挥想象力装扮"快递驿站"。

著名教育家蒙台梭利曾说:"唯有通过观察和分析,才能真正了解孩子的内在需要和个别差异。"在建构区观察与指导幼儿行为的过程中,我不断转变教师的角色定位,扮演起幼儿游戏的观察者、支持者的角色,通过观察分析幼儿的游戏行为,了解幼儿的兴趣和需要,以便提供更好的支持,促进幼儿的全面和谐发展。

教学活动案例
——中班区域“开张吧,农家乐”

吴爱华
南安市诗山镇第一中心幼儿园

一、活动背景

(一)游戏来源

在一次散步经过幼儿新修建的场地时,听见小朋友说:“哇,这里的风景真美,能在这边野餐该多好呀!”又有小朋友立马应和道:“很像上次爸爸妈妈带我去的农家乐哦。”“我也去过,能做美食还能钓鱼呢……”追随孩子们的兴趣,我以“新场地想怎样玩”为题让孩子们自由讨论与设计。孩子们的想法非常丰富,这是一个绝佳的教育契机。因此,我决定顺应孩子们的想法,策划如何利用新场地畅玩他们感兴趣的户外自然区域游戏。

(二)教玩具材料

投放幼儿搜集的废旧锅、碗、勺子等厨具,收集小树叶、小石头等自然物,以及轮胎、帐篷、野餐垫等。

(三)幼儿的前期经验

(1)有过和家人外出去体验农家乐的经验。

(2)幼儿已有自主区域游戏的经验。

(四)预期目标

(1)能与同伴共同使用材料、爱护材料,并能有序地收拾整理材料。

(2)尝试用图画或符号记录自己在区域游戏中的观察和发现。

(3)学会礼貌地招待顾客,并愿意交流分享自己的做法和发现。

(4)尝试做好入区计划,与同伴共同游戏,并一起解决活动中遇到的问题。

二、活动内容与过程实录

(一)游戏推进一:美食坊初体验

1. 活动观察

小航等小朋友带着从家里收集的锅、铲子等工具来到了红砖操作台旁的空旷位置,开始了他们的农家乐美食坊活动。浩浩说:“可是没有菜怎么办啊?”小奕提议道:“去捡些落叶吧!”过了一会儿,两人将采摘来的“食材”递给了厨师小领,由他来负责烹饪美食。正当几人兴致勃勃准备用餐时,小航喊道:“我们要在哪里品尝美食啊?”

2. 分析与推进

(1)分析。当幼儿遇到没有食材的问题时,小奕能够迁移小班在娃娃家时的游戏经验,带领小航寻找落叶和杂草作为替代。他们能够独立解决没有食材的问题,游戏水平有了一定的提升,游戏得以继续。但由于户外场地材料的局限,幼儿对于在哪里可以进行就餐一时没有了思路。

(2)支持策略。1)鼓励并引导小奕将解决办法呈现在问题墙上,为接下来游戏的幼儿提供参考。2)教师在评价环节时,请浩浩分享在游戏中遇到的问题,并针对没有地方用餐开展讨论。乐乐提出可以用幼儿园的轮胎玩具来拼搭成餐桌,还可以铺上野餐垫供客人自由选择用餐方式。3)家园配合:发动家长资源,共同收集物品布置美食坊。

(二)游戏推进二:食材太多怎么办

1. 活动观察

在一阵锅碗瓢盆的碰撞声中,农家乐美食坊正式开张了!开业第一天,所有的食物均免费供客人品尝,看那长长的等候队伍,就知道场面有多热闹了。没过多久,便听见美食坊传来小权和小杰的争吵声:“食材太多了!你看都把我的操作台堆满了!”“我需要的鱼也没有送过来!”送货员小杰也急了:“你们报菜时总是乱糟糟的,我能怎么办?”我提议道:“如果有个专门的人对接采购会不会好一点?”小权立马回应:“对!我们需要增加人手,再招聘采购员。”小杰高兴地说:“太好了,列出清单来,这样也不会浪费食材。”

2. 分析与推进

由于幼儿对角色的意识较弱,且对采购员这一职位的经验认识几乎为零。我适时介入,启发幼儿思考如何解决送来的食材太多的问题。回到班级后,幼儿便开展了招聘采购员的讨论活动,并在美工区中设计了采购清单,将所需的食材进行计划。在接下来的活动中,采购员的职责越来越清晰,食材过多的情况得到了有效的解决,进一步推进了游戏的发展。

(三)游戏推进三:我们来烧烤吧

1. 活动观察

点餐时,小乐提议想吃美食坊菜单中并没有的烧烤,小佳迟疑了片刻道:“有,请稍等!”只见小佳将客人的想法告诉了厨师小添,几人商量后便行动了。小添找来了纸砖和班级内堆放已久的网格片,将烧烤架搭建好了。小佳这时也将找来的竹签和树叶串制,她笑着说:“这是羊肉串呀!”没过多久,美味的烧烤串送到了餐桌上。小乐见只有单一的肉串失望地说:“没有我最喜欢的烤丸子也没有孜然粉。”小佳挠头表示不清楚什么是孜然粉。

2. 分析与推进

(1)分析。幼儿自发玩起了“烧烤”的游戏,他们在面临没有烧烤工具时能够积极与同伴共同想办法解决,并迁移经验搭建了烧烤架,这值得点赞。但由于烧烤的食材太少,幼儿对烧烤的制作方法及佐料的使用经验不足,使得游戏无法顺利开展。

(2)支持策略。1)通过家园共育,发放调查表,请家长帮助幼儿丰富如何烤制美味食材的经验;2)鼓励幼儿通过美工区制作食材,促使游戏更加多样化地开展。

三、活动的特点及价值

(一)活动的特点

(1)生活化。美食游戏是幼儿熟悉的一项休闲活动,幼儿有着丰富的再现生活经验,能够创造性地表现自己的想象和情感,发展了一定的生活自理能力和操作能力。

(2)自主性。孩子们可以根据自己的兴趣爱好和需要自主选择喜欢的工具和玩法,活动中遇到困难时，引导幼儿讨论，操作探索解决问题。

（二）对幼儿学习发展的价值

（1）自主游戏，做游戏的主人。在游戏中，幼儿根据自己的兴趣和需要，自主探索、自主游戏。每一次的游戏中，幼儿能迁移已有的经验去解决游戏中遇到的问题，培养幼儿的自信心，并提升发现问题、解决问题的探究能力。

（2）促进同伴交往的社会性发展。游戏前幼儿与同伴协商讨论，分工合作；游戏后能与同伴交流分享，所选用的材料、使用的方法，以及游戏中的一些有趣的事。幼儿在活动过程中语言表达能力得到发展，同时提升了社会交往能力。

（3）发展动手操作的能力。幼儿通过切、炒、串等动作进行美食坊游戏，锻炼手部的精细动作，提高幼儿动手操作能力。

四、可能生成的教育契机与支持策略

（1）在游戏的推进过程中，游戏材料的丰富性是关键。每次活动结束后，幼儿随意堆放材料，不便于下次游戏的进行。为此，教师应引导幼儿注意游戏后材料的整理，帮助他们认识到整理的重要性，并引导他们思考并寻找合适的解决办法。

（2）如何吸引到更多的小客人？怎样使菜品更加多样化？……结合生活经验，幼儿可能会提出增加线上预订、骑手送餐等环节的建议。教师应鼓励美食坊与各个区域间的交流合作，例如向劳作坊采购果蔬、向钓鱼坊采购海鲜。对于幼儿在游戏后的每一次思考和行为，教师应随时捕捉可能生成的教育契机，以进一步提升幼儿游戏的水平，并促进幼儿之间更为丰富的交往。

（3）利用晨间谈话时间，教师应深入了解幼儿的兴趣和需要，引导幼儿分享在游戏中遇到的问题以及他们是如何解决的。同时，鼓励幼儿以绘画的形式做好区域计划，或将区域游戏故事记录下来。这有助于教师帮助幼儿梳理和提升游戏经验，不断提高幼儿的总结能力。

以有效的游戏引导促进幼儿自主性发展

张晓巍
北京市门头沟区第三幼儿园

在幼儿 3~6 岁的阶段,游戏成为他们重要的学习方式。通过游戏,不仅能促进幼儿大脑的发育,还能提升他们的心理发展水平,从而确保幼儿身心的健康发展。在幼儿园的游戏活动中,教师应以幼儿的年龄特征、近期的发展水平、兴趣点、活动材料和活动类型为依据,投放合适的材料引导幼儿进行游戏。孩子们在宽松、温馨的教育环境中游戏和学习,通过观察、比较、发现问题、分析问题和解决问题等过程,不断提高游戏水平。教师在幼儿游戏过程中,应通过观察、倾听、引导、支持幼儿的游戏。

一、创设自主的游戏环境

《幼儿园教师指导纲要(试行)》明确指出:良好的环境对幼儿的身心发展具有积极的促进作用。因此,教师应重视环境教育,通过创设自主的区域游戏坏境,为幼儿提供丰富的物质环境,并营造轻松愉快的心理环境,从而全面激发幼儿参与游戏的积极性,使他们能够自主探索,获得精神和现实的满足。

在环境创设的过程中,教师可以采取师生共议的形式,关注幼儿的兴趣爱好和实际需求,邀请幼儿一起参与游戏场地布局、环境创设和规则制定的过程,让幼儿真正成为环境创设的主人。基于幼儿自主发现的问题,教师可以引导他们进行自主探索。

例如,在"象棋"游戏中,幼儿对象棋表现出浓厚的兴趣,平时讨论象棋的声音也较多。但是,通过集体讨论发现多数幼儿对象棋的玩法并不了解。针对这一问题,教师可以制作象棋玩法墙饰,鼓励幼儿自己收集玩法、设计场地布局等内容。这样不仅能培养幼儿主动收纳物品的好习惯,还能在熟悉的环境中让幼儿感到安全、放松,从而激发他们的思维火花,促进他们的自主性发展。

二、投放适宜的游戏材料

教师在投放活动材料时,应根据幼儿的兴趣和实际发展水平,注意材料的多样性、层次性等,以满足不同幼儿的个体差异。幼儿在摆弄材料的过程中,经历着"探索—发现—再探索—再发现"的循环,对同一材料能够探索出多种玩法,从而不断激发幼儿的创造力和想象力。在这个过程中,幼儿能够构建新的知识框架,获得认知、情绪和情感的满足,并根据自己的需要选择材料,积极主动地学习,促进自主性发展。

(一)从兴趣出发

《幼儿园教育指导纲要(试行)》中强调:"善于发现幼儿感兴趣的事物、游戏……"因为兴趣是最好的老师,是一切活动的原动力。只有建立在幼儿兴趣基础上的问题和话题,才能激发孩子参与互动的积极性，促使孩子在老师的引导下主动地观察、发现、探究，进而自主地探索游戏材料的玩法，促进幼儿自主性发展。

例如："纸牌"游戏，幼儿通过观察扑克牌的花纹，发现扑克牌可以玩分类游戏；通过观察纸牌上的数字，他们尝试将纸牌用作数的分解操作材料；通过观察成人的纸牌游戏，他们尝试玩抽大王的游戏；此外，他们还发现纸牌可以玩叠叠乐等多种游戏，这种一物多玩的游戏方法促进了幼儿主动的探究。

（二）低结构材料的投放

低结构游戏材料主要包括自然材料和再生性材料。自然材料如石头、沙子、树叶、种子、花瓣等；再生材料如纸箱、纸卷筒、绳子、纸杯、吸管、雪糕棒、衣夹等。低结构材料没有固定的玩法，幼儿可根据自身需求自由摆弄、操作，重新组合、搭建。在这个过程中，幼儿拥有更多探究的机会和无穷的想象，有助于促进幼儿自主学习。

例如：有一次我经过生活区，敏敏急忙叫住我："老师，给你喝。"我看着空空的杯子问："谢谢，这是什么饮料？""是果汁。""那是什么味道的果汁呀？"我问。"是……草莓味的吧。"说着她已经把我手中的杯子又拿了过去，过了一会，又将杯子端到我面前："给！草莓味的饮料。"只见杯子里多了一片红色的纸片。在一旁的昊昊看到了也拿了只杯子，里面放了片黄色的纸片，端给我说："这是橘子味的饮料。"

三、加强游戏中的指导

《幼儿园教育指导纲要（试行）》中提出："随时关注幼儿在活动中的表现和反应，敏感地觉察他们的需要，及时以适当的方式予以应答，形成合作探究式的师生互动。"由于幼儿在发展水平、能力、经验和学习方式等方面存在明显的个体差异，我们应以观察、关注幼儿个体实际水平为基点，对幼儿进行个别化的指导，如语言上的引导或动作上的帮助等，给予幼儿不同层次的指导，帮助幼儿个性化地发展，促进幼儿自主性发展。

（一）及时发现困难所在

《3~6岁儿童学习与发展指南》明确指出："帮助幼儿逐步养成积极主动、认真专注、不怕困难、敢于探究和尝试、乐于想象和创造等良好学习品质。"幼儿在游戏过程中会出现各种游戏状态，我们要及时发现幼儿的困难所在，并适时适当地给予支持。

例如：游戏中，暖暖拿来系鞋带的玩具，左摆摆，右摆摆，将鞋带从两边依次缠在鞋上，不断调整鞋带的位置。她不时地转头看别人，又摆弄着手里的玩具。见此，我走过去拿起一个系鞋带的玩具，低头开始系鞋带，让她观察我系的过程。她看完后低头开始尝试，第一次，她将一边弯成一个圈，用另一根绳子绕过去系，但因绳子的量掌握不好，一拉就散了。她解开再次尝试，这次她先将一个圈变小，再次用绳子绕过去，但圈太小，绳子拉不过去。她没有气馁，看着我。于是我说："你再试试，看看还有没有其他方法。"她再次尝试，先将绳子打结，再将一边的绳子弯一个圆圈，将两个圆圈再打结。突然，暖暖高兴地说："老师，我会了！你看，我系好了。"我给予她肯定的微笑。

（二）增强幼儿的自信心

教师在游戏中需要观察幼儿的游戏状态，不断用语言激励幼儿，增强他们克服困难的信心。由于孩子年龄和能力上的差异，不是每个孩子都能立即理解接受，老师可以以游戏伙伴的身份参与进去，不露声色地顺利完成个别引导活动，从而提高游戏活动的效率。

例如:在一次钟表接龙游戏中,我发现阳阳不会玩。我看到他随意摆弄着玩,于是对他说:“我们一起玩吧。”我一边玩一边详细地讲解游戏的玩法。一开始阳阳总出错,我宽慰他这只是游戏,不要紧张。他终于放下心开心地和我一起玩,当他终于做对时,我大力表扬了他,他兴趣大增,主动要求我再陪他玩一会。活动期间,还能听到他快乐的笑声。这不仅增进了我与幼儿的亲密度,还让幼儿觉得老师也是他们亲密的伙伴。

教师通过观察幼儿的游戏,了解幼儿的需求,加强游戏的引导,运用暗示、鼓励等方法,增强幼儿的自信心,促进幼儿主动地探究。

四、注重游戏中的倾听

游戏的开展并非仅止于让幼儿参与游戏过程,有效的倾听是促进幼儿发展的重要方式。在活动过程中,我们针对幼儿的个体、小组等表现进行有效的倾听,同时鼓励幼儿之间进行相互倾听,给幼儿提供相互欣赏、相互学习、提升经验、体验成功、经验共享的空间,从而增强幼儿活动自信心与成就感。这样,幼儿会更加认真地投入游戏中,彰显其主动性,为进一步主动学习奠定基础。

例如:滔滔、哲哲、默默和晨晨走到我身边说:“老师,我们想做个喜鹊窝,可以吗?”我点点头,四人便寻找自己所需的材料开始制作喜鹊窝。“晨晨,你的喜鹊窝能拿起来吗?”哲哲问,“我的拿不起来。”“默默,默默,你的也平放在桌子上拿不起来呀。”滔滔突然说:“我的树枝怎么也卡不住,怎么办?”游戏结束后,我们进行了小组倾听并提问:“你们成功了吗?”四个人一起摇摇头,我问:“为什么没有成功?”四人纷纷回答:“喜鹊窝是挂在树上的。”“我的树枝太粗了,需要细一些的树枝。”“冰棍棍不能弯曲。”……听到这里,我问:“有什么办法可以解决?”哲哲说:“我们需要更细、更多的树枝。”分享时间到了,四人向小朋友们分享了今天的制作过程,也将发现的问题分享给了大家,通过他们提出的问题,征求全班小朋友的意见。

总之,在区域游戏中,教师通过观察幼儿的游戏,及时发现幼儿的需求,从一个具体的切入点出发,由浅入深,由点及面,以满足不同幼儿发展的需要。在材料选择与投放过程中,幼儿自由选择,主动进行观察、思考、动手操作、尝试,自主地用自己的方式进行学习、体验,轻松愉快地进行游戏。教师则运用语言、提问、暗示、动作等方式,有目的、适时地实现有效的师幼互动,促进幼儿自主性的发展。

创设小班阅读区游戏化环境培养幼儿主动性研究

池　涛
北京市门头沟区东辛房小学附属幼儿园

阅读是一个人不可或缺的能力，它不仅是学习的基础，还往往决定了个人的学习成果，同时也是未来成功从事各种工作的基石。《幼儿园教育指导纲要（试行）》明确将幼儿早期阅读的要求纳入语言教育的目标体系，强调“培养幼儿对生活中常见的简单标记和文字符号的兴趣；利用图书、绘画和其他多种方式，激发幼儿对书籍、阅读和书写的兴趣，培养前阅读和前书写技能。”

学前教育专家的研究显示，3~8 岁是儿童阅读能力发展的关键时期。我们应当帮助这一阶段的儿童打下坚实的阅读基础，培养他们自主性阅读的意识和技能，因为自主性阅读是早期阅读教育的核心。然而，阅读是一个复杂且多元的过程，儿童并非天生就具备自主性阅读能力。这种能力的发展有其特定的过程和规律，需要在阅读过程中不断积累经验，寻找合适的方法，并得到正确的引导，才能逐步建立起自主性阅读能力。

幼儿自主性阅读指的是在阅读的各个环节和整个过程中，幼儿尽可能减少对教师或他人的依赖，自主选择和控制阅读活动，独立进行阅读。这是一种由幼儿自己主导的阅读活动，具有能动性、自主性和有效性等特点。

一、激发幼儿持续阅读的兴趣是自主阅读得以保持的关键

自主性阅读活动与其他形式的阅读活动有所不同，它要求幼儿积极、主动地参与并管理自己的阅读活动，而非在外界的压力和要求下被动地学习。因此，如何激发幼儿阅读的兴趣，如何使幼儿能够长期保持阅读的热情，成为教师必须解决的关键问题。

1. 选择合适的图画书

幼儿对图书的兴趣是影响其主动阅读和阅读时间长短的重要因素。当幼儿对一本图书兴趣浓厚时，阅读的兴趣会高涨，阅读的时间也会随之延长。反之，若幼儿对一本图书缺乏兴趣，阅读的欲望就会降低，阅读时间也会缩短。教师应选择适合幼儿年龄特点的图书，为他们提供生动有趣、与生活紧密相关或他们非常感兴趣的阅读材料。

色彩鲜艳、形象鲜明可爱、情节简单有趣的图书，最能激发幼儿的阅读兴趣。图书的纸张应足够厚实，以防幼儿撕破。投放的图书可以包括童话、儿歌、童谣、智力游戏、科普等多种形式，让幼儿接触多元的文学风貌。阅读区投放的图书可以与当前开展的主题活动相结合，选择与主题相关的各类书籍，不仅可以培养幼儿的自主性阅读能力，还能让幼儿在短期内接触大量同一主题的知识，进行深入探究，生成活动，服务主题。例如，在进行《小种子》的主题活动时，

我们引导幼儿将观察到的种子变化在阅读区用绘画的形式记录下来,装订成册,鼓励同伴之间互相讲述和交流。由于本班的自然角位于阅读区,我们鼓励幼儿在观察的同时,也积极与同伴分享自己的发现。

2. 创设温馨舒适的阅读环境

英国文学大师艾登·钱伯斯在《打造儿童阅读环境》中曾强调:“阅读总是需要场所的。”由此可见,阅读的重要性不言而喻。为幼儿创设一个良好的阅读环境更是首要条件,这样的环境能够促使幼儿主动、有效地与环境互动。阅读是生活的一部分,它源于生活的每一个角落。

阅读兴趣并非天生就有,而创设一个温馨、舒适的支持性阅读环境则能够极大地激发幼儿的阅读兴趣。温馨的阅读氛围,让幼儿在享受环境美好的同时,也能获得良好的阅读体验和心理舒适感。在选择阅读区的位置时,应把握“明亮”和“安静”两个基本原则;为阅读区取一个富有吸引力的名字,并合理划分活动区域;几盆碧绿的植物、几个舒适的坐垫,都能让幼儿在舒适的环境下尽情享受阅读的快乐。

在活动区墙面,可以利用图文结合的方式,引导幼儿养成良好的阅读习惯和看书秩序,如“轻轻看书”“轻轻翻书”“轻拿轻放”;将故事融入墙面设计,营造阅读区的浓厚氛围。例如,以绘本阅读《九只小猫呼呼呼》为切入点,我们可以在阅读区墙面创设小猫围在猫妈妈身边吃奶的温馨场景,以激发幼儿的阅读兴趣,并营造浓厚的阅读氛围。

在“好书推荐”环节,孩子们可以根据自己的喜好,向同伴介绍自己认为的好书,并阐述理由。这不仅是幼儿进行自主阅读的一种方式,也是促进他们交流与分享的平台。

3. 合适的激励方式能有效地激发幼儿的阅读兴趣

激励,作为一种激发幼儿阅读动机、促使其朝所期望的目标前进的行为或心理引导过程,具有重要意义。

(1)对幼儿的激励应该有理有据,客观适度。

教师最常用的激励方式是口头表扬。教师在给予表扬时,应确保表扬具有针对性,将激励的理由归结到幼儿的能力和努力上,让幼儿明确自己哪方面做得好。例如,教师可以这样表扬幼儿:“你把图书整理得如此整齐,真是细心又负责!”“你花费了很多时间去找图书,认真阅读,最终找到了问题的答案,真的很棒!”

(2)对幼儿的激励必须及时。

当幼儿在阅读方面取得成功时,往往伴随着积极的情绪体验。教师只要及时给予激励,就能使这种体验更加深刻。当幼儿再次遇到类似的阅读问题时,就能调动以往的成功经验。例如,当幼儿在阅读区与同伴共同表演讲述故事内容时,教师可以从他们的语言、动作、表情以及对故事的熟练程度等方面给予肯定和鼓励。

二、结合近期目标,丰富阅读区材料,引导幼儿爱上阅读

在阅读区恰当地投放一些结构材料,能够恰如其分地提升幼儿的阅读兴趣,让幼儿爱上阅读。

1. 增添可操作材料,便于幼儿边读边玩边思考

结合近期阅读区目标,引导幼儿在看一看、说一说、做一做的过程中感受阅读场地与材料的融合带来的乐趣。让孩子们有目的地开展阅读活动,带着自己的想法去阅读、操作材料,在实践过程中体验阅读带来的成功感。例如:本班阅读区创设的互动墙饰“蛇偷吃了我的蛋”。

我们将故事中的动物形象制作成软体形式，幼儿可以边讲边进行摆弄，从而增强了幼儿对阅读的兴趣。此外，我们还制作了幼儿喜爱的故事盒、头饰、手指偶等讲述材料，供幼儿进行表演与讲述。

2. 增加自制图书

阅读图书是一件愉悦的事情，而动手制作图书则是一件新鲜而富有创意的活动。我们与家长合作，请家长带领幼儿将外出游玩或观赏到的景物制作成画册带到幼儿园，投放到图书区。同时，我们还结合近期主题，为幼儿投放一些半成品的材料，鼓励幼儿自己制作图书。此外，我们为自制图书开辟了一面展示墙，让幼儿在活动中自由阅读。

三、仔细观察，以角色身份适时指导游戏

在活动中，我们要做一个睿智的观察者，善于发现问题，并及时加以引导，成为他们的支持者、帮助者和后盾，这样游戏才具有旺盛的生命力。当幼儿在阅读过程中出现争执时，我们不应贸然上前打扰，而是应给予他们一个空间，让他们自行解决问题。若他们的问题自己无法解决，我们才会以角色的身份与幼儿一同商讨解决的办法。当然，一旦发现危险行为，我们会立即制止，确保游戏的安全。

陈鹤琴先生曾言："孩子们来到人世后，应尽早为他们创造优良的阅读环境，引导他们踏上人生的第一步台阶，使他们认识书籍、爱上书籍，从此步入书的海洋中，并视其为生命的伴侣和导师。"幼儿的成长离不开阅读，阅读环境是他们成长的摇篮，与他们的阅读兴趣、阅读能力都息息相关。教师在为幼儿创设阅读环境时，不应忽视每个幼儿的阅读需求，要发掘环境的教育作用，使环境真正成为第三位教师，让幼儿与环境产生互动，从而获得有效的阅读体验。

生活即教育　劳动促发展

——五育融合下幼儿劳动教育活动开展实践研究

梁雅纯
泉州市安溪县第十八幼儿园

近年来,中国教育部相继发布了一系列关于劳动教育的政策文件,强调了劳动教育在青少年成长过程中的重要性。如2020年教育部印发的《大中小学劳动教育指导纲要(试行)》和2023年中共中央、国务院发布的《关于全面加强新时代大中小学劳动教育的意见》,这两个文件明确了劳动教育的重要地位和指导原则。这些政策不仅为各地区实施青少年劳动教育提供了明确的指引,也体现了国家对青少年全面发展的高度重视。作为基础教育的重要组成部分,幼儿园在培养幼儿的生活习惯、动手能力和核心素养等方面发挥着关键作用。从科学幼小衔接的角度来看,幼儿园应当注重培养幼儿的独立生活能力和自我服务意识,这正是劳动教育的重要内容。因此,幼儿园应特别重视幼儿的劳动教育活动开展。

一、五育融合背景下幼儿劳动教育的价值探索

(一)落实立德树人的教育根本任务

幼儿劳动教育是实现立德树人教育根本任务的重要途径之一。通过让幼儿参与各种劳动活动,能够培养他们的良好品德和价值观,促进他们的道德成长。例如,幼儿在参与种植、养殖等劳动活动中,能够体会到劳动的艰辛和付出,从而更加珍惜劳动成果,养成勤俭节约的好习惯。在与其他小朋友合作完成任务的过程中,幼儿能够学会团结协作、互帮互助等良好品质。

(二)融入智育教育促幼儿智力发展

幼儿劳动教育与智育教育是相互融合、相互促进的。在劳动教育中,幼儿需要动手操作、观察、思考和解决问题,这能够促进他们的智力发展。例如,在拼图游戏中,幼儿需要观察图形的特点、找到对应的拼接方法,这能够锻炼他们的观察力和思维能力。同时,幼儿在操作过程中需要不断尝试、调整和改进,这能够培养他们的创新能力和解决问题的能力。

(三)强健幼儿身体,促进身心协调发展

幼儿劳动教育能够强健幼儿的身体,促进他们的身心协调发展。在劳动中,幼儿需要动手操作、运动身体,这能够增强他们的肌肉力量和协调能力。例如,在种植蔬菜的过程中,幼儿需要搬运种子、工具等物品,这能够锻炼他们的肌肉力量和协调能力。参与劳动还能够增强幼儿的自信心和自尊心,促进他们的心理健康发展。

(四)渗透美育,促进幼儿形成美的情操

幼儿劳动教育还能够渗透美育,促进幼儿形成美的情操。在劳动中,幼儿能够感受到美的创造力和表现力,从而培养他们对美的欣赏力和表现力。例如,在制作手工艺品的过程中,幼儿需要发挥自己的想象力和创造力,用心制作出精美的作品,这能够让他们感受到美的创造力

和表现力。通过参与劳动，幼儿还能够了解美的多样性和丰富性，从而培养他们包容、尊重和欣赏他人的良好品质。

二、五育融合下的幼儿劳动教育活动开展策略

（一）融入积极向上的劳动教育理念

在幼儿劳动教育的开展过程中，我们应积极转变传统的教育观念，形成积极向上的劳动教育观念。将劳动与勤劳、勇敢等美好品质相联系，帮助孩子们深入理解劳动的意义和价值。通过劳动教育，培养孩子们的责任感和独立性，让他们学会珍惜他人的劳动成果，并逐渐养成良好的劳动习惯。

第一，教师需要以身作则，树立良好的劳动教育榜样。通过身体力行，在幼儿群体中树立正面的示范，引导幼儿形成正确的劳动观念和态度。同时，要充分考虑幼儿在不同阶段的身心发展特点，因材施教地为幼儿分配劳动教育任务。对于幼儿阶段的孩子们来说，他们的身体和智力都处于快速成长阶段，对于世界的认知和探索欲望不断增强。因此，教师在进行劳动教育时，应充分考虑幼儿的身心特点，通过劳动实践来培养幼儿的动手能力、观察能力和思考能力。在小班幼儿劳动教育中，应以具象体验为主，侧重于引导幼儿初步萌发劳动意识；中班幼儿则应进一步细化劳动内容，巩固幼儿的劳动知识经验，并延续对劳动的参与积极性；大班幼儿劳动教育中，应重视幼儿劳动品质的内化。在实施劳动教育时，教师应让孩子们意识到劳动是美好的，是值得赞扬的。通过鼓励和表扬，激发孩子们的劳动热情和积极性。同时，要注重培养孩子们的团队协作精神，让他们学会相互配合、相互帮助，从而更加充分地体现“五育”融合的积极作用。

第二，从家长的角度来看，劳动教育在孩子的成长过程中起着不可忽视的作用。家长应积极引导孩子参与劳动，鼓励他们完成力所能及的任务，并给予适当的奖励和鼓励。通过长期的实践和积累，孩子们会逐渐形成积极向上的心态，从而变得更加勇敢和自信。幼儿天生具有模仿能力，他们会主动模仿大人的行为。例如，在每次吃完饭后，如果家长能够主动将自己的碗筷清洗干净，孩子们也会模仿着将自己用过的碗筷送入洗碗池中。这种简单的行为不仅能够帮助孩子们养成良好的生活习惯，还能够让他们学会尊重他人的劳动成果，更加珍惜他人的付出。在家庭教育中，家长们应注重培养孩子的独立性和自主性。通过让孩子们独立完成一些简单的任务，如整理房间、洗袜子等，培养他们的责任感和自我管理能力。

（二）建立统筹兼顾的劳动教育体系

在日常生活中，劳动教育的影子无处不在。对于幼儿园中的孩子们来说，劳动教育更是他们身心发展的重要组成部分。除了日常生活中的点滴教导，幼儿园还应当定期组织专门的劳动教育活动，融入五育并举理念，形成系统化的教育体系。

第一，幼儿园应积极整合园内现有的各类资源。园内的环境对幼儿的成长具有重要影响，它能够潜移默化地引导孩子们积累更丰富的劳动经验。例如，设立专门的劳动角，供孩子们进行简单的劳动活动，如种植、打扫等。让孩子们在实践中体验劳动的乐趣，培养他们的责任感和团队合作精神。

第二，把传统节日作为重要的教育契机。中国的传统节日往往蕴含着丰富的文化内涵，其中不乏与劳动相关的习俗。例如，清明节是传统的农忙季节，孩子们在老师的指导下参与简单的农事活动，体验劳动的艰辛与收获；端午节则教授孩子制作粽子等传统食品，让他们了解到

食物的来之不易,同时体验劳动的快乐。

第三,将劳动教育与游戏教育紧密结合。游戏是孩子们的天性,也是他们学习新知识的重要途径。通过游戏化的方式让孩子们参与劳动,可以充分发挥他们的主观能动性。例如,在区域游戏中设置"生活区",让幼儿模拟进行劳动,如洗衣服、晒衣服等,培养他们的生活技能和手眼协调能力。

在"生活区"的设置中,幼儿能够模拟真实生活中的各种活动。孩子们通过使用玩具洗衣机、晾衣架以及各种玩具衣物,学习如何洗涤和晾晒衣物,这不仅培养了他们的手眼协调能力和精细动作技能,还让他们在实际操作中感受到劳动的乐趣。此外,"生活区"还可设置其他的日常生活活动,如烹饪、打扫卫生等,帮助孩子们更好地了解和掌握这些基本的日常生活技能,从而让他们在生活中更加独立和自信。

(三)形成校内校外结合的教育环境

幼儿劳动教育的实施不能仅仅依赖于幼儿园的单方努力。幼儿身处于广泛的社会环境中,他们在幼儿园里完成各种学习活动,在家庭环境中获得成长。

第一,从幼儿园的角度应发挥在幼儿劳动教育中的主导作用。为了使劳动教育更加生动有趣,避免单调的讲解和示范,幼儿园应采用多元化的教育模式,依据幼儿年龄特点和需求打造专门的劳动教育课程。

第二,家庭在幼儿劳动教育中也扮演着重要的角色。家长应鼓励孩子们完成力所能及的家务任务,如整理房间、帮助父母做家务等。这不仅能让孩子们养成正确的劳动习惯,还能培养他们的责任感和独立性。在保证孩子们的身体安全和心理健康的前提下,家长应为孩子们提供更多尝试参与劳动的机会。

第三,社区也应积极参与幼儿劳动教育。提供适合幼儿参与的劳动项目,如植树、环保等,使孩子们在实践中学习到劳动的意义,同时增强他们的社会责任感和环保意识。

综上所述,通过融入积极向上的劳动教育理念,建立统筹兼顾的劳动教育体系,以及形成校内校外结合的教育环境,幼儿劳动教育能够更好地发挥作用。这样的教育方式能够培养孩子们的责任感、独立性和团队合作精神,让他们理解劳动的意义和价值,形成良好的劳动习惯,并在潜移默化中融入五育并举理念,促进幼儿全面和谐发展。

靠近你　温暖我

李小庆
宜昌市宜都市幼儿园

说到老师，很多人会用诸如“春蚕到死丝方尽，蜡炬成灰泪始干”（李商隐《无题》）这样的优美诗句来赞扬，赞扬老师的奉献精神，如同春蚕吐丝般毫无保留，将一切都献给了学生；又如同蜡烛燃烧自己，照亮他人，直至生命终结。

然而，我想表达的是，每个正当职业都在为人类做出贡献，每个职业都有其恪尽职守的一面，并非只有老师如此。我身为一名老师，更具体地说是一名幼师，我感受最深的不是“付出”，而是我的“收获”。我在每一个小朋友的生命中留下足迹，见证他们的成长，接近他们美好纯真的心灵，与此同时，我也感受到了身为幼师的温暖。

我是学前教育专业的毕业生，成为宜都市幼儿园的青年幼师已有五个年头。在这片多姿多彩的幼儿园世界里，我深感幸福，有幸见证了许多有趣的小生命的成长。

我印象最深刻的小朋友之一是雯雯。她是一个非常可爱的小朋友，但性格有些内向，比较害羞，平时与其他小朋友的交往也相对较少。我深知幼儿是心智尚在发展的阶段，很多东西是可以潜移默化改变的，正如“润物细无声”一般。正好我在中国舞进修中取得了中国舞蹈家协会等级证书，并以优异的成绩获得了中国舞教练班资格证，因此我利用这一优势，组织一些文娱活动，让她在舞台上展示自己，并不断地鼓励她。渐渐地，雯雯变得越来越自信，与人相处也越来越得心应手，不再害羞胆怯。我还曾经编排了一个舞台剧《芭比时装秀》，雯雯也勇敢地竞选并成功担任了女主角。对于她的转变，我并非功不可没，但我也客观地认为，我对她的成长起到了一定的正面影响作用，为此我深感自豪。

除了雯雯自身的性格转变带给我温暖，我也曾被龙龙所感动。龙龙是我们班上的一个特殊的小朋友，受二孩政策影响，他从小备受宠爱。但自从家里多了一位二胎弟弟，年纪尚幼的他心智尚不成熟，总是担心父母对自己的关爱减少。因此，他本能地想要吸引父母和周围人的注意力，常常做一些调皮捣蛋的事情，情绪波动也较大。发现他没有安全感的问题后，我尽我所能，与他的父母积极沟通，商量关于他的教育方法，希望能帮助他克服心理障碍，更健康地成长。在我以及另外两位老师和他父母的共同努力下，我们采取了让他在班级中获得更多自我效能感的方法，如推荐他担任小组长等。皇天不负苦心人，龙龙感受到了我们对他的关心和爱，慢慢敞开心扉，重新接受这个丰富多彩的世界，不再调皮捣蛋，而是更加积极向上。

我深知，与这些可爱的小家伙们的相遇，就像是一场早已知晓终点的火车旅行。在这趟旅程中，我一步步驶向与他们分离的终点站。我付出我的专业知识和陪伴，许多人可能认为小朋友们得到的更多，但殊不知，在每一步中，他们的每一次呼吸和成长都已经温暖了我。

最后，我还需要感谢一位特殊的小朋友——他是一个来自星星的孩子，也就是大家俗称的孤独症儿童。

那天他第一次来幼儿园,我站在他身旁的情景还历历在目。他如同正常的小朋友一般,因为离开熟悉的环境,情绪激动地大哭大闹,我们老师起初并没有发现他的异常。然而,随着日复一日的陪伴,凭借我们专业的素养,我们发现了他的与众不同——他有交流障碍的问题,有时候行为也有些刻板。考虑到他的正常成长需要更加专业的照顾,我和另外两位老师一起商量,最终决定跟他妈妈沟通。

但在和他母亲的交流中,我们发现他十分抗拒“弧独症儿童”的标签,只是说因为小朋友幼时是奶奶陪伴长大,很少和外界接触导致有些内向而已。但为了小朋友的健康成长,我们转换思路和他的母亲商量。我们表明立场,坚决相信他并非一个异常的小朋友,我们也不会区别对待。但是小朋友的身心健康是十分重要的,所以还是最好去咨询一下专业的心理医生,寻求一个解决方法,也好对症下药帮助小朋友更加健康地成长。

小朋友的母亲也清楚我们老师的善意,于是带他前往武汉的医院咨询医生。可惜事与愿违,在医生短短五分钟的诊治后,小朋友的母亲第一次感受到崩溃。因为医生给出了结论,他就是孤独症儿童。出于对小朋友的担忧,小朋友的母亲伤心欲绝,彻夜辗转难眠。

为了帮助这可爱的小朋友以及一位脆弱的母亲,我主动为她开解。同时我也收集了许多书籍和资料,诸如《凯利的心声:突破孤独症》《地板时光》,积极配合他妈妈的工作,给孩子更多的关爱,同时在日常生活中也多一分耐心,希望让孩子能有一个幸福快乐的童年。

我知道,也许我能陪伴孩子的时间只有这三年,但我希望我们给孩子的关爱,能让他感觉到他是幸福的!大家都很爱他!在给予他温暖的同时,我也感受到了内心的治愈。没有什么比一个健康的生命更加珍贵,也没有什么比坚强地处于这个凡尘俗世中更加令人佩服。

从事幼教工作的这么多年来,我用真挚灿烂的笑容,为孩子们传递真善美的心灵;用细致地陪伴,给予他们我的温暖。虽然有时候会感受到身体上的疲倦,但精神上的充实和挑战是我所享受的。我愿意投身于幼儿园的区域活动中,潜心钻研,结合幼儿园五大领域,通过自制丰富的区域玩具,让孩子们真正感受游戏的真谛。我也愿意在工作之余,不断学习来提升自己的专业能力,给予孩子更加科学的指导和陪伴。

如今,作为一名年轻的幼儿教师,与这些小精灵相处是我目前最为享受的状态。在与他们接触的过程中,我不断学习更多知识,努力成为更加优秀的自己。我希望几十年以后,仍能因为他们给予我的温暖,而成为宜都市幼儿园中最靓丽的播种者之一。

结合幼儿高质量游戏的发展深化探索教师的有效支持策略

孟慧敏
天津市滨海新区塘沽保育院

基于"十四五"课题"游戏活动中幼儿深度学习的支持性策略研究",我园以自主游戏为切入点,以支持幼儿自主学习为落脚点,以促进幼儿全面发展为目标,以凸显幼儿主体性为核心。我们借助园本教研,狠抓研训,结合幼儿主题游戏,深化探索教师的有效支持策略,以促进幼儿高质量游戏的发展。

一、重实际、抓基础,明确管理目标

我园目前有 9 个教学班, 18 位教师。其中,有 4 位新毕业的大学生, 6 位具有一定工作经验的教师,以及 5 位拥有 30 年以上工龄的教师。绝大部分教师对幼儿游戏中的深度学习缺乏理论基础和实践经验。为了全方位地了解、分析和诊断教师的诉求与能力水平,我们进行了教师问卷调查。研究发现,我园的游戏中还存在一些不太理想的情况:一是过分强调游戏的教育功能而过度控制活动区活动,将其变为教学和训练;二是部分游戏出现"只是玩"的现象,过于强调游戏的娱乐性、自发性,游戏中鲜见学习的因素或缺乏学习的有效性。这些问题导致游戏中幼儿主动性和合作探究意识不足,缺乏批判性思维,以及新旧知识难以联系与构建等,使得幼儿在游戏中多数处于浅层状态。

因此,我们需要深入探析幼儿有效学习的行为特征,重新思考游戏的功能定位。我们将对主题生发、环境创设与组织实施的支持策略等关键要素进行深入探索,努力实现幼儿在游戏中的深度学习,解决游戏中幼儿"常处于浅层学习状态、缺乏主动深入的探究行为"等问题,积极探索"玩中深度学"。这将有助于提升幼儿园课程建设水平和课程实践水平,进而提高幼儿园整体教育质量。教师引导幼儿从"浅层学习"走向"深度学习",从小培养深度学习的能力,这无疑将为幼儿后继学习与终身发展奠定良好的基础。

二、多措并举,重实践研究,形成园所特色

(1)借助日常教研、课题研究、外出学习、专家讲座等多种形式,深化游戏课程的开展,提升教师专业化水平。

(2)注重将游戏与一日活动相结合,努力将幼儿游戏纳入教育背景中。我们帮助、支持和引导幼儿在轻松愉快的游戏般的活动中,学习知识技能和发展个性。为此,我们开发了一系列游戏课程,如晨间音乐游戏、自主游戏、水果时光、快乐自助餐等。

(3)在信息化 2.0 背景下,我们注重借助信息化手段,如为幼儿录像、拍照、将作品生成二维码等形式,提升教师的观察手段和评价形式,为幼儿高质量游戏的开展提供更多的可能。

(4)依托课题研究引发幼儿高质量游戏。如在“十四五”课题“促进幼儿深度学习的发展”中,我们以探究支持幼儿高水平游戏策略为支撑,推进幼儿深度学习的发展。

三、重视主题游戏,强化实践,提升教师专业能力

我园高度重视主题游戏的实施效果。教师们定期互动交流,总结主题阶段性成果,反思主题游戏决策,以此提升组织游戏的能力水平,更好地回应幼儿需求,协助幼儿实现全方位发展。教研组第一时间掌握各班主题游戏的预设、达成情况以及新增目标的完成情况。同时,我们也关注常规管理,规范一日活动的操作要求,确保保教工作能够稳中有序地开展。

(一)关注专题研究质量,提升教师预设活动能力

我们通过体验式教研,让教师还原成幼儿角色,从幼儿的角度出发思考问题。关于主题,你所知道的有哪些?这一问题的目的是了解幼儿的兴趣点。主题确定后,你想知道些什么?这一问题的目的有两个:一是明确研究的方向和内容;二是共同决定幼儿在该主题下应该掌握的知识、技巧和能力。

我们帮助教师进一步明确主题游戏的标准,主要包括内容和表现两方面:一是幼儿通过主题游戏应该能够做到的事情(即学到的经验);二是根据幼儿的经验评估其达到的程度(即通过主题游戏达到的标准)。我们致力于形成一个人人参与、团结合作的研究氛围,让教师在反复实践中将新理念内化,并运用到实际教学中。

(二)关注教育教学实践,提升教师教育教学能力水平

1. 主题课程游戏

我们开展了一系列主题游戏,如小班的“嗨!小蚂蚁”“甜甜蜜蜜”,中班的“滨海高铁站”“海洋平台”,以及大班的“有趣的扑克牌”等。这些游戏都从幼儿的兴趣出发,使“一日生活皆课程”的理念真正落地生根。我们努力实现教育理念儿童化、内容生活化、策略游戏化、途径本土化、课程育人化的“五化”工程。良好的学习环境是实施课程理念和目标的根本保证。因此,领导班子在巡班过程中会为一线教师提供合理化建议,共同创设环境,并随时给予指导,以扎实打牢课程基础。

2. 区域活动游戏

我们创设了适宜的游戏环境,以支持高质量游戏的开展。

(1)时空灵活——保障游戏权利。

在游戏时间上,我们保障幼儿的游戏权利,每天至少提供一个小时的不间断自主游戏时间,并在一日作息中保留“弹性”,赋予幼儿一定的游戏时间支配权。在空间上,我们进行整体规划,不局限幼儿对游戏场地的选择与利用,实现空间资源的盘活流通。同时,我们赋予幼儿自主选择、利用空间的权利,鼓励他们用自己的方式和环境互动,支持他们对空间进行动态性的改变,以解决自己的游戏问题。

(2)材料丰富——激活探究欲望。

在室内外游戏区中,我们发动幼儿和家长一起收集涵盖不同功能类型且结构适宜的游戏材料,如角色游戏、建构游戏、运动游戏、木工游戏等,种类丰富多样且数量充足。同时,幼儿园尽可能提供可移动、可变化、可组合的材料,以促进幼儿产生游戏兴趣与探究欲望。我们让幼儿开放选择材料,周围生活中的物品皆可成为幼儿游戏的材料,支持幼儿移动、加工、改造材料等,以促进其游戏的主动探索与学习。

（3）形式多样——保持持续兴趣。

在游戏形式上，我们结合幼儿的一日生活，利用“一日生活皆教育”的理念，根据幼儿兴趣创设了多种形式的游戏活动，如自助餐、果然有趣、音乐转换套餐等，以保持幼儿的持续兴趣并调动其自我管理能力。幼儿在活动中体验了成功感，保持了持久的兴趣。

（三）关注教育教学过程，提升教师教育观察与指导能力

发挥教研引领作用，深入开展“十四五”课题研究，不断促进教师专业成长。我们建立了“科学观察——正确解读——有效支持”的幼儿游戏支持策略模式，旨在引发幼儿自主游戏中的深度学习，推动高质量游戏的发展。

1. 游戏前——创设支持环境

在创设丰富的物质情境的同时，教师通过建立良好的师幼关系，营造积极的精神情境。游戏前，鼓励幼儿讨论、制定游戏计划，将游戏主导权真正交给孩子，助推游戏情节的发展和游戏质量的提升。我们注重创设蕴含问题的游戏环境，以支持幼儿游戏中的深度学习。在班级环境中设置“游戏问题墙”，关注并记录幼儿在游戏中遇到的问题。

2. 游戏中——持续推进游戏进程

教师在充分观察幼儿游戏的基础上，进行科学分析和研判，适时介入并采取不同的支持策略，持续推进游戏进程，促发幼儿游戏中的深度学习。我们用照片、视频等形式记录游戏过程，不断进行反思性教学实践，让幼儿在主导游戏的过程中实现高质量发展。

3. 游戏后——助力深度学习与反思

教师引导幼儿进行游戏回顾，通过倾听和发问与幼儿充分交流互动，鼓励幼儿用线条、图画、思维导图等来记录和表征自己的游戏经验与体验。幼儿可以制作并呈现小组或个人的“游戏故事”“游戏地图”等，同时配合自己的语言表述，展现在游戏过程中的问题探究、发现、思考与解决。教师则撰写游戏故事，推进游戏水平的提升，让幼儿体验高质量游戏的乐趣。

随着我园游戏活动的不断深入发展，教师的观念逐渐改变。老师们从儿童视角出发，观察孩子的游戏，记录他们的语言，倾听他们的需求，鼓励幼儿积极创造。这一系列的变化也促进了孩子们进一步的感知与体验，帮助他们形成了可持续发展的学习能力与态度。我们将游戏融合贯通于各个领域，以儿童发展为核心，以游戏化为主要表现方式的课程体系也在我们的探索中逐渐丰富和完善起来。

四、高质量游戏规划

1. 理论先行

继续开展高质量幼儿游戏研究，提升教师专业素养。我们将贯彻落实以游戏为基本活动的理念，实现教师在幼儿游戏中对于主动学习与全面发展的适宜性支持与引导。

2. 课题引领

我们将不断聚焦幼儿的深度学习（“十四五”课题），将其作为高质量游戏追求的价值核心。通过付诸行动的经验总结和真实游戏案例的情境性叙事，我们将切实提供能够高质量支持幼儿深度学习的实施路径与行动方法。

3. 质量评价

我们将不断探索并建立游戏质量评价体系，围绕游戏环境、教师指导水平、幼儿游戏能力等方面展开深入研究与实践。

穿衣大作战

——幼儿园小班生活教育叙事

陈笑雨

南通市如东县曹埠镇孙窑幼儿园

小班幼儿初入园时，自理能力普遍较弱，尚未形成良好的生活习惯。每当天气转凉，午睡起床之际，我们常常听到孩子们此起彼伏的求助声："老师，我不会脱衣服。""老师，我脱不下来。""老师，裤子应该怎么穿？""老师，我不会自己穿。"……针对孩子们在午睡中遇到的这些问题，我们共同决定开展一场名为"穿衣大作战"的生活课程。

一、源于生活，发现问题

陶行知先生在《谈生活教育》中曾提出，生活教育即"给生活以教育，用生活来教育，为生活向前向上而教育"。幼儿的日常活动均可作为教育的内容。我们需要在生活中细致观察，敏锐发现问题。

在幼儿午睡起床后，我们常观察到以下现象：有的孩子等待老师帮助；有的孩子大声呼喊老师；有的孩子拿着衣物嬉戏；还有的孩子静静趴卧……面对这些午睡时不断出现的问题，对于刚步入工作岗位的我来说，确实感到有些手足无措。我向王老师倾诉了我的困惑，王老师建议我深入观察，将问题归类，并针对不同问题寻找相应的解决方案。她提议我可以尝试让有经验的幼儿分享自己的穿脱衣物方法，或在娃娃家游戏中提供穿脱衣物的玩具来锻炼幼儿的相关能力……总之，解决困难的方法总是多种多样的。

二、联系实际，分析问题

我对班级内幼儿午睡穿脱衣物的情况进行了详尽观察，并进行了数据统计分析。结果显示，能自行穿脱外套的幼儿占35%，基本能自己穿的占25%，无法自行穿脱的占40%。起床整理完毕后，我组织了一次幼儿谈话。我问："宝贝们，今天起床是自己穿衣服的吗？"月月积极回答："我没有，我看到有的小朋友在地上打滚！"棋棋也接着说："我也看到了，她是因为不会穿衣服才在地上打滚的。"我好奇地追问："那你们为什么不会自己穿衣服呢？"

孩子们迅速展开了讨论。小宇说："我在家是奶奶帮我穿的。"苏苏说："套头的衣服里面太暗了，我看不到出口。"汐雅说："这个是纽扣的，太紧了，我扣不上。"锐锐说："一直都是奶奶帮我穿的，奶奶没有教我怎么穿。"孩子们的这些回答让我意识到，穿脱衣物的问题主要集中在两个方面：一是对不同衣物穿脱方法的不了解；二是家长过多的代劳。

三、自主尝试，创新解难

《幼儿园教育指导纲要（试行）》明确指出："要尊重和满足幼儿不断增长的独立要求，避免过度保护和包办代替，鼓励并指导幼儿自理、自立的尝试。”因此，我们积极鼓励幼儿自主尝试解决问题。

1. 衣服穿法分类

为了引导幼儿认识并理解不同种类的衣服，我们设计了一堂生动的教学活动——“我给衣服分分类”。活动以“我们每个小朋友穿的衣服种类一样吗？大家看看自己的衣服和旁边的小朋友的衣服都有什么不同呢？”为引子。小米兴奋地指着自己的衣服说：“我的衣服是拉链的。”小雨接着说：“我的衣服是纽扣的，我还知道有些衣服是那种按扣的。”苏苏也不甘示弱：“我的是套头的。”孩子们在区分了衣服穿法的不同后，成功地将同种类型的衣服分类放置。

2. 分类解决问题

（1）套头衫。

“我们应该怎么穿这些衣服呢？谁有好方法可以和大家一起分享呢？”小雨积极分享：“套头的衣服，先把头钻进衣服的大洞洞，然后把小手伸进旁边的两个小洞洞，这样我们就能穿好了。”基于小雨的方法，我们创作了一首朗朗上口的儿歌：“一件衣服四个洞，大头钻进大洞洞，小手钻出小洞洞，左一只，右一只。”孩子们在儿歌的引导下，轻松学会了穿套头衫。

（2）裤子。

“月牙弯弯像小船，小船弯弯对我笑。两脚躲进洞洞里，左边伸出脑袋瞧一瞧，右边伸出脑袋瞧一瞧。”这首儿歌让孩子们轻松掌握了穿裤子的技巧。为了加深记忆，我们还将孩子们穿裤子的过程拍摄下来，制成了流程图，张贴在显眼的位置。这样，孩子们在每天起床穿裤子时都能得到有效的帮助。

（3）开衫。

虽然套头衫和裤子相对容易掌握，但开衫中的纽纽扣、拉拉链、按按钮等操作对小班孩子来说仍具挑战性。为了帮助他们克服这一困难，我们在生活区投放了相关游戏材料，并在美工区提供多元材料供幼儿装饰衣服。在娃娃家，我们设置了仿真娃娃穿衣环节，让幼儿在动手中体验快乐。这些丰富多彩的游戏活动不仅锻炼了孩子们的小肌肉和精细动作能力，还进一步提升了他们穿开衫的技巧。

3. 衣服摆放折叠新问题

随着孩子们穿脱衣服能力的提升，新的问题也随之而来。为了解决孩子们脱完衣服后随意放置的问题，我们组织了一次“衣服放哪里合适呢？”的谈话活动。孩子们纷纷提出自己的建议，如涵涵说：“我妈妈会把衣服叠起来放在衣柜里。”苏苏则说：“我奶奶是把衣服挂在衣架上的，这样很整齐。”基于孩子们的建议，我们引导他们学习折叠衣服的方法，并选出叠得最好的小朋友作为榜样。同时，我们还提供了合适的衣架和衣挂供幼儿使用。这些措施有效改善了起床后找衣服困难以及衣服摆放混乱的问题。

四、家园携手，共助成长

《幼儿园教育指导纲要》明确指出：“家庭是幼儿园重要的合作伙伴。应本着尊重、平等、合作的原则，争取家长的理解、支持和主动参与，并积极支持、帮助家长提高教育能力。”因此，教师应与家庭紧密合作，共同促进孩子的全面发展。

1. 个别问题,个别解决

经过对班级孩子起床穿衣情况的再次观察,我们发现65%的孩子已经能够自己穿脱衣服,但仍有35%的孩子表现出不愿意自己穿衣服的态度。经过深入了解,我们得知孩子们普遍抱怨衣服不易穿脱。

例如,锐锐说:“奶奶给我穿的衣服太紧了,我拉不动,穿不上去。”而妍妍则说:“我的衣服太大了,我不好穿。但奶奶说没关系,可以让老师帮忙穿。”这些讨论让我们意识到,要培养幼儿的自理能力,首先需要为他们提供合适的服装,并得到家长的支持。

为此,我们针对妍妍衣服过大和锐锐衣服过小的问题,及时与家长沟通,得到了家长的进一步支持和配合。

2. 方法引领,家园携手

为了转变新生家长的育儿观念,我们定期在家长群中分享关于培养幼儿自理能力的育儿知识。同时,我们鼓励家长让孩子在家自主穿脱衣服,并积极参与21天生活好习惯养成打卡活动。

最初,参与打卡的孩子数量有限,但随后我们采用集星兑换奖品的方式,有效激发了孩子们的参与热情。在家园的共同努力下,孩子们的自主穿脱衣服能力得到了显著提升。

随着生活课程的深入实施,“自己的事情自己做”的理念已在孩子们心中生根发芽。看!小班的小小值日生也应运而生:他们自主擦桌子、整理收纳玩具、收拾自主点心的标记……这些能干的小身影活跃在教室的每个角落。孩子们在活动中成长,老师们也一同成长。

五、结语

鼓励孩子尝试是至关重要的。当孩子们在午睡醒来后遭遇问题和困难时,我们应当抓住这一契机,鼓励他们勇敢地探索和尝试。在穿脱衣服的初期阶段,我们鼓励已经掌握穿脱技巧的幼儿帮助那些尚未掌握的幼儿。同伴之间的互助不仅能促进同伴关系的发展,还有助于孩子们学会相互帮助和分享。

运用游戏解决问题。当孩子们在穿衣服时遇到困难,我通过教授他们有趣的儿歌,让他们边说边做,使学习过程更加愉快。同时,我也将衣服叠得最整齐的小朋友的动作制作成了流程图并张贴在墙上,以方便那些不太会叠衣服的小朋友参考学习,充分发挥环境的教育作用。孩子们从初遇困难时的迷茫,到努力运用各种方法策略尝试解决问题的坚持,再到最终成功解决问题后的喜悦与成就感,每一次尝试都是他们成长的见证。

美育教育在传统文化主题活动中的实践研究

张 晴
北京市门头沟区第三幼儿园

随着时代的发展和教育学科地位的提升，现代教育观念强调了美育的重要性，人们意识到幼儿教育不能仅停留在知识技能的传授层面，而应注重培养幼儿对美的感知、欣赏、表现与创造能力。在当前学前教育体系中，美术教育占据显著位置，然而真正的美育内涵远不止于此，它涵盖了艺术、自然、社会、科学等多元领域的审美教育。当前，幼儿园美育教育普遍存在表面化现象，亟待深入研究并将其融入日常教学实践中。

一、美育视角下的幼儿园探究式主题活动概述

国家对美和美育进行了新的阐述，认为美是净化道德、丰富精神的重要源泉，美育不仅是审美教育，还涵盖情操教育、心灵教育，能够促进想象力发展、创新意识培养，并有助于提升审美素质、陶冶情操、滋养心灵、激发创新活力。

探究式主题活动是指围绕某一中心话题进行深度探讨和实践体验，使幼儿在活动中获取新的、全面的、关联的经验。这类主题活动具有探索性、生成性、内容多元性、活动空间多元化等特点，强调师生共同作为学习主体。

本研究基于对幼儿园主题活动课程现状的深入了解，旨在通过开展主题活动，有效提升幼儿内在的美学素养。为此，构建了一套系统化的幼儿园传统美育文化导向的活动课程实施方案，为幼儿园策划和执行特色探究式主题活动提供实例参考和操作指导，同时也为幼儿园自主研发课程体系提供了基础框架。

二、幼儿园探究式主题活动实践研究的创新之处

在理念层面，通过融合具体美育内容与探究式主题活动的设计，激活幼儿对美的感知力，进而培养他们主动探寻和发现美的能力。幼儿在这样的主题活动中，不仅能提升综合素质与实践能力，而且有利于全面发展。

在方法层面，采用实践调查与实验研究相结合的方法，深入研究幼儿在主题活动课程中对美学知识的吸收情况，为课程建设提供有力数据支撑。倡导通过身体感知与心灵、大脑的连接，形成独特的学习模式，把艺术与生活、理论与实践紧密结合，开辟了“身心灵一体、经验和世界交融”的全新学习途径。

在观点层面，立足于幼儿教育实践，整合“身体感知、身体情感、身体表达”的统一性，创建“身心合一”的理论与实践一体化体系。通过设置多样化的主题活动主题方案，有效激发幼儿对美学的感知力和自我知识建构能力，助益幼儿塑造更为健全的心理结构。

三、传统文化主题活动的美育实践研究——以大班“中国龙”为例

以美育教育为基础,针对大班开展了一场名为“中国龙”的传统文化探究式主题活动,旨在发掘其中的艺术、社会、科学等方面的美学元素。

(一)活动缘起及班级幼儿发展状况

当孩子们听到歌词“古老的东方有一条龙,它的名字就叫中国……”,表现出对“龙”这一文化符号的好奇和探求欲望,纷纷提出诸如“龙是否真实存在”“龙的模样是什么”等问题。

遵循《3~6 岁儿童学习与发展指南》,教师们引导幼儿通过搜集资料、观察记录、动手操作、合作体验等多种方式,深入学习关于“龙”的相关知识,体验中华传统文化的独特魅力。尽管班级幼儿对“龙”的探究兴趣盎然,但对其的认识尚停留在较浅层面,该主题主要涉及社会、科学和艺术三大领域。

(二)幼儿主题活动分阶段解析

1. 第一阶段——寻找“中国龙”

(1)核心问题与主题解析。

此阶段聚焦于探讨“龙”这一既听说过又不甚了解的生物,是否真实存在及其形象特点、生活习性和神奇能力。通过探索与“龙”相关的景物、传说故事,引导幼儿全面认知中国古代神话中的“龙”,逐渐深入理解中国龙文化的内涵。

(2)第一阶段总结。

1)幼儿敏锐地发现校园内外,如楼道装饰、户外玩具、班级材料等地方都存在着“龙”的元素。在与父母出游时,也注意到市区内诸多带有龙元素的景点,例如龙潭湖公园、九龙壁、回龙观等地,有针对性的观察和欣赏锻炼了他们的观察力和审美眼光。

2)在“我眼中的中国龙”和“中国有龙 问龙我知”故事会等活动中,采取小组学习和集中交流的形式,确保每个孩子都有表达和倾听的机会。小组间的差异性展现出各组幼儿不同的学习状态和交流氛围,小组讨论增强了幼儿间、师幼间的互动交流。

3)家庭成为幼儿的第二学习阵地,通过亲子实践活动“与“龙”合影”、问卷调查“你对龙知道多少”以及搜寻龙主题的绘本故事等活动,使幼儿在家也能在玩耍中有所学习。这样不仅充实了家庭与幼儿园的教育合力,也让忙碌的家长有机会参与到孩子的学习成长中,加强了亲子关系和家园联系。

2. 第二阶段——策划并举办舞龙赛

(1)核心问题与主题解析。

由秋果创作的类似舞龙造型的“纸杯龙”作品激发了多多和七七等幼儿制作舞龙道具的兴趣。在完成制作后,为了验证舞龙道具的实用性,全班掀起了一场组织舞龙比赛的热烈讨论,“怎样办一场舞龙赛”便成为该阶段的关键问题。

(2)第二阶段总结。

1)废旧物品变身“龙”的启示。幼儿们体会到从简单的平面绘画转为立体创作的挑战,从描绘基本特征到大胆创新制作所需提高的思维、审美和技能标准。利用废旧物品进行创作,展现了低结构材料的灵活性和无限可能性,体现了“微小材料,大智慧”。

2)自制舞龙道具与舞龙赛的组织。幼儿在制作过程中既要独立思考,又要学会与小组成

员协商分工合作，提高了他们的创新思维能力和团队合作意识。舞龙赛前，幼儿需要学习舞龙技巧、制作邀请函、规划比赛现场等一系列准备工作，这让舞龙赛超越了单纯的娱乐游戏，成为一个展示幼儿自制舞龙作品、锻炼表演技巧的舞台，让他们在收获成就感和满足感的同时，深刻体验到团队合作的价值，并初步理解“集体”的意义。

3. 第三阶段——探索让龙“飞翔”的可能

（1）核心问题与主题解析。

面对“龙是如何飞起来”和“龙能飞多高”等问题，本阶段鼓励幼儿围绕“怎样让龙飞起来”展开科学探究，通过构思“飞龙”方案、制定实施方案、制作飞龙模型、初步试飞、分组竞赛等活动进行学习。

（2）第三阶段总结。

1）对“飞龙”设想的启发。关键在于教师如何引导幼儿在已有知识基础上提炼与筛选信息，结合实际进行思考并勇于创新想象。

2）制定“飞龙”实施方案。在这个合作启动阶段，幼儿们起初的各种稚嫩想法经过小组内的反复讨论、辩证思考逐渐成熟和完善，方案变得更加精细合理。

3）制作飞龙模型活动以小组为单位，各组有组长带领、组员协同，幼儿利用游戏时间和不同的环境资源，按各自喜好自由选择材料和方式进行创作。

4）飞龙模型的初步试飞至关重要，只有试飞成功才能进入后续的小组竞赛环节。这个过程促使幼儿学会反思，反思的结果直接决定了再次创新的目标，并指导着后续活动的探索方向。

4. 第四阶段——举办中国龙主题展览

（1）核心问题与主题解析。

幼儿在活动过程中积累了大量的实物作品、照片、视频等素材，以及他们在活动过程中的灵感闪现和思想碰撞，如何将这些成果展示给更多人成为问题焦点。最终，孩子们想到了通过举办中国龙主题展览来分享他们的成果。

（2）第四阶段总结。

1）幼儿全程参与展览的筹备工作，从制定展览计划、收集展品、准备展览设施，直至亲自布置展览场地和邀请观众参观。教师和幼儿共同努力，以及参观者的肯定与好评，赋予了这次展览深远的意义。

2）通过积累丰富的材料资源，成功举办了这场展现中国传统龙文化的展览，实现了活动从现实生活出发，再回归生活的良性循环。展览中的亮点串联起了一条展示幼儿在活动中所见所学的线索，将活动中的趣事、所获知识与经验与更多人共享，共同领略“中国龙”文化的深厚底蕴和传统美学的魅力。

本研究通过将传统文化主题活动与幼儿美学能力培养相结合，在美育视角下推动探究式主题活动的开展，使幼儿学习方式由被动转向主动，由接收型转向探索型，极大激发了幼儿的兴趣，充分挖掘了他们的潜能，让幼儿在不断地成功体验和学习乐趣中，扎实地提升了综合能力。

教育叙事

——造一张纸的故事

周智俊
广州市天河实验幼儿园

造纸术是中国的四大发明之一,承载着厚重的文化艺术内涵。在“地球小卫士”主题活动的推动下,中班幼儿对造纸术以及造一张纸需要十多个步骤有了初步的了解,从而产生了浓厚的好奇心和极大的兴趣。我们结合幼儿的已有经验,顺应他们的发展兴趣,将传统文化融入生活的点滴之中。通过直接感知、亲身体验和实际操作,幼儿一步步感受纸的特点和魅力,因此也引发了一系列关于造纸的故事。

一、造一张纸

幼儿初步了解了造纸术后,纷纷表示:“我们也想来造一张纸,可以吗?”老师回答:“当然可以呀。”芷莹问:“那我们可以用什么来造纸呢?”另一位小朋友说:“我之前看过科学小实验,可以用软软的纸浆来造纸。”接着,又有小朋友提出疑问:“那我们现在没有纸浆怎么办? 用哪些纸可以变成纸浆呢?”其他幼儿回答:“用报纸吧,报纸又薄又吸水,上次我们做花朵实验时,报纸的吸水性最好。”由于大家都体验过开放的纸花小实验,纷纷表示赞同。

幼儿利用过期的报纸,纷纷开始撕纸,有的撕成一条条,有的撕成一块块,他们把撕碎的报纸泡在水里,不停地搅拌和揉捏。经过一天的浸泡,报纸变得柔软,很像纸浆了。他们用工具把纸浆抄起来,一边抖一边抄,尽管过程中会遇到一些问题,如缺一块或堆成一堆。老师提示:“怎么样可以铺平呢?”幼儿答:“可以用勺子来舀。”借助勺子,他们最终成功地将纸浆抄匀,并兴奋地将它晾了起来。第二天,抄好的纸变干了,幼儿小心翼翼地取下来,看着这张特殊的新纸,一个个兴奋地说:“哇,我们造了一张新纸了!”“成功了呀!”“这张纸好特别呀!”“我们自己也能造出纸来了。”

二、造一张白纸

幼儿迫不及待地想用这张新造好的纸来绘画,但由于纸张不大,每人分到一小块。在绘画过程中,有幼儿反映:“老师,这张纸有点凹凸不平,有些地方还画不出来。”“这张纸硬硬的,粗粗的,怎么和我们平时画的纸不一样?”“老师,这个纸上还有些字,我画的图案都看不太出来了。”面对这些问题,有人提议:“老师,我们再造一张白色的纸吧,这样就更好画画了。”“对呀,那个是报纸做的,所以还有很多字和图案。”老师表示同意:“可以呀,那大家觉得这次的纸浆可以用什么来做呢?”孩子们纷纷提出“白纸”、“白色纸筒”、“纸巾”等建议。经过讨论,大家一致认为白色纸巾最合适,因为其柔软且吸水性好。于是,幼儿开始尝试用白色纸巾进行造纸,经过撕碎、泡水、抄纸、晾晒等步骤,一张白色的新纸成功造出。这次,幼儿在上面绘画创作的体验好了很多,画的图案和颜色也清晰多了。

三、制作一张平整的白纸

幼儿在白色新纸上绘画时,新问题又来了:“老师,我怎么看到这张白色的纸还有纸屑,还是不平整呢? 我们上次可是撕得很碎了呀。”“可是撕得再碎,也还是会有小碎块的呀。”另一个幼儿马上回答了起来。“对呀对呀,因为有碎块,纸还是变得不平整。”“老师,那我们可以用榨汁机来打碎吗?”“嗯嗯,这是一个好办法,我们来试试。”

幼儿再一次把纸巾撕碎,泡水,接着用榨汁机把泡着碎纸的水一起进行搅拌。倒出来一看,哇,看不到碎屑了。幼儿马上开心地说:“这和我原来做过的纸浆看起来好像呀!”“这个转呀转,好像白色的漩涡呢。”还有人说:“这个看起来有点像白粥。”幼儿们一起合作抄纸,抖一抖,最后成功地完成了。大家摸着晾干后又平又白的纸,幼儿说:“这张纸好漂亮呀,又干净又平整。”

四、制作一张平整的彩纸

区域游戏结束后,桌面垃圾桶里堆满了他们留下来的彩色碎纸。一名幼儿说:“老师,这些彩色的碎纸我们可以造出彩色的纸吗?”还不等我回答,又一名幼儿提出了小疑问:“彩色的碎纸会造出彩虹色的纸吗?”

带着疑问,结合剪纸边角料,幼儿又开始了新的尝试。他们把五颜六色的彩色手工纸泡在了水里,由于相对纸巾厚一些,幼儿提议泡久一点。有了上次的经验,幼儿也提议还是用榨汁机来打碎,这样纸张效果会更好一些。幼儿看着榨汁机一点点地搅拌,惊奇地发现最后的水变成红色了,纷纷说:“老师,这个好像番茄酱呀。”“我觉得这个像辣椒酱。”“我觉得它像西瓜汁。”大家对这个红色的纸浆产生了非常大的兴趣,迫不及待地赶紧抄起纸来。晾干后,大家小心翼翼地把纸取了下来。幼儿看着自己取下来的完整的纸张,很开心地说:“我们造了一张和我们的手工纸不一样颜色的纸了。”

幼儿对新完成的彩纸很感兴趣,也对彩色的纸还在思考着。有人说:“怎么最后是像橘色的纸呢?”“我们不是把彩色的纸一起泡的吗?”有人回答:“我知道,因为纸屑里红色黄色比较多,所以就成了这种橘色的纸了。”又有小朋友问:“那我们还可以把彩色的纸做成其他颜色的纸吗?”又有小朋友回答:“我们下次把黄色和蓝色的纸屑放一起,会变成绿色的纸。”还有人说:“蓝色和绿色的纸屑还可以变成紫色的纸。”“我们平时的纸屑都是五颜六色的,那我们以后是不是要分开收集了呀。”

五、造一张平整的绿纸

有了上次的经验后,幼儿们开始分类收集纸屑。有一天,他们纷纷提议要做一张绿色的环保纸。他们将黄色和蓝色的纸屑分别剪得更碎了,一个幼儿说:“剪得更小,更容易变软,也更容易变成纸浆。”另一个说:“小一些,搅拌的时间也会更短,更快些。”他们一点一点地剪小后,把黄色和蓝色的纸屑放在水里泡着,还不停地搅拌,让小碎纸可以泡得更好些。

幼儿们看着泡了一晚的纸浆,说:“怎么这次没有在水里就变颜色呢?”一名幼儿说:“再泡久一点,颜色才会出来。”又有人说:“这次泡的时间比较短,还没有变化出来。要不我们用搅拌机试试看。”幼儿们纷纷同意了,于是把碎纸和水都倒进了搅拌机里。幼儿按动了第一次,水还没有变色,他们开始着急了,说:“你看,还是要泡久一点吧。”幼儿又按动了两次,纸浆和水慢慢都变成了绿色,幼儿开心地说:“哇,真的变绿色啦。”“这个纸浆好像芦荟汁。”“还有点像青团浆。”随着再慢慢打碎,幼儿最后将纸浆倒出来,说:“这个真是好漂亮的绿色呀,造出来的纸肯定也会很漂亮。”

幼儿们抄好了纸,过了一天,绿色的纸成功造出来了。他们纷纷说:“哇,又一张不同颜色的纸了,我们以后还可以造更多不同颜色的纸了。”

六、教师的思考

1. 自发生成,自主探究

幼儿在对造纸产生兴趣后,自发生成了“造纸”的游戏。他们积极探讨、选择材料、调整方法,幼儿在一步步的猜测、操作、期待、验证中自主探究,不断生成属于自己的游戏。

2. 问题导向,有效探究

“如何造一张纸?”“如何造一张白纸?”“如何造一张平整的白纸?”“如何造一张平整的彩纸?”“如何造一张平整的绿纸?”幼儿在游戏中不断产生疑问,又逐个攻破。一个个游戏中难题的破解为幼儿开启了下一次探索的大门。整个游戏以问题为导向,推动幼儿一次次地探究。

3. 丰富经验,深度探究

幼儿在造纸的过程中,直接感知了不同材料的属性,实践操作了造纸的每个步骤,亲身体验了造纸的乐趣和成就。随着游戏一次次地推进,从造纸到白纸再到彩纸,从凹凸不平到光滑平整的纸,在不断纵深的发展中,也是幼儿经验和探究不断深化的过程。

4. 提升发展,持续探究

在造纸的过程中,在持续探究的过程中,幼儿也获得了多方面的发展。这个活动丰富了幼儿的语言表达能力和对纸张属性的认知经验;发展了幼儿的主动性和创造性;提升了幼儿的动手能力、科学探究能力以及解决问题的能力。

幼儿发展评价促进家园互动研究

方珏琪
深圳市龙华区第五幼儿园

一、幼儿发展评价的重要性

家庭是幼儿的第一个学校,幼儿园也是孩子们的家。然而,很多家长由于工作繁忙或是对幼儿成长档案的不了解等因素,忽略了幼儿发展评价的作用。他们对《我的小脚印》一书漠视,甚至把它放在角落里,不注重建立属于孩子自己的成长档案。

《幼儿园教育指导纲要》中指出:“幼儿教育发展评价是了解教育的适宜性、有效性,调整和改进工作,促进每一个幼儿发展,提高教育质量的必要手段。”同时,《幼儿园教育指导纲要》也更多地强调了幼儿在日常生活中的感受和体验,并指出“平时观察所获得的具有典型意义的幼儿行为表现和所积累的各种作品等,是评价的重要依据”,评价要在“日常活动与教育教学过程中采用自然的方法进行”。

《我的小脚印》能及时反映幼儿学习的情况并促进幼儿的发展。从老师的角度出发,这套书是以《3~6 岁儿童学习与发展指南》为依据而推出的,能有效提高幼儿园及家庭教育质量。每册都涵盖了健康、语言、社会、科学、艺术等五大领域中幼儿学习与发展最基本、最重要的内容。这些内容被巧妙而富有童趣地渗透在书中,成为一个个小主题。比如,比较常规化的小主题有“家园联系周周通”“月核查表”“爸爸妈妈记一记”“我的小书房”“我的得意之作”“我的科学发现”等。每周,老师们会反馈幼儿每周的情况,对幼儿进行一些动态的评价,这与过去的评价方式大不相同。例如,过去老师们往往会根据幼儿一些显性的知识来评价幼儿,比如儿歌学习得怎么样、美术绘画作品怎么样等。这样的评价方式比较单一,使得一些空间思维能力或者逻辑思维能力比较好的孩子经常受到老师表扬,但是一些肢体运动智能比较优秀的孩子会受到冷落。因此,孩子们可能会感到自卑,家长们也会通过老师的评价对自己的孩子存在一定的偏见。而《我的小脚印》这样系统的表述方式,会让家长看到孩子的闪光点,这也是符合多元智能的理论要求的。对孩子们的发展评价实行多元智能的评价,使得静态的评价更丰富一些。

二、幼儿发展评价促进家园互动的方法

第一,“家园联系周周通”,这是教师和家长沟通幼儿一周在园和在家情况的好帮手。我个人喜欢每周找孩子的一个闪光点来写评语,比如:“宝贝这周能坚持早早回园晨运,喜欢投掷活动,现在能将沙包投到 5 米外了,真棒!”这是反映孩子在体能上的进步。下周我就主要写孩子在进餐方面的情况,这样每周小结孩子一方面的情况,一学期下来孩子的方方面面就都会写到,家长也会感受到老师对自己的孩子关注是很全面的。除此之外,我们还可根据家长上周反

馈的评语来做回应,让家长知道我们是有关注他的反馈的,这样他会认为自己写的东西是有意义的并继续写。另外,我们一般周五发回成长档案,每周一收回。在周一早上,我们会安排谈话活动,用半个小时的时间和孩子分享他们上周在家的表现情况。如果能够全部取得星星贴纸的就给予奖励;如果有需要改进的就提出,并请孩子们自己说说要如何改正。这个环节里,孩子们要仔细倾听老师读每个孩子的评语,学会倾听,了解同伴周末发生的趣事,知道哪些行为不好、被提出的要避免,哪些是老师表扬鼓励的要学习。这样,孩子们与家长的参与性也会有所提高。就是这样的家园反馈,这样一个形成性的教育评价,使得家长与老师之间的沟通会更加密切,让家长和老师都能关注幼儿的各个方面。

第二,"我的小书房",这个小主题我们建议家长们每天晚上给幼儿分享一个故事。孩子们在平时也可以到图书馆进行阅读,把喜欢的图书与爸爸妈妈分享,从而激发孩子的阅读兴趣,并学会记录。因为每月都有阅读的环节,所以能促使幼儿坚持阅读。我们可以看到,家长在记录幼儿阅读能力的表上,会呈现出阶梯式的发展,反映出幼儿阅读能力的提高。

第三,"爸爸妈妈记一记"这个栏目,有些小班的家长可能会不知所措。这时,老师们可以发信息建议家长们记录幼儿的童言稚语。有时候孩子们会说出一些很搞笑或者与该年龄阶段不符合的话语,而这些话语会让爸爸妈妈哭笑不得或者惊讶。这个时候就需要我们爸爸妈妈把这些童言稚语记录下来。到了幼儿园之后,老师们会把孩子们的童言稚语与孩子们分享,让孩子们也感受到快乐。这不就是另一个家园互动吗?

第四,每册书里还为家长和老师提供了"成长帮帮忙""教育建议""亲子游戏"等作为辅助教育的参考知识。这些"亲子游戏"也能帮帮家长们的忙,给一些有教育困惑的家长一些建议。每本书末尾还有针对每个年龄段设置的"幼儿学习与发展的评估表"。这个评估表涵盖五大领域在现阶段的发展目标,内容很具体。这便于教师和家长可以从表中清晰地知道,在这三个不同的年龄段里,幼儿应该知道什么、能做什么、大致可以达到什么发展水平,并提出合理的期望。由此可见,幼儿成长档案对于家长和老师的育儿观念起着指导性的作用。那么,我们在日常的教学中也可以有效利用这些资源来和幼儿做游戏。因为亲子小游戏不仅是幼儿和家长可以玩,我们也可以将这些小游戏贯穿在一日生活的餐前饭后,和小朋友一起玩。如:小小手指操、镜子模仿秀等。

第五,利用家长会的活动向家长们介绍《我的小脚印》。介绍的时候要着重说明使用这本书对家长及幼儿的发展带来的好处,并教家长如何使用最有效。在家长使用的过程中,可以将某些家长写的童言稚语拿出来,在幼儿餐前分享。孩子们会很喜欢,回家也会和家长说起这件事。这样不仅让家长知道我们是重视他反馈的信息,而且也无意中增进了他与孩子的亲情交流。家长自然会乐意写。还有一点,我们对于家长反馈的意见或需要帮助的地方,要及时给予一些回应和建议。简而言之,就是要学会多多换位思考,了解家长对这套册子的心理需求会是什么,抓住家长的心理特点,就可以更好地调动家长在家园互动方面的积极性了。

三、幼儿发展评价对家园互动的重要意义

家庭在幼儿的发展中具有不可替代的重要作用。要使家庭教育在幼儿发展中真正发挥作用,促进家园合作,必须首先让家长全面了解幼儿的发展情况。教师对每个幼儿进行的发展评价,为家长了解自己的孩子提供了重要的参考,使家长能够迅速掌握孩子发展的大量信息。评价不仅可以帮助家长了解孩子的进步和不足,还有助于家长全面了解幼儿教育的目标、内容。

《我的小脚印》已经把简单的教师评价转化为幼儿、家长共同参与的评价。双方的评价既可以加强对幼儿各种行为的认识,也可以让幼儿在各个阶段的表现更为具体。家长们也可以通过《我的小脚印》了解到孩子们这个阶段在幼儿园进行的活动,虽然有时候会表述得不太具体,但是也与孩子们的一日生活息息相关,能够与孩子们的发展相吻合。就是这样的一个媒介,让家长们与老师们在沟通交流的过程中更能感受到家园的合作。

幼儿的成长档案工作促进了教师和幼儿之间的交往,也促进了教师与家长的合作与沟通。相信在这项工作中,我们还会有更多的收获和体会,从而完善我们的教育方式,使幼儿得到更好、更系统的教育。

总之,家园教育是幼儿教育不可缺少的组成部分。加强家庭和幼儿园的联系沟通是贯彻《幼儿园教育指导纲要》的重要任务。幼儿园要及时和家庭交流幼儿在家和在园的思想、行为和表现,采取配合措施,促进幼儿全面发展。通过我们的努力,创建一种家园之间沟通的最佳境界,让家园之间成为邻居,让教师和家长成为朋友,让家园共育的世界里充满友谊和温暖,让家园相互团结、相互支持,共同为幼儿的健康成长提供双重保障。

基于学生本位的应用型高校儿童文学课程实践与问题思考

梁祖连
成都文理学院

一、引言

儿童文学课程是我校学前教育专业学生的一门专业必修课程。该课程涵盖了儿童文学的基本理论、各类儿童文学体裁的赏析与创作方法。其中，儿童文学体裁丰富多样，包括儿歌、儿童诗、图画书、童话故事、儿童故事、寓言故事以及儿童戏剧等，其教学内容的应用范围广泛，不仅是学前教育专业课程的重要载体，也是幼儿园和小学教学中不可或缺的课程资源。2001年，教育部颁布的《幼儿园教育指导纲要（试行）》明确指出，应引导幼儿接触优秀的儿童文学作品，感受语言的丰富和优美。这要求幼儿教师必须具备丰富的儿童文学作品储备，同时掌握欣赏、理解和创作作品的能力，以提升自身的文学审美能力和文学素养。2022年，语文新课标强调学生是学习和发展的主体，倡导自主、合作和探究的学习方式。因此，在确定教学内容、选择教学方法以及设计教学评价时，都应基于学生的自主、合作和探究需求，以提升学生的核心素养。我校儿童文学课程在多年的实践探索中取得了一定的成效，但也存在一些问题和不足。本文旨在探讨当前学前教育专业儿童文学课程教学中的成效与问题，以期为未来基于学生本位的儿童文学课程发展方向提供参考。

二、儿童文学课程开设情况

儿童文学课程于大二上学期开设，每周2课时，共计32学时。课程内容由六大板块组成，分别是儿童文学基本理论（6课时）、韵文体儿童文学（4课时，加2课时实践）、幻想体儿童文学（2课时）、叙事体儿童文学（4课时，加2课时实践）、多媒体儿童文学（6课时，加2课时实践）以及综合性教学（2课时，加2课时实践）。本课程以不同类型的文学体裁为主线展开教学。

在韵文体儿童文学、叙事体儿童文学、多媒体儿童文学以及综合性教学板块中，我们均为学生设置了相应的实践实训环节，各为2课时，以确保学生能够在实际操作中更好地掌握和应用所学知识。

三、儿童文学课程教学实践成果及存在问题

（一）教学实践成果

1."理论+实践"教学模式实现全员参与学习

本门课程采用"理论+实践"的教学模式，旨在一方面满足我校"应用型"人才培养的需求，

另一方面提升学生的核心素养和实践能力。教师讲授共计24学时，学生实践环节为8学时。在实践实训课程中，学生需分组进行自主学习，完成汇报任务，并通过实践积累知识、理解并应用所学。教师将对每位同学的表现进行逐一点评，提供及时、有效的教学反馈，以确保学生自主学习的有效性和全员参与的深度。

2. 实训课堂提升了学生的自主学习能力和学习潜能

在理论课教学中，虽然学生对教师讲解的各种文学作品表现出浓厚的兴趣，但他们的自主学习积极性、能力和潜能却难以得到充分的调动。通过项目式实践，我们能够引导学生积极参与课堂活动，并在课后进行分工协作、查找资料、整理与汇报内容，从而有效提升学生的自主学习能力。此外，实践实训汇报作为平时成绩的重要组成部分（占据平时成绩的60%），其较大的评分占比能够激励学生积极参与课程学习，促进动态化、全员性的自主学习，进一步增强学生的自主学习能力和学习潜能。

3."做中学"的课堂教学理念激发了学生的创造力

"做中学"是本课程的核心理念，旨在通过实践教学提升学生的学习效果。除了四次实践实训外，教师还鼓励学生课后选读文学作品，并在课前进行分享。通过分享，学生不仅能够深入掌握所选作品的内容、特点及艺术表现手法，还能从作品中汲取灵感，激发自己的创造力。此外，课后教师鼓励学生进行文学创作，为学生营造浓厚的文学氛围。同时，儿童戏剧环节要求学生撰写剧本、准备道具，并进行戏剧汇报表演。这一过程中，学生不仅能够更深入地理解作品，还能创造性地表达作品，从而进一步激发自身在文学领域的想象力和创造力。

4. 与其他课程的融合教学孕育出优质的教学成果

基于有限的课时，为了使学生掌握大量的文学作品，我们在教学中尝试拓展学生的学习范围。目前，"幼儿园实习（文学）"和"幼儿园创意手工"课程是最主要的两种路径。在文学实习课程中，通过"创意绘本创作"和"我会讲故事"等项目，学生们创作出了许多优质的绘本。同时，他们积极参加各种讲故事比赛，并在比赛中荣获嘉奖。在手工课程结束后，同学们还将自己的作品带入幼儿园进行展演，效果良好，这在一定程度上实现了地方性服务的功能。

（二）教学中存在的问题

1. 教学内容丰富，但课堂教学质量有待提高

由于教学内容丰富，且采用"理论+实践"的教学模式，在取得一定成效的同时，课程内容过于紧凑，导致学生学习质量和数量难以平衡。例如，在绘本章节中，学生对作者的介绍不全面，对作品的认识和分析深度不足；在童诗朗诵时，学生对作品的阅读和赏析不深入，朗诵时情感表达较弱，难以充分展现作品的内涵和特征；在讲述儿童故事时，学生多停留在作品熟悉的阶段，对于如何讲好故事还需要更多的练习；在儿童戏剧的表演中，学生剧本掌握不熟练，道具制作过于简单，导致表演效果不佳。

2. 课堂教学形式较为单一，学生参与性不足

尽管本课程的四次实践实训能够调动学生的参与性和创造性，但总体上，教师课堂教学形式较为单一，讲授内容偏多，学生的自主学习意识和能力培养不足。同时，在实践实训过程中，通过组内评分发现，部分学生参与度不高，组员的自主性和领导力未得到充分发挥，全员参与学习的效果不理想。此外，教师主导的课堂难以有效激发学生的创造力。因此，当前的教学模式难以基于学生的学习效果来激发其学习动力。我们需要思考如何结合课堂教学，既发挥学生的参与性，又激发其创造力，提高全员学习的有效性。

3. 课程教学的深度有待加强,文学性和艺术性应提升

教师讲授的内容主要围绕各种文学作品的内涵、特点、艺术表现手法等,但对作品本身的内涵和特点解析不够深入,容易使学生产生误解,认为儿童文学作品只是浅显易懂、内容简单的。教师在讲授儿童文学作品时,更多地强调了作品的教育价值,而对其文学性和艺术性的解析不足,未能深入挖掘作品的文学和艺术价值。我们需要思考如何深入课堂教学,加强对文学性和艺术性的剖析。

4. 学生的学习输出有限,教学成果的服务性需增强

尽管本课程作为我校省级示范课程,当前的教学成果较为丰富。但总体来看,学生的成果输出较少,成果形式较为单一,推广性不足。例如,学生创作的绘本、创编的儿童戏剧、故事讲述的应用场景有限,课程的内生力和影响力较弱。我们需要思考如何拓展教学成果的服务性,提高成果的推广和应用价值。

三、基于学生本位的儿童文学课程教学改革探索

1. 明晰课程定位,精炼课程内容,实现学生需求导向的课堂

课程定位是课程教学的核心,它决定了课程的开展内容、形式及教学效果。因此,应针对本科和专科学生的不同特点,设置差异化的教学内容,并采用适宜的教学形式。课程应避免满堂灌,而应真正根据学生的"求学"需求进行教学。为此,需要明确儿童文学课程的教学目标,厘清本科和专科学生应达到的能力要求,从而构建满足学生真正需求的课堂。

2. 创新教学模式,转变课堂主体,凸显学生的主体地位

大学生具备主动学习的意愿和能力。教师应结合学生特点,创新教学模式和方法,以激发学生的积极性和主动性。当前的"理论+实践"模式在调动学生主动性、实现全程参与方面取得了一定效果。未来,可以进一步尝试并融合更多流行且有效的教学模式和教学方法,如翻转课堂、项目教学、问题探究、5E 教学模式等,通过调整课堂教学模式和教学方法,真正将课堂主体转变为学生,凸显其主体地位。

3. 实施多元评价,明确评价标准,确保评价真实有效

本课程采用"教师评价+组长评价+学生小组互评"的多元评价方式,但实际操作中仍存在评价过程不够严谨的问题。部分学生未能正视课程评价的作用,导致评价分数偏高。因此,在后续的课程教学中,教师在坚持多元评价方式的基础上,应明确并细化评价标准,要求学生客观评价,确保评价有理有据。通过让学生参与评价过程,增强其参与性,进一步凸显学生的主体地位。

4. 提升课程高度,拓展课程内容,增强课程地方性服务

鉴于本课程的重要性,教师应提升课程的站位,引导学生对课程产生深刻认知。在课程教学过程中,可以拓展学习内容、学习形式和课程呈现形式,使学习从课堂延伸到校园,进而辐射到地方。鼓励学生将创作的文学作品服务于地方学校、幼儿园、早教机构、社区等,通过绘本互借、志愿者讲故事等方式,实现"家-园-社"联动,拓展课程成果的推广形式,充分实现本课程的社会价值。

乐活进行时

——大班生活自主活动教育叙事

汤　玲

中国人民解放军72959部队幼儿园

一、主题活动缘起

(一)幼儿兴趣与经验

在幼儿园,幼儿每天都有喝牛奶的时间。一天,孩子们在自助取水果的时候聊起了:“水果是从哪里来的?”他们对加餐是怎样配送到班级产生了浓厚的兴趣。

(二)教师思考

现阶段的幼儿,大部分家庭条件都比较好,幼儿自我服务和服务他人的意识较薄弱。送加餐看似是一件简单的事情,但里面却蕴藏着很多的教育价值。例如,在配送加餐之前,幼儿首先要熟悉幼儿园的环境、场地,了解各班级在幼儿园的位置;在配送的过程中,同伴之间需要分工合作,相互配合;配送过程还会涉及统计、集合与分解,空间方位的认知、图表记录等。通过合适的方式把加餐送到班级,可以培养幼儿为幼儿园服务的意识,让幼儿更熟悉自己的生活环境。

二、主题活动目标

(1)通过了解幼儿园各班级功能室所在的位置,知道它们的作用,对幼儿园有初步的整体概念。

(2)初步发展思考和分析解决问题的能力,培养独立解决问题的勇气、增强自信心。

(3)发展沟通和社会交往能力,积极参与体验幼儿园的活动,初步了解与自己关系密切的幼儿园各部门为大家提供的服务,懂得尊重他人的劳动成果。

(4)初步培养主人翁意识,热爱环境,向往美好的生活。

三、活动过程

(1)谈话。

师:小朋友们,你们都想参与配送加餐的工作,那你们知道每天加餐是通过什么样的方式送到我们班上的吗?

幼:果园产出来的。

幼:超市里买来的。

幼:快递员送来的。

幼:送水果的叔叔送来的。

幼:我看到王老师去厨房拿来的。

师:你们有没有注意到我们班拿回来多少份水果?每天都一样吗?

幼:18 份。

幼:今天 20 份,昨天是 25 份。

幼:每天都不一样,来多少小朋友就拿来多少份加餐。

幼:对,每个小朋友一份,根据每天小朋友来园数量拿的加餐的数量。

师:对,我们去取加餐的数量是根据每天我们班小朋友入园的数量去取的,那你们有没有好办法能知道其他班的加餐量呢?

幼:去问问他们班的老师。

幼:我们去数一数就知道了。

师:等会儿你们可以去试一试你们的办法,送加餐我们除了要知道每个班分别需要的加餐数量,还需要了解幼儿园一共有几个班?知道他们的准确位置,还有每天送加餐的时间,这样我们才能把加餐准确的送到每个班。那接下来我们有什么办法能解决这些问题呢?

幼:我们去看看。

幼:跟王老师去看看加餐是从哪里拿的?

幼:去数一数幼儿园一共多少个班级,把它记录下来。

幼:看一看我们的一日流程,我们吃加餐的时间,要在喝之前把加餐送到。

(2)实地考察解决问题。

1)第一步:我们先去参观了加餐的取餐窗口。

2)第二步:统计全园的班级数量,并模拟了送加餐的路线和先后顺序。

3)第三步:我们根据幼儿园的安全图,自己画出送加餐的路线图。幼儿对应每个楼层、班级的位置,找出从厨房到门口到各个班级的路线,绘制出来。幼儿模拟送加餐路线,寻找出时间最短的送加餐的路线。

(3)回到班里交流,总结经验。

在活动中,幼儿通过探索发现,一楼只有一个班级需要送,二楼有三个班级需要送,所以大家决定把全班小朋友分成五组,每组都有四名组员,每组负责一天的配送任务,每人负责一个班的配送任务。一周正好五天,孩子们按照自愿报名的方式就这样定下来了周一到周五的送加餐小队。

(4)幼儿明确分工。

1)自愿报名,共同制定了送加餐时间表和"小小送餐工"排班表。

2)讨论注意事项。

3)确定每天的"小小送餐工"的负责人。

4)确定当天各个班级所需要的送餐数量(去各班询问的同时,领取各班的餐桶)。

(5)幼儿分组取餐送餐。

(6)教师小结分享。

师:你们今天送餐还顺利吗?有没有什么成功的经验想和大家一起分享的?或者有遇到什么困难需要大家一起解决呢?

幼:我今天领的小班餐桶,餐桶很重啊,我终于送到了,小班老师说我很棒,我很开心。

师:体验了为他人服务的快乐。

幼:今天我们按照之前的路线去送餐,发现拎着餐一起走西边的楼梯绕回来,太累了,我们觉得应该调整路线,我们在东边楼梯等小班的加餐送完,送完小班加餐的小朋友就可以帮助上楼梯拎不动的组员了。

师:很会思考解决问题,当我们之前设计的路线有不合适的时候,你们及时调整,避免了劳动的重复和浪费。

幼:今天我们送的大二班,发现水果少了一份,我们回到厨房找水果,发现给大一班多送了一份。(大家都觉得很搞笑)。

师:因为加餐送错了,导致有的班级加餐多了吃不完,有的班级加餐少了小朋友会吃不到,有没有好的办法能够帮助我们解决这个问题,避免送错加餐呢?

幼:数清楚一点。

幼:拿纸记录下班级加餐的数量。

幼:请小组长协助一起数每个班的加餐份数。

师:小朋友们刚刚说的都是解决问题的办法,到底哪个是最好的方法呢?我们可以来试一试。

三、活动反思

在活动“小小送餐员”中,利用幼儿生活中的资源,在幼儿发生学习的过程中抓住教育契机,将教育渗透在生活环节中,从而发展幼儿思考和分析解决问题的能力,培养幼儿独立解决困难的勇气,初步培养幼儿的主人翁意识,增强幼儿自我服务和服务他人的意识。

在活动推进中,让幼儿通过亲身体验、探讨,寻找解决问题的方法,发展了幼儿的沟通合作能力。第二天的送餐过程中,幼儿分别采用了班级门口贴表格、拿笔记录下各个班级的数量,以及让小组长监督数加餐数的方法。最终发现班级贴表格打钩的方式容易忘记,用认真数和记录的方法最简便。遇到问题时,教师没有直接给出答案,而是留出了充足的时间和空间让幼儿实际参与、体验活动,引导幼儿学会思考,培养幼儿解决问题的能力,让幼儿寻找解决问题的方法和对策。

在整个活动过程中,幼儿获得的经验也存在差异,后期应该为幼儿提供更多的交流机会,让幼儿在这次活动中获得的经验得到升华,成为自主学习的一个契机。

我们班里的小绵羊
——帮助幼儿学会情绪管理

肖 秀
武穴市直属幼儿园江林园区

秋风送爽,金桂飘香的季节,我们又迎来了新的学期。开学的第一天,班里转来了一位新同学。初次见面,只见她剪着可爱的波波头,一双明亮的大眼睛忽闪忽闪的,我猜想这肯定是一个活泼可爱的小女孩。在跟家长交接的间隙,班里的小女孩鑫鑫跑向我报告:"新同学一直趴在桌子上,发出像绵羊一样'咩咩咩'的声音。"我不禁笑了,"可能是新同学还不熟悉班里的情况,所以有点不适应。你就跟她交个朋友,照顾照顾她。"我走过去安慰她,可是一点效果都没有,小绵羊的叫声还是持续着。为了不打扰其他孩子,我只好请搭班的张老师带她去户外操场玩一玩。

转眼到了吃饭的时间,正当孩子们享受美食时,"啪"的一声响,打破了这份安静。甘晨晧小朋友怒气冲冲地跑来说:"糟糕,新来的张晨曦把饭碗扔了!"接着教室里又传出一阵绵羊的叫声。我有点生气地问她:"你怎么了? 为什么把碗扔掉?"绵羊声断断续续,她根本不回答我的问题。我猜想是不是饭菜不合胃口,于是我一一询问:"是不是不喜欢吃胡萝卜?""是不是不想吃黑木耳?"听到"黑木耳"三个字时,绵羊的叫声终于停住了。我温柔地跟她说:"以后遇到不喜欢的事情,你可以直接跟老师说。有什么不开心的事情都要表达出来,不要发出尖叫声,这样的声音会引起喉咙不舒服。"她似乎听进去了,轻轻地点了点头。

接下来的一个星期,教室里简直成了羊圈,绵羊声此起彼伏。早上入园她必须买零食、玩具,如果没买就在幼儿园门口"咩咩"叫;反之,一上午在教室里就是爬地上吃吃玩玩。其他小朋友碰了一下她的玩具,她就"咩咩"叫;午休时间不睡觉,要看动画片,如果没有满足她,她就一直躺在床上"咩咩"叫;手工课上,她拿着画笔在桌子、地板上到处画。这一周班级常规非常乱,班上的其他幼儿都纷纷表示不满,每天听到最多的话就是:"老师,张晨曦又"咩咩"叫了,绵羊一样的声音吵死了。"

作为班主任的我,带班将近20年,以前从未遇到过这么棘手的孩子。一个星期的时间还没摸清楚她的脾性,这该如何是好呢? 周五放学后,我召集班上其他两位老师一起商讨如何转变这个孩子的情绪。我们一致认为,首先需要进行家访,了解孩子的家庭状况。

一、走进家庭,追根溯源

一个星期六的上午,我们三位教师相约来到张晨曦家。经过与她妈妈细致入微的沟通,我们终于发现了问题存在的原因:孩子的父母是生意人,平时工作较忙,没有过多的时间陪伴她。她是家中的老三,上面有两个已成年的哥哥。由于是家中最小的孩子,父母比较溺爱,要什么给什么,导致她一旦需求没有得到满足就会发脾气。据妈妈说,家中原本有个优秀的姐姐,但发生了意外,这导致父亲的性格变得极其暴躁,稍有不如意就摔东西、打人。为了让父亲走出伤痛，所以他们选择在接近50岁的高龄生了她。然而，她的出生并没有改变父亲的状态，随着年纪的增长，情绪越来越不稳定。每当他控制不住情绪时，就会迁怒于孩子，所以孩子也养成了不稳定的情绪，稍有不满就情绪不稳、暴怒如雷，直到她觉得满意为止。听了家长的诉说，我心生伤感，孩子还这么小，我该怎样改变她，让她更快乐、更健康地成长呢？

二、走近心灵，真心相伴

看来，孩子的情绪问题很大程度上是由家庭因素造成的。为此，我下定决心走进孩子的心灵，更加细致地关注她，用爱心和温情去感化她。我鼓励其他小朋友和她交朋友，带她一起做游戏，为她营造一个温馨的班级氛围，并和班级的其他老师共同制定了“感化方案”。星期一，我们三位老师都准备了自己的小策略。我把她拉到一旁，拿出我事先准备好的礼物，对她说：“张晨曦，老师今天带来了精美的咕卡牌，好漂亮哦！想玩吗？如果今天你能做到不发脾气也不尖叫，下午放学老师就和你一起玩咕卡牌游戏。”她看着精美的卡牌，眼睛发亮地点了点头。接下来的户外自主游戏，晨曦开心地和小朋友们一起游戏，还主动帮助其他小朋友解决游戏中的困难，眼中没有了往日的冷漠和霸道，多了久违的温和笑意。在放学后的咕卡牌游戏时，她偎依在我的怀里，玩得特别认真，还时不时地和我说着悄悄话。第一天的改变，让我看到了些许希望。星期二绘画活动，张老师拿出自己买来的艾莎公主裙，指导孩子们画公主裙，并鼓励大家说：“如果今天哪个小朋友能保持桌面和地面的整洁卫生，就让她穿上漂亮的裙子当艾莎公主。”在整个画画活动中，晨曦认真地在画纸上画着，再不像以前那样在桌子上乱涂乱画。当老师给她穿上公主裙时，她开心地抱着张老师，脸上笑开了花。就这样，每天我们三位老师轮换着想着法子亲近她，让她感受到老师、班级给予的温暖。这一周，教室里终于恢复了往日的氛围。我知道，短期的变化还不足以让孩子得到长足的转变，好的行为习惯和优良的品质还需要持之以恒。于是，我们三位老师再次进行了商讨……

三、亲情陪伴，温情感化

星期天，我们与张晨曦的妈妈约定好，我们带上张晨曦和各自的孩子到万达游乐场玩了一天，并在自助餐厅享用了一顿大餐。我们还特地在商场的“故事天地”挑选了一套关于情绪管理的故事书，讲给她听，并进行了角色表演，让她在表演中潜移默化地感知情绪的把控。这一天，她是快乐的、活泼的，银铃般的笑声此起彼伏。我们通过不懈的努力，用自己的行动让孩子感受到老师的爱、家的温暖，以及温情陪伴带来的愉悦。孩子的情绪行为渐入佳境，我看在眼里，喜在心头。

接下来的日子里，没有了绵羊的叫声，孩子们告状的现象也消失了。晨曦每天都开开心心地来到幼儿园，拥抱着我们三位老师，甜甜地向小朋友们问好。小朋友们也喜欢和晨曦一起玩了，班上的氛围越来越温馨。随着时间的推移，孩子们一天天在进步。再看看现在的晨曦，活泼可爱、热情向上，我顿感心情豁然开朗。

看着户外阳光明媚，绿意盎然，一切都充满着无限的希望。看着晨曦拉着小伙伴一起快乐地游戏，望着地上跳动的影子，我为自己的真情付出终有所获，感到万分欣慰。是呀，孩子是稚嫩的，孩子是天真的，孩子的心灵又是脆弱的，他们像一朵朵含苞未放的花骨朵一样，需要我们用无私的爱时刻去关注、呵护他们。尤其是像晨曦这样敏感的孩子，更需要我们用特殊的智慧去温暖他们的心灵，从而带给他们无穷的力量和信心，让他们拥有充满阳光般的七彩童年。

浅谈创新素养教育下家园共育工作的落实与开展

李 娜
银川市贺兰县贝思特幼儿园

一、家园共育工作开展背景

根据《自治区教育厅办公室关于开展创新素养教育家校共育的指导意见》(宁教基办〔2018〕73号)和《宁夏回族自治区推进幼儿园创新素养教育指导意见》,结合教育部部长陈宝生在全国教育工作会议上对家庭教育的要求:"家庭教育要高度重视起来。家庭是人生的第一所学校,家长是孩子的第一任老师,家庭教育是立德树人的第一个环节。家庭教育不到位,不仅会抵消学校教育的效果,还会给孩子发展造成一定的消极影响。无论何时,都要注重家庭、注重家教、注重家风,把家长引导和培育成立德树人的一支有生力量。"我园于2019年初制定了创新素养教育"家园共育"实施计划,经过几年的探索与实践,逐渐将家园共育工作打造成为园所特色。

二、家园共育工作开展形式

(1)明确目的,创设环境。2019年初,在创新素养教育的政策指引下,幼儿园成立工作小组,发动全体教师,邀请家委会成员参与,共同创建了"家园共育工作室"。

(2)共性问题,通识教育。我们采用通识教育的形式,面向全体家长开设家园共育讲座。从教师观察记录入手,结合家长家庭教育观察,全面分析幼儿在活动和家庭中的表现,将共性和个性的问题进行细致剖析,并提出具有科学性、针对性、系统性的教育策略。结合不同年龄阶段幼儿的生理和心理特点,向家长传授相关知识,引导家长在幼儿教育方面与幼儿园保持同步,实现资源共享。教师和家长作为讲师,面向全园家长进行讲授,这一举措取得了显著成效,为幼儿园家园共育工作开辟了新的路径。

(3)个性问题,专家解惑。每学期讲座结束后,我们积极调查家长的反馈和家庭教育方面的需求,通过调查问卷的形式收集、整理、汇总相关信息。定期开放"家园共育咨询室",邀请专家顾问为家长提供一对一的咨询和解答;同时,组织开展家园共育沙龙活动,鼓励家长积极参与,共同探讨、解决问题,分享育儿心得和经验。

三、家园共育工作开展情况

(一)家园共育整体开展情况概述

在全面落实创新素养教育工作的背景下,自2019年3月27日至2023年12月31日,我园共举办了22期家园共育讲座,其中线下讲座18期,线上讲座4期。累计收集了96个课件,涵盖区域活动20个、功能室活动14个、户外活动15个、晨间活动4个、教育教学8个、健康生活4个、幼小衔接4个、一日流程6个、户外自主游戏14个以及家庭教育观察记录7个。共有57位教师和7位家长参与了这些讲座。我园的家园共育讲座正逐步从单一、片面的观察记录向系统、全面、专业的体系整合过渡。

(二)明确教育目标,开展通识教育

幼儿园从小班到大班的连续性教育,依据幼儿的生理发育规律和心理发展特点,制定了全程全面的科学教育计划。每一个阶段学什么、能达到什么水平,《3~6岁儿童学习与发展指南》给出了明确的指导。幼儿园的教育教学活动通过晨间活动、户外活动、区域活动、教学活动、生活活动等多种形式贯穿于一日流程中。教师利用课件简明扼要地向家长展示幼儿园的教育教学内容,让家长进一步了解幼儿园的教育教学开展情况,引导家长在家庭教育中以符合幼儿发展规律的方法开展教育,与幼儿园达成教育共识,共同促进幼儿的健康成长。

(三)把握教育原则,坚持保教并重

幼儿园的教育原则强调保教并重,尤其对于年龄较小的幼儿,保育所占比例应当相对较大。保育工作主要通过优化环境卫生、加强幼儿护理、培养良好的习惯、参与体育锻炼等形式来实施,为其他工作的开展提供基础条件。教育方面,主要通过游戏和活动让幼儿学习基本知识和技能。

(四)优化教育途径,落实教育成效

幼儿园的教育途径主要包括游戏、生活、活动等多种形式。我们重视生活经验的获取,提倡让幼儿在生活中学习。幼儿园五大领域的系统划分,涵盖了学龄前儿童的德智体美劳全面教育。通过各类活动,促进幼儿社会性发展,提高德育水平;智力发育水平包括观察力、想象力、思维能力的综合培养,特别是抽象思维的培养;体能锻炼则根据不同年龄幼儿的动作发展情况创设体育游戏,实行差异化教学,全面强健幼儿体质;劳育教育主要体现在幼儿的自我服务、家务劳动、工艺劳动、社会劳动等方面,通过常规培养,在幼儿园的各类活动中得到体现。幼儿园的教育内容是全面的、广泛的、启蒙的,以游戏、生活、活动为基本形式,实现玩中学、学中玩的教育理念。

(五)健全管理体系,保障工作开展

(1)园领导高度重视,统领全局。在集体中,一项工作的成功与否,领导干部是关键的决定因素。重视、支持、坚持极为重要。从制度与措施的制定到计划的落实,整个过程中园长亲力亲为,坚持一把手亲自抓,为家园共育工作的开展奠定了良好的基础。

(2)管理层分工明确,团结协作。随着家园共育工作的开展,幼儿园的教育教学活动逐步细分为五大板块:教育教学、晨间活动、区域活动、功能室活动、健康生活。行政主任各领一域,既是所负责领域的组织者,又是主持人,还是点评者。在分工协作的同时,共同参与每一期家园共育讲座的策划与实施,通过实践提升管理能力。

(3)家委会积极参与,锦上添花。家委会在家园共育工作中发挥着不可替代的作用,是幼儿园与家长沟通协作的桥梁和纽带,为家园共育工作的开展提供了有力支持。家委会成员积极参与家园共育讲座,将自己的育儿经验生动地分享给全园家长,其授课水平得到家长们的广泛认可。家庭教育最好的讲师往往出自优秀的家长,因为他们具备丰富的实践经验。

(4)老专家亲临指导,画龙点睛。从事基础教育事业几十年的专家孔老师,是国家第一批家庭教育讲师。在一次调研中了解到幼儿园的情况后,孔老师与幼儿园一拍即合,为家园共育工作的开展提供了宝贵的指导。孔老师结合幼儿园实际,进行了细致的指导,字斟句酌,不遗余力。在指导幼儿园家园共育工作的三年里,孔老师先后起草了幼儿园家长培训提纲、幼儿园教师培训提纲、家教笔记等多篇重要文献,为家园共育的师资队伍建设贡献了丰富的教育经验。

(六)加强教师培训,夯实业务基础

(1)面向全体,综合培训。自家园共育工作开展以来,将观察记录讲述列入教师技能考核范围,形成全员参与的氛围。邀请家园共育顾问对全体教职工进行家园共育培训,从观察角度、协作技巧、文字提炼等方面入手,逐步提升。每期讲座开展时,都会安排新教师参与,熟悉讲座形式,强化讲座能力,为家园共育工作的开展储备力量。

(2)业务主任,各尽其责。根据家园共育学期工作计划,每月制定家园共育主题,责任到人。主管主任负责当期讲座教师的稿件初审和修改工作,结合主题给出指导性建议,协助教师完成工作,同时强化行政人员的业务能力。

(3)专家顾问,亲自指导。家园共育顾问孔老师对家庭教育的热情和执着值得我们学习。每期讲座稿件初审修改后,孔老师都会亲临现场进行指导,对稿件文字和教育意义进行反复推敲。在此过程中,教师的个人文字撰写能力、思维逻辑能力和现场掌控能力都得到了显著提升。

幼儿教师不仅需具备专业素养,还需了解通识教育。在家园共育工作持续三年的推进中,对教师的要求尤为严苛。教师需要具备全面且系统的素养,深入理解和掌握幼儿园教育的各个环节,并能精确提炼家长所需的信息。同时,还需具备向家长传授知识的能力。

家园共育讲座,作为幼儿园家园共育的创新途径,为家庭教育搭建了一个交流平台。稳定的教师团队与积极配合的家长共同为家园共育的可持续发展提供了坚实保障。目前,我园在家园共育的探索之路上已取得初步成效。我们坚信,在教师和家长的共同努力下,此项工作将会更加扎实地推进,力争在全区范围内发挥引领示范作用。我们更期望通过家园共育工作的深入开展,推动我园的家庭教育工作迈上新台阶,与家长携手共进,共同促进幼儿的全面发展。

当麦芽变成糖

殷 玲
盐城市阜宁县板湖镇中心幼儿园

一、课程缘起

一个清晨，中一班的孩子们在自然角意外发现了一盆刚长出嫩绿苗芽的绿植。这盆绿植立即引发了孩子们的好奇与讨论。

蕊蕊好奇地问：“这苗是从哪儿冒出来的？是什么种子发芽了呢？”

俊俊观察道：“你们看，它的根须在下面延伸得很长。”

文文猜测：“它的种子形状，似乎和裂开的黄豆有些相似。”

欣欣则说：“我觉得这叶子挺像莴苣的幼苗。”

蕊蕊点头：“嗯，确实有点像，不过我也感觉它像某种菜苗。”

经过老师的验证，孩子们得知这是麦苗。这一发现不仅激发了孩子们对植物生长的浓厚兴趣，也促使我们开展了一系列关于麦子的种植活动。

二、麦苗猜想

当得知这是小麦的种子后，孩子们纷纷展开想象。

欣欣说：“原来这是小麦的种子啊！”

蕊蕊好奇地问：“小麦的种子长出来的麦苗是给小动物吃的吗？比如小兔子？”

俊俊回答道：“当然可以，小兔子可以吃，人也可以吃小麦。”

晗晗提出疑问：“那麦芽可以用来做什么呢？”

心怡分享道：“我妈妈告诉我，小麦长大后可以用来磨面粉。但麦芽的用途我就不太清楚了。”

芊语兴奋地说：“我吃过麦芽糖，甜甜的。麦芽可以用来做麦芽糖。”

孩子们在热烈的讨论中，对麦芽糖产生了浓厚的兴趣，这也为我们的种植活动增添了新的动力。

三、种植准备

在种植前，我们发放了调查表，让孩子们与家长一起准备种植麦苗所需的材料。种植当天，每个孩子都兴致勃勃地分享着自己所了解的种植方法。

孩子们初次与小麦亲密接触，通过观察、触摸和闻味，初步了解了小麦的外形特征：淡黄色的椭圆形种子，一颗一颗紧密排列。随后，孩子们带着准备好的小麦种子，开始了麦苗的水培之旅。

四、静护成长

一天后,蕊蕊发现小麦苗似乎没有明显的生长,她有些失望地说:“咦,小麦芽怎么还没长出来?长得好慢啊。”

俊俊建议道:“我们把它们搬到阳光下晒一晒,或许会长得更快。”

两天后,心怡兴奋地喊道:“快来看啊,小麦发芽了!上面还有绿色的小叶子呢!”

欣欣也附和道:“对啊,真的有很多小叶子。”

又过了两天,芊语惊讶地发现:“看,盘子下面,麦芽的根好长好长啊!”

文文也惊讶地说:“对啊,比叶子还长呢!”

蕊蕊充满期待地问:“老师,什么时候可以做麦芽糖了?”

晗晗则关注到麦苗的生长情况:“叶子都长得好高了。”

老师耐心地解释:“等麦苗长到足够高的时候(大约10厘米以上),我们就可以尝试制作麦芽糖了。”

于是,每隔一段时间,孩子们都会拿着尺子认真地测量麦苗的高度,期待着麦芽糖的制作时刻。

五、制麦飘香

当麦苗长得足够高时,孩子们的热情也随之高涨。他们早已迫不及待地想要收割这绿色的希望,为即将到来的麦芽糖制作之旅做准备。

在深入调查的过程中,孩子们惊奇地发现,麦芽糖的制作不仅需要麦苗的参与,还需借助糯米的魔力。于是,他们共同绘制了一张麦芽糖制作步骤图,将每个步骤都细致地记录下来。

孩子们分工明确,拔芽组、切苗组、搅拌组各司其职,准备开始这趟甜蜜的旅程。我们按照以下步骤进行。

①精心拔出麦苗;②细致清洗麦苗;③熟练切割麦苗;④均匀搅拌麦苗;⑤耐心等待发酵(一夜);⑥精细过滤汁水;⑦精心熬制麦芽;⑧最终变成香甜的麦芽糖。

在前期调查中,孩子们了解到加热后的麦芽糖具有极好的可塑性,但同时也容易烫伤手且冷却迅速。这一独特的性质使得麦芽糖成为我国非物质文化遗产吹糖人、糖画等糖塑作品的主要材料。孩子们亲身体验糖画创作,用麦芽糖绘制出自己喜欢的图案,让糖塑文化在他们的手中得到了传承与创新。

看着手中熬制好的麦芽糖,孩子们的脸上洋溢着幸福的笑容。当麦芽糖冷却后,他们迫不及待地分享给其他班级的小朋友和老师,与他们一同品味这份甜蜜的味道。这份甜蜜和快乐也在他们的分享中传递给了身边的人。

我们的课程仍在继续,每一次的探索都是对未知世界的勇敢尝试。正如《3~6岁儿童学习与发展指南》中所说,好奇心和兴趣是幼儿科学探究中的首要目标和前提性目标。当孩子们对麦芽糖产生兴趣时,教师、家长和幼儿共同查阅资料、观看制作视频,不仅了解了麦芽糖的制作方法,更在亲身种植的过程中发现问题、记录问题、讨论问题、解决问题,深入了解了麦子的特性,感受到了植物变化的神奇。

指向幼儿天性的户外游戏活动有效设计

王 敏

宿迁市南京师范大学附属中学宿迁分校幼儿园

幼儿核心素养的培养，旨在遵循幼儿的天性，开展有意义的游戏活动。幼儿是天生的能力者，从嗷嗷待哺到牙牙学语，再到认知世界，他们天然具有成长的本领；同时，幼儿也是天生的好奇者，习惯于问“十万个为什么”，打破砂锅问到底，对世界万事万物都充满着趣味和好奇。天马行空、奇思妙想、神奇古怪都是幼儿的重要特征。

那么，什么样的游戏才是指向幼儿天性的户外启智游戏呢？什么样的活动才是最实效、最有意义的呢？什么样的活动才能构成有价值的学前教育课程呢？虞永平教授指出，课程是“做”出来的，它需要“无中生有”的智慧和“没事找事”的责任。儿童观、教育观和教师观的变革是幼儿园课程改革的必经之路。

以下是对文本的润色和修改，使其更符合图书出版标准：

一、唤醒好奇天性：培养幼儿思维能力

每个幼儿都用他们明亮的双眼观察并认识周围的事物，创造出一个属于自己的独特世界。这些事物和世界成为他们生命成长过程中的重要“伙伴”。因此，幼儿教师在组织活动时，应从幼儿的视角出发，旨在唤醒他们的好奇天性。尤其要注重组织户外活动，为幼儿提供亲近自然、感知体验的机会。2018 年出台的《关于学前教育深化改革规范发展的若干意见》也重点指出，应鼓励和支持幼儿通过亲近自然、直接感知、实际操作、亲身体验等方式进行学习探索。设计适当的户外游戏活动，不仅可以唤醒幼儿的天性，还能有效培养他们的思维能力。

“兴趣是最好的老师。”因此，我们在设计活动时，始终从儿童的兴趣视野出发。教育家陶行知老先生曾言：“培养教育人和种花木一样，首先要认识花木的特点，然后根据不同情况给予施肥、浇水和培养教育。”同样，教育孩子也要像种花木一样，需要细心观察孩子的兴趣和特点，并采取适当的方法来激活他们求知的欲望。那么，我们是否可以从孩子们对汽车的兴趣开始观察呢？这是否能更有效地激活他们的兴趣呢？笔者所在幼儿园对此进行了广泛的尝试，并取得了显著的效果。

中班幼儿教师将孩子们带到校园内的幼儿停车场，引导他们观察这些汽车的不同颜色和车型，并让他们数一数黑色车子和白色车子各有多少辆。通过这个活动，我们依托儿童的好奇心，巧妙地培养他们的思维能力。以下是一个对话活动的示例。

师：你们喜欢赛车吗？

幼儿：喜欢！

师：那老师和你们一起玩赛车好不好？

幼儿：好！（孩子们兴奋地欢呼起来）

师：在玩赛车之前，老师先要考考你们：停放的这些车一共有多少辆呢？

幼儿们开始认真地数数。有的孩子很快报出了车的总数:“12 辆!”;而有的孩子则还在仔细地数着。

师:很好!现在请小朋友们再数一数,红色的车子有多少辆,黑色的车子有多少辆,白色的车子又有多少辆呢?

幼儿们纷纷报出了答案:“红色的车子有 3 辆,黑色的车子有 5 辆,白色的车子有 4 辆。”

师:非常棒!现在老师要给小朋友们发小旗子,你们要按照旗子的颜色分别站到相应颜色的车子前面去哦。

幼儿们兴奋地拿着旗子,迅速找到了相应颜色的车子并站在了前面。

这项户外活动分三次进行,每次都成功地完成了小朋友们根据旗子颜色站到相应颜色车子前面的任务。通过发旗子并让孩子们站位到相应颜色的车前这项活动,我们不仅在唤醒儿童好奇心的同时,也让他们学会了观察世界、分辨世界,并有效地进行了归类和区分,从而进一步调动了他们的思维能力。我们从日常生活观察开始教育孩子,为他们提供了一些看似简单但实际上充满价值和意义的教育活动,以此激发他们的潜力和兴趣。

二、依托模仿天性:培养幼儿行为能力

模仿是儿童的天性之一,他们喜欢模仿成年人、伙伴或小动物的动作、表情和言语。模仿本身是一个中性词,意味着儿童可能模仿好的行为,也可能模仿不良的习惯。因此,幼儿教育应从儿童的模仿天性出发,设计有意义的户外活动,引导他们模仿正确的动作、表情和言语,从而培养良好的生活习惯和学习习惯。这种活动可以被视为一种有意义的“看齐”游戏,也被称为浸润式教育行为。以下是一个户外游戏活动的设计示例。

教师在运动场上提前绘制好红绿灯交通路线图示,并准备好红、绿、黄三种颜色的交通信号灯。活动安排为每 6 人一组,模拟过马路场景。

1. 设计意图

此活动旨在培养幼儿的交通意识,教育他们遵守交通法规,不随意闯红灯,同时培养他们的看齐意识,以养成良好的行为习惯。此外,还希望通过“小手拉大手”的方式,带动家长一同遵守交通规则。

2. 活动流程

(1)组织正确的过马路活动(正面示范)

①人员角色:信号灯操作员 1 人(手持红、绿、黄三种颜色的小旗子,分别代表红灯、绿灯、黄灯);交通警察 1 人;过马路行人 4 人,分别扮演开幼儿园脚蹬汽车的儿童、骑自行车的儿童、老太太和老爷爷。

②教师组织活动:按照交通信号灯的指示,引导幼儿正确模拟过马路的过程。

(2)组织不正确的过马路活动(反面示例)

通过展示不正确的过马路行为,让幼儿认识到遵守交通规则的重要性。

看齐意识的培养是从幼儿的行为习惯出发,引导他们正确看待事物和行为。这种意识的培养进一步上升到幼儿的榜样思维和发展思维。幼儿园阶段的幼儿思维具有具体形象性,并开始展现出初步抽象概括的可能性。他们通常先行动后思考,而不是先计划再行动。因此,教师需要充分了解幼儿行为习惯的养成规律,并从榜样示范的视角出发设计活动。让幼儿在各种有意义、有价值的户外活动中获得思维的启迪和情感的熏陶,在潜移默化中汲取成长的力

量，从而培养出榜样意识、看齐意识、创造力、合作精神和进取心等幼儿核心素养。

三、遵循体验天性：促进幼儿个性发展

体验是指通过实践活动来认识事物、了解事物特性的认知过程。体验教育则是教育对象在实践中获得认知、获得感悟的活动。幼儿教育也应遵循儿童的体验天性，让幼儿在活动中或情境中亲身实践、亲身体验。这是基于幼儿视角的教育理念，也是幼儿教育的核心要求。

1. 班级体验大自然户外活动

幼儿对大自然充满喜爱，他们喜欢观察大自然，喜欢在大自然中嬉戏玩耍。因此，教师应带领幼儿走进大自然，认知自然，培养自然思维能力。笔者所在幼儿园一年四季都要求带幼儿走出园门，到附近的自然风景地观察，感受自然的美丽。到了秋季，幼儿园（位于中学校园内）就带着幼儿到中学的“乡村田园（中学乡村文化园）”去认知秋天的果实、秋天的黄叶。例如，让幼儿每人摘一颗豆角，并思考这个豆角像什么，可以是吃的、玩的，或者是自然界中的什么东西等。这种思维方式旨在培养幼儿的个性思维。这一问题一经提出，就引发了一连串的答案：镰刀、月亮、红豆、小船、小手。还有一个幼儿说像烤肠，幼儿教师接着问为什么像烤肠，这个孩子说：“我特别喜欢吃烤肠，每次吃烤肠时，妈妈都会放到微波炉里热一下，一热，烤肠就弯了。”这个回答就体现了个性思维的发展。

2. 个别体验游戏活动

为了训练幼儿的说话能力，幼儿园每天都会安排小朋友进行“美食播报”活动，并将播报内容录制后播放到家长群里。有些小朋友，尤其是女生，性格外向一些，表达能力好一些，播报起来就非常流畅自然。而对于那些语言表达能力不顺畅或兴趣点不在此方面的小朋友，教师会找他们擅长的一面来进行播报。例如，当前《汪汪队》里有一句非常火的台词：“没有困难的工作，只有勇敢的狗狗！”教师就让幼儿每人说一句“没有困难的工作，只有勇敢的 ××！”并做一个胜利的表情动作，也录制后播放到家长群里。这样做的目的是抓住每一个幼儿的闪光点，给予他们展示的机会。又如，有的幼儿不喜欢说话，但喜欢拼图、涂色、搭积木等动手操作活动，教师也会将这些活动拍摄下来，配上播报员的语音播报，制作成 MP4 转发到家长群，让爱动手实践的孩子也能找到闪光点，收获成长的喜悦和家长的认可。

3. 自行设计户外游戏活动

自行户外游戏活动是指让幼儿自行组织户外游戏活动，目的在于培养他们的组织能力、协作能力和合作意识。陶行知老先生曾说：“生活、工作、学习如果能自动进行，那么教育的效果定能事半功倍。”笔者所在幼儿园非常重视培养幼儿的自我组团能力和自行游戏能力。在户外游戏活动中，幼儿自觉组织、自觉评判，形成自觉思维和自觉主动行为。

幼儿园的游戏活动离不开幼儿的生活，要在生活化的游戏活动中让幼儿充分地认识周围世界，扩大他们的眼界。幼儿户外游戏课程离不开生活，也离不开幼儿的视角。陶行知老先生说：“要解放孩子的头脑、双手、脚、空间、时间，使他们充分得到自由的生活，从活动中得到真正的教育。”户外游戏活动既要在幼儿视野下设计，又要解放幼儿的头脑、双手、脚、空间、时间，让他们获得真正的教育，这才是学前教育游戏课程的目标。

虞永平教授说：“学前教育课程的研究不仅在专家团队的严谨设计与论证之中，也遍布于教师与幼儿互动的当下活动之中。”从户外游戏活动走向户外游戏化课程，是活动设计的目标、游戏过程、游戏价值、游戏评价的系统化构建体现，也是培养幼儿核心素养的重要路径。

幼儿园主题课程中“五步审议”法的实际应用

闫维羚
张家口市桥东区第一幼儿园

一、审议背景

(一)课程审议

课程审议是指课程开发的主体对具体教育实践情境中的问题反复讨论权衡,以获得一致的理解与解释,最终得出恰当的、一致的课程改革决定及相应的课程开发途径和方法。从流程上看,主题审议分为前审议、中审议和后审议;从内容上看,主题审议需要对主题的核心价值、目标、内容、实施路径等进行解读和再设计,在实践的基础上发现问题,从儿童的视角解决问题。因此,教师需要从主题的内在逻辑线索、儿童的经验与发展需要、活动过程的有效性等方面把握主题审议过程。

(二)幼儿园课程审议

幼儿园课程审议以幼儿园课程开发为目的,实际上是教师对课程价值的判断,让教师思考“教什么”和“如何教”这两个问题。我园的班本课程、园本课程的构建会经过多层审议,如:课程开展的可行性审议——审主题、审资源;课程实施的适宜性审议——审目标和审实施过程;课程开展的有效性审议——审效果。从而实现了教师从单一的课程实践者向课程决策者身份的转变,幼儿园的课程也在审议中不断丰富与完善。以中四班主题课程“茶馆开张记”为例,我们的多层审议构建与实施如下。

二、五步审议法

“五步审议法”是指在对主题审议进行逻辑性分析、实践性操作、经验性总结、反思性提升的基础上,融合审议要素而形成的具有一定适宜性的审议程序。这一程序包括五个环节:一审教材,二审儿童,三审资源,四审过程,五审经验。“五步审议法”具有清晰的操作步骤,每一个步骤都指明了本环节需要完成的任务。

(一)一审主题:理顺逻辑,理清脉络

本环节的主要任务是解读主题,在明晰逻辑、读懂主题主旨的前提下提炼出核心价值,理清主题脉络。

1. 回归课程,理顺逻辑

“茶馆开张记”这个主题课程,以完整儿童观为基底架构而成,按照“儿童自我发展、儿童与自然、儿童与社会”三个维度选择相应主题,根据儿童的年龄特点和时间线索螺旋呈现。

2. 分析价值,理清脉络

整个课程透着真实的力量,也充满了探索、尝试、查找、发现和表达。孩子们在行动、思考

的过程中不断增进经验,不断落实《3~6岁儿童学习与发展指南》的目标。"茶馆开张记"包含"初建小茶馆""茶馆试营业""茶馆开张记"三个子主题。"初建茶馆"指向"儿童自我探索发展",通过探索茶馆有什么、相关材料的收集,孩子们从"有想法"到"有行动",基于兴趣、带着好奇走进茶馆。在父母的陪同下,孩子们观察、体验、记录、表达。"茶馆试营业"指向"儿童与主动学习",在多次游戏中发现、寻找,在"茶馆"创设情境中操作体验,从而不断深化幼儿的数概念、合作意识等多方面发展。"茶馆开张记"指向"儿童与社会",在泡茶体验中发现问题,总结经验,并提出解决方案。对茶馆人员的安排分工明确,并在茶馆内设置步骤图,根据步骤图泡好茶,逐步掌握泡茶程序。当天茶馆的顾客在茶馆日记里记录下自己的体验感。通过茶叶、茶具的收放整理,锻炼动手能力的同时,认真、投入、坚持的良好学习品质也随之形成,回归到对社会文化的尊重和创造性表达。

(二)二审儿童:了解经验,把握核心

本环节的主要任务是了解儿童带着什么经验进入主题以及在主题中能够发展哪些新经验。

1. 链接经验,了解特点

中班儿童的角色意识、规则意识、合作意识不断增强,口语表达能力、人际交往能力、想象能力不断提升。他们更加喜欢"玩",擅长"玩"。此时,他们的抽象逻辑思维已经有了初步的发展,但需要借助直观形象来理解抽象的概念。虽然学习范围有所扩大,但学习方式仍旧以亲身体验、实际操作为主。

2. 分析需要,把握核心

结合"茶馆开张记"的内容,可以发展的核心经验有:感知多种多样的茶品材料、各种纸艺和各类风格的自制建筑,并尝试进行创意表达;探究"茶馆角色"和"创建茶馆"的建造过程,丰富经验,产生合作、讨论、失败再挑战的意识。

(三)三审资源:优化内容,绘制主题网

本环节的主要任务是梳理课程资源,优化主题内容,使之更具园本化色彩,进而架构主题的目标和实施路径,绘制主题网络图。

1. 梳理资源,优化内容

从地理位置上看,我园位于热闹的马路旁,丰富的市井生活为我园提供了丰富的课程资源。从课程经验上看,我们可以挖掘周边自然资源进行自然的、开放的教育,着重培养儿童与社会环境和谐相处的观念,这与"茶舍游戏"有相通之处。

2. 架构目标,绘制主题网

在优化内容之后,我们架构出"茶舍"的目标体系。同时,绘制出主题网络图,并设计子主题的实施路径。

"茶舍"按照"发现→寻找→表现"的路径展开,通过发现生活中的茶馆激发兴趣,再寻找茶馆中的相关角色和看不见的角色任务以满足好奇心,最后用情景游戏的方式开展活动。"茶舍开张"则按照"感知→理解→表达"的路径展开,通过亲身体验"小二"角色以引起兴趣,再了解茶馆与人们生活的关系以加深理解,最后通过多种方式"创"建茶舍。

以上环节是主题的前审议阶段。经过前审议,"我和冬天有个约会"已经由园本化的主题生成为班本主题,但它仍旧是静态的课程。只有经过实践,才能变为适宜于儿童的主题。因此,主题审议由此进入中审议阶段,即第四环节。

(四)四审过程:跟踪过程,重构主题网

本环节的主要任务是监控主题实施的过程,发现儿童的兴趣点和发展需要,增删相应内容,重构主题网络图。

1. 跟踪过程,发现兴趣

中审议通常采用半日观察和集体教研的方式进行。教研主要从以下几个方面入手:一日活动安排需要进行哪些调整?儿童对活动是否感兴趣?教学活动如何调整才更有效?学习性区域如何调整?教育环境如何跟进?通过观察和教研,我们发现制茶区、"角色扮演"是儿童新的兴趣点。

2. 生成内容,重构主题网

根据儿童的兴趣,我们生成了"茶舍休闲区""茶舍宣传组"和"特色表演区"三个项目,并由此形成了新的主题网络图。

中审议可以发生在主题实施过程中的多个时间点,其主要目的是发现问题、解决问题、发现兴趣、生发内容。但中审议仅是对主题实施过程的监控,尚未对主题进行整体反思。因此,主题审议由此进入后审议阶段,即第五环节。

(五)五审经验:反思主题,建立资源库

本环节的主要任务是反思整个主题,总结交流经验,汇总资料并建立资源库,为完善主题和开启下一次主题审议奠定基础。

1. 反思主题,总结经验

主题结束后,教师需要对主题进行整体的评价与反思。具体包括:主题的核心价值是否实现?主题目标的实现程度如何?活动的开展是否符合儿童的特点?儿童的经验是否得到提升?教育环境的创设是否适宜?反思"茶馆开张记"主题,我们总结出如下经验:

(1)教师要善于解读主题说明。主题说明是主题的注解,教师要能够解构文本,发现主题的核心价值点以及子主题之间的逻辑关联,从而架构起主题的脉络。

(2)教师要及时抓住儿童的兴趣点。寻找、把握儿童的兴趣点并给予支持,这有赖于教师的教育机智。

(3)教师要善于搜集资料。儿童的作品、活动照片、语言记录、家长的反馈等是教师评价主题的重要依据。同时,教师也要善于搜集网络资料、视频、图片等资料,以丰富活动过程,提高教学的有效性,也为其他教师提供参考。

2. 汇总资料,建立资源库

主题资源库是主题审议的重要成果之一。它将主题中的材料分门别类,以网盘形式存储在幼儿园的课程资源平台上,教师可根据需要自行下载使用。第五环节结束之后,这一轮的主题审议暂告一段落。但这仅是第一轮审议,如果条件允许或有深化主题的需要,教师可以此为基点重新开启主题审议,进入下一个审议序列。

总之,幼儿经验的有效获得是幼儿园课程审议的出发点与归宿。课程审议要基于经验的本质和幼儿经验获得的机制,对课程设计与实施的全过程进行集体反思与研讨。这样才能保障幼儿经验的有效获得,提升幼儿园课程开发的质量。

中班幼儿数学教育生活化

赖诗慧
深圳市龙华区第三幼儿园

一、幼儿园中班数学教育生活化的背景

幼儿园数学教育生活化是一种教育过程,它强调幼儿在现实生活中对具体事物的直接感知、亲身体验数学的趣味性,并通过动手操作生活材料来解决实际问题。这一过程包含两个方面:一是生活数学化,即根据幼儿的最近发展区和现有的生活经验,去发现生活中的数学问题;二是数学生活化,即将数学教育融入实际生活中,使数学知识与幼儿的生活紧密结合,从而促进幼儿数学知识的学习,让幼儿在游戏中轻松掌握数学知识。

二、幼儿园中班数学教育生活化存在的问题及原因分析

1. 教师对幼儿园数学教育生活化的理解不到位

幼儿园数学教育生活化是一种让幼儿在生活中通过直接感知、亲身体验以及动手操作去解决实际问题的教育过程。然而,通过观察发现,教师对幼儿园数学教育生活化的理解认知度普遍不高。仅有少数教师能准确理解其内涵,即运用数学知识去解决生活中的实际问题,让幼儿初步感知生活中数学的有用和有趣。因此,大多数教师对幼儿园数学教育生活化的理解显得不够全面。

教师在了解幼儿园数学教育生活化时,往往将数学教育活动与生活分开,不是将数学教育活动与实际生活相联系,而是单独开展数学教育活动。他们没有将数学教育活动应用到幼儿的生活中去,也没有发现幼儿的实际生活中存在许多数学问题,这导致教师对幼儿园数学教育生活化的理解有所偏差。

2. 教师对幼儿园数学教育生活化目标的制定存在偏差

幼儿园数学教育生活化目标是数学教育生活化教学活动的核心内容,它影响着数学教育生活化教学活动的有效开展,对幼儿的学习与发展具有重要的教学意义。教育目标的制定受国家的发展、社会要求、幼教工作者的主观意识等多种因素的影响。在制定数学教育目标时,应尽可能准确定位,以使幼儿园数学教育目标更加科学合理。

然而,教师在选择教育生活化目标的制定依据时,主要依据《3~6 岁儿童学习与发展指南》和《幼儿园教育指导纲要(试行)》等政策性文件以及幼儿的兴趣,却忽视了幼儿一日生活活动和幼儿园活动计划的整合。经过观察发现,有部分班级在制定教学目标时不参考《3~6 岁儿童学习与发展指南》和《幼儿园教育指导纲要(试行)》等政策性文件,制定的数学教育生活化目标不符合《3~6 岁儿童学习与发展指南》和《幼儿园教育指导纲要(试行)》里规定的幼儿的年龄特点,目标偏高或偏低,这影响了数学教育生活化活动的有效开展。此外,大部分教师忽视

了幼儿生活活动中出现的数学问题。这些数学问题是隐性存在的，对幼儿学习数学知识有着潜移默化的影响。因此，教师在选择幼儿园数学教育生活化目标制定的依据时，内容不够全面，忽视了幼儿的生活活动经验。

3. 幼儿园数学教育生活化的内容选择不够严谨

在实施幼儿园数学教育生活化的过程中，我们发现，数学教育生活化的载体及其作为促进幼儿和谐发展的有效组成部分，与数学教育生活化的具体内容选择息息相关。当前，教师在选择数学教育生活化内容时依据较为单一，且尽管数学教育生活化内容来源广泛，但选用时却显得不够严谨，这些都是数学教育生活化内容选择所存在的问题。

幼儿数学教育生活化的内容选择来源确实广泛，部分教师选择来源于网络资源，部分来源于幼儿的兴趣，还有部分来源于《3~6 岁儿童学习与发展指南》和《幼儿园教育指导纲要（试行）》，或数学区的操作材料，甚至创设生活情境、模拟生活游戏。然而，实际上幼儿园数学教育生活化教材内容的选择是有失严谨的。由于没有统一的教材，教师对《3~6 岁儿童学习与发展指南》和《幼儿园教育指导纲要（试行）》等政策性文件的认知度不是很高，对于生活化的教材更是几乎空白。因此，这导致幼儿园数学教育生活化内容的选择不够严谨，内容定位不太准确，缺乏生活化，偏离了幼儿的生活经验。

三、幼儿园中班数学教育生活化的实施策略

1. 准确定义幼儿园数学教育生活化的内涵

教师应正确理解幼儿园数学教育生活化，联系幼儿的生活实际去理解数学教育，从幼儿日常生活中挖掘有效的数学素材。幼儿园数学教育生活化不同于其他领域的教育，它不能仅通过语言描述来实现，而需要通过直接感知、亲身体验、实际操作来把抽象的逻辑知识转化为能被幼儿感知和理解的知识。考虑到幼儿的身心特点和年龄特点，以及他们的需要和兴趣，中班幼儿的思维主要以具体形象思维为主，需要直观具体的事物来实现。因此，在开展幼儿园数学教育生活化活动时，我们要通过幼儿的实际生活经验和他们的生活需要去正确地引导幼儿学习数学知识。所以，要贴近幼儿的生活实际才能正确定义幼儿园数学教育生活化的内涵。例如：每天的晨谈活动可以利用实到人数进行报数，进而利用缺勤的男生女生人数进行十以内的加减运算。

2. 合理定位幼儿园数学教育生活化目标

在制定数学教育生活化活动目标时，一方面教师要结合《3~6 岁儿童学习与发展指南》和《幼儿园教育指导纲要（试行）》里的政策性文件合理地确定生活化目标，关注幼儿的学习特点和兴趣需要，结合幼儿园数学教育的领域特点，联系本班级的教学活动计划，制定合理全面的数学教育生活化目标。另一方面，教师应该正确定位情感目标、认知目标、技能目标这三大领域目标，不能只关注其中一个目标。应根据幼儿的年龄特点和兴趣需要，将三维目标有机结合起来，制定合理的数学教育生活化目标，以促进数学教育生活化教学活动的有效开展。

3. 幼儿园数学教育生活化的教学内容要具有系统性与联系性

幼儿园数学教育生活化的领域特点决定了数学教育生活化内容要与各个领域紧密联系。首先，选择幼儿园数学教育生活化的内容不能太过单一。所选的数学教育生活化内容要符合幼儿的年龄特点，并最重要的是挖掘生活中的数学素材去选择适合该阶段幼儿的数学教育生活化内容。我们应根据数学教育生活化内容的内在联系和教学中的数学教育选择符合幼儿现

有水平的教育生活化内容,同时还需要考虑幼儿是否感兴趣以及是否符合幼儿学习与发展水平的数学教育生活化内容。我们不能偏向某一个内容,而是要使这四者相互联系、相互发展,使数学教育生活化内容更加具体全面,从而促进数学教育生活化的最优化发展。其次,虽然强调数学教育生活化内容要具体联系,但选择范围也不能泛化。幼儿园数学教育生活化内容应有统一的教材,并提高对《3~6 岁儿童学习与发展指南》和《幼儿园教育指导纲要(试行)》等政策性文件的熟悉度。我们要准确定位幼儿园数学教育生活化,选择符合幼儿的年龄特点和兴趣需要的内容。为此,我们可以创设生活情境、模拟生活游戏,在数学区投放具有生活性的操作材料,以及借助网络资源去拓展幼儿园数学教育生活化的内容。

保教合一理念下幼儿园教育教学工作创新途径研究

张 晶
长春市吉林省粮食和物资储备局机关幼儿园

幼儿园在进行教育教学工作时,除了要注重从小提升幼儿的学习能力外,还要注重提升幼儿的生活自理能力。随着时代的发展,越来越多的家长都倾向于“科学育儿”,且社会的发展同样需要培养“德智体美劳”全面发展的新一代。因此,幼儿园不能再如以往一般只注重培养幼儿的学习能力,而应当将幼儿的日常教育教学与保育工作有机结合,促进幼儿全面、健康地发展,如此才能为幼儿的未来发展奠定坚实的基础。

一、当下幼儿园在教育教学时出现的问题

1. 保教界限分明,工作形式单一

在目前的幼儿教育教学过程中,常常会出现保教之间互不相干的情况。二者在开展工作时存在一定隔阂,因此在沟通、交流过程中也同样存在着界限。在大部分幼儿教师、保育员心中,均认为二者间的工作差距较大,在对幼儿进行教育教学时并无过多交集。除此之外,部分幼儿教师还会认为保育员的工作毫无价值,认为保育员这一职位的存在并无意义,对保育员的职位认知出现偏差。而传统保育员的工作却正是为幼儿做饭、洗衣、洗碗、拖地等,每天都会重复做这些虽简单但极其消耗体力和精力的工作,这无疑更是加深了教师对保育员的偏见,同时也会使保育员出现倦怠的工作心理,会令保育员也在一定程度上偏离对教师的定位,极不利于提升幼儿的教育教学水平。

2. 缺乏“保教合一”的教育教学理念

目前看来,我国大部分幼儿园在开展教育教学工作时,对“保教合一”理念的认识仍不清晰。我国当下的幼儿教育背景决定了绝大部分幼儿园中的保育教师都未曾接受过专业培训,因此保育员在工作时对幼儿教育教学工作的投入和关注便相对较少。保育员的工作性质更偏向于生活,故大多数保育员并不认为自己是幼儿教育者,其内心更认为自己是“保姆”。而在大多数教师心中,也并未将保育者视为幼儿教育者,认为保育者的工作只是照顾幼儿日常起居,这对保育者的职位认知则更加不利。由于大部分幼儿教师、保育员均对保育员的工作、身份了解和认知的不到位,“保教合一”理念极其缺乏,故导致幼儿的教学、保育工作无法两头并进,极不利于培养幼儿的全面发展。

3. 教育理念落后,管理机制不完善

由于当下各大教育机构竞争太过激烈,许多幼儿园都认为只有幼儿的成绩才能决定幼儿园是否优秀。因此,这些幼儿园在教育教学过程中仍采取传统、落后的教育理念,将幼儿的成

绩奉为评定教师、学校的唯一标准,并不重视幼儿保育工作。大多数幼儿园在升学业绩指标的驱使下,常常在幼儿的中班时期或大班时期就为幼儿教授一年级知识,这会使幼儿教学出现超前性、强制性。若幼儿无法及时理解教学内容,很可能会产生自卑、厌学心理,极不利于促进幼儿身心的健康发展。当前大多数幼儿园所奉行的教育理念过于落后,管理机制并不完善。这种教学方法与“保教合一”的教育教学理念背道而驰,在不利于幼儿身心发展的同时,还严重阻碍了“保教合一”工作的推行及落实,不利于幼儿园的长久性发展。

二、保教合一理念下幼儿园教育教学工作创新的途径

1. 教师需改变与保育员间的界限观念

我国大部分人对保育员不甚了解,认为保育员在幼儿教育工作中仅仅扮演一个“保姆”的角色,而大部分的幼儿教师也并不认为自己和保育员的工作性质一样。因此,大多数保育员常常在工作中处于一种较低位置。但若想创新幼儿园的教育教学工作,践行“保教合一”的教育理念,首先,幼儿园教师就要以平等的眼光看待保育员,在进行教育教学工作时,要教导幼儿尊重、敬爱保育员。譬如,教师在上课时,可以教导幼儿珍惜、爱护保育员的劳动成果,以身作则教导幼儿们尊重他人。这样不仅可以有效促进幼儿养成正确的三观,还利于激发保育员工作的信心,推动保育员的教育教学方式更加专业,从而提升幼儿园员工的整体素质。其次,幼儿教师不应认为自己的职责仅仅是为了传授给幼儿更多科学文化知识,而应当适时将生活中的教育呈现于课堂,如此不仅可更好地吸引幼儿注意,还能进一步淡化教师与保育员之间的职责界限,良好践行“保教合一”的教育教学理念,有利于令幼儿得到更加科学、全面、有趣的校园教育。

2. 幼儿园应重新为保育员定位

传统的保育员岗位仅仅是幼儿园为照顾幼儿的生活起居、并能及时了解幼儿的身体状况而设立的。但随着时代的不断发展及教育改革的持续深化,保育员的工作性质也应随之适当调整。总而言之,幼儿园应重新为幼儿保育员定位,将以往保育员只照顾幼儿日常生活的现象彻底改革,令这些工作转换为幼儿教育的一部分,以此推动幼儿的“德智体美劳”全面发展,促进幼儿更加全面、健康地成长和学习。除此之外,幼儿园还要注意不能仅让保育员的工作停留在照顾幼儿方面,更要激励保育员利用引导的方法,令幼儿自己掌握生活自理能力。例如,保育员可以在课余时间组织幼儿们学习如何正确洗脸、刷牙、洗袜子等。这些除了可帮助幼儿了解、学习一些最基本的生活常识外,还可以促进幼儿从小培养良好的生活习惯和生活观念。通过这种方式,不仅可以提高保育员的工作能力,还可以为幼儿教师减轻一定的工作负担。“保教合一”这一教育理念不仅是要求教师、保育员共同引导和规范幼儿的生活行为,更希望教师可以和保育员一起教育新一代幼儿更加优秀、全面地发展,而不是成为只会学习、不会生活的“书呆子”。其中蕴含的教育意义更为深远。与此同时,幼儿保育工作也不能只靠保育员,此项工作还需教师的通力协助。幼儿教师要积极采取合理措施,帮助保育员开展生活教育教学工作,如此才能达到教师与保育员的共赢。

3. 幼儿园应对不合理制度进行改革

要想完全落实并推进新教育理念,幼儿园就必须要对落后的教学制度进行改革。而要进一步推进“保教合一”教育教学理念,幼儿园就应当设立合理的奖惩制度,规范教育、教学者的行为,激发工作者的热情和积极性。例如,对“保教合一”工作落实得更好的保育者、教师加大

奖励力度。这个奖励还需包含精神与物质两方面,如奖金、荣誉证书等,以保证园内的“保教合一”工作可得到更好落实。园方还可大力组织交流会议等,组建平台以供教师与保育员交流,加强各组织间的联系,推动大家互相沟通和交流。如此不仅能够有效淡化教师与保育员间的界限,还能提升幼儿的教育教学质量,从而更好地促进幼儿园行业竞争力的进一步提高。

三、结束语

随着时代的发展,“保教合一”已然成为我国各所幼儿园推行的重要教育理念。这一理念的大力推行打破了以往教师与保育员间“各司其职”的界限,利于推动保育员和教师的合作与交流,促进幼儿“德智体美劳”全面发展,极大提升了当代幼儿的教育教学质量与水平。同时,它还能有效提高幼儿园的行业竞争力,对我国幼儿教育起着极其重要的推动作用。

俯身进入你的小世界

李小玲
深圳市龙华区创新实验学校附属东华明珠幼儿园

泰戈尔曾说:“我愿我能在孩子的世界中占一方净土。我知道繁星会对他私语,天空也会俯身来到他面前,用它傻傻的云朵和彩虹来逗弄他。”孩子的世界是这么五彩斑斓,在他们的世界里万事皆有可能、万物皆可探索,他们相信有会飞的城堡、穿着靴子会说话的猫、变成青蛙的王子……这些天马行空的想象无一不令我着迷。但不知从什么时候开始,我已不再相信童话里的城堡、会说话的猫、会变成青蛙的王子。为了找回这般纯真与简单,我决定进入孩子们的世界,感受最纯真的美好。

一、喝完这杯“粉色”果茶

“新鲜好喝的果茶,快来看看!”今天是果茶店开张的第一天。听闻果茶店开张了,小伙伴们纷纷涌上前,点单的声音此起彼伏:“我要一杯珍珠奶茶”、“我要一杯芒果味的果茶”……突如其来的忙碌让小店员们无所适从,顾客们也只能焦急地等待,谁也没能拿到饮料。这个时候,伊一连忙喊道:“排队、排队!”听到伊一的提醒,小顾客们一个接着一个开始排队,我也在孩子们的带领下,排在了队伍的后面。终于轮到我了,“你好,我要一杯草莓味的果茶,谢谢。”“请问要加冰块吗?”“不加冰。”“需要全糖还是七分糖?”“吃糖对牙齿不好,不加糖吧。”“好的,3 元。”“老师,你的‘粉色’果茶做好啦,请慢慢品尝。”“谢谢!”

喝着这杯“粉色”果茶,我的内心似乎也在一点点变甜、变可爱。看着孩子们沉醉在这忙碌中,我不禁赞叹他们的观察能力、协作能力与动手能力。他们在生活中学习,在经验中学习,在亲身体验、自主探索、讨论互动中,收获别样的精彩。

二、春雨的另一种用法

春天的雨,不急不躁、淅淅沥沥,柔和中带着一丝美好。花花草草在春雨的浸润下,散发着一股清新的气息,展露着别样的生机。“叭叭叭……”是什么声音打破了此刻的宁静?

原来是离园时孩子们脚下溅起的水花打破了此刻的宁静。凡是经过这个小水坑的孩子,都忍不住与它来个亲密接触。我很好奇,这溅起的水花既湿了鞋又脏了裤脚,到底有什么好玩的呢?好奇心驱使我俯下身问了句:“踩水坑这么好玩吗?”这一问可激起了孩子们的热烈反响,“老师,在大坑中踩水花好像炸弹爆炸一样!”“老师你看!我踩的水花溅得好高啊!”……孩子们滔滔不绝地说着自己踩水坑的兴奋体验,让我不禁笑道:“还是你们会玩啊!”

原来在孩子们的世界里,雨不是外出的阻碍,而是大自然赠予的水上乐园,是不同寻常的玩具。浸在雨中,听着孩子们的欢声笑语与水坑交响曲,霎时我有了不同的感受。原来春雨带来的不只有宁静柔和,它也可以是热烈、热情的。

孩子的世界是简单的、纯真的。一杯奶茶可以撑起孩子的探索天地,一场春雨也藏不住孩子天真烂漫的童心。通过俯身、弯腰,一步步走进孩子的世界,你会看见一个又一个可爱的笑脸,一颗又一颗纯洁的心灵。他们总能用天马行空的想象、勇敢坚毅的童心、细微见著的情感化作爱的行动,让我们在哭笑不得的同时,却又温暖备至。

中班科学活动
——“坡道建构”

陈培培
南通市市级机关第二幼儿园

一、设计意图

本学期伊始，由于场地调整，我园的骑行小车被迁移至一楼平台的空地，该位置相较于原存放地——操场，高出了三层台阶。这一变动使得每次游戏时，小车的拿取与存放变得不那么便捷。《幼儿园教育指导纲要（试行）》明确指出："科学教育应与幼儿的实际活动紧密相连，利用身边的事物与现象作为科学探索的对象。"基于此理念，我精心设计了本节活动——"坡道建构"。

二、活动目标

（1）感知并理解不同材料的特性，灵活选择并运用这些材料进行搭建。

（2）积极参与、深入思考，注意搭建通道过程中遇到的问题，并根据材料特性进行适时调整。

（3）能够自由结伴，体验与同伴合作解决问题的乐趣。

三、活动准备

（1）材料准备。长短不一的碳化积木若干；KT 板若干；大泡沫垫若干；小车 3 辆；手环（3 种颜色，每种颜色 3 个）；纸、记号笔（每位幼儿一份）。

（2）场地准备。在楼梯上贴上与手环颜色相对应的组别标识；地面上摆放与幼儿及教师总人数相等的小泡沫坐垫。

四、活动过程

1. 导入问题：幼儿骑行后小车如何摆放

教师引导语：好了，孩子们，游戏时间结束了。请大家坐到垫子上休息一下吧。骑小车是不是很好玩？游戏结束后，我们需要把小车归位。还记得我们应该把小车送回哪里去吗？要怎么送过去呢？

幼儿回答（转身指向晨检处的通道）："我们可以骑着小车过去，然后停放在那里。"

教师回应：嗯，我们上次就是采用的这个方法，对吧？从幼儿园大门口的通道绕行一圈骑过去。还有其他更便捷的办法吗？

幼儿提议：我们可以一起把小车搬上去。

教师尝试引导:那你来试试看。想象一下,如果一个人搬这么重的小车,会有什么感觉?

幼儿体验后回答:很重,搬不动。

教师进一步引导:确实很重。那有没有更轻松的方法呢?

幼儿思考后回答:可以建造一个斜坡,让小车自己滑下去。

教师肯定并总结:这个主意真不错!如果有坡道的话,小车就能轻松地滑到指定位置了。

安全提示:在实际的游戏过程中,我们发现每次拿取和停放小车都相当不便。虽然三层台阶的高度不算太高,但如果让幼儿在斜坡上从上往下推小车,还是存在一定的安全隐患。因此,为了孩子们的安全,我们决定以小车收纳为主线,展开今天的活动。

2. 初步探索:搭建坡面

(1)确定搭建坡面所需材料。

教师提问引导:孩子们,你们觉得搭建坡道需要用到哪些材料呢?

幼儿回答:需要很长的材料来搭建。

教师追问:那具体是什么材料呢?

幼儿回答:可以用积木来搭建。

教师继续引导:除了积木,我们还需要考虑什么呢?

幼儿思考后回答:坡道的长度要和楼梯一样长才行。

教师点评并补充:你考虑得很周到,坡道的长度确实要与楼梯相匹配。还有其他需要注意的地方吗?

幼儿进一步思考后回答:坡道还要足够宽,这样小车才能顺利通过,不会掉下来。

教师总结并强调:没错,坡道的宽度也很重要,必须确保小车能够安全、顺畅地通过。

(2)展示并选取搭建材料。

教师介绍材料:今天,老师为大家准备了一些可能用到的材料,包括木板、KT 板和爬行垫。现在,请和你们的小伙伴商量一下,选择一种你们认为最适合搭建坡道的材料吧!

幼儿们开始讨论并选择材料,有的选择长积木,有的想要大板子,还有的选择黑色垫子。

教师鼓励并引导:大家都有自己的想法,这很好。但请记住,今天你们需要和好朋友们一起合作完成这个任务。所以在开始搭建之前,请务必充分商量并达成一致意见哦!

3. 幼儿三人一组,开启分组搭建之旅

(1)明确搭建任务与规则。

教师指导语:现在,请小朋友们三人结成一队,成功组队后,来我这里领取队伍专属的手环。我看你们都非常聪明,所以决定增加点难度——你们只有两分钟的时间来完成坡道的搭建,有信心挑战吗?

幼儿齐声回答:有!

教师进一步引导:好,现在快去找你们的小组同伴,开始你们的坡道搭建之旅吧!

(2)幼儿动手探索与搭建。

孩子们兴致勃勃地开始了他们的搭建活动,每个人都投入这个富有挑战性的任务中。

(3)交流与分享经验。

教师吹响哨子,召集孩子们:时间到!哪个小组愿意先来展示一下你们的成果?请告诉我,你们选择了哪些材料来搭建坡道,以及选择这些材料的理由是什么?

孩子们纷纷举手,热切地分享他们选择材料和搭建过程中的心得。

教师点评并引导：很好，每个小组都展示了自己的创意和智慧。那么，我们一起来实地检验一下，看看大家搭建的坡道效果如何。

（4）测试与改进搭建成果。

教师带领孩子们逐一测试每个小组的坡道，并针对遇到的问题进行提问和讨论。

1）问题发现：这块板子怎么折起来了，感觉都要损坏了。

教师提问引导：孩子们，你们觉得这种材料适合搭建坡道吗？它的坚固度如何？

教师小结：看来，在选择材料时，我们需要考虑其坚固性和耐用性，这样才能确保坡道的稳定性和持久性。

2）问题发现：为什么这块板子会翘起来呢？

教师提问引导：我们该如何改进，才能让坡面更加稳定，确保小车能顺利通行？

教师小结：搭建坡道不仅要求材料坚固，还需要我们发挥创意和智慧，让坡道更加稳定。这样，我们的小车才能在上面畅行无阻。孩子们，你们今天的探索非常有意义，相信在未来的日子里，你们会搭建出更加出色的坡道！

在初次搭建环节中，我们特意限制了材料和时间：仅提供部分材料，并设定了两分钟的搭建时限。这样的设计旨在避免活动时间过长，导致幼儿在搭建过程中拿取过多材料，从而影响问题的发现与解决。通过这一环节，我们希望幼儿能更专注于手头的材料和搭建任务，从而更有效地探索和学习。

搭建完成后，幼儿们先进行了集中讨论，随后跟随老师逐一观察了各小组的搭建成果。在这一过程中，幼儿们不仅通过倾听同伴的分享，还通过观察、比较不同小组的搭建方式，获得了宝贵的经验。这种同伴间的互相学习和交流，对于他们的成长和发展具有重要意义。

4. 深入探索：完善坡道

（1）引入新材料。

教师展示剩余的材料，并提问：“这些新材料对我们的坡道搭建会有帮助吗？”以此激发幼儿的好奇心和探索欲。

（2）分组搭建与教师指导。

幼儿们分组进行搭建，教师则根据各组的情况进行巡视和指导。例如，当发现积木不足时，教师会询问幼儿需要什么样的积木，放在哪里，有什么作用，以及是否可以用其他材料替代。通过提问，教师引导幼儿自主解决问题，培养他们的创新思维和解决问题的能力。

（3）讨论与交流。

搭建结束后，教师吹哨集合幼儿，询问：“坡道都搭建好了吗？你们做了哪些调整？”随后，各组幼儿轮流分享他们的搭建经验和所做的调整。教师在此过程中帮助幼儿适当总结，提炼出关键的经验和教训。

（4）再次测试与验证。

教师提出：“这次，小车能顺利通过坡道吗？”幼儿们怀着激动的心情进行测试，验证他们的搭建成果是否有效。

5. 记录与分享经验

教师赞扬幼儿们的努力和创意：“在和好朋友的合作下，小朋友们想了各种方法成功地搭建了通道，完成了快速收纳小车的任务，老师要为你们点赞！”接着，教师鼓励幼儿将他们的方法记录下来，以便回到教室后与其他小朋友分享：“一会儿回到教室里，请将你们的方法记录下来,告诉给幼儿园的其他小朋友们吧!"这样的做法不仅有助于巩固幼儿的学习成果,还能培养他们的分享精神和表达能力。

五、延伸活动与反思

在延伸活动中,教师提出讨论话题:"KT板可以当做坡面吗?有什么办法能让它不折起来,变得坚硬呢?"这一话题旨在激发幼儿对材料的进一步探索和创新思维。

活动结束后,教师进行了反思:"我执教的是中班科学活动"小车收纳记"。本次活动通过五个环节的设计,让幼儿在自由骑行、初步探索、分组搭建、深入探索和经验记录中获得了丰富的科学知识和实践经验。活动内容贴近幼儿日常生活,激发了他们的探索愿望。同时,通过丰富多样的材料和层次递进的设计,让幼儿在动手操作和同伴交流中不断成长。活动最后,幼儿们仍然意犹未尽,延伸活动中的讨论更是激发了他们继续探索的兴趣。"

追随儿童理念下教师支持幼儿表演游戏的策略

徐 吉
盐城市高新嘉园幼儿园

表演游戏是幼儿根据文学或艺术作品的内容和情节，运用语言、动作、表情来扮演角色进行的游戏。在游戏中，幼儿分配角色，选择和运用道具、服装，进行语言交往和创造性表演，从而加深自身对文艺作品的理解，实现自己用动作、表情、声音表现的愿望，并获得语言学习的机会，体验与同伴合作交往的快乐。它不仅能帮助幼儿感受作品中人物和主题的思想感情，有利于幼儿学习文学语言，训练口语能力和表演才能，还能够满足幼儿自我表达和展示的愿望，因此深受幼儿喜爱。而幼儿表演游戏的水平与其积累的文学艺术经验的丰富程度、语言动作的发展水平以及思维水平密切相关[2]，这就要求教师要“追随儿童”，从发现儿童、理解儿童出发，为他们提供有效的支持策略，调动他们游戏的积极性、主动性和创造性，在循序渐进中促进他们表演游戏水平的发展。

一、游戏前的准备——合理选材、创设环境

（一）作品的选择是表演游戏的关键

在表演游戏中，选择的作品是整场游戏的支柱，贯穿游戏的始终。因此，选择一个好作品是开展成功的表演游戏的关键。

在作品的选择上，教师往往会出现两种错误：一是忽略幼儿的年龄特征，小、中、大班选择的儿童读物常常一样，这就会造成故事选材上的过易或过难；二是作品的类型不够丰富，有些教师只强调故事的趣味性而忽视了作品的思想性，也有一些教师强调故事的思想性而忽视作品的文学性。针对这样的现象，教师在选择作品时，一要充分考虑幼儿的年龄特点，选择适合于幼儿表演的文学作品，把握幼儿的“最近发展区”，选择适宜读物；二要尊重孩子的兴趣和生活经验，可以调查班级孩子的已有经验和关注点，选择的作品要易于幼儿理解、内容有教育意义、对话生动有趣、情节起伏，让作品调动孩子的学习兴趣，同时帮助他们获得更多知识经验；三是作品类型要广泛，益智类、文学类、故事类等作品都可以多了解一些，让孩子们“营养均衡”。

（二）创设有助于表演游戏生发的环境

当前，一些班级表演游戏区的环境单一、更换频率低，比如常用材料大多是衣服、头饰、假花等，这些结构较高、缺乏层次性的材料很少更换，成了各班级、各年级使用的固定材料。还有一些教师只是根据自身的认知创设表演区，忽视幼儿的想法和需求，导致幼儿逐渐丧失表演游戏的兴趣。

事实上，幼儿是游戏的主体也是游戏环境的缔造者，有质量的环境能与幼儿产生良性互动，因此教师需要重视幼儿对环境的参与性。可以通过日常观察捕捉幼儿的兴趣和需要，通过

调查、讨论等方式引导幼儿制定游戏规则、选择材料。同时,环境要体现趣味性和适宜性,一方面要遵循幼儿的年龄特点,在色彩搭配、材料运用、图画呈现等方面要符合幼儿的审美和操作能力;另一方面,环境还要随着活动的展开而变化调整、更新。

表演游戏的开展更多地取决于环境中的材料,比如,一个光头强的面具会引发与光头强有关的故事表演,几个鼓会引发幼儿的打鼓表演,天猫精灵里播放的歌曲会引发幼儿的歌唱、律动等表演,所以教师要重视材料的投放。表演游戏属于创造性游戏,孩子们在活动中会以物代物、以人代人,在假想的动作、声音、表情中表达自己对作品的理解,那么教师提供的材料就不要求太过于形象和逼真,反而一些简易、功能模糊的低结构材料更利于幼儿发挥创造性想象。教师在表演游戏区还可以投放百宝箱,提供自然材料、废旧材料,有助于幼儿在游戏时自由选择进行假想。

二、游戏中的指导——观察、合作、支持、引领

(一)善于观察,扩展表演游戏内容

兴趣和需要是幼儿参与表演游戏的出发点,而幼儿的已有经验不仅是表演游戏顺利进行的保证,而且决定着表演游戏的发展方向。然而,幼儿的兴趣和需要是多方面的,他们的经验也存在着个体差异[4]。教师可以通过观察幼儿的活动,倾听他们之间的对话,发现其关注点。新年之际,孩子们之间关于"年兽"的话题讨论引起了教师的注意。在教师的引导和支持下,几个孩子自编了以年兽和一群小动物为内容的表演游戏——"年兽和森林里的动物们"。户外饲养区的小鸭子深受孩子们的喜爱,教师就此可以组织孩子们进行观察与讨论,引发出表演游戏,如"小鸭子找朋友"的活动,就是从孩子们带着小鸭子去找朋友的过程中开展起来的。

(二)把握时机,支持幼儿主动探索

中班幼儿在表演"白雪公主和三个小矮人"(以下简称"白雪公主")的故事时,第一次游戏,他们提前商量了角色,但由于没有标志性的角色卡,导致表演时分不清同伴的角色。孩子们发现了这个问题,第二次活动前,他们商议决定让3个小矮人站到一起,这样其他角色就好分辨了。采用这样的方式后,角色清晰了一些,但是他们又发现了新问题:由于对故事的情节还不是特别熟悉,常常轮到某个角色表演了,表演者本人还不知道,大家在活动中手忙脚乱。在孩子们的游戏快要开展不下去时,教师挂上自制的角色牌进入,和幼儿打招呼:"嗨,白雪公主、皇后、王子、小矮人们,我可以做故事中的旁白吗?也就是为大家做解说,帮助你们有序表演的人。"中班的孩子对教师的加入表示欢迎。有了旁白,在协同游戏中,他们的表演更顺利了。受到老师的启发引导,再后来,还有孩子也开始自制挂脖的角色牌,以便更加明晰表演中的角色。随着表演的逐渐成熟,孩子们自己陆续又担当起了旁白。这个案例说明,幼儿在亲身体验中能自己发现问题、探索解决的方法,教师无需主观干涉,但在适当的时候,教师的有效介入也能推动孩子主动探索和表达。

(三)启发性的提问,引导幼儿进一步思考

孩子们在游戏时常会遇到一些问题,当他们需要教师做出反馈时,教师可以通过启发性的提问或商谈式的建议,唤起幼儿做出新的思考。在"白雪公主"的表演中,孩子们对故事情节、人物对话还不够熟知,教师通过提问"我们还能用什么方式熟悉故事呢?""你还有什么办法让更多的伙伴知道故事的内容呢?"孩子们想到了在阅读区投放绘本、自制故事书、饭前讲故事等,这些方式促进了幼儿的整体性发展。

（四）注重交往，利用同伴之间的影响

教师并不是游戏中唯一的指导者，幼儿之间的合作、交流也是推进游戏发展的有效方式。在“白雪公主”的活动中，萱萱表演的王子和蕾蕾表演的皇后因为一件披风发生了争执，萱萱觉得王子很酷所以需要披风，蕾蕾认为自己是皇后应该穿着华丽更需要披风。争执了一会儿后，问题依然没有解决，她们的好朋友白雪公主的扮演者笑笑建议“自制披风”。蕾蕾接受了这个提议，于是和笑笑到美工区运用废旧塑料袋、彩色胶带制作了手工披风。这件披风受到了班级孩子的好评，于是萱萱和其他的小伙伴也加入自制简易的服装的行列。可见，在这里，同伴的作用要胜于教师的说教。当孩子们在游戏中发生冲突时，教师应当留时间给孩子们自己解决，这样的冲突、交往为幼儿提供了解决问题、相互学习的机会。

三、游戏后的小结——交流经验、发现问题、分享快乐

（一）横向拓展，与其他游戏相融合

游戏后的分享环节，孩子们可以用“语言”“画语”等方式讲述活动的过程、重要发现以及遇到的疑问和困难，这样教师就能了解他们的计划、问题和愿望，以便给予适当的支持。当“白雪公主”游戏不断发展的过程中，有孩子表示：“想给公主、王子建城堡，给皇后建个封锁塔，给小矮人建七彩房。”于是，孩子们在建构游戏中忙得不亦乐乎。

（二）纵向深入，课程不断生发

游戏后的分享还可以起到承上启下的作用，把活动引向深入。有孩子提议：“能不能在阅读节或儿童节将“白雪公主”表演给更多的小伙伴们看？”顺应孩子们的需求，教师将他们的表演游戏逐步引导向舞台表演。通过讨论，孩子们提出需要更精美的道具，还需要通过角色竞选等方式确定舞台表演的人员，于是活动向探索道具制作、人员竞选的方向发展下去。通过活动的延伸，表演游戏与班级课程有机统合，我们的课程不断生发，呈现出源源不断的生命力。

表演游戏的魅力无处不在。要有效地开展表演游戏，需要我们“静一点，听见孩子的声音；慢一点，看到孩子的需要；懂一点，给予孩子们支持。”让我们在游戏中追求儿童本位的理念，充分挖掘幼儿的潜能，真正让孩子们成为游戏的主人，用游戏点亮他们的快乐童年！

如何科学有效管理幼儿园的肥胖儿童

——以深圳市怡瑞幼儿园为例

夏 琴

深圳市龙岗区布吉街道怡瑞幼儿园

一、肥胖的因素

(1)系统动力因素:经济增长、社会文化规范、政治治理与政策。

(2)环境驱动因素:城市化、城市规划与建筑环境、食品系统与环境。

(3)其他因素:污染、激素、病毒、肠道菌群、药物等。

二、肥胖的危害

研究表明,儿童8岁后仍为肥胖者,80%以上到成人可发展为永久性肥胖。儿童到成年期持续超重肥胖以及BMI的过快增长与成年期的脂血症、血压和胰岛素水平有关,发生代谢综合征的风险是体重持续正常人群的9.5倍。80%的儿童肥胖会发展为成人期肥胖。

(1)身高生长:肥胖儿童易于出现骨龄提前,影响身高生长潜能;易发生维生素D缺乏、性早熟等疾病,对身高增长和成年身高有不利影响。

(2)智力发育:肥胖的婴幼儿,易于出现大动作发育落后的现象。肥胖儿童发生红细胞携氧能力不足、呼吸功能下降、脑组织含脂肪细胞过多的风险较高,易于导致大脑皮层缺氧,进而影响儿童智力发育。

(3)心理健康:肥胖儿童因体型被同伴嘲笑和排斥,继而出现自卑、同伴关系不良等阻碍智力潜能发挥的心理状态,对儿童人际关系和社交能力也将产生不良影响。随着肥胖状态的持续,肥胖儿童可形成孤僻、内向、退缩的个性,对自我价值产生怀疑,这种心理状态可能会长期伴随儿童,甚至影响一生。

(4)心血管疾病的患病风险:肥胖儿童易于出现有氧能力降低、心肺功能受损、血压异常、血脂代谢异常、血糖异常(如2型糖尿病)、胰岛素抵抗、空腹血糖受损或糖耐量低减等病症,将极大地增加远期高血糖、高血脂、高血压等代谢性疾病的发生风险。

(5)消化系统:非酒精性脂肪肝。

(6)泌尿系统:肾小球硬化。

(7)呼吸系统:肺功能障碍、呼吸睡眠暂停综合征、哮喘。

三、如何判断幼儿的肥胖程度

参考WHO 2006儿童生长标准:超重:体重/身长(身高)≥M+1SD且<M+2SD;或体重指数/年龄(BMI/年龄)≥M+1SD且<M+2SD。肥胖:体重/身长(身高)≥M+2SD;或BMI/年龄

≥M+2SD。

体质指数(BMI, Body Mass Index)=体重(kg)÷ 身高(m)^2。儿童身高比体重，超过20%，相当于体脂含量超过15%。BMI正常范围为18.5~22.9；<18.5为体重过低；≥23为超重；23~24.9为肥胖前期；25~29.9为Ⅰ度肥胖；≥30为Ⅱ度肥胖。

四、如何干预

0~6岁儿童肥胖干预重在早期预防。这需要家庭、社区、托幼机构、医疗保健机构和社会的共同关注和参与。应通过多种途径和方式，开展健康教育，做好预防干预工作，使儿童家长了解肥胖的危害性和防控的重要性。

1. 合理膳食

提倡均衡膳食，控制食物的总量，调整饮食结构和饮食行为。不建议通过节食减重，也不建议短期内快速减重，以避免出现减重-复胖的反跳循环。鼓励超重儿童进食蔬菜和全谷类等富含纤维素的食物，每人每天摄入5种不同颜色的蔬菜，2~3份水果，粗粮可以占到主食的三分之一左右，以保障食物的多样性，并有效改善儿童的食欲和肥胖状况[3]。指导家长为儿童优先选择能量密度较低(每克食物所含的能量)和饱腹感强的食物，少吃能量密度较高的食品和饱和脂肪、反式脂肪的摄入，尽量不吃高脂、高糖、高热量的食品。超重/肥胖儿童应适当减少每日总热量的摄入。家长应发挥表率作用，少吃或避免进食油炸类、饼干类(不含低温烘烤和全麦饼干)、方便类(主要指方便面和膨化食品)、罐头类(包括鱼肉类和水果类)、冷冻甜品类(冰激凌、冰棒和各种雪糕)和烧烤类食品。饮水以白开水为主，少喝含糖饮料和碳酸饮料。

深圳市怡瑞幼儿园制作了一份肥胖幼儿红灯(不宜食物)、黄灯(限量食物)、绿灯(优选食物)表供家长参考。

(1)谷薯类。

绿灯：蒸煮烹饪、粗细搭配的杂米饭、红薯饭、杂粮面、意面等。

黄灯：精白米面制品：白米饭、白面条、白馒头、白面包、粉丝、年糕等。

红灯：糯米制品：粽子；高油主食：油条、炸薯条、奶油蛋糕、黄油面包。

(2)蔬菜类。

绿灯：非淀粉类蔬菜，如叶菜、花类、瓜茄类、果实类等蔬菜。

黄灯：部分根茎类蔬菜、淀粉类蔬菜，如土豆、芋艿和山药等。

红灯：高糖高油烹饪的蔬菜：炸藕夹、油焖茄子。

(3)水果类。

绿灯：浆果类、核果类、瓜果类。

黄灯：冬枣、山楂，部分热带水果如香蕉、榴莲、西瓜等。

红灯：各类高糖分的罐头水果和果汁。

(4)畜禽类。

绿灯：畜类脂肪含量低的部位，如里脊、腿肉、腱子肉、血制品等。少脂禽类，如胸脯肉、去皮腿肉等。

黄灯：畜类脂肪相对高的部位：如牛排、小排、肩部肉、舌等；带皮禽类；多油脂、精制糖、盐等烹调的畜禽类菜肴，如糖醋排骨、红烧肉。

红灯：畜类脂肪含量高的部位，如肥肉、五花肉、蹄髈、脑花、腩肉等。富含油脂内脏：大肠、肥鹅肝。油炸、红烧等高油、高盐、高糖畜禽。

(5)水产类。

绿灯:绝大部分清蒸和水煮河鲜、海鲜。

黄灯:较多油脂、精制糖、盐等烹调的水产类菜肴,如煎带鱼、糖醋鱼。

红灯:蟹黄、蟹膏等海河鲜部位;油炸、红烧等高油、高盐、高糖烹饪的水产。

2. 培养良好的饮食习惯

进餐过程中,应控制进食速度,细嚼慢咽。避免对儿童进行食物奖励或食物惩罚。家庭和托幼机构应合作,纠正偏食和挑食的不良习惯,避免儿童过度进食。培养儿童规律就餐、自主进食的饮食行为,定时、定点、定量进餐,每次进餐时间为20~30分钟。应细嚼慢咽、不偏食、不挑食、不暴饮暴食。每餐间隔时间33.5小时,餐后漱口并散步15分钟,以培养文明进食的良好饮食习惯。

3. 建立健康的生活方式

每日久坐时间不超过1小时。电视观看时长与儿童肥胖存在计量关系,观看时间>3小时更容易导致肥胖。久坐行为每增加1小时,肥胖的发生率增加1~2%。应保障幼儿每天不低于9小时的睡眠,因为研究表明睡眠和肥胖有密切关系。

4. 培养良好的运动习惯

保证儿童每日户外活动时间不少于2小时(其中体育活动时间不少于1小时)。肥胖儿童应参加中、重强度运动,鼓励超重或肥胖儿童多参加集体活动。

五、案例分享

以我园为例,全园共有356名幼儿,其中小班91人,中班134人,大班131人。肥胖幼儿共有12名,占全园的3.4%,其中女生2名,男生10名。这些肥胖幼儿中,轻度肥胖9人,中度肥胖2人,重度肥胖1人。以下为干预实施过程。

2021年9月测评后,对异常幼儿进行转诊,并建立一览表及专案,每月监测身高体重,制定干预计划。

2021年10~11月,园内重点放在饮食干预措施上。然而,月末监测体格发育情况发现,体重仍有所增长,在0.3~1.0 kg不等。这说明饮食干预并未得到很好的改善,因此需要改进干预措施。

重新制定计划:结合饮食和运动开展肥胖儿的专项训练营干预措施。体能老师根据幼儿年龄段和身体素质制定训练计划,家园同步进行。随访每位家长,了解到幼儿肥胖大多由不健康饮食习惯、不良生活习惯和遗传因素造成。在了解情况的同时,也进行健康知识宣教,并告知家长肥胖儿训练营运动措施可能遇到的擦伤、磕伤等意外伤害问题,签署同意书,并发放肥胖幼儿健康知识单。园内宣传栏也同步宣传关于超重肥胖幼儿的健康知识,班级老师也开设健康教育课。

签署知情同意书的家长建立训练营群,及时分享日常训练内容,并督促家长鼓励幼儿在家运动打卡,以养成良好的运动习惯和饮食习惯。

训练营主要由体能老师负责,保健员配合。预先给幼儿做好运动体能测评,根据幼儿的年龄和体能水平,综合采用游戏、鼓励、表扬、竞赛、一物多玩等方式开展训练。运动采用中小强度,运动中心率在100~140次/分之间,运动时间为每次40-60分钟,运动频率每周35次。刚开始进行运动时，运动强度可以稍小一点，让心率在100~120次/分之间，运动时间20~30分钟即可。随着儿童运动能力的增强，可逐渐延长运动时间和增加运动强度。由于儿童好奇心强、耐性比较差，所以不能长期让孩子进行同样的锻炼，需要变换锻炼内容，并将体育运动融入游戏当中，以引起他们继续运动的兴趣。

六、总结

（1）儿童肥胖是一个长期存在的全球社会问题，预防幼儿肥胖及代谢综合征不容忽视。我们需要从思想上深刻认识到这一问题的重要性，并学习更多的相关知识。

（2）改善幼儿或青少年肥胖需要循序渐进，改变不良的饮食行为，加强运动。在园儿童可以从每天2小时的户外活动时长适当延长，并避免不健康的环境影响。对于肥胖幼儿，由于体重原因本身较受累，因此运动方式和时长要科学安排，不可采取过激的高强度运动和饥饿疗法。

（3）采取生活方式干预措施，改变不良生活习惯，加强与患儿和家长的沟通，提高社会对这一问题的认知度。

（4）在园幼儿出现肥胖问题时，保健医生应及时转诊并采取一定的干预措施。班级老师和体能老师应一起配合执行干预计划，并得到园领导的重视和支持。同时，要落实每项干预措施并及时反馈和总结改进经验。

（5）通过增加1小时的中小强度体能锻炼和在园时间总共为3小时的户外活动等方式，结合饮食、睡眠等干预措施以及家园结合和幼儿健康教育等方法，肥胖幼儿的身高、体重得到了很好的控制并有所下降。同时，他们的自信心、表达能力、运动能力和四肢协调能力等也有所提高。

浅析中班幼儿情绪管理能力的影响因素及培养策略

李 怡
深圳市龙华区第二实验学校附属鸿创幼儿园

一、情绪管理能力概述

情绪管理,是指通过科学性的研究,先对自身情绪和他人情绪的识别,再通过科学性的培养,从而形成驾驭情绪的能力,并最终用于辅助社交能力的形成或改善。情绪管理可以是自动的,也可以是被控制的,可以是有意识的,也可以是无意识的,在情绪产生的过程中可能会在一个或多个点上产生影响。

情绪管理涵盖了积极的和消极的感受,这些感受影响着我们的思维方式、决策方式以及日常生活中协调行动的方式。幼儿情绪管理与家庭和环境的社会文化影响密切相关,幼儿与看护者的关系赋予了他们以一种社会和文化上可接受的方式表达积极和消极情绪的能力。《3~6岁儿童学习与发展指南》中也为每个阶段的幼儿设定了不同的情绪管理目标:3~4 岁为保持情绪的稳定;4~5 岁为保持正面情绪及在成人引导下改善情绪;5~6 岁为保持正面情绪以及正确地表达情绪。

在 4~5 岁即幼儿园中班这个年龄段的幼儿,开始意识到自己的个性,情绪管理能力也在发展中,他们越来越善于用语言来表达自己的感受,这意味着他们更少发脾气,会尝试理解他人的感受。

二、影响中班幼儿情绪管理能力的因素

(一)幼儿自身因素的影响

每个幼儿的发展存在个体差异,在社交和情感发展方面可能会有轻微或巨大的差异,这些自身因素会影响幼儿表达社交和情感能力的方式。

1. 年龄差异

幼儿在情绪管理能力上存在显著的年龄差异,随着年龄的增长,幼儿的情绪管理能力逐渐提高。不同性别的中班幼儿在情绪管理上无显著差异。中班幼儿能对自己和他人的情绪进行表达,也会接受别人的意见,他们逐渐变得不以自我为中心,同时能控制好自己的情绪。

2. 气质特征

气质是指每个孩子体验和接触世界的独特方式。每个孩子都是不同的,可以把气质定义为孩子的“风格”或“个性”,它是孩子的内在特征。他们的气质会控制他们在不同情况下的行为和反应。气质还受到遗传、父母教养、生活经历和文化的影响。研究表明,中班幼儿气质特

征会对其情绪管理能力产生影响。美国当代心理学家对幼儿气质的不同分为“易养型”和“难养型”,其中“易养型”幼儿能很好地控制自己的情绪,“难养型”幼儿则表现出易怒、兴奋和情绪不稳定等。

(二)环境因素的影响

环境对幼儿情绪管理能力发展的影响不可低估。如果生活环境拥挤、嘈杂,充满攻击性等不愉快的因素,往往会使幼儿产生消极情绪,使他们更加内向。反之,如果幼儿生活的环境是平静且充满爱的,其情绪会变得稳定。

1. 家庭环境

家庭关系及其表达情感的方式影响幼儿情绪管理能力的发展。如果父母的行为稳定,以一种平衡的方式表达他们的感情,幼儿也会情绪稳定;如果父母暴力,幼儿情绪也会变得急躁易怒等;如果父母过分娇惯,幼儿可能变得任性和固执;相反,如果父母过分严厉,他们就会变得内向和顺从。

2. 幼儿园环境

幼儿园是中班幼儿生活的重要组成部分之一,通常一天中有很大一部分时间是在幼儿园和老师一起度过的。如果幼儿园环境充满了不安、恶意的情绪,孩子的情绪就会变得不稳定;反之,孩子也能保持情绪稳定,学会控制自己的情绪。保持幼儿园环境和平、充满爱,与幼儿建立联系,为他们提供爱、情感、关注和接纳,这是他们成长所需要的。

三、中班幼儿情绪管理能力培养策略

(一)树立良好的榜样示范

中班幼儿通过观察学习良好的榜样示范来培养他们的情绪管理能力。可以向他们展示应该做什么,而不是仅依赖口头指导,这样会产生更好的效果。例如,幼儿在父母相互尊重的环境中长大,在和平无暴力的环境中解决冲突,会比那些在带有攻击性的父母环境中长大的幼儿,在情绪管理上更稳定和更有韧性。在幼儿园,幼儿会无意识地模仿教师处理情绪的方式,因此,教师应为幼儿树立良好的榜样形象,身体力行积极面对和处理自己的消极情绪。

(二)学会表达情绪词汇

情绪表达的目标是让幼儿能够较为完整地描述情绪事件,并能够用较为完整的语言去表达自己的情绪。根据中班幼儿年龄的特点,自我表达对幼儿的情绪管理能力很有帮助。通常,幼儿会经历一些他们无法解释的事情,随之而来的沮丧会导致他们不愉快的反应。我们可以在家或幼儿园列出所有的情绪词汇,用例子或脸部插图来说明这些情绪给幼儿带来的感觉,让幼儿能够说出他们正在经历的感觉,这样可以帮助他们更加正确地意识到他们内心深处的感受,并减少情绪爆发的机会。

(三)使用正确的情绪行为反应

研究表明,幼儿情绪行为反应是指幼儿在情绪过程中的相应行为反应。不同的情绪,幼儿会有不同的情绪行为反应。我们要培养中班幼儿能够通过正确的情绪行为反应来表达他们的情绪。当幼儿意识到他们的情绪可能会带来什么结果时,他们可能会谨慎地选择他们的行为反应。无论是在教室还是在家里,我们都可以和幼儿进行有意义的谈话,讨论什么是情绪行为反应,以及它会带来什么后果。例如,当幼儿情绪化或嫉妒时,鼓励他们说出自己的感受,而不要发脾气,这将帮助幼儿在这种情况下克制情绪爆发,因为这将防止他们伤害别人。有时候当幼儿无法控制自己的情绪时，他们往往会打同伴或对弟弟妹妹大喊大叫，在这种情况下，教师和家长必须告诉他们这是不可接受的，并提出另一种处理方式。在幼儿园或家里可以制作一张图表，列出一些情绪行为反应及其潜在影响，并让幼儿决定他们将选择正确的情绪行为反应来表现他们的情绪状态。

（四）创建适宜的情绪环境

良好的环境氛围，能够促进幼儿情绪管理能力的发展。在家庭中创建和睦有爱的氛围，父母家人之间相互理解、关心，都在潜移默化中影响着幼儿，这将对他们的行为、学习和性格产生直接影响，而在此氛围中幼儿的情绪管理能力将获得较大发展。在幼儿园，创建温馨舒适的情绪环境，在注重优化物质环境的同时，教师要注重积极心理环境的创设，可以充分利用情绪绘本、表演游戏等有效教学方式，让幼儿认识情绪表达和调节方式的多样性，并理解和尊重幼儿的情绪表现，帮助幼儿和同伴建立良好的人际关系，让幼儿更好地了解自己和他人的情绪，促进他们的情绪管理能力的发展。

四、结语

综上所述，中班幼儿处于自我为中心的时期，他们在面对情绪问题时往往会表现得较为冲动，因此需要提升他们的情绪管理能力。情绪管理能力的发展是一个学习过程，这将教会他们如何使用积极的策略去理解和调节情绪，帮助他们控制和规范自己的行为方式，以及培养同伴交往和社会适应能力，从而促进幼儿身心健康的全面发展。

一场关于杂草的探索之旅

姜侗彤
济南市山东省交通运输厅幼儿园

一、案例背景

(一)时代背景

20 世纪初,我国著名教育家陈鹤琴先生提出:大自然是我们的知识宝库,大社会是我们的生活宝库,大自然、大社会都是我们的活教材。依据陈鹤琴先生的"大自然、大社会都是活教材"的"活教育"理念,我们引导孩子们通过一系列的种植活动亲近大自然,拥抱大自然,感受大自然的奥秘与生命的流转。

(二)理论背景

《幼儿园教育指导纲要(试行)》中提出:3~6 岁是儿童生活自理能力和良好生活习惯初步养成的关键期,要培养幼儿对劳动的热爱和对劳动成果的尊重。基于此,我们以开展种植园的除草活动为契机,提高孩子们的劳动素养,促进孩子形成良好的劳动习惯和积极的劳动态度,为孩子们的终身发展和人生幸福奠定基础。

《3~6 岁儿童学习与发展指南》中提出:应经常带幼儿接触大自然,以激发其好奇心与探究欲望。我们应真诚地接纳、多方面支持和鼓励幼儿的探索行为。同时,支持幼儿在接触自然、生活事物和现象中积累有益的直接经验和感性认识。基于此,我们通过种植活动,与幼儿一起接触大自然、走进大自然、感受大自然,在接触、走进和感受大自然的过程中提升幼儿的探究能力和问题解决能力。

(三)现实背景

大自然对孩子们有着天然的吸引力,幼儿园里开设的种植园正是为幼儿提供了走进生活、走进大自然的机会。这里是孩子们最喜欢的区域之一,经过全体小朋友们的举手表决,种植园有了自己的名字——"芽芽园中园"。自从孩子们在"芽芽园中园"撒上萝卜种子后,他们每天都去看看萝卜,为土壤松土、浇水、施肥也成了他们经常做的事情。

二、案例描述

像往常一样,孩子们又高高兴兴地来到种植园,却发现不知何时芽芽园中已经长出了杂草。对于莫名冒出来的杂草,孩子们充满了好奇,并通过一系列的自主探索来探究和验证自己的观点。

(一)杂草种子哪里来

杂草就像我们的萝卜一样,生长出来是需要种子的。杂草的种子是哪里来的呢?对此,孩子们进行了一场激烈的讨论。

1. 初探杂草——猜想杂草种子的由来

孩子们纷纷猜想,各有不同的想法。(糖糖:是小蚂蚁把杂草的种子带过来;欣梦:有可能是小兔子米菲带来的;大福:落在种植园里的树叶上可能有杂草的种子;铭泽:可能是风把种子吹到芽芽园的)

老师耐心等待孩子们思考并积极倾听孩子们的想法,孩子们也从彼此的讨论和解释中受益。

2. 再探杂草——借助故事、绘本了解杂草种子的由来

带着这个疑问,孩子们一起阅读绘本、查阅资料,终于搞清楚原来杂草的种子是随风飘落,飘落到芽芽园,然后生根、发芽、长大的。

孩子们还通过"小种子的旅行"的故事了解了其他种子的不同旅行方式。

3. 深探杂草——自制绘本明晰杂草种子由来

阅读了相关绘本、故事后,宝贝们还开启了一段属于自己的小种子的旅行,他们自由地畅想、描绘属于自己的绘本故事。

首先,孩子们为自己绘本故事拟定了一个好听的名字《小种子旅行记》;接下来孩子们开始认真地制作绘本封皮;再设计有趣的故事情节;再按照顺序将图片排列起来;接下来在老师帮助下添加文字说明;最后,将一张张设有故事情节的作品胶装成册。

孩子们自创、自制的绘本就完成了。孩子们津津有味地阅读着属于自己的绘本故事。

(二)为什么要把杂草除干净

了解了杂草的小种子随风旅行,在种植园停下脚步扎根、生长直至长成高高密密的杂草后,孩子们又对"为什么要把杂草拔掉?""不拔掉杂草对萝卜会有影响吗?"两个问题进行了讨论。(雨牧:有杂草萝卜长不高,影响萝卜生长;杂草挡住萝卜的太阳,萝卜就死了;天天:杂草会抢萝卜的营养;溪溪:杂草长高会挡住小雨滴落在萝卜上;开元:杂草越高就会挡住萝卜吸收阳光)

(三)除杂草的好办法

了解了杂草种子的由来,明白了拔掉杂草的原因,孩子们自告奋勇,立即决定要开展一场除草活动。

1. 除草前准备

(1)绘制并表决拔草的加油口号

自主设计自己心仪的口号并积极向其他小朋友介绍自己的口号,孩子们都希望自己的设计能得到大家的喜欢。经过热烈的投票表决,孩子们选出了"加油,奥利给!"作为他们的除草口号。

(2)选取合适的拔草工具

拔草前,孩子们各自选择了自己心仪的拔草工具,有的小朋友直接徒手拔草;有的小朋友寻找长长的木棍;有的小朋友找到许多小树枝;有的小朋友利用小铲子;有的小朋友借助剪刀……

(3)让土壤保持湿润以便轻松拔草

拔草过程中,孩子们发现由于土壤太干,杂草不易拔出。所以孩子们又先为芽芽园浇了水,使土壤保持湿润,以便自己能轻松除草。

2. 除草大作战

一切准备就绪,孩子们的除草大作战就要开始啦。徒手进行,将杂草连根拔起是孩子们除草的好方法;寻找石头,用石块挖向杂草的根部是孩子们除草的好方法;借助铲子,向着杂草深深铲去是孩子们除草的好方法;利用剪刀,剪掉杂草的叶子是孩子们除草的好方法。

三、案例分析

(一)除草活动的开展遵循了幼儿兴趣

种植园里的一颗颗杂草,激发了孩子们的好奇心。跟随幼儿的兴趣点,教师与孩子们一起经历了一场未知的旅程:讨论、猜想、观察、分析、记录、表征、动手操作……活动中孩子们的学习兴趣和探索兴趣得到激发,求知的欲望空前高涨。孩子们在探索中丰富认知,在操作中大胆尝试,在观察中快乐成长。

(二)杂草种子的探索蕴含了生命教育

依据陈鹤琴先生的"大自然、大社会都是活教材"的这一"活教育"理念,通过种植活动引导孩子亲近大自然,拥抱大自然,感受大自然的奥秘与生命的流转。

(三)除草活动的开展渗透了劳动教育

以种植园里的杂草为契机,引导幼儿参与到除草的活动中,不仅提高孩子们的劳动素养,促进孩子形成良好的劳动习惯和积极的劳动态度,更锻炼了孩子们的意志,磨砺了自我,为孩子们的终身发展和人生幸福奠定了基础。

四、结论与思考

(一)教学活动的生成要遵循孩子在前,教师在后的原则

1. 捕捉幼儿兴趣点

教学活动的生成与开展要基于幼儿的疑问与好奇点,从兴趣点出发,引导孩子在操作中自主探究、解决问题,以此培养孩子的独立思考与解决问题的能力;从兴趣点出发,孩子的参与度与投入度更高,活动的开展会更加顺利与深入。

2. 坚持幼儿主体性地位

活动开展过程中以幼儿为中心,尊重幼儿的主体地位,教师作为参与者与合作者为幼儿创设自由的空间、开放的环境,引导幼儿在自由的氛围中发现问题、探究问题、解决问题。

(二)日常教学活动的开展注重渗透教育

1. 在日常活动中渗透劳动教育

劳动教育并不是传统意义上的干体力活,而是把劳动作为一种手段,通过感受劳动、参与劳动过程,培养孩子爱劳动、坚持等品质。一日生活的各个方面皆可渗透劳动教育,如小值日生、图书管理员、小班长等。

2. 在日常活动中渗透生命教育

生活中的任何环境都会引起孩子的兴趣,环境是重要的教育资源,是进行生命意识启蒙教育中不可或缺的组成部分。教师要带领孩子走进大自然、大社会这一大环境,在探索自然与社会的奥秘中感受生命的精彩。

(三)教师要注重提升自身专业素养

作为教师要善于发现和保护幼儿的好奇心,充分利用自然和实际生活机会,捕捉有教育价

值的信息,发挥教育机智,引导幼儿通过观察、比较、操作、实验等方法,学习发现问题、分析问题和解决问题,并帮助幼儿不断积累经验,并运用于新的学习活动,形成受益终身的学习态度和能力。这就需要教师要有较高的专业素养与敏锐性,及时捕捉“闪光点”,更好地促进幼儿的可持续发展。

小小的除草活动,承载了孩子大大的快乐与梦想。芽芽园中园的除草记虽然暂时结束了,但孩子们成长的旅行却一直在路上。期待孩子们像有生命的小种子一样,向阳而生,茁壮成长!

核心素养视角下幼儿园班本课程的实践探究
——以小班班本课程"'码'上行动"为例

陈瑞燕
深圳市龙华区第二实验学校附属鸿创幼儿园

2014年3月,教育部研制印发《关于全面深化课程改革 落实立德树人根本任务的意见》中提出各学段学生发展核心素养体系,明确学生应具备的适应终身发展的必备品格和关键能力。自2019年冬,武汉突发新冠疫情,疫情的反复不仅对我们的出行、生活带来不便,工作及教育也受到了极大的影响。2022年,为配合推进常态化疫情防控,深圳各幼儿园在疫情常态化的背景下复学,并严格按照防疫要求推进日常教育教学工作。抗疫、防疫一直深刻地影响着幼儿的学习与生活,也为教师的工作带来了新的挑战及教育契机。如何抓住并利用生活中的教育契机开展班本课程,以发展幼儿的核心素养?本文以小班班本课程"'码'上行动"为例,阐述在核心素养视角下以幼儿园班本课程为载体,促进幼儿全面和谐发展的实践探究。

一、从儿童本位出发,课程开发有起点

虞永平教授说:"课程应在儿童的生活和行动里。"为全面抓好校园常态化疫情防控工作,切实保障师生生命安全和身体健康,我们开启了一日一检的在园核酸检测。为了方便医护人员更好地开展核酸检测扫码登记,老师们将手机里的核酸码"变"成了一张张小卡片。当孩子拿到核酸码卡片,我们发现孩子对核酸码非常感兴趣,并说出来一些让我们感到惊喜的言语,比如"这是健康码?""这是核酸检测扫码用的"等等。从这一点我们可以发现孩子对核酸码、健康码是有零散的经验的,由此引发了教师的思考——是否能够抓住幼儿对于核酸码的兴趣点以班本课程的方式带领孩子探索核酸码和健康码呢?以此产生"'码'上行动"班本主题的探究。在发展核心素养的背景下,结合当下疫情防控常态化的情况,选择对"核酸码""健康码"进行课程探究,这显然是不错的教育契机。幼儿总是对新鲜的事物感到好奇,而教师要学会有效地观察儿童,才能捕捉到幼儿的发展需求。

二、构想课程内容,课程实施有架构

教师不再仅仅是课程的实施者,而应是课程的开发者。这意味着实施班本课程对教师的课程建构能力有更高的要求。顺应幼儿关注点及提出的问题,我们开始预设关于核酸码可探索的内容,与幼儿展开谈话、梳理幼儿的已有经验,并记录幼儿好奇的问题,如"核酸码有什么作用?""里面隐藏了哪些信息?"在谈话的过程中,许多幼儿还提出了有关健康码的话题。核酸码是新冠核酸检测信息系统专用的二维码,是核酸检测时的必备码;健康码是我们在疫情期间的健康凭证,二者密不可分,在防疫工作中都起到了至关重要的作用。同时,二维码的作用不仅应用于防疫,它已经悄无声息地进入到我们的衣食住行中,于是我们将探索生活中的二维

码作为主题的延伸内容。整理幼儿提出的问题以及教师预设的内容后,我们的"'码'上行动"班本课程的架构基本成型,以"核酸码有什么作用?""核酸码隐藏着哪些信息"为主题线索,展开"核酸码的秘密""健康码知多少"和"生活中的二维码"三个层面的内容。

三、拓展资源链,取舍课程内容,课程内容有审议

班本课程是基于幼儿的兴趣与发展,利用和整合现有资源的一种课程形式。在"'码'上行动"的谈话活动中,我们发现有幼儿提出的许多问题都具有可行性,值得探究。我们根据"儿童最近发展区"选择了具体的、接近幼儿生活的经验的内容,确定了该课程的走向及内容,如在核酸码的探究中,我们选择探究"核酸码有什么用""核酸码里面隐藏着哪些信息",以及有关健康码的"什么是健康码""健康码为什么有各种颜色"等问题。但如何结合生活实际解答幼儿提出的问题成了我们课程审议的重点。我们将目光投向幼儿园内部资源,如幼儿园保健室园医、疫情防控工作小组老师(他们对核酸检测流程、疫情防控体系等内容最为熟悉),还有核酸检测扫码绑管员(他们对核酸码最为了解)。在"健康码的颜色"探究中,我们可以寻求幼儿园里有健康码异常经历的老师和小朋友的帮助。在"生活中的二维码"探究中,我们可以邀请爸爸妈妈带领幼儿进行一次寻找二维码活动,利用家长资源和社会资源收集并了解生活中的二维码。除此之外,我们还可以利用网络资源、环境资源等满足幼儿的学习需要。

四、追随幼儿的实践路径,促进对象发展

张华在核心素养的内涵研究中指出:当前世界共同追求的核心素养即协作、交往、批判性思维与创造性。核心素养是人解决复杂问题和适应不可预测情境的高级能力和人性能力。虞永平教授也说过:"课程就在儿童的生活中,就在儿童的行动里,就在发现和解决问题的过程中。"班本课程更强调以幼儿实践为核心。课程内容及资源整合完成后,我们踏上了主题实施的道路,将解决问题的权力交给幼儿。

我们先从主题的线索出发,解决关于核酸码的两个问题。幼儿通过采访园医了解核酸码的作用,知道了核酸码是如何协助我们完成核酸检测的;在采访扫码绑管员时,幼儿也提出了他们的疑问,如"核酸码是一样的吗?里面有哪些秘密?"扫码绑管员热心为幼儿一一解答并亲身向幼儿演示扫码的流程。幼儿通过图画的方式记录自己的猜想与结果。

在健康码的探究活动中,我们通过网络资源了解健康码的由来、健康码上的信息和健康码的三种颜色。但是,"健康码为什么会变颜色?变颜色了该怎么办呢?"由于我们班级的老师和孩子都没有变码的经验,于是幼儿再次化身小记者,寻找园内有不同变码经历的老师和孩子。通过采访加上集体活动的整合,了解到红黄绿代表着不同的风险等级和防疫管理,对健康码的认识更为全面。在了解健康码的过程中,幼儿也学会了如何守护自己的绿码。了解防疫知识后,我们鼓励幼儿使用绘画的方式表征,向其他幼儿及家长宣传防疫知识、学会健康生活。

在经过对健康码和核酸码的相关探究后,我们发现二维码的作用不仅限于防疫,它已经深入到我们的衣食住行中。因此,我们围绕生活实际,跳出二维码"抗疫"的单一作用,展开对二维码的延伸活动。利用家长和社会环境资源寻找并调查生活中存在的二维码及其作用,实现多维经验的整合。在主题的最后,我们鼓励幼儿大胆设计未来的二维码,通过"研发"新二维码,为培养和造就创造性人才打基础。

整合幼儿已有经验、寻找幼儿兴趣点,预设好关键问题,寻找有效资源,将解决问题的权力

交给幼儿，在讨论和实践中积累经验，在探索的过程中引发思考、获得发展。

五、反思课程，促进教师成长

在“‘码’上行动”的预设、实践阶段中，我们不断思考活动是否设定合理、是否可行；如何将抽象的概念具象化，帮助幼儿理解；提供环境和条件支持幼儿自主探索；不断检视课程目标及网络图……班本课程的实施不仅是帮助幼儿获取新经验，教师也在这个过程中不断取得成长。

一日生活皆课程，生活中有很多微妙的教育契机。新冠疫情肆虐的环境下，“测核酸”“健康码”的话题逐渐出现在幼儿的生活中。教师要善于捕捉幼儿的兴趣点及教育契机，抓住这样的教育契机能推动幼儿学习的主动性。当我们立足于幼儿的视角，我们的课程才有故事、有温度。总而言之，教师要不断学习，与时俱进，更新核心素养的教育理念，思考如何将核心素养的教育理念融入教学实践，这样才能创设出适应社会发展、符合幼儿身心发展的教育计划及教学实践，提高在班本课程中培养幼儿核心素养的能力，以培养幼儿适应未来社会发展所需要的能力与品质。

合理投放活动材料　促进幼儿身心发展

——谈幼儿共享区域材料的投放策略

胡海燕
深圳市龙华区创新实验学校附属东华明珠幼儿园

一、引言

在幼儿园特色游戏课程——“共享区域活动”的推广与运用课题组的专业引领下,我们涉足共享区域新领域。打破班级、年级的界限,采用年级组共享区域的形式,开设了语言馆、生活馆、建构馆、科学馆、角色馆、戏剧馆等9个场馆,使年级组内所有班级的资源和活动实现共享,充分发挥资源功能的最大化,实现教育资源的真正共享。苏霍姆林斯基说过:“儿童的智慧在他的手指尖上。”共享区域注重提供丰富适宜的材料以满足幼儿的操作需求。操作是幼儿的主要学习方式,而材料是操作的载体,是共享区域活动实施和开展的核心,是共享区域活动的灵魂。那么,如何投放共享区域材料,以支持幼儿的活动、促进幼儿游戏的开展呢?

二、深思熟虑“巧投放”

共享区域的材料设计和投放应依据幼儿的兴趣、年龄特点和教育目标进行。材料投放是否合适的重要标准就是是否针对各年龄段的幼儿提供不同且具有挑战性的操作材料。一般情况下,我们认为符合幼儿“最近发展区”的材料就是具有一定挑战性的材料,而幼儿对材料的选择频率、持续时间与材料种类是否具有挑战性相关。

材料是共享区域中显性的元素,操作材料是幼儿游戏的支柱,幼儿通过操作材料在游戏中学习。要使提供的操作材料做到丰富适宜,需要从以下四个方面考虑。

(一)高、低结构材料相结合

共享区域材料投放时需考虑高、低结构材料相结合的原则。高结构材料教育目标指向性强,容易让幼儿体验成功感,但玩法单一;低结构材料可以更好地发挥幼儿的想象力和创造力。如果将两类材料相结合,能使投放的材料既适宜又具有挑战性。例如:大班数学馆“计数区”除了投放数字、数物对应板等材料外,还可以投放雪糕棒、圆木片、松果等自然材料,幼儿通过数一数、分一分,练习计数以及学习10以内加减法。高低结构材料相结合,能满足不同能力幼儿的操作需求,提升幼儿经验,促进幼儿发展。

(二)材料的多样性,做到一物多用

开展共享区域活动,教师应分析现有各种材料的不同特点及其教育功能,探索和挖掘每一种材料的多样玩法,从而启发幼儿操作材料时能充分发挥材料的多种功能。例如:纸筒芯,投放到绘画区,可以供幼儿自主创意绘画;投放到分类排序区,可以供幼儿练习高低排序;投放到建构区,可以供幼儿建构高楼、宝塔,掌握垒高等建构技能。

（三）材料的可操作性

为幼儿选择立体性强、具有可操作性的材料，这样他们的兴趣能够更持久地保持。可操作性的材料更应该关注材料的层次性，不同层次的材料或者同一材料有不同层次的使用方法，可以满足不同能力幼儿的选择和需要。

例如：语言馆投放最多的是绘本，但每次区域活动选择语言馆的幼儿都比较少，孩子们持续阅读的时间较短，很快就会出现打闹、无所事事的情况。归根到底还是语言馆缺少操作性材料。教师将语言活动内容物化为具有可操作性并富有趣味性的材料投放于区域中供幼儿操作，如绘本故事中各种角色人物的图片，提供点读机、机器人等材料，让幼儿在可看、可听的双重感官感受中发展语言能力。文字区里投放报纸、杂志，请幼儿圈出自己认识的字、相反词、找朋友、同组文字接龙、儿歌拼图和百变拼字等，让幼儿在操作中对文字产生兴趣。书写区里提供趣味刷字、粘贴字、沙画字、拓印字、自制图书等活动，让幼儿在写写画画的过程中体验文字符号的功能。

（四）幼儿的年龄特点和能力水平

各年龄段幼儿有着自身的学习与发展特点，小班以成品玩具为主，中、大班半成品和废旧材料逐渐增加。伴随着年龄的增长，幼儿操作中的自主性和创造性将得到有效激发。在共享区域活动中，我们应该提供丰富多样、适宜的操作材料让幼儿游戏，使幼儿有更多的操作空间和发展途径，而材料的丰富性、趣味性与可操作性是保持幼儿游戏和操作持续性的基础。

三、材料投放的原则

共享游戏区活动只有为拥有不同能力的幼儿提供丰富、多变、适应其发展的游戏材料，才能更好地激起幼儿学习的主动性，使幼儿在不断操作、探究材料的过程中获取信息、积累经验、丰富情感从而获得发展。因此，材料投放还要注意运用以下原则，以便更好地增强材料对幼儿游戏的有效支持。

（一）循序渐进

教师根据幼儿的发展水平和年龄特点，在材料的投放上注意有序渐进，遵循由易至难、由浅至深、由简至繁、循序渐进的原则。比如小班建构馆以纸盒、小型中型积木为主，辅助材料以玩具车模型、动物模型为主。小班幼儿的建构活动往往是无意识、无目的的，建构的特点是独自游戏和平行游戏，只对搭的动作感兴趣，而不在乎搭出什么。小班幼儿的建构游戏嬉戏性较强，作品结构较为简单。

中班建构馆以小型、中型积木和纸盒为主，辅助材料以奶粉罐、动物模型、玩具车模型、花草树木模型为主；中班幼儿已具有一定的建构水平，手部小肌肉动作逐渐发展，思维、想象、生活经验等更加丰富，建构的目的性增强，建构的坚持性也在增加，建构水平由单一的延展向整体布局过渡。

到了大班建构馆，材料更加丰富，主要以大型、中型、小型积木为主，辅助材料包括场所名称、各种规格的木板、玩具车模型、交通标志、测量工具、花草树木模型以及书写工具等。大班幼儿已经具有一定的独立建造能力，掌握了一定的搭建技巧，能够灵活使用辅助材料，事先能进行一定的设想和规划，并能通过分工、合作完成一件较为复杂的工程。大班幼儿能够搭建出具有场景、情节的较高水平的建筑群，其建构作品多为立体结构，讲究对称和平衡，形象生动。

(二)及时更换

及时更换指的是根据发现的问题和幼儿的身心发展、年龄特点,及时调整幼儿游戏操作的环境及材料。幼儿对新鲜、好玩的操作材料往往兴趣浓厚,但如果材料一成不变、单调枯燥,时间久了他们也会失去游戏的兴趣。因此,提供的材料不能一成不变,而应根据幼儿的身心发展和年龄特点,以及观察到的幼儿活动现象和幼儿的发展需求,定期或不定期地进行更换与补充。例如,大班语言馆中的"文字区",如果前阶段提供的沙池写字、字卡、拓印汉字等材料使用时间过长,教师就要及时更换、调整材料,将字卡改为偏旁部首组字,将拓印出来的汉字用吸管、棉线、黄豆等材料进行装饰;补充报纸、砂纸、白纸、彩笔、小黑板、粉笔、油画棒、水粉颜料等材料;开展剪贴汉字、装饰汉字、拼贴汉字、尝试书写汉字等活动。有了新材料的挑战,幼儿活动的积极性被调动起来,操作兴趣也增强了。

(三)支持幼儿想象力及创造力的发展

材料投放要有益于幼儿的创造性思维。要给幼儿留有发挥想象的余地,提供给幼儿解决问题的机会,让幼儿在直接探究、感知自然和环境的实践活动中,积极、主动地构建知识。

在区域中适当投放一些开放性材料,例如:一块围巾,它可以用作包裹娃娃的毯子、野餐的平台、堡垒的遮盖物,还可以成为新娘的面纱。开放性材料可以拆开、复原,与其他材料相结合,还可以变形为儿童想象的物体。再比如:一根雪糕棒可以变成钓鱼竿、搅拌调制品的汤匙、神奇的魔杖、蜗牛走的平衡木。开放性材料提供了几乎无数的变数,激发儿童创造他们自己的故事。

四、结语

综上所述,材料作为区域活动的重要组成部分,能在最大程度上引起幼儿的兴趣。因此,为不同年龄阶段、个性特征的幼儿提供丰富多变、不同层次、适宜其使用的活动材料至关重要。投放适宜的材料,可明显提高区域活动的实际效果。这就要求教师对活动材料的种类、数量、外在特征和可转换性等进行精心设计和安排,使提供的游戏材料处于不断变化之中,使之具有可变性、新颖性,不断地吸引幼儿,引发幼儿产生新的游戏情节。

智“勇”双全 “闯”出精彩

——户外活动中幼儿勇敢品质的培养

吕明珠

德州市临邑县凯旋小学

《3~6 岁儿童学习与发展指南》指出,幼儿在活动过程中表现出的积极态度和良好行为倾向是终身学习与发展所必需的宝贵品质。我们要帮助幼儿逐渐养成积极主动、认真专注、不怕困难、敢于探究和尝试、自尊自信的品质。教师根据幼儿的身心特点,组织、带领幼儿参与户外活动,不仅能发展他们的基本动作,提高动作的协调性和身体灵活性,对于勇敢品质的培养也有很大的帮助。

一、户外活动中幼儿勇敢品质培养的意义

在户外活动开展中,幼儿表现出的勇敢品质,也反映了一种直观的幼儿期待,他们希望成为户外活动的主人,向其发出自我挑战,尝试超越。本次的“小勇士闯关”户外活动,从幼儿的兴趣出发,让他们在自由、愉悦的氛围中锻炼身体、意志力,通过科学的举措促进其身心健康发展。这不仅提高了中班幼儿对活动的自信心,也提高了幼儿的人际交往能力、初步的合作能力等。同样还能帮助我们教师更好地理解幼儿的勇敢品质培养路径,从而更有效地为幼儿的学习服务。

活动缘起:一次早上来园,林林背着小书包蹦跳着来到了幼儿园。今天的他和往常有些不一样,很明显林林穿了一件新衣服,他的衣服上面印了很多漂亮的图案和文字,其他的小朋友看到了都非常好奇地围在林林身边,大家认真欣赏着这件别致的衣服,还有人用小手轻轻地摸着林林衣服上的图案。月月忍不住发出赞叹:“林林的衣服真酷呀。”小小马上接着说:“其实我也有这个衣服,这是斯巴达小勇士赛的衣服。”“斯巴达小勇士赛是什么呀”?一时间,我们的幼儿对小勇士赛产生了好奇,大家七嘴八舌地讨论起来。在孩子们热闹的讨论声中,林林终于揭开了谜底,他稍微整理了自己的思路之后,就向同伴介绍了衣服的由来。“妈妈说斯巴达是勇士精神,我去挑战了小勇士赛,这次的比赛我还得了奖牌,因为我力气大,有勇气。”一时间所有的幼儿都恍然大悟,看着大家的讨论热情高涨,我决定也组织一次以“小勇士闯关”为主题的户外活动,借此机会来培养大家的勇敢品质,让幼儿成为乐于面对、勇于挑战的优秀儿童。

二、户外活动中幼儿勇敢品质的培养策略

(一)图片欣赏,激发学习兴趣,刺激勇敢品质

教育心理学研究表明:3~6 岁的幼儿更适合直观、立体的学习方式。幼儿对于颜色鲜艳、画风独特的图片颇感兴趣。教师可以借助于网络渠道,搜集一些幼儿感兴趣的勇士图片,在视觉上对幼儿进行刺激,此时他们会主动模仿图片中英雄人物的着装、动作,尝试走近英雄。教

师要充分借助幼儿对勇士的崇拜,激发他们内在隐藏的勇敢品质,让幼儿成为思想独立、行为独立的好儿童。

活动一:林林介绍的内容虽然短小,但却激起了其他幼儿的兴趣,很多幼儿都表示想要知道更多关于勇士挑战赛的知识。鉴于大家对于“斯巴达勇士”非常感兴趣,于是教师借助网络资源,找到了很多关于儿童斯巴达勇士赛的照片。观赏这些照片的时候,很多幼儿都发出了赞叹的声音:“简直太帅了”。简单了解之后,幼儿们纷纷到户外向自己的小伙伴展示技能,他们也学着斯巴达小勇士的样子摆姿势。硕硕对同伴说:“你看我的姿势跟图片上一样不一样?我觉得太酷了,像奥特曼变身的动作一样,我感觉自己都像是奥特曼了,这种感觉简直太棒了,要不你也跟着学学吧?”听罢,附近几个小伙伴就开始行动起来了,大家选择了自己最喜欢的勇士,尝试着模仿他的专属动作。

喜欢模仿某偶像、榜样人物,并且在同伴和教师面前进行展示,是大部分幼儿的心理特点。教师从幼儿的特点出发,展示一些斯巴达勇士的图片,在激发他们的模仿学习兴趣之后,再引导他们在户外活动中进行动作展示,并且鼓励他们玩一些与勇士有关的游戏,能有效培养中班幼儿的勇敢品质。

(二)寻找材料,开展户外活动,培养勇敢品质

《3~6岁儿童学习与发展指南》要求:我们要充分扮演好“指导者”的角色,帮助幼儿在游戏中提高认知水平。在教师的鼓励和带动之下,幼儿尝试着制作简单的计划和记录,在主动探究的过程中,以全新的视角来认识周围事物。在“小勇士闯关”活动中,教师要让幼儿变身“小小设计师”,将主动权交给幼儿,由他们自行选择合适的材料来设计户外活动内容,进而自选材料,自主尝试搭建,教师也能借此机会培养隐藏在搭建过程中的幼儿勇敢品质。

活动二:看到幼儿对“勇士”很感兴趣,教师趁机组织了户外活动“小勇士闯关”。这一次的活动和以往不同,先由幼儿在头脑中构思,有了简单的想法之后,幼儿拿起画笔开始尝试自主设计。设计完成之后再到操场寻找自己所需的材料,起初大家在幼儿园找了一圈都没有收获,从他们疲惫的脸上不难发现:找不到合适的材料有点打击自信心。此时教师鼓励幼儿不要放弃,最终大家经过商量还是决定:一起去寻找幼儿园现有的玩具、材料,就地取材设计户外活动。在寻找的过程中,教师引导他们观察并思考材料的适宜性。恬恬、东东和瑶瑶发现,像乌龟壳一样的玩具很有意思,教师则邀请感兴趣的幼儿站上去体验。幼儿们勇敢尝试后发现:站上去会摇摇晃晃,因此便给它取名为摇摇桥。

在活动中始终要尊重幼儿的主体地位,鼓励他们基于自己的想象和经验,大胆设计、安排闯关赛的材料,并且在实践中根据观察不断修正计划表。这样的举措能有效提升幼儿们的观察能力和探究能力。在观察与触摸时他们可以了解不同材料的特点,丰富相关知识经验的同时,又能激发其应对困难的勇气,培养勇敢品质。

(三)解决问题,完善活动设计,提升勇敢品质

《3~6岁儿童学习与发展指南》中做出了明确的要求:教师需要帮助幼儿形成积极主动、不怕困难的良好学习品质,让他们勇敢地面对挫折,尝试自行解决问题。由幼儿自主设计的活动方案,难免因考虑不周而出现漏洞,影响户外活动的开展效果,打击他们的自信心。教师要逐步引导幼儿学会直面挫折、勇敢超越自我,引导幼儿在反复尝试的过程中,学会主动发现问题、勇敢解决问题。

活动三:经过一阵忙碌,户外活动的材料都找齐全了,幼儿们终于可以开心地玩游戏了。

但在“过小桥”这个活动中，出现了一些问题：当一组小朋友一起闯关时会出现“堵车”的情况，前面的小朋友太多，后面的人根本过不去。通过观察，教师发现是由于材料摆放不合理，导致“堵车”现象。在教师的引导下，幼儿也意识到了这一问题，于是他们决定完善活动方案，依靠自己的力量勇敢超越难关。幼儿自行调整了材料的位置，之后重新调整心态，勇敢进行了尝试，果然这一次成功了：一个小组的幼儿很轻松地就走过了小桥。

因害怕面对困难而选择逃避是幼儿的天性。对于在闯关活动中出现的难题，有一部分幼儿宁愿放弃，也不想大胆尝试。过于懦弱的幼儿是难以承担责任的。教师需要从幼儿现有的心理特点出发，在保证安全的前提下，努力培养他们的勇敢品质，以鼓励大胆尝试的方式带动幼儿，让他们积极地参与到闯关活动之中。

三、结语

《3~6 岁儿童学习与发展指南》提出：幼儿正处于身体发育与品质培养的关键阶段。在平时的一日活动中，教师要注意采用正确的引导方法，在提高幼儿身体素质的同时，也要重视勇敢品质的培养，让幼儿养成大胆面对、勇于闯关的积极心态。户外活动给幼儿带来的学习与成长欢乐是显而易见的。总之，重视幼儿的学习品质，一直是我们教师在幼儿一日活动中需要关注的地方。中班幼儿更是需要重视学习品质的培养，良好的学习品质将会伴随中班幼儿一生的成长，不仅为他们的身心健康发展奠定扎实的基础，还能有效培养他们的勇敢品质，让他们满怀信心地应对学习、生活中的各种困难。

教育叙事
——“移动整理车”

李姝瑶
长春市吉林省直文化系统幼儿园

一、选题缘由

在日常的幼儿园生活中,孩子们注意到活动室与盥洗室之间的地面上常常残留水滴,这些水滴源自清洗后的餐具,导致地面湿滑,幼儿频繁摔倒。这一现象引发了孩子们的热烈讨论,大多数孩子认为应该制作一个整理车来集中运送餐具,以解决这一实际问题。这一课题活动源于现实生活的需求,是一个真实的、具有挑战性的任务。在制作过程中,孩子们需要了解生活中移动整理车的样式与结构,选择合适的制作材料,明确安装的程序与方法,并学会分工合作。鉴于这项活动对幼儿成长的价值,教师决定引导孩子们设计一款既安全又实用的移动整理车,为后续生活区小厨房的工作提供便利。

二、第一阶段活动

1. 活动 1:回顾与分享

教师引导幼儿回顾并分享他们对移动整理车的相关经验。

教师提问:你在哪里见过整理车,它们是什么样子的?

叮当回答:我在图书馆见过整理书的推车,它是双层的。

芷沫回答:我见过的整理车是铁做的,有两个把手,可以推着走。

2. 活动 2:设计与规划

幼儿分享他们收集的“我寻找到的车”的资料,并独立完成整理车的设计图。

3. 活动 3:材料收集与准备

幼儿回家收集材料,并将收集到的材料带到幼儿园。他们对材料的实用性与操作性进行了讨论。

小靳:我把家里的呼啦圈锯断了,它有弧度,可以用来做把手。

加一:我带的是三个塑料筐,它们可以直接做成三层,而且还有围栏。

小靳:老师,我们需要 3 个大塑料筐、4 个小一点的轮子和一些木料。

教师为幼儿提供了所需材料,幼儿对材料进行核对与加工,为接下来的制作阶段做好了准备。

4. 阶段小结与反思

(1)幼儿。

第一阶段活动结束后,教师引导幼儿进行整体回顾与反思。首先,通过绘制圆圈图,幼儿分析与归纳出制作移动整理车所需材料的性能，即承重性好、硬度较强的物品符合制作标准。其次，幼儿总结反思在活动过程中无论遇到任何困难，都要齐心协力攻破难关，共同解决问题。

(2)教师。

教师引导幼儿学会分工合作。在第一次实际操作中，幼儿没有分组合作，导致活动进展缓慢。在教师的引导下，幼儿学会分成小组，一组负责锯木料，一组负责校对长度，逐渐形成浓厚的合作氛围，推动了活动的进展。

三、第二阶段活动

1. 活动1：轮子安装挑战

根据幼儿绘制的流程图，制作整理车的首个任务是安装轮子。面对这一任务，幼儿们积极动脑，尝试各种方法，并进行了反复的比对和尝试。

叮当提议：我们可以用胶水把轮子粘在木料上。

问题浮现：然而，胶水无法把轮子粘在木料上，这可怎么办呢？

小靳的发现：他注意到轮子上有很多小孔。

叮当的新建议：我们可以在孔里钉钉子！但钉子应该固定到哪里呢？

教师的引导：她提出，如果不用支柱可不可以呢？

小靳的提议：我们可以直接把轮子按在塑料筐上，不用支柱也可以。

加一的担忧：但是筐是塑料的，直接把轮子钉在上面，筐容易坏吧。

叮当的解决方案：我们可以在塑料筐下面垫两条木料，再把轮子钉在木料上。

幼儿们重新测量了塑料筐底面的宽度，准备了长度适中的木料，并分工协作使用电钻。经过不懈的努力，他们终于完成了最下面一层的轮子安装。活动结束后，幼儿们还绘制了安装轮子的流程图，并分享了他们的收获，比如如何使用电钻。

2. 活动2：连接层的安装探索

完成轮子安装后，幼儿们根据流程图开始了二三层的连接工作。

新问题出现：支柱怎样能固定在塑料筐上呢？

叮当的提议：用钉子能固定住吗？可是也没有那么长的钉子啊。

小靳的解决方案：他提出，角码应该可以！并示范给其他幼儿看。

幼儿们先将角码用电钻固定在支柱上，再用螺丝将支柱固定在塑料筐上。很快，四个支柱就陆续安装完成了。

3. 活动3：支柱安装与问题攻克

在安装支柱的过程中，幼儿们遇到了两个问题。

(1)问题一：支柱怎么样才能立得稳呢？

肖肖的发现：他注意到支柱有点斜，不是很平。

小靳的分析：他认为塑料筐上面有钉子，所以支柱立不稳。

芷沫的提议：她提出，支柱不平我们可以用砂纸磨平。

幼儿们尝试用砂纸打磨支柱，并更换了木料固定的位置，终于解决了支柱不稳的问题。

(2)问题二：第二层塑料筐下面没有木料，螺丝在哪个位置可以固定呢？

小靳的担忧：他注意到螺丝凸出来有点尖，小朋友在放盘子的时候很容易刮到手。

芊芊的提议：她提出，可以在下面加上螺母固定。

芷沫的提议:她觉得之前拼装大桥用的平头螺丝可以,不会刮手。

幼儿们更换了平头螺丝,并用螺母进行固定,从而解决了安全问题。他们还总结了使用螺母固定在螺丝上可以避免划伤手的方法,并用螺母固定好了所有的螺丝。之后,他们尝试运用角码加固支柱的稳定性。经过反思和调整安装顺序,幼儿们克服了重重困难,成功制作了移动整理车的基本框架。

4. 阶段小结与反思

(1)幼儿。

制作活动结束后,教师引导幼儿运用流程图绘制出制作移动整理车的主要步骤,并借助流程图回顾与总结了操作过程中遇到的困难和解决的办法。

(2)教师。

教师为幼儿提供丰富的材料,促进了幼儿积极探索解决问题的能力。在实际制作整理车的过程中,幼儿遇到了各种各样的问题——如何安装轮子和把手、固定支柱等。当遇到无法解决的问题时,教师进行适当的引导和支持,推动了活动的顺利开展。例如,当幼儿根据自己提出的所有想法都无法固定把手时,教师及时提供材料,引导幼儿尝试使用这些材料,最后顺利地安装好把手。教师耐心引导幼儿学会接纳他人,向同伴学习。当幼儿没有被分到自己喜欢的工作时,表现出了不积极、不主动的态度,此时教师及时介入进行疏导,让幼儿意识到自己也具有独特的价值,也要向优秀的同伴学习。经过教师的讲解与分析后,幼儿在后续的活动中逐渐学会理解同伴,并能虚心学习同伴的长处,相互取长补短,共同进步。

四、第三阶段活动

1. 活动:检查与测试

安装成功后,幼儿们兴奋不已,提议在移动整理车中放点东西试一试。通过实际测试,移动整理车既能装载较轻的生活区材料,也能承载较重的积木,整理车基本符合应用标准。

2. 阶段小结与反思

(1)幼儿。

移动整理车制作完成后,教师引导幼儿对整个制作过程进行回顾和反思。幼儿绘制了材料气泡图和工具气泡图,并与最初的思维地图进行对比。通过对比,幼儿发现制作过程中使用的材料与工具均与活动前的计划有所不同。例如,他们最初计划使用铁网制作储物层,但实际制作时使用了塑料筐,并因此运用了卷尺、垫片和扎带等新工具。在制作过程中,幼儿不断尝试与探索,最终找到了最适合制作整理车的材料和工具。

(2)教师。

教师充分尊重幼儿的兴趣,调动他们学习的主动性与积极性,让他们体验到学习的乐趣,从而激发内在动力。兴趣作为幼儿学习的原动力,是深度学习的前提。在尊重幼儿兴趣的同时,教师也遵循了幼儿原有的认知发展水平和经验,提前预测和把握幼儿在活动中可能遇到的困难和挑战,并适时介入,有针对性地引导。教师使用激励性语言与幼儿互动,激发他们后续学习的动力,并保护他们的自信心。在整个活动中,幼儿敢于面对困难和挑战,不轻言放弃,积极寻找对策解决问题。这不仅提高了他们的认知水平与问题解决能力,还培养了良好的学习品质。

农村混龄幼儿班教学活动实施现状及策略研究

徐 婷
深圳市龙华区第三幼儿园

本研究中的"混龄教学"是指在打破年龄限制的基础上,结合不同年龄儿童发展所需的认知、情感、社会性、技能等方面内容,教师通过有组织、有计划的安排,促使所有幼儿获得发展。混龄班是指将年龄差距超过一岁的不同年龄段幼儿按照一定模式安排在同一班级内而形成的教育集体。

一、幼儿园进行混龄教学的原因

农村幼儿园实行混龄教学的主要原因之一是生源太少。近五年来,幼儿园小班入园人数均不足 10 人,如果按照大中小同龄编班则班额较小。根据教育局规定,原则上农村教学点 10 人以下的幼儿进行混龄编班教学,因此中小班共 16 名幼儿被安排在一个活动室,由一名教师负责所有教学活动。第二点原因是农村幼儿园缺乏师资。调查园所是"3+2"办学模式的农村教学点,幼儿园在学期末不参与当地的教学评估与评比,所以小学的教学任务是学校的重点工作,因此每年只能给幼儿园分配两名教师。混龄编班教学成为缓解师资紧缺问题的有效办法。此外,物质条件有限也是一个重要原因,农村幼儿园的经费比较紧缺,混龄编班可以节省物质资源。

二、混龄教学活动实施的现状

(一)教学人员对混龄教学的基本看法

关于混龄教学与幼儿发展之间的关系,教师认为混龄教学对中班幼儿是有利的。在日常生活和集体活动中,教师的个人主观情感会偏向年龄较大的幼儿,更愿意和中班幼儿互动。但混龄教学对于小班幼儿没有好处;具体来说,被访者认为混龄教学对幼儿的社会性与情感的发展是有利的,比如中班幼儿会成为小班幼儿的榜样,但混龄教学不利于教师上课,也不利于幼儿的"学习"(知识的掌握),整体上弊大于利。

(二)混龄教学活动中教师对教育目标的制定

幼儿的发展具有个体差异性,有年龄差的幼儿差异性更是大,而且教学内容对幼儿的影响是潜移默化的。但研究者观察到,这样的措施使幼儿的学习时间被浪费,同时一些幼儿倒水喝水时没有老师看管容易发生安全隐患;另外,有的小班幼儿会听中班的内容,囫囵吞枣,学习的内容也不全面,比如小班幼儿听中班的故事,但他们在讲故事时却不能用连贯完整的语言表达出来,表达不出来的幼儿很着急,有时会受到中班幼儿的嘲笑,不利于小班幼儿自信心的建立。

(三)混龄教学活动的内容选择

幼儿园混龄教学缺乏适宜性教学内容的原因有以下方面。

1. 缺乏教育主管部门支持

教育主管部门对混龄教学的价值和特点缺乏科学的认识,要求实施统一的教材,使得实施混龄教学的教师只能按照规定来,缺乏设计混龄教学内容的主动性。

2. 教师缺乏课程开发与创新意识

教师自身缺乏开发混龄教学内容的意识,没有主动性,不主动为幼儿选择合适的教育内容。同时,教师不能及时把握存在于混龄情境中的教育契机,失去了很多很好的混龄教学的内容与教育资源。

(四)幼儿园混龄教学活动的组织与实施情况

研究者在调查与观察的过程中发现,混龄幼儿班的环境创设基本不考虑混龄的因素。幼儿园忽视环境创设对混龄教学实施的影响,其环境创设不能充分体现混龄教学的理念和特点,不能为混龄班幼儿创设自然、宽松且蕴含混龄教学特色的弹性化空间。例如,教师在室内环境创设、幼儿座位安排以及活动材料投放等方面,较大程度上依然遵从同龄教育的原则与方法,较少考虑到混龄教学与同龄教育之间的差异,未能充分体现混龄教学的特质。同时,教师也缺乏通过创设适宜的混龄教学情景来促使异龄幼儿之间主动交往合作的意识,错失了许多有益的混龄教学契机。

(五)一日活动安排与实施

调查园所混龄教学的实施未能体现出混龄教学的本质特征,存在较大的同龄教育倾向。导致这种情况存在的原因一方面在于教育者与教育管理者的教育理念相对滞后,未能走出传统同龄教育模式的束缚与限制;另一方面依然在于教育者对混龄教学缺乏正确的认识,包括不能较好地体验到混龄教学所蕴含的理念与意义,以及未能掌握混龄教学的特点,缺乏混龄教学技术层面的相关知识。

三、组织高效混龄教学活动的建议

(一)树立科学的教育观,正视混龄教学的价值

在混龄教学中,中班幼儿会为小班幼儿提供发展的空间。同时,不同年龄之间的幼儿因社会交往产生的行为或认知上的影响,体现在幼儿的相互观察与学习中。对幼儿园来说,有效的混龄教学组织形式可以解决师资不足的问题;对于教师而言,混龄教学需要考虑不同年龄阶段幼儿发展的差异,这对教师的教学水平与指导策略是一大考验,对教师的专业成长有良好的推动与促进作用,教师可以以此挑战自己,不断提升自己;对幼儿而言,混龄教学的开展为幼儿提供了更多的交往机会,促进了幼儿的社会性发展,同时对大龄幼儿容易培养责任感,较小的幼儿也更容易融入团体,培养良好的品质,如分享。

(二)提升教师的混龄教学能力

1. 教学目标要关注全体

混龄教学的目标应当涵盖班内所有幼儿,即使是混龄分班教学模式,在活动时也会对另一个年龄段的幼儿产生潜移默化的影响。教育过程不能只关注中班幼儿,忽视小班幼儿,这样中班幼儿失去了榜样示范和自我管理的主动性,也不利于小班幼儿的社会性发展。

2. 教学内容应选择本土化、生活化的内容,打造园本课程

调查园所是农村幼儿园,教师应当积极寻找、挖掘教育内容,利用好本地独有的特色与乡土教育资源,进行园本课程的建设。比如临泽的历史文化、遗留古迹、传统习俗等,教师可以将

本土教育资源依据幼儿的兴趣、经验、能力确定为不同的教学设计。对幼儿而言，来源于生活中的经历与事情，有一定的认知基础，这有利于增加幼儿的学习兴趣，提升学习的积极性与主动性。

3. 教学活动组织应当灵活变通

首先要重视幼儿园室内环境的创设。当中小班的幼儿同时在中班活动室中时，中班教室的环创与活动区安排就应当做出相应调整，教室的布置应当体现出混龄的特色，以有效支持与促进混龄幼儿的发展。例如，操作区放置的材料应当同时满足中班与小班幼儿的使用需求。在安排幼儿的座位时，应避免为方便管理而完全将同龄幼儿安排在一起的情况，可以在不同的活动中适当灵活地调整幼儿的座位，分组安排不同发展水平的幼儿，以促进幼儿合作学习，便于其相互学习与交往。对于一日活动安排，教师应充分利用"以大代小"的教育机会，通过游戏或其他活动促进幼儿之间的交往，创设适合不同年龄段幼儿都有发展机会的活动，并在活动中适当加入合适的教具与游戏材料。在时间安排上也要见缝插针，如在小班上课时，可以让中班幼儿进行绘画等安静的活动，避免消极等待的现象。

（三）加大幼儿园混龄教学的资源支持

3~6 岁幼儿处于具体形象思维阶段，具有直观性的学习方式，他们的学习需要看与动来支撑。混龄教学需要电子教学设备与游戏材料的支持。仅仅依靠教师的一张嘴和一本教材，幼儿只听不看不操作的教学与学习方式是不能满足幼儿的学习与发展需要的。因此，笔者建议教育主管部门设立专项资金，支持幼儿园的教育，为幼儿园配备图书、玩教具、游戏材料、电子教学设备等设施，以保障混龄教学活动的顺利与高效开展。

（四）促进开展混龄教学教师的专业成长

幼儿园可以安排参与混龄教学的教师参加专业培训，教育主管部门也可以针对混龄教学开展主题研讨活动，让优秀教师分享教学经验与方法，以促进教师队伍建设。此外，教育者也可以自行学习混龄教学的培训与课程，以促进自身成长。

幼儿园小班班级常规管理策略探析

蒋媛媛

泰兴市育红幼儿园龙河分园

班级常规是幼儿教师和幼儿在一日生活中特定时间内所应遵循的准则。教师通过规则引导幼儿行为,使其与集体活动的方向和要求保持一致。其中,规则是指幼儿与幼儿、幼儿与保教人员、幼儿与环境、幼儿与材料之间互动的关系准则。为确保幼儿身心健康发展,教师应采用多种方式和手段,促进各要素之间的良好互动。

幼儿园小班的孩子由于刚进入一个新的环境,对一切都不熟悉,需要重新适应并建立安全感,因此,这段时间让幼儿有放松和温馨的感觉尤为重要。有研究表明,有秩序的环境也会帮助幼儿形成良好的内心秩序感,消除混乱和不安。所以,教师应明确每一环节的要求,让幼儿清晰地知道每一环节的内容。

一、教师引导幼儿制定和理解常规

1. 师幼共同制定规则

我们都相信幼儿是有能力的学习者,是独立的个体,是班级的小主人。因此,在班级一日常规管理中,班级规则由师幼共同制定,是对幼儿的尊重和肯定。小班幼儿已有经验不足,所以教师需要循序渐进地引导,给予幼儿参与讨论班级规则的机会。然后,根据讨论结果,师幼共同制定班级规则。建立规则的目的不是为了管理、约束幼儿的违规行为,而是帮助幼儿内化规则,学会理解并遵守规则,提高幼儿的自我管理能力,实现“他律”向“自律”的转变。

在班级公约的制定过程中,教师应学会放手,给予幼儿更多的自主权和话语权,鼓励幼儿积极参与到班级公约的讨论中,让幼儿学会自己做决定。此外,幼儿的学习是在不断探索的过程中进行的,要允许幼儿不断地试错,通过发现问题、解决问题来完善规则制定。

2. 便于理解的“可视化规则”

“可视化规则”是指用图示的方式来说明活动中的常规要求,指导幼儿按图示上的要求完成相关活动。使用图示的关键在于孩子能否看懂,便于模仿图示行为,操作性强。

老师设置可视化规则时,首先要明确常规图标的目的,是为了规范孩子行为还是提升班级管理效率;其次,图标的设计要与幼儿共同制定,让孩子易于理解;最后,常规图标示意要具体明确,最好有说明和指示步骤,让孩子知道如何遵守规则。

二、教师引导幼儿贯彻和落实常规

1. 亲自示范,帮助幼儿养成良好的行为习惯

小班幼儿观察模仿能力特别强,他们善于在观察中习得,所以要为幼儿树立好榜样。小班幼儿心中的榜样大多是教师和家长,所以在建立常规时,教师自己要坚持执行,为幼儿树立良

好的榜样。比如,在户外参加活动时,幼儿排队投篮,总会出现插队或不排队的现象,这时,教师可以加入幼儿的游戏,主动在后面排好队,同时提醒其他幼儿:“我们一起来排队吧!”教师也可以作为观察者,记录幼儿游戏过程中的常规,游戏结束后进行集体谈话,请幼儿判断自己的行为是否符合规则,教师表扬遵守规则的幼儿,通过榜样的力量帮助幼儿养成良好的行为习惯。

2. 运用儿歌、手指谣等渗透常规教育

行为管理也是班级规则的重要内容,所以老师可以针对儿童年龄特征和兴趣,把需要强化和指导的积极行为、相关常规行为规范编成朗朗上口并简单易记的儿歌,形成生动的教学活动。过渡环节可以以音乐为信号,提醒幼儿做什么的时间到了,音乐能让一日活动的常规更加灵动,让班级氛围变得更加亲切。

3. 教师要保持规则的一贯性

规则的一致性是指班级公约一旦形成,不能随意变更,或者默许不符合规则的行为,在前后各期应该保持一致。此外,班级几位教师对规则也要保持一致性,一样严格要求。如果教师对规则要求不一致,会使教育的效果大打折扣,使教师威信受损,也容易掩盖那些需要纠正的行为,对班级常规形成有着极为不利的影响。

三、家园共育,共同培养良好的常规意识

小班刚入园时,部分家长也会出现“入园焦虑”,包括对幼儿适应能力的焦虑和对幼儿分离的焦虑,还有些家长由于不了解幼儿园教师的工作性质和内容而产生不信任和不安全感。针对这样的现象,班级教师要与家长多沟通,通过视频或开放日活动让家长了解幼儿在园的一日生活,缓解家长的焦虑感,逐渐取得家长的信任。以下是几点家园共育的建议:

(一)想要走进请主动走近

1. 主动分享

小班小朋友的家长还不太清楚幼儿园的生活是什么样的,可能会比较担忧,所以老师要经常通过班级群分享班级最近开展的活动、孩子的一日生活或者新学到的技能,这样给家长们提供了跟孩子交流的内容、游戏的方向,提高亲子陪伴的质量。比如,在集体活动最后会让小朋友回家跟爸爸妈妈说一说,唱一唱。

2. 主动沟通

每天放学后,班级的老师可以进行一日回顾,互相询问“今天有没有什么需要跟家长沟通的。”即使“小朋友的发夹不见了”这种看似很小的事情,也需要主动跟家长沟通一下,因为家长有时候觉得不好意思因为一点点东西来麻烦老师,但是小事情聚少成多就会变成一个矛盾点。

主动沟通除了在线上,还可以有微型家长会。幼儿的情绪或游戏学习状况有明显变化的时候,作为老师是能敏锐地感知到的,但家长们可能不太清楚发生了什么,这种情况适合就召开微型家长会,单独与家长沟通,真实地分享孩子变化,可以是有进步,需要表扬鼓励的,也可以是需要家长协助配合教育的地方,注意委婉地给出建议,让沟通变得艺术化。

(二)想要助力请明确提出需求

家长的文化观念、知识结构和工作经验都是多元的、独特的,他们的潜力和资源也是无限的,这些丰富的家长资源是宝贵的教育资源。我们在课程实施的过程中可以充分挖掘、优化、

整合这些资源，体现家长的参与权、知情权、发言权和评价权。需要家长配合时，老师要讲清楚目的，逻辑严谨、简明扼要地让每位家长都能看懂。比如，在需要家长配合带一些物品时，要跟家长们讲清物品的用途，让他们在寻找材料时“心中有数”，包括材料的数量、大小、材质等特性。

（三）想要回应请先发出邀请

幼儿园在举办一些大型活动后，想知道家长们对于活动的整体感受或者建议，而非千篇一律的感谢，怎么办呢？这时，老师可以先说一说自己在活动中听到的，看到的，感受到的，如果家长们产生了共鸣，那么一定会共情到其中来，发出内心的感叹。比如家长开放日活动，老师想知道家长们对于这样多种形式的阅读是否感觉良好，对阅读与幼儿的发展是否有一些新的认识，可以先说自己在活动中看到的，以及孩子们在活动后的表现，家长们作为参与者自然也有一些话想说。家长们畅所欲言后，老师需要积极互动，告诉他们班级后续的阅读活动将如何开展，也期盼家长下次积极参与。

（四）想要改变请表明期待

作为专业的幼儿教师，需要传播正确的育儿观念，让幼儿园的教育理念与家庭的教育理念相通、相辅相成。家长在接收到老师的提议后，会觉得老师非常在意他们家孩子的事情。比如有的孩子被检测出来是肥胖儿，家长们可能觉得：“我们家孩子能吃能睡的，不是挺好的吗，为什么要管理?”这时老师需要跟家长普及肥胖是一种慢性疾病，对人体是有危害的，需要家园配合管理孩子的饮食结构和生活习惯。当老师表示重视的时候，家长自然也会做出一些改变，慢慢就变成期待的那个样子了。幼儿园教育离不开家庭的配合与支持，只有家园密切合作，形成教育合力，才能更好促进幼儿身心全面发展。

3~6 岁是秩序感和自控能力形成的关键时期，幼儿园的常规管理对儿童的健康成长、班级的有效发展以及幼儿园教育质量的提高都有重大影响。因此，我们要寻找合适的策略来帮助幼儿养成良好的行为习惯，形成良好的班级常规。

小班美工区材料投放优化策略研究

冯 艺
无锡市梁溪区铃兰实验幼儿园融侨园

一、美工区材料对小班幼儿有重要的教育价值

儿童有着与生俱来的好奇心、探究欲和表现欲,艺术探究活动是幼儿精神生命活动的表现,也是表达对世界认识的另一种语言。美工区是幼儿进行艺术教育、发展审美能力的最主要的场所,对幼儿的全身心发展具有重要的教育价值。皮亚杰曾说:"儿童的智慧来源于操作。"幼儿的大多数经验都要通过亲自操作材料来获得,所以材料的提供和投放是美工区活动的关键所在。小班幼儿身体和心理的发展水平都还不够成熟完善,感知能力、绘画技能等方面均有明显的欠缺,思维也还处于前运算阶段。小班幼儿需要通过操作一些直观形象的材料来完成这种认识过程,从而掌握各种知识方法与操作技巧,所以小班美工区投放的材料具有重要的教育价值。

二、小班美工区材料投放存在的问题

(一)投放的材料缺乏可探究性

幼儿如果想在美工区获得更好的发展,就必须要操作具有可探究性的材料。投放低结构的材料更符合幼儿的特点,而据对小班美工区的观察,可以得知幼儿园材料表面上看上去十分丰富,但存在着一些高结构的材料,而真正适合幼儿操作的,具有可探究性的"半成品"材料则被放置在柜子里面,且数量不多。

【案例一】周一早上的区域活动开始了,美工区挂上了老师之前准备好的风筝,风筝被装饰得五颜六色,图案也十分可爱。并且投放了许多空白的风筝和一些彩带。帅帅来到了美工区,注意到了好看的风筝。一开始他拿起蜡笔在风筝上涂画,风筝上有很多不同颜色的胡乱的线条,还画到了桌子上。天天看到了跑来告诉老师:"帅帅在乱画,并且不注意卫生,都画到桌子上了。"教师听了便走过去看,并且拿来了一个已经装饰好的风筝,对帅帅说:"帅帅,你要是不会画的话,就帮这个风筝的尾巴上贴上彩带吧。如果你把风筝装饰好看了,老师就把这个风筝贴到墙上去。"帅帅听了,就按照老师给的风筝开始贴彩带了。

在上面的观察记录中,一开始幼儿根据自己的意愿随意装饰空白的风筝,虽然涂画得不好看,但这也是帅帅的探索过程,然而老师却担心浪费了数量不多的空白风筝,便让绘画技能不是很好的帅帅去贴彩带,剥夺了他绘画的机会。仅仅给风筝贴彩带,对于小班幼儿来说较为容易,并不在他们的最近发展区内,这样的装饰好的风筝缺乏可探究性。

(二)材料投放的依据片面

材料是幼儿在美工区顺利开展活动的重要载体,因此科学的材料投放依据至关重要。通

过观察与访谈,教师投放的材料大多依据活动主题与教材内容。仅有一位教师提到幼儿的兴趣,但也是站在成人的视角试图理解幼儿。总的来说,教师投放依据较为片面,较少考虑到幼儿的主体性。同时,未能敏锐地把握幼儿在生活中感兴趣的事物,错过了随机教育的最佳时机。

(三)教师投放材料的时机不当

教师大多在活动开始前投放材料,有时在进区后,甚至当教师在讲解有难度的材料时,也会耽误幼儿的活动时间,使他们没有足够的时间进行操作和探究。区域活动应该是幼儿自主性的活动,教师的讲解也可能会阻碍幼儿的创造性发展。另外,教师在结束活动后,只注意将幼儿制作好的作品摆放在展示柜进行展示,而忽略了活动中材料的适用性,是否在活动中对某些材料产生了极大的兴趣,是否需要对材料进行增减和调整。

(四)小班美工区新旧材料缺乏层次性

小班教育内容应与小班幼儿的生活经验相联系,内容要有层次性,并且需要逐步加深。教师既要考虑到材料的纵向层次性也要考虑到横向层次性。同时,教师应关注同一年龄阶段不同发展水平的幼儿,幼儿之间发展存在差异。如果投放的材料没有层次性,则会导致动手能力强的幼儿操作起来得心应手,能力得到发展,而使发展较慢的幼儿无法适应。

【案例二】早上,佳佳和明明都在美工区中,佳佳和明明都选择用废旧的纸筒制作小兔子。旁边有幼儿美工教材的小兔子制作示意图,佳佳注意到边缘的位置上,在轮廓的边界处小心翼翼地操作着,后来顺利地将小兔子从操作单上撕下来,然后贴到筒上,很快制作完成,开心地玩起来。但是明明在制作过程中出现了问题,他对照着示意图,先是在撕纸的时候,手法不正确,导致撕坏了小兔子图案的一只耳朵,之后在粘贴过程中,贴的位置不正确,小兔子图案粘上之后,很快就从纸筒上掉下来,最终没有制作完成。于是他又尝试制作纸杯小青蛙,到活动结束也没有顺利制作成功。

案例中表明教师没有充分考虑到幼儿之间的个体差异性,没有照顾到个别幼儿的需要。投放材料时既没有考虑到材料的层次性,也极少考虑新旧材料之间的联系,尤其对于一些本身操作能力较弱的儿童,无法顺利操作材料,导致探究欲望不强,材料投放的教育目标无法真正实现。

三、完善小班美工区材料投放的建议

(一)材料的投放要符合探究性原则

维果斯基对其“最近发展区”解释说:“教学必须考虑到儿童的发展水平,并与儿童的发展相适应”。因此,教师需要投放的材料要具有可探究性,满足儿童的操作需求,允许儿童发挥创造力。半成品是最有趣的,与看似精美的成品相比,它们给儿童留下了更多思考和创造的空间,可以促进发展较慢的幼儿进一步提高。

(二)明确材料投放的依据

1. 投放的材料必须紧紧围绕活动的目标

实施区域活动是为了实现特定的活动目标。教师根据学习目标决定活动的主题,并根据目标选择投放相关的材料,而不是盲目地将与主题无关的材料放在美工区中。利用教师准备的材料,儿童可以获得适当的知识和技能以实现活动的学习目标。

2. 投放的材料一定要考虑到小班幼儿的特点

小班幼儿以具体形象思维为主,他们的主要学习方式是在动手操作中进行学习。由于小班幼儿的认知能力和动手能力还未发展成熟,教师需要选择容易使用的材料,并能在材料旁配上简单地使用介绍。儿童的发展也具有个体差异性,体现在发展的速度和水平上。教师应根据每个幼儿的特点,选择不同层次和难度的材料,不应追求完全统一。

3. 投放的材料要符合幼儿的兴趣

兴趣是最好的老师。幼儿之所以乐于去探索和操作材料,是因为材料吸引了他们的兴趣。因此,教师需要考虑材料的游戏性,了解儿童的兴趣。例如,小班幼儿会被不同的颜色所吸引,教师就可以准备各种颜色的彩纸、超轻黏土等材料。在活动中,教师应仔细观察并记录下幼儿操作时经常使用的材料。在活动结束后,教师应通过多种渠道收集幼儿感兴趣的材料,并将其添加到下次活动中。

(三)教师要选择恰当的时机投放材料

小班幼儿在美工区中一般进行平行游戏,喜爱模仿,自我意识较强,不懂得轮流使用和分享,所以教师应在幼儿进入美工区前提前准备好充足的材料,避免由于模仿导致材料不足,而产生争抢行为。这样可以保证幼儿有充足的时间去进行探究,有利于他们养成做事专注的习惯。对于那些对幼儿来说比较困难的材料,教师可以以图示的方法清楚地标明操作步骤,以便幼儿可以独立探索。在活动中,教师应仔细观察并记录每个幼儿在操作材料时遇到的困难,材料是否合适,是否引起幼儿们的兴趣,材料数量是否充足。在活动结束后,尽早进行调整,以保障之后活动的顺利进行。

(四)材料的投放要符合层次性原则

儿童在相同的年龄阶段由于发展速度和水平不同,也会使其在美工区的行为表现与能力各不相同。同样的材料,有的孩子容易操作,产生快乐的体验感,增加自信心;而有的孩子无法顺利操作,产生挫败感。因此,教师需要细致地关注每个孩子的不同的发展水平,根据他们的能力在美工区提供不同难度、有层次性的材料。例如,在发展手部精细动作方面,教师可以确定三个层次的练习:剪橘子皮、剪纸和剪形状。教师在美工区分别投放橘子皮、纸片和带有形状勾线的彩纸,让幼儿可以自由选择练习。

四、结语

在小班美工区中,我们教师应以幼儿为中心,站在幼儿的视角,让幼儿在美工区中自主进行艺术探究与操作。在选择美工区材料时,要充分尊重幼儿的兴趣,同时注意材料投放的层次性和可探究性。为幼儿提供他们喜爱的、与幼儿年龄相适应的材料,让幼儿根据自己的兴趣来选择材料、内容、主题和同伴,按照自己的速度、方式进行操作和探索活动,让他们在快乐的童年生活中,提高感知体验、情感表达、审美等能力,充分发展创造力、想象力。

对集体教学活动中幼儿主体性发挥的思考

陈艺娜
泉州市丰泽区第二实验幼儿园

在《3~6岁儿童学习与发展指南》的引导下，区域活动日益受到社会各界的瞩目和重视，其对于幼儿成长过程中的积极影响亦被显著强调。然而，这并不意味着完全否定集体教学活动形式的价值。尽管集体教学活动在培养幼儿自主性方面存在一定的局限性，但集体学习的氛围能够激发并带动能力较弱或性格较内敛的幼儿，为幼儿同伴间相互学习、相互影响、共同发展提供了条件与机会。如果教师在集体教学活动中能够充分发挥幼儿的主体性，许多集体教学活动依然具有极高的教育价值。

一、集体教学活动实践层面存在的主要问题

(1)教师过度包办环境创设。在大班数学活动“十个人快乐大搬家”中，教师让幼儿帮助小矮人将衣服进行分类，并创设了行李箱、多层柜子、标签等情境。这些材料其实轻便，场地上也仅有这些材料，若让幼儿自行创设环境，亦非难事。

(2)教师服务“过度”。在大班数学活动“十个人快乐大搬家”中，幼儿操作时，教师、阿姨忙于为每位幼儿递送卡片、记录表、操作板等。这种做法有“饭来张口、衣来伸手”之嫌。

(3)预设活动占据全部活动时间。同样是在大班数学活动“十个人快乐大搬家”中，幼儿在观察图片并将分类结果进行记录的环节中，多数幼儿将精力集中在画得“像不像”上，导致该环节超出预计时间。教师为了活动的完整性，继续开展后续环节，完全不顾及幼儿的接受能力和专注力特点。再如幼儿足球活动，教师始终按照预设的计划进行，一环紧接一环，虽然以游戏形式展开，但幼儿始终在教师的规定下活动，如按照教师设计的场景踢球，没有自主的时间和空间。

(4)教学痕迹依然显著。如在大班数学活动“十个人快乐大搬家”中探索分类方式时，教师担心幼儿无法从不同角度对人物进行分类，在观察图片环节，不仅让幼儿示范分类，还不断为幼儿补充分类方式，生怕幼儿观察不到，这导致幼儿的分类方式过于单一。又如体育活动中的动作学习，教师依然遵循“示范-练习-巩固”的传统模式。虽然也有游戏的形式，但动作示范和讲解仍然占据主导地位。

二、原因分析

笔者认为上述问题的主要原因有以下三点。一是教师思维定式。教师习惯包办代替，认为与其让幼儿慢慢摸索，不如自己直接完成，这样既高效又节省时间。二是教师未摆正自己的位置。幼儿是学习的主体，教师如果事事包办代替，那发展的岂不是教师自己？教师全然忘了我们的活动主角是“幼儿”。三是低估了幼儿的能力。教师担心幼儿无法完成，因此选择直接

教授。

三、集体教学活动中发挥幼儿主体性的主要策略

集体教学活动能否发挥幼儿的主体性,关键在于幼儿活动的参与度。那么,如何在集体教学活动中充分发挥幼儿的主体性,即努力减少集体教学活动中教师过度控制的情况呢?

1. 淡化教师自身的主导意识

《幼儿园教育指导纲要》中提出:“幼儿园教学须尊重孩子的性格与权利,注重孩子身心发展的规律性与教学特色,以游戏活动为基本教学活动,保教并重,关注个体差异性,促进每个幼儿富有个性的发展。”可见,“幼儿是活动的主体”,决定了在一切活动中都必须由孩子们担任主角。在教学活动中,孩子的个性、情感、沟通能力、兴趣、意志品质等都会得到集中体现,而这些方面又只能借助孩子自己的活动才能得以培养提升,老师无法替代。

在大班数学活动“面积一样大”的活动中,教师提供磁力片等适宜的材料,引导幼儿观察图片上的请帖,猜测并验证请帖的面积是否一样大。同时,教师将请帖设计成了可自由拼接组合的样式,让幼儿在游戏操作中自主感知面积的守恒性,不受物体的摆放位置的影响。又如在美术创意教学活动中,老师事先准备丰富的材料,在欣赏活动环节后让孩子们自行讲解材料,使他们对材料有一个充分的了解。然后,教师指导孩子正确选择材料,并重点引导孩子利用撕、剪、贴、拼、画等方法制作作品,最终作品的呈现方式可能各不相同。

2. 将情境创设的权利还给幼儿

《幼儿园教育指导纲要(试行)》中指出:“自然环境是主要的教学资源,应充分利用和创造自然环境,有效地促进儿童的健康发展。”瑞吉欧学校教育工作者也强调:“情境是潜移默化的教育手段,体现教育的品位。在创造情境时,不应只追求表面的效果,更应注重其内在的品质。”情境创造也就是情景创设,因此,教师应有意识地让幼儿积极参与情景的创设,并理解到课程的教育性不仅蕴含在情境中,也蕴含在情景创设的过程中。

在大班数学活动“面积一样大”中,教师将问题情境交给幼儿,激发幼儿强烈的学习动力。在活动中,幼儿的经验准备中包括一个画面,即进入小魔女城堡后生日派对的情境。教师在讲述绘本时,将该画面作为一个悬念留给幼儿,作为此次活动情境创设的主线,引导幼儿主动构建这一问题情境。由于幼儿在阅读绘本时已经对小魔女的城堡充满向往,非常渴望参与小魔女的生日派对,因此对接下来的活动如路线设计、解密藏宝图、参与调查、完成任务卡等充满兴趣。通过让幼儿主动建构游戏情境和解决游戏问题的过程,他们感知到其中的面积守恒原理,体验解决问题的乐趣。

3. 让幼儿在探索中获得学习与发展

伟大教育家杜威曾指出:“好奇是孩子的天性,他们冲动、好问、好思考,这是与生俱来的特质。幼儿对身边的事件与现象具有与生俱来的兴趣和探究欲,他们以自己的方式与周围世界互动。”因此,在教学活动中,发展幼儿的不仅仅是知识经验的积累,更重要的是在探索过程中学习品质的培养和各方面能力的提升。

如大班数学活动“面积一样大”,整个活动以去城堡寻宝为主线,设计了三个相应的游戏环节,分别是寻找门票获得路线图、判断正确的路线以及找出相同的钥匙等。每一个环节的设计都是基于前一个环节所获得经验的递进。例如,在寻找通往城堡的正确小路时,教师为幼儿提供了辅助的小图形材料以及可以重复使用的组合图形“路”,让幼儿在寻找面积一样大的地

砖的同时,也能在过小路时出错并进行调整。整个活动通过有趣的游戏来解决问题,从而进一步感知面积守恒的概念。

4. 赋予幼儿自主学习的时限和空间

苏霍姆林斯基曾讲过:“在人的内心深处,一直都有这种根深蒂固的要求,即人们渴望自身是发掘者、研究人、探求者,而在孩子的精神世界中,这个要求尤为旺盛。”预设活动不要排得过满。尽量给幼儿留出自主学习的时间与空间。给孩子时间和空间在儿童的自主学习中占有很重要的地位,可以使儿童自主、合理地分配自己的学习时间和空间,使儿童的思想在不断变化的时代、空间和动手实践中不断丰富,使儿童的实际才能和创新思想在灵活多样的方式和课堂场所下得以充分地发掘和表达。由此可见,幼儿自主学习不仅可以减轻教师教育课程的负担,更可以使孩子们在不断地自主学习过程中获得自己分析问题、解决问题的知识技能,进而取得事半功倍的成效。

在大班数学活动“面积一样大”活动中,虽然是集体活动,但幼儿是存在差异的,特别是对大班孩子来说,面积是个比较抽象的概念,理解面积守恒更是存在着更大的差异。活动中教师将路线图设计成不一样的难度组合,幼儿可以在完成自己的路线图后与别人交换。同时增加PPT 的动画操作,让幼儿更直观地感受每条小路中的地砖,让幼儿自行对照过小路的情况,进行自我检验。

综上所述,在集体教学中发挥孩子的主动性,正是这种以孩子为本的儿童观、教育观与教学观的综合表现。只有教师自身先做出转变——退出主导地位,主动将情境创设的权利交还幼儿,让幼儿在探索中获得学习与发展,并赋予幼儿自主学习的时限和空间,以积极的姿态追求孩子的发展,真正实现集体教学中孩子的主体性。

幼儿园主题探究的组织与实施
——以“可爱的蚕宝宝”主题活动为例

李雪格
深圳市龙华区第二实验学校附属鸿创幼儿园

《幼儿园教育指导纲要(试行)》中指出,幼儿园教育应从幼儿园的实际情况出发,从班级的实际情况出发,开展适宜幼儿丰富多样的活动。一日生活皆教育,因此,作为一名教师要关注和观察幼儿、追随幼儿、记录幼儿,从而生成符合幼儿发展需求和兴趣点的主题课程探究,促进幼儿全面均衡发展。本文以中班“可爱的蚕宝宝”主题探究活动为例,阐述以幼儿视角开展的主题探究活动。

一、捕捉幼儿兴趣——主题来源与儿童

“一日生活皆教育”,主题探究内容一定要来源于幼儿的真实生活,以幼儿在生活中的发展需求和兴趣作为主题来源。幼儿对世界充满好奇心,会因下雨天看到的小蜗牛而停住脚步,会对自然界有生命力的小动物感到新奇。“可爱的蚕宝宝”的主题活动是从孩子们在种植园发现会动的“虫子”开始的,而有幼儿用已知经验告知这不是“虫子”,越来越多的幼儿争先恐后地加入观察。

自主游戏时间,穿过操场,孩子们来到种植园地。安安:“快来看,好多虫子在吃我们种的青菜,怎么办呀?”另一个幼儿也发现:“这样我们的青菜就活不了了。”后面的孩子们纷纷涌入,平日对大自然小动物很感兴趣的恒恒告诉大家:“这不是虫子,是蚕宝宝呀!”一名幼儿问:“什么是蚕宝宝?”瑶瑶:“它一直在动耶。”“老师,我们想把它们装到观察盒里观察,可以吗?”孩子们对“虫子”的兴趣浓厚,基于孩子们的兴趣,教师答应了孩子们的请求。回到教室后,幼儿的讨论越来越激烈,甚至不愿离开观察盒,老师在旁静静地聆听并将幼儿之间的对话用手机照片和视频的形式记录下来,发现幼儿对“蚕”的讨论时也存在着很多疑问,教师决定支持他们持续观察,看看孩子们对这小动物的兴趣点会在哪里。

二、唤起幼儿经验——探讨初步规划

在主题开展之前,教师先考虑可利用的教育资源,收集相关信息和资料,并进行讨论、梳理以形成网络图。在主题开展之前,教师还要查阅资料,收集信息。同时,教师需要考虑幼儿的已有经验是什么,他们的疑惑是什么,并进行梳理归纳总结,了解幼儿的探索需要,制定初步计划。在主题开展的过程中,幼儿可能会出现疑义或偏差,教师可根据实际情况进行计划的调整,真正根据孩子的行动开展主题。

团体探讨是幼儿自主性活动的重要实施方式,对活动顺利实施起到了关键作用。因此,教师要与幼儿围绕“蚕”进行交流讨论。在探讨之前,教师要鼓励幼儿与家长收集养蚕的工具和

信息资料,幼儿分享各自发现的问题:蚕吃什么?黑色的点点是蚕卵吗?为什么蚕吐出来的丝颜色会不一样呢……教师有意唤起幼儿的已有经验,推进话题开展,并在倾听的同时记录幼儿感兴趣的问题,引发对“蚕”展开更多的讨论和想象,开启一场“蚕宝宝”的探究之旅。

三、梳理归纳经验——制作主题网络图

经过这一阶段的小组讨论,幼儿对“蚕”的了解更加丰富与具体。在主题开展之前,教师查阅资料,收集信息,期间教师利用手机摄像功能和文字将幼儿的真实感受记录下来,并进行梳理归纳,与幼儿共同完成主题网络图。在这些活动中,幼儿处于主动积极参与的位置,好奇的孩子们在这过程中逐步揭开了“蚕”的奥秘。

四、鼓励自主探究——呈现学习痕迹

陈鹤琴说过:“凡是儿童能够自己做的,应当让他自己做;凡是儿童能够自己想的,应当让他自己想。”因此,在幼儿探索过程中,教师要引导和鼓励幼儿敢于想、敢于做、敢于创造,无所畏惧地开展自己的探究。

(一)鼓励幼儿自主探索,解决问题获得新经验

在探究主题开展的过程中,教师要追随着孩子的脚步。在主题开展之前,师幼共同探讨,提出问题,让幼儿去寻找答案。

(1)问题一:蚕是怎么走的?

随着幼儿对蚕宝宝的关注度和兴趣点越来越高,观察盒里的蚕已不能满足他们探索的需要。教师决定在教室设置一个主题区,并投放一些观察工具及操作记录单,使幼儿在区域时间里也能对蚕继续探索。孩子在观察时发现问题:蚕是怎么走的?有脚吗?教师没有直接回答幼儿的问题,而是先让幼儿大胆分享自己的发现和感受,再请孩子回家和家长一起寻找答案。有了家长的参与,孩子们对蚕是如何走的问题更加渴望知道答案。

(2)问题二:蚕吃东西有声音吗?

随着活动的不断深入,幼儿萌发了更多关于蚕的问题。通过探索,孩子们已经知道蚕的食物是桑叶,蚕不会食用干掉或者不新鲜的桑叶。但为什么蚕宝宝总是发出“沙沙沙”的声音呢?有孩子认为是蚕走路太用力发出来的,也有孩子认为是吃桑叶的声音。原本教师想在认识蚕宝宝的脚后再组织幼儿讨论,但是,当幼儿对某一事物的主动探索更加多元时,教师决定进行调整,满足幼儿探究的需要。通过观察实验讨论后发现:蚕吃东西是有声音的,这样幼儿对蚕吃桑叶的认知更加立体和深入。

(3)问题三:放假了,蚕宝宝谁来养?

正值蚕发育的时机,遇到了一个小长假。在假期期间,蚕宝宝谁来照看呢?有幼儿提出可以带回家养。但是蚕的数量较多,这可怎么办呢?另一名幼儿提出,大家可以分一分,并得到大家的认可。在离园后,幼儿与家长利用资源制作了一个领养蚕的爱心小家,并在第二天带到幼儿园领养蚕宝宝。

(4)问题四:蚕吐出来的丝颜色怎么不一样?

随着主题的开展,幼儿在日常对蚕投喂桑叶时,发现蚕不再大量食用桑叶,而是蜷缩在一边不动了。细心的孩子发现蚕的周围有一丝丝的丝,但是为什么有白色、黄色、橙色呢?教师先鼓励幼儿进行猜想,为什么蚕吐出来的丝颜色会不一样。有的幼儿认为是掉进颜料染上的,

也有的幼儿认为是吃了相关颜色的食物。在幼儿猜想过后，教师与幼儿共同观看提前收集好的视频，揭秘这个奥秘。

(5)问题五：蚕宝宝大变身。

在确立主题后，教师与幼儿收集了很多与蚕有关的材料。教师将这些材料投放在蚕宝宝主题区，幼儿在自主游戏时间给材料进行粘贴绘制，利用牛奶盒给蚕制作了爱心小屋，用纸巾制作了立体蚕宝宝造型，利用黏土制作了关于蚕的吊饰。在这过程中，教师不断为幼儿提供所需材料，鼓励幼儿大胆创作。幼儿的作品成为班级环创的主要元素，充分调动了幼儿的积极主动性和创造性，激发了幼儿的主体性。

在主题活动“可爱的蚕宝宝”开展中，幼儿曾出现好奇心消散、小部分幼儿不主动积极参与的情况，尤其是在等待蚕蛹孵化成蛾的时候，有的幼儿因为等待时间过久导致兴致缺缺。这时，教师需要及时介入，激发幼儿参与主题的欲望，使主题活动得以继续推进。

(二)利用家庭资源，推动活动进程

家庭是家园共育重要的好伙伴，主题开展最大的支持来自家庭的理解与帮助，因此，家庭资源是主题活动开展的一大补充。

在初期探索时，教师设计的“蚕宝宝调查表”让家长利用互联网与自身经历引导幼儿了解知识。有了家长的参与，幼儿能更加细致全面地了解蚕，进一步推动了主题的开展。在调查表中，大多数家长对蚕食用的桑叶比较熟悉，并且熟知桑叶采摘地点。在得知幼儿园的桑叶不足供蚕食用时，家长将采摘桑叶作为一项亲子活动，亲自带领着孩子到农场等地点采摘桑叶并带回幼儿园分享。有了家长的参与，人力资源更充足，家长对幼儿养蚕宝宝会进行更加细致的指导，而这也是幼儿顺利养蚕宝宝的关键点。

五、结语

在主题探究活动的实施过程中，教师从幼儿在种植园发现的“虫子”出发，生成了一系列主题探究活动。教师追随幼儿的兴趣与探索需求，不断深入探究，最终完成了主题活动。

在主题探究完成后，留下了一些蚕卵以及蚕，经过与幼儿商量，决定与其他班级分享。我们也邀请幼儿参加“可爱的蚕宝宝”的分享会，让他们讲述自己整个活动的历程，分享自己的经验。

教育活动

——会伸缩的机械手

侯卫权
长春市吉林省粮食和物资储备局机关幼儿园

一、活动背景

1. 设计意图

幼儿天生具有强烈的好奇心,对周围事物的探索和求知欲望尤为旺盛。因此,新纲要着重指出,“科学教育应与幼儿的实际生活紧密相连,利用身边的事物和现象作为科学探索的对象”。结合幼儿的年龄特点和兴趣爱好,本学期我们选择了“小小机械师”作为主题。在一次游戏中,幼儿们就如何站在原地不动也能拿到远处的物品展开了热烈的讨论,其中一名幼儿提出了安装一款机器人的设想。基于此,教师设计了科学课程《会伸缩的机械手》,旨在让幼儿对日常工具和用途有更深刻的认识。通过操作、观察和讲述等多种教学手段,让孩子在自主活动中增添科学知识,培养探索精神。

2. 经验准备

幼儿已具备使用螺丝刀、扳手、螺丝和螺母的基本经验。

3. 材料准备

(1)组装图一张。

(2)螺丝刀和扳手(每人一份)。

(3)可被机械手夹取的物品若干。

4. 活动目标

(1)激发幼儿对机械手能伸缩这一特点的兴趣,愿意动手组装并使用机械手。

(2)培养幼儿仔细观察的能力,能够根据图示独立完成机械手的组装。

(3)引导幼儿发现机械手可以通过伸缩功能帮助我们拿到远处的物品,体验科学探索的乐趣。

二、活动内容与过程实录

1. 活动导入:播放机械手视频,引出主题

(1)教师引导。视频中你看到了什么?你有什么发现?这个工具有什么用处?

(2)幼儿互动。幼儿表达自己的想法。

(3)教师总结。生活中有许多事情我们自己无法完成,需要借助工具。这个工具的长短可以变化,变长后就能夹到远处的物品,就像我们的手一样,所以叫它机械手。今天,老师也为小朋友们准备了安装机械手的材料,请你们自己也来尝试安装一个吧!

2. 基本部分:组装机械手

(1)认识材料。

1)教师引导。打开材料袋看看,里面都有什么?

2)幼儿互动。幼儿取出材料观察,并根据已有经验表达。

3)教师小结。材料包括一个十字螺丝刀、一个扳手、两根长杆、两根中杆、两根短杆,还有六个十字螺丝和螺母。今天我们就用这些材料安装一个机械手。

(2)安装机械手。

1)教师引导。小朋友们要分成三组进行,根据组装图安装机械手。看看哪组小朋友最先全部安装完成。安装完成后尝试使用机械手。

2)幼儿互动。幼儿分组进行组装,教师巡回观察指导。

3)经验分享。幼儿完成组装后,教师请各组派代表分享经验:你们都组装成功了吗?在组装的时候遇到什么困难了?你们是怎么解决的?(每组可以进行补充)

4)教师小结。机械手的螺丝太松会导致木杆之间连接松动,夹不住物品;前面的短杆要拧紧,短杆方向都要朝内拐,才能夹住。

3. 取物比赛:夹取物品,感受机械手的作用

(1)教师引导。机械手安装完成了,让我们一起试一试机械手到底能不能夹起东西。

(2)比赛规则。将幼儿分成三组,分别排成三队,在一分钟内接力夹取物品,看看哪组小朋友在规定的时间内取到的物品最多。

(3)实践体验。进行夹物比赛,对每组夹到的物品进行计数,并请每组派一名代表进行总结。

(4)教师提问。每组都夹到多少个物品?为什么有的小组夹到的物品少呢?为什么有时候机械手夹不住东西呢?如果物品离我们更远要怎么办?

(5)幼儿互动。幼儿表达自己的想法。

(6)教师小结。前面的两根短杆太松就容易夹不住东西,把螺丝拧紧一点就可以了。可以通过增加杠杆来增加机械手的伸缩距离,课下我们可以试一试。

4. 生活拓展:感知机械手在生活中的应用

(1)教师引导。生活中关于可以伸缩的机械手还有很多应用,我们一起来看一看机械手还能帮助我们做什么?

(2)视频播放。播放实际应用的视频。

(3)教师总结。课下也可以找一找还有哪些地方有关于机械手的应用,我们再来分享。

三、活动反思

本次活动通过视频成功引起了幼儿对机械手的兴趣,但视频中机械手夹住远处物品的现象展示不够明显,导致幼儿在描述机械手的功能和作用时表述不够明确。因此,可以适当调整视频内容,让幼儿能够更直观地观察到机械手的作用,以便更好地理解和描述。

在活动过程中,教师在介绍材料时未能充分让幼儿先认识材料,而是直接讲解了游戏规则。这导致部分幼儿在未完全了解材料的情况下就开始安装机械手,忽略了认识材料的重要步骤。幸运的是,由于许多幼儿对材料已有前期经验,探究活动才得以顺利进行。未来在活动中,应确保幼儿充分认识材料后再进行后续步骤。

通过小组合作竞赛的形式,成功激发了幼儿的合作意识。但在活动总结部分,忽略了合作与分享的总结,使得小组合作组装机械手的结尾部分未能得到充分的升华。在未来的活动中,应加强对合作与分享方面的总结和引导。

在安装过程中,幼儿们有了许多有价值的发现。

(1)佑佑发现,如果短杆安装得不紧,夹东西时就会不准。只有将短杆处的螺丝拧紧,才能让机械手抓东西时更准确。

(2)芷沫发现,根据图片安装时,所有的螺丝都要在一个方向,这样机械手看起来更美观。

(3)芃芃发现,如果把所有的螺丝都拧紧,机械手会变得很紧,使用时不够灵活。只有将短杆的位置拧紧,其他位置的螺丝稍微松一点,机械手才会更灵活,抓东西也更准确。

比赛形式充分调动了幼儿使用和探索机械手的积极性。然而,由于背景不够富有活力,比赛氛围略显不足。比赛结束后,幼儿们也发现了问题,有的幼儿用机械手抓不到物品。在教师的引导下,幼儿们想到可以增加机械手的木杆长度,从而抓住更远的物品。这是一个非常有价值的发现和提议。

在活动的最后,结合生活实际,带领幼儿观看了伸缩机械手的视频,让幼儿了解了杠杆伸缩在生活中的运用,对会伸缩的机械手有了进一步的认识。

学前教育质量监测下的一日生活

吴剑丹
深圳市罗湖区教工幼教集团莲馨幼儿园

自《学前教育质量监测指标》(以下简称《指标》)发布以来,我园一直在集团的引领下学习、理解手册的基本框架及各项指标内容。从"学习环境""一日生活""学习活动"及"管理文化"四大块进行解读。在解读的过程中,对很多指标有了实践上的理解。我很荣幸在这个学期中参与到监测小组中,学习对照指标看活动、看环境、看教师、看学习。

《幼儿园教育指导纲要(试行)》在"组织与实施"中提出,幼儿教师要"科学、合理地安排和组织一日生活"。因为幼儿园的一日生活中蕴含着丰富的教育价值。幼儿教育和课程是借助于幼儿园一日生活来组织实施的。幼儿园一日生活构成了幼儿学习与发展最基本的活动形式。因此,幼儿园课程实施的有效途径就是把一日生活作为幼儿园课程整合的"基点",把课程与幼儿的一日生活紧密联系起来,充分发挥生活本身蕴含的教育价值。

一、一日生活中的科学合理性

在《指标》第8条中提出:"一日生活各项活动的组织与安排,既要有计划性,又要能满足特殊情况改变的需要。"在过程性质量监测中会发现,有的教师在开展活动时往往缺乏计划性,随意修改当日的计划。如计划中写晨谈《牙齿的作用》,真正晨谈时,却变成常规习惯的学习,之后就忽略掉晨谈的具体内容或者一带而过,没有进行深入的讨论。实际晨谈的意义没有达到有效的讨论和对问题的深入思考。可见在一日生活中,教师的日常备课没有提前做好准备,在组织活动中没有对当天的活动进行梳理。但是,《指标》中又提到"满足特殊情况改变的需要",教师要把控这个所谓的特殊情况,如天气、事件的发生等不可控因素。这体现了教师的智慧,如在监测中发现前一天晚上下了一场小雨,今天的计划是滑滑梯,但是滑梯湿滑怎么办?这时老师带领小朋友共同讨论,最后孩子们得出的结论是:"把滑梯擦干就可以玩了",这个主意得到了大部分孩子的赞同。于是,老师带领孩子们用清洁抹布一起擦拭滑滑梯之后开始游戏!这充分体现了以幼儿为主体,让孩子决定自己想玩什么,并且在活动中提升了孩子的自我服务意识。这就体现了"满足特殊情况改变的需要"。

在《指标》第9条提出:"根据日计划的教育内容,有效率地运用时间和空间",其中5.1提到"班级教师间的合作默契(包括集体教学时会相互配合;幼儿游戏时有分工地观察、引导和照看不同区域中的幼儿,没有小组教学任务的教师会承担更多区域的观察引导和看护之责)"。这又提出了教师对岗位职责的理解,以及班级教师之间的配合度。为了让幼儿在一日生活中学习、获得发展,寓教育于无痕之中,自然融入一日生活中。在观察教师的日计划中能够体现出教师对当日活动的准备及备课情况。如区域活动中,一名教师组织小组活动;另一名教师来回走动巡视幼儿是否安全,没有特别观察幼儿的学习情况;或者在某一个区域指导幼儿,没有观察与留意其他区域等情况。包括户外活动时一名教师组织幼儿热身,另一名教师准备器械时间过长,没有提前对空间规划的概念,这些情况都能够直接影响当天的活动效果。

而《指标》第9条5.2中提出:"教师应清楚自己在一日活动中合理安排时间的权限(例如,当幼儿园因户外场地面积有限而需要各班轮流使用时,班级教师应确保在轮到自己班级进行户外活动时按时带领幼儿出去;同时,教师应遵守全园统一的午餐时间表)。"在监测过程中发现,户外活动时间因收拾材料的原因而缩短,小结时间过长则影响幼儿进餐时间等。在组织活动中,教师对当前的活动时间把控不到位。例如,晨谈的时间过长,未能引发有价值的讨论;在小组活动中,幼儿活动时间过长,导致幼儿没有自选活动的时间。这些问题均源于教师对一日生活中时间、计划的不熟悉。

合理、有序的一日生活能为幼儿提供多种不同的社会交往机会。当有序的一日生活安排(常规)内化为幼儿自己的行动准则后,他们便能够更加自如地在"我可以掌控的、我的生活"中进行学习。这就为教师提供了观察幼儿真实表现和发展水平的绝佳机会,因此,教师可以基于观察结果,获得设计、调整教育计划的有利契机。

二、自我服务培养的多样性

在《指标》第10条中指出:"在日常生活中能为幼儿学习自我服务提供支持。"在监测中,我们发现部分年轻教师对幼儿自我服务培养的忽略。实际上,在学龄儿童的成长过程中,最重要的就是自我服务能力的学习。在监测中,我们观察到教师包办代替、用语言简单一带而过、没有用有效的引导让幼儿自己实际操作,而是边说边帮孩子完成等现象。

《幼儿园教育指导纲要(试行)》明确要求:"幼儿园应为幼儿提供健康、丰富的生活和活动环境,满足他们多方面发展的需要,使他们在快乐的童年生活中获得有益于身心发展的经验。"在自我服务培养中,教师的榜样与鼓励尤为重要。幼儿园应在环境中提供一套幼儿自己能够使用的清洁工具,如:儿童扫把、抹布等。日常生活中,当水洒了、饭掉了等情况发生时,应鼓励幼儿自主进行清洁与整理,这对于幼儿以后的自我管理是极为重要的一个环节。例如,幼儿如厕后,我们常见幼儿的裤腰中缝歪在一边,裤子没有护住肚脐,衬裤堆积在裤腰上面,衣服还皱皱巴巴的就从厕所里跑出来。在监测过程中,我们发现一名教师对这个现象的处理是运用游戏的方式,创编了一首儿歌,有趣地引导幼儿用游戏的方式整理裤子,幼儿在欢快的儿歌声中学会了正确的整理裤子的方法。还有的班级创设了自我服务指引图,如穿衣服、叠被子、洗手等,让环境引导幼儿自己的事情自己做。幼儿园课程最基本、最突出的特点之一就是生活化,这一特点要求幼儿园课程"来源于生活,高于生活,回归于生活"。

三、过渡环节的趣味性

过渡环节是幼儿园一日生活中最易出现混乱,老师容易"出错"的一个环节。我们在监测中看到这样的现象:教师无组织,幼儿无纪律,这样的环境下,很容易发生安全事故。例如:教师帮助幼儿整理物品时,另一名教师让其他幼儿一起等待的现象,我们称为"消极等待"。在过渡环节中让幼儿进行适当的游戏,不仅有利于良好班级常规的养成,而且符合幼儿的身心发展特点。在过渡环节,教师可以根据幼儿的情况和过渡时间的长短来选择游戏。

《指标》第11条中指出:"活动环节转换自然有序、减少等待"。过渡环节时间短暂但内容较多,教师要根据时间适时组织幼儿结束上一个活动并开展下一个活动。此时,教师发出的信号尤为重要。组织幼儿进行简短适宜的集体游戏,如律动、猜谜、手指游戏等。这些游戏符合幼儿的年龄特点,便于操作,能够在短时间内让幼儿的注意力迅速集中,为接下来的活动做准备。

在监测中,发现教师通过铃鼓等乐器来发出信号,提醒幼儿结束当前活动,准备接下来的活动;有的教师则通过口令提醒幼儿等。这些方式虽然起到了提醒的作用,但打断了孩子的当前活动,也不能够很好地调动幼儿的情绪,时间长了幼儿会产生抵触的情绪。优美的音乐能起到提醒的作用,而且还能渲染氛围并调动幼儿的情绪,让幼儿为接下来的活动做好心理准备。此外,优美的音乐远比单调的语言和口令更能让幼儿接受。用音乐作为提醒幼儿的信号更符合幼儿的身心发展特点。

在过渡环节,有教师会组织幼儿进行集中的喝水、如厕。这时,速度快的孩子们往往需要等待速度慢的孩子,等所有幼儿都完成了这项活动时,他们才能开始进行下一项。因此,教师应将主动权交给幼儿,让幼儿自己安排活动时间,学会自我服务、自我管理,让过渡更加从容。

"一日生活皆教育"。过渡环节往往是最容易被教师忽视的。在监测中,发现有两个极端:一种是教师高控,孩子必须在教师的安排下进行活动,这样不仅不能让幼儿在过渡时间得到放松,而且还会让幼儿丧失自主性。另一种是放任自由,教师任由幼儿自己安排,不管不问,孩子可以做自己喜欢做的事情,这样不仅浪费大量时间让教育教学活动时间得不到保障,并且不利于幼儿秩序的养成。然而,过渡环节和幼儿园的其他环节一样具有教育意义,利用好不仅能让教师的工作压力减轻,还能让幼儿在能力上得到提升。

监测是一个过程,不是一个结果。通过监测发现幼儿园现有的教育质量水平,"对症下药"进行改进与提升。学会分析自身的优劣势,通过了解园所的现阶段发展情况,提升教师的教学质量。儿童有最近发展区,学前教育质量监测是提升幼儿园教学质量的一个工具,更是了解幼儿园最近发展区的一种方法!

幼儿告状行为解析与应对策略

吴彩霞
深圳市龙华区教科院附属学校福安雅园幼儿园

一、选题的背景及意义

在我的幼儿园工作期间,我发现幼儿们经常抱怨,无论是小班还是中班,几乎每天都有超过半数的孩子会因为一些琐碎的事情而向老师抱怨,这给教师的工作带来了极大的困扰,严重影响了他们的学习和成长。

因此,了解幼儿告状行为的根源,并采取适当的策略来处理,对于幼师来说,是至关重要的。通过采取这些措施,可以帮助幼师在日常工作和生活中更好地处理告状行为。

二、幼儿告状行为的含义及类型

(一)幼儿"告状"的含义

"告状"是一种特殊的人际交往方式,它可以帮助幼儿在遇到冲突、矛盾时,通过第三方的帮助来解决问题。在"告状"中,幼儿可以通过向老师提出诉求,表达他们对同伴的不满,并且发现自己的行为与幼儿园的规则不一致。

(二)幼儿"告状"的类型

根据教育心理学的最新研究,许多学者将孩子们的告状心理划分成"求助型""试探型""检举型""关心型""怨恨型""表达型"等六个不同的类别,以更好地理解他们的告状心理。

(1)"求助型"告状。"求助型"告状是孩子们对他人不公平行为的一种表达方式,旨在帮助孩子们维护自身权益。例如,在区域活动中,孩子们可能会采取"求助型"告状的方式来表达自己的不满,他们会说:"老师,某某不跟我玩,还抢我的玩具,甚至打我。"

(2)"试探型"告状。"试探型"告状是幼儿用以表达对他人违反规则的不满情绪的一种方式,通常由幼儿向老师或家长提出。例如,在学习活动过程中,幼儿可能会说:"老师,某某刚才跟旁边的小朋友说话,现在又来跟我讲话。"这句话表明告状的这名幼儿已经理解了老师所强调的"上课时不能说话"的规则,他/她的告状行为旨在试探老师对此事的态度。若老师对此事不置可否,那么这名告状的幼儿之后很可能也会加入上课说话的行列。

(3)"检举型"告状。"检举型"告状是一种旨在保护公共利益的行为,它通过提出异议、抗议、指控等方式,意在维护社会秩序并保护公民的权利。在某些情况下,孩子们可能会选择告状来表达自己的诉求,但他们的这种诉求并非仅出于个人利益的考虑,而是基于对社会规范的认同和尊重。例如,在盥洗时间,孩子可能会说:"老师,某某没有把擦完手的纸巾丢进垃圾桶,纸巾还在地上呢。"

（4）“关心型”告状。“关心型”告状通常发生在发生争吵或冲突的情况下，幼儿以同情心的态度来表达自己的担忧。比如，在户外活动时，他们可能会说：“老师，某某刚刚被小朋友绊倒摔跤了，他现在正在哭。”或者“老师，某某肚子疼。”

（5）“怨恨型”告状。“怨恨型”告状可以被视作一种反抗性的表达。当孩子们意识到其他孩子的成长环境中存在着明显的差距时，他们可能会感到焦虑、愤怒、悲伤等情绪，甚至产生攻击其他孩子的冲动，以此来表达自身的不满和反抗。例如，当我们观察到有些孩子与同伴一起玩耍，而我们的孩子被排斥时，他们会感到非常沮丧，因此会向老师告状。

（6）“表达型”告状。“表达型”告状是指当一些幼儿发现他人的不良行为时，他们会试图通过向老师报告，以此来获得老师的关注，并赢得他们的尊重。例如，在喝水时，如果某某幼儿在玩水杯，并且将水洒在桌子上，其他幼儿可能会说：“老师，某某把水洒在桌子上了，而且他还在玩水杯，但我就不玩水杯。”

三、幼儿告状行为的发生原因

（一）幼儿自身的原因

随着孩子们社交能力的日益增强，他们的判断往往基于自己的观察和感受。然而，由于他们的认知能力尚未完全成熟，他们的判断往往依赖于外部信息，如父母或其他重要他人的反馈。因此，他们可能会选择“告状”这种行为来获得他人的关注和认可。特别是进入中班后，孩子们的观察力和判断力都有了显著的提高，他们更加关注同伴的行为，如谁偷走了他们的物品，谁违反了秩序等。此外，现代社会中，单亲家庭数量的增加给孩子带来了更多的心理压力，这也在一定程度上影响了他们的社交行为和告状行为。

（二）教师态度的影响

皮亚杰指出，学龄期儿童的道德发展以自我规范和自我约束为核心。随着年龄的增长，孩子们开始接受并遵守一些社会规则。他们往往将教师的行为视为道德行为的典范，因此教师的态度和行为对他们的道德发展具有重要影响。如果教师能够积极地回应孩子的提问和诉苦，给予他们正确的引导和支持，将有助于孩子形成正确的道德观念和行为习惯。相反，如果教师采取消极的态度，如拒绝回应、指责或惩罚等，可能会使孩子感到困惑和无助，进而影响他们的道德判断和行为选择。

（三）家长观念的引导

在“衣来伸手饭来张口”的现代社会中，许多孩子缺乏独立思考和解决问题的能力。这在一定程度上是由于家长过度保护和溺爱导致的。家长应该意识到，过度依赖他人不利于孩子的成长和发展。因此，在孩子面临冲突和矛盾时，家长应该引导他们独立思考和解决问题，而不是直接介入或指示他们寻求帮助。这样有助于培养孩子的自主性和责任感，促进他们的社交发展和道德成长。

四、幼儿告状行为的特征

（1）幼儿告状行为因人而异，可能表现为流泪、哭闹、催促、挑衅、拒绝、恐惧、叛逆等多种形式。

（2）幼儿的行为模式会经常变化，一些行为可能在短时间内频繁出现，但也可能很快消失。

(3)幼儿的告状行为有时会出现不可控的现象,容易引发周围人的抵触情绪。

(4)幼儿的行为可能会受到其认知发展水平的影响,同时也会受到习惯性和负面情绪的影响。

五、幼儿告状行为的应对策略

(一)区分对待幼儿的告状行为,切勿敷衍幼儿

从老师的角度来看,有些孩子的告状可能只是无关紧要的小事,但从孩子的角度来看,这是他们对外界人和物的理解、态度。老师一定要分辨孩子告状的原因,结合孩子的心理来给予必要的帮助和鼓励。比如,关于举报其他孩子不良行为的情况,老师要迅速询问情况,表扬和鼓励敢于制止和揭露不良行为的孩子,要求其他孩子向他们学习。同时,对于举报不良行为的孩子,也应在适当的时候进行教育,但应避免当着所有孩子的面过度批评,以免引起不必要的负面效果。对于炫耀性告状和有益性告状,教师应首先根据具体情况给予一定的肯定,并鼓励他们继续维护正义,但也要引导孩子避免举报虚假、错误的信息,以免产生不良心理。

老师在处理孩子的告状时,必须认真负责,不能马虎大意。因为孩子非常重视老师的评价,无论是赞扬还是批评,都会成为他们衡量的重要标准。在他们看来,老师是最值得尊敬的,是最可靠的,也是“评委”中最公平的。

(二)培养孩子独立解决问题的能力

如今,很多家庭只有一个孩子,孩子容易感到“孤单”。因此,当孩子遇到问题时,应鼓励他们学会自己解决。这不仅可以减少孩子的依赖,还能培养他们的自主性和独立性。

(1)教授解决问题的语言技能。

孩子满4岁后,可以教他一些基本的字词和句式,如“是”“不是”“和”“或者”“一些”“全部”“现在”“以后”等,以及如何通过协商解决问题,如“我可以玩这个游戏吗?”“我们可以交换玩吗?”等。

(2)训练孩子思考解决问题的方法。

当孩子遇到问题时,无论是家长还是老师,都应该鼓励孩子说出他们能想到的所有想法,即使这些想法看起来很幼稚或荒谬。然后,可以与孩子一起讨论这些想法,或者让他们与朋友讨论,并选择最佳的一个。这种训练可以让孩子在遇到问题时想出更多的解决方案,并更灵活、更有创造性地解决问题。

(3)通过各种活动展示孩子解决问题的能力。

为了提高孩子解决问题的能力,可以让他们参与各种活动,如观赏动漫、讲述故事、观赏电视剧等。这些活动可以帮助孩子更好地认识世界,培养其正确的道德观念,并通过与其他小朋友的交流来增强其正确的思维。同时,还可以通过角色扮演、团队合作等活动来帮助孩子学习如何应付日常的挑战,培养其独立思考、分析问题的能力。

总而言之,不同的社会、家庭结构和教育环境可能会导致幼儿的告状行为。家长在应对这一情况时,应提高自己的调节能力,学会使用语言进行交流,注意家庭环境,并避免过度教育。教师则应以尊重和理解的态度来处理孩子的问题,深入了解他们的需求,并采取有效的措施来满足妥善处理的要求。同时,我们还应加强自己的专业能力,增强工作的责任感,以促进孩子的全面成长。

浅析自然体验活动对幼儿绘画表现力的影响

孙明秋
深圳市龙华区教科院附属学校福安雅园幼儿园

绘画活动是幼儿园美术活动的重要形式之一。幼儿喜欢运用绘画来表达自己的思想与内心情感,也喜欢通过绘画来调节情绪和舒缓焦虑。幼儿园开展丰富多样、有趣有吸引力的绘画活动,不仅可以促进幼儿心智的发展与成熟,还可以促使幼儿身心健康成长。幼儿的绘画创作过程主要依赖于他们从外界事物中获取的感官信息。他们依赖眼睛、小手,甚至是鼻子、耳朵,来全方位、立体化地接触事物,对获得的信息元素进行加工处理,重新创作,形成特定的美学元素呈现在世人面前。因此,幼儿教师多带领幼儿参与自然体验活动,可以促使幼儿全身心地感知世界的美,从而促进幼儿绘画表现力的提升。

幼儿绘画表现力的三个维度分别是造型、色彩与构图。自然体验活动的类型、组织方式以及幼儿对自然事物的感知点不同,对幼儿表现力的影响也会产生差异。为了分析与验证自然体验活动确实会对幼儿的绘画表现力起到促进作用,幼儿园可以基于造型、色彩与构图三个维度,开展教育实践探索活动,分析自然体验活动对幼儿绘画表现力产生的积极影响,并深入探讨如何才能将其积极作用充分发挥出来。

一、自然体验活动对幼儿绘画“造型”的影响

自然界的事物千姿百态,有中规中矩的形状,也有奇特的状态。教师将幼儿带入造型别致、姿态万千的大自然中,引导幼儿近距离感受植物的婀娜多姿,赞叹大自然的鬼斧神工。教师可以设计“弯弯曲曲的树”“各种形态的树叶”和“奇特的树纹”等活动。在这三项活动中,后两项活动是较容易实现的。大多数幼儿园里都会栽种一种到多种类型的果树和绿植。教师可以带领幼儿们摘取树上的绿叶,让幼儿们分组进行观察,观察后谈一谈他们都看到了什么形状的树叶。教师可以将幼儿们领到树下,观看树干上的花纹,让幼儿们谈一谈树干上的花纹有什么区别与特点。有条件的幼儿园可以组织幼儿们到植物园里面开展户外观赏活动和大自然体验活动。这些活动让幼儿观察的植物整体形态丰富多样,这样会对幼儿产生更直观、更强烈的视觉冲击力。对于观察能力相对较弱的幼儿而言,效果可能会更好。

教师带领幼儿完成以观察植物造型为主的自然体验活动后,幼儿在绘画活动中的素材明显丰富起来。首先,教师为幼儿布置绘画树叶、大树等活动任务。幼儿们可以凭借活动中的观察,对记忆中的树叶、大树的形状进行绘画模仿。从幼儿的绘画作品中,可以看出他们对各类树叶、树木奇特的造型非常感兴趣,并且能够尝试着用画笔描绘出来。其次,教师为幼儿布置具有创新性、创造性的绘画任务,如为小动物做衣服、装饰小手帕等。绘画的图案不局限于树叶、树木之类的,可以是任何形状的事物。在这个活动中,教师就要注意观察幼儿的学习迁移能力和举一反三能力。幼儿们能够将自然体验活动中观察到的各类“造型”运用于自己的绘

画创作中,有效提升了幼儿的绘画表现力,这也是自然体验活动的意义与价值所在。

二、自然体验活动对幼儿绘画“色彩”的影响

大自然五彩斑斓,五光十色。自然界里的颜色使我们感受到不同生命的独特魅力。幼儿对色彩的感知是与生俱来的。幼儿通常会对鲜艳的、强烈的色彩较为敏感,在绘画时也多喜欢使用红、绿、粉、橙等较为鲜艳的颜色。众所周知,一幅好的绘画作品离不开好的色彩搭配与运用。幼儿由于年龄尚小,对色彩搭配原理不了解,完全凭借自身的喜好与对事物色彩表现的感知,随心所欲地进行绘画。为了引导幼儿感知色彩,学会一些色彩的搭配技巧,能够正确、巧妙地运用色彩提升绘画作品的表现力,教师可以带领幼儿走进大自然,去观察、发现事物真实的色彩带给他们的真实感受。教师可以设计“秋天的色彩”“万紫千红的花朵”等主题活动,带领幼儿观察秋天里各种树叶的颜色,各种果实成熟后的颜色,让幼儿观察幼儿园里各种各样花朵的颜色。幼儿在观察欣赏大自然的色彩时,教师要引导幼儿独立思考,思考什么样的颜色相互搭配更好看。

幼儿在观察完秋天的树叶、果实和万紫千红的花朵后,教师可以为幼儿布置一项主题绘画任务,让幼儿们绘制“果园丰收了”和“树叶变色了”的图画。教师除了要肯定幼儿能够正确地运用各类色彩来绘制不同类型的水果与树叶外,更要注重观察幼儿在绘画过程中的颜色搭配。有的幼儿使用棕色绘制了一个大筐,筐里面装着红彤彤的苹果、黄澄澄的梨、绿油油的牛油果,色彩鲜艳,表达准确。有的幼儿则绘制了很多种叶子,有红色的枫叶,有黄色的银杏叶,还有绿色的柳叶,颜色也十分丰富。当发现幼儿们对色彩的运用具有了一定的基础后,教师可以鼓励幼儿进行继续创作。例如,鼓励幼儿建造彩色的房子。幼儿们会将其在自然体验活动中积累的经验运用于房子的建造过程中,教师不应该用成人的眼光对幼儿的创作进行干涉,鼓励幼儿释放天性,运用色彩表达出自己真实的想法。

三、自然体验活动对幼儿绘画“构图”的影响

在绘画技艺中,相对于造型与色彩而言,构图的难度是比较大的。幼儿对构图的概念难以掌握,对构图的原理也难以理解。然而,教师为了让幼儿的绘画作品更具表现力,构图合理且美观大方,单纯的技艺讲解是无效的。只有将幼儿带入能够启发他们审美智慧与创作思维的大自然中去。与造型、色彩相比,构图的观察更具难度,要求幼儿更加认真、细心。鉴于幼儿的年龄较小,教师可以在幼儿观察自然事物的过程中,对观察事物的构成进行适当地讲解。例如,教师组织开展了“菊花”“田地里有什么”的自然体验活动。在“菊花”的自然观察活动中,教师提醒幼儿观察菊花花瓣的形态,菊花的组成等。在“田地里有什么”活动中,教师要提醒幼儿“事物离得近,就会看起来比较大,相反,离得远,就会看起来比较小”。事实上,这些都是潜移默化的构图原理的讲解。

幼儿参加完自然体验活动后,除了凭借记忆绘制“菊花”“田野”等作品外,教师也应该布置其他具有创造性的绘画任务,例如与活动内容相关的“向日葵”“公园”等。幼儿园可以通过家园共育的方式完成这项活动。幼儿园应鼓励家长在假期带领幼儿去向日葵地、公园等地观察,再将观察到的事物画下来。教师还可以将幼儿们在假期里创作的绘画作品集结起来,举办一个小小的画展,鼓励幼儿多进行绘画创作,让一些具有绘画潜质的幼儿获得自豪感与愉悦感。

四、结语

大自然是孩子最好的老师。将孩子带入自然体验活动中,不仅可以促进幼儿身心健康成长,更能让幼儿感受到大自然的奇妙与馈赠。对于幼儿而言,他们从自然界中获取信息是直接的,通过绘画作品来表达也是直接的。绘画成了自然与幼儿内心之间的一座桥梁,而这座桥梁的搭建过程,就是幼儿身心成长的过程,也是幼儿心智与思想逐步成熟的过程。自然体验活动对幼儿绘画表现力产生的影响不是独立的、割裂的,而是综合的、相互联系的。因此,教师在开展体验活动时,不应过于片面地强调某个方面,只需做到略有侧重即可。教师开展自然体验活动的方法、途径还需在具体的教育实践中摸索、总结,形成较为完善的课程体系,以助力幼儿的成长。

多项举措助推幼儿园区域活动的有效开展

苏普芬
南安市仑苍镇中心幼儿园

区域活动既可以满足幼儿个别化学习需求,又给予幼儿自主探索的机会,因此逐渐成为当前幼儿园课程实施的重要方式。然而,在实践中我们发现:区域活动大多从成人的视角来创设,较少倾听儿童的建议,也很少顾及儿童的感受。这种做法颠倒了活动中的主客体关系。教师往往花费大量时间布置区域、创设优美的环境、投放丰富的材料,却很少询问幼儿的想法和需求。在活动中,幼儿只是被动地完成操作,而未能真正展现自己的游戏行为,常常出现兴趣不高、游戏时间持续不长的现象。因此,我们思考:在区域活动中如何立足儿童视角,有效推进区域活动的开展?现分享一些实践中的想法。

一、倾听儿童,找准符合儿童兴趣的区域内容

儿童视角在幼儿园区域活动中的运用强调幼儿的主体地位。这要求教师在预设区域内容时,从幼儿的兴趣出发,倾听每一位幼儿的想法与意见,尽可能从幼儿的视角去创设符合其需求的区域内容,以引导幼儿积极主动的参与。如:新年来临之际,幼儿园的新年环境布置深深吸引着孩子们,我们班级的孩子开始讨论起有关新年的话题。我们抓住这一契机,组织了谈话活动"过新年",与幼儿讨论:"过新年,你最喜欢的事情是什么?"孩子们畅所欲言:过年我喜欢看放烟花,很多颜色的,好漂亮;我喜欢过新年,因为可以穿漂亮的衣服;过新年有好吃的糖果,可以一家在一起吃年夜饭,有很多好吃的;过新年可以唱歌、跳舞庆祝,可热闹了...... 孩子们都争先恐后地讨论着。于是,我顺应孩子们的兴趣,进一步提问:"你想在什么区域中玩什么关于新年的游戏呢?"这一话题立刻引起了幼儿的热烈回应,大家纷纷表达了自己的想法。"我打算在娃娃家玩过新年,我当妈妈煮很多好吃的年夜饭给娃娃吃""我们想在美工区为自己做一件新年衣服""我想在美工区做花灯、画漂亮的烟花""我想在音乐区唱新年好""我要在美工区画年画装饰我们的中一班"。在倾听幼儿心声之后,我顺应了他们的兴趣和需求,生成了"过新年"主题区域内容:美工创作区——我创作的年画、美丽的烟花、我的新年衣服;音乐表演区——新年小剧场;创意建构区——新年小区;角色扮演区——我家的年夜饭。

二、尊重儿童,创设符合儿童需要的区域环境

环境是一种隐性的教育资源,会对人产生作用和影响。区域环境创设直接关系到幼儿区域活动的效果,因此,教师要树立正确的儿童观,保护幼儿的参与权利,尊重幼儿的选择,尽可能地从儿童的视角出发,创设符合幼儿需要的区域,引导幼儿积极主动地参与其中。

(1)尊重幼儿的参与权利。幼儿在区域活动中的参与过程意味着幼儿的游戏体验,也从侧面体现了区域活动的教育价值。然而,在实际区域活动中,幼儿的主体需要和参与权常常被

忽视。例如,教师做活动空间规划时往往不询问孩子的想法,投放的区域材料也常常不是幼儿所需的。教师过于注重学习记录和拍摄他人的做法,却很少向活动的主体——幼儿询问和学习,导致活动预设常常偏离了幼儿的兴趣和需求,区域环境功能没有得到充分发挥。因此,在实践中我们应转变观念,树立正确的儿童观,关注幼儿在区域活动中的主体地位,引导幼儿积极主动地参与区域活动的规划、材料的投放等活动,鼓励幼儿表达自己的态度,提高幼儿参与程度。如开展美工区"我的新年衣服"前,组织幼儿讨论:你想为自己设计一件什么样的新年衣服?需要什么材料?打算如何收集?需要什么帮助吗?在讨论中,幼儿表达了自己的想法和需求,为教师创设适宜的区域活动材料指明了方向。又如,在大班开展蛋糕店游戏时,教师组织幼儿分小组对蛋糕店价目表的制定、大门的设计等进行了讨论,并以绘画的形式进行设计,然后组织全班进行投票,最终选用了票数最多的一种设计,投放到游戏中。整个过程中,教师以幼儿为主体,放手让幼儿自己设计、自己决定,把创设的权力交给幼儿,幼儿的积极性高,自主性、创造性得到了充分的体现。

(2)尊重幼儿,调整方法。将创设区域的主动权交给幼儿,教师成为活动的支持者、辅助者,共同创设适宜的区域环境,这并不意味着降低了教师的作用,相反,对教师提出了更高的要求。教师需要对幼儿进行更深入的分析,立足幼儿的角度,调整方法,给予幼儿更多的理解。例如,区域墙上布置的高度要以适合幼儿操作为标准;幼儿参与区域环境布置的形式要能更好地提高幼儿的积极性,加强幼儿与之互动等,形式要体现多样性等。教师要以儿童的视角出发,尊重儿童,合理规划。

三、观察儿童,适时给予儿童恰当的引导

幼儿在活动中是通过与人、环境及材料的相互作用而发展的,教师应注意观察幼儿在活动中的言谈举止及行为表现,透过活动发现问题,在幼儿真正需要的时候给予恰当的引导。

(1)当幼儿来告状时。如:在一次区域活动中,幼儿找老师告状:"老师,东东要把纸牌拿去建构区搭建高楼,纸牌明明是科学区的。""老师,我们美工区的吸管被思思拿到娃娃家了。""小吃店不是也要用吗?"面对幼儿提出的问题,教师及时组织幼儿讨论,引发新的思考:材料要放在哪里,才能让每个区的幼儿都方便去拿呢?经过教师的及时点拨,最终幼儿想出了在班级创设一个材料超市的办法,一起商量收集所需的材料,投放到材料超市中。如:将收集的各种纸杯、纸筒、纸盒、瓶罐等投放到材料超市里,孩子们将超市里的纸盒拿到建构区建围墙、小区大门,拿到美工区制作纸箱老虎,拿到户外野战区做城墙。活动中,幼儿做到了一物多玩,活动的自主性、创造性得到了充分的体现。

(2)当幼儿将要放弃时。区域活动中,幼儿遇到了问题时,有的会利用自己已有的经验和方法来解决,有的会在同伴的帮助下解决问题,有的则在找不到解决的方法时就会放弃活动。这时教师应适当地给予引导,提供帮助,提升幼儿这方面的经验。如:在烧烤店里,明明一个人坐着不高兴的样子,我向他走过去时,他便向我说"烧烤店"里没有生意,不想玩了。我说:"我们一起来告诉他们,今天烧烤店大减价哦!只要来就有礼品送。"随后我们一起吆喝,并赠送给顾客每人一根羊肉串,就这样烧烤店慢慢地热闹起来了,明明的脸上露出了高兴的笑容。

(3)当发生游戏冲突时。如:在户外骑行区活动中,孩子们扮演着警察、司机、乘客,玩得兴高采烈。一会儿,红红骑的小黄车出现了故障,停下来了,一下子,车道上就出现了拥挤的现象。这时,老师和小交警帮忙将小车推到了一边,活动才恢复了正常。活动后,教师及时启发

幼儿思考:“出现这样的事情,我们应该怎么办?”经大家的讨论后,我们在骑行区的旁边开设了小黄车修理店,放置了一些常用的修理工具。经过几次游戏后,在老师的启发下小黄车修理店又升级为小黄车美容中心,业务范围更广了,除了修理,还有装饰、喷漆等。活动中,教师借助游戏冲突,适时引发幼儿思考、讨论,不但解决了游戏冲突,还丰富了幼儿的游戏行为,推动了游戏情节的发展。

四、解读儿童,构建适宜的评价

区域活动评价是区域活动组织的重要环节,适宜的评价有助于教师正确认识和解读幼儿行为,给予幼儿适宜的支持。在实际活动中,幼儿园的区域评价主体往往仅限于成人,忽略了幼儿的实际感受及主人翁的地位。儿童视角下的区域活动评价,强调将评价的主体归还给儿童,我们改变了单一的由教师评价的视角,将评价主体归还给儿童,引导幼儿对自己或同伴的活动行为作出客观的评价。

(1)视频或图片回放的方式。在幼儿参与评价环节,教师应充分考虑幼儿直观形象思维的特点,可采用照片记录或视频回放的方式,唤起幼儿在区域活动中的相关记忆,引导幼儿更加直观地进行评价。

(2)前后视频或图片的对比。教师还可有目的地记录下孩子前后两次或多次玩耍同一区域或同一材料的场景。通过前后视频或照片的对比,让孩子更清楚地看到自己或他人的成长和进步,更客观地认识和评价自己或他人。

总之,应从儿童视角出发开展区域活动,才能更好地调动幼儿主动性、积极性。教师要认识区域活动的教育价值,深入儿童,从儿童视角审视教学,真正发挥区域活动的教育价值。

积木区重建对幼儿发展的影响

方俞莹
深圳市罗湖区教工幼教集团鸿业苑幼儿园

积木区是幼儿喜爱的游戏场所之一，它提供了丰富的积木材料和自由的游戏空间，使幼儿能够通过搭建、组合、排列等方式进行游戏。近年来，越来越多的教育者和家长开始关注积木区在幼儿发展中的作用，并尝试将生活中的建筑重建在积木区中。本文旨在探讨将生活中的建筑重建在积木区中的意义和教师的支持策略以及幼儿的能力发展。

一、重建能力的意义

通过查阅相关文献，我们发现将生活中的建筑重建在积木区中具有以下教育意义：

1. 提高幼儿的认知能力

通过观察和模仿生活中的建筑，幼儿能够锻炼自己的观察力、记忆力和想象力，提升自己的认知水平。

2. 增强幼儿的动手能力

在积木区中重建生活中的建筑需要幼儿动手操作，这有助于锻炼他们的手眼协调能力、手指灵活性和精细动作能力。

3. 培养幼儿的创造力

通过自己的想象和创意重建生活中的建筑，幼儿能够培养自己的创造力和想象力。

4. 培养幼儿的空间思维

通过观察和重建生活中的建筑，能够锻炼幼儿的空间思维和空间认知能力。

5. 培养幼儿解决问题的能力

在面对复杂的建筑重建任务时，幼儿需要学会分析问题、寻找解决方案，这有助于培养他们的解决问题能力和决策能力。

二、教师的支持策略

在积木区的重建建筑活动中，教师的支持策略对于幼儿的搭建能力和创造力发展具有重要影响。

1. 提供丰富适当的材料

教师需要为幼儿提供丰富多样的积木材料，如各种形状、颜色、大小的积木材料，以满足他们不同的搭建需求和创造力发挥。同时，教师也需要根据幼儿的年龄和能力水平，选择适合他们的积木材料，以确保他们能够顺利地进行搭建活动。

2. 创设良好的游戏环境

为幼儿提供一个安全、舒适、有趣的游戏环境，让幼儿在积木区自由地发挥创造力和想象力。教师可以鼓励幼儿与其他伙伴合作搭建,共同完成任务,培养他们的合作精神和沟通能力。

3. 示范和引导幼儿主动探索

教师可以通过示范和引导的方式,帮助幼儿掌握基本的搭建技能和方法。教师可以先搭建一个简单的建筑模型,然后让幼儿模仿搭建,逐步引导他们掌握更复杂的搭建技巧。在掌握搭建技巧后,鼓励幼儿在游戏中主动探索、尝试不同的搭建方法和组合方式,培养他们的自主学习能力和创新意识。

4. 鼓励创造和想象

教师需要鼓励幼儿在搭建过程中发挥创造力和想象力,搭建出与众不同的建筑作品。教师可以提出一些开放性的问题或话题,激发幼儿的思考和创造力,让他们在搭建过程中更加自由和灵活。

5. 组织团队活动

组织幼儿进行团队搭建活动,让他们学会与同伴合作完成任务,培养团队合作精神和沟通能力。

6. 及时反馈和评价

教师需要及时给予幼儿反馈和评价,让他们了解自己的搭建能力和创造力水平。教师可以通过观察、评估和交流等方式,对幼儿的搭建作品进行评价,并给予积极的反馈和建议,帮助他们进一步提高搭建能力和创造力。同时,让他们感受到自己的努力和成就,增强自信心和自尊心。

三、教师的观察方法

在研究幼儿在积木区的重建能力时,我们可以采用以下方法进行观察,以评估幼儿的发展能力。

1. 观察法

观察幼儿在积木区的搭建过程,记录他们的行为、语言和作品,并分析他们的认知能力和技能发展。

2. 实验法

通过实验设计,对比不同年龄段、不同性别、不同教育背景的幼儿在积木区的搭建能力和创造力,探究影响搭建能力的因素。

3. 测量法

通过制定测量工具和标准,对幼儿的认知能力、技能发展和创造力进行量化评估,以便更准确地了解他们的搭建能力。

四、幼儿重建能力发展

在环境和教师的支持下,我们通过观察、实验、分析评价等方式,观察到幼儿在重建阶段的发展情况。以下是两个案例。

1. 案例一

晨谈结束后,四位小朋友进入积木区,他们计划搭“伦敦塔桥”。他们在画板上画下设计图,悦悦说:“现在塔桥画出来了。”田田说:“这边有个一样的塔桥,也要画下来。”昊昊提醒:

“别忘了画桥。”画完设计图后，悦悦搬来长方形积木说要先搭桥墩，他把长方形和圆柱体间隔开搭好了桥墩。接着，田田搬来了梯形大空心积木搭了塔桥的地基。昊昊搬来木板放在了桥墩上面，第一层桥面搭建完毕。泺泺搬来长方形积木和砖块等辅助材料：“我要用间隔垒高，一层柱子，一层地面。”他一层一层地将积木往上摆，准备搭第二层桥面时，木板掉了下来，旁边的两座塔也掉了下来。昊昊说：“第二层没有东西支撑，会掉下来。”悦悦说：“没关系，我们用圆柱体做桥梁。”说完搬来一些圆柱体，和其他三位小朋友一起将圆柱体当桥梁进行搭建。最后，他们把第二层木板放了上去，伦敦塔桥正式完工。

2. 案例二

最近这段时间，悦悦沉迷在积木的世界中，每天都会进入积木区去搭建高架桥。第一次搭建时，他进去后拿了圆柱体立在地上做桥墩，长方体的积木铺在圆柱体上做桥面，悦悦用架空和延长的技巧搭建了一条高架桥。在分享时，小朋友们对悦悦的作品提出了建议。创创说：“我见到的高架桥是交叉的。”画画说：“搭建一个斜坡，车子可以上去。”佳佳说：“我见过的高架桥旁边有房子、树木。”小朋友们对悦悦搭建的高架桥产生了兴趣，七嘴八舌地讨论起来。对此，面对孩子们的讨论，教师收集了高架桥的图片、视频，引导幼儿观察高架桥。

第二次搭建时，在了解到高架桥的特点后，创创和画画一起参与了搭建高架桥。这次，画画用长方体的积木搭建了一个上下坡，创创和悦悦将高架桥的弯道用半圆形积木连接，用交叉和穿过的技巧搭建。搭建好后，小创和悦悦用小车在高架桥上开起来，但是没多久就发现了问题，高架桥上只能容纳一辆车子开，而且车子很容易开出去。那怎么办呢？于是，在分享时提出问题，睿睿说：“可以用两块长方形积木把桥面加宽。”兜兜说：“高架桥没有交通标识，车子会撞在一起。”

第三次搭建时，悦悦重新搭建了高架桥，这次他把桥面搭宽了，而且还增加了交通标识和红绿灯。在分享时，他和大家介绍了高架桥连接了深圳北站、深圳东站、深圳西站、深圳南站，车子往那边开可以去到火车站坐车。

在两次的建构游戏中，教师能够捕捉幼儿的兴趣点，为幼儿提供搭建的相关材料。在搭建中，幼儿能够调动自己已有的经验来搭建高架桥，在分享时能够听取其他小朋友的意见，并将这些意见加入搭建中。并且，通过观察、操作等方法，他们发现问题并解决问题。

其实在两个案例中我们能看出，其中一名幼儿悦悦的生活经验丰富，知道很多生活知识，并且很有自己的想法，愿意把自己的想法表达出来并能分享给他人。在搭建作品中，她能将已有的经验融入作品中，例如：桥包括桥梁、桥面、承重梁等。她能将生活中的经验重建在作品中，从而发展了“重建”能力，并在遇到困难时，能提出自己的建议，成功搭建出第二层桥面。从这里可以看出她的生活经验及安全意识非常强。

其余幼儿在搭建中表现出积极参与的态度，能够一起团结合作完成搭建，体现了幼儿在游戏中的主体地位，既满足了幼儿游戏体验的需要，又推动了幼儿游戏的不断深入。整个过程中，幼儿能根据自己的计划进行搭建、分享、调整，体现了幼儿的计划性、自主性和共享经验的能力。

在两次搭建活动中，幼儿已经基本掌握了基本的搭建技巧，可以在此基础上搭建出高难度建筑。教师也能够根据幼儿的兴趣点提供图片、视频，引导幼儿了解高架桥的特点。在这个过程中，幼儿不仅学会了基本的搭建技能和方法，还发挥了自己的想象力和创造力，搭建出了各种不同的建筑作品。这些作品不仅展示了幼儿的创造力和想象力，也反映了他们的认知能力和技能发展水平。

同时,教师的支持和引导对于幼儿积木区重建能力的发展起到了关键作用。教师需要不断地观察、评估和反馈,及时调整自己的教学策略和方法,以更好地满足幼儿的发展需求。

总之,积木区重建能力的发展是一个长期的过程,需要幼儿、教师和家长共同努力。通过提供适当的材料、示范和引导、鼓励创造和想象、及时反馈和评价以及营造积极的氛围等支持策略,幼儿的搭建能力和创造力得到了显著提高,为他们的未来发展奠定了坚实的基础。

教育随笔

——用爱培养孩子的独立性

吴栩翔
深圳市罗湖区教工幼教集团鸿业苑幼儿园

2020-2021 学年第二学期,我担任大二班的班主任。班上有一个叫可可的小女孩,她给我留下了深刻的印象。她扎着两条小辫子,眼睛大大的,皮肤雪白漂亮,说话声音小小的。

在后续的相处中,我发现可可在生活自理和游戏活动中都显得较为缺乏自信。无论做什么事情,她都需要老师和小朋友的引导。在每天的晨谈活动中,她总是躲在角落,不敢直视老师,更不敢参与发言。她是一个性格内敛、缺乏自信、安全感较弱的孩子。

通过与可可的父母的交流和与班上其他老师的沟通,我了解到可可的妈妈因为工作忙碌,陪伴可可的时间较少,所以可可的成长过程中父亲的陪伴较多。再加上孩子身体较弱,家里对她照顾得更是小心翼翼。班上的老师和小朋友也对这个性格内敛的小妹妹特别关爱,在日常生活中会主动帮助她,在学习和游戏时也会带着她一起。然而,这也使得可可更加依赖大家的帮助,缺乏独立思考的能力。当遇到困难或挑战时,她会选择退缩、害怕,甚至更加缺乏安全感。

为了改善这一情况,我与班上老师制定了针对可可独立性培养的计划。独立性格的培养是一个循序渐进的过程,我尝试让可可独立完成一些简单的班级工作,如:当小值日生摆盘子、午睡后帮忙把门口多出来的小椅子搬进教室等。面对这些任务,可可刚开始是拒绝的,甚至有些委屈。于是,我陪着她一起完成。每次她独立完成一件事,我都会竖起大拇指,夸张地对她进行一番夸奖。渐渐地,她开始尝试在无需陪伴的情况下独立完成一些力所能及的事情。

看到可可的进步,我制定了新的计划。在晨谈活动中,我有意识地邀请可可参与话题讨论。如预想的一样,刚开始的几次分享,她的声音都很小,几乎听不到,两只小手也握得紧紧的,可以看出她内心的紧张。每次分享后,我都会先给予表扬和肯定,再提出小建议:“可可,如果下次分享时声音再大点就更棒了。”逐渐地,可可习惯性地参与到晨谈的讨论中,分享的内容也多了起来,声音也越来越自信。此外,我发现可可的乐感较强,便让她尝试在小组中带领小朋友做律动游戏。在小朋友们的配合和认可下,可可找到了自信。接下来的每一天,可可都开开心心地来到幼儿园,成为了一个自信快乐的小姑娘。

有一天,可可在编织区学会了编织手链。她拿着心爱的手链对我说:“老师,送给你。”我忍住内心的激动和小兴奋,悄悄地问:“为什么想把手链送给老师呢?”可可说:“因为你让我带小朋友做律动,我很开心。”听到这句话,我瞬间感到一种强烈的成就感和幸福感。

我认为,作为教师,我们需要肩负起教育和引导幼儿发展的责任。我们需要有一双善于观察幼儿的慧眼,因为我们不经意的一句话、一个眼神或一个行为,很可能会改变孩子的一生。正如陶行知先生所说:“爱满天下,热爱每一个孩子。”我们要关注孩子的个体差异,用心去发现每一个孩子身上的闪光点,让他们富有个性、健康快乐地成长。

材料支持幼儿自主探索的实践研究

——以幼儿园昆虫博物馆为例

唐安梅 李 南
四川省成都市锦江区金苹果晶蓝半岛幼儿园

在幼儿园昆虫博物馆活动探究过程中观察发现,合理投放材料是有效助推幼儿探索的重要一环,从材料的开放性、阶段性、暗示性推动幼儿主动思考、积极探究。

一、开放性材料——触发幼儿的创造性

开放性材料是指没有确切的教育目标,旨在让幼儿按照自己的意愿自由操作、改变、组合的材料,即低结构材料。开放性材料最大的特点就是具有随机性、灵活性,教师不会对材料进行刻意加工,而是交给幼儿自由发挥和创造。

在幼儿园昆虫博物馆探究活动中,提供各种自然材料,幼儿自主为"昆虫修房子"。幼儿自主操作,在活动过程中,仔细观察动物的外形特征,操作中自然而然地运用已有知识经验。幼儿画出昆虫的"家",思考蝴蝶喜欢什么样的环境?蜜蜂的家是什么样的?蚂蚁住在哪里?幼儿绘画出来,了解昆虫的生存环境后,用盒子和自然材料为昆虫制作家,让昆虫喜欢住在自己制作的房子里。通过材料操作,孩子感受到的不仅仅是材料本身,还能认识昆虫、昆虫与环境的联系等,进行自主探索。

选择开放性和自由度更大的材料,减少对材料用途的限制,给予幼儿充分的自主探索空间。在昆虫博物馆活动探究中,教师通过开放性的材料,能给予幼儿自主学习和探索的空间,避免幼儿被动接受教师的想法,有助于维持自主探究的状态。

二、暗示性材料——引发幼儿的思考

暗示性材料是指那些具备隐性教育目标的材料。这些材料应该便于幼儿操作,为幼儿所熟悉,且针对幼儿在探索过程中所遇到的困难具有启示作用。当幼儿在活动中遇到困难时,教师不妨投放一些暗示性材料,引导幼儿关注材料与目标、认知与表征的联系,从而拓展幼儿的思维,激发幼儿的思考。

在昆虫博物馆里,幼儿对活体昆虫特别感兴趣,想放在教室里饲养,把昆虫当成了班级的宠物。这次关于"养"昆虫的讨论为探究昆虫的行为提供了机会,不同的昆虫吃什么食物?它们怎么行走?昆虫怎么繁殖?许多问题引发了孩子们的回应,为此老师在昆虫活体方面不断支持着幼儿的探究,使幼儿能够通过更近距离观察、了解昆虫更多的特性和行为,激发幼儿的思考。

观察完蝴蝶后放回花丛中,今天观察的天牛是放回草丛中,还是把害虫杀死?小朋友观察天牛时发现,天牛在地上爬得很快,它的大颚很尖很大,它的6条腿上有尖尖的齿,都不敢用手

摸。天牛爬到玩具上，老师捉回盒子时，天牛的脚把玩具都抓起来了，它的脚抓东西很稳，爬在树上也不会掉下来。小朋友说：有的说可以把天牛放回树上；有的说：天牛是害虫，它吃树皮、吃树叶，不能放回有树的地方，要把害虫杀死；蚊子也是害虫我们要消灭蚊子，天牛也是害虫，我们要消灭它……到底怎么办？孩子们讨论后，投票决定是否把天牛放回大自然。最后大家觉得天牛和蚊子不一样，蚊子很多、要叮咬人，而且蚊子吸血，所以要消灭蚊子；天牛很少、它嘴巴小不会吃掉太多叶子，虽然是害虫还是放它回大树上。如果天牛在大自然中死了，我们可以捡回来做标本。关于生物链、关于自然规律，这是生态平衡。孩子们的讨论中没有谁对谁错的答案，通过材料引发幼儿更多的提问、思考、查阅资料、解决问题，进行自主探究。

三、阶段性材料——激发幼儿的持续性

阶段性材料是指贴近幼儿当前需求、能够满足幼儿现阶段目标的关键材料。当孩子在探索操作中闪现思维的火花时，可能需要一种能够解决当前难题的关键材料，以实现自己在探索过程中的设想，达成理想的探究状态，完成阶段性目标。

在昆虫博物馆探究中，孩子迷上了"数蚂蚁"，有猜测蚂蚁有多少只的，有用手指点数蚂蚁数量的，有用食物使动态的蚂蚁变成静态的蚂蚁来数蚂蚁的数量……孩子们主动探索方法。

追随幼儿的兴趣，我有意投放了各种蚂蚁工坊和装着蚂蚁的塑料透明瓶，材料更具多样性、层次性，数量也能满足孩子的探究需求。我观察到幼儿平时数静态的物品是相对比较容易的，数动态的物品是有一定难度的，涉及几方面技能的协调，所以数数时经常出错、有时漏数、有时忘了指点物品。幼儿已经能够按顺序口头数数，能够手口一致地点数固定物体的数量，并说出总数。根据幼儿计数能力发展的顺序：按顺序口头数数→静态的物品点数，说出总数→动态物品点数，说出总数。

1. 第一次尝试：蚂蚁睡着了就数数

我们还可以等蚂蚁睡着了，它不动了，就能数清楚了。小朋友等了 5 分钟，蚂蚁没睡觉；等了 8 分钟，蚂蚁还在爬动；等了 10 分钟，童童说："蚂蚁怎么还没睡觉？它好久才睡觉呀？"

当幼儿等待时间较长时，逐渐地幼儿对数蚂蚁开始没有兴趣了，只有幼儿再次有新发现时才能激发幼儿再次数蚂蚁的兴趣。2 名幼儿合作数蚂蚁，并与同伴们分享了自己数蚂蚁的经验，觉得自己数清楚了蚂蚁非常自豪，很有成就感。幼儿计数时，数静态的物品并说出总数，比较容易；数动态物品相对较难，但也提升了幼儿的计数能力。

2. 第二次尝试：给蚂蚁吃东西

小朋友带来白糖放在蚂蚁工坊的上面一层，有蚂蚁发现了放进去的白糖，但是蚂蚁立刻来搬食物，这时候蚂蚁爬得比较慢，数蚂蚁比较容易。在喂蚂蚁食物时，幼儿没有考虑到蚂蚁很小不能吃太多东西，幼儿满足于喂食物的动作，所以当观察到食物多了也会对数蚂蚁造成障碍时，中班孩子又会想出解决方法，调整食物的大小和味道，来吸引蚂蚁爬过来。这样动态的物品就比较有序了，数起来就比较容易一点了。

3. 第三次尝试：合作数蚂蚁

小朋友找纸和笔进行记录，小朋友观察发现自己每次数的数字是不一样的，直到数的数量和同伴相同才停止数数。幼儿在计数时，逐渐感知动态物品的特征，遇到问题时会主动想办法解决问题，用记录的方式把蚂蚁数量记录下来，记录下来后和同伴用直观的方式进行比较，在比较中发现蚂蚁数量的特点，发现三名小朋友都有共同的数字后，确定蚂蚁的数量。

小朋友谈论数蚂蚁的方法，总结出数蚂蚁的最佳方法，分组进行数蚂蚁的游戏。

（1）先数静态的，再数动态的蚂蚁：先数没有爬的蚂蚁，再数爬着的蚂蚁。

（2）合作数蚂蚁：1人数工坊里的蚂蚁，1人数食物盒子里的蚂蚁。

（3）双数数蚂蚁：两只两只地数蚂蚁。

（4）数得快：数蚂蚁的速度比蚂蚁爬的速度快。

（5）土工坊里的蚂蚁看不到，用食物吸引蚂蚁出来。

（6）记录蚂蚁的数量：多名幼儿数蚂蚁并记录数字，找出相同的数字，则是蚂蚁的数量。

幼儿从数静态物品到数动态物品的过渡，通过讨论、思考、记录、观察等，想出了自己认为很好的数蚂蚁的方法；在分组操作中，通过个人观察、小组交流、集体分享等形式积累了数动态物品及计数的数学经验。数蚂蚁活动不仅回归于幼儿的生活，同时也提升了幼儿在生活中数动态物品的经验。这有利于从小培养幼儿的探究兴趣、观察力、解决问题的能力、多种思维的发展、数动态物品的经验、计数能力的发展等，从中更好地积累和发展幼儿的计数经验。投放不同层次的蚂蚁工坊满足了幼儿真正的需求，能够激发幼儿的积极性，提升幼儿的探索兴趣，有效推进探究进程。

四、提升性材料——启发幼儿自主探索

教师主要扮演支持者、引导者的角色，在材料投放时也再三进行斟酌，根据班级幼儿的年龄特点和发展需要调整材料的投放，多提供低结构材料，少提供高结构材料。使材料起到隐性的推动和提升的作用，材料本身具有的可操作性和可塑性，幼儿会将材料的特征、用途与现阶段的探究建立联系，架起从问题到思考、再从思考到解答的桥梁。得益于材料自身属性、特征、功能的暗示和提升，幼儿的思维也得到延伸。

在昆虫博物馆探究中，材料给予幼儿操作上的支持，投放的材料围绕幼儿的探究进行，提供开放性材料和暗示性材料不断推进幼儿的探究，既强调幼儿的自主探究和主动学习，同时，当幼儿遇到阶段性困难时，教师提供关键材料引导幼儿走出困境，支持幼儿的探究进程。

小改进　大变化

李思瑶
长春市吉林省粮食和物资储备局机关幼儿园

区域活动是幼儿自发探索、自主学习的一种活动形式。不过，最近我发现，幼儿在选择区域时，都倾向于活动内容更具创意、玩法更多的区域，如建构区、益智区等，而阅读区却常常“遇冷”。

一天早上，悦悦来园时，手里拿着一本重重的图书，兴奋地说：“老师你看，这是我和妈妈一起做的。”我上前一看，原来悦悦手上拿着一本石头书。这几天，班级正在进行亲子废旧物品制作活动，孩子们经常把自己和家长制作的作品拿来展示。

我问悦悦：“这是什么书啊？”

悦悦说：“用石头做成的书啊！妈妈说，很早以前人们就是用石头做书的。我去海边玩的时候捡了许多石头，就做了一本石头书。”

我说：“真是好主意啊，我们打开看看吧！”

悦悦小心地打开书，书上出现了许多用石头画的小鱼，小朋友们说：“哇，好漂亮的小鱼啊！”

我问悦悦：“你知道这本书叫什么名字吗？”“叫做《独一无二的你》。”悦悦说。

“你愿意把你的书放在阅读区里给更多的小朋友看吗？”悦悦点点头。

当天的区域活动前，我请悦悦介绍了自己的“石头书”，并将书投放在了阅读区。区域活动时，我发现来到阅读区的小朋友明显增多，而且孩子们看书时不再像以前那样，看看这本又看看那本，而是围着这本石头书津津有味地看着。

活动结束后，我和幼儿们交谈：“你还见过什么特别的书呢？”孩子们瞬间被这个话题点燃，纷纷举手说：“老师，我还见过用布做的书！我见过可以折叠的书！我见过洞洞书！”

接下来的几天，选择阅读区的孩子多了起来，因为大家发现阅读区时常会有一些特别的书出现。有布书，有翻翻书，有折叠书等。不仅如此，还有各种可以用来制作书籍的材料，孩子们喜欢上了看各种不同的书，也乐意自己动手制作书。

区域活动需要教师为幼儿创设丰富的环境，提供充足的时间，以满足幼儿的个性化需求，保障幼儿富有个性的发展。但是，教师在组织活动的过程中，常会遇到这样的问题：区域不能引起幼儿参与的兴趣。这时，教师就要反思选择的游戏内容和材料是否出现了问题，要做怎样的调整才能激起幼儿参与活动的兴趣，并帮助幼儿在活动中获得发展。

活动中，阅读区一开始并不被孩子喜欢，虽然教师想了很多改进的办法，如定期更换图书，投放故事盒子，但都不见成效。而在一次偶然的亲子制作中，一名幼儿带来了石头书，激发了幼儿参与阅读的兴趣。教师也敏锐地捕捉到了幼儿的兴趣点，在区域中投放了各种不同形式的阅读材料和充足的阅读空间，激发幼儿主动参与的兴趣。

《幼儿园教育指导纲要(试行)》指出:“幼儿园的空间、设施、活动材料等应有利于引发、支持幼儿的游戏和探索活动,有利于支持幼儿与环境之间积极的相互作用。”材料是支持幼儿学习和发展的关键因素,材料的趣味性会直接影响孩子对材料探索的关注度和持久度。因此,教师在投放材料时,要选择能引发幼儿兴趣的材料。

不断调整和改变区域活动材料,采取不同的方式丰富幼儿对区域活动的兴趣。一点小小的改进,就能让幼儿玩得更快乐,玩得更加持久。

浅谈父母教养方式对幼儿性格形成的影响

陈玉凤
深圳市龙华区龙华第二小学附属美丽365幼儿园

父母要有意识地引导幼儿进行良好的教育，帮助他们养成一个良好的习惯。在社会、家庭、学校中采取的方式要适当，处理方法要合适，才能塑造孩子形成良好的性格。

一、父母教养的概述

在当前社会，父母教养方式正在经历巨大的变革，传统教育面临着严峻的挑战。父母的教育方式对幼儿成长的影响极大，而教养方式受到不同因素的影响。教导孩子要依据社会、家庭、学校等多方面的影响，必须遵循社会规范，培养品德和文化的修养。

（一）父母教养方式的含义

父母的教养方式决定了幼儿的成长方向。所谓教养方式，是指父母在教育孩子时采取的方法和手段。不同的对象需要不同的方式，例如在工作上称为工作方式，在生活上称为生活方式。

（二）父母教养方式类型及特点

父母的受教育程度会直接影响他们的职业选择，进而影响到他们的文化、素养。因此，不同职业发展的父母在教育孩子时会有很大的差别。

与受教育程度低（高中及以下）的父母相比，受教育程度高（大专及以上）的父母所掌握的知识更多，对人、对事物的看法可能更客观、更理智，认知范围也更广。因此，受教育程度高的父母在教育孩子的过程中较少会表现出溺爱、专制、忽视或惩罚等不适当的行为。在一般的教育学与心理学科中，父母教养方式通常分为四种类型。

（1）民主权威型。父母平等公正地对待幼儿，与孩子像朋友一样沟通、聊天。他们会给予孩子适当的关爱，对孩子的要求进行适当的限制，态度温和，尊重孩子的思想和意见，亲子间沟通顺畅。

（2）娇惯溺爱型。父母无条件地给予孩子感情和物质上的满足，迁就孩子，很少限制孩子，对孩子言行举止容忍和接受，无条件满足孩子的要求。

（3）忽视冷漠型。父母很少关爱孩子，缺乏关心，对孩子不理不睬，不管不问，任其发展。与孩子交流缺乏感情，对孩子的优点不关心，不关注。

（4）绝对权威型。父母很少给孩子关爱、包容与温暖，会给孩子很大的限制，不允许孩子做父母不喜欢的事情。他们会按照自己的要求和命令，强行要求孩子服从，不考虑孩子的意愿，态度不好，会命令孩子服从父母的权威与要求。

孩子的性格往往受到父母性格、环境因素和生活习惯的影响。当父母的教育方法不当导致孩子心理不健康或不良成长时，家长必须及时纠正教育方法。

二、父母不同的教养方式对幼儿性格形成的影响

教养方式有多种,不同的教养方式对幼儿的影响不同。

(一)父母民主权威型教养方式对幼儿的影响

在教育方式中,民主型的父母不会随便打骂孩子,而是会对孩子的动作行为加以分析与正确的引导方法。民主教养不等于什么事情都是协商,有民主还要有集中,孩子由于知识经验、社会经验等方面的局限性,看问题不会深刻与全面,所以对有些重大问题要由家庭全体成员来讨论,父母可以事先统一口径,要求少数服从多数,让孩子沿着正确的轨道发展。

(二)父母娇惯溺爱型教养方式对幼儿的影响

在父母溺爱下成长起来的孩子,往往非常自我,不会考虑他人的想法,更听不进他人的意见。因此,他们缺乏组织纪律性和团队合作精神。这样的孩子在生活中会感到孤独,形成孤僻的性格,有时候会自我封闭,不愿意接触社会,产生忧郁的情绪,甚至患上忧郁症。

(三)父母忽视冷漠型教养方式对幼儿的影响

在孩子的成长过程中,父母表现出漠不关心、忽冷忽热的态度。他们跟孩子在一起的时间很少,甚至有时会对孩子流露出厌烦、不愿搭理的态度。父母对孩子的忽略可以被视为对孩子的一种心理虐待,剥夺了孩子的情感生活和物质生活。这种极端的忽略会直接影响孩子,导致他们出现心理适应障碍等心理问题,对学校生活缺乏兴趣和积极性,学习成绩差,自控能力差,对事情不感兴趣,还具有较高的攻击性,感情冷漠,并且在长大后会表现出较高的犯罪倾向。

(四)父母绝对权威型教养方式对幼儿的影响

权威型父母的教养方式对孩子有着深远而重大的影响。在这种教养方式下,父母关心呵护孩子,尊重孩子的想法,让孩子能够感受到家庭的温馨以及父母的温暖和关爱。这使得孩子信任父母,依赖父母,父母在孩子心中有很高的威信。

三、优化父母教养方式,促进幼儿良好性格形成

(一)父母应有正确的教养意识和教养方式

所谓的教养意识是指学习了、了解了各门学科知识,或者道德教育、思想品德教育后形成的某种认识。教养方式是指用平稳的心态对待每件事情,不要过于急躁,并根据心理、生理、知识经验来采取教育措施。 在幼儿在场的时候尽量不要吵架,应该给予幼儿爱,对幼儿提出的问题给予全面的回答,在幼儿面前,不应过分强调幼儿的过错,不能过分放大幼儿的缺点。对幼儿的爱要稳定,父母不应对孩子喜怒无常,也不应随意对孩子发脾气。

(二)父母应有效地引导幼儿的行为养成习惯

1. 父母应该建立规矩

父母应该让幼儿对一些行为形成习惯。如让幼儿自己穿脱外套、进餐、懂得自己的事情自己做,也要对人有礼貌、会见人问好等。父母可以把这些任务交给幼儿,虽然一开始他会做得不好,但是父母要鼓励幼儿自己去做,也不要每件事情都催他去做,而是应该督促他、引导他。

2. 父母要给幼儿适宜的环境

世界环境有暗示作用,我认为应该创造一个充满爱的环境。这个环境包括父母对孩子的爱,以及父母对长辈的爱。一个有爱的环境,很少有争吵,很少有脏话,很少有暴力等。这样一

个充满爱的环境，对孩子的影响很大，会让孩子成为一个充满爱、善良、有修养的人。所以，请给孩子一个爱的家庭，让孩子在爱的包围中快乐地成长。

3. 赏惩慎重应用

奖励和惩罚是帮助幼儿养成行为习惯的一种手段，但要做到赏罚分明且适当。奖励使用不当，会容易引起幼儿误将奖励作为行为的目的，也会引起幼儿抱怨、不愿意的心理，养成消极、不合作的态度。

（三）建立良好家庭教养的策略方式

1. 父母和孩子创造一个和谐、和睦的家庭氛围

父母要为孩子创设一个轻松愉快、民主平等、丰富多彩的生活环境，这个环境充满了家人之间对孩子的关爱、和谐、温馨。有利于孩子养成良好的个性心理素质。反之，将会给孩子带来安全感、归属感和爱的缺失。

2. 给幼儿足够的权利，让幼儿自主选择

父母应把选择的权利交给孩子，让孩子去操作、去完成，但是要在事前为他提供有关情况，帮他分析各种可能性，并且要教育他自己选择了，自己就要负责任。在这种情况下，即使选择错了，也是一次学习机会，是很值得鼓励的。

总之，我认为父母教养态度与幼儿性格形成的关系有巨大的影响。本文讲述了父母的教养方式如何影响幼儿生活习惯的养成、对幼儿的态度以及幼儿性格的形成。最后，强调了教导幼儿要养成良好的行为习惯与促进幼儿的性格发展和意识培养的重要性。这可以促进幼儿对待事情有一定的基础，体现德智体美的全面发展。

浅析 STEM 教育背景下幼儿园主题班本化的推进与实施

——以小二班本班化“遇见秋天的落叶”活动案例为例

莫丽英
深圳市龙华区教科院附属学校福安雅园幼儿园

一、追随幼儿兴趣,生发课程内容

通过设计丰富多彩、充满乐趣且符合孩子天性的班级课程,我们希望为孩子提供更多学习机会。我们相信,孩子对学习的热情、想象力以及对学习任务的执着,将会成为孩子学习过程中不可或缺的推动力。老师应该能够灵活地观察孩子的兴趣爱好,找到孩子最感兴趣的内容,以及在日常活动中潜藏的有益的信息,以此来指导孩了,使这些爱好变得有意义,最终形成有效的学习体验。

在学龄期,孩子们拥有非常浓厚的求知欲,无论身边的什么,都会激发出他们的热情,从而产生许多挑战,激励孩子去实践。因此,作为老师,要想让孩子更加热爱自己的课堂,就必须要深入了解孩子的兴趣,以便更加精准地实施班级课程。当我们以“你好,幼儿园”为主题进行活动时,孩子们来到了幼儿园的种植园,他们看见小路和草地上都铺满了树叶,便被它们的美丽景色所吸引,激动得连忙把它们收集起来。“快看,我这片树叶好大呀!”“老师,你看我这片树叶漂亮吗?”“哇,我捡到一片红色的树叶!”“我捡到了一片奇怪的树叶,它有好多洞洞。”“我捡到爱心叶子了!”有些小朋友捡到一把落叶,他们兴奋地说:“我捡到宝贝了,我要把它们带回家!”看到这样的情景,我决定跟随他们的兴趣,开设“遇见秋天的落叶”这门班本化课程,让孩子们一起探索树叶的独特之处,学习如何正确使用它们。

二、通过让幼儿进行自主表达和创造,我们将在班级课程中提供支持,促进他们的成长

(一)为了促进幼儿的发展,我们将设定这门课的目标

通过有效地组织和实施班级课程,我们希望为孩子带来有益的体验。例如,我们希望通过观察树叶来帮助孩子了解它们独有的特征。这样,我们才能更好地激发孩子的兴趣,并为孩子提供有价值的知识。“遇见秋天的落叶”作为一门班级教材,具备多重发展潜质,包括培养孩子们的观察、探索、提问、推理等能力,激发他们的科学探索求知欲;同时,它也为孩子们带来一种独特的视觉享受,让他们更加深刻地理解世界,并且运用他们独特的视角来描绘它。经过精心策划,这门课程的目的是让孩子们更好地理解和体验落叶的美妙,从而更加深入地了解它们的干燥、颜色等特征;学会利用落叶进行有益的游戏,激发他们的创新精神,更加热爱与大自然的

交流，并且积极地去探索和发现它们的奥秘。

（二）通过鼓励幼儿的发现、表达和创造，我们将在班级课程中贯彻这一理念

《3~6岁儿童学习与发展指南》强调，为了促使孩子们身心健康充分协同的成长，我们应该重视不同领域内部的互相渗透和融合，特别是在教育活动的设计和实施上，应该充分考虑孩子的身心特点，同时不忘培养孩子的良好习惯，以及培养他们的创新思维和实践能力。

1. 活动一：探索落叶的奥秘，跟随孩子的视角探索它的秘密

为了更好地理解和学习，我邀请所有的学生参与这次的活动。首先，我会给每位学生提供两片树叶，然后要求他们通过观察和讨论，根据自己的理解和经验，对这两片树叶的大小作出相应的判断。通过观察、实践、探索等活动，儿童可以获得丰富的实践经验，如观察两片树叶的大小，并且可以根据不同的观察结果，将它们进行组合，以此来培养儿童的数学思维。

在这个活动中，我要求每个儿童观察“我的叶子是黄色的，他的叶子是绿色的”“我的叶子是红色的。”两片树叶的颜色，以便更好地了解它们的多种特征。这种观察方式可以帮助儿童更好地理解它们的特性，并且能够更好地区分它们的差异。“老师，为什么树叶变黄了?”中的解释可以帮助孩子们理解树叶的颜色变化：当秋天来临时，叶绿素逐渐消失，取而代之的是红色素、黄色素等多种色素，使得树叶变得五颜六色，令人眼前一亮。在活动中，我鼓励幼儿发现问题，并且帮助他们解决问题，同时也让他们接触到一些科学知识，以此来激发他们对自然科学的兴趣。

在这个活动中，我们将探讨树叶的各种特征，包括它们的大小和颜色。芊宸和九安将会讨论“它们的形状不一样。”，畅畅和乔熙将会讨论“我的叶子像扇子。”，晨馨和学钧将会讨论“我的叶子细细的、长长的。”，谦谦和怀立将会讨论“我的叶子圆圆的。”。通过提问和观察，孩子们将会更深入地了解树叶。通过观察和探索，我们可以帮助幼儿在积累已有经验的同时，获得更多的新知识和技能。

2. 活动二：有趣的落叶，让我们一起聆听孩子们的心声吧

经过孩子们的观察和探索，我邀请他们一起玩耍。他们可以用落叶来遮挡视线，也可以用它来感受它的独特性，还可以将它撕成小片，或者用它来揉搓。我决定利用这个机会，让每个孩子都能够搓一搓，并问：“这两片叶子有什么变化?”“我的叶子变得碎碎的。”“我的叶子一片破了，一片还没有破。”通过实际操作，孩子们可以发现干燥的叶子更容易破裂，这是一种宝贵的直观经历。

当秋风吹过，树枝摇曳，红叶黄叶纷纷飘洒。当孩子们走到幼儿园小山坡的草地上，他们把手中的树叶一片片地扔向天空，唱着：“我的树叶飘起来了”“下树叶雨了。”《片片飞》这首歌把这片片美丽的景色留给了大家。孩子们记住了学过的儿歌，并在具体的情境中运用起来，以直观行动思维为主。当他们捡到一些落叶时，他们把它们放在一起，有的孩子轻轻地踩在上面，有的孩子在上面跳跃，发出了“窸窸窣窣”的声音。这样的情景让他们更加深刻地理解了儿歌的含义，也让他们更加热爱学习。一些小朋友正玩着“我成为叶子小兔了”的小游戏和“将秋天背回家”的绘本游戏。他们通过观察和游戏，将“将秋天背回家”的内容和“小兔子的旅途”相结合，从而将所获取的知识转换成实际的应用，实现了知识的转换。通过跟随他们的脚步，我们可以更好地激发他们的兴趣，并帮助他们更好地实现自身的成长。

3. 活动三：在这个活动中，我们将跟随幼儿的创造力来演奏落叶的变奏曲

树叶的多样性为人类带来了无限的灵感，它的颜色、形态、尺寸都可以为人类带来独特的视觉享受。在这个美丽的世界中,孩子们可以使用多种多样的绘制工具,如绘图笔、绘图板、黏合剂、玻璃杯、塑料板、橡皮擦、木板等,来创造出一幅幅精彩的图案。当孩子参加区域活动时,不同的孩子会尝试不同的方法,例如:有些孩子会将树叶的碎屑粘合起来,制作出精美的图案;有些孩子会使用各种颜色的染色剂,为树叶增添色彩;还有些孩子会将染色后的树叶放入纸张,以此实现树叶的拓印,从而让孩子们获得丰富的绘制技能。

周末,我们邀请您与宝贝一同出门,收集美丽的树叶。我们会与您一同创造一幅精美的树叶贴画,并在周一将它送给您,以便您与其他同学分享。您可以勇敢地说出您的创意,这将有助于您的口才技巧的发展。《幼儿园教育指导纲要》强调,家庭是幼儿园发展的重要支柱。因此,我们应该以尊重、平等、合作的态度,努力获得家长的理解、支持和参与,并积极帮助家长提升教育水平。

通过这个活动,我们希望能够让家长们能够亲身体验并参与到我们的教学活动之中。我们将带领孩子们收集落叶,并制作各种植物图案,以便他们能够通过这些活动来理解我们的教学内容,并且能够更好地掌握孩子的成长。

三、结语

班级课程的内容基于当前班级的实际情况,围绕孩子们的兴趣和问题进行,反映出教师和孩子们之间真实的学习和探索过程。作为孩子们的支持者和指导者,教师应该在日常活动中更加仔细地观察孩子们的需求和喜好,并跟随孩子们的发现、表达和创造,以便灵活地将日常生活中的资源转化为有趣的班级课程,促进孩子们的成长。

每天给孩子多一点爱

莫丽英
深圳市龙华区教科院附属学校福安雅园幼儿园

放学时，当叫到翔翔的名字时，孩子笑嘻嘻地走向接他的奶奶。奶奶也高兴地说："宝宝，跟老师说再见哦！"孩子高兴地朝我摆摆手："啊啊啊，喔喔喔"。看到孩子这么开心，我顿时感到很欣慰。

斐翔是在中班第一个学期开学的第二个星期的星期五才来到我们班上。上学的第一天我就明显感觉到这个孩子与别的孩子不一样。他不会说话，只会发音："啊啊啊，喔喔喔"，有时叫半天也没反应，嘴角一直流口水，完全听不懂指令，跟人无目光交流，不与同伴交往，书包里带着纸尿裤，几乎无生活自理能力。第一天区域活动时，他跑进了建构区，拿着实木积木拼命地敲打，还会敲打同伴的头，还好被我及时制止。周老师见状："天哪！这个孩子他可是一刻也离不开人哪！"

是呀！班上 30 多个孩子，再加上这么一个特殊的孩子，无形中我们的压力就更大了。看着手舞足蹈，嘴巴"啊啊啊，喔喔喔"的孩子时，我快泪奔了，觉得孩子可怜。我们都是当妈妈的，就把他当成自己的孩子吧！每天都给予他多点关注，给他多点爱，让他每天都进步一点点吧！

慢慢的我发现这个孩子喜欢听音乐，特别喜欢听《听我说谢谢你》这一首歌。当音乐响起来时，孩子就会安静下来，摇头晃脑的，嘴里咿咿呀呀地哼着，听不清他唱什么，但感觉到他很陶醉，很快乐的样子。

我跟班上的孩子说："我们是相亲相爱的一家人，团结友爱，互相帮助。"班上的孩子也很懂事，特别是跟他坐在一起的锐锐小朋友，看到他流口水了会拿纸巾给他，有时还会帮他擦呢！经过了一段时间我发现他跟锐锐小朋友有交流了，会看着他比画着。

他喜欢我叫他"宝宝"，应该家里人也是这样子叫他的。每次叫他，他的眼睛都会跟我对视，嘴巴也会回应"啊啊啊，喔喔喔"，能感受到孩子是信任你、认可你，内心是快乐的。

在中班时，我曾找孩子的爸爸来园进行面访，建议其去儿童医院进行较详细的检查。家长说之前在江西老家时曾经在医院进行过检查，医生给出的结果是语言迟缓，只达到 2 岁的智商。医生给出的建议是多听多练，也可以找特殊机构训练，但他们都觉得孩子不是孤独症，都不愿意送孩子到特殊机构去。家长说他们有信心有一天他就会说话了。在中班的第二个学期，我曾邀请翔翔的爸爸进班陪读半天，家长发表感言说亲眼看到了老师和全班的孩子对翔翔无微不至的照顾和关爱。

转眼间，我们的翔翔就变成了大三班的小哥哥了。有一天中午起床时，我正在给孩子们梳头，突然间王老师跑过来跟我说："莫老师，你看，翔翔会穿鞋子了。"我跑过去一看，啊！真的，孩子正拿着他的鞋子往脚上套，想当初，为了他这个穿鞋问题可真够揪心的！每天一起床他就举起双脚让老师或同伴帮他穿。在放暑假时我也跟家长说,在家一定要让孩子学着穿鞋,无论最终有没有学会,最起码要有这个穿的动作。而不是每天都举起一双脚等着别人帮他穿。

慢慢地,翔翔也让我们惊喜连连。他会有意识地叫我们“莫老师”“王老师”了。现在我们都会想尽办法让他多说话:假如他要拿什么或要吃什么,我们都不会轻易拿给他,要他开口说才能给他。

今天下午放学路过中厅碰到郑园,当时郑园正忙着,应该没有注意到他,突然间我听到他叫了一声“妈妈”,声音非常清晰。我想再次确认我有没有听错,郑园说:“是的,他叫我妈妈,晨接时她妈妈也会教他叫我的。”

那一刻我也是真的很感动。现在我们都发现翔翔会主动跟别人打招呼了。

对于翔翔这一类的特殊儿童,其实我们并不专业,但作为一线教师的我们能做的就是每天给孩子多一点鼓励,多一点爱,让孩子每天都进步一点点。帮助了这样的一个孩子就是帮助了一个家庭。

厨余白魔法之环保酵素 DIY

——幼儿园主题“地球生病了”科学活动案例

王晓婷

深圳市龙华区教科院附属学校福安雅园幼儿园

一、案例背景

随着深圳生活垃圾分类条例的正式实施，垃圾分类和垃圾的创新利用已成为社会新风尚。在幼儿园的日常活动中，各班级每天都会产生大量果皮等厨余垃圾。为了从源头上减少垃圾产生，同时培养幼儿的环保意识，大三班幼儿将开展一项特别的活动——制作环保酵素。通过本次活动，幼儿们将在观察、学习和实践的过程中，了解并掌握环保酵素的制作方法，从而得到可在日常生活中使用的环保产品。

（一）活动目标

1. 知识目标

（1）了解果皮等厨余垃圾可以转化为另一种堆肥形式——环保酵素；

（2）掌握环保酵素的作用、注意事项及其制作方法。

2. 能力目标

（1）学会使用剪刀剪碎果皮；

（2）在老师指导下，小组合作完成一瓶环保酵素的制作；

（3）能够为自制的环保酵素制作标签，并用画笔进行简单的装饰和美化。

3. 情感目标

（1）培养幼儿对大自然的热爱；

（2）激发幼儿对垃圾分类和堆肥的兴趣，并愿意参与其中。

（二）重难点分析

（1）重点：小组合作完成环保酵素的制作。

（2）难点：在老师指导下，正确掌握环保酵素的制作方法。

（三）实施日期

2022 年 11 月 17 日至 2022 年 11 月 24 日，共 8 天。

（四）活动准备

1. 物质准备

（1）干净的 500 ml 空矿泉水瓶；

（2）红糖、自来水；

（3）A4 纸、彩色笔；

（4）各种果皮（如苹果皮、橙子皮等）；

(5)电子秤、烧杯、搅拌棒、漏斗、篮子、气球等辅助工具。

2. 经验准备

(1)提前让幼儿了解果皮属于厨余垃圾;

(2)准备已发酵好的环保酵素供幼儿观察和学习。

二、活动过程

(一)动画导入:厨余垃圾的价值

通过播放《厨余垃圾本是宝》动画,引导幼儿认识到厨余垃圾在中国家庭生活中的占比及其潜在价值。在农村,厨余垃圾被合理利用,而在城市则面临处理难题。讨论话题包括:“厨余垃圾是什么?”“厨余垃圾是否需要分类?”以及“厨余垃圾真的是垃圾吗?”

随后,通过师幼互动,探讨厨余垃圾不能简单填埋和焚烧的原因,以及城市中如何更有效地处理厨余垃圾,并讨论厨余堆肥的可行性。

(二)探索环保酵素:了解其制作与应用

(1)环保酵素展示。向幼儿展示已发酵好的环保酵素,让幼儿通过观察和嗅觉描述其特点。

(2)提问与讨论。环保酵素的材料构成、用途,并观看相关视频,深入了解其原理和应用途径。

(3)制作方法探讨。引导幼儿讨论环保酵素的制作方法,并以图文形式记录制作步骤。同时,针对可能遇到的制作问题,进行深入讨论。

(4)师幼互动记录。总结并板书环保酵素的制作步骤,确保每个幼儿都能明确掌握。

(三)分组实验:环保酵素 DIY

(1)分组操作。幼儿分组进行环保酵素的制作,包括挑选果皮、称重、融化红糖、投放果皮等步骤。

(2)标签制作。引导幼儿制作个性化标签,包括日期、记号等,以便于后续观察和记录。

(3)注意事项。强调制作过程中的注意事项,如发酵产生气体的处理、气球的使用等。

(四)成果展示与观察记录

(1)展示与介绍。幼儿展示自己的环保酵素,并介绍其制作过程和心得。

(2)观察记录。鼓励幼儿持续观察并记录环保酵素的变化,如气球的膨胀、酵素液的变化等。第二天现象为气球被瓶子吹起来了;第七天现象为酵素液长了一层白色的霉。

通过这一过程,幼儿不仅能深入理解厨余垃圾的价值和环保酵素的作用,还能通过亲手制作和观察,培养对科学实验的兴趣和环保意识。

三、拓展延伸

(1)分装发酵完成的环保酵素。

(2)环保酵素的应用,包括清洁、施肥。

四、活动反思

(一)活动设计

(1)贴近幼儿生活。本活动紧密结合幼儿日常生活,以“垃圾分类”为话题,引导幼儿了解环保酵素的重要性。通过实际操作和观察,使幼儿对科学理论有更深入的理解。

(2)趣味性与操作性强。活动形式生动有趣,符合中班幼儿的身心发展规律。视频导入的方式使幼儿保持长久的兴趣,并积极参与活动。

(3)材料丰富易得。实验材料选用幼儿日常水果餐剩下的果皮、食堂的废菜叶等,既贴近幼儿生活,又易于获取。同时,这些材料还有助于减少班级厨余垃圾的产生,增强环保意识。

(二)活动效果

(1)初步了解与兴趣激发。通过展示已发酵好的环保酵素,引导幼儿观察、感受,激发幼儿的好奇心和制作兴趣。

(2)能力培养与问题解决。通过提出问题、讨论和图文结合的方式,帮助幼儿构建制作环保酵素的流程和步骤。在制作过程中,培养幼儿的自主操作能力、小组合作能力和使用剪刀等基本技能。

(3)实践应用与亲子互动。将已发酵好的环保酵素应用于家居清洁和植物施肥等实际场景中,使幼儿在实践中感受环保的意义。同时,鼓励家长参与课程活动,增进亲子互动和了解幼儿园课程。

本土文化资源在幼儿园楼道环境创设中的应用研究

梁清霞
南宁市广西壮族自治区直属机关第一幼儿园

环境创设在幼儿园教育中具有重要的作用,楼道空间作为幼儿活动的必经之地,良好的楼道环境对幼儿的生活和学习都有益处。《幼儿园教育指导纲要(试行)》明确指出:"要充分利用家乡自然条件和社会、生活、环境的优势,有效促进幼儿的发展"。幼儿期是儿童身心发展的关键时期,将符合幼儿身心发展特点的本土文化资源融入幼儿园环境教育中,营造与幼儿生活经验有更为直接交互作用的教育环境,能促使幼儿对家乡产生更浓厚的兴趣和深厚的情感。

一、本土文化资源的概述

本土资源主要指园所周边地区的自然资源和人文资源,自然资源包括地理环境;人文资源包括风俗人情、历史文化、生活经验等。本土资源具有地域性、民俗性、审美性等特征,是一座具有极高教育价值的知识宝库。"幼儿园可开发周边自然资源和适合幼儿的社会环境资源如历史古迹、文化名人、代表建筑、生活习惯等作为幼儿园环境创设的内容"。对本土资源合理开发和利用,深入挖掘幼儿生活情境中的自然与人文资源,选择幼儿可接受的并具有教育价值的本土资源,将纯粹的本土资源转化为教育层面的文化素材,使幼儿能够更自然地吸收和接受长期浸染在生活情境中的本土文化资源。

二、本土文化资源在幼儿园楼道环境创设中的应用现状

(一)幼儿学习主体地位弱化

教师是教学活动的主导者,但幼儿同样是重要的参与者。部分教师认为幼儿不具备选择和审美能力,与幼儿共同创设环境易减缓进度,增加不可控因素。因此,较少让幼儿参与环境创设。教师往往依据以往经验为幼儿设计自认为优质的环境。然而,在成人设定的"优质"环境里,幼儿可能会对环境感到陌生和茫然,这阻碍了幼儿自由表达和创造的能力。教师应为幼儿创造条件,尊重幼儿想法、关注幼儿需求、鼓励幼儿创作、与幼儿共同创设生活和学习环境。

(二)开发与利用本土文化资源存在局限性

教师作为幼儿成长中重要的参与者、支持者、引导者,应充分利用身边的优质本土资源创造良好的生活和学习环境。然而,在本土文化资源开发与利用中,教师存在以下问题:一是对本土文化资源的认识不足,缺乏开发意识和未能有效地整合资源;二是对资源开发较为随意,缺乏对本土文化资源的甄别和归纳;三是对本土文化资源的开发形式单一,对已开发的重要本土资源的利用缺乏深度和时代性,影响了幼儿学习内容的多样化和本土情感的培养。

（三）楼道环境创设缺乏主题性

环境是重要的教育资源。楼道作为楼层间的连接点，在不影响通行的前提下，创设具有教育功能的环境，对幼儿发展有重要意义。然而，目前大部分幼儿园在楼道环境创设上存在以下问题：一是为填补墙面空白而随意拼凑内容；二是为追求视觉效果而加入过多无意义的装饰，影响师幼的通行；三是为节约工作量而照搬素材，生硬张贴。创设良好的楼道环境，应根据园所文化制定创设主题，保证学习环境的持续性，空间环境的整体性，在追求教育性的同时兼具美观性，为幼儿的持续学习提供路径指引。

三、本土文化资源在幼儿园楼道环境创设中的应用价值

（一）推进本土文化资源的传播

幼儿期是幼儿根植于特定文化，形成本土认知、本土个性与本土情怀的关键期。本土文化资源中丰富多彩的艺术元素，为幼儿素质发展提供了教育素材。《3~6 岁儿童学习与发展指南》中指出“与幼儿一起感受、发现和欣赏自然环境和人文景观中美好事物”。教师应深入挖掘本土资源，指导幼儿用自己的方式表达艺术情感，传承本土文化。

（二）营造幼儿园特色环境

幼儿园应深入挖掘当地的地理环境、风俗人情、历史文化等具有地域特色的资源，有效结合园所文化和师资条件，创设具有生命力的园所环境。为避免“千园一面”的环境创设，幼儿园应建立环境的精神内核，增强开发意识和力度，丰富创设的内容和形式，充分利用本土资源塑造接地气的环境氛围，把本土文化资源的地域性、审美性转化为教育性与特色性，使环境创设有根可寻、有迹可循，突出办园特色。

（三）培养幼儿爱家乡的情感

将常见的本土文化资源融入幼儿园环境创设中，选择幼儿喜爱的教育方式，转化为可供幼儿学习的内容，更能激发幼儿热爱家乡的情感。《幼儿园教育指导纲要（试行）》中指出：“教师应充分利用社会资源，引导幼儿实际感受祖国文化的丰富与优秀，感受家乡的变化和发展，激发幼儿爱家乡、爱祖国的情感。”有效利用本土资源创设幼儿园环境，可加深幼儿对家乡风土人情的认识，增强幼儿对家乡文化的认同感，让幼儿从小根植在本土环境的热土中，潜移默化增强幼儿的归属感。

四、本土文化资源在幼儿园楼道环境创设中的应用实践——以南宁本土文化资源为例

南宁简称“邕”，邕江是南宁的母亲河，承载着南宁人的记忆。Y 园，位于邕江之畔，滔滔邕水见证了 Y 园七十多年的成长史。笔者在 Y 园楼道环境创设中提出“邕有未来”的创设主题，旨在立足本土，展望未来。以邕江及两岸的城市风光作为环境创设内容，用现代设计手法展现“邕味”，让幼儿在上下楼梯中跟随脚步的移动，欣赏邕江两岸城市风光的画卷。

（一）本土文化资源的艺术发现

教师是本土文化资源的主要开发者，但并非所有本土资源都能成为教育资源。应选择幼儿能接受的艺术元素，用幼儿能理解的语言普及所选取的艺术元素，与幼儿探讨分享所发现的艺术元素，并结合园所文化制定创设主题。案例中重点选取了邕江两岸的城市风光为创设内容，以邕水为纽带，南宁市花——朱槿花为亮点，沿岸代表性建筑为设计元素。选取幼儿生活

情境中常见的艺术元素,激发幼儿对环境的归属感,对家乡文化的认同感。

(二)本土文化资源的艺术转化

通过情境再现的设计手法对艺术元素进行加工转化。造型上:提炼邕江水波和水珠的艺术形象,朱槿花的轮廓造型,以及建筑的线形立面造型。色彩上:提炼邕江水的蓝色和灰蓝色,以及绿色和黄色两组颜色。

Y园某教学楼楼道有四个墙面。在造型上,笔者将蜿蜒流淌的邕水展现在四个墙面上,把泛起的不规则水珠转化为不同大小组合形态的留白画框,以备师幼后期创作内容。根据邕江两岸建筑的分布顺序,在每个墙面上分布对应的建筑艺术造型,朱槿花不规则地散落其中。以散落在邕水上的朱槿花为开篇,在第一、二、三、四面墙依次设置了广西科技馆、广西人民大会堂、南宁国际会展中心、广西民族博物馆等南宁地标性建筑。在颜色上,第一、二面墙,水波第一层为蓝色,第二层为灰蓝色,蓝色为主色;第三、四面墙,水波第一层为绿色,第二层为黄色,绿色为主色,力求与其水域颜色相符。

(三)本土文化资源的艺术表达

幼儿通过对本土文化的学习和体验,运用艺术语言塑造艺术形象和抒发情感,加强对自然、社会的认知与联系。《3~6岁儿童学习与发展指南》艺术领域中指出"根据幼儿的生活经验,与幼儿共同确定艺术表达表现的主题,引导幼儿围绕主题展开想象,进行艺术表现"。教师根据幼儿的年龄特点,引导幼儿围绕"邕有未来"的主题,感受南宁本土资源的魅力,激发幼儿用自己喜欢的方式对南宁艺术元素进行艺术创造与艺术表现。引导幼儿在艺术创作中对原有生活情境的艺术元素进行拓展、延伸,让幼儿对本土资源的表达更加立体,更能激发幼儿对本土文化的自信心和认同感。

五、结语

本文主要讨论了本土文化资源在幼儿园楼道环境创设中的应用现状、价值及其实践应用。指出了目前存在的问题,包括幼儿学习主体地位的弱化、本土文化资源开发与利用的局限性以及楼道环境创设缺乏主题性等。为解决这些问题,提出了推进本土文化资源传播、营造幼儿园特色环境、培养幼儿爱家乡情感等方面的建议。以南宁本土文化资源为例进行实践应用,展示了本土艺术元素的发现、转化和表达过程。通过艺术的手法,将南宁市的地域特色、建筑景观等元素融入楼道环境创设中,使幼儿在日常学习环境中能够感受到本土文化的独特魅力。总体而言,本文强调了本土文化资源在幼儿园环境创设中的重要性,提倡教师与幼儿共同参与环境创设,以培养幼儿对家乡的认知和热爱。通过艺术手段,可以更生动地呈现本土文化,激发幼儿的学习兴趣和情感体验。

活动设计案例

——我和落叶做游戏

张 薇 李 萌
北京市石景山区实验幼儿园

一、引言

秋天,是丰收的季节,是多彩的季节。变化多端的大自然不仅为孩子们提供了丰富的想象,更带来了无比的快乐。让我们跟随孩子们的脚步,一同领略这个美好、快乐的秋天吧。

二、游戏一:你好,落叶

随着天气逐渐转凉,秋雨秋风带来了树叶的飘落。孩子们与这些落叶之间,将上演一场场欢乐的游戏。

1. 游戏目标

(1)培养孩子们对捡拾落叶的喜爱,感受秋天的独特魅力,激发其探索精神。

(2)学会观察树叶的变化,通过实践活动,让孩子们充分体验大自然的乐趣。

2. 玩法指南

(1)玩法一:捡树叶。

1)材料:各种落叶、小篮子。

2)内容:引导幼儿在幼儿园中寻找美丽的落叶,并将它们捡拾起来,放到小篮子里。

(2)玩法二:落叶雨。

1)材料:落叶若干。

2)内容:孩子们将收集来的落叶捧在手中,一同抛向空中,感受落叶轻轻飘落的美丽瞬间。

(3)玩法三:踩树叶。

1)材料:落叶若干。

2)内容:在铺满落叶的地面上,孩子们可以尽情走动、蹦跳、踩踏,感受脚底与落叶摩擦发出的沙沙声。

(4)玩法四:保存落叶

1)材料:落叶若干、图书若干本、纸巾。

2)内容:指导孩子们将收集回来的落叶清洗干净,用纸巾擦干后夹到书里压平,以便长时间保存。

(5)玩法五:制作落叶标本。

1)材料:压平的落叶、塑封膜、纸板、剪刀、双面胶、水彩笔

2)内容:将压平的落叶放入塑封膜中,用塑封机塑封,然后剪出各种形状,用纸板围边并穿

绳挂起,便于孩子们随时欣赏与观察。

3. 活动建议

(1)游戏结束后,教师应及时检查孩子们的衣物,确保没有落叶残留,并提醒孩子们认真洗手。

(2)与孩子们一起清理踩碎的落叶,装进垃圾袋并投放到垃圾箱中,培养孩子们的环保意识。

三、游戏二:落叶真好玩

随着秋意渐浓,幼儿园的枫树换上了红衣,而旁边的银杏树则依旧绿意盎然。孩子们好奇地询问:秋天还有哪些颜色呢?让我们一同去探寻吧!在国庆佳节,孩子们与爸爸妈妈一同走进大自然,用他们敏锐的眼睛捕捉秋天的色彩。原来,秋天就像一位调色大师,用红、绿、紫、棕等各种色彩,绘制出了一幅幅美丽的画卷。

1. 游戏目标

(1)感受秋天的季节变化,探索落叶的多样玩法。

(2)亲近大自然,享受自然游戏的乐趣。

2. 玩法指南

(1)玩法一:寻找秋天的颜色。

1)材料:秋天的颜色图卡、各种颜色的叶子、花瓣、果实、双面胶、硬卡纸等。

2)内容:分发"秋天的颜色图卡"给幼儿,鼓励他们与家长利用周末或节假日,走进大自然,观察秋天植物的颜色变化,寻找与图卡颜色相匹配的叶子、花瓣、果实等,并按颜色粘贴在图卡上。将完成的"秋天的颜色图卡"带回幼儿园,利用过渡时间或主题活动,与同学们分享自己找到的秋天色彩。将幼儿的作品制作成书籍,放置在自然角,激发幼儿持续观察与分享的兴趣。

(2)玩法二:银杏落叶大作战。

1)材料:银杏落叶若干、大宽胶带。

2)内容:当枫树褪去红装,银杏也换上了金黄的舞裙,从枝头轻轻飘落。孩子们与落叶结下了不解之缘,他们粘落叶、玩落叶,与落叶成了亲密的朋友。让孩子们将落叶粘贴在透明胶带上,仔细观察每片落叶的独特之处。随后,展开一场银杏落叶大战,你扔我接,欢声笑语回荡在幼儿园的每个角落。

教师用大宽胶条将两棵银杏树围起来,有胶的一面朝上,胶条的高度超过幼儿头顶。鼓励孩子们将地上的银杏树叶粘贴在胶条上,看谁捡得最多,谁能将胶带粘满。同时,引导孩子们从胶带的下方观察银杏叶,感受不同的视角带来的乐趣。

将孩子们分成男孩组和女孩组,分别站在胶带的两侧,向对方抛洒捡拾的银杏树叶,看哪一组抛洒的银杏落叶更多。最后,让孩子们与金灿灿的银杏树合影,留下这美好的瞬间,感受秋天童话般的色彩以及落叶游戏带来的快乐。

(3)玩法三:落叶变变变。

1)材料:各种颜色的落叶。

2)内容:深秋时节,风吹过,幼儿园的柿子树、银杏树、五角枫等纷纷落下多彩的叶子。孩子们分组捡拾落叶,在操场上进行创意拼摆。他们合作无间,创作出数字、形状、动物、字母等各种图案。小组之间展开比拼，看哪一组的落叶画最具创意。

四、游戏三：落叶的艺术创想

每天都有孩子带着自己捡拾的落叶，这些落叶不仅是自然的馈赠，更是孩子们创作的源泉。我们决定利用这些落叶，让孩子们在艺术创作中感受大自然的魅力。

1. 游戏目标

（1）认识并了解各种形状的落叶，能画出自己喜欢的树叶并用不同的点、线、图形来装饰。

（2）尝试用各种落叶及辅助材料拼贴、制作各种自己喜欢的东西。

（3）体验用落叶创造的乐趣，培养对大自然的热爱与敬畏之情。

2. 玩法指南

（1）玩法一：小树叶的化装舞会。

1）材料：各种颜色、形状的落叶，范画，印有各种树叶的图样，水彩笔，炫彩棒。

2）内容：

①幼儿观察树叶的形状、叶脉，并尝试用手描绘。

②创设情境，激发幼儿装饰树叶的意愿，使其参与秋天的化装舞会。

③出示装饰画的小树叶，引导幼儿观察上面的点、线、图形等装饰元素。

④幼儿尝试装饰树叶，并将作品在艺术区展示，互相欣赏。

（2）玩法二：树叶风铃。

1）材料：各种落叶、树枝、麻绳、丙烯马克笔、剪刀、冷胶枪。

2）内容：

①捡拾回来的落叶，用纸巾或柔软的干布擦去表面浮土。

②用丙烯马克笔在树叶上进行线条、涂色等装饰，确保装饰有规律。

③教师协助制作风铃框架，幼儿用冷胶枪将装饰好的树叶粘贴在麻绳上。

④鼓励幼儿按同种类树叶制作，如柿子树叶风铃、银杏树叶风铃等。

（3）玩法三：银杏花朵。

1）材料：手工制作视频、银杏落叶、双面胶、麻绳、剪刀。

2）内容：

①展示金黄的银杏叶，引导幼儿将其卷、包成花朵状。

②成品展示，激发幼儿制作银杏花朵的兴趣。

③通过视频或老师示范，让幼儿了解制作过程。

④幼儿分组尝试制作，教师适时给予指导。

⑤作品展示，鼓励幼儿为银杏花朵制作花瓶，并投放到娃娃家的小餐桌，增添艺术氛围。

五、结语

孩子们在落叶的游戏中，不仅感受到了大自然的魅力，还通过创作展现了自己的想象力和创造力。他们彼此畅聊，相互欣赏，与大自然亲密接触，享受着大自然的美好馈赠。

在沙包游戏中体验“一物多玩”

李　萌
北京市石景山区实验幼儿园

随着幼儿教育研究的不断深入和发展,幼儿园体育活动已成为幼儿在园的重要教育内容之一。在体育活动中,游戏材料的投放是支撑体育游戏的重要因素。材料的开发与利用,在促进幼儿动作发展的同时,又培养了幼儿对体育游戏活动的兴趣,使他们在自主活动的基础上,积累经验,体验游戏的乐趣。《幼儿园教育指导纲要(试行)》指出:“教育活动的组织形式应该根据需要合理安排,因时、因地、因内容、因材料灵活地运用。”为此,体育材料的多种玩法成为我在体育游戏中重点研究方向。在研究过程中,我们以“沙包”为主,与实际情况相结合,采取了多样化的组织形式,如分散活动、分散与集中相结合,让幼儿获得更多的自主锻炼的机会,使幼儿在与环境中的人或物互动的过程中锻炼身体,发展基本动作技能,同时形成对人、对事、对物的正确态度,促进其社会性的发展。在实践中,我有了更新的认识和体会。

一、活动研究过程五部曲

(1)准备活动——好玩的沙包游戏,引导幼儿玩一些我们常见的沙包游戏。例如:打鸭子、砍包大赛、比谁投得远等传统游戏。在这个部分中,我发现幼儿的兴趣很高,幼儿都沉浸在沙包游戏的氛围当中,使幼儿对沙包游戏产生了浓厚的兴趣,愿意和沙包交朋友。

(2)自由探索——尝试用沙包进行一物多玩,鼓励幼儿和同伴一起探索沙包的不同玩法。教师以观察者、引导者、参与者的身份介入活动,捕捉有价值的玩法,在观察、倾听的基础上对不同能力的幼儿给予及时、恰当的指导,帮助不同层次的幼儿突破自我,实现自身潜能的充分展现。在这个阶段,老师先交代了要求,然后幼儿们能分散自由玩沙包。在玩的过程中,我发现女孩子拿沙包玩起了跳格子的游戏,可是她们在玩的过程中,有的把沙包扔出了界外,有的沙包扔到了线上,孩子们总是为这样或那样的问题争论,都说自己赢了,于是我就参与了她们的活动,引导她们在游戏中制定相应的规则。在我的引导下,她们不但掌握了玩法,还能很快地协调地玩起来。

(3)交流分享。当幼儿探索新玩法的积极性逐渐减弱时,及时组织、引导幼儿向大家介绍自己发现沙包的不同玩法,分享彼此的收获和感受。在交流分享过程中,我还选择了比较有创意的玩法向幼儿作介绍。例如:躺在垫子上用脚传包,将包挂在拱形门上踢包等等。

(4)经过一段时间的探索,再次尝试。我根据幼儿交流的情况,进一步提出探索要求,激发幼儿新的探索兴趣,也就是说,我让孩子去玩一玩别的小朋友介绍的玩法。在探究沙包的玩法过程中,有的幼儿将两种方法合并,创造出了新的玩法,幼儿对沙包游戏有着极高的热情。

(5)预设游戏。在自由探索后,我针对性地增加了一些动作性能力的练习,为幼儿提供更多的挑战。例如在跳格子游戏中加入数学竞赛的形式,有应用题玩法、双数、单数玩法、投形状玩法等。

二、活动的组织策略与注意点

（一）材料要具有实用性和探究性

一物多玩活动的前提就是所选的游戏材料要可变化、可重组，蕴含着多种多样的玩法，充盈着丰富的探索空间。通过引导孩子大胆探索沙包的各种玩法，有效地发展孩子的不同运动能力，挖掘孩子的创造潜能。例如：幼儿在玩沙包的时候，他们能很好地玩起来。男孩把沙包当成了手榴弹、保龄球、魔法球等；女孩子则把沙包当作食物玩喂小鱼等游戏；幼儿能根据沙包的特征玩出各种玩法，玩法丰富多样，具有很强的可探索性。

（二）过程指导要具有针对性、适宜性和开放性

（1）用心观察，适时介入。教师要通过观察捕捉到幼儿富有创意的、有推广价值的玩法和做法，以便在集中介绍环节针对性地请相关幼儿进行展示。例如：在探究过程中，我对幼儿玩“跳格子”游戏有针对性地加以指导，使他们掌握了玩法。另外要通过观察对不同的幼儿进行针对性的指导：对于能力强的幼儿，及时对其有创意的玩法给予肯定，再以启发式、开放式的追问，如“还可以怎样玩呢？再试试看还有没有更好的玩法”，激励幼儿探索出更多与众不同的玩法。对于能力弱、活动中不太主动的幼儿，教师可适时适度地提出一些启发性建议，必要时可以带着孩子一起玩，逐步帮助他们获取成功经验。

（2）适时展示，共享经验。一阶段玩法探索结束后（幼儿探索兴趣开始减弱时），教师适时为幼儿制作一些新的沙包游戏辅助材料，请幼儿创造新的玩法，一方面，丰富其他孩子的活动经验，在玩法上给予他们启迪；另一方面，又可以培养介绍孩子的自信心，为后面的再探索活动做好铺垫。

（3）适度预设，保证强度。在研究过程中还要关注运动量的适度问题，这就需要教师针对活动器材的特点适当预设一些游戏或专项练习，在自由探索活动后有机地实施，有针对性地增加某些运动能力的练习，体现活动的层次性，保证运动的效果。

三、沙包活动规则制定

俗话说，没有规矩不成方圆。在体育活动中，幼儿规则意识的培养对正常开展体育活动至关重要。

（一）体育活动中幼儿规则意识的培养

（1）自由探索时，幼儿尝试一物多玩，这种玩法使幼儿每天都在新的刺激、新的挑战中尽情摆弄，激发了参加活动的兴趣，掌握了走、跑、跳等技能，培养了合作、创新意识。在活动中，为了玩得高兴，幼儿会主动与小朋友交往、协商、讨论游戏的玩法和规则，并用大家讨论的规定来约束自己。如：有些幼儿在学会投掷的基础上，自己制定游戏规则，几个小朋友将沙包投到指定的范围，谁没投准就算输。孩子们渐渐觉得规则意识的建立使游戏更有挑战性，于是在投掷游戏中，他们又建立了一系列新的规则，使游戏常变常新，孩子们也更爱玩了。

（2）集体活动时，教师可以组织他们自己讨论体育活动应该遵守的规则，使他们明白没有这些规则会影响活动，甚至会对身体造成伤害，从而自觉遵守规则。组织过程中，规则与信号的恰当运用，对有效调节活动组织能够起到很好的控制作用。规则要师生共同商定，形成的规则要让所有幼儿熟知。除了利用纪律和游戏规则来约束幼儿的行为外，教师还可以采用激励

机制,对能达到刻苦锻炼、不怕困难、努力完成目标等多项要求的幼儿进行表扬和奖励,调动幼儿的积极性,自觉控制自己的行为。

(二)激发幼儿用多种感官感知规则

幼儿的思维具有直观行动思维、具体形象思维的特点,因此,在体育游戏中更需要通过多种感官充分感知,才能让幼儿真正感受什么是具体的规则、规则的目的和意义。通过看、听、做、思等多种方式将多种信息进行整合,让规则由抽象变为具体,帮助幼儿感知理解。

(1)视觉感知。老师或幼儿将具体的行动规则进行演示,让幼儿通过直观的观察,看到规则,了解自己该怎么做,哪种行为是不可以的,后果会如何。

(2)听觉感知。教师或幼儿在进行规则演示时,教师用幼儿能够理解的语言进行补充说明,帮助幼儿梳理提炼规则的关键点。

(3)行为感知。对较难理解或幼儿容易出现问题的规则可以让幼儿进行亲身体验。例如关于场地范围,老师可以带领幼儿找到场地的边界在哪里,哪里是合理区域,哪里是危险区域。

(4)思维感知。幼儿对行为和后果之间的关系并不清楚,所以会产生违反规则的现象。因此教师可以引导幼儿分析具体某个规则的意义,思考违反规则后的不良后果,帮助幼儿思考因果关系。

(三)注重个体差异,制定不同的游戏规则

幼儿参与体育活动的积极性一向是很高的。在体育活动中,孩子们选择沙包后自主探索,尽兴地玩儿,但“尽兴”不代表不遵守规则。实际上,幼儿在体育活动时,规则意识的体现是最明显的。不论是小班、中班还是大班,材料的投放都有其一定的规则性。在幼儿体育活动时,我们应在鼓励幼儿探索的同时,引导孩子根据相应的规则进行活动。如在体育活动中投放的沙包,各个年龄阶段有不同的要求。小班幼儿运用沙包是掌握投掷的一种技能;中班幼儿运用沙包要有目标的投掷;大班幼儿的投掷要达到目标的准确性。如果幼儿在玩的过程中不能遵守难易程度不同的规则,那幼儿对游戏的兴趣就会慢慢减弱,游戏就无法进行下去。

总之,一物多玩的体育玩具研究过程中使我学到应该重视幼儿的自主探索,鼓励幼儿主动去发现、去学习,还要关注幼儿的兴趣和能力、师幼间的互动等,这样才能实现一物多玩的价值。

午饭后小记

赵双丽
深圳市龙华区教科院附属学校福安雅园幼儿园

幼儿吃饭时，桌面地面到处掉的是饭粒。一天中午十一点半左右，孩子们安静地吃好了中饭，我发现奕彬和奕棠的桌上地上掉了一些饭粒，但他们都置之不理。我走到孩子中间说："请你们看看地上有什么？""饭粒！"孩子被我这么一问，一下子寂静了，原本脸上的笑颜也消失了。有的转过头找桌上的饭粒，有的低下头去找地上的饭粒，发现没有就兴奋地说："赵老师，我那边没有掉饭粒。""赵老师，我看到奕棠那边有饭粒。""赵老师，你看，奕彬掉了好多饭粒呀！"被说的这两个孩子看了看我，就转移了视线，一副漠然不予理睬的态度。我问："掉出来的饭粒会开心吗？""不开心。"我接着问，"为什么不开心？"孩子们三三两两地回答："因为它们掉在桌子上了，我看到地上也有，还有的都被踩烂了。"我继续追问："想一想饭粒怎么会掉出来的，还被踩烂了？""我刚才看到有的小朋友吃饭时掉出来的，他没有吃干净。"爱说话的孙辰墨非连忙接话道。

我肯定了她的答案，并将视线转向了奕彬和奕棠，问道："请你们来说说你们的饭粒是怎么掉出来的？"两个孩子支支吾吾的回答。我提示道："你吃饭的时候小脚是怎么放的？身体朝向哪边？你的饭碗在哪里？""你吃饭时有没有和别人讲话？""那请你们想想办法，吃饭时怎样做才不会让饭粒掉出来？"奕棠不语，奕彬只是做了个鬼脸，于是我请大家想办法。有的说："饭粒掉了马上捡起来。"也有的说："吃饭不说话。"我问奕彬和奕棠："你们觉得小朋友说的对不对？"他们俩点点头。

"那请你们来告诉大家：吃饭该注意些什么？"奕棠说："吃饭时坐端正，小胸脯贴桌边，一手拿碗，一手拿勺子，做到吃饭时不讲话。"奕彬最后也重复了一遍。我说："我知道吃饭时要怎么做不掉饭粒，如果不小心掉了，也应该马上捡起来，送进垃圾桶，否则会被踩烂，不卫生，我们要爱惜米饭，也要爱惜我们的教室。"奕彬和奕棠表示以后尽量不把饭粒掉在桌面、地上。

培养幼儿良好行为习惯，必须从小抓起。幼儿自控能力差，养成良好习惯是关键时期。如果不适时培养良好的习惯，便会错失良机，习惯成自然，很难改正。奕彬和奕棠通过上次老师的引导，现在吃饭有进步，很少看到他们掉饭粒在桌面上。反思日常餐桌孩子们出现最多的问题是：不爱吃饭、吃饭慢、掉饭粒等。在每次吃中饭时，总发现有个别孩子由于坐姿和吃饭方式不正确等原因，使得桌子上地上掉了一些饭粒，且他们不会自觉地收拾，几经善意提醒，效果都不佳。于是我利用餐后时间，及时就餐后的现场，来开展关于怎样吃饭不掉饭以及如何主动处理掉了的饭粒的谈话活动。小班孩子开始从自己的向他人的世界过渡，并开始具有一定的判断是非、解决问题的能力。因此，我采用孩子自我观察发现问题和同伴互助的教育方式，引导孩子找出问题的焦点所在，以及根据问题想出有效的解决办法。为了充分发挥进餐环节独特的教育作用，我们认真学习《3~6岁儿童学习与发展指南》，从关注每个孩子出发，了解并尊重每个孩子的问题和需要，努力让每个孩子都能快乐进餐，文明进餐。

相信孩子解决问题的能力

肖卫琼
深圳龙华区创新实验学校附属东华明珠幼儿园

大班的学习生涯已近尾声,孩子们即将迎来毕业。基于大班幼儿的年龄特征,我深入观察了他们在纸杯搭建游戏中的表现,见证了他们在游戏场馆中的合作与成长。陈嘉信是主题建构区的常客,他热衷于使用纸杯进行创作。他取出一叠纸杯,逐一放置在地板上,每一层都按照自己的意愿摆放。然而,当叠到第四层时,由于摆放的无序,纸杯塔轰然倒塌,仅留下底部的一层。陈嘉信并未气馁,他捡起散落的纸杯,重新开始搭建。在搭建第二层后,他似乎意识到了什么,低声自语:"颜色不一样会倒,大小不一样也会倒。"可能是对搭建纸杯的共同兴趣,或是被我的拍摄所吸引,陈建鸿、陈子宇和王诗妍纷纷加入了这个游戏。然而,尽管我期望他们能够发现纸杯倒塌的奥秘,但他们似乎并未察觉,继续按照自己的方式搭建。果不其然,当搭到第五层时,纸杯塔因重心不稳而再次倒塌。

在第二次倒塌之后,陈嘉信再次开始了纸杯搭建的尝试。这次,他特意按照颜色来摆放纸杯。然而,当搭到第二层红色的纸杯时,他疑惑地自言自语:"明明颜色都一致了,为什么还会歪呢?"虽然心存疑虑,但陈嘉信并未仔细观察歪斜的部分,而是继续往上堆叠纸杯,似乎觉得局部的歪斜并不会影响整体的搭建。

当第三次倒塌发生时,倒塌仅局限于之前歪斜的那一小部分纸杯。然而,几个孩子一怒之下将之前的所有成果都推倒了,纸杯散落一地。面对这种混乱的场面,我正准备介入,却听到陈嘉信一边捡拾红色的纸杯,一边喊道:"快点,我们按颜色分类!"纸杯不仅颜色各异,大小也各不相同,但在几个孩子的分工合作下,散落的纸杯很快就被整理得井井有条,按颜色摆放得整整齐齐。

面对之前几次的失败,孩子们并未气馁。他们将纸杯按颜色分类后,开始了第四次搭建。这次,我惊喜地听到陈嘉信说:"等会儿都要听我的指挥!"随后,陈嘉信开始指导陈建鸿、陈子宇和王诗妍进行搭建。此时的陈嘉信仿佛是一个旁观者,能够洞察到纸杯搭建失败的真正原因:"这个纸杯颜色不匹配,换一个!""你怎么在这里叠了两个颜色的纸杯? 难怪会不稳!""这里可以转弯,但要确保每个纸杯都紧密贴合。"在"小队长"陈嘉信的指挥下,孩子们的纸杯搭建逐渐成形,不仅越来越高,而且越来越有规模。我不禁为这位小队长点赞! 在他的带领下,小组的纸杯合作搭建一步步迈向成功。一边专注地搭建,一边王诗妍提议道:"我们给我们的作品起个名字吧,叫什么好呢?"陈建鸿提议:"空中花园吧。"大家纷纷表示赞同:"好,我同意。"

在游戏中,幼儿的分工显得尤为明确,他们能够通过紧密的合作方式共同完成社区的搭建。他们灵活运用平铺、架空、围合等建构技能,以表达丰富的建构内容。《3~6岁儿童学习与发展指南》明确指出,幼儿间的合作是激发其社会性的有效途径。在追求满意结果的过程中,幼儿所做的各种尝试和努力，正凸显了主题活动的价值。探索型主题活动使得幼儿们能够无拘无束、积极主动地投入其中，就连平时不太专注的嘉信也展现出了前所未有的热情。

在建构过程中，幼儿们能够积极出主意、想办法，主动邀请同伴共同游戏，探讨如何搭建纸杯以避免倒塌，并通过商量、讨论的方式寻找解决问题的最佳办法。我曾多次考虑介入他们的游戏，为他们提供一些隐性的提示和帮助，但孩子们总是能先于我一步，精准地找到问题的关键，并主动尝试解决与合作。大班孩子的创造力、想象力以及解决问题的能力不容小觑。

因此，在幼儿的游戏中，我们必须充分尊重幼儿，深入理解他们的需求和想法。我们要避免过于急躁，直接教授孩子技能与知识。相反，老师应该更多地观察幼儿，给予他们适宜的支持，帮助他们自主发展。这样的引导方式，对幼儿来说才是最有效也是最好的。

玩教具在幼儿教学中的作用及使用策略研究

王秀杰 司秀成
长春市德惠市天台中心小学

从幼儿成长的特点中不难发现,幼儿注意力时间较短,对动手实践类的游戏或活动较为感兴趣。因此,玩教具在幼儿教学中扮演了重要的角色。幼师在教学中一定要借助好玩的教具,为幼儿提供轻松愉快的活动氛围,让幼儿在极为放松的环境中和玩具“玩耍”、和教具“沟通”,在动手操作中促进幼儿实践能力的提升,确保身心得到综合性的发展。对于玩教具的来源和使用,幼师要做好充分的指导工作,才能保证玩教具作用发挥的最大化。

一、玩教具在幼儿教学中的作用

1. 玩教具能够促进幼儿的身心健康发展

学前教育是对幼儿全身心的教育教学,要在幼儿教学中最大化地促进幼儿全面、综合性的发展。在幼儿教育学家的科学认知中,幼儿的教育和学习与玩教具密不可分,两者之间是相互作用、相互促进的关系。幼儿的学习不是消极的、被动的,而应该通过各种游戏、活动让幼儿成为积极的学习者、探索者,在各种实践活动中让幼儿身心得到锻炼,促进幼儿健康、积极、向上的发展。以劳动类玩教具的使用为例,如喷壶、儿童类铁锹、小小工具箱等,对于幼儿来说这些玩教具是他们未曾见过和使用过的,好奇心促使幼儿对这些劳动工具的使用和操作,并且会不断地向幼师提问。面对幼儿的好奇和问题,幼师一定要耐心地面对和回答,保护幼儿对教具的好奇和热情,促进幼儿探索实践能力的发展。

2. 玩教具能够促进幼儿良好习惯的养成

任何一种玩教具在使用过程中都有着一定的存放地点和取放方式。在使用玩教具的过程中,幼师可以借助各功能区域中玩教具的存放,引导幼儿对玩教具进行分类,初步培养幼儿分类存放物品的习惯。在使用玩教具的过程中还可以教会幼儿对特殊玩教具的运用,比如一些拼图类的玩具,要培养幼儿细心的好习惯,因为一旦某一块拼图丢失,整个拼图将不再完整;再比如一些具有潜在安全因素的玩教具,例如小铲子、小锤子等,尽管已经是儿童专用工具,也一定要将这些玩具的潜在危险因素讲清楚、说明白,提升幼儿在利用玩教具过程中的安全意识,保护好自己的同时保证不伤害到别人。

3. 丰富幼儿园教育内容、激发幼儿想象力

玩教具不只是单纯让幼儿在游戏区通过接触教具来激活参与教育互动的兴趣,更重要的是幼师应结合幼儿的性格特点设计循序渐进的教育方案。这样才能切实激活幼儿自主参与交流互动的意识,并以玩教具教育模式为契机延伸相关的教育教学内容。比如,幼儿对于卡通动漫角色有着天生的好奇心与兴趣点,结合这一现实特点,幼师可以运用信息化教育与玩教具相结合的形式展开趣味教学,并合理设计 STEM 教育方案,引导幼儿通过有针对性的思维引导、

知识启蒙以及兴趣培养，不断发掘幼儿自身的内在学习潜力。从而激发幼儿的想象力，引导幼儿对相关的趣味知识产生浓厚的学习兴趣。这样能最大限度地发挥出教具的功效，打造科学、开放、探索式的幼儿教育体系。

二、玩教具在幼儿教学中的使用策略

1. 有效认识玩教具存在的作用，才能最大化地发挥玩教具的作用

在幼儿学前教育的开展过程中，幼师要充分认识到玩教具的巨大作用。在各种游戏、活动的开展和玩教具的使用中，不能简单地认为只要幼儿会玩、能玩得开心就行，而要深入挖掘玩教具背后的意义，避免对玩教具资源的浪费。需要将玩教具的使用与幼儿语言、思维、动手实践等各项能力结合起来，发挥好玩教具的教学作用、学习作用，促进幼儿的全面发展。例如，在体育活动中，如平衡木、呼啦圈等玩教具，对于使用平衡木时比较胆小、不敢尝试的幼儿，幼师应给予积极的鼓励，让幼儿感受到有幼师的保护，不会受到伤害，构建幼儿的心理安全因素，鼓励他们勇于挑战和战胜自己。

基于此，幼师应引导幼儿以教具为桥梁，将生活中所经历的事件、案例，用科学的教育教学方式与幼儿的启蒙教育相结合。例如，在益智区教育活动的开展过程中，幼师可以引导幼儿利用积木搭建桥梁、房屋，同时渗透物理力学等基础知识，让幼儿对积木搭建有更深层次的认识，并能通过积木搭建验证自己的想象力。再如，幼师可以利用信息化教学工具为幼儿展示“无轨火车”视频，引导幼儿思考火车没有车轮能否顺利行进，并利用磁铁、火车教学模型展示无轮火车行进的动力原理。这样既能够拓展幼儿的知识视野，又能充分发挥出玩教具的重要价值。幼师应结合 STEM 教育理念，从数学、物理、科学及艺术的角度出发，分析玩教具对幼儿全面发展的重要作用。并根据科学的教育教学方案，将玩教具教育与幼儿启蒙教育相结合，打造理实结合的幼儿教育体系。

2. 鼓励幼儿动手制作玩教具，在自制玩教具中提升幼儿团结合作的意识

随着社会的发展，人们的物质生活条件得到了很大的提升，幼儿教育资源也得到了丰富的发展。但自制玩教具不仅能够在一定程度上减轻幼儿园购置玩教具的负担，更重要的是在自制过程中，能够锻炼幼儿的动手、动脑能力，培养幼儿的自主学习和探索习惯。在自制玩教具时，通常需要几个幼儿一起制作，这也能培养幼儿的协作能力。在整个过程中，幼师作为指导者，主要发挥幼儿的想象力，鼓励幼儿之间多沟通。针对幼儿发现的问题，幼师适时进行提醒，鼓励他们解决自制过程中的一些困难和问题，培养幼儿的动手能力和解决问题的能力。在享受成功喜悦的同时，也一定程度上培养了他们的团结合作意识。幼儿通过玩教具来提升自身的团队意识、集体认知，能够反过来激活幼儿良好的学习意识，提升他们合作完成学习任务的能力。

3. 注意玩教具的使用与生活化相联系，促进幼儿的生活化、社会化进程

我国教育学家陶行知说过：“生活即教育，社会即学校。”在对幼儿开展教育过程中，要特别注意对幼儿生活化和社会化意识的培养，以较好地促进幼儿在生活和社会中的融入度。玩教具在幼儿教学中的使用需要结合幼儿的年龄段、性格习惯与爱好特点，帮助幼儿找到更适合自身发展的生活、学习方式。而幼儿园作为幼儿初次接触社会的大集体，幼师应综合教具的特点，制定游戏式、启发式、开放式教学方案，以帮助幼儿全面发展。例如，在以角色扮演为主的游戏活动进行中，幼师借助小小警察的头盔、衣服、玩具警车等玩教具，开展“我是小小交警”

的游戏活动,旨在通过活动和角色的扮演,教会幼儿一些基本的交通常识,比如过马路走人行道,对交通信号灯的认识、使用等,并且通过具体的案例操作让幼儿意识到交通安全的重要性,深化幼儿对交通安全的意识。

幼儿教育的重点在于如何促使幼儿全面健康的发展,而教育的难点主要在于如何拓展幼儿的核心素养,并针对幼儿的个性化发展特点制定因人而异的教学策略。针对此,幼师在将玩教具教学模式融入到实际教育教学过程中,应从不同的视角出发创新探索教具与实际生活之间的联系。例如:幼师可以先给幼儿播放一段盲人过马路的视频,视频中导盲犬能够帮助盲人顺利地通过马路。此时幼师引导幼儿思考是否可以制作与导盲犬类似的工具,帮助盲人顺利过马路,进而带领幼儿思考如何设计科学实用的导盲教具。从而激活幼儿积极动手实践、乐于参与教具模型制作与交流的过程之中。

三、结语

玩教具与幼儿的游戏、活动密不可分,与幼儿的成长密不可分,甚至可以说玩教具是幼儿教育和成长过程中必不可少的物质条件之一。幼师要在幼儿教学中不断探索玩教具的使用意义和实际运用的经验,在探索中让玩教具生动形象、鲜艳的色彩助力幼儿感知事物的结构、作用,探索世界的奥妙,在动手、动脑中积极参与到幼儿教学中来,在幼儿的自由参与中激发思维、开发智力,促进幼儿的全面发展。

启发语境下方式准则的遵循与应用

李 旭
东华理工大学文法与艺术学院

当儿童进入3岁的秩序敏感期时,他们会通过模仿家长、老师或故事绘本中的角色,来制定自己的规矩。这时,家长应积极配合,并通过反问的方式,引导孩子深入思考。

一、场景描述

球球从抽屉里拿出幼儿园发的计数教具——一个纸杯子和几个彩色木片。他模仿大人的口气说:"这个以后就不要放在抽屉里了! 要放在外边!"说着,他把木片放进杯子里,并摆放在桌子上。

二、爸爸妈妈与球球的对话

1. 妈妈与球球的对话

妈妈好奇地问:"为什么要放在外边呢?"

球球认真地回答:"因为放在抽屉里会压坏!"

妈妈继续追问:"哦,那你的意思是说,怕压的东西都不能放在抽屉里,对吗?"

球球点头确认:"对!"然后他继续玩着计数片。

妈妈进一步引导:"那能不能告诉妈妈,还有什么东西是怕压的呢?"

球球环顾四周,指着说:"你看,气球、花儿、潜艇(他手边的纸质拼装手工)都是怕压的。"

妈妈微笑着说:"我明白了,这些怕压的东西我们都不要放在抽屉里。"

2. 爸爸的加入

这时,爸爸插话问:"那鱼缸(通常放在抽屉上)放在抽屉里行不行呢?"

球球听到这个问题,显得有些困惑和愤怒,他皱起眉头,没有直接回答,而是继续专注于他的计数片。

三、教师点评

在话轮中,教育者身份建构时,应首先展现出"弱势"与"求知"的心态。这种平等的关系有助于儿童在话轮中扮演"教育者"的角色,并从中得到满足。在能够判断幼儿已知规律的语境下,教育者应采取"放低姿态""装傻"的语用策略,以疑问的方式向幼儿发问,鼓励儿童充当教育者角色,并从中得到满足(游戏发现,儿童特别享受扮演老师的角色,以获得满足感),同时培养其归纳总结规律的能力。

然而,当话轮趋于结束或孩子认为即将结束时(需适时观察孩子的反应,避免启发过度),教育者可能会出于成就感而"趁热打铁",继续提出更深入的问题,如"有水的东西能不能放在抽屉里?”这种问题可能超出孩子的承受范围，引起厌烦情绪，且问题难度过大，未能遵循关联准则，因此效果不佳。

在启发孩子的过程中，应重视方式准则的配合、启发与强化，尊重并配合儿童的启发与模仿。其中，质准则的体现和模糊表达（尤其是模糊表达中话语标记语的启发作用）以及适当违反量准则等语用元素构成的话语模型，对孩子具有重要的启发作用。

由于儿童的认知水平还在发展阶段，其话语论断中可能包含不成熟或错误的结论。直接以否定词句式纠正可能会因缺乏一致性而影响孩子在语言表达方面的积极性，甚至损害其面子，导致抵触情绪。尽管遵循质原则进行纠正有助于维护孩子的正面面子，但在劝慰等话轮中，启发性策略更为重要。在面子与获得合理化建议之间，人们往往更倾向于后者。在与儿童的对话中，即使遵循质原则对孩子的话语进行否定，若能结合启发式话题，便能吸引孩子的注意力，激发其新一轮的探索欲望。

宸宸喝奶茶记

邓子欣
东华理工大学文法与艺术学院

最近发生了一件让我疑惑又很有趣的事情。我和母亲去乡下探望外婆。五月底天气异常炎热,于是我们在路上买了两杯外婆爱喝的冰奶茶。到了乡下老家,还在老房子里遇到了舅妈和舅妈的孙子小宸宸。小宸宸已经三岁了,我开心地向宸宸打了招呼:“嗨! 宸宸,好久不见啊!”宸宸两手抓着舅妈的一条腿,害羞地躲到舅妈的后面。我将冰奶茶给了外婆,外婆熟练地插上吸管,准备开喝。我发觉宸宸虽然躲在舅妈的后面,但他好奇地伸出小脑袋,两只圆溜溜的大眼睛直直地盯着外婆手里的冰奶茶。

舅妈说:“拿个碗给他倒点,给他解解馋。看见你喝,他也好奇是什么味道。”外婆拿剪子刮开奶茶顶上的包装纸,再沿着边缘撕开。我去厨房拿来一个小碗,放在桌子上。外婆双手扶着奶茶瓶身,小心翼翼地沿着撕开口子倒了几下,倒满了小碗。我端起碗,向舅妈和背后的小宸宸,蹲着身子,笑着说:“宸宸,你是不是想喝这个奶茶? 我们给你倒了一点。”没想到宸宸摇了摇头坚决地说:“我不要!”他不敢看着我,把头埋进舅妈的腿上。我感到疑惑,心想难道是我会错意了。

接着,我和母亲、外婆、舅妈围坐成一圈,宸宸则被舅妈抱在怀里,想着哄他一会儿待会儿带回去睡午觉。我将吊扇打开,头顶“嗡嗡嗡”地响,大家聊起了近况。然后,宸宸挣开舅妈的怀抱,拿起桌上外婆的扇子,围着我们四人小跑,边跑还边拍打桌子。他越跑越快,愉快地“咯咯”笑起来。舅妈悄咪咪地小声对我们说:“看见他一直在拿扇子拍什么东西了吗? 是桌子上的奶茶,他好想喝,所以在暗示我们要给他喝。”我的疑惑又增加了一分,刚刚他明明是摇头不喝,怎么又想喝了呢? 大概是刚刚不好意思,现下又想喝了。

我拿起桌上的奶茶,招呼宸宸过来:“宸宸,你是不是想喝这个奶茶? 想喝就过来。”宸宸立即跑向舅妈,一头栽进怀里,背对着我。我手握奶茶,蹲下走近了一步,说:“很好喝的,你喝喝看。”意想不到的是宸宸一脸气鼓鼓,小脸红彤彤的,大声哭了出来,还喊道:“我不喝! 我不喝!”

我连忙哄着说:“好好好,不喝,宸宸不喝,我把它放回去。”可宸宸还是一直盯着桌上的奶茶,那表情分明在说——“我超级想喝奶茶!”舅妈解释道:“宝宝是在害羞,他看这么多人在这里,特别不好意思喝,但是实际上他特别想喝奶茶。你看他一直用扇子拍桌子,又总偷瞟奶茶。要是没有这么多人在,他立即就要抢着喝。”看我不解的神情,舅妈说:“我现在拿着奶茶抱着他出去,他一定马上就急着喝。”说罢,舅妈一手拿起桌上盛着奶茶的小碗,一手抱起孩子说:“宝宝,我们回去睡觉觉了,走喽!”

过了不久,舅妈回来了,说:“小孩刚刚睡了。你们说说有多有趣,刚才我抱着他,才出房门,他就抓着我手上的碗,抢着喝了。哈哈哈!”我们几个都笑了,这太逗了,小孩子的小心思竟然这么有趣。

“儿童会议”助推下提升中班幼儿问题解决能力的路径研究

——以劳动项目活动“‘蒜’你有趣”为例

黄思萍
深圳市清秀幼儿园翡翠教学点

问题解决能力培养是21世纪国际中小学教育改革的重点,也是创新实践所需的核心素养。问题是驱动项目活动的引擎,提出问题对培养幼儿科学思维至关重要。作为教师,应如何支持幼儿提出问题,并帮助幼儿创设讨论问题的平台呢?儿童会议即幼儿自发组织的讨论会,幼儿围绕一个共性的问题,联系真实情境中的生活经验,积极思考,畅所欲言。本文所涉及的劳动项目活动中,以体验种植劳动活动为主,主要包括三大部分:发现收集种子、种植活动、品尝劳动果实。在活动的不同阶段,教师应引导幼儿不断发现问题、解决问题、探究问题。满足幼儿个体探索、小组讨论、经验分享等空间需要,培养幼儿分析解决问题的能力。

一、完善儿童会议制度,为幼儿搭建自由提问平台

(一)启动“圆桌畅聊”,收集共性问题

好的切入点直接影响到儿童会议的开展,教师需为幼儿营造轻松的氛围,创造机会让幼儿交流。当幼儿在劳动项目活动中遇到共性问题时,启动圆桌式儿童会议进行畅聊,倾听幼儿的心声,支持并引导幼儿与同伴针对共性问题自由讨论,不断提升幼儿的探究力。例如,当幼儿发现放在罐子里的大蒜发芽了,并好奇地询问“大蒜在什么情况下会发芽?”“怎么种植大蒜呢?”时,教师应追随幼儿的兴趣点,支持和引导幼儿与同伴围绕焦点话题自由讨论,并和幼儿一起讨论如何种植大蒜、需要进行哪些准备工作等。可见,儿童是参与会议的主体角色,教师参与儿童会议是以平等的同伴身份参与,调控会议氛围,把握会议的整体方向,并以幼儿熟悉的“大蒜发芽”为主线来重点推进讨论,从而使幼儿积极表达自己的看法,激发幼儿对新问题的探究欲望,给予幼儿敢于提问的自信心。

(二)引入“三问机制”,引发有效提问

在儿童会议中,教师通过“三问机制”(即问题是什么?为什么会产生?怎么解决?)引导幼儿深入分析问题及解决问题,形成“涟漪式问题环”。在搭建大蒜棚架的过程中,面临“棚架不稳定”“如何拧螺丝”“组装滑轮”等问题时,教师应引导幼儿针对每一项问题立即开展讨论与分析。设置“三问机制”引导幼儿面对真实情境,尝试像工程师一样思考问题,分析问题和解决问题。在“思考—设想—行动—改善”这一循环往复的过程中进行有意义、综合性的深度学习。

（三）巧设"问题板"，记录讨论问题

《3~6岁儿童学习与发展指南》中指出："认真对待幼儿的问题，引导他们猜一猜、想一想"。随着幼儿的深入观察，教师在儿童会议中设置"问题板"，让幼儿用绘画的方式记录自己的问题。教师应引导幼儿使用不同颜色的便笺纸和划分记录区域，对这些问题进行整理并分类呈现，帮助其聚焦最主要、值得探究的问题，并转化为项目活动的驱动问题，增强幼儿解决问题的意识。

二、找准儿童会议切入点，为幼儿营造蕴含问题情境的环境

（一）共构"问题链"，推动幼儿聚焦问题

在项目活动中，幼儿会提出各种各样的问题，带着这些问题，幼儿便会有充分的积极性和主动性去探索答案。因此，教师帮助幼儿"瞄准"问题，通过"儿童会议"的方式与幼儿进行对话交流，共同设计"问题链条"，帮助幼儿不断明确问题核心点。在拼装过程中，由于幼儿力气太小，没办法拿稳架子和拧螺丝，尝试很久后架子还是没有组装完成。大家决定换一种方式再试一试，两个人扶着杆子，一个人拧螺丝，一个人帮忙拿着螺丝避免掉落，但问题依旧没解决，于是向老师求助。教师与幼儿一起设计"问题链"，帮助幼儿深入思考"影响螺丝转动的主要因素有哪些?""中心点歪了螺丝会怎么样"等，明确自己的组装问题。

（二）梳理"矛盾点"，共同寻找解决线索

幼儿在项目活动中往往会出现"一百种设想和观点"。当幼儿遇到困难或问题时，重在引导幼儿通过聚焦分析，讨论出有效解决问题的思路与方法。拼接木板时，佳佳用锤子钉螺丝，一直没能成功钉进木板，他感叹："这个螺丝也太难了吧，都钉不进去!"展华说："你这不是钉子，是螺丝吧，这才是钉子呢!"边说边拿起一枚钉子给佳佳看。分清了螺丝和钉子后，孩子们的拼接变得顺利。

三、拓展儿童会议形式，为幼儿创设解决问题空间

（一）分层式研讨，拓宽幼儿解决问题的经验

《幼儿园保育教育质量评估指南》中提到的"小组或集体讨论"，鼓励幼儿表达自己的观点，提出问题、分析解决问题，有助于幼儿进行有意义的学习。儿童会议形式多种多样，针对不同幼儿的需求，分层次、分小组进行小范围的研究探讨。由于小范围、小集体，压力不大，拥有相同的话题与相似的经验，幼儿可以分享观点、拓宽经验，从同伴的观点中获得更多信息，获取解决问题的办法。为了品尝到糖蒜和腊八蒜，幼儿根据自己的喜好自主分为两大组进行，通过查阅资料、翻阅绘本、询问身边人等方式寻找答案，最后通过儿童会议的方式分享问题的答案。

（1）腌制腊八蒜。通过儿童会议方式，幼儿将自己调查的经验进行分享，进而挖掘分析关键经验与蕴含其中的教育价值。

（2）腌制糖蒜。在大蒜品尝会上，我们进行了一场小小的"口味调查会"，通过投票，大家发现都喜欢偏甜一点的口味。幼儿为了口感，通过电子秤测量腌制所用糖的重量，在不断尝试中得出：一斤蒜需要25克白糖、3克盐，了解了腌制糖蒜的方法，用创新的思维赋予传统腌制大蒜不一样的味道，从中收获了知识、技能和思维。

（二）辩论式研讨，形成幼儿积极思考的态度

《幼儿园保育教育质量评估指南》中指出："支持和鼓励幼儿在探究的过程中积极动手动

脑寻找答案或解决问题。”有争论是因为幼儿有自己的观点,教师不能以科学的理论去直接帮助幼儿解释,但可利用这种辩论引发幼儿的思维碰撞,发展批判性思维。当幼儿的观点发生冲突时,可以通过“微辩式”研讨组启发幼儿从不同方向和角度进行探究和再思考,鼓励幼儿发现自己的观点存在的问题,既拓展了探究思维的广度,还获得了新的观点,这样的思维学习才更有价值。在水培大蒜过程中,幼儿发现“为什么它会变黑了呢?”“那他还会长蒜苗吗?”幼儿们各抒己见。在一番争论后,老师决定让他们自己去寻找问题的答案。第二天,大家纷纷拿着自己的调查结果,三五成群地说着自己找到的答案。我们以沙龙的形式让幼儿在轻松氛围中讨论后得出结论:照顾不到位、大蒜不够新鲜、换水时蒜瓣进水了等因素都是导致大蒜变黑的原因。“土培大蒜和水培大蒜谁更快发芽呢?”带着孩子的问题和猜想,大家又展开新的讨论。幼儿在实际操作和亲身体验中找到答案:(1)大蒜可以土培,也可以水培;(2)剥皮的大蒜比不剥皮的大蒜种植在水里或土壤中时生长速度会快一些。每次幼儿发表观点的同时,教师及时地鼓励与表扬,肯定幼儿动脑思索给出的答案,形成幼儿积极思考问题的态度。

总之,解决问题是幼儿成长最真实的需要,主动解决问题的意识与能力是幼儿成长的具体体现。《幼儿罗保育教育质量评估指南》中指出“鼓励幼儿表达自己的观点,提出问题、分析解决问题,拓展提升幼儿日常生活和游戏中的经验。”教师要根据幼儿的特点和兴趣采取不同形式的儿童会议,充分尊重和信任幼儿,给予他们主动解决问题的机会和权力,培养幼儿主动解决问题的意识和能力,在会议中激发他们解决问题的意识,培养他们解决问题的能力。

让生命自觉成为幼儿教师专业发展理想样态的探索路径

闫　萍
深圳市龙华区创新实验学校附属东华明珠幼儿园

生命自觉在教师专业中的重要性不言而喻,那么如何突出其重要性是极为重要的。教师在教育领域始终扮演着核心角色,引导学生的发展,但教师的专业发展并不仅限于提升专业知识和技能,更应关注以教师生命发展为最终目的的内容。近年来,教育界对教师自主专业发展的研究颇为深入,特别强调了教师专业发展应非外在强加的,而应基于教师的主动性和自主性。然而,在现实生活中,教师能否或是否愿意自主发展取决于个人,而生命自觉则是人类特有的精神世界能量。如何将生命自觉融入教师专业发展,笔者认为需从多个角度考量。

一、生命自觉的相关概述

"生命"一词,在研究中是基于哲学,融合心理学和教育学为一体的概念。而"生命自觉"则是一种高尚的人生境界,无论从事何种职业、处于何发展阶段,它都是其中不可或缺的主要驱动力。对于个人而言,主观精神的力量至关重要,能引领人追求目标,不断前行。人的精神和意识与日常行为与活动紧密相连,这是人生长过程中必经的阶段和过程。生命自觉是对自身力量、生活乃至世界的持续追求,包括三个层次:个体生命的自觉、群体生命的自觉以及物种生命的自觉,不同的层次代表不同的视角。本文认为,生命自觉是一种能力和品质,是个人独有的品质特征。对于幼儿教师而言,每位教师都拥有生命自觉,但并不意味着每位教师都能将其付诸实践。简而言之,生命自觉需要主观能动性的激发,这也是幼儿教师需将生命自觉融入生活的重要目标。

二、改善幼儿教师专业生命自觉现状的对策及建议

(一)追寻回归教师生命的专业发展

首先需要引导全体教师认识自己的生命、价值和意义。从一定程度上来讲,教育最能体现出人文关怀,最能促进人的身心健康发展。教育是教师职业中存在的最主要的一种方式,也是实现教师自身价值的重要方式。而教育本身就具有生命的本质,它是生命的高级需求,同时又蕴含着丰富的情感和个人的巨大魅力。所以,从这个角度上来讲,教师需要认识到自己生命的可贵,只有这样才可以真正让生命自觉融入教育领域。作为幼儿教师,与其他教师的工作不同,幼儿教师接触到的孩子年纪比较小,更应当认识到生命自觉的重要性和生命的可贵,做到尊重生命,珍爱每一位幼儿。在教育教学时,应该遵循幼儿的身心特点,科学合理地设计教学活动。其次,教师需要满怀对教育事业的热爱,从内心向往教育事业。目前,大部分幼儿教师

只是将教师当作一份工作,这并没有从内心真正热爱教师职业。因而在专业发展过程中,很多幼儿教师缺乏长久的激情。尤其是很多教师在入职之后,对于自己的事业追求和职业兴趣的判断并不准确。入职后,教师应当将教师这份职业当作自己的事业来追随,将生命自觉和生命的意义融入教育事业中,让事业和生命同行。最后,教师也需要在认识到自己生命价值可贵的情况下,努力实现和创造自己的人生价值。对于幼儿教师来说,实现人生价值的方式方法就是提高教学能力,用真心真意对待幼儿。所以,专业发展、生命自觉状况的改善,主要是在教师日常实践中实现的。

(二)完善教师事业的教学系统

教学系统分为内部教学系统和外部教学系统。内部教学系统主要指的是教师内部的自身因素,如教师的主观能动性和教师的心理与意识。而外部因素主要指的是培养教师发展的培训机制以及教师发展的环境。如果想要让教师将生命自觉融入教育教学的过程,那么首先要增强教师自我发展的意识与能力,这也是教师发展进程中的内在动力。教师只有不断增强自我发展的意识,才可以在专业发展过程中发展自我,并发现自我。教师需要形成自我发展的需求与意识,要认识到自己生命的可贵之处,并主动探寻并发扬出来,这也是教师这个职业非常重要的一部分。而教师在增强自我发展意识的过程中,要对满足外在功利和职业短时需求的情况做出理性的判断与思考,不能因为一点点小事而放弃自己的追求和生命的价值,这样才可以在探索中实现真正的自我成长,才能够发现自己内在的需求,并将专业发展作为生命的自我更新与完善。其次,教师在形成自我发展意识的前提下,一定要增强自我发展的能力。如果教师只具备意识而不具备能力,那么说明教师的专业素养并不高,不足以担任起教师这个角色。所以一定要拥有自我发展的能力,对相关的专业活动进行更深入透彻的研究。如果是被动性的研究,那么对于教师来说非常不利。所以教师还需要提高主观能动性,选择正确的人生观和价值观,对自己的想法与意识进行分析并转变思想。最后,教师还需要努力形成健全的人格。完善的人格是非常重要的,只有拥有完善的人格,才能够保证教师生命的完整性,才能够激起教师主动发展的意识。确保自己有一个健全的人格,才能够在专业的发展过程中进行自我监督和自我调节,促进自我提升和自我修养。这对于一名教师来说很重要。所以,教师在教育教学的过程中,一定要自觉抵制不良风气和不良的诱惑,利用自己的专业素养和个人品质摒弃一切不利的外在因素,并不断提高自己的控制能力。

(三)扩大教师创造自觉的空间

首先,教师需要积累知识财富,增长自身的智慧。一个人的智慧并非一蹴而就,而是需要持续不断的学习。因此,对于教师来说,学习是满足其生命发展和需求的重要途径。自我超越集中表现为教师的更新与创造,而这种超越与创造在很大程度上都源自于教师智慧的积累。教师的智慧则源自于教师在日常教学过程中的学习与实践,对于每一个人来说都是如此,教师也不例外。

其次,教师也需要在专业发展过程中追求和创造幸福。有些幸福是需要自己争取和创造的。如果教师一味地跟随大众的潮流,没有对自己的性格特色进行深入分析,那么在专业的发展过程中也难以真正追寻到幸福。因此,如果教师想要将生命自觉融入幼儿教育的过程中,就需要在专业发展的过程中追求幸福。提升教师的创造自觉是教师体验幸福的关键,也是当代教师生命自觉提升和践行的核心。

最后,一个人对于幸福的追求是本能的。然而,很多人虽然本能地去追求幸福,却常常难以实现,这主要是因为他们没有从本质上理解生命自觉的意义和重要性,也没有掌握生命自觉的方法。因此,幼儿教师如果想要将生命自觉融入其中,就需要认识到生命自觉的重要性,并努力将其融入自己的教学实践中。

三、结束

幼儿教师专业的生命自觉发展进程中遇到的阻碍较多,除了内部阻碍和因素外,外部因素也不容忽视,包括环境和其他人的一些言论。然而,对于教师这个行业来说,只要对自己的职业充满自信,深入挖掘并认识到发展的深层意义,不仅是为了满足短暂的需求与欲望,更是为了实现长期的个人价值,就可以为教育事业做出贡献,在教育事业的道路上奉献自己的精力,最终将自己的职业生涯铸造成不朽的历史。

浅谈借助绘本开展幼儿心理健康教育
——“爱”的温度 “心”的色彩

王明霞
深圳市龙华区大浪实验学校附属小燕子幼儿园

一、将绘本用于幼儿心理健康教育的价值

与传统的教育方式存在较大的差异,绘本作为一种较为新型的教学形式,其最为突出的特征便是图文结合。而且绘本中蕴含着大量适合儿童阅读的故事内容,将其与幼儿心理健康教育进行融合,更适合幼儿的成长需求,也更能够调动他们的学习兴趣与热情,从而达到更理想的心理健康教育效果。绘本这一教育形式的价值也得到了充分体现。

(一)符合幼儿身心发展需求

心理健康教育是一种较专业的教育内容,要将这一教育内容传递给幼儿,难免存在较大的困难,还需要考虑幼儿的年龄特征以及他们的学习兴趣。绘本这一教育形式的应用,恰好填补了传统教育中的空缺,能够降低教育的难度。绘本主要以更为直观丰富的图画形式为主,这种方式呈现在幼儿的学习过程中,便于幼儿理解,也更加适合幼儿的身心发展需求。再结合老师引入的多样化教育模式,就能够借助绘本为幼儿构建一个更为多姿多彩的学习环境,这是传统教育形式很难达到的教育高度。

(二)丰富幼儿的情感体验

在绘本教材中,融合了适合幼儿接受的故事类型、画面形式和有关的道具等。一般来说,年龄较小的幼儿对各种事物的认识都不够全面,也缺乏主观的思考。要对这样的学习主体展开心理健康教育,难免存在较大的困难。老师在实际教学环节结合多媒体教学技术,借助绘本教材内容,为幼儿呈现出更为真实的教学情境,能够更好地丰富幼儿的情感体验,让他们在观察与学习过程中更真实地感受。

(三)调动幼儿的学习热情

幼儿天性虽然使他们已经准备开始接受教育,但毕竟因为年龄较小,所以要他们中规中矩地接受学习教育往往难度较大。针对这一情况,教师需要将幼儿的天性释放,使之在快乐的氛围中展开学习。幼儿在学习过程中,会有注意力不集中和无法产生学习热情的现象,这就要求老师必须采取能够吸引他们学习兴趣的教育方式。绘本教材与心理健康教育的结合,就能够在一定程度上调动幼儿的学习热情,循序渐进地引导幼儿参与到学习的过程中。在不同类型绘本教学内容的应用下,可以帮助幼儿养成良好的学习习惯,为他们形成更积极健康的心理状态带来帮助。

二、当前幼儿心理健康教育中应用绘本存在的主要问题分析

任何教学形式在实际应用中,都会存在不同的问题和困难。对幼儿而言,他们年龄较小,管理难度较大,老师要更好地发挥绘本教学的价值,增强幼儿的心理健康教育。在充分了解幼儿学习情况及心智发育的状况后,选择适合他们的绘本教材,融合恰当的教学模式展开教学,这样才能够达到更佳的教学效果。不过,根据有关调查发现,目前这一教学形式中存在的主要问题还有如下几方面需要重点关注。

(一)绘本选材不符合教育需要

一般来说,绘本这一形式被广泛应用在幼儿阶段的教学中。幼儿时期大多数都是3~6岁的儿童,他们的心智才开始发育,对于外界事物缺乏一定的认识,也很容易对各类事物产生好奇心理。要对幼儿展开心理健康教育,需要选择适合他们的绘本教材,要考虑到幼儿是否能够接受这样的绘本教材内容,以及内容的表现形式是否便于他们理解。

(二)心理健康教育不够规范

心理健康教育对教育者的专业性要求较高,要展开这样的教育需要寻找更专业的机构和教师。对于年龄较小的幼儿来说,更需要规范性的、具有体系的教育,才能够达到一定的教育效果。但是据了解,在大多数的幼儿教育阶段,应用绘本这一形式展开心理健康教育都缺乏一定的规范性,导致这样的教育模式很难为幼儿的身心健康成长带来帮助,这可能会在某种程度上降低幼儿对绘本的学习兴趣。

(三)没有考虑幼儿个体差异

在以往的教育发展历程中,我国教育部门对各个阶段的教育要求,都秉承着以人为本、公正公平的教育原则。这样的教育原则,让诸多的教育学者以更加客观的教学态度对待每一位幼儿。想要达到更高效的教学效果,就必须要充分地考虑教学群体的特征,并且认识他们在学习过程中的能力差异,在此基础上制订更针对性地教学方式展开具体的教学,才是理想的教育模式。

三、借助绘本开展幼儿心理健康教育的实践策略研究

为此,我们就要懂得一些向幼儿表露师爱的技巧。如关切地说上一句,或轻轻地抚摸一下头、脸、小手等,这些看似简单、平常的言行,可以让孩子快乐一天,甚至几天、几年、一生。我们要结合绘本为幼儿心理健康教育构建科学的教学体系,需要专业的教育人员以更真诚的教学态度、更专业的教育知识以及足够的对待幼儿的教育耐心为基础。在这一环节的指引下,全面调查幼儿的年龄组成、学习习惯和心理特征,再根据这些为幼儿设计科学的绘本教材,组织教育内容,规划教育模式,安排教育进度等。

(一)确定幼儿心理健康教育目标,科学设计绘本教材内容

心理健康教育在幼儿时期展开的基础工作,便是要结合幼儿的成长特征以及当前社会时代发展对人才的需求,确定要培养幼儿心理健康的教育目标。根据这些教育目标,充分考虑幼儿的年龄、兴趣需求和学习习惯,再对绘本教材内容进行设计与规划。

(二)营造更舒适愉悦的绘本阅读环境

绘本这一教学形式主要通过带领幼儿阅读绘本内容,来促进教学进度的完成。但是对于

幼儿来讲,他们注意力很难集中,往往容易受到外界因素的影响。那么老师就要考虑到这一点,为幼儿营造更舒适愉悦的绘本阅读环境,在这一环节的带动下,让幼儿投入到学习过程中,从而促进阅读教学效果的提升,为幼儿养成更健康的心理状态带来帮助。

(三)合理利用绘本,缓解幼儿焦虑心理

众所周知,在幼儿园中,一些年龄较小的幼儿最初离开父母,融入集体环境中,他们的心理往往比较脆弱。对于离开自己早已熟悉的环境产生了恐惧心理,心理承受能力差,不善于与外界接触,缺乏与陌生人交往的能力,缺乏安全感。凡此种种,均加重了他们分离焦虑情绪的产生。解决这一问题,单靠幼儿园是不行的,必须得到家庭的支持与配合。这时教师再借助绘本教材,选择适合幼儿此时状态的内容,为幼儿讲解绘本知识和故事,让他们更好地放松下来,从而逐渐缓解幼儿产生的焦虑心理。

例如,《会变聪明的定心丸》这个绘本故事,老师可以通过给幼儿讲解类似的童话故事,结合绘本中的画面,让幼儿逐渐放松警惕。借此引导幼儿,告诉他们这本绘本便是能够让他们变得更聪明的定心丸,对这些故事内容的理解和学习会让自身变得更为聪明,当他们再次和父母相见时,也会让父母对他们另眼相看。这样一来,幼儿对幼儿园周围的环境就会渐渐熟悉起来,也不那么觉得害怕,他们对幼儿园更会逐渐产生一种向往的心理状态,这是促进幼儿成长的一大步。

四、联系生活,合理拓展

所以,任何脱离幼儿实践生活经验的情感是没有意义的。在绘本教学中,我们还应跳出教材,让幼儿联系自己最真实的生活体验来丰富和发展他们的情感。绘本活动“老鼠娶亲”是应彩云老师执教过的一个教学活动。在这个案例中,应老师借助这个故事为载体,将教材的情感点和幼儿的生活经验紧密地联系在一起,让浅显的故事道理蕴含着深刻的情感,幼儿的语言学习在完整的表述、同伴的倾听、相互的合作中得到了有效的拓展。

五、结语

综上所述,心理健康教育是从幼儿时期就开始的一种重要教学任务,借助绘本能够丰富教育的内容,也更能够吸引幼儿的注意力。作为教师,要不断地提高自身的专业能力,充分了解幼儿的心理变化,对他们的情绪变动有基础的认识。相信在不断的努力下,我国的教研工作在未来会得到更大的进步。

小班幼儿情绪理解能力培养策略的调查研究

于南娇
深圳市龙华区清湖小学附属天玑公馆幼儿园

一、问题的提出

(一)选题缘由

在小班幼儿中,他们的情绪表现常常明显可见,表现为情绪高涨、缺乏控制和变化多端。特别是当幼儿遭受成人的批评或与同伴发生冲突时,上述情绪特征变得尤为显著。在实际教学中,由于班级人数众多,教师常常无法冷静观察幼儿,对于幼儿的不良情绪表现往往采取简单处理、严厉批评或者干脆冷落他们的方式。稍不留意,良好的教育机会就会被错过。通过本次研究深入了解小班幼儿的情绪理解能力的发展情况,以创造良好的心理环境,从而培养积极健康的情绪表达。

(二)文献综述

1. 核心概念的界定

(1)小班幼儿。

本研究中的小班幼儿指年龄为3~4岁的幼儿。

(2)情绪理解能力。

情绪理解能力主要指个人对于自身和他人情绪的感知和认知,包括对情绪的理解、解释情绪产生的原因和可能造成的后果,以及在各种情境下对情绪的推断能力。另外,面对消极情境如何及时调节和控制情绪也是情绪理解能力的一个重要体现。

2. 已有相关研究的述评

(1)情绪理解能力的相关研究。

根据徐美琴的观点,情绪理解可以被划分为对情绪状态的理解和对情绪过程的理解这两个方面。对于情绪状态的理解,包括识别面部表情、辨识情绪情境以及理解混合情绪等方面。而对于情绪过程的理解,则涉及对情绪产生原因的理解、对愿望和信念对情绪的影响的理解、了解情绪表现规则以及掌握情绪调节的知识等。

根据李燕(2013)的研究,在之前的研究基础上提出,情绪理解能力不仅涵盖了对情绪产生原因和潜在影响的理解能力,还包括对他人情绪的推测和解释能力,以及适应性情绪反应的能力。

(2)情绪理解能力培养策略的相关研究。

张静的研究表明:通过进行表演游戏的干预措施,可以有效提升幼儿的表情识别和命名能力,以及对情绪表现规则的理解能力。此外,幼儿的表情再认能力、情绪调节的理解能力、情绪情景识别能力、对情绪原因的解释能力以及对愿望和信念对情绪的影响的理解能力也得到了明显的提高。

综合研究者的观点,情绪理解能力涵盖了表情识别能力、情绪情景识别能力、混合情绪理解能力、情绪原因理解能力、对愿望和信念对情绪的影响的理解能力、情绪表现规则知识能力以及情绪调节的理解能力。针对小班幼儿的年龄特点,研究者计划通过表情识别任务、家长问卷调查以及个案观察等方法来了解小班幼儿的情绪理解能力水平。

(三)研究目的与意义

该研究的目标是探究小班幼儿情绪理解能力的发展水平,以便教师能够及时关注那些情绪理解能力较弱的孩子。制定科学的情绪理解能力培养策略,提高小班幼儿情绪理解能力,为教师处理幼儿情绪问题提供参考意见。通过对幼儿情绪理解能力的调查研究,旨在了解小班幼儿情绪理解能力的发展水平,并制定科学合理的培养策略,以提高他们的情绪理解能力,并逐渐培养他们学会自我安抚。

二、研究对象与研究方法

1. 研究对象

本研究选取研究者执教的深圳银鹰第一幼儿园小一班为研究对象,该班级共有幼儿 31 人,其中男生 16 人、女生 15 人。鉴于小班幼儿年龄较小且心智发育尚未成熟,本研究计划将小班幼儿的家长纳入问卷调查的参与者,以辅助完成对小班幼儿情绪理解能力的调查研究。在调查过程中,将小班幼儿和他们的家长作为紧密联系的研究对象,以实现真正有效的调查研究目的。

2. 研究方法

本研究采用参与式观察法、调查法、行动研究法等。研究者在一日活动中,通过对幼儿进行参与性观察,记录幼儿情绪表达的活动情景,将案例的具体情况记录下来,并根据其具体表现进行分析和有针对性的指导,最终帮助幼儿提高情绪理解能力。观察场所主要是教室和户外活动场地。通过制定计划、实施计划、发现问题、不断反思调整计划和再实施,探讨小班幼儿的情绪理解能力,以及如何利用绘本、表演游戏提升小班幼儿的情绪理解能力。

三、研究结果

(一)小班幼儿情绪理解能力发展水平

1. 情绪识别测试

这个情绪识别测试是基于 Denham 和 Couchoud(1990)所设计的任务改编而来。在测试中,我们向幼儿展示了一系列随机图片,这些图片代表了高兴、伤心、生气和害怕这四种不同的情绪类型。随后,我们要求幼儿对每种情绪进行命名。根据评分标准,正确命名情绪可得 2 分;若命名虽不准确但能区分积极和消极情绪,可得 1 分;完全错误或无法识别则得 0 分。总分范围为 0~8 分。

2. 结果与分析

根据上表数据,生气是幼儿情绪识别中最准确的一种,超过 80%的样本被正确标记为生气(得分为 2 分)。然而,幼儿对于害怕这种情绪的理解较为困难,大约 71%的样本无法正确理解害怕(得分为 0 分)。相比之下,难过和高兴是幼儿较容易识别的情绪,但表达不够准确, 84%的样本中被标记为难过的样本得分为 1 分,而 55%的样本被标记为高兴的样本得分也为 1 分。

尽管幼儿能够区分积极和消极情绪,但他们的情绪词汇较为有限。许多幼儿只会用简单的词语如“开心”“笑”来描述积极情绪,对于消极情绪,他们更多地使用“不开心”“不高兴”“哭”等词语进行笼统表达。在消极情绪中，幼儿对“生气”这个词使用得最准确，可能是因为他们在日常生活中经常听到父母或老师谈论生气，所以对该情绪比较熟悉。然而，当涉及“难过”这种情绪时，幼儿只能通过具体表现，如哭泣来描述。幼儿最难辨认的情绪之一是“害怕”，当被要求给害怕的图片命名时，他们除了使用否定性词语如“不高兴”来描述，有些幼儿甚至将害怕的表情误认为“吃惊”，可能是因为在日常生活中，成年人很少与幼儿讨论“难过”和“害怕”这样的情绪。

（二）小班幼儿情绪调节发展状况

1. 学龄前儿童情绪调节发展状况调查问卷

该研究主要通过向小一班幼儿的家长分发学龄前情绪能力调查问卷来了解幼儿情绪发展状况，从而获取对幼儿情绪理解和调节能力的了解。笔者共收到有效问卷 37 份，其中存在部分家长双方都填写了问卷的情况。

2. 结果与分析

根据问卷调查结果，将近 90%的家长认为培养幼儿的情绪能力是必要的，大部分家长都认同情绪教育的重要性，其中有 40%的家长不知道幼儿情绪能力培养方法。

问卷调查结果显示，约 60%的小一班幼儿能够相对稳定地保持情绪，经常或总是能够保持稳定的情绪，而大约 35%的幼儿有时或很少能够保持相对稳定的情绪。此外，有 78%的幼儿能够识别他人简单明显的情绪表达，例如当他人高兴或生气时，幼儿能够察觉到。相反，约 68%的幼儿很少或不能理解他人隐性的高级情绪表达，如讽刺性或反讽性的话语。还有 22%的幼儿有时无法有效地表达自己的情绪。

四、教育建议与未来展望

1. 幼儿园

通过对幼儿家长进行问卷调查发现，将近 90%的受访者认为培养幼儿的情绪能力是必要的，大部分家长都意识到情绪教育的重要性。然而，有 40%的家长表示不清楚如何培养幼儿的情绪能力。为了解决这个问题，幼儿园可以定期举办家长讲座，向家长们普及有关情绪教育的内容和方法。此外，还可以开展亲子活动，将情绪教育融入其中。例如，可以进行一个场景表演，让家长们参与其中并实地体验如何安抚悲伤情绪的幼儿，以促进互动讨论和实践经验的积累。

2. 教师

在观察期间，我注意到教师的情绪对幼儿具有强烈的感染力。当幼儿遇到情绪问题时，教师往往也会受到影响，并可能采取消极的情绪应对方式。作为幼儿直接模仿的对象，一线教育工作者需要始终保持愉悦的情绪，培养自我排解不良情绪的能力，并有效应对不良情绪，以确保自己在教学活动中保持良好的情绪状态，成为幼儿情绪学习的良好榜样。同时，教师还应充分利用绘本、表演游戏等策略，提高幼儿的情绪理解能力。

3. 家长

问卷调查中有接近 90%的家长选择亲子共读作为培养幼儿情绪理解能力的方式之一，因此选择合适的绘本进行亲子共读是提高幼儿情绪理解能力的关键。对于幼儿小班阶段的孩子们，因为他们的理解能力正在发展，我们应该多选择带有故事情节的绘本，以便在他们的记忆中形成长久的联系，并树立绘本中主人公的榜样作用。其次，在选择绘本时应考虑到幼儿的兴趣爱好，这样他们更容易接受绘本的内容。

基于问题导向的主题探究活动实践路径研究

苏 莹
深圳市龙华区清湖小学附属天玑公馆幼儿园

一、引言

近年来,“方案教学”、“项目学习”等活动理念与组织方式逐渐受到国内学者与学前教育实践工作者的推崇,其中瑞吉欧教育是典型的以“项目教学”方式闻名的教育方法。瑞吉欧教育方案把教学视为一个发展的学习过程,认为深入的方案工作源自儿童和教师的兴趣,它使学习成为一次共同建构、逐渐发展的经历。结合我园开展主题探究活动时的实际情况和存在问题,基于幼儿的问题和兴趣,逐步建立具有园本特色的、本土文化的、以问题为导向的主题探究活动实践路径,促使幼儿自主学习,关注每一个幼儿,全面促进幼儿的学习与发展。

二、以问题为导向的主题探究活动基本路径

笔者聚焦于幼儿园主题探究活动的实践,融合方案教学、项目课程与布鲁姆的认知层次理论,围绕主题探究活动易出现的问题,引导教师思考如何支架幼儿的探究过程,促进幼儿在最近发展区上获得最大程度的发展。基于实践研究,归纳和总结主题探究活动的指导经验,按照“起点—准备—支架—深入—评价”的逻辑路线梳理出基于问题导向的主题探究活动的指导模式。

(一)重视兴趣与目标的结合,选择活动的起点

当幼儿对某个主题感兴趣时,幼儿会处于好奇、全神贯注状态。基于幼儿兴趣的活动,幼儿能从引发主题、探索及延续兴趣发展活动中获得较大发展。结合各班级实践经验,笔者所在园所对主题探究活动的起点进行了梳理。提出要以幼儿的兴趣为选择主题的主要依据,源自儿童和教师兴趣的探究活动使幼儿学习成为一次共同建构、逐渐发展的经历。

1. 如何提出一个好问题

一个有效的、好的问题能引起幼儿兴趣,激励幼儿为了对所学主题有更深入的理解而去探索,能将学科知识与现实世界尽可能地联系起来。好问题具有 3 个基本特点:第一,好的问题往往是开放的,蕴含着教育价值;第二,好的问题基于事实并符合逻辑,能启发幼儿的创造性思维及批判性思维;第三,好的问题应该具有一定挑战性,能有效地促进幼儿合作去努力寻求解决方案。

想要提出一个好问题,要培养幼儿提出问题的能力。首先,教师需要转换角色,营造开放、安全、信任的环境和氛围,鼓励幼儿思考、质疑,让每个幼儿的想法得到尊重。其次,教师要成为一名“问题”教师,少提供答案,多提出问题。此外,用有趣、多元的方式呈现问题——如每日问题、自己动手制作问题墙、问题盒子、问题角、问题树等,支持家庭与幼儿园同步,营造“问

题驱动”的探究式学习氛围。

2. 幼儿感兴趣的问题都要探究吗

一日生活中，幼儿会提出各种各样的问题，但并非所有的问题都是值得深度探究的好问题，都能适宜通过亲身感知、实际操作的探究方式解决。有的问题可以通过书籍、视频或成人的经验等“二手资料”解决。因此，教师需要明确三不教的内容：幼儿会的不教、幼儿能学会的不教、幼儿学不会的不教。

3. 适宜探究的问题都要通过主题的方式解决么

教师需要通过前期的集体活动了解这一问题是不是多数幼儿感兴趣的话题，是否多数幼儿具有一定的前期经验，要避免仅有个别幼儿对探究问题极其感兴趣，但多数幼儿对这一问题鲜有前期经验的情况。

（二）促进幼儿已知与未知经验的连接，做好活动的准备

选择好探究主题后，是否就可以“单刀直入”开始探究了？由于有意义的学习是在幼儿已有经验基础上建构的，因此教师需要通过活动了解幼儿的已有经验。由于不同幼儿的已有经验有差异，教师还需要在幼儿已有经验的基础上建立共同的探究经验，可以通过阅读相关书籍、观看视频等方式建立幼儿共同的经验基础。

这一思路与高宽活动的理念契合，高宽活动中所讲的成人支持、延伸幼儿的学习，是指成人首先确认或者支持幼儿已经知道的，然后再挑战他们，使儿童的思维延伸到下一水平。因此，我们认为在基于问题的主题探究中，这一准备过程也非常重要。

（三）关注探究问题的层层深入，搭建有效的支架

如何通过教师的引导，使幼儿在自主探究中逐渐加深理解，通过自主探究解决问题，并能运用所学经验于新的问题情境？教师对问题的理解与引导能力至关重要。只有教师对问题有深入的理解，进行层层分解、逐渐深入，才能有效引导幼儿对问题的探究。

笔者尝试在实践中运用布鲁姆目标分类理论中关于认知目标的分类——知识、理解、运用、分析、综合和评价，来定义探究问题。根据这六级水平将问题细分为知识性问题、理解性问题、应用性问题、分析性问题、评价性问题和创造性问题六个层级，教师可以依此逐渐深入问题，为教师科学预判探究过程、科学分析问题提供重要的支架。以幼儿的探究问题“我的影子为什么有时长、有时短”为例，说明教师如何深入理解幼儿提出的问题，将问题逐步分解分析。

（四）激发平等互动中的问题生成，推动探究的深入

在上一阶段教师对问题的探究脉络有了基本预设，但好的活动并非完全按照预设线性进行的，主题探究活动的深入是在师生平等互动、共同探究、共同学习的过程中生成的。随着幼儿问题探究过程的不断深入，幼儿经常随之提出更加深入、具有延伸性的问题，这时教师同样需要判断问题与当前探究主题的关联性，如有深入探究的价值，教师要善于抓住幼儿提问的契机，引导主题探究活动更加深入，引导幼儿获得更深入的学习经验。

以问题为导向开展主题探究活动，教师该如何科学引导幼儿自主探究呢？笔者以“教师介入前的思考—教师介入的最佳时机—教师的支架方式”为主线，梳理了教师在每个环节需要思考的内容、把握的时机和有效的支架方式。

（五）分析学习过程中的经验习得，形成客观的评价

主题探究活动是一种综合性活动，活动中充分利用主题活动这一形式促进幼儿经验统合，在探究问题的过程中对问题进行一定的延伸与扩展，以保证主题活动开展的广度与深度并重。

因此,对主题探究活动的评价不能单纯地从幼儿探究能力着手,更应该从幼儿全面发展的角度来进行全面评价。比如,幼儿在探究过程中,是否能自己积极动手动脑,尝试运用观察、操作、实验、谈话、讨论等方法尝试找寻问题答案,并对问题形成某种程度的感受、理解、解释,获得一定的自我发现。除此之外,我们还要关注到探究活动过程容易忽视的领域发展,如社会领域的社会性发展、艺术领域的艺术表现能力等方面。

三、小结

以解决问题为线索的主题活动模式的关键在于师生共同识别有趣的题目或幼儿想解决的难题,随后展开持久的观察、探索及研究,并在解决问题的过程中自然而然地涉及广泛的内容。在实践中,我们重视主题探究活动开展前、中、后教师引导、观察和评价的能力,更加关注在探究过程中,幼儿展现出的学习品质和对新经验的应用。笔者通过反复实践、反思、调整,进一步梳理的园本实施路径能明确教师和幼儿在主题探究活动中所扮演的角色,为幼儿园开展主题探究活动提供可借鉴的实践方法。

提升幼儿园园长课程领导力的实践探索

苏　莹
深圳市龙华区清湖小学附属天玑公馆幼儿园

一、问题的提出

（一）幼儿园课程园本化呈现“泥沙俱下”的发展现状

在国家及省级部门关于保育教育的相关规定要求下，目前幼儿园的课程建设有较大的自主权，园本课程成为很多幼儿园特色建设的重要内容。然而，由于幼儿园的发展水平、干部及教师专业水平参差不齐，以及很多园长这一重要的课程“把关人”专业理念与能力有待提升，幼儿园园本课程虽总量多，但高品质且持久性的实践与研究并不多见，呈现出“泥沙俱下”的发展现状。

（二）对优质学前教育的需求呼唤园长角色的转型

随着新时代人民群众对教育质量的需求越来越高，以及国际上发展适宜性学前教育理念与思潮的引领，人们对幼儿园的期待已经不仅是被动地执行国家课程或地方课程，而是要因地制宜探索个性化的教育方案。因此，园长的角色便不仅是行政领导，更是重要的课程领导者。有学者提出，幼儿园课程实践需要从行政管理走向课程领导，可以说是对园长的专业素质与能力提出了越来越高的要求。

二、园长课程领导力的内涵

有上海的本土研究指出，课程领导力本质上是一种专业影响力，它渗透在课程设计、开发、实施与评价的全过程，并由课程思想力、课程设计力、课程执行力与课程的评价力构成。也有学者提出，园长课程领导的任务主要包括构建幼儿园课程愿景、建构课程领导团队及运作体系、营造合作的课程文化、促进教师的专业化成长等。

中国部分研究者以实证研究的方法构建了幼儿园园长课程领导力的内涵框架，包括六大维度，分别是幼儿园课程愿景的形成、幼儿园课程发展团队的组织和运作、幼儿园课程实施过程的管理、教师课程专业化的提升、整合不同教育资源与幼儿园课程实施效果的评价。本篇主要借鉴中国部分研究者对幼儿园园长课程领导力的理解，认为园长课程领导力贯穿于课程开发的纵向全过程与课程资源统合的横向组织之中。

三、园长课程领导实践中容易陷入的误区

（一）课程领导不是行政领导，而是教育专家的角色定位

由于幼儿园事务错综复杂，不少园长将自己定位为掌管幼儿园综合事务的行政领导，很少涉及幼儿园的教育教学，对幼儿园课程理念理解不透彻，对幼儿园课程的设计缺乏基本的认知

和统筹的思考,自身角色定位模糊,没有承担起应有的课程领导责任。园长对课程理念的构建,对课程领导的定位以及幼儿园课程文化的建设,直接决定了幼儿园课程的质态。因此,园长要做课程专家、教育专家,要实现从行政领导向教育专家的角色转变。

(二)课程领导不是园长特权,而是向教师赋权的过程

园长应建立合作型领导团队,在共商、共建、共研中提高教师的专业能力,促进教师的专业发展。很多园长在观念上还不够重视教师课程实施中的主体性,实践中教师的主体地位多有缺失,要加大对课程实践主体的赋权,倾听教师对幼儿园课程实施的想法,赋予教师课程探索与实施的自主选择权,让教师成为真正的课程主人。

(三)课程领导不仅是专业领导,也是组织领导与文化领导

作为园长,不应仅作为一个"技术顾问",而应是组织关系的协调者和课程资源的统筹者。因此园长应提升课程领导能力,积极协调各方力量,统筹各方资源,形成友好合作的课程领导文化。园长不能忽视教师团队的建设、组织文化建设、课程资源支持等内容,这些内容对于课程的组织实施、课程愿景的实现同样至关重要。

(四)课程领导不局限于个性课程,要协调好与基础课程的关系

目前不少幼儿园的课程建设容易陷入过度追逐个性与特色的误区。我们必须审慎地处理好基础课程与个性课程的关系,同时也是处理好幼儿的全面发展与个性发展的关系,要两者并重,不能顾此失彼。《深圳市优质特色示范幼儿园创建指导手册》中提出每周对语言、科学、艺术等领域活动开展的频率要求,这实际上对幼儿园的基础性课程建设提出了明确的要求。

(五)课程领导不是照搬他人模式,而是根植本土文化

当今世界上有许多优秀的课程理念及课程模式,但是不能走"拿来"主义。园所所处地理位置不同,人文背景及课程资源不同,这要求园长应根据园所实际情况思考适合园所的课程。园长课程领导力是立足于中国传统文化的,是根植于本土文化的,是依据园所发展背景及发展状况的。需结合我国学前教育的各大纲领性文件,将课程渗透在幼儿园的一日生活中的课程实践中,融合在园所的教育团队中。

四、提升园长课程领导力的策略

园长课程领导力的影响因素众多,包括社会环境、体制机制、办园类型、个人素养等方面。在幼儿园园本实践中,我们探索了"建构一个愿景,凝聚一种文化,打造一个团队,利用多方资源"的方式,有效提升了园长的课程领导力。

(一)建构课程发展的共同愿景

幼儿园课程发展的愿景是课程追求的理想蓝图。园长作为课程领导的核心人物,必须把握正确且明确的价值主张和课程定位。既要遵守国家及地区对幼儿发展目标、幼儿园课程建设的要求,还需考虑园本课程开展的适宜性与可行性,包括是否符合幼儿园发展的历史背景和现有基础、是否有资源可以开发利用、教师的素质是否能胜任等因素。在综合考虑多方因素后,园长需运用自己的专业思考、号召力、组织力,在团队中科学规划课程发展的共同愿景,构建完善的课程文化体系。在完善的幼儿园课程文化体系指引下,形成共同认可的办园理念、办园宗旨、办园特色等一系列指导思想,进而形成幼儿园课程愿景的行为规范和行为文化。这一愿景是经过团队成员的共同协商而确定的,需要团队成员长期不断的探索、反思与优化。

（二）凝聚民主共生的园所文化

园所文化是长期积淀而成的。园长需要通过多种形式将幼儿园课程理念有效传递给教师，凝聚成民主共生的园所文化，促进教师对课程文化的认同和内化。同时，要善于营造宽松融洽、和谐民主的课程研究氛围和工作氛围，充分尊重每一位教师参与园本课程建设的发言权，肯定每一位教师的实践智慧，鼓励成员之间的交流、研讨、碰撞，在民主的文化氛围中提高教师工作的积极性与思考反思能力。

（三）打造紧密合作的学习共同体

每个个体的发展都离不开组织的力量。针对成熟期幼儿教师课程领导力的研究指出，要实现成熟期教师课程领导力的发展，一方面需要成熟期教师建立主动学习、不断调整、摆脱职业停滞的意识，另一方面也要依赖一个支持性的团体。不仅成熟期的教师如此，课程领导团队中的每一个成员都需要在组织中持续得到激励与提升。园长应努力打造一个紧密合作的学习共同体，为教师的专业发展搭建平台，培养教师的问题意识，以研究带动课程建设。例如，可以根据教师的能力、兴趣、需求等方面的差异，分别成立“基础型”“探索型”“拓展型”“辅助型”课程教研小组，促进课程纵向开发。同时鼓励教师之间的合作，进行课程资源共享，建设园本课程资源库，形成全园共享、共研的课程资源，促进课程资源的横向统合，不断提升园本课程专业水平。

（四）利用专家与社区等多方资源

课程领导不能忽视影响课程实施的外部因素。作为园长，要园内与园外“两手抓”，善于协调多方关系，整合不同的教育资源。一方面要主动向上级行政及教研部门寻求课程帮助与支持，积极与“姐妹园所”进行课程交流；另一方面还要争取社区支持，善于利用社区资源（特别是社区自然环境和社会环境资源）进行课程开发，同时与家长分享幼儿园课程发展的愿景，了解家长意愿及能够提供课程资源的可能性，调动家长积极参与幼儿园园本课程建设。

五、结语

园长课程领导力是幼儿园课程文化构筑的关键因素，它是一种深层的、内隐的、弥漫于整个幼儿园课程建设中的无形力量。如何有效提升园长课程领导力，是当前幼儿园课程发展需要深入思考的问题。而“建构一个愿景，凝聚一种文化，打造一个团队，利用多方资源”则是实践中提升园长课程领导力的有效方法和重要路径。园长要能够立足高远、胸怀宽广、博采众长、“内外兼修”，这既是一种理想追求，也是新时代赋予的责任和使命。只有在深耕实践中不断求索，才能日益完善，收获丰硕的成果。

激发承载孩子的每一个梦
——记多元学习中心宇宙探秘馆开展“航天梦想”主题活动

孙小倩
深圳市龙华区华南实验学校附属春华四季幼儿园

一、“航天梦想”主题来源

随着天宫课堂的开展,孩子们对宇宙探索产生了浓厚的兴趣。基于此,我们设立了宇宙探秘馆并开展了“航天梦想”主题活动,旨在与孩子们一同探索宇宙的奥秘,锻炼幼儿的发散思维,激发他们对科技与科学的兴趣,满足他们的好奇心,并为他们未来的成长奠定基础。“航天梦想”主题活动包括太阳系之谜和宇宙探索两个区域活动。

二、太阳系之谜区域活动开展过程

(一)区域缘起

有一天,孩子们问老师:“太阳是什么样的?”孩子们的好奇心激发了我们的灵感,认为这是一个极好的机会,让孩子们了解航天知识和宇宙知识。经过与孩子们的讨论,我们决定设立宇宙探秘馆的太阳系之谜区域,开展关于太阳系的研究活动。

(二)制定太阳系之谜主题目标

我们将宇宙探秘馆的太阳系之谜区域主题目标定为以下3个维度。

(1)认知:让孩子们在实践与体验中,了解太阳系相关的基本知识;

(2)能力:能够用语言表达出自己对太阳系的了解;

(3)情感:感受航天科技的魅力,并愿意深入探索宇宙知识。

(三)区域活动准备

基于我园混龄教育的特色,我们根据小、中、大不同年龄段的幼儿的认知水平,使用颜色板来区分操作材料的难易程度:粉色代表简易级、绿色代表中级、蓝色代表高级。这样的设置旨在便于不同年龄段的幼儿进行探索与操作,同时也鼓励他们挑战自我,提升自我能力。以下是各区域整体投放的活动材料清单。

(1)太阳能相关材料模型、三球仪、日晷仪;

(2)八大行星直面镶嵌板、环形镶嵌板及立体讲解八大行星的材料;

(3)宇宙相关书籍、绘本以及多媒体太阳系认知资源。

(四)区域活动开展路径

(1)第一阶段。了解太阳,我们通过户外观察、绘本讲解、科学实验等活动,让孩子们对太阳有了初步的认识,并顺利过渡到第二阶段。

(2)第二阶段。我们共同了解了生活中常见的太阳能应用,并让孩子们动手制作了太阳能实验及模型。在此过程中，我们发现小班的孩子需要更多的教师辅导，而中班和大班的孩子则可以在教师讲解后自主操作。基于孩子们的实际情况，我们会灵活调整教学策略，确保每个孩子都能跟上学习进度。

（3）第三阶段。了解八大行星基础知识。

（4）第四阶段。探索地月日之间的关系。

三、宇宙探索区域活动开展过程

随着太阳系之谜区域活动的深入，孩子们对宇宙的兴趣愈发浓厚。我们积极鼓励幼儿探索新的学习方法，并分享他们的新发现和新想法。同时，我们高度重视幼儿的学习品质，充分尊重并保护他们的好奇心和学习兴趣，持续完善了宇宙探索区域活动，使其真正成为孩子们热爱的区域活动。

（一）区域缘起

孩子们对外太空的神奇充满惊叹，同时也开始好奇一个职业——“宇航员”。

（二）宇宙探索区主题目标

（1）认知：了解地球和航天工程的基本知识。

（2）能力：初步了解“动力”的含义以及地球结构。

（3）情感：激发孩子对航天事业的向往，培养保护地球的情感。

（三）区域活动准备

我们针对小、中、大三个年龄段投放了相应材料，包括宇航员相关资料、火箭发射材料、人造卫星模型、月球探测车、地球结构模型等，以及相关绘本和网络资源。

（四）区域活动开展路径

（1）第一阶段。认识地球三元素。让孩子们了解空气、水、陆地（泥土）对我们生活的重要性。

（2）第二阶段。户外实地考察，深入了解地球三元素。

（3）第三阶段。火箭发射实验探索。在这一阶段，我们将基于已知的八大行星知识，进一步引导孩子们了解火箭发射的原理。我们精心设计了三个难度逐步提升的火箭发射实验，旨在通过实践操作，让孩子们直观地感受火箭发射的魅力。为确保实验的顺利进行，教师需提前收集与火箭发射相关的资料及实时信息，进行系统的对比和分析，以便在实验过程中给予孩子们准确的指导和解答。为了加深孩子们对火箭发射原理的理解，我们鼓励开展户外实验活动。在实验结束后，制作火箭发射知识调查表，了解孩子们对知识的掌握情况。根据调查结果，我们将根据实际情况对后续活动安排进行灵活调整，以确保教学效果的最大化。

（4）第四阶段。孩子们在深入了解火箭的过程中，也对人造卫星和月球探测车产生了浓厚的兴趣。

随着活动的深入，孩子们对宇航员充满敬意，宇宙探秘活动使孩子们受益匪浅，他们纷纷表达了对这类活动的喜爱。未来，我们将继续策划更多关于宇宙探秘的区域活动。最终，在孩子们和家长的共同参与下，我们的宇宙探秘馆被划分为 8 个区域：太阳系之谜、宇宙探索区、太空科学站、生活空间站、宇宙制作区、快乐星球、航天基地以及学习资源补给站（提供绘本资料供孩子们查阅学习）。这些区域涵盖了五大领域，满足了孩子们对航天梦想的探索欲望。

在区域活动中，我们始终坚持让孩子成为自主游戏的主人，教师则作为自主游戏的支持者和引导者。我们鼓励幼儿探索新的玩法,并结合书籍资料、网络资源等,使他们在学习过程中成为主动、积极的知识探究者,而不仅仅是被动接受知识。学习的主要目的在于让学生参与构建该学科的知识体系的过程。

五、活动的特点及价值

(一)活动的特点

"知识来源于行动,而非物体。"随着各班孩子在探索太阳系之谜的过程中进行自主学习,合作交往,共同探讨解决问题,活动自然展开。孩子们成了本次课程的小主人,老师则作为支持者和协助者,引导孩子们成为知识的探索者、学习的合作者。

(二)活动的价值

以儿童为本位——承认儿童的主体性地位,尊重儿童内在的生命力,营造激发儿童创造性的环境。为儿童提供一种恰当、有准备、真实的学习氛围,让儿童内在的生命潜力得到最大限度的发挥,引导儿童意识到生命发展的内部规律,在与环境的互动中,促进身心和谐发展。

六、活动总结

在课程调整过程中,教师应根据幼儿的兴趣和发展水平,设计符合其需求的教学内容,并通过多样化的形式,引导幼儿在"跳一跳就能摘到桃子"的情境中,满足其求知欲,不断体验求知和成功的喜悦,从而激发他们的学习动机,培养他们自主、自发的学习态度。

经过第一阶段的基础学习,随后在第二阶段,宇宙探秘馆又启动了全园大调查系列活动。在幼儿对宇宙探秘馆有了一定了解的基础上,我们开展了航天梦想大调查。从孩子的视角出发,收集他们的想法,从而开展以儿童为中心的场馆主题学习活动。每个孩子都是宇宙探秘馆的小主人,我们将继续带领孩子从不同的角度关注航天科技,点燃他们的航天梦想!

民间文学融入幼儿园绘画教学的实践研究

黄　旭
广州市公安局机关幼儿园

绘画教学对拓展幼儿思维、激发幼儿创造性想象具有重要的承载意义,在幼儿天性与后天能力培养之间搭建起沟通的桥梁。基于此,我们在教学实践中提出了许多新思路和新方法,希望实现幼儿绘画教学活动的新突破。将幼儿民间文学与幼儿绘画教学相融合,从幼儿民间文学中挖掘有效资源,是推进教学创新的有益尝试。那么,如何实现这一创新呢? 以下是笔者在教学实践中总结的点滴思考。

一、挖掘融合之本——幼儿民间文学的定义和教育价值

幼儿民间文学根植于民族优秀文化传统,包含童谣、神话、传说、寓言以及童话等多种题材,其内容形式丰富多样,反映了不同地区、不同民族的风土人情和语言特色。这些作品内容科学,语言优美,思想健康,承载了国家历史演化进程中的厚重文化传承。它们对一定人群的影响积极而深远,所传递的知识符合时代要求和幼儿自身认知特征。

幼儿民间文学的教育价值首先在于这些神话、传说或寓言等都是经过历史锤炼的精品,具有强大的文化感染力和深厚的历史底蕴。这些文学作品对于处于特定文化氛围中的孩子们来说,就像点点火星,在它们的引导下,孩子们的兴趣和热情将被点燃。其次,民间文学富于故事性,孩子们喜欢听故事,通过民间文学很容易引发孩子们对活动的兴趣,便于活动开展。再次,民间文学作品通常短小精悍,但内容丰富,符合孩子们阶段性的认知特点。最后,民间文学中传递的价值观和现实关照密切相关,通过民间文学的载体作用,很容易与孩子们的现实教育形成契合,让孩子们在喜闻乐见的文学活动中实现能力的成长和进步。

二、挖掘融合之道——将幼儿民间文学融入绘画教学的可行性

1. 故事性融合

民间文学富于故事性,承载了一定历史时期的生活内容,是对历史现实生活的艺术化反映。幼儿绘画活动作为艺术活动的重要组成部分,本质上也是立足于现实生活,所表现的也是基于现实生活,是对现实生活的画面抽象反映。此外,绘画从某种程度上来说,也是一种记事方式,也是在讲故事,只不过采取的不是语言表达或文字记载的方式。从最初的源流来说,二者所反映的是同一种行为,只不过民间文学是现成的故事表达,而绘画行为是运用另一种方式在创造故事。进一步来说,民间文学其富含的故事性成分存在被绘画利用的可能,为绘画行为提供了素材和脉络。

2. 形象性融合

民间文学中的主人公形象都是比较鲜明的,其鲜明的形象性特征给予了孩子们充分的想

象空间。例如，在“羿射九日”的民间故事中，孩子们可以想象到后羿对十个太阳给人间带来灾难的愤恨，一个弯弓射日的形象自然在孩子们的脑海中形成，并且这个形象基本属于特定的，孩子们不会产生歧义。而这些是幼儿绘画行为中不可或缺的因素，孩子们能基于文学形象很容易地绘出一幅理想中的射日英雄图画。图画饱满且富于内涵和想象性，属于幼儿绘画行为培养中抽象的想象表达阶段。

3. 趣味性融合

民间文学内容一般富于趣味性，通过民间故事很容易引发孩子们活动的兴趣，进而实现针对活动行为的开展。例如，寓言“掩耳盗铃”的故事，很多幼儿在听到这个寓言后对于愚蠢的盗铃人都非常感兴趣，幼师很容易在孩子们兴趣的高点引导孩子们结合故事，把故事中的盗铃人形象画出来，自然而然地引发了孩子们积极主动而又兴趣十足的绘画行为。

三、挖掘融合之策——幼儿民间文学融入绘画教学的实践思路

1. 文学情节引入，丰富绘画素材

要重视民间文学故事情节的引入，在具体的情节素材提供上要饱满，富于细节性。要积极追求故事情节重点和目标的多样化，让孩子们针对故事情节有想可想，且有选择空间，实现在互有偏重中的自我表达，最终实现丰富的素材环境中个性的故事情境画面展示。例如在“女娲补天”的神话中，我参照《淮南子》中的记载结合我自己的一些想象给孩子们讲述那段传奇的故事：往古之时，天倾西北地陷东南，银河之水倾泻到地面，人类湮灭在洪水中，陆地上凶恶的猛兽肆虐，火山四溢，人类处在灭绝的边缘。人类的母亲女娲不忍人类受苦，于是斩杀猛兽，把大鳖的四条腿砍下用作支撑天地的柱子，然后又炼化五色彩石用以补天，最后用自己的身躯化作天幕补上了天缺的部分，女娲牺牲了自己拯救了人类，她被华夏各族共尊为人文初祖。讲述中孩子们鸦雀无声，双眼睁得大大的，认真听着我的故事。在故事完毕后，我要求孩子们用自己的笔画出故事中给自己印象最深刻的部分形象。不少孩子略一思索，很快下笔。虽然是一个故事，但是孩子们的绘画表现却是不同的。在孩子们的笔下，有从天而降的暴雨，人们在滔天的洪水中挣扎的画面；有火山喷发下，逃难的人类画面；有荒寂的山脚下，凶猛的怪兽正在追赶行人的画面；也有女娲化身补天一瞬间无私的表情展现画面；也有五色彩石洒落人间的画面；甚至有孩子在一幅画中同时表现女娲斩猛兽，取鳖足撑天地的画面……通过丰富的情节素材的给予，我们成功实现了民间文学融入幼儿绘画的活动实践的引入环节。孩子们立足于故事情节素材，发挥自己的想象，部分地表达了故事情节的内容。虽然说孩子们画工有待商榷，但总的来说，丰富的情节素材，适应了不同幼儿个性的需要，幼儿们依据需要有了情节选择的权利，从而放开了幼儿绘画行为的手脚，发挥了幼儿绘画的主体性地位，激发了幼儿绘画行为的积极主动性，这对孩子们绘画活动的深入开展并取得有益成果是非常有好处的。

2. 文学故事拓展，激发绘画想象

民间文学的故事内容很多在结局上给人意犹未尽的感觉，在故事的结尾留下了无尽的想象空间。我们可以充分利用民间故事的这个情节特征，引导孩子们发挥想象，自我拓展故事的后续部分，并通过绘画的形式表达出来。例如，我们给孩子们讲“牛郎织女”的故事，很多孩子对结尾牛郎和织女分隔银河两岸，每年只能在 7 月 7 日通过鹊桥相见感到不满。针对此种情况，我发动孩子们发挥想象，用手中的画笔给牛郎和织女支招，改变这个凄美的结局。孩子们对于这个提议很是感兴趣。不少孩子开始用画笔画了起来，湘南在银河两边各画了一个飞机

场，然后又画了一个大飞机，按照湘南的说法，他想用飞机飞过去看牛郎织女如何相见。曦曦在波涛汹涌的银河中画了一条大船，曦曦说有了这只大船，牛郎和织女想什么时候见，坐船过去就行了。李贝贝这孩子画了一排的抽水机，说是要把银河的水抽干。方磊更干脆，在牛郎和织女相对的银河上游修起了大坝。还有李乐在银河上架起了大桥，汽车、马车全上了桥……不得不说，孩子们的这些续尾画面想象，更多地融入了现代思维，虽然有些不伦不类，但不管怎么说，从孩子们的角度不失为一种解决办法。重要的是，孩子们的解决方案本质上属于问题想象的一部分，结合画面表达，实现了幼儿绘画行为下创造性想象的养成。

3. 文学类别划分，丰富绘画形式

民间文学的种类是丰富多样的，我们要对民间文学的类别进行划分，通过多样类别的文学素材的差异化投入，引发幼儿不同绘画形式的表现，实现幼儿绘画形式的多元化表达。在多样化绘画形式的熏陶锤炼下，最终达成幼儿绘画能力的整体性全面提升。例如，在幼儿绘画活动中，我们按照课时安排，在一段时间内给孩子们分别讲述了三个文学故事："黄香温席"、"孔融让梨"、"孟母三迁"。"黄香温席"在我的讲述中呈现的是纯纯的孝道，孩子们在具体的画面表现上，都突出了黄香的个人形象，所表现的黄香形象也是善良中透露着淳朴。"孔融让梨"在讲述中传递给孩子们的是兄弟之间的友爱谦让之情，孩子们的画面表现也呈现出兄友弟恭、其乐融融的友爱互敬氛围。"孟母三迁"的故事情节更多传递了母亲之于子女成长的浓浓关爱，孩子们的画笔也随着环境情感的变化，展现出另一种情感画面氛围，表现的是孟母的焦虑和孟子的淘气，不少孩子画面中透露着孟母在迁徙中的艰辛和对孟子淘气的无可奈何以及对孟子成长的无微不至关怀与照顾。三个故事传递着尊老孝义、谦让友爱以及爱幼传家的传统美德，孩子们在不同的文学情境中受到不同情感的熏染，在此影响下，孩子们的绘画风格实现了多样化展现，进一步丰富了幼儿绘画形式。最终实现幼儿对多样绘画形式的全面涉猎，这对幼儿抽象意义上的无差别普遍性绘画能力形成具有重要的方法指引意义。

4. 文学知识点拨，提升绘画目标

民间文学承载了太多的内容，有些时候，单纯的故事表达并不能诠释故事所隐含的内容。这就需要幼师深入浅出的针对性点拨，通过抽丝剥茧的讲解，帮助孩子们理清故事传递的深层次内容，在理解认识深化的基础上吃透故事所传递的信息，最终反映在画面上，实现幼儿绘画的内涵性和深邃性发展，有效提升幼儿绘画目标。例如，给孩子们讲"三个和尚"的故事。一个和尚自己挑水喝，两个和尚抬水喝，三个和尚都没水喝……孩子们对这个故事很是困惑，按理来说，人多力量大，为什么随着和尚的增多，水越来越少，最终连一桶喝的水都没有呢？孩子们拿着画笔，久久不能落笔，不知道该怎么画。我恰在此时给了孩子们以点拨，一个和尚没有可以指望的人，所以只有自己挑水了，两个和尚可以一块抬水，三个和尚在一起都不想别人歇着，都指望别人去取水，自然就没水喝了，根本原因是这三个和尚太自私，太懒惰了，小朋友们明白了吗？孩子们恍然大悟，赶紧埋下头，自顾自地画了起来。在孩子们的画面中，一个和尚很是自在地挑着水，两个和尚吃力地抬着水，三个和尚坐在一块，你看着我，我看着你，满脸的怨气与不满，旁边是干涸的水桶还有和尚们干裂的嘴唇，在孩子们的笔下都得到了栩栩如生的表现。在精心点拨下，孩子们把故事的内涵和人的心理表现了出来，富于哲理性，在不自觉中提升了幼儿绘画目标的底蕴。

民间文学以其传统的高承载性，为幼儿的绘画教学提供了丰富的素材和情节想象空间，幼儿在文学故事中很容易找到创作点和发挥点，而文学故事的"言外之意"更是为幼儿绘画行为目标的深化提供了可能。我们也正是通过情节的引入、故事的拓展以及类别的划分,最终实现了幼儿由表及里的绘画创作能力的提升与升华,达成了民间文学融入幼儿绘画教学实践的质的突破。

“互联网+”时代背景下特殊儿童安全教育家园共育的策略研究

黄 旭
广州市公安局机关幼儿园

一、研究的背景及意义

(一)课题研究的背景

在特殊儿童园,总有那么一些特殊儿童,他们在某一方面或某些方面发育落后于一般孩子,譬如智力落后、学习困难、语言障碍、情感行为障碍等,这些儿童被称为特殊儿童。随着教育工作者研究水平的精进与大量科研成果的问世,人们通过可视化或非可视化手段检测出的特殊儿童数量越来越多。将这些特殊孩子放入社会环境、普通特殊儿童园,和正常的孩子一起生活、学习,往往比正常孩子更容易出现意外伤害,这样的情况出现往往让老师、家长、孩子措手不及。如何更好地为特殊儿童的健康成长创设和谐一致、安全温馨的环境,真正帮助特殊儿童在融洽的班级氛围中更好地学习与生活,减少意外伤害的发生,成为家长、教师的关注点。

《特殊儿童园教育指导纲要(试行)》中指出:“家庭是特殊儿童园重要的合作伙伴。应本着尊重、平等、合作的原则,争取家长的理解、支持和主动参与,并积极支持、帮助家长提高教育能力。”而特殊儿童园家长工作的出发点就在于充分利用家长资源,实现家园共育。在组织与实施过程中,《幼儿园教育指导纲要(试行)》又指出:“家庭是特殊儿童园重要的合作伙伴。应本着尊重、平等、合作的原则,争取家长的理解、支持和主动参与,并积极支持帮助家长提高教育能力。”家庭和特殊儿童园是两个影响特殊儿童安全的主要环境因素。传统的家园共育形式往往只能通过家园联系手册、家长园地、电话沟通、家长开放日等方式与家长进行家园互动,这样的沟通方式比较局限、单一,不能顾及特殊儿童家长的需求,同时传统的家园共育方式费时费力,影响家长参与合作的主动性和积极性。因此,根据不同特殊儿童、家长的多样化需求,家园共育方式的创新,是特殊儿童园教育活动改革的一个重要方向。在当今“互联网+”时代背景下,新型互联网信息技术已经开始在家园沟通方面应用。在当今网络普遍使用在办公、生活和各个领域的“互联网+各个传统行业”时代,利用信息通信技术以及互联网平台,让互联网与传统行业进行深度融合,创造新的发展生态。而特殊儿童的家园共育可运用“互联网+”快速、简便、多功能、开放自由等特点,促进家园彼此间的了解,加深对特殊儿童个性的把握,保护其隐私,尊重个体差异,家园共同努力形成合力。

(二)课题研究的意义

现在特殊孩子进入普通特殊儿童园入读也越来越常见,他们往往比正常孩子更容易出现意外伤害。如何更好地为特殊儿童的健康成长创设和谐一致、安全温馨的环境,真正帮助特殊儿童更好地学习与生活，减少意外伤害的发生，成为家长、教师的关注点。《特殊儿童园教育指导纲要（试行）》中指出："家庭是特殊儿童园重要的合作伙伴。应本着尊重、平等、合作的原则，争取家长的理解、支持和主动参与，并积极支持、帮助家长提高教育能力。"传统的家园共育形式局限单一，不能顾及特殊儿童家长的需求。因此，根据实际需求，家园共育方式的创新，是特殊儿童园教育活动改革的一个重要方向。在家园共育上，由于教育背景、特殊儿童个体及生活环境的不同，加上基本的立足点不同，特殊儿童园和家庭在共育孩子上存在一些分歧，是很自然的事情。而特殊儿童教师对于特殊儿童教育知识与技能的缺乏，家长了解特殊儿童安全教育渠道少等因素，造成在日常工作中，家园共育存在差异。通过大数据案例的展示，特殊儿童的纵向对比，同步扩展教师和家长的视野，让彼此双方针对共育有更多的经验和理念认同。

该课题的成立，旨在探索解决特殊儿童这一群体的安全教育家园共育问题。课题组大胆创新，紧跟时代步伐，利用"互联网+"模式构建新型的网络家园共育渠道，有效地开展家园共育工作，不断提高特殊儿童园家园合作共育教育水平。同时，特殊儿童园在遵循"尊重、平等、合作"的原则上，保持双方教育一致性，让家长理解班级管理，支持教师工作，并积极主动参与班级管理中来，在和谐的氛围中，针对特殊儿童日常园内活动的安全教育及家庭安全教育情况进行交流，从而达成意见统一的特殊儿童安全教育及管理策略，形成家园教育研究的共同体，不断提高特殊儿童园家园合作共育教育水平。

（三）核心概念的界定

（1）"互联网+"。课题中"互联网+"是指互联网与各个传统行业的结合。但这并不是简单的两者相加，而是利用信息通信技术以及互联网平台，使互联网与传统行业进行深度融合，创造新的发展生态。

（2）特殊儿童安全教育。该课题所指的特殊儿童安全教育，是面向身心发展有特殊需求的儿童，以及在特定时期需要特别关照的儿童，旨在为他们提供在特殊儿童园阶段的常规安全、自我保护意识和逃生防恐能力教育。

（3）家园共育。家园共育是指家长和特殊儿童园共同承担孩子的教育责任，在孩子的教育过程中，并非仅由家庭或特殊儿童园单方面进行教育工作。

二、国内外研究现状

（一）国外关于特殊儿童安全教育在"互联网+"时代背景下的家园共育的策略研究

现在，各国都积极探索运用现代信息技术促进特殊儿童家园合作。例如，全美幼教协会早在 1996 年发布的《技术与年幼儿童（3~8 岁）》中就强调运用技术工具加强家庭与学校之间的沟通和联系。美国联邦教育部和卫生部于 2016 年 10 月联合发布的《早教与教育技术政策简报》进一步推广了网络技术在家园合作中的应用，努力实现新型的家园网络互动。我国 2019 年 2 月，中共中央、国务院印发的《中国教育现代化 2035》也提出了以互联网为基础，向"互联网+教育"模式转型的目标。在互联网背景下，特殊儿童安全教育的家园共育既迎来了新的发展机遇，也带来了挑战，需要我们不断探索如何在"互联网+"背景下进行有效便捷的家园共育。

（二）国内关于特殊儿童安全教育在"互联网+"时代背景下的家园共育的策略研究

目前，国内特殊儿童安全教育的家园合作研究已经相对成熟，但特殊儿童安全教育的研究仍然较为薄弱。特殊儿童的安全问题需要特殊儿童园和家庭双方共同努力，才能取得更好的教育效果。从现有的关于家园共育现状的研究中不难发现,以往的家园共育方式存在一些矛盾、对立和冲突。"互联网+"作为近年来在教育领域引起变革的新方式,特殊儿童园可以利用"互联网+"实现与特殊儿童家长的全方位沟通和互动。因此,如何利用"互联网+"实现特殊儿童安全教育的家园合作的策略,也就成了值得大家关注并思考的问题。

三、课题研究的基本内容

(一)研究目标

(1)通过发掘特殊儿童及其家长需求,构建快捷、方便的特殊儿童安全教育家园联系"互联网+"沟通模式,实现求同存异的共育局面。

(2)尝试在家园之间推广使用"互联网+"特殊儿童安全教育家园沟通模式;

(3)积极参与特殊儿童安全教育的家园联系工作,提高家长、教师、特殊儿童的安全意识和自我保护能力。

(二)研究内容

(1)特殊儿童及其家长对安全教育需求的研究。

(2)"互联网+"特殊儿童安全教育家园沟通模式。

(3)特殊儿童安全教育家园沟通策略的研究。

(4)优化和整合"互联网+"特殊儿童安全教育家园沟通模式,构建新的沟通形式。

(三)研究方法

(1)文献研究法。在中国知网、中国学术期刊网、教育导刊等渠道检索与"互联网+"下特殊儿童安全教育的家园沟通策略相关的最新研究成果,在前人的研究基础上开展课题研究。

(2)问卷调查法。设计问卷Ⅰ,调查特殊儿童安全教育的家园沟通情况。设计问卷Ⅱ,调查"互联网+"下特殊儿童安全教育的家园沟通变化。

(3)行动研究法。围绕课题研究目标,在教育实践中运用新的沟通策略,通过修改完善——再运用——再修改完善,探索和优化沟通策略。

四、课题研究过程

(一)第一阶段:准备阶段(2020年3月—2020年5月)

(1)明确课题小组人员,确定课题内容。

(2)搜集相关资料,对资料进行分析整理。

(3)拟定课题研究计划,制定研究方案,明确小组成员分工。

(二)第二阶段:实施阶段(2020年6月—2021年3月)

(1)制定调查问卷,调查特殊儿童安全教育的家园沟通情况。

(2)分析问卷数据,拟定"互联网+"下的沟通策略。

(3)在教育实践中运用新的沟通策略,不断修改、完善。

(4)再次派发调查问卷,调查"互联网+"下特殊儿童安全教育的家园沟通变化。

(5)分析"互联网+"下特殊儿童安全教育的家园沟通策略的有效性。

(三)第三阶段:总结阶段(2021年4月—2021年6月)

(1)完成课题研究结题报告。

(2)撰写经验总结,在教研活动中宣传和推广课题研究得出的有效沟通策略。

(3)撰写相关论文尝试发表。

五、课题研究结论

(一)聚焦特殊儿童需求,注重求同存异

在"互联网+"背景下,家长和幼儿园在家园共育方面存在着不同的教育需求,二者在"利益面"上也存在一些分歧。要化解这些需求和分歧,应把家园共育的中心点放在特殊儿童身上,通过发掘特殊儿童的需求,协调行动,实现求同存异的共育局面。具体来说,通过相互间的交流,了解特殊儿童在家庭和幼儿园中的表现,分析这些表现,并在此基础上,通过探讨形成共性意见,然后采取一致的教育行动。对于分析中的争议部分,力求均衡,一切以孩子们的实践效果为依据进行针对性的调整。

(二)形成丰富的互动方式和内容

从互动方式来看,"互联网+"背景下的家园互动平台包括以特殊儿童安全教育内容为主的博客、论坛、Email、微信、QQ 等各种聊天工具,以及幼儿电子成长档案袋等,其呈现形式包括文字描述、图片、语音、动画、视频等。从互动内容来看,不仅包括班级教学计划、教学内容、活动通知、幼儿成长记录,还包括家长关心的各种育儿问题、先进的教育理念、优秀的教育经验等。这些丰富的互动方式和内容方便家长和教师及时、准确地掌握相关动态。在此基础上,增进彼此联系、了解,针对性形成默契,采取一致行动付诸特殊儿童教育实践活动当中。

1. 运用 QQ、微信即时通信工具

现今 QQ 和微信已经成为人们沟通的便捷工具,不仅能利用它们发送文字消息和图片,还能进行语音和视频聊天,实现一对一或者集体交流。特别是一对一交流,对特殊儿童在园情况的隐私得到了很好的保护,缩短了家园之间的距离,使得家园互动更加便捷、更具有针对性和实效性。

2. 个性功能,及时把握动态信息

QQ 和微信具有多样化的个性功能,在微信公众号、QQ 群文件或微信公众号共享优秀的育儿文章、班级活动计划、幼儿园保教和管理情况等。在 QQ 空间日志或微信朋友圈撰写、发布、分享、收藏科学的教育方法和理念、教学资源等。为更好地保护幼儿隐私,还可以添加家长进行私聊,因人施教等。如此,家长能随时随地全方位地把握特殊儿童在园的安全教育情况,以及各方面的进步和不足,及时了解幼儿园开展活动的新动向,特别是特殊儿童在园安全相关教育,满足家长需求,增强对教师的信任度和幼儿园管理的透明度;教师可以在最短的时间内全方位地了解特殊儿童的需求、个性差异等,给予个别化针对性的指导,从而建立融洽、和谐的家园互动关系,促进特殊儿童健康发展。

3. 设立教师和家长博客,记录教育心路,促进教师自我反思

博客使每个教师和家长都拥有一个专属的私人空间,教师可以将教案、教学反思、经验总结、论文等记录在博客中,促进自我反思。家长则把家教中的所见、所闻、所想记录下来,在无形中为孩子建立一份成长档案。此外,博客分享的功能增进了教师和家长之间的了解,共享思想,收获育儿知识,提高育儿水平。

4. 运用幼儿电子成长档案,促进特殊儿童发展

电子成长档案是教师和家长将幼儿成长趣事、精彩照片、点滴进步、作品展示和评价等内容转化为电子形式存储的档案,并对档案内容进行打分评价,以实现家园互动。相比于传统的

纸质档案，其优点在于方便教师、家长和幼儿利用网络在线浏览、共享、储存信息，快速完成检索、下载、复制等功能。成长档案让特殊儿童看到自己的进步和努力，体验成功的喜悦，也促进教育者重视动态性过程评价，关注每一个幼儿的发展，使评价更客观和准确。

（三）开放观察视野，增进彼此认同

在家园共育方面，由于教育背景及生活环境的不同，加上基本的立足点不同，幼儿园和家庭在共育孩子上存在一些分歧，是很自然的事情。教师有必要借助于互联网等技术手段，通过多样知识内容的传播补充，最大限度增进家园之间的了解。通过大数据案例的展示，同步扩展教师和特殊儿童的家长的视野，让彼此双方针对安全教育有更多的经验和理念认同。在此基础上，开展家园共育更容易获得强大的向心力，进而获得满意的特殊儿童能力提升效果。

（四）“互联网+”背景下家园互动新模式构建

新模式互动平台主要包括 QQ、微信、网站、电子信箱、论坛等。家园共育，很多时候需要做到对对方的深度了解，由于环境和个性的不同，实际上这点很难做到。现在我们可以借助于便捷的信息时代技术，让家长和教师实现角色换位，通过设身处地地参与，感知教育过程。亲身的感受，对每个换位对象来说都具有震撼性，它实现了一定角色定位下的观察和思考，在心灵深处做到了对对方的了解，从而在实践上更容易采取互相配合性的行动，在顺利进行特殊儿童游戏活动实践的同时，让个人行为融为一体，互为依托，形成合力。

（五）开放展示成果，引导主动参与

针对特殊儿童园活动成果，可以集中采撷，运用网络采用开放性布局，将成果进行集中展示[8]。针对每个作品都预留了评论区，丰富的成果展示，吸引了教师和家长的广泛参与。在欣赏中，教师结合过程进行针对性点评，家长也做到了欣赏每个小朋友的作品，发现自己孩子需要完善、进步的方面。在观点意见的汇总展示中，无论是教师还是家长都收获颇丰，在了解个体孩子的同时，也对小朋友整体发展现状有了深入了解。在此背景下开展共育，更具针对性，更易达成满意的活动效果。

六、课题研究反思

“互联网+”时代围绕家园共育，增进了家园之间的沟通、拓展了家长了解特殊儿童园的方式、提升了家长参与共育的积极性、形成了平等开放的家园关系并减少了安全隐患。但是，也存在很多问题或是矛盾点。这些矛盾点体现了时代性的教育多元化要求。从思想层面鼓励且不回避，但在技术层面，我们更看重的是二者基于《3~6 岁儿童学习与发展指南》要求下的行为实践互补性融合，让家长从旁观者到参与者，再到真正的实施者。家庭和特殊儿童园、家长和教师形成合力，我们期望着能使更多的家长参与到我们的教育中来，以大家的智慧与能力，使特殊儿童活动办得更加丰富精彩，进一步实现特殊儿童各项能力循序渐进成长。也只有在此基础上，有关教育思想层面的争议或是尝试才会显出其应有的价值，否则，一切无从谈起。

家园合作开展幼儿园足球活动的几点思考

邱冠楠
泉州市刺桐幼儿园

家园合作是促进幼儿园足球活动顺利开展的重要支持体系。《幼儿园教育指导纲要(试行)》中指出:家庭是幼儿园重要的合作伙伴。应本着尊重、平等、合作的原则,争取家长的理解、支持和主动参与,并积极支持、帮助家长提高教育能力。而幼儿园家长工作的出发点就在于充分利用家长资源,实现家园互动合作共育。幼儿园足球活动作为一种有益的体育运动,不仅能够培养幼儿的身体素质,还能够促进他们的协作能力和团队意识。通过家园合作,家长和教师可以共同致力于提供一个支持和鼓励幼儿参与足球活动的环境,促进幼儿的全面发展。

一、家园合作开展幼儿园足球活动的必要性与可行性

足球是深受广大群众喜爱的体育项目,尤其对于儿童健康成长具有独特的综合教育功能。早在2014年,习近平总书记就关于发展足球事业做出了一系列重要指示批示,多次强调足球运动要坚持从娃娃抓起,从基层抓起,特别是要抓好青少年足球。国家对此高度重视,不断加大科学指导和总体规划力度。自2014年年底至今,教育部将校园足球改革发展纳入了教育综合改革规划,作为国家教育体制改革的重点任务,有力推动了校园足球工作的阶段性发展。

足球活动可以促进幼儿身体、智力、社交和情感等多方面的发展。通过参与足球,幼儿可以培养协调性、灵活性、耐力等身体素质。同时,足球活动还能帮助幼儿养成良好的运动习惯,促进身体健康,对预防儿童肥胖、促进骨骼发育等方面都具有积极作用。此外,足球作为一项团队运动,通过早期接触足球,能够逐步培养幼儿的团队合作精神和沟通能力。使幼儿学会与其他幼儿协作、分享、互助,参与足球活动有助于培养幼儿的社交技能,懂得与他人友好互动,学会尊重他人,学会分享和倾听。这对于他们日后在社会中更好地适应和交往起到重要作用。

家园合作可以整合学校、家庭和社区的资源,为足球活动提供场地、器材和培训师资等支持,使足球活动更加顺利进行。家长在活动中可以发挥积极作用,既可以提供支持,也可以参与组织。这有助于增强学校和家庭之间的联系,共同关注幼儿的发展。家庭的支持能为幼儿在愉快的氛围中参与足球运动提供有力的支持,激发幼儿对这项运动持续的参与积极性。

二、家园合作开展幼儿园足球活动的基本策略

教育部颁布的《关于开展足球特色幼儿园试点工作的通知》中明确指出,开展幼儿足球教育的目的在于全面贯彻落实全国教育大会精神,牢固树立健康第一的教育理念,帮助幼儿在体育锻炼中享受乐趣、增强体质、健全人格、锤炼意志。从现有人员、设备、环境等条件来看,这显然不是幼儿园单方面可以完全实现的,需要学校与家庭的共同合作。以球为媒,构建优势互补、资源整合、合力增强的"家园共育"环境,通过多渠道、多形式、多手段探索幼儿足球课程优

化，树立更科学的体育运动理念，形成更紧密的幼儿教育合力，是保证幼儿足球教育顺利开展、促进幼儿综合素质全面提升的良好路径。

（一）多元素融合，有效整合资源

一是建设足球资源数据库。可以“足球资源”为主题，设置家庭中足球专业人员、足球兴趣爱好者、足球场地资源、足球运动安全教育、足球环创资源、足球信息收集资源、足球信息技术资源等内容，采取问卷调查等方式，对全园幼儿家庭进行摸底调查，按照人力资源、物质资源、信息资源、环创资源等分类标准，对采集数据进行筛选、统计与整理，建立“家园共建”足球教育资源库。二是动态管理足球资源库。在资源库建立的同时进行动态化管理，线上线下课程同时实施的过程中，不断挖掘和完善资源，筛选并不断补充，整合循环利用。教师开展足球教育的过程中，结合家园足球教育情况，可最大程度盘活资源，提高资源利用效益，提升课程教学质量。

（二）多形式丰富，创设良好氛围

教育与实践最大的不同之处就在于，教育是潜移默化濡染身心的过程，是润物细无声陶冶性情的经历。因此，创设富有童趣、生动活泼、具有感染力的环境，不仅可以激发幼儿对足球运动的兴趣，更可以提升幼儿对足球体育文化的积极认知。幼儿园可以鲜明主题、丰富形式、创新手段，积极鼓励幼儿家庭参与共建幼儿足球文化环境。如打造“沉浸式教育体验”，利用小学任教家长资源，通过“幼小衔接”课堂模式，带领家长与幼儿共同走进小学，观看小学生“五人制足球赛”等，感受足球运动的激情与魅力，进一步激发幼儿对足球运动的喜爱；或者开展足球文化主题活动，引导家长协助幼儿收集各自家庭中的足球队徽、队旗、队服，以及球星签名照、签名足球、足球纪念品、足球文化周边等，并将这些收集品带入园共同分享交流，学习足球体育文化小知识；或者鼓励家长发挥各自优势，利用现有资源，与幼儿一起创意设计或生产制作简单的足球周边，如队徽、队旗、队服的 LOGO 与款式，拍摄编辑足球宣传小视频、足球竞赛主题曲等；或者一起参与足球竞赛、足球知识讲座、足球文化小课堂等的现场布置。通过多元融合，共创良好的足球文化氛围，激发幼儿对足球运动的兴趣，提高幼儿对足球文化的理解，提升幼儿想象力与创造力。

（三）多渠道拓展，提高合作效益

“家园合作”的前提，就是构建家园交流交往平台，实现家园良性互动与对接合作。因此，可以“快乐足球”为主题，搭建家园共建共享桥梁。一是利用当前互联网信息技术，采取“家长会+专家”等模式，定期通过线上讲座、在线问答等方式，邀请幼儿园足球游戏专家与家长分享交流，以理论知识结合生动案例，为家长讲解足球运动对幼儿身体素质、个性品质、认知体验等身心发展的积极意义，提升家长对足球运动的正确认知。二是开设“足球专题”家教沙龙，发挥幼儿家长经验资源，鼓励有经验的幼儿家长现身说法，以视频、照片、实例相结合的方式，将家庭中开展足球游戏的方式、体验、收获等与大家分享，传递家庭亲子足球游戏的快乐，共享家庭足球教育智慧。三是开展“足球运动安全教育”保健咨询，利用医生家长资源，通过科学阐释和解说，消除部分家长对“足球运动影响身高”等的疑虑，引导培养科学健康运动理念。

（四）多元化提升，丰富课程内容

《3~6 岁儿童学习与发展指南》实施部分提出：尊重幼儿发展的个体差异。要充分理解和尊重幼儿发展进程中的个别差异，支持和引导他们从原有水平向更高水平发展。学前儿童身体与动作处于发展期，小、中、大班不同年龄段幼儿的动作发展具有不同的特点。足球运动作为一项具有较强综合性的运动项目,不同的技术动作难度不同。应根据不同年龄段幼儿发展需要,制定科学教育策略,设置分层次递进课程内容,推进幼儿足球课程有效、有序顺利开展。

(1)科学设定目标。依据幼儿身心发展规律制定家庭足球游戏相应的水平目标,引导家长围绕不同年龄水平目标科学指导幼儿。如小班目标为:幼儿愿意参与足球游戏,体验足球带来的乐趣;初步感受足球特性,喜欢玩足球。中班目标为:愿意与家庭成员合作游戏,初步萌发合作、竞争意识;学会简单的足球动作,掌握一定的控球、运球、射门技巧;初步具有自我保护能力和自理能力。大班目标为:喜欢家庭多人足球游戏,有较强的规则意识,能遵守游戏规则;能综合运用动作组合,身体较协调灵敏;喜欢关注足球运动的重大事件,并与家长讨论。

(2)开发适宜亲子游戏的内容。幼儿园足球课程以集体化教学、游戏为主,而家长在家庭中的亲子足球游戏以个别指导、练习为主,家园的密切配合,使课程内容形成互补,根据个体设置不同的难度,具有创新与挑战,更有利于幼儿的发展。教师以图片或视频的形式向家长推送亲子游戏资源,如利用家庭日用品代替专业器械布置场地,开发的“纸巾足球游戏”;适应不同人数的家庭开发的游戏“千足虫爱穿鞋”;利用社区场地开发的家庭对抗游戏“抢占地盘”等。适宜的游戏内容,不仅拓宽了幼儿足球练习空间,增强运动密度,有针对性地提高了幼儿的足球运动能力,还能提高家长对幼儿足球的认知,有利于家长与幼儿的和谐互动。

(3)探索足球课程的多元模式。一是开展丰富多彩的亲子足球活动。可组织“亲子足球假日小组”“亲子足球现场观摩”等活动,由家长委员会协调沟通,组织幼儿家长带幼儿到社区足球俱乐部、小学、中学等专业足球场地开展花式亲子足球游戏、观看足球竞赛、参观足球文化介绍等,丰富周末生活,增进亲子情感。二是开设“空中足球课堂”。通过设立微信群等方式,一方面,由教师推送家庭亲子足球游戏介绍、幼儿足球游戏或比赛实况等相关信息,引导家长与幼儿共同观看;另一方面,鼓励家长积极收集信息,共享资源,将有趣的足球游戏网站、视频等推送至群,实现资源共享、寓教于乐。特别是在疫情居家期间,通过微信公众号等信息平台,整合家园优势资源,向家长推送“共抗疫情,足球相伴”系列家教指导。将简单的游戏以不同年龄段不同玩法的方式呈现,辅以教师的专业指导建议,使家长可以自由选择适宜自己孩子发展水平的玩法进行游戏。有了家长的陪伴与参与,有效缓解了宅家的焦虑感,丰富了宅家的亲子时光。三是创建“足球演播室”。由教师或者家委会定期上传足球文化讲座、精彩赛事播放等内容,并鼓励每期1-2名家长进行解说,促进家长与幼儿共同学习成长,互相促进提高。

教育家陈鹤琴先生说过:“幼儿教育是一种复杂的事情,家庭和学校单方面的教育是不可能胜任的,必须两方的共同努力,才可以取得一举两得的成效。”幼儿园足球课程的实践探索是一个长期的过程,家园共育的过程不仅提高了家长的合作意识、教育意识,更能够探索出具有园本特色的足球课程模式,拓展足球课程的实施途径,进一步丰富课程内涵,不断推进幼儿足球课程的深入实施,为幼儿的身心健康发展打下长远牢固的基础。

奥尔夫音乐节奏教学法的实践研究

杨映雄
南宁市青秀区新兴苑幼儿园

孩子的生活经验尚未受到太多社会影响，因此他们天然地具有对音乐的创造力。在观察一幅图画后，他们可以根据自己的理解用音乐去表达，通过简单的乐器进行即兴演奏和表演，使孩子也能体验艺术家的创作过程，用音乐去挖掘、创作和发挥想象力。当没有乐器时，他们能用手、脚、筷子、报纸等代替，进行音乐演奏，这充分体现了他们对音乐的创造性。

一、引言

奥尔夫是一位杰出的音乐作曲家和音乐艺术教育家。他首次提出的“奥尔夫音乐教学法”（Orff-Schulwerk），对世界现代音乐教育教学的发展具有重要的指导和启示作用。它是中国最具影响力和世界著名的现代音乐教育和教学体系之一。奥尔夫认为，幼儿教师应引导孩子走进丰富多彩的现代艺术音乐世界，通过科学、有节奏的音乐教育课堂，积极想象，识别和聆听自然和生活中各种各样的声音，体验和欣赏美丽的声音和视觉上有节奏的音乐，从而对节奏音乐学习和音乐听觉感知形成良好的兴趣。

奥尔夫音乐教学法中的儿童音乐节奏艺术活动是其教学实践活动体系的重要组成部分。因此，在早期儿童的艺术音乐启蒙教育中，教师应从幼儿的音乐、节奏、美术和体育教学活动入手，组织丰富多彩的活动，以避免私立幼儿园早期音乐教育实践中出现的“急功近利”的尴尬现象。

二、奥尔夫音乐节奏教学的特点分析

（一）提倡音乐综合教育

奥尔夫的早期儿童音乐节奏和青少年音乐体育教学，主要着眼于培养儿童音乐的独特性和原创性。他主张将儿童音乐视为一种综合性和艺术性的教育，将儿童的语言、动作和舞蹈紧密结合起来。他视幼儿语言、运动、舞蹈教育为幼儿音乐发展的生命力和源泉，并提倡在幼儿音乐教育活动启蒙时期的关键时期，开展全面、系统的幼儿音乐教育。在幼儿各种综合音乐教育教学活动的前期阶段，主要应充分发挥其潜力，激发幼儿对音乐的热爱。通过音乐教学活动，挖掘和激发幼儿对音乐的情感兴趣，以反映幼儿音乐和幼儿歌唱的自然旋律与音乐节奏，使其易于正确理解和接受。奥尔夫的教学法以自由开放的音乐教学活动和体育教育为整体氛围，旨在促进儿童音乐的全面发展。

（二）融入民族本土文化

奥尔夫音乐节奏的教学项目受到世界各地中小学生的广泛欢迎和传播，其最主要的原因在于，它具备两个基本特征：不局限于某一国家的国籍，也不局限于全国性的文本。在奥尔夫音乐节奏教学组织的正确把握和运用下,当开展优秀民族音乐艺术教育教学活动时,应充分挖掘和整合当地的民族特色、民族文化、历史语言等元素。这些元素具有少数民族基本文化的重要历史本质,是民族历史、经济、社会可持续发展的重要文化历史印记。结合民族音乐教育教学活动的实际发展需求,使中小学、幼儿园的孩子们能够真正接受民族音乐,学习起来更轻松,参与起来更踊跃。这不仅是对优秀少数民族文化和传统音乐体育活动文化的传承、发展和和谐推广,也是对优秀传统音乐体育文化教学方法的教育理念的不断探索、改革和创新,对促进中小学、幼儿园的持续发展,优化教育结构,开展民族音乐教育教学活动和队伍建设也起到了积极的作用。

三、奥尔夫音乐节奏教学在幼儿园音乐活动中的实践策略

(一)创设生活情境,发现生活节奏

幼儿园音乐教师应将奥尔夫音乐节奏教学与日常生活中的音乐教育紧密结合起来。在持续开展幼儿园音乐节奏教学活动中,不断探索和创造贴近生活的音乐教育环境,让接受音乐教育的孩子们在教师的悉心指导下,不仅能及时发现各种优美的音乐旋律和节奏,更能在日常生活中自然地感受到音乐的魅力。同时,也使孩子们在音乐活动中主动寻找和发现各种音乐旋律和节奏,通过不断深入地探索生活中的节奏,积累丰富的音乐知识,理解各种音乐节奏和活动节奏,仔细观察、聆听、欣赏和理解各种音乐节奏的美妙,从而达到幼儿园音乐活动节奏教学的生活化、自然化的教育效果。

(二)创新节拍训练,体会强弱差异

由于儿童年龄尚小,抽象思维与表达能力有限,儿童对音乐弱节拍的分量和力度往往没有清晰的认识,对音乐节奏也缺乏良好的敏感性,难以准确判断弱节拍并掌握它。因此,如何有效地提升音乐教学的节奏感,无疑是困扰我国幼儿园音乐教育的一大现实问题。为了解决这一问题,教师们提出了儿童可以尝试奥尔夫重拍轻节奏运动训练教学法。该方法通过创新传统的重拍节奏训练方法,引导儿童体验节拍的轻重差异。通过展示如邮票式、高五重拍等节奏训练动作,让孩子们深刻体验音乐节拍中每一拍的力度和节奏差异。借助幼儿较强的体育活动能力,帮助他们掌握弱节拍,正确理解和运用节拍,更好地发挥音乐的能量,发展幼儿的音乐抽象思维,提升他们的节奏表达能力。这将为儿童今后更好地欣赏音乐作品,发展音乐语言表达能力打下坚实的理论基础。

(三)寓教于乐,尊重个体差异

幼儿园音乐教师在开展儿童节奏音乐和音乐艺术教学活动时,其根本教育目的不仅局限于简单地教授儿童对各种节奏音乐和音乐艺术的基本知识和技能。相反,根据《幼儿园教育指导纲要(试行)》和《3~6 岁幼儿学习与发展指南》的指导精神,教师应充分重视并培养儿童在节奏音乐和音乐艺术学习中的综合素质。这包括双耳协调的综合表达能力、理解能力、反应能力、感知能力、沟通能力、创造力以及记忆力等多方面的训练。

同时,教师应科学地重视培养儿童节奏音乐学习艺术和传统文化教育素养,增强儿童对各种节奏音乐的兴趣,引导他们学习节奏艺术、音乐艺术和文化,挖掘和开发儿童在音乐学习艺术和传统文化方面的潜力。教师可通过各种节奏音乐学习活动和充满欢笑的音乐活动,为儿童的音乐成长教育提供平台。

（四）增强家园合作，拓展音乐活动

幼儿园音乐活动的组织者和教师们普遍认为，开展幼儿节奏艺术、音乐和体育教学活动的空间和时间较为有限。在现有的学校音乐活动空间中，往往难以同时开展多种活动，这在一定程度上影响了奥尔夫音乐节奏艺术、音乐和体育教学模式在中国幼儿园中的实际应用和教学效果。为了更有效地拓展奥尔夫教学模式在中国幼儿园的应用，我们建议幼儿园音乐活动的组织者们应积极开展更多新颖的音乐教育活动，并加强与家庭之间的合作，为家长和孩子们提供更多的时间和空间，进行课外节奏、美术、音乐、体育教学活动。这将有助于直接传播和渗透奥尔夫音乐节奏艺术、音乐和体育教学模式的教育理念及节奏训练方法，让更多的家长和孩子们受益。

例如，幼儿园教师可以通过录制奥尔夫音乐节奏教学活动的视频，制作成短视频，并在幼儿园官方微信账号上发布。家长们可以关注并接收这些视频，及时了解和观看相关活动。通过观看这些视频，家长们可以更加深入地了解奥尔夫教学模式在幼儿音乐活动中的应用，从而更加科学地引导孩子们参与音乐活动。

四、结语

奥尔夫音乐节奏教学法是一种非常符合我国儿童音乐学习个性特点和儿童生长发育规律的儿童音乐教学法，它巧妙地融入我国幼儿园和小学的音乐教育活动中。这种方法能够有效地帮助我们所有的孩子尽快全面构建积极、多元化的早期音乐教育学习模式，创新各类幼儿园、小学早期音乐教育学习活动的音乐教学内容和形式。它促进了幼儿音乐个体综合学习能力的和谐发展，实现全面健康的音乐成长。

在儿童音乐教学的早期阶段，我们必须高度重视奥尔夫音乐节奏教学法在音乐教学中的实用价值。我们应把握奥尔夫音乐节奏和音乐运动教学的三个重要基本特征，建立正确科学的学前音乐艺术教育体系。在实践中，我们应不断探索教育经验，总结音乐教育活动和方法，以实现幼儿园和小学音乐教育工作的进一步提升。

环境创设视角下低结构材料投放策略探究

李 姣
廊坊市直属机关第二幼儿园

一、以区域规划为手段,设计区角标识

在"教育 4.0"框架的建构下,《幼儿园保育教育质量评估指南》充分聚焦游戏区域规划,并在空间设施上重点强调:幼儿园应合理规划并灵活调整室内外空间布局,以最大限度满足幼儿游戏活动的需求。因此,在推进区域规划的过程中,教师可从环境创设的角度出发,强化多元游戏设计,为低结构游戏材料的有序投放创造多区域空间。

例如,在环境创设的规划中,教师应分别关注公共环境与班级环境,结合已划分的不同区域以及幼儿探究力、合作力、想象力、创造力和观察力等综合素能的发展需求,对各班的不同活动区域进行科学规划。同时,针对不同的活动区域设计区角标识,将区角环境的创设与相应的低结构材料投放相结合,实现区角标识设计与材料投放规划的协同统一,从而为幼儿游戏活动的开展创造多维度的环境空间。

二、以需求表征为导向,丰富游戏材料

在自主游戏环境创设的优化发展路径上,教师不仅应当确保低结构游戏材料与环境创设的匹配性,还应当充分关注《幼儿园保育教育质量评估指标》中关于玩具材料的指导原则:"玩具材料种类丰富,数量充足,以低结构材料为主"。基于这些教育需求,教师应立足需求表征,加强区域规划,以确保自主游戏的趣味性、多维性和规范性。

同时,在丰富游戏材料的过程中,《幼儿园保育教育质量评估指标》明确指出:应确保玩具材料种类丰富,数量充足,以满足多名幼儿同时游戏的需求。为此,教师可结合安吉游戏教育理念中的"爱、冒险、投入、喜悦、反思"五个关键词,从需求表征、区域划分、关联设计三个维度出发,对幼儿自主游戏的室内外环境创设及区域规划所需的低结构材料投放进行深入思考。

例如,在户外环境材料投放方面,可结合幼儿对轮胎、积木、梯子等游戏材料的喜好,在户外环境中增加这些低结构材料的数量,如轮胎、梯子、树木、木块等,为幼儿自主游戏的开展提供充足的材料准备。在环境创设过程中,教师还应根据幼儿的自主性意向,结合实际情况,合理规划,至少将游戏场地划分为五大游戏区域,并依据各区域的特点投放相应的低结构材料。这样一来,环境创设就能更好地体现安吉游戏理念,精准打造适合户外开展的安吉游戏环境,促进幼儿最大限度地自主成长与发展。

三、以游戏主题为核心,创设自主空间

在自主游戏环境的创建过程中,低结构材料的投放应当与幼儿游戏活动的主题相契合,与

幼儿的个性化发展相统一。为了聚焦核心素养的主题环境创设，教师应借助低结构材料游戏引导幼儿学会独立、自信与创新思考，从而为幼儿打造自主游戏空间。以自主游戏“炭烧积木”为例，结合安吉游戏理念，教师可从情景化游戏材料投放的角度出发，不断为幼儿创造多元化的游戏情景，引导幼儿学会游戏、善于游戏、喜爱游戏，并在多元化游戏中强化行为习惯的衔接。

四、以趣味投放为标准，尊重幼儿兴趣

随着幼儿园基础游戏课程改革的逐步推进，《幼儿园教育活动设计与指导》明确指出，幼儿园游戏环境的创设应当充分聚焦趣味化游戏活动，对幼儿展开常态化行为管理、科学化身心培育与品德化思想教育，引导幼儿园的游戏课程向着趣味化、协同化、科学化转变。因此，从低结构材料投放的视角出发，聚焦幼儿综合素质的培养要求，教师应从游戏环境创设的自由性、自主性、自理性、自觉性、集体性等角度进行考虑，对目前低结构材料的投放与应用现状进行调研分析，尽量减少投放孩子不熟悉或不感兴趣的材料，真正实现游戏环境创设的“自由、自主、自信、自如”。

五、以积极鼓励为重点，聚焦核心问题

在学前跨学科项目活动课程的开展过程中，教师扮演了引路人与规划师的角色，在活动环境创设、活动空间维持、幼儿积极性调动与活动驱动性规划等方面都发挥了协同性育人与共情性参与的作用。因此，在聚焦项目化活动环境创设时，教师应从常态化教学中发现幼儿的导向性活动需求，以积极鼓励为导向，以共情互动为抓手，从实践与观察中探索并总结活动的核心问题。借助项目化、流程化与需求导向化的活动设计，教师应强化整体的活动流程规划。以“给雨具一个专属的家”项目活动综合规划为例，可从以下三个维度出发，紧抓幼儿活动需求，提炼核心驱动问题，强化活动主题设计。

（一）需求化导向，紧抓积极性引导

《3~6 岁儿童学习与发展指南》中强调：“鼓励幼儿根据观察或发现提出值得探究的问题，支持幼儿在探究的过程中积极动手动脑寻找答案或解决问题。”在该活动中，教师从幼儿下雨天讨论“雨伞与雨衣应该放在哪里”的情境中提炼出了本次项目活动的核心问题：1. 雨具应该放在哪里？2. 如何制作一款可以实现多种功能的雨具收纳架？通过紧抓幼儿感兴趣的话题，从积极性引导角度出发，以幼儿常态化活动需求为导向，结合幼儿的兴趣需求、能力经验、发展价值及幼儿园内可用资源四个维度，确定了本次项目活动的开展主题。

（二）阶段化开展，强化共情化鼓励

教育心理学家皮亚杰曾将儿童的行为判断划分为三个阶段，即无律阶段、他律阶段、自律阶段。结合幼儿的行为认知发展阶段及身心健康成长规律，教师在开展游戏活动过程中，应当以阶段化教育引导为方针，从不同阶段出发，深入聚焦共情互动，在渗透式与互动式游戏教学中提高幼儿的参与感与获得感。因此，在驱动性项目课程规划过程中，教师可采取阶段化、分重点、有策略的设计理念，深刻聚焦共情化鼓励，尽量避免卢梭在《爱弥尔》中提出的“消极教育”现象的出现。

聚焦项目阶段化积极引导路径，教师可分别在活动课程的不同开展阶段，针对幼儿的行为习惯培育、自我服务意识培育、自我管理意识培育、身心健康思想培育等工作，明确不同阶段活

动开展的驱动性任务,强化各阶段之间幼儿核心素质培养的关联性与可持续性。例如,在“给雨具一个专属的家”阶段性任务设计过程中,教师将项目整体划分为三个阶段开展,依次聚焦包括调查准备、图纸设计、材料寻找、雨具架搭建与改进等在内的多项驱动性任务,围绕项目依次产生的三个驱动性问题,展开项目驱动性规划。

(三)常态化实施,激活幼儿“积极基因”

积极的儿童教育遵循儿童哲学、儿童心理学与积极心理学理论。苏联教育家苏霍姆林斯基在《相信孩子》一书中强调应遵循两种原则以激活幼儿的“积极基因”:在常态化生活中相信孩子和了解孩子。因此,在引导幼儿参与不同阶段与不同环节的游戏活动时,教师应充分聚焦常态化沟通、鼓励与关怀引导,重视借助多元教学支持策略提高幼儿的动手能力、合作能力、自主思考能力等综合素质。将幼儿的综合素质培养与项目活动的驱动性任务设计相结合,在积极引导幼儿开展各项驱动性任务的过程中,加深幼儿对项目活动的情感体验与互动成长,培育幼儿的核心素养。

六、结语

综上所述,在自主游戏环境创设过程中,教师可紧抓低结构材料投放策略,围绕《幼儿园保育教育质量评估指南》,充分聚焦幼儿游戏意象的自主性与游戏环境创设的规划性两个维度。以表征为彰,以区域规划为引导,以区角设计为抓手,将低结构材料投放与不同游戏场地的大小、功能及特色区域的综合设计相结合,将幼儿的需求表征与丰富材料投放种类相结合。在充分发挥低结构材料投放在自主游戏环境创设中的联动功能的同时,使各项游戏活动与游戏区域之间既相互联系又相互补充,从而提高自主游戏环境创设的综合成效。